DREWERMANN / STRUKTUREN DES BÖSEN

Teil 1: Die jahwistische Urgeschichte in exegetischer Sicht

PADERBORNER THEOLOGISCHE STUDIEN

Herausgegeben von
Remigius Bäumer, Josef Ernst, Heribert Mühlen

Band 4

1981

PADERBORN · MÜNCHEN · WIEN
VERLAG FERDINAND SCHÖNINGH

EUGEN DREWERMANN

Strukturen des Bösen

Teil 1

Die jahwistische Urgeschichte in exegetischer Sicht

1981

PADERBORN · MÜNCHEN · WIEN
VERLAG FERDINAND SCHÖNINGH

1. Auflage 1977
2. um ein Vorwort erweiterte und berichtigte Auflage 1979
3. Auflage 1981, Nachdruck der 2. Auflage, nebst einem Nachtrag
zum „Welt- und Menschenbild der Paradieserzählung"

Mit 8 Fotos vom Verfasser

Imprimatur: Paderbornae, d. 20. m. Maii 1976. Vicarius Generalis: Bruno Kresing.

Gesamtherstellung: Ferdinand Schöningh, Paderborn 1981.

ISBN 3-506-76254-0

„Ich fragte: ‚Wo ist meine Sünde?‘
Da gab mir eine Stimme Antwort:
‚Sünde ist, daß du da bist —
Eine schwerere gibt es nicht‘“.
(Gunaid: Kašf 297, in: Tor Andrae:
Islamische Mystiker, 146)

INHALTSVERZEICHNIS

„Und so wandeln wir ohne Ende dahin, das Knäuel unseres Schicksals abwickelnd, indem wir die ganze Unendlichkeit auflösen, die uns während einer Ewigkeit erschuf, und indem wir dem Nichts entgegenschreiten, ohne je dahin zu gelangen, da es ja nie wirklich existiert."
(M. de Unamuno: Nebel, dtv 464, S. 54)

ABKÜRZUNGSVERZEICHNIS

J, j	= Jahwist, jahwistisch	BKV	= Bibliothek der Kirchenväter
E	= Elohist	S.F.	= Sigmund Freud
P	= Priesterschrift	Psa	= Psychoanalyse
R	= Redaktor	psa	= psychoanalytisch
Gn	= Genesis	We	= Westermann; Gn
Gu	= Gunkel	Zi	= Zimmerli

Bei der *Transskription* der hebräischen Mitlaute in lateinische Buchstaben ist

ṣ = tz (putzen) (hebr. Ṣadhe)
š = sch (waschen) (hebr. Šin)
z = s (sehr) (hebr. Zain)
s = s, ß (das; daß) (hebr. Samek und Sin)
w = w; je nach Vokalisation = u, o
ṭ = t (Abt) (hebr. Ṭeth)
t = t (Mut) (hebr. Tau)
' = weicher Stimmeinsatz (Abend) (hebr. 'Aleph)
' = scharfer Stimmeinsatz (acht) (hebr. 'Ain)
j = i, j (ich, jeder) (hebr. Jod)
ḥ = ch (Bach) (hebr. Ḥeth)

Die Mitlaute b, g, d, k, p, t sind ohne Rücksicht auf Härtung und Verdoppelung durch Dageš lene und forte wiedergegeben; sie sind im Deutschen ohne Dageš weich und aspiriert auszusprechen, insbesondere b wie w (wichtig), k wie ch (sprechen), p wie f (Philister). Das h am Wortende ist kein eigener Laut, sondern ein Zeichen für vokalischen Auslaut. Die emphatischen Laute Teth und 'Ain kommen im Deutschen eigentlich nicht vor.

VORWORT

> „*Das letzte, was man findet, wenn man ein Werk schreibt, ist, daß man weiß, womit man beginnen soll.*“
> (Blaise Pascal: Pensées, 19)

Dichter, wenn sie groß zu nennen sind, haben die Angewohnheit, in wenigen Sätzen intuitiv Wahrheiten auszudrücken, zu deren wissenschaftlicher Darstellung umfangreiche Traktate erforderlich sind.

In seinem Roman „Tagebuch eines Landpfarrers“ meint G. Bernanos einmal: „Keine Überlegung der Welt könnte die wahre Traurigkeit — die der Seele — hervorrufen oder sie besiegen, sobald sie einmal, Gott weiß durch welche Bresche unseres Wesens, in uns eingedrungen ist. Was soll ich sagen? Sie ist nicht eingedrungen, sie war in uns. Ich glaube immer mehr: das, was wir Traurigkeit, Angst und Verzweiflung nennen, wie um uns einzureden, es handle sich um gewisse Seelenregungen, ist eben die Seele selbst. Denn nach dem Sündenfall ist die Lage des Menschen derart, daß er in sich wie außerhalb von sich alles nur in Gestalt von Angst wahrzunehmen vermag . . . Wäre nicht Gottes wachsames Erbarmen, würde der Mensch, wie mir scheint, beim ersten Bewußtwerden seiner selbst in Staub zerfallen.“ (G. Bernanos: Tagebuch eines Landpfarrers, 206)

Prägnanter läßt sich nicht formulieren, was als Zusammenfassung der vorliegenden Arbeit gelten kann. Mit dem ihm eigenen Scharfsinn für seelische Zusammenhänge weist Bernanos darauf hin, daß die eigentliche Sünde des Menschen die Angst ist, — Angst in einer Form, daß sie den ganzen Menschen ergreift, daß sie die Perspektiven seiner Weltanschauung bestimmt, daß sie die Regungen seines Lebensgefühls durchtönt, daß sie wie eine nicht weiter reduzierbare Selbstverständlichkeit mit ihm verhaftet ist und unabtrennbar zu ihm zu gehören scheint, und zwar nicht als eine psychische Gestimmtheit unter anderen, die er mit seinem Verstande wie ein kluger Theaterregisseur nach Belieben auf der Bühne seines Lebens auftreten oder abtreten lassen könnte, sondern so, daß sie selbst die Bühne, die Kulisse, sogar den Stoff der Tragödie seines Lebens abgibt: nicht er beherrscht sie, sondern sie beherrscht ihn, stets begleitet von den ihr verschwisterten Gestalten der Traurigkeit und der Verzweiflung. Es liegt Bernanos offensichtlich daran, die katastrophale Hilflosigkeit des Menschen gegenüber seiner Angst deutlich zu machen. Der Mensch hat die Angst nicht gerufen, sie zählt zu den ungebetensten seiner Gäste; aber unbemerkt, durch ein nicht zu schließendes Loch in seinem Dasein dringt sie in ihn ein und wird für ihn zum Element, in dem er lebt, zur Luft, in der er atmet, so sehr, daß er sich kaum vorzustellen vermöchte, wie es anders sein könnte, so daß auf alle Fragen, wann denn ihm dies so widerfahren sei, er nur antworten kann, er wisse dafür keinen Zeitpunkt anzugeben, so habe es schon immer um ihn gestanden, anders sei es noch nie gewesen; und er hat recht damit; findet er doch die Angst, wenn er nur gründlich genug ausforscht, als Niederschlag und Antrieb von allem, was er tut, träumt, sich ersehnt, verflucht, liebt oder haßt. Stets hängt er über dem Abgrund seiner Nichtigkeit, und er müßte auf der Stelle in sie zurückfallen, ja er würde selbst schon freiwillig wieder in sie zurückkriechen mögen, wenn er nur ein einziges Mal sich der Aussichtslosigkeit seiner Lage klar und deutlich inne würde, wüßte er nicht, oder vielmehr: hätte er nicht die Chance zu wissen, daß das letzte Wort über seinem Dasein nicht darin besteht, ihm seine trostlose Armseligkeit vorzuhalten und seine Herkunft aus dem Staub endgültig zu besiegeln, sondern sich seiner zu erbarmen um seiner Erbärmlichkeit willen. Im Grunde behauptet Bernanos, daß der Mensch nicht leben kann ohne Gott, daß es jedenfalls gegen die Angst und gegen die Verzweiflung inmitten der Gnadenlosigkeit der Welt als Heilmittel nur den Glauben gibt. Und gemessen an dieser einzigartigen Möglichkeit des Glaubens stellen sich die Angst und die Verzweiflung als im Grunde unberechtigt heraus und geben sich damit als Folgen einer Urabsonderung und Trennung von den eigentlichen Grundlagen des Lebens zu erkennen, die nicht „begangen“ wurden, sondern nur als immer schon vorhanden entdeckt werden können auf jenem schmalen Grat der Einsicht in das eigene Wesen, der über den Abgrund der Verzweiflung hinweg die Brücke zum Glauben schlägt.

Es ist das Ergebnis unserer Beschäftigung mit der jahwistischen (j) Urgeschichte, deren Interpretation wir hier vorlegen, daß wir Bernanos' Ansicht vom Menschen, die im übrigen schon ein Jahrhundert zuvor von S. Kierkegaard philosophisch vertreten wurde, von der Bibel her im

Grunde nur bestätigen und gewissermaßen theologisch autorisieren können.

Wir glauben nach Abschluß unserer Untersuchungen, daß J in seiner Urgeschichte ein Bild vom menschlichen Dasein malt, das zu der Bernanos'schen Alternative zwingt, entweder die Verzweiflung zu wollen oder sich vom Glauben ergreifen zu lassen. Und wenn wir versuchen, dieses Bild in unserer Arbeit nachzuzeichnen und auszudeuten, so geschieht das in der Absicht, die Notwendigkeit eben dieser Alternative vor Augen zu stellen und damit der religiösen Erfahrung der menschlichen Schuld wieder den zentralen Platz einzuräumen, der ihr zukommt. Der Sinn unserer Untersuchung ist nicht, etwas zu beweisen, sondern auf etwas hinzuweisen. Wir möchten, und zwar theologisch verbindlich, d.h. gestützt auf das Wort der Bibel, hinweisen auf die Ausweglosigkeit einer Existenz ohne Gott, wir möchten zeigen, daß das ganze Dasein ohne Gott sich in eine Hölle verwandelt, und zwar gerade dann, wenn man glaubt, es in ein Paradies zurückzuverwandeln. Es soll hier eine Art trojanisches Pferd gezimmert werden, das sich hinter die Mauern der Unverbindlichkeit der theologischen Gelehrtenzimmer schmuggeln läßt und das Ziel erreicht, das schon Jean Paul sich in Reaktion auf die Philosophie der Aufklärung gesetzt hat, mit seiner Dichtung „einige lesende oder gelesene Magister in Furcht zu setzen, da wahrlich die Leute jetzo, seitdem sie als Baugefangene beim Wasserbau und der Grubenzimmerung der kritischen Philosophie in Tagelohn genommen worden, das Dasein Gottes so kaltblütig und kaltherzig erwägen, als ob vom Dasein des Kraken und Einhorns die Rede wäre.“ (Jean Paul: Der Siebenkäs, 8. Kap., 1. Bl.-St.; S. 161) Daß, wenn von Gott die Rede ist, es nicht anders geschehen kann als so, daß damit für den Menschen sich etwas verändert, indem deutlich wird, daß für ihn hier alles, sein Leben im ganzen auf dem Spiel steht —, dies zu verdeutlichen soll diese Arbeit helfen. Zugleich möchten wir, gestützt auf einen biblischen Autor, das Verständnis dafür schärfen, daß „Sünde“ nicht zunächst ein moralischer Tatbestand ist, etwa ein Übertreten bestimmter grundlegender Normen, über die sich jemand in einem passageren Mißbrauch seiner Kräfte, etwa in dem Blutandrang Shakespearescher Helden, hinwegsetzen würde, sondern ein Fehlverhalten am Grund der Existenz, das dann freilich mit einer unerbittlichen Gesetzmäßigkeit und einem furchtbaren Ausmaß an Hilflosigkeit und Tragik auch zum Schuldigwerden an bestimmten elementaren Verpflichtungen des menschlichen Lebens nötigt und dabei die besten Strebungen und Befähigungen des Menschen in das Joch der unbeabsichtigten (!) Zerstörung zwingt; das alte Anliegen S. Kierkegaards soll hier aufgegriffen werden, die Theologie endlich von der Tyrannei der Kantischen Reduktion der Religion auf die Sittlichkeit zu befreien, indem gezeigt wird, daß die Sünde nicht das Gegenteil von Tugend ist, sondern des Glaubens, und daß es eines ist, sich gegenüber dem ethisch Allgemeinen, und ein anderes, sich gegenüber Gott zu verhalten; was sich aus diesem Verhalten zu Gott „moralisch" ergibt, ist eine Frage zweiter Ordnung.

Wir erklären offen, daß diese Arbeit ohne die Anregung S. Kierkegaards nicht hätte geschrieben werden können. Das bedeutet jedoch nicht, daß wir mit dieser Arbeit aus der Verbindung der Kierkegaardschen Philosophie mit der Erörterung der j Urgeschichte einen monströs luxurierenden Bastard zu zeugen gedächten. Es geht uns nicht um Kierkegaard, sondern um die j Urgeschichte. Wir müssen gleich hier dem Verdacht wehren, wir wollten lediglich Auffassungen der Kierkegaardschen Philosophie bzw. der christlichen Dogmatik in einen Bibeltext hineinprojizieren. Mitnichten. Zunächst enthalten wir uns jedes Urteils, ob die von uns vertretene Interpretation der j Urgeschichte das meint und hinreichend ausdrückt, was in der Entfaltung der kirchlichen Lehre als „Erbsünde" bezeichnet wird, wenngleich wir schon hoffen, daß unsere Untersuchung auch einen gewissen Beitrag zur Begründung und zum Verständnis der Erbsündenlehre zu liefern vermag. Sodann müssen wir daran erinnern, daß wir nicht mehr, wie noch zu Anfang des vergangenen Jahrhunderts, einfachhin die sog. „Sündenfallgeschichte" (Gn 3, 1—7) nehmen und ohne ein gerüttelt Maß methodischer Reflexion drauflosexegesieren können; vielmehr werden wir gerade Gelegenheit haben, die außerordentliche Schwierigkeit kennenzulernen, die eine wissenschaftlich verantwortbare Übersetzung mythischer Sprechweise in die Kategorien der neuzeitlichen Philosophie bereitet. Kierkegaards Intuitionen waren genial; aber es bedarf einer gehörigen methodischen Strenge und eines nicht geringen Quantums an Arbeit, solche Intuitionen in Erkenntnisse umzuwandeln, und zwar um so mehr an Arbeit in der Breite, je genialer die betreffende Intuition in die Tiefe reicht. Kierkegaards Genie hat gewissermaßen Bohrproben erbracht, die zeigen, wo und in welcher Mächtigkeit die Flöze lagern; sie systematisch abzubauen, erfordert eine eigene „Technologie", die durchaus offen zu sein hat für Resultate, die in der „Bohrprobe" am Anfang nicht im entferntesten angedeutet waren. Maßgeblich ist allein der Bibeltext, nicht die antizipierten subjektiven Sinnerwartungen, wenngleich diese u. U. zu Fragen Anlaß geben, die wir ohne sie an den Bibeltext nicht stellen würden.

In diesem Sinne ist die Anregung Kierkegaards beim Zustandekommen dieser Arbeit zu verstehen: die Einsichten des dänischen Religionsphilosophen haben uns Fragen an den Bibeltext richten lassen, auf die wir im Rahmen der historisch-kritischen Exegese allein wahrscheinlich nicht gekommen wären, die aber, einmal gestellt, das Verständnis der j Erzählungen erheblich erweitern helfen. Dieser hermeneutische Zirkel ist ja nicht neu und darf hier als bekannt vorausgesetzt werden. Lediglich ist zu betonen, daß das Ziel dieser Arbeit auch im exegetischen und psychoanalytischen (psa) Teil systematisch-philosophischer Natur ist und der Herausarbeitung von Fragestellungen gilt, die uns eine verbindliche philosophische Interpretation der Aussagen der j Urgeschichte ermöglichen sowie Kriterien zur Beurteilung bereits vorliegender philosophischer Interpretationen des christlichen Erbsündendogmas an die Hand geben, wofern dieses mit der Erzählung der j Urgeschichte in Beziehung steht.

Indem es uns also um eine Auslegung der j Urgeschichte in systematischer Absicht geht, bedarf der Titel dieser Arbeit mit dem Begriff der „Struktur" und des „Bösen" einer Erklärung.

Von „Strukturen des Bösen" sprechen wir, weil wir bei der Exegese der j Teile von Gn 2—11 finden werden, daß ein Hauptanliegen der j Urgeschichte darin besteht zu schildern, wie das „Böse" vom Menschen Besitz ergreift, und daß unter diesem Aspekt der Aufbau und die Anordnung der j Erzählungen sich als eine in sich sinnvolle Entwicklungsreihe zu verstehen geben, in der jedes einzelne Glied auf dem vorhergehenden aufbaut und das nachfolgende notwendig macht, alle aber zu einem geschlossenen Ganzen gehören, das ihren Inhalt und ihre Stellung verstehen läßt. Das legt es nahe, das Böse, wie es in der j Urgeschichte geschildert wird, als „strukturiert" anzusehen, wenn man in den Strukturbegriff nicht zu viele aprioristische Implikationen hineinlegt. Den Begriff der „Struktur" könnten wir natürlich vorweg so definieren, wie es im modernen kybernetischen und systemtheoretischen Sinne üblich ist, und ihm dabei die Begriffe der „Funktion" und des „Systems" zur Seite stellen. „Struktur" bezeichnete dann „die Organisiertheit von Elementen einer Menge" (also der einzelnen Abschnitte der j Urgeschichte), ihre „Funktion" wäre zu erkennen an der „Art und Weise des Aufeinander- oder Zusammenwirkens der Elemente", und eine „systematische" Untersuchung der j Stücke von Gn 2—11 hätte ein solches „Vorhandensein von Struktur und Funktion" nachzuweisen. (vgl. G. Helbig: Geschichte der neuen Sprachwissenschaft, 48) Indessen haben solche Vorwegdefinitionen bei einer Arbeit, die sich um ein exegetisches Fundament im Rahmen einer systematischen Untersuchung bemüht, das Mißliche im Gefolge, daß sie unfehlbar den berechtigten Verdacht der Eisegese, der Konstruktion und der standpunktbedingten Voreingenommenheit auf sich ziehen müssen; wir dürfen daher nicht zu viel Wert auf apriorische Begriffsklarheit legen, sondern können lediglich in Aussicht stellen, daß wir bei der Betrachtung der j Urgeschichte die Frage mitbringen, ob die Auswahl der j Bilder, ihre Anordnung und Zusammenfügung nicht eventuell bestimmte strukturelle Einsichten erlaubt; wie dann diese „Struktur" beschreibbar ist, ob es überhaupt eine innere Einheit der j Erzählungen in der Urgeschichte gibt oder ob es sich dort nicht um eine bloße Ansammlung oder Reihung tradierter Motive in rein äußerlicher Zusammenfügung handelt, können wir erst am Ende des 1. Teils dieser Arbeit sagen. Insofern gibt der Begriff der „Struktur", den wir im Titel verwenden, nur wieder, was wir exegetisch in der j Urgeschichte selbst glauben festgestellt zu haben.

Das gleiche gilt für den Begriff des Bösen. Nichts wäre einfacher, als das „Böse" philosophisch entsprechend irgendeiner Schulmeinung zu definieren, z. B. aus der Summa theologica des heiligen Thomas von Aquin abzuschreiben, das Böse sei eine „Beraubung des Guten", das einem Seienden zu seiner Seinsvollkommenheit zukommt (S th I q48 a2); oder „Sünde" zu definieren als ein „willentliches Sichabwenden von Gott" (S th I q94 a1 r.c.); was aber unter dem „Bösen" in der j Urgeschichte zu verstehen ist, können wir weder vom hl. Thomas noch von irgendeinem Philosophen, sondern nur aus der j Urgeschichte selbst erfahren, und erst wenn wir davon eine hinlänglich klare Vorstellung haben, können wir daran gehen, die biblischen Aussagen des J begriffsmäßig auszuformulieren und sie mit bestimmten philosophischen Lehrmeinungen zu vergleichen. Die Darstellung der j Urgeschichte vom Bösen hat dabei als Richtmaß zur Beurteilung gewisser philosophiegeschichtlich vorgegebener Auffassung über „das Böse" zu gelten, nicht umgekehrt.

Dabei ist hinsichtlich des Gültigkeitsbereiches unserer Feststellungen eine wichtige Einschränkung zu machen. Die „j Urgeschichte" ist ein literarkritisches Konstrukt, das beim gegenwärtigen Stand der Forschung einen hinreichenden Wahrscheinlichkeitsgrad besitzt, um rein pragmatisch als „gesichert" vorausgesetzt zu werden; jedermann weiß aber, daß in der Wissenschaft Wahrscheinlichkeiten sehr variabel sein können; unsere ganze Arbeit basiert auf einer literarkritischen Hypothese und kann in keinem Punkte ihrer Beweisführung sicherer sein als diese selbst. Sodann ist der „J“, wenn es ihn gibt, nur der Autor *einer* der Quellenschriften des Pentateuchs; er ist nicht „die“ Bibel; in der gegenwärtigen Textgestalt der Hl. Schrift kommt er allenfalls vor als *ein* Faden im Gewebe. Es besteht daher die Möglichkeit und auch wohl die Notwendigkeit, ihn einmal für sich gesondert zu untersuchen; aber es besteht keinerlei Berechtigung, ihn außerhalb der methodischen Selbstbeschränkungen isoliert zu nehmen und dabei das ganze Gewebe, in das er eingebettet ist, für überflüssigen Abfall zu erklären. Indem wir uns in unserer Untersuchung auf die Urgeschichte des J beschränken, schränken wir also damit ohne weiteres unseren Anspruch in sehr eng umschriebene Grenzen ein; wir wollen nicht behaupten, *die* Meinung *der* Bibel zum Thema Schuld oder „Urschuld“ wiederzugeben. Wir können wohl sagen, daß die Ergebnisse unserer Arbeit „biblisch“ sind in dem Sinne, daß sie auf Beobachtungen „in der Bibel“ zurückgehen, aber nicht in dem Sinne, daß sie den Standpunkt der Bibel überhaupt darzustellen vermöchten.

Warum, wird man vielleicht fragen, soll dann der j Urgeschichte eine solche Aufmerksamkeit geschenkt werden? Wir antworten:

1. weil die j Urgeschichte selbst eine solche Aufmerksamkeit beansprucht, indem sie als Urgeschichte Aussagen von prinzipieller Bedeutung über den Menschen und seine Stellung zu Gott machen will;

2. haben wir es bei den j Erzählungen mit Mythen zu tun, die uns zwingen, mehrere anthropologisch wesentliche Untersuchungsmethoden miteinander ins Gespräch zu bringen und theologisch fruchtbar zu machen, — eine Aufgabe, die nicht nur methodisch äußerst reizvoll ist, sondern uns auch helfen kann, die Theologie vor Inzucht oder Sterilität zu bewahren; indem wir vor allem die Psychoanalyse (Psa) zur Mythendeutung heranziehen müssen, wird sich grundsätzlich die Gelegenheit ergeben, einmal die theologischen Kategorien mit denen der gegenwärtigen Psychoanalyse bezüglich des Problems des Bösen zu vergleichen; es wird sich anhand der j Urgeschichte zeigen, was den theologischen Begriff der Sünde von dem Begriff der Neurose unterscheidet und was beiden gemeinsam ist.

3. Es scheint überaus vielversprechend, die Aussagen der j Urgeschichte einmal zu wesentlichen philosophischen Denkansätzen der Neuzeit in Beziehung zu setzen, weil gerade der Themenkreis von Schöpfung, Sünde und Erlösung immer wieder zum Gegenstand philosophischer Reflexion gemacht worden ist; exemplarisch bietet sich hier die Möglichkeit, das für die Dogmatik so wichtige Problem der menschlichen Schuld auf der Grundlage eines bedeutenden biblischen Autors

philosophisch abzuklären und damit auch einen Beitrag zur Frage der dogmatischen Hermeneutik biblischer Aussagen zu leisten.

Diese Punkte müssen wir vorab näher darlegen.

1. Das Selbstverständnis der j Urgeschichte als einer Anfangserzählung

Die Bedeutung der j Urgeschichte für die Frage nach der Schuld ergibt sich nicht nur aus der bestimmenden Stellung, die dieser Text im Verlaufe der kirchlichen Lehrentwicklung über die „Erbsünde“ eingenommen hat, sondern entspricht auch der Aussagerichtung des jahwistischen Redaktors selber. Unter dem Jahwisten versteht man bekanntlich einen am Anfang des Königtums stehenden Sammler jüdischer Geschichtsquellen und einen großen Theologen, dessen Redaktion das gesammelte Material über die Anfänge Israels zu einer tiefen Sicht des Menschen vor Gott in Heil und Unheil zusammengestellt hat. Literarkritik und Formgeschichte haben gezeigt, daß die ursprüngliche Geschichtstheologie Israels mit der Gestalt Abrahams beginnt. Die Voranstellung einer sog. Urgeschichte ist das Werk des J. Was sie uns bietet, sind die Präliminarien, unter denen J die Geschichte Israels, beginnend mit der Erwählung Abrahams, gesehen wissen möchte. J zeichnet hier ein düsteres Bild des Menschen und der Geschichte der Völker, um auf diesem Hintergrund der Gottesferne und der Unmenschlichkeit um so klarer darzustellen, wie Gott an seinem Volk gehandelt hat und weiterwirkt. Da wir eine detaillierte Untersuchung der Texte noch vor uns haben, können wir uns hier darauf beschränken, vorweg eine einzige grundsätzliche Feststellung zu treffen. Sie bezieht sich auf die Eigenart, die den Erzählungen der j Urgeschichte als Anfangserzählungen zukommt.

Ein wichtiges Ergebnis biblischer Hermeneutik ist die Feststellung T. Bomans gewesen, daß im Hebräischen eine andere Denkstruktur angetroffen wird als etwa im griechischen Raum oder in unserem zeitgenössischen Denken.

Unter dem starken Einfluß der Griechen hat die abendländische Philosophie zumeist die Wirklichkeit in zwei Ebenen zerlegt: in eine empirisch faßbare Seite, auf der Veränderung und Wechsel stattfindet, und eine andere unsichtbare, nur mit dem geistigen Auge zu schauende, auf der ein Bleibendes angenommen wird, das hinter aller Bewegung und empirischen Veränderung der Dinge steht und diese in ihrem Sosein verständlich macht; das Bleibende, Konstante galt als das Wesen einer Sache, das Empirische, Wandelbare, als die Erscheinung desselben.

Die Annahme eines solchen nur im Geiste zu erschauenden überzeitlichen Wesens, das im materiell Seienden zur Erscheinung kommt, brachte eine Zweiteilung mit sich, die zwischen Empirischem und Transempirischem, Essentiellem und Akzidentellem, Form und Materie, Zeitlichem und Ewigem, Geistigem und Sinnlichem unterschied. Gegeben ist unmittelbar das Sinnliche, aber in diesem drückt sich etwas Geistiges aus, ohne das das Materielle selbst nicht sein könnte. Die Grundlage, um zu eruieren, wie das jeweilige Wesen einer Sache beschaffen ist, stellt die Beobachtung von konstanten Eigenschaften und Merkmalen eines Seienden dar. Das Auftreten von unveränderlichen, sich nicht wandelnden Eigenschaften der Dinge erklärt sich innerhalb dieses Denkens aus der die Zeit überdauernden Eigenart des Wesens.

Im Unterschied hierzu kennt das Hebräische eine solche Zweiteilung der Wirklichkeit nicht. Seine Haupteigentümlichkeit ist ein stark dynamischer Charakter, wie ihn T. Boman in dem Unvermögen einer statischen Beschreibung konstatiert. Vor die Aufgabe gestellt, etwa den salomonischen Tempel zu beschreiben, gibt der biblische Berichterstatter keine „Beschreibung“ in unserem Sinne, sondern er teilt uns mit einer sonderbaren Umständlichkeit in 1 Kg 6 mit, wie Salomo den Tempel errichtet hat; die Beschreibung vertritt hier ein Verfertigungsbericht. Ähnlich ist es zu verstehen, wenn die Priesterschrift am Anfang, statt eine Beschreibung der Schöpfung zu geben, in Gn 1 davon berichtet, wie Gott die Welt erschaffen habe; die Beschreibung der Schöpfung, die Bestandsaufnahme all dessen, was es gibt, wird in Form eines Herstellungsberichtes gegeben. Entsprechend wird auch Gn 2,7, die j Erzählung von der Erschaffung des Menschen, in der Art eines Verfertigungsberichtes eigentlich ausdrücken wollen, „wie der Mensch an sich ist: Der Mensch ist Staub; er ist also nicht nur einmal daraus gemacht worden, sondern das ist seine bleibende Natur.“ (T. Bomann: Das hebräische Denken im Vergleich mit dem griechischen, 76) Die Beschreibung, wie etwas gemacht wurde, ist also zu verstehen als eine Beschreibung dessen, was etwas in seinem Wesen, in seiner Gestalt ist. (vgl. entsprechend in der j Urgeschichte Gn 6, den Bau der Arche) In seinem Denken kennt der Hebräer in diesem Sinne kein in sich ruhendes Urbild und Gestaltprinzip, sondern nur das Resultat einer zur Ruhe gekommenen Bewegung.

Desgleichen hat Boman darauf aufmerksam gemacht, daß der Hebräer den Begriff des Seins anders auffaßt als der Grieche. Während für das griechische Denken das Sein geradezu ein Gegenbegriff für das Werden ist (Parmenides), hat das Hebräische das Sein ununterscheidbar mit der Vorstellung der Bewegung verknüpft. Im Hebräischen bezeichnet „Sein" die Existenz, das Wirkliche, das „sich in Wirksamkeit äußert; also ist Existenz identisch mit Wirksamsein; sie ist nicht ruhend, sondern dynamisch." (T. Boman, 36)

Mit dem Fehlen der Vorstellung eines überzeitlichen Seins hängt auch die unterschiedliche Vorstellung von der Zeit selbst zusammen. Für das griechische Denken war die Zeit eine feste Ordnung des Nacheinanders, wie sie noch bei Leibniz und Kant definiert wird, im Grunde eine Art leeren Raumes für den *inneren* Sinn; alle Bewegungen finden in der Zeit statt, die Zeit selber aber ist eine reine Anschauungsform jenseits allen Zeitinhaltes; ja, bei Kant wird geradezu aus der Unveränderlichkeit der Zeitordnung das transzendentale Schema zur Auffindung der reinen Denkform der unveränderlichen Substanz entwickelt. Für das hebräische Denken gibt es eine solche Trennung zwischen Zeit und Zeitinhalt nicht, sowenig wie ihm einfallen kann, die Wirklichkeit in metaphysische Teile wie Substanz und Akzidenz, Form und Materie zu zerlegen, was ja, wie wir bei Kant sehen, unmittelbar an die Art gebunden ist, wie man sich die Zeit vorstellt. Hebräisch ist die Zeit, ähnlich wie in der Lebensphilosophie H. Bergsons, nur als eine immer schon vom Erleben her gestaltete und inhaltlich qualifizierte Zeit vorstellbar. Treu dem Anliegen Bergsons, hat in unseren Tagen die Existenzphilosophie Heideggers denn auch die im Grunde rein naturwissenschaftliche Zeitauffassung Kants von der leeren Anschauungsform des inneren Sinnes, die es erlaubt, Bewegungsabläufe im Raum meßbar zu machen, als einen derivaten (und depravierten) Modus eines ursprünglichen Sichverhaltens hingestellt: Zeit, meint Heidegger, sei gegeben durch die ekstatische Verfaßtheit des Daseins selbst.

Ganz im Sinne der Lebensphilosophie charakterisiert Boman das hebräische Zeitverständnis im Gegensatz zur physikalischen meßbaren Zeit als „psychologische Zeit" (a.a.O., 118—133).

Unter diesen unterschiedlichen Auffassungen des hebräischen Denkens von Beschreibung, Wesen, Sein und Zeit muß es die Frage sein, was es bedeutet, wenn J an den Anfang seiner Geschichte Israels eine Urgeschichte stellt, in der er die Entstehung des Menschen beschreibt und das Verhalten des Menschen im Abfall von Gott in einzelnen Erzählungen veranschaulicht.

Gehen wir von der erwähnten Unfähigkeit des Hebräers aus, eine statische Zustandsschilderung zu geben, setzen wir ferner voraus, daß er die Vorstellung eines überzeitlichen Wesens nicht kennt, so legt sich die Annahme nahe, daß die j Erzählungen vom Anfang gar nicht einen zeitlichen Anfang des Menschen in unserem Sinne darstellen wollen, sondern vielmehr in der Art eines Verfertigungsberichtes aufzeichnen, was sich jetzt und allenthalben im menschlichen Verhalten erkennen läßt. Statt den historischen Anfang des Menschen zu beschreiben, beschreibt J, was der Mensch in seinem Wesen ist, was er schon immer war, wie er von Anfang an gewesen ist. So wie die Erschaffung durch Gott aus dem Staub der Erde (Gn 2,7) nicht ausdrücken will, wie der Mensch entstanden ist, sondern wie der Mensch seiner Natur nach ist, so will die ganze j Urgeschichte nicht eine Darstellung der prähistorischen Entwicklung des Menschen geben, sondern entsprechend der dynamischen Denkweise des Hebräischen beschreiben, was und wie der Mensch immer war und gewesen ist, wie er schon im Anfang war und was das Wesen des Menschen ist. Wenn J also in Gn 3 beschreibt, wie der Mensch gegen Gott sündigt, dann nicht um zu sagen, daß der Mensch damals gesündigt hat, sondern daß der Mensch von seinem Ursprung her ein Sünder ist, daß er in dieser Weise sündigt, daß es zu ihm gehört, sich so Gott gegenüber zu verhalten. Und analog in Gn 4—11.

Daß dies so ist, wird deutlich, wenn wir einmal überlegen, wie denn der Hebräer das, was wir als „Wesen“ bezeichnen, überhaupt ausdrücken kann. Solange es möglich ist, wie im Griechischen, die Beobachtung gewisser entweder realer oder fiktiver Konstanten inmitten des Flusses der Veränderlichkeit durch eine Trennung der Ebenen und durch den Rekurs auf ein unveränderliches Wesen zu interpretieren, ist das Problem des Wandelbaren ein größeres Problem als der Umstand, daß es etwas Feststehendes geben soll; umgekehrt verhält es sich bei einem Denken,

Skizze:

das griechische Denken:
das Wesen als das Eine, Gleichbleibende hinter dem Wandelbaren und Mannigfaltigen der Dinge in der Zeit

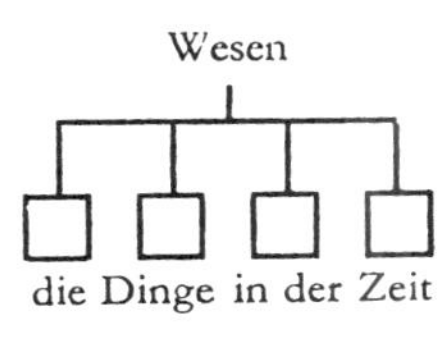

das von der Bewegung ausgeht, und zwar so radikal, daß es nicht zur Annahme eines in sich ruhenden unbewegten Wesens kommen kann. Es ist dann die Frage, wie man etwas als konstant markieren kann. Da es eine Ebene hinter der Veränderung nicht gibt, kann man das Konstante von etwas nur ausmachen als dasjenige, das im Strom der Veränderungen immer schon so bestanden hat und besteht. Gerade das aber läßt sich in einer Erzählung vom Anfang ausdrücken. Denn eine solche Erzählung tritt mit dem Anspruch auf, zu erzählen und zu beschreiben, wie es immer schon war, wie es schon „im Anfang“ war. Es ist von erheblicher Bedeutung, zu verstehen, daß unter den Strukturen des hebräischen Denkens eine Erzählung vom Anfang mithin, in unser Denken übersetzt, gerade keine Erzählung von etwas Vergangenem, nur Anfanghaftem darstellt, sondern vertreten werden muß durch eine Wesensaussage, wobei die Darstellung des Wesens aus den Zügen gewonnen werden müßte, die in der Erzählung vom Anfang selbst enthalten sind. Wir haben in der griechischen Schule des Denkens gelernt, es für eine Erklärung zu halten, wenn wir ein Phänomen auf sein Wesen zurückführen, also etwas in der Zeit auf etwas außerhalb der Zeit beziehen. Der Hebräer kennt diese Art des Erklärens nicht. Für ihn kann etwas in der Zeit nur auf etwas in der Zeit zurückgeführt werden. Daher erklärt er das Konstante inmitten des Wandelbaren, indem er es auf einen Anfang zurückführt, in dem es schon damals so war, wie es jetzt ist. Das „Wesen“, die „Natur“ einer Sache sieht also der Grieche in dem, was jenseits der Zeit unveränderlich so ist, der Hebräer in dem, was in der Zeit immer so gewesen ist. Daraus folgt: Anfangserzählungen im Hebräischen sind aufzufassen als Wesensaussagen. In principio sollte nicht heißen „im Anfang“, sondern „prinzipiell“, a principio, grundsätzlich, wesenhaft. Und umgekehrt: „Unsere Frage nach dem *Wesen* formt sich ... im Geist des Israeliten notwendig zu jener anderen nach dem *Ursprung*.“ (D. Arenhoevel: Ur-Geschichte, 5)

Skizze:

das hebräische Denken

Gegenwart — Anfang

[x] → [y] → [z] → [a]

das, was in der Zeit sich stets gleichbleibt und schon von Anfang an so war

Beispiele dazu gibt es zahlreiche.

In 1 Sam 20, 30 klagt Saul z. B. seinen Sohn Jonathan wegen der Freundschaft mit David an und beschimpft ihn als „Gezücht einer rebellischen Hure“. Es ist aus dem Kontext unstreitbar ersichtlich, daß Saul hier Jonathan angreifen will, nicht aber, wie es der Wortlaut zunächst nahelegen könnte, seine eigene Frau, die er als Hure bezeichnet. Die aufrührerische und untreue Gesinnung, will der König sagen, die sich jetzt in dem Verhalten Jonathans gegenüber David kundgibt, ist immer schon vorhanden gewesen; sie zeigt sich jetzt aber in einer solch empörenden Klarheit, daß man schließen muß, daß Jonathan grundlegend durch diese Eigenschaft charakterisiert war. Saul erklärt deshalb, bereits Jonathans Mutter sei eine rebellische Hure gewesen. Der Ursprung und die Grundlage des Lebens des Jonathan ist in den Augen Sauls Rebellion und Verrat; das Wesen Jonathans, so wie es Saul jetzt erscheint, wird aber im Hebräischen wiedergegeben durch die Bestimmung des Anfangs, durch die Kennzeichnung der Mutter, die Jonathan gebar.

Desgleichen wenn in Ps 51 (52), 7 der Beter sich anklagt, in Sünden von seiner Mutter empfangen und geboren worden zu sein; er will hier gerade nicht, wie man meinen könnte, sich für seine eigenen Sünden durch die Sünden seiner Mutter entschuldigen, sondern vielmehr in seinem erschütternden Bekenntnis die ganze Schwere seiner Schuld beteuern; so radikal, wie er sich jetzt als Sünder erfahren hat, kann er sich nur begreifen, wenn alles, was vorher war und was er vorher getan hat, in diesem einen Punkt seiner Sünde zusammengefaßt ist; sein ganzes Leben ist jetzt wie eine einzige Vorbereitung dessen, was er jetzt in seiner Schuld begangen hat; immer schon war seine Sünde vorhanden, von Anfang an war er ein Sünder, schon seine Mutter gebar ihn in Sünde. Es ist also von dem Betenden selbst die Rede; nicht die Mutter, sondern er selbst ist durch und durch ein Sünder.

Diese Gleichung von Anfang und Wesen, wie wir sie als eine Art Transformationsgleichung vom hebräischen in das griechische Denken vornehmen müssen, zeigt sich auch in den unzureichenden lexikalischen Bedeutungen des hebräischen Wortes r'šjt, das meist als „Anfang" wiedergegeben wird, das an manchen Stellen aber, unter etymologischer Berücksichtigung seiner Ableitung von r'š (Haupt), besser mit „hauptsächlich", „prinzipiell", „grundsätzlich", „wesentlich" wiedergegeben würde; ja, mitunter ist die Übersetzung „Anfang" geradezu sinnwidrig, sooft sie auch von den Übersetzern bevorzugt werden mag. Jer 49, 35 z. B. heißt es vom Bogen Elams doch wohl nicht, der Bogen sei der „Anfang" der elamitischen Macht, sondern gemeint ist, in dem Bogen drücke sich das Wesenssymbol, das Zeichen, das Urbild der elamitischen Macht aus. Spr 1, 7 ist dem berühmten Wort nach die Gottesfurcht doch wohl nicht der „Anfang" der Weisheit — was sollte denn danach noch kommen?! — sondern der „Inbegriff", das „Hauptmerkmal", das „Wesen" der Weisheit, wie es denn auch der Parallelismus von der Torheit an der gleichen Stelle verdeutlicht. Ähnlich Spr 4, 7; 8, 12; Ps 111, 10 u. ö. Welch eine Verharmlosung sich für uns aus solchen, man muß schon sagen, Fehlübersetzungen des hebräischen „Anfangs“ ergibt, zeigt sich z. B. Mi 1, 13; hier soll dem deutschen Text zufolge das Anspannen der Rosse von Lachiš der „Anfang“ der Sünde sein; aber in der Rede des Propheten geht es eben nicht um einen bloßen Anfang, sondern darum, daß hier eine Haltung zum Ausdruck kommt, die sich grundsätzlich in allen Sünden Zions manifestiert, aus Mißtrauen zu Gott auf die eigene Macht zu setzen; so äußert sich nicht der „Anfang“, sondern das Wesen der Sünde. Job 40, 19 soll der Behemoth der „Anfang“ der Wege Gottes sein; gemeint aber ist dem Kontext nach, der Behemoth sei eine Art „typisches Beispiel“, ein Wesensausdruck der Schöpfermacht Gottes.

Der gleiche Sachverhalt wird auch bei den zahlreichen Wendungen deutlich, in denen auf die Herkunft von Vater oder Mutter angespielt wird. Ps 116, 16 (115, 7) z. B. umschreibt in synonymem Parallelismus den Ausdruck „dein Sklave“ mit „der Sohn deiner Magd“; der Beter will hier offensichtlich nicht, wie es der verbale Ausdruck nahelegen könnte, seine Herkunft erläutern, sondern er will Gott mitteilen, wie er sich selbst von Grund auf, vom Ursprung her, prinzipiell, wesenhaft versteht.

Wenn also J in den Genealogien von Gn 4, 20—22 die Stämme der Jabaliten von einem Vater Jabal ableitet, der der Ursprung der Zeltbewohner und Viehzüchter gewesen sei, der Jubaliten von einem Jubal als Erfinder der Musik, der Thubalkainiten von einem Thubalkain als Erfinder der Eisenbearbeitung, so will er damit — entgegen dem scheinbaren Wortlaut — eigentlich nicht sagen, die Jabaliten seien Kinder eines Jabal, der das Nomadentum erfunden habe, sondern er will die Jabaliten in ihrem Wesensmerkmal als Stamm beschreiben und ausdrücken, was sie „im Grunde“, „hauptsächlich“, „wesentlich“ kennzeichnet. Ähnlich in Gn 9, 20—27 und Gn 10, 2. 4 f. 22, den j Genealogien über Kanaan, Jawan und Aram. (vgl. D. Arenhoevel: Ur-Geschichte, 5)

Von daher sind auch im NT die Fragen zu verstehen, „wessen Kind“ man sei; Ausdrücke wie „Kinder Abrahams“, „Kinder des Lichtes“ oder „der Finsternis“, „Söhne“ oder „Kinder Gottes“, „Kinder der Propheten“ (Apg 3, 25) sind zweifellos geistige, nicht biologische Verwandtschaftsbezeichnungen; es genügt aber nicht, in solchen Wendungen lediglich Metaphern von im Grunde historisch oder biologisch gemeinten Ausdrücken zu sehen; es geht vielmehr darum zu verstehen, daß die scheinbaren Herkunftsbeschreibungen von vornherein als Wesenskennzeichnung gemeint sind. Wenn z. B. die Frau aus dem Volke

Lc 11, 27 den Leib und die Brüste der Frau selig preist, die Jesus getragen und genährt haben, so gilt diese Lobpreisung nicht der Mutter Jesu, sondern ihm selbst: er selbst, will die Frau sagen, ist ganz und gar selig zu preisen, von Grund auf, weil er so ist, seines Wesens wegen; und Jesus selbst erklärt in seiner Antwort, worin sein Wesen, der eigentliche Grund der Seligpreisung liegt: „Selig, die das Wort Gottes hören und befolgen." (Lc 11, 28) Vgl. Mc 3, 33.34.

Von daher fällt auch ein Licht auf die sog. Kindheitserzählungen. 1 Sam 1—2, die Kindheitsgeschichte des Samuel, schildert der Erzählung nach die Umstände, unter denen Samuel zur Welt kam; tatsächlich aber enthält die Erzählung ein vorweggenommenes Porträt des Mannes, der „von Anfang an", schon als Kind, also „ganz und gar", vom Ursprung her, seinem ganzen Wesen nach in einer Zeit des Verfalls Gott gehört und von Gott als ein Gnadengeschenk gegeben wird. In der Art einer Erzählung wird hier dargestellt, was der Prophet Jeremias kürzer darin ausdrückt, vom Mutterschoß her berufen zu sein (Jer 1, 5). Ähnliches läßt sich von den Kindheitsgeschichten des Simson (Ri 13), des Moses (Ex 2), Johannes des Täufers (Lc 1) oder Jesu (Lc 2) sagen; es sind Porträts der Lebensgrundlage, des Wesens, des eigentlichen Ursprungs der betreffenden Personen.

Man kann daher sagen, daß Erzählungen vom Anfang, Bezeichnungen der Eltern, die Wendungen bestimmter Herkunftsverhältnisse, Verfertigungsberichte, Genealogien in unser Denken als Beschreibungen des Wesens, des Hauptkennzeichens, der Gestalt zu übersetzen sind.

Nun ist J. Barr wohl am heftigsten gegen die Thesen Bomans von der „speziellen Übereinstimmung von hebräischem Geist und hebräischer Sprache" (Bibelexegese und moderne Semantik, 90) zu Felde gezogen, um den verkappten „Idealismus" der sprachphilosophischen Überlegungen Bomans zu entlarven. Man wird Barr zugeben müssen, daß eine bestimmte Sprache (trotz: W. v. Humboldt: Über die Kawisprachen auf der Insel Java nebst einer Einleitung über die Verschiedenheit des menschlichen Sprachbaues und ihren Einfluß auf die geistige Entwicklung des Menschengeschlechts, 1836) nicht einfachhin als Manifestation einer bestimmten Geistesart verstanden werden kann; wir sind aber in der Frage, wie man im Hebräischen die Bedeutung des „Anfangs" verstehen soll, nicht unbedingt auf die Erwägungen Bomans angewiesen, wenngleich wir glauben, daß sich die Gleichung von „Anfang" und „Wesen" aus den Bomanschen Thesen recht gut verstehen läßt.

Es ist nämlich zu betonen, daß die Frage, wie Erzählungen vom Anfang zu interpretieren sind, weit über das Problem des Unterschieds von hebräischem und griechischem Denken hinausweist. Die Gattung der Urgeschichte selbst ist ja nicht eine Erfindung des J und auch nicht des Hebräischen, sie ist auch nicht auf bestimmte Sprachgruppen mit einer speziellen Sprachlogik beschränkt, sondern findet sich in den Primitivkulturen ebenso wie in den antiken Hochkulturen rund um die Welt; sie ist in diesem Sinne wahrhaft menschheitlich. Die Denkweise, die ihr eigentümlich ist, ist im Grunde die gleiche, wie wir sie in der Kategorie des Anfangs im Hebräischen gerade analysiert haben und wie sie den Ätiologien, Märchen und Mythen der Menschheit gemeinsam ist. Die *Ätiologie* versucht, einen Tatbestand der Gegenwart zu erklären, indem sie berichtet, wie er entstanden ist; indem sie scheinbar von etwas Vergangenem erzählt, beschreibt sie in Wahrheit etwas Gegenwärtiges. In diesem Sinne ist auch die j Urgeschichte als ätiologisch zu verstehen; in Erzählungen der Urzeit beschreibt sie, was ist.

Indessen ist dieses ätiologische Moment in den j Urzeitmythen nicht das wesentliche. P. Ricoeur hat zurecht gefordert, daß „der Mythos gänzlich der ‚ätiologischen' Funktion entledigt wird, mit der er zu verschmelzen scheint." (P. Ricoeur: Symbolik des Bösen, 188) Er hat versucht, den Mythos vom Ursymbol her zu verstehen, als eine Erzählung „symbolischer . . . nicht ätiologischer Art" (a.a.O., 190). So verstanden, „erklärt" der Mythos nicht eigentlich die Welt, sondern stellt sie dar; in einer Erzählung der Urzeit beschreibt er, „was ‚niemals war und immer ist'." (vgl. D. Arenhoevel: Das fremde Buch, 67) Als die „Erzählung an sich" erreicht er eine „abstrakte Geltung", die begründet, „warum er die Übersetzung ins Bild verträgt, damit in den Herrschaftsbereich der Schrift eintretend." (A. Gehlen: Urmensch und Spätkultur, 229) Die Mythen der j Urgeschichte sind daher zu verstehen als Urbilder des Menschen, der menschlichen Wirklichkeit in ihren Wesenszügen. Was als Begebenheit der Urzeit erzählt wird, ist Beschreibung der Strukturen dessen, was zu allen Zeiten ist.

Daß diese Verschmelzung von Vergangenem und Gegenwärtigem in den Denkformen von Mythos, Ätiologie, Märchen, Sage, Fabel möglich ist, scheint daran zu liegen, daß hier „das historische Bewußtsein" noch vollkommen fehlt. „Dieses besteht . . . in der Fähigkeit, ein *gegenwärtiges* Ereignis als epochemachendes, also mit den Augen *künftiger* Generationen zu sehen." (A. Gehlen: Urmensch, 230) Es besteht also in der Entdeckung der Einmaligkeit von etwas Gegenwärtigem. Der Mythos hingegen erzählt die Allgegenwärtigkeit von etwas Vergangenem, das nie vergeht. C. Lévi-Strauss sagt daher: „Die mythische Geschichte zeigt uns also das Paradox, von der Gegenwart zugleich losgelöst und mit ihr verbunden zu sein ... ein kohärentes System ..., in dem eine gewissermaßen gebändigte Diachronie mit der Synchronie zusammenarbeitet“ (C. Lévi-Strauss: Das wilde Denken, 273).

Wie man sieht, braucht man also die Eigentümlichkeit, daß Anfangserzählungen als Wesensbeschreibungen verstanden werden müssen, durchaus nicht linguistisch zu begründen und als Eigenart für das hebräische Denken zu reklamieren; sie kennzeichnet vielmehr eine bestimmte Denkform, die noch vor dem Auftreten des geschichtlichen Bewußtseins liegt und sich in den verschiedensten Erzählweisen ausdrücken kann. Möglicherweise entstammt diese „irrationale“ Denkform den unbewußten Schichten der menschlichen Psyche. So stellte bereits S. Freud aufgrund der Analyse von Träumen, Märchen, Mythen, Phantasien und freien Assoziationen fest: „Im Es findet sich nichts, was der Zeitvorstellung entspricht, keine Anerkennung eines zeitlichen Ablaufs und, was höchst merkwürdig ist und seiner Würdigung im philosophischen Denken wartet, keine Veränderung des seelischen Vorgangs durch den Zeitablauf.“ (S. Freud: Neue Folge der Vorlesungen zur Einführung in die Psychoanalyse, Werke XV, 80) Von daher könnte es sein, daß die ungeschichtliche Denkform der Mythen den Tiefenschichten der menschlichen Seele nähersteht, und dies wiederum könnte begründen, warum in archaischen Zeiten und in primitiven Kulturen Erzählungen dieser Art weltweit verbreitet sind. Jedenfalls beginnt der Mythos in dem Augenblick zu verschwinden, als durch die Entstehung der Schriftkultur ein geschichtliches Bewußtsein erwacht (vgl. A. Gehlen: Urmensch, 230, 231). Wir werden diesen Sachverhalt gleich noch einmal bei der Frage der strukturalistischen Mytheninterpretation aufgreifen.

Wie immer man daher zu den Ansichten Bomans stehen will, es kann kein Zweifel sein, daß die j Urgeschichte mit ihren Erzählungen und Genealogien als eine Beschreibung der Wesensmerkmale des Menschen zu verstehen ist. Die Bilder, in denen bei J der „Mensch am Anfang“ (E. Haag) gezeichnet wird, kennzeichnen, wie der Mensch wesenhaft ist. Wenn J daher schildert, wie der Mensch der Urzeit sündigte, so ist diese Schilderung als eine grundlegende Aussage über den Menschen überhaupt zu verstehen. „Durch eine Zeit, die alle Zeiten darstellt, wird der ‚Mensch‘ als ein universales Konkretum kund; Adam bezeichnet die Menschen. ‚In‘ Adam haben wir alle gesündigt, sagt Paulus. So entwindet sich die Erfahrung ihrer Singularität; sie wird in ihren eigenen „Archetyp“ umgewandelt“ (P. Ricoeur: Symbolik des Bösen, 186).

Darin liegt zugleich die Einheit von Allgemeinem und Individuellem, Abstraktem und Konkretem, die für die mythische Denkform charakteristisch ist, aber auch außerhalb der Mythen weltweit in den Kulturen der Primitivvölker verbreitet ist. C. Lévi-Strauss hat z. B. gezeigt, daß „in sehr vielen Gesellschaften die Eigennamen in derselben Weise gebildet werden, wie die Naturwissenschaften Artnamen bilden" (C. Lévi-Strauss: Das wilde Denken, 235), daß also „zwischen Eigennamen und Artnamen kein grundlegender Unterschied besteht" (a.a.O., 248). Es kann mithin das „Individuum als Art" erscheinen und umgekehrt. Was also J in den Gestalten seiner Urzeiterzählungen (Adam und Eva, Kain und Abel etc.) beschreibt, ist sowohl kollektiv wie individuell, konkret wie allgemein zu interpretieren. Die Frage kann nicht sein, wer Adam war; es geht nur darum zu sehen, daß wir alle zusammen und jeder von uns Adam ist. Vgl. Jes 43, 27.

Man braucht also diese Denkform selbst sowenig wie die Eigentümlichkeit der Kategorie des Anfangs allein für das hebräische Denken zu beanspruchen; dies schon deshalb nicht, weil, wie wir noch sehen werden, die Erzählungen, die J in seiner Urgeschichte aufgreift, z. T. weltweit verbreitet und sicher nicht hebräischen oder auch nur semitischen Ursprungs sind. Allerdings kann man auch im Hebräischen selbst außerhalb der j Urgeschichte die Strukturen eines solchen Denkens wiederfinden. H. W. Robinson hat hier den Ausdruck der corporative personality geprägt, um diese Einheit zwischen dem Einen und den vielen zu beschreiben (vgl. J. Scharbert: Prolegomena eines Alttestamentlers zur Erbsündenlehre, 40, Anm. 19). Möglicherweise hat J. Scharbert nicht unrecht, wenn er die Denkweise der „Korporativperson" für die altisraelitischen Verhältnisse mit dem sozialen Hintergrund des Clans in Verbindung bringt und dementsprechend von „Clandenken" spricht, um das „eigenartige Schillern in den Aussagen über den Clan, seinen Stammvater, seine Häupter und seine Glieder" auszudrücken (a.a.O., 40). Indessen ist, wie gesagt, die Denkform selbst nicht an die soziologische Ordnung des Clans gebunden, wie denn für die j Erzählungen der Urgeschichte überhaupt eine Interpretation aus zu speziellen israelitischen Verhältnissen nur fragwürdig sein kann. Die Bausteine und die Anlage der j Urgeschichte selbst ist menschheitlich, und genau so ist ihre Aussage zu verstehen: J meint die ganze Menschheit und einen jeden einzelnen. Die Denkweise, die den j Aussagen zugrundeliegt, könnte man, statt soziologisch, besser psychologisch als „Gruppenbewußtsein" bezeichnen, ein Ausdruck, mit dem C. G. Jung das Denken des Primitiven bezeichnen wollte und zu dessen Erklärung er hinzufügte: „In der menschlichen Urwelt gab es anstatt eines Individualbewußtseins etwas wie eine Kollektivseele, aus welcher erst auf höheren Entwicklungsstufen allmählich das Einzelbewußtsein auftauchte." (Die Bedeutung der Psychologie für die Gegenwart, X, 160)

Einen interessanten Beleg für eine solche Denkweise, in der Wesenskennzeichnungen von Menschen oder Gruppen durch eine (fiktive) Genealogie ihrer (biologischen) Anfänge gegeben werden, liefert der Fall der 15 Jahre alten S.W., die in ihren spiritistischen Träumereien ihre psychischen Gestalten auf verworrene Familienromane zurückführte (C. G. Jung: Zur Psychologie sogenannter okkulter Phänomene, I, 42—43; 78). Bei dem „Gruppendenken" handelt es sich also wohl um eine primitive Denkweise, die auch heute noch jederzeit wieder auftaucht, sobald das Individualbewußtsein durch das, was P. Janet als „abaissement du niveau mental" bezeichnete, zurückgedrängt wird, (vgl. C. G. Jung: Über die Psychogenese der Schizophrenie, III, 266—267) — eine Tatsache, die jeder Besucher von Sportveranstaltungen oder demagogisch organisierten Parteiversammlungen mühelos an sich selbst am hellen Tage beobachten kann.

Das Gruppendenken selbst und die Eigenart, grundlegende Beschreibungen der Gegenwart in Form von Anfangserzählungen zu geben, ist also keineswegs ein Spezifikum der j Urgeschichte, sondern ein Kennzeichen archaischen Denkens überhaupt, insbesondere der Urgeschichten und Mythen der Völker.

Die entscheidende Eigenart der j Komposition liegt demgegenüber darin, daß J die Urzeiterzählungen mit einer echten Geschichtsschreibung verbindet, der ersten großen Geschichtsschreibung der Menschheit überhaupt. Auf diese Weise gestaltet J die Urgeschichte zu einer Darstellung der Grundkräfte und Grundgestalten des Menschen und seiner Geschichte um. Während der Mythos „eine Einsicht in das Allgemeine des Lebens eröffnet" und die „fundamentalen Wahrheiten" der Welt ausdrückt (S. K. Langer: Philosophie auf neuem Wege, 178), dabei aber die Welt und das Leben selbst mythisch verstanden wird, versteht J Welt und Leben unmythisch, benutzt aber die Urzeitmythen der Völker, um die Grundwirklichkeit des menschlichen Daseins und der menschlichen Geschichte auszudrücken. P. Ricoeur meint, der Mythos selbst habe bereits „eine ontologische Richtung: er zielt auf die Beziehung . . . des wesenhaften Menschseins zu seiner geschichtlichen Existenz." (P. Ricoeur: Symbolik des Bösen, 187) Es ist bei dieser Formulierung bedenklich, ob der Mythos so etwas wie eine geschichtliche Existenz überhaupt meinen kann; aber bezüglich der j Urgeschichte kann man Ricoeurs Ansicht nur unterstreichen, und wir werden dies gleich noch gegenüber dem Strukturalismus verdeutlichen. J will in den Erzählungen und Genealogien seiner Urgeschichte in der Tat Wesensbilder des Menschen vorab zu den einzelnen Ereignissen seiner Geschichte geben. Daraus folgt als hermeneutische Grundregel der Interpretation von Gn 2—11: die einzelnen Abschnitte der j Urgeschichte sind so auszulegen, daß sie als Urbilder, als Wesensaussagen über den Menschen verstanden werden.

Freilich ist diese Feststellung zu präzisieren. Denn wenn wir von „Wesen" sprechen, so wird dabei in unserem Denken sogleich etwas Unveränderliches, Notwendiges, Allgemeines (im Sinne Platons) assoziiert; wir sind gewohnt, „Wesen" als „Natur" zu verstehen. Mit diesem Verständnis würden wir J nicht gerecht. Denn J denkt nicht im griechischen Sinne philosophisch, sondern „theologisch"; er beschreibt den Menschen nicht, wie er in sich ist, sondern wie er vor Gott und im Verhältnis zu Gott ist. Diese theologische Wirklichkeit des Menschen versteht J aber in seiner Urgeschichte vorab zur konkreten Geschichte und zum Leben des einzelnen als eine allgemeine, vom Menschen nicht zu ändernde und grundlegende, insofern „wesenhafte" Wirklichkeit.

Daher ist es von größter Bedeutung, daß J in seiner Urgeschichte den Menschen als ein Wesen schildert, das von Gott abgefallen und ganz und gar dem Bösen verfallen ist (Gn 6, 5; 8, 21). Indem J diese Aussagen macht, stellt er den Menschen als von Grund auf verderbt hin; geradezu als die Grundlage des menschlichen Daseins und der menschlichen Geschichte versteht er den Abfall, das Abgefallensein von Gott, und zwar so, daß es vom Menschen her nicht mehr rückgängig zu machen ist. Die j Urgeschichte verfolgt insofern in etwa den Zweck, den P. Ricoeur dem Mythos überhaupt zuerkennt, wenn er meint, es wolle „der Mythos zum Rätsel der menschlichen Existenz vordringen, nämlich zu dem Mißklang zwischen der Grundwirklichkeit — dem Zustand der Unschuld, dem Urstand des Geschöpfs, der Wesentlichkeit — und der aktuellen Seinsweise des Menschen als eines Befleckten, eines Sünders, eines Schuldigen" (P. Ricoeur: Symbolik, 187). Allerdings muß dazu gesagt werden, daß jetzt in der menschlichen Geschichte für J die Schuld des Menschen eine „Grundwirklichkeit" ist, die allen Völkern gemeinsam ist und nicht überwunden werden kann, es sei denn, daß Gott selbst der menschlichen Geschichte eine andere Richtung gibt (Gn 12). Denn das, was die Urzeitmythen vom Übergang von der Schöpfungswirklichkeit zu der jetzigen unüberschreitbaren Wirklichkeit des menschlichen Daseins aufzeigen, dient J dazu, die Grundstrukturen des Menschen und seiner Geschichte als eines von Gott getrennten bösen Daseins zu charakterisieren und zugleich zu zeigen, daß der Mensch schuldig daran ist, so zu existieren, wie er existiert, obwohl in der menschlichen Geschichte nur Gott die menschliche Geschichte noch verändern kann.

Es ist also nicht unsere Willkür, sondern wir handeln ganz und gar im Sinne des Selbstverständnisses der j Urgeschichte, wie wir es bereits aus der Eigenart des hebräischen Denkens sowie der mythischen Denkweise erschließen können, wenn wir unsere Aufmerksamkeit auf die j Urgeschichte richten, um herauszufinden, in welchen Strukturen das Böse in der Menschenwelt auftritt und erfahren wird.

2. Zur psychoanalytischen Interpretation der j Urgeschichte

Nachdem wir also einen ersten hermeneutischen Ansatz zur Interpretation der j Urgeschichte gefunden haben, ist jetzt die Frage, wie man die mythischen Erzählungen von Gn 2—11 (J) in sich selbst interpretiert. Diese Frage stellt ein Problem dar, das im Rahmen der historisch-kritischen Exegese nur höchst unzureichend gelöst werden kann. Prinzipiell lassen sich „die Theorien der Mythen in zwei Gruppen einteilen: die symbolistischen und die funktionalistischen. Die ersten, die zu Beginn des Jahrhunderts mit der deutschen Schule, sodann mit Frazer und Freud vorherrschten und stets die Liebhaber der Mythologie entzückten, nehmen unmittelbar die mythischen Erzählungen zum Gegenstand. Der soziologische Kontext, in dem die Mythen erzählt werden, interessiert die Symbolisten kaum. In den mythischen Erzählungen erkennen sie vertraute Symbole und können sie folglich entschlüsseln." (D. Sperber: Der Strukturalismus in der Anthropologie, in: Einführung in den Strukturalismus, hrsg. v. F. Wahl, 205—206)

Gegen dieses Verfahren hat sich vor allem die funktionalistische Theorie von B. Malinowski gewandt (B. Malinowski: Die Funktionaltheorie, in: Eine wissenschaftliche Theorie der Kultur, bes. S. 26—29; ders.: Eine wissenschaftliche Theorie der Kultur, in: Eine wissenschaftliche Theorie der Kultur, bes. S. 123—150; 165—172). Für Malinowski „liegt die Realität des Mythos ... in seiner sozialen Funktion" (B. Malinowski: Der Mythos in der Psychologie der Primitiven, in: Magie, Wissenschaft und Religion, 99). Sehr anschaulich schildert er, wie bereits die unterschiedlichen Erzählanlässe eine deutliche Differenzierung des Erzählgutes eines Stammes erlauben, und resümiert: „Die *Volkssage* (bzw. das Märchen, d. V.) ist . . . an die Jahreszeit gebunden und dient als Akt der Geselligkeit. Die *Legende*, die aus dem Kontakt mit einer außergewöhnlichen Wirklichkeit entstanden ist, erschließt vergangene historische Ausblicke. Der *Mythos* kommt mit ins Spiel, wenn Ritus, Zeremonie oder eine soziale oder moralische Regel Rechtfertigung verlangt, Gewähr für ihr Alter, ihre Realität und ihre Heiligkeit.“ (a.a.O., 89) Weit davon entfernt, eine zwecklose Tagträumerei zu sein oder eine bloß intellektuelle Neugierde durch „ätiologische“ Scheinerklärungen zu befriedigen, bedeuten die Mythen „für die Eingeborenen die Darstellung einer uralten . . . Wirklichkeit, durch die das gegenwärtige Leben, die Schicksale und Aktivitäten der Menschheit bestimmt werden und deren Kenntnis dem Menschen das Motiv für rituelle und moralische Handlungen wie auch Hinweise für ihre Ausführung liefert.“ (a.a.O., 90—91)

Man wird ohne weiteres Malinowski zustimmen müssen, daß Mythen ethnologisch nicht „aus ihrem Zusammenhang mit dem Leben gerissen und nach dem, wie sie auf dem Papier aussehen, untersucht werden“ dürfen, sondern nur „nach dem, was sie im Leben bewirken“ (a.a.O., 93). Nun sind wir aber bei den Erzählungen der j Urgeschichte (und den mythischen Erzählungen des AT's insgesamt) gerade in der singulären Lage, Mythen interpretieren zu sollen, die ihres sozialen Kontextes völlig entkleidet sind, die nur noch in schriftlicher Form überliefert sind und die ihr Gepräge ganz und gar von ihrer literarischen, nicht sozialen Umgebung erhalten; es handelt sich um Erzählungen, die in mythischer Sprachgestalt keinen mythischen Sinn mehr besitzen. Die Funktion, die ihnen früher zur Interpretation eines Ritus oder zur Darstellung bestimmter grundlegender Lebensverrichtungen oder Lebenseinrichtungen zukam, läßt sich allenfalls noch hypothetisch aus der Analyse der Erzählungen selbst erschließen, kann aber in keinem Falle zur Interpretation der vorliegenden Texte herangezogen werden. Malinowski sagt von den Mythen: „Sie erklären nie, in keinem Sinn des Wortes; sie legen immer einen Präzedenzfall dar, der ein Ideal und eine Garantie für seine Dauer konstituiert und manchmal praktische Anweisungen für das Verfahren gibt.“ (a.a.O., 92) Das gilt uneingeschränkt auch für die Erzählungen der j Urgeschichte: sie beschreiben mit Hilfe von „Präzedenzfällen“ eine konstante Grundwirklichkeit des menschlichen Lebens. Allerdings entziehen sie sich jeder funktionalistischen Deutung durch ihre soziale Funktionslosigkeit; sie gewinnen dafür eine universale Bedeutungsbreite, die jede Stammesgebundenheit sprengt und sprengen soll; gekennzeichnet wird in ihnen nicht mehr die ideale unveränderte

Gesellschaftseinrichtung einer bestimmten menschlichen Gruppierung, sondern die Grundwirklichkeit des Menschseins überhaupt. Dieser Umstand macht es möglich und notwendig, einen Schritt zu tun, der ethnologisch unverantwortlich, „anthropologisch“ aber im Sinne des J geboten scheint: nämlich die funktionalistische Deutungsmethode auf den zweiten Platz zu verweisen und zu den symbolistischen Interpretationsverfahren Zuflucht zu nehmen.

Indem nämlich der Mythos von seiner sozialen Funktion isoliert wird, steht er damit noch keineswegs bar jeder Bedeutung da, wie es nach der Theorie Malinowskis der Fall sein müßte. Vielmehr nimmt er oft in gewissem Sinne sogar noch an Bedeutung zu: der Mythos wandelt sich zum Märchen oder zum Motiv künstlerischer Gestaltung in Theater, Dichtung, Musik und darstellender Kunst und vermag in dieser Form das Leben eines Stammes um Jahrtausende zu überdauern; er ist imstande, nach wie vor starke Affekte wie Lust oder Grauen, Schrekken oder Freude, Begeisterung oder Ekel auf sich zu ziehen, und dies nicht nur im Umkreis seiner sozialen Herkunft, sondern offenbar bei Menschen ganz verschiedener Kulturen oder ganz verschiedener Zeiten. Das berühmteste Beispiel dafür liefert die Degeneration des griechischen Mythos zur attischen Tragödie und Komödie, deren Stoffe sich noch heute in aller Welt der größten Beliebtheit erfreuen und deren psychische Funktion schon Aristoteles in seiner „Poetik“ (Kap. 6) mit dem gewissermaßen medizinisch-therapeutischen Begriff der „Katharsis“, der Auslösung und Abreaktion starker Gemütsbewegungen von Mitleid und Furcht, völlig korrekt wiedergegeben hat.

Der Mythos besitzt also neben seiner sozialen Funktion, die sich ethnologisch erfassen läßt, zugleich eine psychische Funktion, die als solche von ihrem gesellschaftlichen Aussagewert völlig unabhängig ist und die überhaupt erst durch die Verflechtung mit der sozialen Umwelt einen mythischen Charakter erhält; davon losgelöst, teilt sie diese Funktion mit dem Märchen, der Dichtung, dem Traum. Darin liegt auch der Grund, warum es rein innersprachlich nicht exakt möglich ist, ein Märchen von einem Mythos zu unterscheiden. Eine Erzählung wie die „Von dem Machandelboom“ z. B. gibt sich heute in der Sammlung der Grimmschen Märchen durchaus nicht mehr als ein Mythos zu verstehen; sie weist aber mit den Themen des Kannibalismus, der Entstehung des kulturbringenden Kindes aus dem Mistelzweig, der Verbindung von Kopfjagd und Apfel, dem Motiv der Zerstückelung des getöteten Kindes, das sich in einen Vogel (ein Himmelswesen) verwandelt, eine außerordentliche Verwandtschaft mit dem Mythos der Hainuwele auf, der noch heute bei den Eingeborenen auf der Molukkeninsel Ceram erzählt wird und den wir im 2. Teil dieser Arbeit ausführlich besprechen werden.

Dies Beispiel zeigt, daß der Mythos zwei Seiten besitzt: eine soziale Dimension und zugleich eine psychische; die erstere ist an eine bestimmte kulturelle Umwelt gebunden, die letztere ist universal. Der sozialpsychologische Wert des Mythos scheint es gerade zu sein, daß er mit seiner Symbolik mächtige psychologische Antriebe, die sonst chaotisch werden könnten, mit sozialen Einrichtungen zu verknüpfen und somit zur Eingliederung des einzelnen in das Leben des Stammes beizutragen weiß. B. Malinowski hat selbst vorzüglich dargetan, wie der religiöse Ritus besonders bei Ereignissen, die emotional stark besetzt sind und gemeinschaftszerstörende Tendenzen entfachen könnten, durch Verstärkung positiver Kräfte wirksam wird und damit „den Sieg der Tradition und der Kultur über die negative Reaktion des frustrierten Instinkts" sichert (B. Malinowski: Magie, Wissenschaft und Religion, in: Magie, Wissenschaft und Religion. Und andere Schriften, 38). Dieses Ziel kann der Ritus aber nur erreichen, wenn er an Ausdrucksformen anknüpft, die instinktiv im Menschen verankert sind. Dasselbe wird man von dem mit dem Ritus aufs engste verbundenen Mythos sagen müssen: seine Motive und Bilder erweisen ihre sozial-integrative Funktion gerade darin, daß sie emotional hochwirksam sind. Da die emotionale Ausstattung biologisch bei allen Menschen die gleiche sein dürfte, liegt nichts Wunderbares darin, daß die Mythen, auch völlig losgelöst von ihrer sozialen Funktion, überall auf der Welt „verstanden" werden und allenthalben eine heftige emotionale Resonanz hervorrufen. Diesen Zusammenhang der mythischen Motive mit den psychischen Grundantrieben des Menschen zu erforschen bildet aber gerade die Hauptaufgabe der symbolistischen Deutung der Tiefenpsychologie. Ihr Deutungsverfahren ist daher überall dort die Methode der Wahl, wo wir auf Mythen stoßen, die von ihrem gesellschaftlichen Bezug abgetrennt sind und damit ihren eigentlich mythischen Aussagegehalt eingebüßt haben, wie es bei den Erzählungen der j Urgeschichte der Fall ist. Sie sind zu lesen wie Märchen und Träume.

Die tiefenpsychologische Deutung macht sich, wie man sieht, einer methodischen Einseitigkeit bei ihrer Mytheninterpretation schuldig, indem sie den sozialen Bezug der Mythen weitestgehend vernachlässigt; auf der anderen Seite aber gewinnt sie dadurch den Vorteil, aufklären zu können, welch ein emotionaler Wert den mythischen Bildern zukommt, welche Antriebe, Wünsche, Ängste, Hoffnungen, Abwehrmechanismen u. ä. mit ihnen verbunden sind. Die Tiefenpsychologie erklärt in diesem Sinne nicht, was ein bestimmter Mythos für eine bestimmte Gesellschaft, wohl aber, was er für die menschliche Psyche überhaupt bedeuten kann.

So zeigt sich, daß die Tiefenpsychologie eine Einstellung einnimmt, die den Erfordernissen und der Eigenart einer Interpretation der j Erzählung entspricht. Denn indem J bestimmte mythische Erzählungen aus der Tradition aufgreift und zu einer Urgeschichte verarbeitet, legt er von vornherein den größten Wert auf ein menschheitliches, durch keinerlei Stammesbindungen eingegrenztes Verständnis seiner Bilder. Was einmal „sozialen" Gehalt besessen haben mag, erhält jetzt eine universale anthropologische Bedeutung. Und diese kann nicht in den sozialen Vorstellungen eines bestimmten Stammes gesucht werden, sondern nur in der Psyche des Menschen selbst. Daher die Möglichkeit und Notwendigkeit einer tiefenpsychologischen Interpretation der j Urgeschichte.

Tatsächlich werden wir also eine Hypothese einführen müssen, die Malinowski mit Recht als Soziologe ablehnt, die aber psychologisch ohne weiteres gemacht werden muß, daß es nämlich so etwas wie eine „kollektive Seele" gebe (B. Malinowski: Baloma — die Geister der Toten auf Trobriand, in: Magie, Wissenschaft und Religion. Und andere Schriften, 232, Anm. 77). Vom empirischen Standpunkt aus ist damit natürlich keinerlei metaphysische Setzung gegeben, sondern lediglich eine Beobachtungseinstellung markiert, die auf die Herausarbeitung bestimmter Regelmäßigkeiten des psychischen Verhaltens, soweit dieses im Menschen selbst begründet ist, abzielt. Wenn bei der Untersuchung der Mythen, Märchen und Träume, unabhängig von den Bedingungen einer bestimmten Kultur und den geschichtlichen Vermittlungen kultureller Tradition oder Migration, eine auffallende Gleichartigkeit der Motive zutage tritt, so stellt sich für die Psychologie die Frage, welche psychischen Faktoren diese Gemeinsamkeiten verstehen lassen.

Hier nun treten zwei verschiedene Schulmeinungen einander gegenüber: die Psychoanalyse S. Freuds und die komplexe Psychologie C. G. Jungs, die beide als Tiefenpsychologie bezeichnet werden, indem sie beide von einer Theorie des Unbewußten ausgehen, die aber beide charakteristische Unterschiede aufweisen, die methodisch für die Interpretation der j Erzählungen von großer Bedeutung sind und daher vorab deutlich gemacht werden müssen.

Beide, Freud wie Jung, sind sich darin einig, daß die Fähigkeit, symbolische Vorstellungen auszubilden, eine archaische, phylogenetisch erworbene Leistung der menschlichen Psyche darstellt, die ganz in die „Anfänge unserer intellektuellen Entwicklung" gehört und noch der Herausbildung eines persönlichen Bewußtseins vorausliegt (S. F.: Vorlesungen zur Einführung in die Psychoanalyse, XI, 203). So kommt es, daß die Symbolbildung zum unbewußten Vorstellen überhaupt gehört und sich nicht nur im Traum, sondern auch „im Folklore, in den Mythen, Sagen, Redensarten, in der Spruchweisheit und in den umlaufenden Witzen eines Volkes", ebenso aber auch in den Symptomen der Psychoneurose wiederfindet (S. F.: Die Traumdeutung, II/III, 356). Auch darin stimmen die beiden großen Forscher überein, daß die Symbolik, der „Inhalt des Unbewußten . . . kollektiv, allgemeiner Besitz der Menschen" sei (S. F.: Der Mann Moses und die monotheistische Religion, XVI, 241). Lediglich in der Art der Bewertung der Symbolik und in der Methode der Deutung haben Freud und Jung einander entgegengesetzte Wege eingeschlagen.

Für Freud stellt sich das manifeste Traumelement bzw. das einzelne Mythologem als etwas Uneigentliches dar, das etwas anderes, das der Träumer selbst bewußt nicht kennt, ersetzt (F. S.: Vorlesungen zur Einführung in die Psychoanalyse, XI, 111); die Aufgabe der Traumdeutung bzw. der Mytheninterpretation sieht Freud darin, die dem Träumer unbewußten latenten Traumgedanken durch Rückführung des manifesten Trauminhaltes auf die ursprünglichen Triebregungen zum Bewußtsein zu bringen. Es zeigte sich Freud nämlich, daß hinter den manifesten Traumelementen bestimmte anstößige Wunschregungen stehen, die infolge der Traumzensur entstellt und durch vielfältige archaische Mechanismen der Traumarbeit in die Gestalt des manifest erscheinenden Traumes umgearbeitet werden. Die Symbolik selbst hält Freud dabei für „eine alte, aber untergegangene Ausdrucksweise" (a.a.O., 169), die auch bestehen würde, wenn es die Traumzensur nicht gäbe. Er meint indessen, daß es „der Traumzensur bequem ist, sich der Symbolik zu bedienen, da diese zu demselben Ende (sc. wie die Entstellung durch Zensur, d. V.), zur Fremdartigkeit und Unverständlichkeit des Traumes führt." (a.a.O., 171)

Das Bemühen der Freudschen Traumanalyse geht also dahin, die Traumarbeit rückgängig zu machen und die verborgenen Wunschregungen freizulegen. Seine Methode ist reduktiv, analytisch und rein kausal. Die Freudsche Deutung ist am Ziel, wenn es gelungen ist, in naturwissenschaftlichem Sinne die ursächlichen Determinanten beim Zustandekommen eines Traumes herauszufinden. Indem Freud somit die entwickelte Symbolgestalt eines Traumes oder Mythos auf einfache elementare Triebregungen, auf infantile und primitive Wunscherfüllungen zurückführt, haftet seiner Einstellung von vornherein etwas Destruktives und Kritisches an, das vorzüglich geeignet ist, den Aufbau neurotischer Symbolbildungen zum Einsturz zu bringen, das verdrängte Material hinter der Fassade unbewußter Entstellungen wieder freizulegen und es damit einer realitätsangepaßteren Bearbeitung zugänglich zu machen; andererseits scheint es fraglich, ob die Freudsche Betrachtungsweise gleichermaßen imstande ist, auch außerhalb des ärztlichen Behandlungszimmers die Phänomene der Kunst und der Religion positiv zu würdigen und in den Produkten des Unbewußten mehr zu sehen als nur Ergebnisse krankhafter Verdrängungen. Zwar hat Freud ausdrücklich betont, die Psychoanalyse als Forschungsmethode sei weltanschaulich „ein parteiloses Instrument, wie etwa die Infinitesimalrechnung" (S. F.: Die Zukunft einer Illusion, XIV, 360), sie sei als solche zu Beweisen für wie gegen die Religion zu gebrauchen, aber die reduktive Methode Freuds scheint sich doch sehr schwer zu tun, die positive Leistung und den geistigen Gehalt von Religion und Kunst zu würdigen, so daß der Atheismus sich bei dem Begründer der Psa wohl nicht zufällig mit seinem psychologischen Untersuchungsverfahren verbindet.

Demgegenüber hat C. G. Jung, abgesehen von der Kritik an der „sexualistischen" Auffassung der Libido, die Jung als „psychische Energie" verstehen möchte (vgl. C. G. Jung: Über die Psychologie des Unbewußten, VII, 31), eine psychologische Auffassung des Symbols geltend gemacht, die dieses „nicht nur semiotisch, sondern auch symbolistisch" betrachtet, also dem Symbol einen positiven Wert beimißt (C. G. Jung: Vorreden zu den „Collected papers", IV, 336). Unter „semiotisch" versteht Jung eine Meinung, die in dem Symbol nur eine „Analogie oder abgekürzte Bezeichnung einer bekannten Sache" erkennt (Psychologische Typen, Definition, VI, 515); symbolisch sei hingegen eine Erklärung, die das Symbol als „Ausdruck eines bis dahin unbekannten und unverstehbaren mystischen oder transzendenten, d. h. also zunächst psychologischen Tatbestandes, ... ansieht", der sich „schlechthin am treffendsten" nur durch das Symbol darstellen läßt (a.a.O., 515—516). Zwar bemerkt auch Jung den Zusammenhang zwischen der Verdrängung und der Symbolbildung, aber er versteht ihn in heilendem, positivem Sinne. Nach seiner Ansicht besitzt das Unbewußte nicht eine dem Bewußtsein rein gegensätzliche (konträre), wohl aber kompensatorische Funktion, indem alles ungelebte psychische Leben ins Unbewußte absinkt und dort sowohl die Quelle der Neurose wie der Erneuerung bilden kann. Das Symbol, das in seinem Wesen sowohl der rationalen wie der irrationalen Welt angehört, vermag dem Unbewußten einen ungefährlichen Zugang zum Leben zu verschaffen und so die unbewußten Inhalte, die bei ständiger Nichtbeachtung sich einen krankhaften Einfluß auf das Bewußtsein verschaffen würden, ergänzend und heilend dem einseitig gewordenen Bewußtseinsstandpunkt hinzuzufügen. Der Wert der Religion mit ihren Riten, Mythen und Mysterien liegt für Jung darin, daß sie als „eine bewußte Kunsthilfe ... dem Unbewußten dadurch entgegenkommt, daß sie seine kompensatorische Funktion, die, wenn unbeachtet, öfters wirkungslos bliebe, mit einem hohen Bewußtseinswert ausstattet." (Über das Unbewußte, X, 32) Insofern verwahrt sich Jung gegen eine rein „kausalistische" Symbolerklärung, die die Zweckbedeutung des Symbols ebenso wie der Regression zum archaischen Denken übersieht, und verlangt eine Auffassung, die final orientiert ist und begreift, daß die Seele, indem sie Symbole schafft, sich selbst zu erneuern und zu entwickeln trachtet. „Für die Seele ist reductio ad causam das Gegenteil von Entwicklung, sie hält die Libido an den elementaren Tatsachen fest" (Über die Energetik der Seele, VIII, 26), während das Symbol gerade die psychische Energie zu einem neuen Gebrauch umzuformen suche.

In einer schematischen Darstellung läßt sich die unterschiedliche Ausrichtung Freuds und Jungs so gegenüberstellen:

Freud	*Jung*
reduktiv	prospektiv
analytisch	synthetisch
kausal	final
semiotisch	symbolistisch
libidotheoretisch	energetisch

Wenn man so will, denkt Freud in seiner Symboltheorie naturwissenschaftlich, Jung eher geisteswissenschaftlich.

Von seiner positiven Einschätzung des Symbols gelangt Jung naturgemäß zu einer viel wohlwollenderen Beurteilung des Mythos und der Religion. Keineswegs stellen sie für ihn nur nützliche Illusionen dar, die den primitiven Menschen über die Härte der kulturell bedingten Triebverzichte hinwegtrösten sollen; vielmehr ergibt sich der Mythos für ihn unmittelbar aus der Psychologie des archaischen Menschen, indem dieser durch Unkenntnis der Natur ebenso wie durch die Unkenntnis seiner selbst das Subjektiv-Psychische in projizierter Form im Objektiv-Natürlichen wiederfindet. Dadurch entsteht das, was Lévy-Bruhl als „participation mystique“ bezeichnet hat, jene durch Projektion des Psychischen geschaffenen „Beziehungen zwischen Menschen, zwischen Menschen und Tieren und Sachen, die ganz unbegreiflich erscheinen.“ (C. G. Jung: Der archaische Mensch, X, 81) Die Mythologie ist daher „projizierte Psychologie, und zwar unbewußte Psychologie; denn die Mythen wurden und werden nie ersonnen, sondern entstammen dem Unbewußten des Menschen“ (C. G. Jung: Darstellung der psychoanalytischen Theorie, IV, 238). Die Inhalte der Mythen bilden sich also nicht durch Verdrängung unmoralischer, verwerflicher Triebregungen, sondern es handelt sich nach Jung „um *noch nicht bewußte*, das heißt als subjektiv realisierte Inhalte, wie zum Beispiel die Dämonen und Götter der Primitiven oder die fanatisch geglaubten -ismen der Modernen.“ (Theoretische Überlegungen zum Wesen des Psychischen, VIII, 204)

Es wäre indessen nach Jung verfehlt, wollte man die Mythen nur aus dem persönlichen Unbewußten des einzelnen erklären; dagegen sprächen seiner Meinung nach sowohl die Ergebnisse der Schizophrenieforschung als auch die vielfache Ähnlichkeit der Mythen untereinander als auch das Auftauchen mythischer Motive in den „großen Träumen“ von Patienten, die von den religionshistorischen Parallelen ihrer Vorstellungen nachweislich keinerlei Kenntnis besitzen und bei denen auch jede Form von Kryptomnesie ausgeschlossen ist (vgl. Vom Wesen der Träume, VIII, 332). Die „psychischen Gestalten, die im Traum, in Phantasien, Visionen und Wahnvorstellungen, wie in Sagen, Märchen, Mythen und Religionen auftreten“, weisen bestimmte typische Grundformen auf, „die sich weit in die Geschichte und sogar Vorgeschichte zurück verfolgen lassen und deshalb als *Archetypen* bezeichnet werden dürfen.“ (Grundfragen der Psychotherapie, XVI, 132) Als Träger dieser Archetypen bezeichnet Jung „das *kollektive Unbewußte*, welches als ein Erbgut an Vorstellungsmöglichkeiten nicht individuell, sondern allgemein menschlich, ja sogar allgemein tierisch ist und die eigentliche Grundlage des individuell Seelischen darstellt“ (Die Struktur der Seele, VIII, 176). Jung hält dafür, daß die urtümlichen Bilder der Mythen sich evolutiv durch die Erfahrung der Menschheitsgattung (und ihrer stammesgeschichtlichen Vorfahren) mit bestimmten psychischen Umweltbedingungen, wie Sexualität, Hunger etc. sowie durch den „Niederschlag aller übermächtigen, affektvollen und bilderreichen Erfahrungen aller Ahnen an Vater, Mutter, Kind, Mann und Weib“, also der psychologischen Umwelt, gebildet hätten (Die Struktur der Seele, VIII, 181).

Das kollektive Unbewußte ist für Jung mithin als Niederschlag phylogenetischer Erfahrung ein für den heutigen Menschen apriorisches Bild der Welt, in dem sich die Archetypen als Dominanten, als Grundtypen herausgearbeitet haben (vgl. Über die Psychologie des Unbewußten, VII, 103—104). Indem an ihrem Zustandekommen sowohl physische wie auch psychische Faktoren beteiligt sind, weisen sie von vornherein eine gewisse Verwandtschaft mit den physischen Dingen auf und treten schon deshalb meistens in projizierter Form auf. Wohlgemerkt ist mit dem Begriff des Archetypus keine angeborene Vorstellung gemeint, wohl aber eine spezifische instinktive Verhaltensform, die in ihrem Bewußtwerden als Vorstellung erscheint, im Unbewußten aber lediglich eine machtvolle Disposition zur Hervorbringung bestimmter Vorstellungen darstellt (vgl. Theoretische Überlegungen zum Wesen des Psychischen, VIII, 258—259). Die Archetypen stellen nach Jung für den Menschen apriorische „Instinkttypen" dar, „welche Anlaß und Vorlage seiner Tätigkeiten" und Vorstellungen bilden (a.a.O., 231). Indem sie so die Triebsphäre regulieren, erscheinen sie als „*Sinn* des Triebes" (a.a.O., 231).

Jung sieht das menschliche Bewußtsein also „zwischen zwei Welten oder Wirklichkeiten" gestellt, „zwischen zwei ganz verschiedene Arten von psychologischen Erscheinungen oder Gegenständen. Die eine Hälfte der Wahrnehmung fließt ihm zu durch die Sinne, die andere durch die Intuition, die Anschauung innerer, vom Unbewußten angeregter Vorgänge. Das äußere Weltbild läßt uns alles verstehen als Wirkung der treibenden physikalischen und physiologischen Kräfte, das innere Weltbild aber läßt uns alles verstehen als Wirkung geistiger Wesen. Das vom Unbewußten uns vermittelte Weltbild ist von mythologischer Natur. An Stelle der Naturgesetze stehen die Absichten von Göttern und Dämonen, an Stelle der natürlichen Triebe wirken Seelen und Geister. Die beiden Weltbilder ertragen einander nicht, und es gibt keine Logik, die sie vereinigen könnte: das eine Bild beleidigt unser Gefühl, das andere den Verstand. Doch hat die Menschheit von jeher das Bedürfnis empfunden, die beiden Weltbilder irgendwie zu vereinigen. An dieser Aufgabe haben Philosophen, Religionsstifter und Künstler gearbeitet." (C. G. Jung: Über das Unbewußte, X, 30)

Die Mythen stellen demnach für Jung „Weltbilder des Unbewußten" dar; die in ihnen verwandten Symbole sind nicht als sozialpsychologische Krankheitssymptome zu lesen, sondern als Ausdruck von Heilungsvorgängen, die, ähnlich den Wachstumsvorgängen der Pflanzen, „zyklisch respektive spiralig" um ein Zentrum, das Heilsbedeutung besitzt, „rotieren oder zirkumambulieren“ und sich diesem „mit immer deutlicheren und umfänglicheren Amplifikationen“ annähern (Einleitung in die religionspsychologische Problematik der Alchemie, XII, 44).

Entsprechend hat Jung der analytischen und reduktiven Interpretationsweise Freuds, die den Symbolen durch kausale Erklärung ihre Wirksamkeit nehmen muß, eine synthetische oder konstruktive Methode entgegengesetzt, die nicht auf der Dialektik von manifestem Inhalt und latentem Wunsch, sondern auf der Amplifikation beruht. „Ich mußte zuerst gründlich einsehen,“ notierte Jung, „daß es seelische Materialien gibt, die so gut wie nichts bedeuten, wenn sie bloß aufgelöst werden, die aber eine Fülle von Sinn entfalten, wenn man sie nicht auflöst, sondern in ihrem Sinn bestätigt und mit allen bewußten Mitteln noch erweitert (sogenannte *Amplifikation*).“ (Über die Psychologie des Unbewußten, VII, 88) Die Symbole sind nach Jung als Ausdruck, nicht als Entstellung von etwas zu interpretieren, wobei man freilich nicht mehr auf ein übergeordnetes Wissen um eine von vornherein feststehende Bedeutung zurückgreifen kann; vielmehr muß man sich von Fall zu Fall in aller Unsicherheit der Führung durch die Bilder selbst anvertrauen. Die Auffüllung der mythischen Bilder, ihre Amplifikation durch analoges Material aus anderen Mythen, Träumen, Märchen oder Beispielen der Kunst stellt bei der nicht zu überspringenden methodischen Ungewißheit der symbolistischen Deutung ein wichtiges und notwendiges Hilfsmittel der Interpretation dar.

Wenngleich der Einwand natürlich naheliegt, Jung erkläre hier, wie die Alchemisten, obscurum per obscurius, so bleibt doch zu bedenken, daß das Symbol, als Ausdruck verstanden, nie etwas anderes sein kann als „eine unbekannte, schwer erkennbare und in allerletzter Linie nie ganz bestimmbare Größe“, die sofort zum Untergang verurteilt ist, wenn sie durch etwas Bekanntes ersetzt oder gar besser bezeichnet werden kann (C. G. Jung: Die praktische Verwendbarkeit der Traumanalyse, XVI, 167). Die Symbole sind in diesem Sinne keine Chiffren für an sich bekannte reale Objekte („Deutung auf der Objektstufe“), sondern Ausdrücke für Vorgänge im Subjekt („Deutung auf der Subjektstufe“). An dieser unterschiedlichen Einstellung trennen sich die Wege der Traumdeutung: „Die Deutung auf der Objektstufe ist *analytisch*; denn sie *zerlegt* den Trauminhalt in Reminiszenzkomplexe, welche auf äußere Situationen bezogen sind. Die Deutung auf der Subjektstufe dagegen ist synthetisch, indem sie die zugrundeliegenden Reminiszenzkomplexe von den äußeren Anlässen loslöst und als Tendenzen oder Anteile des Subjektes auffaßt und dem Subjekt wieder angliedert." (C. G. Jung: Über die Psychologie des Unbewußten, VII, 92)

Damit ist auch schon der Nutzen und der Nachteil des Freudschen wie des Jungschen Verfahrens gegeben. Mit Recht bemerkt Jung, wer nur objektiv, kausal verstehen wolle, „der versteht eine gotische Kathedrale . . . historisch, technisch und zu guter Letzt auch noch unter dem Gesichtswinkel der Mineralogie. Wo aber bleibt der *Sinn* des Wunderwerkes?" „Der wissenschaftliche Geist . . ., insofern er kausalistisch denkt, ist unfähig, nach vorwärts zu verstehen; er versteht nur nach rückwärts. Wie Ahriman, der persische Teufel, hat er die Gabe des Nachwissens. Dieser Geist ist aber nur die eine Hälfte der Seele. Die andere, wichtigere Hälfte ist konstruktiv, nach vorwärts, zu verstehen" (C. G. Jung: Der Inhalt der Psychose, III, 202—203). Auf der anderen Seite ist die Freudsche Analyse zu einem Verständnis der historischen Bedingungen einer bestimmten Symbolgestalt unerläßlich. Beide Verfahren stellen gewissermaßen eine Parallele zu den beiden exegetischen Methoden der Traditionsgeschichte und der Redaktionsgeschichte dar: indem die eine nach den geschichtlichen Hintergründen und dem Werdegang einer vorliegenden Textgestalt fragt, untersucht die andere die Aussageabsicht, die sich in der kompositorischen Leistung der Redaktion ausdrückt. Beide Verfahren brauchen einander und ergänzen einander; die Redaktion beruht auf dem Material und den dadurch vorgegebenen Ausdrucksmöglichkeiten der Tradition, umgekehrt erscheint das tradierte Material nur in der Einfügung in einen größeren Sinnzusammenhang, der etwas durchaus Neues und Eigenständiges schafft. Ähnlich bedarf es zum symbolistischen Verständnis der Träume, Mythen und Märchen sowohl eines analytischen wie eines synthetischen Verfahrens. Beide Methoden schließen einander als Methoden aus, ergänzen jedoch einander und bedingen sich gegenseitig.

Nach dieser notwendigerweise vereinfachenden Skizze der Freudschen und der Jungschen Interpretationsmethode stellt sich uns die Frage, welche der beiden Methoden für die Auslegung der j Urgeschichte in Frage kommt. In gewissem Sinne sind beide Verfahren als tauglich und zueinander komplementär zu betrachten; und doch, indem wir den Aussagen des J nachgehen und diese tiefer verstehen wollen, sehen wir uns zu einer eindeutigen Bevorzugung der Freudschen Methode veranlaßt. Die Gründe dazu sind formaler wie inhaltlicher Art. Wir interessieren uns für die Interpretation der mythischen Bilder der j Urgeschichte insoweit, als wir auf diesem Hintergrund J besser verstehen lernen; es liegt uns nicht an einer rein religionshistorischen Rekonstruktion des Sinnes, den diese Mythen vielleicht einmal als eigenständige Erzählungen gehabt haben. Von daher sind wir von vornherein nicht an der ursprünglichen Sinngestalt dieser Mythen an sich interessiert, sondern nur, insofern sie Teile der j Urgeschichte darstellen. Die Erzählung von der Großen Flut z. B. dürfte als mythisches Motiv einmal ein Bild der Erneuerung und Wiedergeburt des Lebens gewesen sein, und wir vermögen mit Hilfe der Jungschen Amplifikationsmethode einen enormen Reichtum an Parallelen aus der Mythologie der Völker sowie aus rezenten Traumbeispielen oder den Visionen Schizophrener zugunsten dieser Ansicht beizusteuern; gleichwohl muß dieser Aspekt für uns eine wichtige Nebensache bleiben, indem wir exegetisch beobachten, daß J dieses Motiv nicht als ein Bild der Erneuerung, sondern des Strafgerichtes versteht; zu dessen Verständnis aber trägt die Freudsche Lehre vom Untergang des Ödipuskomplexes Entscheidendes bei, verdient also den Vorzug vor der Jungschen Methode. Ähnlich verhält es sich bei allen anderen Erzählungen der j Urgeschichte: ehedem, als Völkerüberlieferung, wird ihnen ein positiver Sinn zugekommen sein, für dessen Erfassung die Jungsche Methode sich überaus nahelegen würde; indem aber J selbst diese Mythen nicht als Lebenssymbole versteht, sondern als Symptome der menschlichen Abkehr von Gott, sind wir gehalten, eine Methode anzuwenden, die gerade das möglicherweise Krankhafte und Verzerrte, das Symptomatische an den j Erzählungen herauszuarbeiten vermag; und dazu eignet sich die analytische Theorie Freuds zweifellos besser als die komplexe Psychologie Jungs.

In einer Würdigung der Einstellung der Psa Freuds hat Jung selbst einmal bemerkt, Freud sei in all seinen vielfältigen Forschungen stets Arzt geblieben; „bei aller Beschäftigung mit Gebieten anderer Prägung stand ihm die Vision der neurotischen Geistesverfassung vor Augen, jener geistigen Haltung, welche den Kranken eben krank macht und ihn immer wieder daran hindert, gesund zu werden. Wer dieses Bild vor Augen hat, sieht das Unzulängliche in allen Dingen ... Aus der Gedankenwelt *Freuds* tönt uns darum ein erschütterndes, pessimistisches ‚Nichts als' entgegen. Nirgends öffnet sich ein befreiender Durchblick auf hilfreiche, heilende Kräfte ... Diese vorzugsweise negative Haltung hat ihre unbezweifelbare Richtigkeit gegenüber den Uneigentlichkeiten, wie sie die Neurose reichlich produziert." (C. G. Jung: Sigmund Freud, XV, 58) Sie ist ebenso angebracht, können wir vorweggreifend bemerken, bei einer Einstellung, wie sie J in seiner Urgeschichte schildert.

Indem J den Menschen so darstellt, daß er bei allem, was er tut, „nichts als“ ein Sünder ist, indem er zeigt, wie die besten Strebungen des Menschen sich in dem Geflecht der Sünde ins Negative verkehren, indem wir bei der Exegese der j Urgeschichte beobachten werden, wie Schritt für Schritt die Menschen äußerlich mit den größten Anstrengungen ein Unheil korrigieren möchten, das sich innerlich nur um so mehr zu einem Krebsschaden auswächst, stoßen wir in der j Urgeschichte auf eine Einstellung, die, psychologisch ausgedrückt, einer „Neurose“ gleichkommt und die wir daher am günstigsten so interpretieren, daß wir uns den klinischen Scharfsinn der Schule Freuds zueigen machen. Die Einseitigkeit, mit der J in seiner Urgeschichte die Sünde des Menschen schildert, nötigt uns zu einer Einseitigkeit der psychologischen Methodenwahl bei der Interpretation der j Erzählungen und verlangt von uns, die Freudsche Interpretationsweise in einer gewissen Ausschließlichkeit gegenüber der Jungschen Sichtweise zu bevorzugen.

Die Mythen selbst zeigen, wie alle psychischen Symbole, eine gewisse Doppeldeutigkeit; dieselben Bilder können als Heils- wie als Unheilszeichen, als Rückschritte wie als Neuversuche gewertet werden, wie denn auch die christliche Allegorese, in richtiger Einschätzung dieser Ambivalenz, seit der Väterzeit gerade die Bilder der j Urgeschichte zu den Bildern der Erlösung in Entsprechung gesetzt hat, indem sie den „Baum in der Mitte des Gartens“ mit dem Kreuz Christi, Eva mit Maria, Adam mit Christus, die Tötung Abels mit dem Opfer Christi, die Engelehe mit der Gotteskindschaft, die Sintflut mit der Taufe, den Turmbau mit der Kirchengründung parallelisierte. Offenbar reichen die mythischen Symbole in eine Tiefe, an der sich dem Menschen die Entscheidungsfrage stellt, ob er zum Heil oder Unheil leben will, und ihr tiefer Sinn scheint es zu sein, dem Menschen eben diese Frage vorzulegen. Insofern aber die j Redaktion die mythischen Bilder der Tradition nicht mehr doppeldeutig, schillernd zwischen Heil und Unheil, sondern eindeutig festgelegt als Symptome des Unheils versteht, ist uns jede Grundlage entzogen, in ihnen eine integrative Kraft im Sinne Jungs aufzuspüren. Wir würden nicht die j Urgeschichte, sondern irgendein traditionsgeschichtliches Konstrukt interpretieren, wollten wir die Bilder, die J uns vorlegt, konstruktiv und synthetisch deuten. J selbst fordert eine analytische, nicht eine synthetische Einstellung. Daher gebührt der Psa Freuds der Vorrang; auf Jung werden wir nur auxiliär zurückgreifen, um von Fall zu Fall den Kontrast deutlich zu machen, der in dem Verlust jeder positiven Perspektive der j Urgeschichte steckt, und um anzudeuten, wo und in welcher Weise sich Ansatzpunkte einer möglichen Ganzwerdung und Heilung zeigen könnten, um, mit anderen Worten, die klinisch infauste Diagnose des J durch sparsame Hinweise auf die an sich vorhandenen, aber vertanen positiven Lebensmöglichkeiten zu unterstützen.

Nicht viele Worte sind über die Einbeziehung anderer analytischer Schulen in die Interpretation der j Urgeschichte zu machen. Es handelt sich im wesentlichen dabei um die Individualpsychologie A. Adlers, die, wie Freud, kausal und reduktiv denkt, der Libidotheorie Freuds aber den Hinweis auf das Streben nach Macht und Geltung hinzufügt; sodann um die Schicksalsanalyse L. Szondis, die zwischen das persönliche und das kollektive Unbewußte das „familiäre Unbewußte" der persönlichen Ahnenreihe stellen möchte und zudem durch eine wichtige theoretische Erweiterung der Freudschen Triebdialektik von Eros und Thanatos zu einer umfassenden Lehre von der Antinomie der Triebe eine originelle Erklärung der Neurosen und Psychosen vorgeschlagen hat; schließlich um die Neopsychoanalyse H. Schultz-Henckes, die auf pragmatischer Basis versucht, die verschiedenen analytischen Schulen durch eine Reduktion ihres theoretischen Anspruchs an einen Tisch zu bringen. Wo immer uns diese Schulen bei der Interpretation eines Details der j Urgeschichte weiterhelfen können, ist uns ihre Berücksichtigung selbstverständlich; prinzipiell neue methodische Probleme, die über die erörterte Grundentscheidung zwischen Freud und Jung hinausführen, werden sich dadurch nicht ergeben. Lediglich mag dabei deutlicher in Erscheinung treten, daß wir auch die Freudsche Theoriebildung nicht dogmatisch, sondern rein pragmatisch, d. h. nach dem Grad dessen, was sich mit ihrer Hilfe verstehen läßt, benutzen werden, gemäß der Auffassung Freuds selbst, daß seine theoretischen Begriffe lediglich zum „spekulativen Überbau der Psychoanalyse" gehören, „von dem jedes Stück ohne Schaden und Bedauern geopfert oder ausgetauscht werden kann, sobald eine Unzulänglichkeit erwiesen ist." (S. F.: „Selbstdarstellung", XIV, 58) Würde es nicht in Anbetracht der gegenseitigen Verketzerungen nahezu anmaßend sein, so könnte der Verfasser die Hoffnung nicht ganz unterdrücken, daß die vorliegende Arbeit etwas auch als ein Beitrag zur Überwindung der Schulstreitigkeiten und dogmatischen Beengtheiten der analytischen Schulen untereinander angesehen werden möge, indem sich zeigt, wie fruchtbar die verschiedenen Perspektiven sein können, wenn man sie miteinander ins Gespräch bringt, und wie ergänzungsbedürftig jedes vorgebliche Wissen um die Vorgänge in der menschlichen Seele heute noch sein muß.

3. Zur Frage der strukturalistischen Mytheninterpretation

Ein wichtiges methodisches Präjudiz ist noch in anderer Richtung zu treffen. Zweifellos bleibt die psa Mytheninterpretation — wie die Psa selbst — dem Vorwurf ausgesetzt, ein Maß an Intuition vorauszusetzen, das nicht nur dem Uneingeweihten als zu willkürlich, als zu wenig objektivierbar erscheint. Man mag diese Schwierigkeit als ein unvermeidbares Problem der Psychologie hinnehmen, insofern in dieser die Seele des Menschen sich selbst in einzigartiger Weise zum Gegenstand macht und damit „Objektivität" im naturwissenschaftlichen Sinne solange ein transzendentes Ideal bleibt, als man sich nicht dem Aberglauben verschreibt, eines fernen Tages würden sich alle Seelentätigkeiten als Gehirntätigkeiten entpuppen; aber damit ist die Frage doch noch nicht abgewiesen, ob es nicht Interpretationsverfahren gibt, die dem Mythos adäquater sind als die psa Deutungsmethode. Denn wohl gelingt es der Psa, den Eindruck der Willkür und Irrationalität in den Mythen zu beseitigen, und darin liegt ihr großer Vorzug gegenüber der funktionalistischen Betrachtungsweise; aber dieser Versuch befriedigt nicht, solange er selbst willkürlich und irrational bleibt (vgl. D. Sperber: Der Strukturalismus in der Anthropologie, in: F. Wahl [Hrsg.]: Einführung in den Strukturalismus, 206).

Aus dieser Unzufriedenheit entstand die strukturalistische Mytheninterpretation von C. Lévi-Strauss, deren Ergebnis darauf hinausläuft, in den Mythen eine rationale Bedeutung zu erkennen, die jedoch nicht in den Symbolen, sondern in den Beziehungen der konstitutiven Einheiten des Mythos, der Mytheme, gefunden werden soll. Lévi-Strauss lehnt zunächst die Mythentheorien ab, die in den Mythen nur den Niederschlag sozialer Beziehungen erblicken wollen, bzw., wo dies offensichtlich nicht der Fall ist, die Dialektik der Freudschen Verdrängungslehre ins Spiel bringen; desgleichen verwirft er die Ansicht Jungs, wonach genaue Bedeutungen an bestimmte mythologische Themen, die Archetypen, gebunden wären (C. Lévi-Strauss: Die Struktur der Mythen, in: Strukturale Anthropologie, 227—228). Statt dessen nimmt er an, daß die mythischen Symbole in bezug auf ihre Bedeutung ebenso willkürlich seien wie die lautlichen Gebilde einer Sprache in bezug auf ihren Sinngehalt.

Ähnlich wie in der Linguistik F. de Saussure zwischen Bezeichnendem und Bezeichnetem, zwischen Signifikant und Signifikat unterschied und deutlich machte, daß die Bedeutungsfunktion der Sprache nicht an den Lauten selbst, sondern an der Art ihrer Kombination hängt, so meint Lévi-Strauss auch im Mythos die Bedeutung nicht in den mythischen Elementen selbst, sondern in der Art ihrer Zusammensetzung suchen zu müssen.

Nach de Saussure besteht ein Unterschied zwischen der Sprache und dem Gesprochenen, zwischen langue und parole; die Sprache ist struktural, das Gesprochene statistisch zu betrachten; die Sprache ist synchronisch, (ahistorisch umkehrbar) bestimmt, das Gesprochene diachronisch (historisch, unumkehrbar); entsprechend schließt nach Lévi-Strauss der Mythos, der uns nur in sprachlicher Form erscheinen kann, eine diachronische und eine synchronische Dimension in sich: er bezieht sich auf Ereignisse der Vergangenheit, aber sein Wert liegt darin, daß diese Ereignisse eine Dauerstruktur bilden. So gehört der Mythos in das Gebiet des gesprochenen Wortes und der Sprache. Sein Sinn liegt in der Geschichte, die er erzählt, aber relativ unabhängig von der Syntax der Sprache, in der er formuliert wird, oder dem Stil der Erzählung — sehr im Unterschied von der Poesie, die nur schwer oder gar nicht von einer Sprache in eine andere zu übersetzen ist. Lévi-Strauss zieht daraus den Schluß, daß die spezifischen Eigenschaften der mythischen Sprache — anders als bei jeder anderen Redeform — „*über* dem üblichen Niveau des sprachlichen Ausdrucks gesucht werden“ müssen (Levi-Strauss: a.a.O., 231); „hinter der narrativen Bedeutung suchen wir eine eigentliche mythische Bedeutung“, „die sich von ihrem sprachlichen Sinn unterscheidet.“ (D. Sperber, 209)

Um diese Bedeutung zu finden, versucht Lévi-Strauss die einzelnen Ereignisse einer mythischen Geschichte in kurzen Sätzen aufzuschreiben und diese als „konstitutive Einheiten“, als Beziehungen zwischen einem Subjekt und einem Prädikat, festzuhalten; dabei ergibt sich für ihn, „daß die wirklichen konstitutiven Einheiten des Mythos keine isolierten Beziehungen sind, sondern *Beziehungsbündel*, und daß jene nur in Form von Kombinationen solcher Bündel eine Bedeutungsfunktion erlangen.“ (C. Lévi-Strauss: Die Struktur der Mythen, a.a.O., 232) Die einzelnen Einheiten, die dem gleichen Beziehungsbündel angehören, können aber, wenn man den Mythos hintereinander, „diachronisch“, liest, weit voneinander getrennt erscheinen; es gilt daher, sie in Spalten, „synchronisch“ untereinander zu gruppieren, so daß die zwei Dimensionen der Sprache und des Gesprochenen wiedererscheinen.

Das Verfahren von Lévi-Strauss besteht also darin, den Mythos wie eine Orchesterpartitur zu lesen, „diachronisch gemäß der einen Achse (. . . von links nach rechts), zugleich aber auch synchronisch und gemäß der anderen Achse, von oben nach unten“ (a.a.O., 233), so daß eine

„Harmonie“ entsteht. Die Schwierigkeit ist nur, daß die mythische Geschichte erscheint „wie eine Orchesterpartitur, die ein verrückter Amateur Seite für Seite in Form einer kontinuierlichen melodischen Reihe übertragen hat und die man nun in ihrer ursprünglichen Anordnung wiederherzustellen versucht.“ (a.a.O., 234) Am Ende der Wiederherstellung ist ein doppeltes Lesen möglich: um den Mythos zu erzählen, sind die einzelnen aufgeführten Ereignisse ohne jede Rücksicht auf die getroffene Anordnung in den verschiedenen Spalten hintereinander von links nach rechts und durchlaufend von oben nach unten zu lesen; um aber den Mythos zu verstehen, ist jede Spalte als ein Ganzes zu nehmen und so von links nach rechts ein Beziehungsbündel nach dem anderen zu betrachten.

Auf diese Weise gelangt C. Lévi-Strauss zu der Feststellung einer Reihe rationaler Operationen, mit denen das mythische Denken bestimmte Gegensätze bewußt macht und allmählich ausgleicht; zugleich kommt er zu der Meinung, „daß im mythischen und im wissenschaftlichen Denken dieselbe Logik am Werke ist und daß der Mensch allzeit gleich gut gedacht hat.“ (a.a.O., 254) Lediglich die Welt der Objekte, nicht das Denken selbst habe eine Veränderung erlitten. Vor allem aber vermag Lévi-Strauss die zahlreichen Mythenvarianten positiv zu werten, indem sie dazu beitragen, die gefundene Struktur eines Mythos aufzufüllen und zu verdeutlichen. Daher kann man sich die meist schier unlösbare (und unfruchtbare) Frage nach der authentischen Urform des Mythos sparen; vielmehr zeigt sich, daß der Mythos selbst kontinuierlich im Wachstum begriffen ist und durch oft mehrfache Wiederholungen den Zweck verfolgt, seine Struktur deutlich zu machen. Tatsächlich ist es nicht anders zu erwarten; denn: „Wenn das Objekt des Mythos ein logisches Modell liefern soll, um einen Widerspruch aufzulösen (eine unlösbare Aufgabe, wenn der Widerspruch real ist), wird eine theoretisch unendliche Anzahl von Blättern erzeugt, jedes vom vorhergehenden etwas abweichend. Der Mythos entwickelt sich spiralenförmig, bis die intellektuelle Triebkraft, die ihn in die Welt gesetzt hat, verbraucht ist.“ (a.a.O., 253)

Die strukturalistische Interpretation des Mythos besteht also nicht darin, nach Art der Symbolisten „für jeden Terminus der Erzählung eine verborgene Bedeutung zu finden“; denn die „Beziehung zwischen dem Inhalt (der mythologischen Struktur) und dem Ausdruck (der sprachlichen Struktur) sind keine Beziehungen von Element zu Element, . . . sondern Beziehungen von Struktur zu Struktur“ (D. Sperber, 216). Die Ähnlichkeit der Mythen findet ihre Erklärung durch die Annahme, daß die Mythen „Produkte der Ausübung des mythischen Denkens in einem besonderen kulturellen Kontext“ darstellen (D. Sperber, 222) und als Teile eines universellen Systems prinzipiell, wie in der generativen Grammatik von N. Chomsky die verschiedenen Sätze einer Sprache, durch bestimmte Transformationen nach exakten Regeln auseinander zu erzeugen sein müßten. Es scheint, als wenn die Grundideen der generativen Grammatik von Chomsky sich an dieser Stelle mit den Grundannahmen des Strukturalismus zur Deckung bringen ließen (vgl. G. Schiwy: Neue Aspekte des Strukturalismus, 82—84). Nach Chomsky existiert eine Reihe formaler Universalien, nach deren Muster alle Sprachen angelegt sind und die die abstrakten Bedingungen einer jeden generativen Grammatik darstellen (N. Chomsky: Aspekte der Syntax-Theorie, 46—47). Diese basieren seiner Meinung nach auf apriorischen Voraussetzungen, die, ähnlich den angeborenen Ideen des Descartes', die instinktive Grundausstattung des menschlichen Geistes bilden (N. Chomsky: Sprache und Geist, 150—152). Es könnte also sein, daß der Mythos nicht irrationale Strukturen des Unbewußten, sondern unbewußte Strukturen von hoher Rationalität widerspiegelt, die die vorgegebenen Anlagen des menschlichen Geistes überhaupt darstellen und letztlich biologisch fixiert sein könnten (vgl. aber die Kritik von C. Heeschen: Grundfragen der Linguistik, 116—120).

Indessen scheint es beim gegenwärtigen Stand der Diskussion noch viel zu früh, die symbolistische gegen die strukturalistische Mytheninterpretation ausspielen zu wollen; vielmehr hat die Psa die Nützlichkeit ihrer Interpretationsmethode bei unzähligen Traumanalysen mit Heilungserfolg eindrucksvoll bewiesen, — ein gewichtiges Argument dafür, daß diese Methode etwas Wahres treffen muß, trotz der Unzulänglichkeiten, ihre eigenen Erfolge bisher nur mit nicht weiter verifizierbaren Hypothesen „erklären“ zu können. Der Strukturalismus steckt, daran gemessen, noch in seinen Anfängen und arbeitet mit einer Reihe von Postulaten, die gerade erst dabei sind, ihre Fruchtbarkeit in den verschiedensten Wissenschaftsgebieten unter Beweis zu stellen. Es steht uns an dieser Stelle keinesfalls zu, in irgendeiner Weise die Psa gegen die strukturalistische Methode auszuspielen oder umgekehrt, und es scheint dies objektiv auch durchaus nicht erforderlich zu sein. Nicht nur, daß bereits Versuche im Gange sind, die Psa selbst strukturalistisch zu interpretieren (vgl. M. Safouan: Die Struktur in der Psychoanalyse. Beitrag zu einer Theorie des Mangels, in: F. Wahl: Einführung in den Strukturalismus, 259—321); es sieht so aus, als wenn die Ablehnung der symbolistischen Mytheninterpretation der Psa durch die strukturalistische

Betrachtungsweise, wenn sie mehr darstellen will als eine methodisch notwendige Ausschließung eines anderen methodischen Weges, auf ein Mißverständnis der Psa hinausliefe. Das jedenfalls scheint die Übereinstimmung zwischen der Psa und dem Strukturalismus in wichtigen Grundfragen der Mytheninterpretation zu zeigen. Beide gelangen auf ihre Weise zu der Annahme, daß die Mythen den Versuch darstellen, bestimmte Gegensatzspannungen zwischen Natur und Kultur durch die Einführung allmählich vermittelnder Vorstellungen in spiralenförmiger Anordnung auszugleichen, wobei eine prinzipiell unvollendbare Fülle von Bearbeitungsvarianten unterstellt wird (als Traumserie oder Mythenvielzahl gleichen Typs). Unterschiedlich ist lediglich, wie diese Gegensatzspannung aufgefaßt wird, bzw. welche Aspekte davon methodisch zugänglich gemacht werden. Psa wie Strukturalismus betrachten die Mythologie als das Weltbild des Primitiven, in dem sich Natur und Kultur vereinigen, nur daß der Strukturalismus den Mythos als Ausdruck unbewußten Denkens, die Psa aber als Ausdruck unbewußten Wünschens versteht; der zu lösende Widerspruch zwischen Natur und Kultur ist für die Psa psychisch, für den Strukturalismus intellektuell. Statt zu sagen: „Der Mythos ist nichts anderes als das Ergebnis eines intellektuellen Problems“ oder zu sagen: „Er ist nichts anders als das Ergebnis verdrängter Triebwünsche“, läge es unter diesen Umständen viel näher, auf alle Ausschließlichkeitsdefinitionen zu verzichten und vorsichtig zu konstatieren, daß der Mythos sich der Psa — entsprechend ihrer Methode — als ein Versuch darstellt, den Konflikt zwischen Natur und Kultur auf der psychischen (affektiven) Ebene zu lösen, während sich der Mythos dem Strukturalismus — entsprechend seiner Methode — als ein Lösungsversuch auf der intellektuellen Ebene darstellt. Beide Methoden wären demnach komplementär aufeinander zu beziehen; ein Widerspruch zwischen beiden entstünde erst, wenn sie nicht als Methoden, sondern als Theorien miteinander konfrontiert, also im Grunde ideologisch aufgefaßt würden.

So besehen, befriedigt die strukturalistische Mytheninterpretation das intellektuelle Bedürfnis natürlich ungleich besser als die psa Deutungsmethode; es besteht auch ein gewisses Recht, vom strukturalistischen Standpunkt aus die Psa der „Willkür“ zu zeihen, denn tatsächlich sind ihre Deutungen rational nicht beweisbar. Auf der anderen Seite muß man sich allerdings fragen, ob es z. B. beim Mythos vom König Ödipus wirklich solcher affektstarken Themen wie des Vatermordes und des Mutterinzestes bedarf, um die logische Unvereinbarkeit der Lehre von der pflanzenähnlichen Entstehung der Menschen aus der Erde und der

Annahme der Blutsverwandtschaft zu lösen (vgl. C. Lévi-Strauss: Die Struktur der Mythen, a.a.O., 238); denn nicht nur, daß bei der strukturalistischen Interpretation mythischer Erzählungen alles verständlich wird außer dem tatsächlichen Erzählinhalt, so muß vor allem das Interesse an den mythischen Stoffen, selbst dann, wenn die angegebenen logischen Probleme längst nicht mehr bestehen, schlechthin unverständlich bleiben. Gerade an diesem Punkt aber setzt die Psa an, indem sie den affektiven Wert der mythischen Erzählungen aus den Strukturen des Unbewußten erklärt. Die „intellektuelle Willkür" der psa Mytheninterpretation ist gewissermaßen der Preis für ihre emotionale Dichte und affektive Stärke; umgekehrt erkauft der Strukturalismus die bestechende rationale Durchsichtigkeit seiner Mythendeutung mit gefühlsmäßiger Belanglosigkeit. Gewiß, auf einer bestimmten Stufe der Abstraktion gehört es z. B. in ein und dieselbe Spalte, wenn Ödipus seine Mutter Jokaste heiratet und wenn Antigone ihren Bruder Polyneikes beerdigt: Inzest und Pietät lassen sich, wenn man so will, als „überbewertete Verwandtschaftsbeziehungen" deuten (C. Lévi-Strauss: Die Struktur der Mythen, a.a.O., 235—236); nur: warum soll man so wollen? Für jemanden, der sich für die psychische Bedeutung der Ereignisse des Ödipusmythos interessiert, für die tragische Schuld und die tragische Unschuld seiner Gestalten, stellt eine solche Abstraktion ein nicht geringeres Maß an „Willkür" dar, als wenn ein Strukturalist die psa Deutung der Schlange als eines Phallussymbols für völlig arbiträr erklärt.

Wir halten also dafür, daß es heute noch keine umfassende Theorie des Mythos gibt, sondern nur verschiedene Methoden seiner Deutung, die gewisse Einseitigkeiten als deutliches Merkmal ihrer Unvollkommenheit an sich tragen und auf diese Weise die Hoffnung beflügeln, es möchte einmal gelingen, die instinktiven Grundlagen des Fühlens und die angeborenen Grundlagen des Denkens auf einen einheitlichen Ursprung zurückzuführen. Bis dahin wird die Psa sich für die einzelnen Inhalte des Mythos und ihre hintergründige affektive Verwurzelung, der Strukturalismus aber für ihre hintergründige geistige Ordnung interessieren müssen; und je konsequenter beide ihren unterschiedlichen Weg gehen, um so eher werden sie das gemeinsame Ziel erreichen.

Daher gibt es für uns zunächst methodisch keine Alternative: Psa oder Strukturalismus; und die Frage kann nur sein, wie wir uns der strukturalistischen Methode bei der Interpretation der j Urgeschichte zu bedienen haben.

Diese Frage wäre einfach zu beantworten, wenn wir in der j Urgeschichte einfachhin eine Sammlung von Mythen anträfen, die je für sich zu deuten wären. Wir wissen aber, daß dem nicht so ist. Vielmehr will J gerade nicht die einzelnen Erzählungen isoliert betrachtet sehen, sondern die gesamte Urgeschichte als eine kompositionelle Einheit verstanden wissen. Das bedeutet, daß wir die geistige Struktur der j Erzählungen, wenn wir den biblischen Redaktor interpretieren wollen, nicht auf der Ebene der einzelnen Erzählungen, sondern der Urgeschichte als ganzer suchen müssen. So als wenn die j Urgeschichte ein in sich einheitlicher Mythos wäre, müssen wir auf das geheime Beziehungsgeflecht achten, das hinter den Erzählungen liegt und bestimmte „konstitutive Einheiten" der j Urgeschichte miteinander verbindet; diese können wir zu thematischen Gruppen in Spalten anordnen, die, synchron gelesen, die geistige Thematik und strukturelle Komposition der j Urgeschichte verstehen lassen. An dieser Stelle wird die exegetische Betrachtung der j Urgeschichte wichtige Anregungen von der strukturalistischen Methode beziehen können (vgl. S. 316—318).

Zugleich bietet uns die strukturalistische Entgegensetzung von Diachronie und Synchronie Gelegenheit, die Eigenart der j Urgeschichte präziser zu bestimmen. Das Kennzeichen der mythischen Sprechweise sieht der Strukturalismus darin, daß er Ereignisse erzählt, die, obwohl zu einer bestimmten Zeit spielend, eine Dauerstruktur darstellen. Der strukturalistischen Auffassung zufolge hätten wir die einzelnen Abschnitte der j Urgeschichte, ihre Mytheme, als unumkehrbare historische Folge zu lesen, also diachronisch, hinter der auf der synchronen Achse eine Dauerstruktur abgebildet würde. Damit bliebe jedoch der Inhalt der einzelnen j Erzählungen in sich ebenso zufällig wie die menschliche Geschichte überhaupt. Wir werden exegetisch sehen, daß diese Vorstellung der j Urgeschichte nicht gerecht wird. Denn diese ist insofern kein Mythos, als sie nicht beabsichtigt, Geschichtliches und Ungeschichtliches mythisch miteinander zu verbinden, sondern in Bildern die Strukturen deutlich zu machen, die jeglicher menschlichen Geschichte zugrunde liegen. Indem J eine eigene Geschichte jenseits der Urgeschichte konzipiert, verlieren die Urzeitmythen, die er aufgreift, und das mythische Schema der Urgeschichte selbst ihren diachronischen Wert und werden selbst zu vollkommen ungeschichtlichen Urbildern der menschlichen Geschichte. Die diachronische Lektüre der j Urgeschichte stößt also auf eine Unumkehrbarkeit der Reihenfolge, die — entgegen den Mythen sonst — rein ahistorisch verstanden werden muß und damit ebenso „ungeschichtlich" ist wie die synchrone Struktur. Die Unumkehrbarkeit der j Erzählungen besteht mithin nicht historisch, sondern logisch; sie bildet eine Kette logischer Einzelschritte, die als solche ebenso wie das synchrone Geflecht selbst als Grundstruktur der menschlichen Geschichte verstanden werden muß. Sie stellt nicht eine Abfolge geschichtlicher Ereignisse dar, die eine ungeschichtliche Struktur verdeutlichen sollen, sondern sie bildet umgekehrt eine Reihe geschichtsjenseitiger Ereignisse, die die geschichtliche Struktur in sich schließen. Adam und Eva oder Kain und Abel sind in diesem Sinne keine mythischen, sondern typische Gestalten im Sinne P. Ricoeurs; sie drücken aus, was der Mensch ist, wenn er von Gott getrennt ist; sie verdeutlichen die Struktur der Gottesferne; aber sie erzählen nicht, wie der Mythos, was damals war und immer sein wird: J will gerade zeigen, daß die Sünde zwar immer war, aber nicht immer sein muß. Anders ausgedrückt: die „großen Einheiten" der Mythen sind strukturell verstehbar, die einzelnen Erzählinhalte aber willkürlich in den Grenzen der gegebenen Strukturen; umgekehrt ergibt sich in der j Urgeschichte eine bestimmte Struktur der Sünde erst aus einer bestimmten Abfolge, und sie kommt zum Verschwinden, wenn die Inhalte dieser Abfolge durchbrochen werden; der logische Anfang und das Ende dieser Abfolge ist willkürlich, jedes Detail innerhalb dieser Willkür aber logisch notwendig.

Damit ist die wichtigste Einschränkung der strukturalistischen Mytheninterpretation für die Auslegung der j Urgeschichte gegeben. Während der Mythos den Gegensatz von Natur und Kultur durch ein Geflecht vermittelnder Größen auszugleichen sucht, schildert die j Urgeschichte gerade umgekehrt, wie ein bestimmter Gegensatz (zwischen Gott und Mensch) immer größer wird. Der Versuch des Gegensatzausgleichs, der sonst den Mythos kennzeichnet, äußert sich in der j Urgeschichte wohl auf der Ebene der einzelnen Erzählungen, also diachronisch, nicht aber synchronisch in der Struktur; diese dient vielmehr dazu, auf verschiedenen thematischen Schienen einen einmal gegebenen Gegensatz immer weiter logisch zu verzweigen; der dargestellte Gegensatz ist weder intellektuell noch psychologisch, sondern für J ein Gegensatz zwischen Gott und Mensch.

Wir können also sagen, daß die strukturalistische Betrachtungsweise des Mythos uns hilft, die j Urgeschichte als das genaue Gegenteil eines Mythos verstehen zu lernen. Sie verhält sich zum Mythos sozusagen umgekehrt symmetrisch, und ihre Strukturen sind offenbar die Träger einer strukturalistisch lesbaren, aber nicht verstehbaren (theologischen) Aussage.

Der Arbeitsgang, wenn wir ihn vorwegnehmend beschreiben dürfen, wird in etwa so verlaufen: im ersten Teil der vorliegenden Arbeit lernen wir feststellen, was die j Urgeschichte bedeutet, daß in ihr das Böse in einer sich fortschreitend vertiefenden Gegensatzspannung zwischen Gott und Mensch gekennzeichnet wird und daß in dieser Entwicklung zum Negativen sich gewisse strukturale Leitlinien bzw. Beziehungsbündel abzeichnen. Wir sind aber nicht imstande, die innere Logik dieses Vorgangs zu verstehen noch auch die spezifische Thematik der einzelnen j Erzählungen zu begreifen (z. B., warum gerade das Essen vom Baum so verderblich sein soll). Ein beträchtliches Stück wird uns hier die Psa weiterführen, indem sie im Querschnitt die einzelnen Erzählungen auf bestimmte psychische Struktureinheiten zurückführt und somit die Motivauswahl und Motivanordnung als solche genetisch erklärt und in einer Längsschnittanalyse der j Urgeschichte herausstellt, daß auch die innere Logik des Prozesses des Bösen sich psa verständlich machen läßt, insofern die Psychodynamik der Neurose wesentliche Strukturanalogien zu der Darstellung des Bösen in der j Urgeschichte aufweist. Wir verfügen zum Abschluß des 2. Teils dieser Arbeit (hoffentlich) über eine umfassende kausale Begründung der inneren und äußeren Gestalt der j Urgeschichte, wie wir sie in der exegetischen Untersuchung zu sehen gelernt haben; nur bewegen wir uns damit auf der untersten Ebene des Verständnisses und sehen die j Urgeschiche lediglich analytisch-reduktiv von außen; ihre theologische Aussage, wie sie im 1. Teil der Arbeit herausgearbeitet wird, ist damit nicht um ein Jota begreiflicher geworden, wenn man nicht alles Sprechen von Gott als uneigentliche, neurotische Sprechweise (miß-)verstehen und die Theologie in Psa auflösen will. Wir werden daher in einem 3. Arbeitsgang zu untersuchen haben, wie sich die psa eruierten Zusammenhänge „final" verstehen lassen, d. h., wir müssen fragen, welch ein Sinn der Sünde, wie J sie zeichnet, zukommt und was den Menschen veranlaßt, sich von Gott abzuwenden; insbesondere wird es um die Frage gehen, wie sich logisch die „Sünde" von der ganzen Menschheit aussagen läßt und wie dabei das Verhältnis von Notwendigkeit und Freiheit beschaffen ist. Wir stehen daher im 3. Teil unserer Untersuchung vor einem Knäuel philosophischer Fragestellungen, die ihr Ziel darin finden, die kausalen Prozesse, die wir psa gefunden haben, von der Freiheit des Menschen her philosophisch zu verstehen. Auf diese Weise werden wir zugleich dem Anliegen der finalen Betrachtungsweise Jungs sowie den intellektuellen Bedürfnissen der strukturalistischen Mytheninterpretation Rechnung tragen.

4. Zur philosophischen Interpretation

Die Psa lehrt uns, die j Urgeschichte zu lesen als eine kollektive Krankheitsgeschichte der Menschheit, als eine kollektive Neurose mit vollkommen infauster Prognose. Diese Betrachtungsweise bietet ein wertvolles Modell, um die Struktur und Motivwahl der j Urgeschichte zu verstehen; zugleich lassen sich auf dem Hintergrund der psychischen Problematik gewisse begründete Hypothesen über den phylogenetischen Ursprung der jeweiligen Problematik formulieren. Mithin sind wir zu guter Letzt befähigt, alle beobachtbaren Phänomene der j Urgeschichte zu verstehen, nur das Wesentliche nicht, warum der Prozeß von Gn 2—11 (J) als Folge einer freien Entscheidung des Menschen, also als Schuld geschildert wird, warum somit die strukturelle Notwendigkeit, die wir exegetisch in der j Urgeschichte konstatieren und die wir psa erklären wollen, letztlich auf einer ursprünglichen Freiheit aufruht und also unerklärbar ist. Die Frage des philosophischen Teils der Arbeit lautet also: wie läßt sich die Notwendigkeit der Schuld (eine contradictio in adjecto) begreifen; denn notwendig muß die Schuld sein, sonst wären nicht alle Menschen schuldig, frei aber muß die Schuld sein, sonst wäre sie keine Schuld; es fragt sich exegetisch also: welchen Sinn hat in der j Urgeschichte die Vorschaltung der Paradieseserzählung (Gn 2) vor die Darstellung des notwendigen Prozesses der menschlichen Schuld in Gn 3—11; psa daher: welches ist der Sinn der Menschheitsneurose, die J in seiner Urgeschichte beschreibt; philosophisch: wie läßt sich der Hervorgang der Notwendigkeit der Schuld aus der Freiheit des Menschen verstehen? Kurzum: worum geht es den Menschen, wenn sie sich so verhalten, wie J es in seiner Urgeschichte beschreibt?

Wir kommen an dieser Stelle nicht umhin, uns jeweils zunächst ein Stück weit von der Auslegung der j Urgeschichte zu entfernen und bestimmte philosophische Kategorien abzuklären, ehe wir deren Tauglichkeit zum Verständnis der j Urgeschichte durch Anwendung auf den biblischen Text überprüfen können. Das Verfahren des dritten philosophischen Teils dieser Arbeit muß stets zweistufig verlaufen: wir versuchen zuerst eine bestimmte Fragestellung, die sich von der j Urgeschichte her ergibt, in philosophischen Kategorien auszudrücken; da es sich um eine echte Frage, also ein Problem handelt, stellen wir fest, daß die verwandten Kategorien (z. B. Notwendigkeit und Freiheit) Gegensatzpaare bilden, die miteinander vermittelt werden müssen; wir fragen dann, ob in der Philosophiegeschichte die auftauchenden Problembegriffe schon einmal so gebraucht worden sind, daß sie eine philosophische Lösung zuließen, m.a.W., ob in der Philosophiegeschichte bereits eine systematische Lösung des betreffenden Problems vorgelegt worden ist; wir versuchen, wenn es eine solche Lösung gibt, den Gedankengang des jeweiligen Philosophen im Rahmen seines Systems zu beschreiben und zu verstehen; insbesondere fragen wir danach, welche Strukturen und Aussagekombinationen sein Lösungsweg in sich schließt; dies ist der erste Arbeitsgang. Der zweite Schritt besteht in einem systematischen Vergleich: wir verfügen bereits über ein strukturelles Schema der Aussagen des J (1. Teil der Arbeit); wir besitzen auch bereits ein erklärendes Modell der j Aussagen (2. Teil der Arbeit); d. h., wir haben bereits ein festes Strukturnetz ausgearbeitet, das wir philosophisch verstehen wollen und das uns vorgegeben ist. Unsere Aufgabe ist es daher, in der Art eines Rastersystems die vorgegebene Aussagestruktur (A) dem philosophischen Strukturnetz des jeweils herangezogenen philosophischen Systems (B) zu unterlegen und zu prüfen, wieweit A durch B kongruent abgebildet wird. Im Falle einer Kongruenz führen wir die These ein, daß die Aussagen der j Urgeschichte innerhalb der festgestellten Deckungsfläche sich in die begriffliche Sprache des jeweiligen philosophischen Systems transformieren lassen. Der weitere Fortgang der Untersuchung ist damit bereits vorgegeben. Wir beobachten, daß gewisse Strukturflächen der j Urgeschichte noch nicht erfaßt sind; wir müssen daher von J her feststellen, daß die philosophische Antwort des jeweiligen philosophischen Systems nicht als Antwort, sondern nur als Ausgangspunkt einer neuen Frage gewertet werden kann. Wir konfrontieren also die vorgeschlagene systematische Lösung mit gerade derjenigen j Aussage, die in der bisherigen philosophischen Betrachtung noch nicht verstanden oder sogar ausgeschlossen wurde. Somit entsteht ein neues begriffliches Gegensatzpaar, das wiederum auf seine Vermittlung wartet. Erneut suchen wir, ob in der Philosophiegeschichte eben dieses Gegensatzpaar irgendwo eine zentrale Rolle gespielt hat; mit diesem System verfahren wir wiederum in der beschriebenen Art und wiederholen diese Operation, bis daß wir die j Aussage vollkommen durch philosophische Aussagen wiedergegeben haben.

Auf diese Weise erhoffen wir uns, daß wir die j Urgeschichte nicht nur in ihrer Aussage feststellen oder kausal erklären, sondern sie auch von innen heraus verstehen können, daß wir also nicht nur dazu verurteilt sind, die Sprache Kanaans nachzustottern und darüber in religionshistorische Unverbindlichkeiten, die uns heute nichts mehr angehen, zu verfallen oder lediglich von außen die religiösen Aussagen des J reduktiv zu erklären, also mißzuverstehen, sondern sie in verständliche Termini unserer Zeit zu übersetzen und existentiell relevant zu machen. Wir können also z. B. nicht dabei stehen bleiben, daß J vor 3000 Jahren aufgrund eines uns nicht mehr geläufigen „Clandenkens“ in Adam „uns alle“ gemeint habe —; denn damit ist nur ein verständnisloses Faktum auf das Postament der Theologie gestellt, ein Museumsstück, an dem wir nur durch historische Erinnerung teilhaben; wir können auch nicht dabei stehen bleiben, beim Clandenken handele es sich psa um das „kollektive Denken“ des seiner selbst unbewußten Primitiven; denn diese Erklärung erhebt die Forderung, seiner selbst bewußt zu werden und also das „kollektive Denken“ aufzugeben; wenn die j Urgeschichte verbindlich werden soll, dann nur, indem man ihre Strukturen und Inhalte in Denkstrukturen und Begriffe der neuzeitlichen Philosophie transformiert, wobei wir von der Bibel zur Philosophie und von der Philosophie zur Bibel hin- und herwandern, bis der Aussageraum der j Urgeschichte durchmessen ist.

Die Auswahl der Philosophen, die wir als Transformatoren gebrauchen, ist selbstredend nicht apriorisch zu begründen, sondern lediglich durch die Kenntnis bestimmter philosophischer Systeme nahegelegt und schließt die Heranziehung anderer philosophischer Raster an sich nicht aus. Immerhin gibt es gewisse Auswahlkriterien, die auf pragmatischem Wege den Spielraum der Willkür einengen. Als solche Kriterien können, in der Reihenfolge ihrer Wichtigkeit, gelten: die zentrale Stellung, welche die von J her gestellte Problematik innerhalb eines philosophischen Systems einnimmt; die Absicht des jeweiligen Philosophen, die Aussagen der j Urgeschichte selbst mit seinen Kategorien zu interpretieren (also die objektive wie subjektive Gleichheit der Problemzentrierung); die Relevanz des jeweiligen Autors für die Gegenwartsphilosophie; die philosophiegeschichtliche Verbindung zwischen den einzelnen zur Interpretation herangezogenen Autoren; da wir systematisch und nicht philosophiegeschichtlich arbeiten, ist dieses letztere Kriterium indes das schwächste und kann notfalls völlig vernachlässigt werden.

Indem wir somit das Denken eines biblischen Autors zu bestimmten Philosophien der Neuzeit in Beziehung setzen, steht zu erwarten, daß nebenbei auch eine beachtliche Klärung für die dogmatische Hermeneutik abfällt; es wird sich z. B. zeigen, ob und inwieweit die Philosophie Hegels zu einer Rezeption in die katholische Dogmatik geeignet ist oder nicht, und Maßstäbe werden gesetzt, nach denen sich beurteilen läßt, ob ein Exeget eine biblische Aussage für dogmatisches Denken adäquat wiedergibt und ob umgekehrt irgendeine dogmatische Neuinterpretation die Intention des J trifft.

Freilich bleiben wir im Vorfeld der Dogmatik stehen. Die Länge und Kompliziertheit der vorliegenden Arbeit nötigt uns zu jenem Schicksal, das Moses widerfuhr, als er nach langjähriger Wüstenwanderung zwar das Land der Verheißung schauen, aber nicht betreten durfte: Ausblicke auf die dogmatische Erbsündenlehre bieten sich uns in Fülle an, aber es ist, wie schon erwähnt, nicht das Ziel dieser Arbeit, zu prüfen, ob die Auffassung des J, wie wir sie hier herausarbeiten, der kirchlichen Erbsündenlehre entspricht oder nicht; wohl glaubt der Verfasser zu sehen, daß sie es tut, ja daß sie die kirchliche Lehre in wesentlichen Teilen zu erweitern und zu vertiefen bestimmt ist; wir sind jedoch mit dieser Arbeit nur imstande, dem Sohne Nuns die philosophischen Waffen zur Eroberung des gelobten Landes anzubieten und ihn in Stand zu setzen, falsche Attacken abzuwehren; dies ist nicht wenig, aber nur ein Anfang.

Überhaupt muß man sich hüten, den Umkreis gegenwärtig möglicher Einsichten in Texte von der Art der j Urgeschichte allzu hoch zu veranschlagen. J hat uns Bilder überliefert, von denen wir gerade ein paar Aspekte sinnvoll deuten können, und nur im Sinne dieser schmalen Zone des Bekannten ist uns wissenschaftliche Vollständigkeit möglich. Die Offenbarung Gottes ist, wenn man so sagen darf, wie ein Traum, der in der Seele des Menschen mit nie verlöschender Kraft aufdämmert und dessen Wahrheitstiefe unser bewußtes Erkennen bei weitem übersteigt; diesem Traum gegenüber ergeht es uns oft, wie wenn wir morgens beim Erwachen erstaunt und beschämt feststellen müssen, von wieviel unbewußter Vernunft, die uns nur in der Form von Nachtgesichten und von Bildern aufscheint, unser Leben unbemerkt, schlafwandlerisch geleitet wird und wie unvernünftig wir oft sind, wenn wir zu wachen glauben.

Die Theologie besitzt die Kenntnis dieses wundervollen, wahren Traums, der alles ausdrückt, was im Menschen lebt; aber sie selbst ist nur die vom Bewußtsein kontrollierte Reaktion auf diesen Traum, oft mehr verfälschend und verwirrend als erhellend: das meiste an der Wahrheit Gottes bleibt uns unbewußt bis an das Ende der Geschichte. Daran wird es wohl liegen, daß die tiefsten Träumer, die Heiligen, der Wahrheit Gottes näher sind als wir, die Theologen, und daß, was Gott zu sagen hat, am Ende den Unmündigen und Kleinen gegeben, den Weisen aber von Gott selbst verborgen ist.

Noch ein Wort müssen wir dem Leser, um Verständnis bittend, zur Lektüre auf den Weg geben. Diese Arbeit wird nicht nur ihres Umfangs, sondern auch ihres Stils wegen eine harte Anforderung an die Geduld und Ausdauer des Lesers stellen. Wir können versichern, das mögliche getan zu haben, um die Darstellung zu glätten und zu vereinfachen. Aber allein schon die Vielfalt der verschiedenen Methoden verlangt immer wieder ausführliche Erläuterungen der verwandten Begriffe, die wie Abschweifungen erscheinen mögen, aber doch zum Verständnis der notwendigen Übersetzungsarbeit unerläßlich sind; den Anschein, als träten wir auf der Stelle, während wir in Wahrheit gerade dabei sind, die Straße für den nächsten Streckenabschnitt freizugeben, können wir oft nicht vermeiden. Zudem genügt ein Weniges an Phantasie, sich vorzustellen, daß es nicht gewöhnliche Anforderungen an das Stilvermögen stellt, solche Feuergeister wie S. Kierkegaard neben solche Denker mit geschlossenen Augen wie G. F. W. Hegel an einen Tisch zur Diskussion zu laden, einen Materialisten wie S. Freud neben einen Visionär wie M. Buber. Nicht zuletzt macht die Länge der Arbeit gewisse Wiederholungen unvermeidlich. Wir sehen uns daher gerade aus Rücksicht auf den Leser und aus Verantwortung der Sache gegenüber gezwungen, geflissentlich die Vorschrift des genialen theoretischen Physikers L. Boltzmann zu befolgen, man solle die Eleganz eine Sache der Schneider und Schuster sein lassen, um unverdrossen mehr um Klarheit als um Schönheit bemüht zu sein; nicht daß die Sache gut, nur daß sie unzweideutig ausgedrückt sei, möge man erwarten.

Beim Umfang der Arbeit ist vielleicht auch noch ein Hinweis für solche Leser angebracht, denen nur die Zeit zur Verfügung steht, in einem kurzen Überblick sich über die Kerngedanken des Buches zu informieren; für sie wird es genügen, im vorliegenden 1. Teil die jeweilige „Einzelauslegung“ und den Abschnitt „Rückblick und Fragen“ zu den einzelnen Textabschnitten zu lesen.

D. Arenhoevel: Ur-Geschichte. Genesis 1—11; Stuttgarter Kleiner Kommentar, Altes Testament 1, Stuttgart 1970

D. Arenhoevel: Das fremde Buch. Eine Einführung in das Alte Testament; Stuttgarter Kleiner Kommentar, Altes Testament 23 II, Stuttgart 1971

J. Barr: The Semantics of Biblical Language, Oxford 1961; dt.: Bibelexegese und moderne Semantik. Theologische und linguistische Methode in der Bibelwissenschaft; übers. von E. Gerstenberger; eingel. von H. Conzelmann, München 1965

T. Boman: Das hebräische Denken im Vergleich mit dem griechischen. Göttingen 1952, [5]1968

N. Chomsky: Aspects of the Theory of Syntax. Cambridge 1965; dt.: Aspekte der Syntax-Theorie; übers. u. hrsg. von einem Kollektiv unter der Leitung von E. Lang, Berlin (Ost) 1969; Frankfurt a.M. 1973 (suhrkamp taschenbuch wissenschaft 42)

N. Chomsky: Language and Mind. New York 1968; dt.: Sprache und Geist; übers. von S. Kanngießer, G. Lingrün und U. Schwarz. Mit einem Anhang: Linguistik und Politik. Interview mit N. Chomsky; übers. von A. Kamp; Frankfurt a.M. 1970; Frankfurt a.M. 1973 (suhrkamp taschenbuch wissenschaft 19)

S. Freud (S. F.): Die Traumdeutung (1900); Gesammelte Werke II/III; London 1942; Frankfurt a.M. [5]1973; S. I—XV; 1—642; Über den Traum (1901), a.a.O., S. 643—700

S. Freud: Vorlesungen zur Einführung in die Psychoanalyse (1916—1917); Gesammelte Werke XI; London 1940; Frankfurt 1944; Frankfurt a.M. [5]1969

S. Freud: „Selbstdarstellung" (1925); Gesammelte Werke XIV; London 1948; Frankfurt a. M. [4]1968, S. 31—96

S. Freud: Die Zukunft einer Illusion (1927); Gesammelte Werke XIV; London 1948; Frankfurt a.M. [4]1968; S. 323—380

S. Freud: Neue Folge der Vorlesungen zur Einführung in die Psychoanalyse (1933); Gesammelte Werke XV; London 1940; Frankfurt [4]1967

S. Freud: Der Mann Moses und die monotheistische Religion (1937; 1939); Gesammelte Werke XVI; London 1950; Frankfurt a.M. [3]1968; S. 101—246

A. Gehlen: Urmensch und Spätkultur. Frankfurt a.M. — Bonn [2]1964 (neu bearb.)

C. Heeschen: Grundfragen der Linguistik, mit einem Beitrag von V. Heeschen. Stuttgart 1972 (Urban Taschenbuch Bd. 156)

G. Helbig: Geschichte der neueren Sprachwissenschaft. Leipzig 1970; Reinbek 1974 (rororo studium linguistik 48)

W. v. Humboldt: Über die Kawisprachen auf der Insel Java nebst einer Einleitung über die Verschiedenheit des menschlichen Sprachbaus und ihren Einfluß auf die geistige Entwicklung des Menschengeschlechts. (Königliche Akademie der Wissenschaften) Berlin 1836; Bd. I, S. I—CCCCXXX; bes. § 20, S. CCVI—CCLXI

C. G. Jung: Der Inhalt der Psychose; Nachtrag: Über das psychologische Verständnis pathologischer Vorgänge (1908); Gesammelte Werke III: Psychogenese der Geisteskrankheiten, Olten u. Freiburg 1968; S. 171—215

C. G. Jung: Über die Psychogenese der Schizophrenie (1939); Gesammelte Werke III: Psychogenese der Geisteskrankheiten, Olten u. Freiburg 1968, S. 261—281

C. G. Jung: Versuch einer Darstellung der psychoanalytischen Theorie (1913); Gesammelte Werke IV: Freud und die Psychoanalyse, Olten u. Freiburg 1969; S. 107—255

C. G. Jung: Vorreden zu den "Collected Papers on Analytical Psychology" (1916/1917/1920); Gesammelte Werke IV: Freud und die Psychoanalyse, Olten u. Freiburg 1969; S. 333—344

C. G. Jung: Psychologische Typen (1921); Gesammelte Werke VI: Psychologische Typen, Olten u. Freiburg 1960/1967

C. G. Jung: Über die Psychologie des Unbewußten (1943); Gesammelte Werke VII: Zwei Schriften über analytische Psychologie, Olten u. Freiburg 1964; S.1—130

C. G. Jung: Über die Energetik der Seele (1928); Gesammelte Werke VIII: Die Dynamik des Unbewußten, Olten u. Freiburg 1967; S. 1—73

C. G. Jung: Die Struktur der Seele (1928); Gesammelte Werke VIII: Die Dynamik des Unbewußten, Olten u. Freiburg 1967; S. 161—183

C. G. Jung: Theoretische Überlegungen zum Wesen des Psychischen (1946); Gesammelte Werke VIII: Die Dynamik des Unbewußten, Olten u. Freiburg 1967; S. 185—267

C. G. Jung: Vom Wesen der Träume (1945); Gesammelte Werke VIII: Die Dynamik des Unbewußten, Olten u. Freiburg 1967; S. 319—338

C. G. Jung: Über das Unbewußte (1918); Gesammelte Werke X: Zivilisation im Übergang, Olten u. Freiburg 1974; S. 15—42

C. G. Jung: Der archaische Mensch (1931); Gesammelte Werke X: Zivilisation im Übergang, Olten u. Freiburg 1974; S. 67—90

C. G. Jung: Die Bedeutung der Psychologie für die Gegenwart (1933); Gesammelte Werke X: Zivilisation im Übergang, Olten u. Freiburg 1974; S. 157—180

C. G. Jung: Einleitung in die religionspsychologische Problematik der Alchemie (1944); Gesammelte Werke XII: Psychologie und Alchemie, Olten u. Freiburg 1972; S. 15—54

C. G. Jung: Sigmund Freud. Ein Nachruf (1939); Gesammelte Werke XV: Über das Phänomen des Geistes in Kunst und Wissenschaft, Olten u. Freiburg 1971; S. 53—62

C. G. Jung: Grundfragen der Psychotherapie (1951); Gesammelte Werke XVI: Praxis der Psychotherapie, Olten u. Freiburg 1958; S. 118—133

C. G. Jung: Die praktische Verwendbarkeit der Traumanalyse (1934); Gesammelte Werke XVI: Praxis der Psychotherapie, Olten u. Freiburg 1958; S. 148—171

S. K. Langer: Philosophy in a New Key, Cambridge (Mass.) 1942; dt.: Philosophie auf neuem Wege. Das Symbol im Denken, im Ritus und in der Kunst; übers. von A. Löwith, Frankfurt a.M. 1965

C. Lévi-Strauss: Anthropologie Structurale, Paris 1958; dt.: Strukturale Anthropologie; übers. von H. Naumann, Frankfurt a.M. 1967; daraus: Die Struktur der Mythen; S. 226—254, nach dem Originalartikel: The Structural Study of Myth, in: Myth, A Symposium, Journal of American Folklore, Bd. 78, Nr. 270, Okt./Dez. 1955, S. 428—444

C. Lévi-Strauss: La pensée sauvage, Paris 1962; dt.: Das wilde Denken; übers. von H. Naumann, Frankfurt a.M. 1968

B. Malinowski: A Scientific Theory of Culture, Chapel Hill 1944; dt.: Eine wissenschaftliche Theorie der Kultur. Und andere Aufsätze; übers. von F. Levi; eingel. von P. Reiwald; Zürich 1949; Frankfurt a.M. 1975 (suhrkamp taschenbuch wissenschaft 104); daraus:
a) Die Funktionaltheorie (1939); S. 19—44
b) Eine wissenschaftliche Theorie der Kultur (1941); S. 45—172

B. Malinowski: Magic, Science and Religion. And Other Essays, New York 1948; Garden City, New York 1954; dt.: Magie, Wissenschaft und Religion. Und andere Schriften; übers. von E. Krafft-Bassermann; eingel. von T. Luckmann, Frankfurt a.M. 1973; daraus:
a) Magic, Science and Religion, New York 1926; Magie, Wissenschaft und Religion, S. 1—74
b) Myth in Primitive Psychology, London, New York 1926; Der Mythos in der Wissenschaft der Primitiven, S. 75—129
c) Baloma (in: Journ. of the R. Anthrop. Institute 1916); Baloma — die Geister der Toten auf den Trobriand-Inseln; S. 131—241

P. Ricoeur: Finitude et Culpabilité. I.: L'homme faillible, Paris 1960; dt.: Die Fehlbarkeit des Menschen; übers. von M. Otto, Freiburg-München 1971; II.: La Symbolique du Mal, Paris 1960; dt.: Symbolik des Bösen; übers. von M. Otto, Freiburg-München 1971

M. Safouan: Die Struktur in der Psychoanalyse. Beitrag zu einer Theorie des Mangels; in: F. Wahl (Hg.): Qu'est-ce que le structuralisme? Paris 1968; dt.: Einführung in den Strukturalismus; übers. von E. Moldenhauer, Frankfurt a.M. 1973 (suhrkamp taschenbuch wissenschaft 10); S. 259—321

J. Scharbert: Prolegomena eines Alttestamentlers zur Erbsündenlehre, Freiburg, Basel, Wien 1968 (Quaestiones disputatae 37)

G. Schiwy: Neue Aspekte des Strukturalismus, München 1971; München 1973 (dtv Wissenschaftliche Reihe 4135)

D. Sperber: Der Strukturalismus in der Anthropologie; in: F. Wahl (Hg.): Qu'est-ce que le structuralisme? Paris 1968; dt.: Einführung in der Strukturalismus; übers. von E. Moldenhauer, Frankfurt a.M. 1973 (suhrkamp taschenbuch wissenschaft 10); S. 181—258

Belletristik

G. Bernanos: Journal d'un Curé de Campagne (1936); dt.: Tagebuch eines Landpfarrers; übers. von J. Hegner, Köln 1961

Jean Paul (J. P. F. Richter): Ehestand, Tod und Hochzeit des Armenadvokaten F. St. Siebenkäs im Reichsmarktflecken Kuhschnappel (1796—1797); Reinbek 1957 (Rowohlts Klassiker 17—18)

Alle Zitate nach den jeweils zuletzt genannten Ausgaben.

Vorrede zur 2. Auflage

Wenn ihr eure Türen
allen Irrtümern verschließt,
schließt ihr
die Wahrheit
aus.
Rabindranath Tagore:
Verirrte Vögel, Nr. 130

I. Anmerkungen zur Ergänzungsbedürftigkeit der historisch-kritischen Exegese

Die rasche Verbreitung, die den „Strukturen des Bösen“ beschieden war und die schon bald nach dem Erscheinen des dreibändigen Werkes zu einer 2. Auflage nötigt, bezeugt durch sich selbst das lebhafte Interesse an einer Schriftauslegung, welche die historisch-kritische Exegese um die Palette der Tiefenpsychologie und Philosophie ergänzt, korrigiert und vertieft. Gerade dieses Verfahren einer mehrschichtigen Textinterpretation indessen mußte, insbesondere am Beispiel der j Urgeschichte, auch das eklatante Ungenügen bloß historischer Fragestellungen bei der Auslegung all jener biblischen Texte, die dem Mythischen, Traumhaften, Legendären und Wunderbaren nahestehen, offen an den Tag bringen; und so stand von vornherein zu erwarten, daß von seiten manch eines Exegeten alter Schule Bedenken gegen die gesamte Anlage des Werkes laut würden oder daß, — in Widerspruch zu dem eigentlichen Anliegen der Arbeit, aber in Übereinstimmung mit der gewohnten Methodik, — lediglich der vorliegende exegetische Teil gelesen und diskutiert würde. In Wahrheit ist dieser 1. Bd. geschrieben worden, um u. a. mit den Mitteln der historisch-kritischen Exegese zu zeigen, wie begrenzt die Einsichten dieser Methode notgedrungen ausfallen und wie viele Fragen mit anderen Untersuchungsverfahren angegangen werden müssen, wenn man Texten von der Art der j Erzählungen wenigstens annähernd gerecht werden will. Dazu scheinen in Anbetracht mancher positiver oder negativer Stellungnahmen insbesondere zu dem vorliegenden 1. Bd. der „Strukturen des Bösen" einige ergänzende Worte grundsätzlicher Art an dieser Stelle doch nicht mehr überflüssig zu sein.

1. Der notwendige Kurzschluß einer nur historischen Exegese am Beispiel der Schlangensymbolik von Gn 3, 1—5

Am meisten verwundern mußten den einen oder anderen Exegeten, vor allem ohne Kenntnis des psychoanalytischen Teils der Arbeit, verständlicherweise die besondere Stellung und das Gewicht, die dem Nachweis der allgemeinen Verbreitung der jahwistischen Motive in den Mythen der Völker im Rahmen der „Motivgeschichte" zuerkannt wurden.

Um die Frage an einem zentralen Beispiel zu erörtern: es ist für eine historische Betrachtung der israelitischen Religionsgeschichte gewiß vollkommen gleichgültig, welche Rolle etwa das Symbol der *Schlange* in indianischen oder polynesischen Mythen spielt. Dem Historiker mag es genügen, wenn er das Auftauchen der Schlange in Gn 3, 1—5 mindestens hypothetisch auf gewisse Einflüsse des kanaanäischen Baalskultes „zurückführen" kann (s. u. S. 39; 40) oder es, immerhin, mit einer relativ entfernten Stelle des Gilgamesch-Epos in Verbindung zu bringen vermag (s. u. S. 39); er wird sich damit zufrieden geben, daß archäologisch Schlangenabbildungen als Verzierungen von kanaanäischen Weihrauchständern und Tempelmodellen belegt sind (vgl. G. Cornfeld u. G. J. Botterweck: Die Bibel und ihre Welt, S. 303; Abb. 182, S. 304) und daß gleichermaßen eine kupferne Schlange (vgl. Nu 21,9) in einem madianitischen Zeltheiligtum an den „Säulen Salomos" in Eilat gefunden wurde: all dies bestätigt seine Meinung, daß die Schlange in Gn 3, 1—5 nur durch die historische Rückführung auf entlehnte Vorbilder anderer altorientalischer Religionen zu verstehen ist.

Aber in dem Augenblick, wo die historische Beweisaufnahme ihren Abschluß zu finden scheint, begibt sich in Wahrheit die Exegese mit ihrer einseitigen historischen Fragestellung bei Texten wie der j Urgeschichte in eine selbstgeschaufelte Fallgrube.

Denn in einer rein historischen Betrachtung legt sich jetzt unmittelbar der folgende Kurzschluß nahe: Da die Schlange religionsgeschichtlich im Baalskult und in anderen orientalischen Religionen vorkommt und dies das einzige ist, was man in historischer Betrachtung für wichtig halten kann, muß von daher folgerichtig auch die Auslegung der j „Sündenfallerzählung" versucht werden. Die Schlange, die den Menschen in Widerspruch zu Jahwe bringt, muß nach der fast zwingend erscheinenden Logik dieses Ansatzes mithin als eine Repräsentantin der kanaanäischen Fruchtbarkeitskulte verstanden werden. Der Abfall von Gott in Gn 3,1—5 kann demnach nichts anderes sein als ein Abfall zum Baalskult. Viele Zeugnisse aus der Prophetenzeit können zudem belegen, daß Israel in der Tat viele Jahrhunderte lang in geistigem Kampf mit der Versuchung der Fruchtbarkeitsreligionen lag; also scheint „bewiesen", was zu beweisen war: die Schlange, die den Menschen in Versuchung führt, symbolisiert die Fruchtbarkeitsreligionen Kanaans — und nichts weiter; was die Schlange in sich selbst bedeutet, bleibt im übrigen unklar, stellt aber auch kein weiteres Problem mehr dar. Der Kurzschluß ist perfekt!

Es ist für die historisch-kritische Exegese längst schon kein Einwand oder Warnsignal mehr, wenn ihre Ergebnisse wichtigen dogmatischen Auffassungen, z. B., wie im Falle von Gn 3,1—5, der Erbsündenlehre, widersprechen; im Gegenteil, es scheint geradezu ein Beweis ihrer wissenschaftlichen Unabhängigkeit und Voraussetzungslosigkeit zu sein, wenn wieder einmal in prachtvoller Phalanx Exegese und Dogmatik in Widerstreit miteinander liegen. Selbst die religiöse und existentielle Belanglosigkeit eines rein historischen Ergebnisses kann und darf die Exegese als historische Wissenschaft nicht anfechten. Immerhin erlaubt das Thema der israelitischen Auseinandersetzung mit dem Baalskult am Beispiel der Schlange von Gn 3,1—5 sogar noch einige „aktualisierende" theologische Mahnworte über die Gefahr einer Vergötzung der Natur, eines latenten Materialismus oder eines magischen Verhältnisses zu Gott; — das ist zweifellos weit mehr als anderenorts an „theologischen" Einsichten im Rahmen der historisch-kritischen Exegese zu gewinnen ist.

Trotzdem, so zwingend die historische Interpretation der Schlange als einer Repräsentantin des Baalskultes sich aufzudrängen scheint, — sie ist in jeder Weise verkürzend und im ganzen theologisch unhaltbar. Es erweist sich nämlich bereits an diesem kleinen Beispiel der Schlange von Gn 3, 1—5 die Unzulänglichkeit einer rein historischen Fragestellung, wenn es um Texte von der Art der j Urgeschichte geht, und es zeigt sich die unabdingbare Notwendigkeit anderer, die historisch-kritische Exegese überschreitender Auslegungsmethoden.

Denn zunächst kann die Hypothese vom Baalskult als Inhalt der „Sündenfallerzählung“ für J selbst nicht zutreffen. Der Aufbau der j Urgeschichte zeigt klar und deutlich, daß die „Sündenfallerzählung“ (Gn 3, 1—7) durchaus nicht von bestimmten religionshistorischen Auseinandersetzungen zwischen Jahwe und Baal, zwischen Israel und Kanaan sprechen will. Das Thema des Fruchtbarkeitskultes wird, von dem Motiv der „Engelehe“ in Gn 6, 1—4 abgesehen, erst in Gn 9, 20—27 im Zusammenhang mit Chams Frevel eingeführt, und zwar so, daß mit der unterschiedlichen Stellung zum Vater zugleich die nationale Differenzierung zwischen Sem und Kanaan (Cham) und das Herrschaftsverhältnis zwischen beiden Völkern begründet wird; Israel hingegen taucht in der j Urgeschichte erst in der Gestalt Ebers als eines der Söhne Sems (Gn 10, 21.24.25) auf (s.u.S. 269). Diese Darstellung der j Urgeschichte von der Entstehung des Gegensatzes zwischen Israel und Kanaan ist nicht nur eine historisch sinnvolle Völkergenealogie; sie verbietet es auch, den Konflikt zwischen Israel und Kanaan, zwischen Jahwe und Baal schon in Gn 3 hineinzulesen. In Gn 2—3 spricht J von „Adam“, *dem* Menschen, und „Chawwa“, der „Mutter aller Lebenden“ (Gn 3,20; s.u.S. 97). Das hier Gemeinte ist in *keiner* Weise national gebunden; es ist ganz und gar menschheitlich zu verstehen. Die Schlange in Gn 3, 1—5 ist daher sicher nicht als Repräsentantin eines spezifischen Kultes oder eines bestimmten Volkes aufzufassen (gg. F. J. Stendebach: Der Mensch, S. 80; s. Strukturen, III 237); sie ist vielmehr eine Macht, die zu *jedem* Menschen spricht und ihn vom Grund des menschlichen Wesens her gegen Gott einnimmt. Dementsprechend ist auch „Jahwe der Gott“ in Gn 2—3 kein nationaler Stammesgott, sondern der Schöpfer und Erhalter aller Welt und aller Menschen. Es bedarf in der j Urgeschichte einer langen Entwicklung des Unheils, ehe man in diesem Gott *nicht* mehr den Gott aller Menschen, sondern nur noch den Gott eines Menschheitsstammes im Widerspruch zu anderen Völkern sehen muß (Gn 9, 20—27).

Daraus ergibt sich eine entscheidende theologische Forderung an die Auslegung von Gn 3, 1—5. Die Gestalt der Schlange darf gerade nicht so verstanden werden, daß sie historisch auf einen bestimmten Ort und eine bestimmte Zeit eingegrenzt wird; jenseits aller Historie muß sie etwas verkörpern, das den Menschen in seinem gesamten Dasein „angeht“ und „anspricht“. Die Konzeption der j Urgeschichte selbst führt mithin die historisch-kritische Fragestellung in der Auslegung der Schlange ad absurdum und verlangt eine Exegese, die das Allgemein-Menschheitliche an der Schlangengestalt verständlich machen kann.

Um zu verstehen, was die Schlange *menschheitlich* bedeutet, ist es nun natürlich unerläßlich, sich, abweichend von der historisch-kritischen Exegese, zunächst einen Überblick darüber zu verschaffen, welch eine Rolle die Schlange in den Mythen der Völker spielt; zu untersuchen ist, ob es bestimmte Anschauungen gibt, die mit einer gewissen Gleichförmigkeit in den Völkererzählungen immer wieder aufgegriffen werden. Ganz im Gegensatz zu einer historischen Untersuchung sind dabei natürlich gerade diejenigen Fälle von besonderem Interesse, in denen *ohne* historische Vermittlung durch kulturelle Überlieferung oder Wanderung völlig unabhängig voneinander gleiche Motive, womöglich zu ganz verschiedenen Zeiten und an ganz verschiedenen Orten, in den Urzeiterzählungen der Völker auftauchen. Denn diese beiden Bedingungen: Gleichförmigkeit bestimmter Anschauungen und Unabhängigkeit voneinander bzgl. ihrer historischen Entstehung, lassen am ehesten vermuten, daß bei bestimmten Motiven in der Tat menschheitliche Anschauungen vorliegen, die aufgrund ihrer allgemeinen Verbreitung zu dem Schluß zwingen, daß sie in der menschlichen Seele selbst verankert sind.

Anders als die historisch-kritische Exegese, darf man sich jetzt also nicht mehr zum Verständnis eines bestimmten biblischen Mythems auf die altorientalische Archäologie beschränken, sondern man muß vielmehr *ethnologisches Material* in reichem Maße zum Vergleich mit den biblischen Texten heranziehen. Man wird dann sehr bald die erstaunliche Feststellung machen, daß es zahlreiche Mythen gegenwärtiger indianischer, afrikanischer, polynesischer u. a. Stämme gibt, die eine weit größere Ähnlichkeit zu den j Erzählungen (und zu vielen anderen biblischen Texten) aufweisen, als man sie in den Überlieferungen der altorientalischen Hochkulturen (bisher) antreffen konnte. Der Grund dafür liegt auf der Hand. Während die sog. „Primitivkulturen" eine zwar außerordentlich komplexe und beziehungsreiche, aber in sich relativ ursprüngliche Symbolsprache in ihren Riten und Mythen verwenden, trennt die antiken Kulturen bereits eine zumeist mehrtausendjährige jeweils stark differenzierende Entwicklung von den auffallend gleichlautenden Anschauungen des Neolithikums. Nicht in den kulturell stark überformten und ausdifferenzierten Überlieferungen Ägyptens oder Babyloniens, sondern in den Mythen rezenter Naturvölker findet man daher die besten Parallelen zu den mythischen Erzählungen auch der Bibel.

Das motivgeschichtliche Material aus Archäologie *und Ethnologie* muß folglich als erstes zur Kenntnis genommen werden, wenn man sich nicht den Blick auf die Eigenart bestimmter biblischer Überlieferungen durch eine vorschnelle und einseitige historische Fragestellung von vornherein verstellen will. Insbesondere bei einer Exegese der j Urgeschichte muß das motivgeschichtliche Material vorweg zu den speziellen Gegebenheiten der israelitischen Traditionsgeschichte in sich aufgeführt und gesichtet werden. Es ist klar, daß vor dem Hintergrund der weltweiten Verbreitung bestimmter Motive natürlich ein grundlegend anderes Verständnis der j Erzählungen möglich und notwendig wird als bei einer nur historischen Betrachtungsweise. Keineswegs ist es jetzt mehr unwichtig (weil historisch belanglos), daß beispielsweise eine Mythe der Mayas von dem verbotenen Baum in Xibalba der j „Sündenfallerzählung" außerordentlich nahe steht (vgl. Strukturen des Bösen, II 73; 108) oder eine Erzählung der afrikanischen Tim von der Gabe der Erkenntnis durch die Schlange ähnlich wie in Gn 3, 1—5 berichtet (Strukturen, II 99); vielmehr deuten die zahlreichen Ähnlichkeiten und Parallelen darauf hin, daß es in der menschlichen Psyche bestimmte Gesetzmäßigkeiten des Erlebens gibt, die unter ähnlichen Umständen immer wieder eine ähnliche Symbolsprache hervorbringen und die man kennen muß, um den Sinn der jeweiligen Symbole zu verstehen.

Statt also ein bestimmtes mythisches Motiv in historischem Sinne dadurch zu „erklären", daß man es auf den kulturellen Einfluß eines identischen Motivs in einer anderen Religion zurückführt, stellt sich jetzt das Problem, welche psychologischen Gegebenheiten die außerordentliche Gleichförmigkeit bestimmter mythischer Erzählweisen begründen können. Erst diese Fragestellung ist es eigentlich, die den Zugang zu einem wirklichen Verständnis solcher mythischen Symbole wie der Gestalt der Schlange in Gn 3, 1—5 eröffnen kann. Denn sooft man auch historisch ein mythisches oder märchenhaftes Symbol auf ein geschichtlich früheres Stadium seiner Entstehung zurückführen mag, so erhält man doch durch derartige historische Reduktionen von der eigentlichen Bedeutung und dem Sinn des betreffenden Symbols noch so wenig Kenntnis, wie man über die Natur des Wassers durch die Auffindung der Nil-Quellen belehrt wurde; man gelangt auf historischem Wege niemals dahin, das eigentliche Problem zu lösen: wieso ein bestimmtes mythisches Motiv überhaupt entstehen kann und, vor allem, wieso es zu allen Zeiten und an allen Orten immer wieder und oft genug vollkommen unabhängig voneinander entstanden ist. Ubiquitäre Mytheme von der Art der j Erzählungen versteht man nicht durch Herleitung isolierter religionsgeschichtlicher Bezüge, sondern nur in gerade der Weise, wie J selbst seine Erzählungen offenbar verstanden wissen wollte: als Darstellung und Ausdruck des menschlichen Daseins in den Grundzügen seines Wesens.

Infolgedessen führt zum Zwecke einer sachgemäßen Exegese mythischer Texte in der Bibel kein Weg daran vorbei, die rein historische Fragestellung aufzugeben und die Grundlagen der jeweiligen Symbolsprache in der menschlichen Psyche selbst zu untersuchen, m.a.W., die historisch-kritische Exegese durch *die Tiefenpsychologie* zu erweitern bzw. zu ersetzen.

Das scheinbar Ungewohnte und Anstößige dieses Vorgehens verschwindet rasch, wenn man bedenkt, daß wohl kaum noch außerhalb der traditionellen Bibelwissenschaft eine Interpretation mythischer Texte ohne Einbeziehung tiefenpsychologischer Erkenntnisse vorgenommen wird. Auf die Auswirkung der Psychologie C. G. Jungs auf die Mytheninterpretation aller Gebiete der Religionswissenschaft braucht nur hingewiesen zu werden. In der indischen Mythologie hat z. B. H. Zimmer die komplexe Psychologie C. G. Jungs in hervorragender Weise interpretativ zur Deutung der hinduistischen Götterlehre herangezogen (H. Zimmer: Indische Mythen und Symbole, S. 5); in der griechischen Mythologie sind die Arbeiten von K. Kerényi in Zusammenarbeit mit C. G. Jung unentbehrlich geworden (vgl. z. B. K. Kerényi: Mythologie und Gnosis, in: Humanistische Seelenforschung, 165); in der indianischen Mythologie hat P. Radin zusammen mit C. G. Jung und K. Kerényi den Trickster-Mythos der Winnebago untersucht (P. Radin: Der göttliche Schelm; ders.: Gott und Mensch in der primitiven Welt, 334—343), — und so könnte man bzgl. der Mytheninterpretation fortfahren; desgleichen hat in der Märchenforschung die tiefenpsychologische Interpretationsmethode C. G. Jungs die wichtigsten Einsichten in Struktur und Inhalt der Märchen geliefert (vgl. H. von Beit: Symbolik des Märchens, 3 Bde., 1952—1958); kurz, es ist nicht anders denkbar, als daß auch die Bibelexegese über kurz oder lang die Einseitigkeit einer bloß historisch orientierten Fragestellung im eigenen Interesse wird überwinden müssen. Wie sollte denn auch ernstlich eine Methode, die erklärtermaßen als „historisch-kritische" Interpretationsmethode außerstande ist, auch nur eine einzige Zeile von einem Traum oder einem Märchen zu verstehen, von sich her in der Lage sein, die Urzeitmythen der Völker, mithin die Urgeschichte des J und zahlreiche andere Texte der Bibel sinnvoll zu interpretieren? Ohne Einbeziehung der Tiefenpsychologie würde die Exegese sich selbst dazu verurteilen, die gegenwärtigen Möglichkeiten und Erfordernisse eines wirklichen Verstehens mythischer Texte durch eine einseitige und im Grunde falsche Fragestellung ungenutzt zu lassen.

2. Die Notwendigkeit einer mythologischen und tiefenpsychologischen Deutung, z. B. der Schlangensymbolik, auf der Objektstufe

Am Beispiel des Schlangensymbols in Gn 3, 1—5 läßt sich leicht zeigen, wie eine veränderte tiefenpsychologische Betrachtung in Zusammenhänge einführt, die der historisch-kritischen Exegese notwendig ein Buch mit sieben Siegeln bleiben müssen, die aber für die Theologie von größter Bedeutung sind. Während die motivgeschichtlichen Materialien im 1. Bd. der „Strukturen des Bösen" vor allem der Erweiterung des Blickfeldes und der Disposition richtiger Fragestellungen dienen, zeigen die naturmythologischen Darstellungen des 2. Bandes, daß es gewisse immer wiederkehrende Sinngehalte gibt, die z. B. die Symbolik der Schlange mit den Elementen des Wassers, der Dunkelheit, des Nachthimmels, des Windes, des Mondes, der Erde etc. verbinden (Strukturen, II 69—111). Die dort aufgeführten Studien von I. Goldziher, E. Siecke und seiner Schule, von L. Frobenius, H. Usener, J. G. Frazer u. a. stellen für die Auslegung auch der alttestamentlichen Mythenmotive eine unerschöpfliche Fundgrube dar, die indessen von der historisch-kritischen Exegese von ihrer ganzen Methode her bislang ebenso vernachlässigt werden mußte wie O. Dähnhardt's umfangreiche Sammlung von „Natursagen" (1907—1912). In gewissem Sinne galt es daher vor allem im 2. Bd. der „Strukturen des Bösen", an derartige im Grunde längst gewonnene Einsichten der Jahrhundertwende anzuknüpfen, diese aber methodisch und sachlich von der Tiefenpsychologie her zu rechtfertigen, zu begründen und theologisch nutzbar zu machen.

Daß eine Sage wie die der Azteken von dem Sündenfall des toltekischen Priesterkönigs Ce acatl von Tollan (vgl. B. de Sahagun: Einige Kapitel aus dem Geschichtswerk, III 3—14; S. 268—292) oder ein Grimmsches Märchen wie das vom „Mädchen ohne Hände" (Nr. 31) Einblicke in den Sinn der biblischen Erzählung von Gn 3, 1—7 erlauben soll, ist in der Tat ja erst dann einleuchtend, wenn, jenseits der historischen Vermittlung, *in der menschlichen Psyche selbst* gemeinsame Konstanten des Erlebens gefunden werden, die hier wie dort zu vergleichbaren Symbolbildungen und Erzählmotiven führen. Das aber kann gerade durch das Studium der *Naturmythologie* der Völker unschwer geschehen. Denn indem bestimmte Phänomene der Natur von den verschiedensten Völkern auf immer wieder gleiche Weise apperzipiert werden, zeigt sich ipso facto, welche Gemeinsamkeiten der menschlichen Psyche in die Naturgegebenheiten hineingelegt werden.

Das Symbol der Schlange etwa, um bei diesem Beispiel zu bleiben, verrät eine immer wieder auffallende Beziehung zu den Themen der Fruchtbarkeit und Sexualität in männlicher wie in weiblicher Bedeutung, und es ist für eine tiefenpsychologische Analyse auf der *Objektstufe* nicht schwer, den *phallischen* und inzestuösen Anteil in dieser Symbolbildung herauszuarbeiten (Strukturen, II 115—116). Die Schlange erscheint dann als ein ubiquitäres Sexualsymbol, und man versteht von daher zum ersten Mal, welch eine Rolle das Symbol der Schlange u. a. *auch* in den kanaanäischen Fruchtbarkeitsriten bzw. in den Initiationsriten der Völker spielen kann und welch eine Funktion es im Rahmen der Thematik von Lebenserneuerung und Regeneration besitzt. (Zu Gn 3, 1—7 als Symbol des Abfalls von der kulturellen Stufe der Jäger und Sammler, s. A. J. Toynbee: Weltgeschichte, I/1, 114—115; K. Jettmar: Ethnologie, 85—86; s. Strukturen, III 43—48; 149—153)

3. Die Brückenfunktion einer Deutung auf der Subjektstufe

Aber ebenso, wie es zu simpel wäre, die j „Sündenfallerzählung" unmittelbar als Abwehr des Baalskultes zu interpretieren, so verkehrt wäre es, aus der sexuellen Bedeutung der Schlangensymbolik sogleich den Schluß zu ziehen, es werde also in Gn 3, 1—5 die „Sexualität" als sündhaft hingestellt. Die Schlange ist, objektal gelesen, ein Sexualsymbol, gewiß; sie führt daher in den Mythen der Völker immer wieder in das Geheimnis der Fruchtbarkeit, in die Zusammengehörigkeit von Leben und Tod ein (Strukturen, I 40; 41; II 601). *Aber es wäre ein schwerer Kunstfehler, die psychische Bedeutung eines Symbols mit der theologischen Bedeutung seiner Verwendung zu verwechseln.* Um sich dem *geistigen* Gehalt einer Symbolik zu nähern, muß der Inhalt, der sich bei einer Deutung auf der Objektstufe ergibt, zunächst als Ausdruck und Symbol einer tieferen psychischen Bedeutung verstanden werden. Bei einer solchen Interpretation auf der „*Subjektstufe*" erscheint die sexuelle Thematik der Schlangensymbolik selbst als Ausdruck eines inneren

Verlangens der Psyche nach Einheit und Verschmelzung mit sich selbst; die Dialektik von Leben und Tod gilt subjektal als ein Gegensatz, der in der Seele des Menschen selbst in dem widersprüchlichen Verhältnis des Bewußtseins und des Unbewußten grundgelegt ist; und das Bild der giftigen wie heilenden Schlange der Mythen erhält nunmehr die gegensätzliche Bedeutung, die dem Unbewußten insgesamt anhaftet: es ist einerseits eine Macht, die das Bewußtsein verschlingen und auf wahnhafte Weise umnachten kann, und es ist andererseits ein Prinzip des Uranfänglichen, Undifferenzierten, mithin ein Regenerativum des Bewußtseins (Strukturen, II 139—140). Aber auch bei dieser Einsicht gilt es, vorsichtig zu sein: sie ist nur die Brücke zur eigentlichen theologischen Deutung.

Wieder könnte man ja versucht sein, auch dieses Ergebnis der subjektalen Deutung in kurzschlüssiger Weise zu theologisieren. *Psychologisch*, auf der Subjektstufe der Interpretation, ist die Erzählung von Gn 3, 1—5 ein Bild für den widersprüchlichen Weg zur Selbsterkenntnis, für die Einbeziehung des Unbewußten, das in der Schlange symbolisiert ist, in die Einheit des Selbst; es spricht sich darin die unbewußte Weisheit aus, daß das Unbewußte, Triebhafte, Schlangenhafte mit zum Menschen gehört und zur „Vergöttlichung" des Menschen, zur Ganzwerdung seiner Persönlichkeit, zur Einheit des individuellen Bewußtseins mit der Welt des kollektiven Unbewußten, hinzutreten muß. Aber diese Auslegung, so psychologisch wahr und tiefsinnig sie ist, trifft durchaus nicht die *theologische* Bedeutung der Schlangensymbolik; ja es würde geradewegs auf eine metaphysische Absolutsetzung der psychischen Gegensatzproblematik des Menschen hinauslaufen, wenn man die psychologische Deutungsebene mit der theologischen verwechseln würde. Auf gnostische Weise müßte man dann die Dialektik der menschlichen Psyche mit dem Geist Gottes identifizieren, wie es am eindeutigsten in der Hegelschen Philosophie geschehen ist (vgl. Strukturen, III 157—163). Die j Aussage, die gerade die absolute Differenz zwischen Mensch und Gott hervorhebt, würde mit derartigen Theoremen restlos verfälscht werden.

4. Die Notwendigkeit einer philosophischen Deutung am Beispiel der Schlangensymbolik und die Gefahr einer theologischen Absolutsetzung philosophischer Ergebnisse

Gleichwohl enthalten die psychologischen Deutungen der Schlangensymbolik auf der Subjektstufe bereits die entscheidenden Inhalte, um zu einer korrekten philosophischen und theologischen Interpretation dieses Symbols überzuleiten. Intrapsychisch, *subjektal* gelesen, repräsentiert die Schlange die Gegenwelt des Bewußten, Gestalteten, Ausdifferenzierten; *philosophisch* symbolisiert sie daher als Prinzip des Undifferenzierten, Ungestalteten in etwa das, was in der Metaphysik des Aristoteles als materia prima bezeichnet wird. (Aristoteles: Metaphysik 1042 a/b; S. 207—208) Die Schlange, die in den Mythen die Einheit von Entstehen und Vergehen versinnbildet, läßt sich philosophisch als Prinzip der Materialität, als Inbegriff der materiellen Welt in ihrer Dialektik von Gestaltung und Zerstörung, von Blühen und Welken, von Leben und Tod verstehen. (Strukturen des Bösen, II 87; vgl. dazu auch I. Nicholson: Mexikanische Mythologie, 90; zum Symbol der gefiederten Schlange vgl. entsprechend: L. Séjourné: Altamerikanische Kulturen, 276) Sie ist somit ein Symbol der ganzen naturhaften Welt (H. Leisegang: Das Mysterium der Schlange, in: Eranos-Jahrbuch 1939, S. 192—193; vgl. Strukturen, III, Abb. 14). Während die Schlange *psychologisch* als Symbol der Triebhaftigkeit erscheint, drückt sie *philosophisch* daher den metaphysischen Urgegensatz von Geist und Materie, Vergänglichkeit und Ewigkeit aus (Strukturen, II 87).

Erneut aber wäre es jetzt fatal, wenn man diesen philosophischen Bedeutungsgehalt der Schlangensymbolik in die Theologie verlängern wollte; man müßte dann nämlich die Materie für etwas letztlich Widergöttliches halten, etwa im Sinne des Neuplatonismus (vgl. Plotin: Enneaden, IV 8, 2, 13—16; in: Ausgewählte Schriften, 26—27), und zweifellos widerspräche eine solche Deutung dem J ebenso wie Hegels prometheische Deutung der Schlange (vgl. E. Bloch: Das Prinzip Hoffnung, III 1496—1500; Atheismus, 80—83). (Vgl. zu Hegel: Strukturen, III 85—92; 153—166)

5. Die theologische Deutung als Integration der historischen, tiefenpsychologischen und philosophischen Interpretation, am Beispiel der Schlangensymbolik

Es kommt also darauf an, eine eigene, rein *theologische* Interpretation der Schlangensymbolik vorzunehmen, die den bisherigen historischen, mythologischen, psychologischen und philosophischen Deutungen zwar nicht widerspricht, aber sie auf eine noch tiefere Ebene der Gegensatzproblematik zurückführt, von der aus sich — im Rahmen der j Konzeption — die einzelnen Deutungsebenen als Erscheinungsformen eines ursprünglicheren Konfliktes des menschlichen Daseins vor Gott verstehen lassen. Als Ausgangspunkt muß dabei gelten, daß die „Schlange“ nach J zur Schöpfung Gottes gehört, also nicht in naturhaftem, metaphysischem Gegensatz zu Gott steht, daß sie aber doch als eine Macht auftritt, die den Menschen in schuldhaften Gegensatz zu Gott bringt und damit zugleich die innere Widersprüchlichkeit und Zerrissenheit des menschlichen Daseins heraufbeschwört. Worin das Wesen einer solchen Macht zu suchen ist, wird bereits dadurch sichtbar, daß die Schlange in den Mythen stets etwas in sich Ungestaltetes, Chaotisches, Dunkles, Unbewußtes, Vergängliches bezeichnet; aber es ist jetzt wichtig, dieses „Dunkle“ in aller Schöpfung als den absoluten *Gegensatz zu Gott* zu verstehen, es also nicht mehr im Rahmen mythischen Denkens als dialektischen Teil eines weltimmanenten Stirb und Werde oder als Gegensatz in Gott bzw. im menschlichen Geist zu interpretieren, sondern es rein theologisch als etwas zur Schöpfung Gehörendes und doch den Menschen notwendig in Versuchung Führendes Gott gegenüberzustellen.

Dann ist deutlich, daß der tiefste Gegensatz im Symbol der Schlange nicht in dem Widerspruch von Geist und Materie, Trieb und Bewußtsein, Werden und Vergehen besteht, sondern in dem *Gegensatz von Nichtsein und Sein*, von Nichts und Schöpfer, von irdischer Nichtigkeit und göttlicher Allmacht. Allein das Nichtsein ist in sich selbst der reine Gegensatz zum Göttlichen, und es gehört gleichwohl, wie Gn 3, 1 ausdrücklich sagt, mit zu der Welt, die Gott geschaffen hat. In *theologischer* Sicht ist die Schlange von Gn 3, 1—5 daher als ein Symbol des Nichts in aller Schöpfung, als Ausdruck der radikalen *Kontingenz* alles Geschaffenen zu verstehen (vgl. Strukturen, II 77; III 236; vgl. K. Kerényi: Die religiöse Idee des Nichtseins, in: Antike Religion, S. 171—192), das durch den Sog der *Angst*, den es im menschlichen Bewußtsein erzeugt, den Menschen von Gott abzieht (Strukturen, III 258).

Stellt man die verschiedenen Deutungen der Schlangensymbolik je nach der Methode der Interpretation einander gegenüber, so ergibt sich das folgende zusammenfassende Bild einer von oben nach unten sich vertiefenden Gegensätzlichkeit:

Schema der verschiedenen Deutungsebenen der Schlangensymbolik

Interpretationsmethode	*Deutung*
historisch:	Baalskult, (Fruchtbarkeitskult, Initiationsritual)

naturmythologisch:	Wasser, Dunkel, Wind, Erde, Mond, Mutter, Einheit von Entstehen und Vergehen, Fruchtbarkeit
tiefenpsychologisch:	das Unbewußte
objektal:	Sexualität, Trieb (Inzestproblematik), Mann-Frau-Einheit
subjektal:	Streben nach Vereinigung mit sich selbst, Regeneration im Unbewußten (Regression als Neubeginn)
philosophisch:	materia prima, Vergänglichkeit, materielle Welt (der Ouroboros als kosmischer Leib)
theologisch:	das Nichtsein, die Kontingenz der Schöpfung

Die verschiedenen Auslegungen stehen, wie man sieht, nicht im Widerspruch zueinander; sie bedingen sich vielmehr gegenseitig und ergänzen einander, indem sie auf den verschiedenen Stufen der Realität offenbar ein Geheimnis darzustellen versuchen, das *religionsgeschichtlich* in den Fruchtbarkeitskulten als Gegensatz von Leben und Tod, *psychologisch* als Gegensatz von Mann und Frau bzw. von Bewußtsein und Unbewußtem, *philosophisch* als Gegensatz von Geist und Materie, *theologisch* aber als Gegensatz von Nichtsein und Gott aufgefaßt wird. Alle außertheologischen Deutungen stehen in der Gefahr, je für sich absolut gesetzt zu werden, indem man sie als die eigentliche Wahrheit der j „Sündenfallerzählung" ausgibt, wie es immer wieder geschehen ist und noch geschieht (vgl. die Diskussion der Standpunkte Kants, Freuds, Jungs und Hegels im 3. Bd. der „Strukturen des Bösen"). Aber nur wenn man die Schlange als ein Symbol des Nichtseins interpretiert, versteht man den theologischen Sinn der j Darstellung, daß die Schlange ein Teil der Schöpfung Gottes ist und dennoch von ihr notwendig eine Infragestellung ausgeht, die den Menschen in Widerspruch zu seinem Schöpfer setzt. Nur der absolute Gegensatz von Nichtsein und Gott wird der j Schöpfungstheologie gerecht, die Gott und Schöpfung — im Unterschied zu den Mythen der Völker — radikal von einander unterscheidet und keinen Raum für eine Auslegung der „Sündenfallerzählung" läßt, derzufolge Gn 3, 1—5 lediglich die Gegensätzlichkeit der menschlichen Psyche oder des endlichen Daseins reflektieren würde.

1. Die Notwendigkeit, einen unbewußten Aussageinhalt neben der bewußten Aussageabsicht eines Autors anzuerkennen

Gegen eine solche theologische Auffassung der Schlange als eines Symbols der Kontingenz, des Nichtseins in aller Schöpfung, mag man einwenden, daß J selbst derartige Erwägungen mit keiner Silbe angestellt hat noch überhaupt hat anstellen können, daß er im übrigen auch vom Unbewußten der menschlichen Seele nichts gewußt haben kann, ja daß ihm bereits die weite Verbreitung der Schlangensymbolik selbst vermutlich völlig fremd war. Für jemanden, der, im Rahmen der historisch-kritischen Exegese, nur herausfinden will, was ein biblischer Autor vor 3000 Jahren subjektiv gemeint hat, ist dieser Einwand möglicherweise entscheidend. Nichtsdestoweniger geht er an dem eigentlichen Problem vorbei. Denn nicht nur das, was ein Tradent oder Autor mit der Verwendung eines mythischen Motivs subjektiv, reflex, sagen will, ist ausschlaggebend, sondern auch das, was er implizit durch den Gehalt eines mythischen Symbols an sich ausdrückt. Käme es nur auf die bewußte Aussageabsicht eines Autors an, so müßte man unterstellen, daß jemand nur das sagt, was er sagen will und wovon er weiß, daß er es sagen will; dann aber bedürfte es überhaupt keines Sprechens in Symbolen und mythischen Erzählungen. Das Symbol, der Mythos, sagt stets unendlich viel mehr als was im subjektiven Bewußtsein reflex gegenwärtig ist; ja, ein Symbol hat überhaupt nur den Sinn, Geheimnisse zur Sprache zu bringen, die in reflektiven Begriffen nicht aussagbar sind. Sobald sich ein Symbol adäquat durch die Bezeichnung einer an sich bekannten Tatsache wiedergeben läßt, sinkt es zu einer nur noch historischen Erinnerung an den Zeitpunkt und die Form des ersten ahnungsweisen Erfassens dieser Tatsache herab und verliert seine Wirksamkeit.

Daraus ergeben sich einige wichtige Änderungen in der methodischen Einstellung der Exegese insgesamt. Zunächst muß die historisch-kritische Exegese von einem liebgewordenen, aber unsinnigen Vorurteil abrücken: daß es bei der Interpretation mythischer oder mythennaher Texte genüge, die bewußte Aussageabsicht eines Autors zu erforschen; wichtiger als die bewußte Aussage ist im Gegenteil der unbewußte Gehalt einer mythischen Erzählung. Freilich muß es dabei bleiben, daß das jeweilige Symbol eines biblischen Autors *theologisch* zu deuten ist, und es muß also gezeigt werden, wie seine Bedeutung sich in die bewußte theologische Aussageabsicht des Autors einordnet; aber man folgt dieser theologischen Aussageabsicht doch erst, wenn man das jeweilige Symbol in der ganzen Weite seines Bedeutungsgehaltes zu erschließen sucht, unerachtet der Frage, was ein bestimmter Autor historisch davon reflex wissen konnte oder nicht.

2. Vom Vorrang des bildhaften Ausdrucks eines Mythos vor der sprachlichen Form seiner Überlieferung

Ist nun bereits die Anerkennung unbewußter Inhalte in biblischen Erzählungen für die traditionelle Exegese zweifellos schwer mitzuvollziehen, so ist der Verzicht auf ein zweites methodisches Vorurteil für sie noch mühsamer, wenngleich noch unvermeidlicher: daß die philologische Analyse der Sprache, der Satzstruktur und Syntax, allein oder wenigstens vorrangig die Bedeutung eines Textes erschließen könne. Wo immer man es mit Mythen, Märchen, Träumen, Sagen u. ä. zu tun hat, begeht man einen verhängnisvollen Fehler, wenn man die Analyse der Sprache, womöglich ausschließlich, in den Vordergrund stellt. Die mythischen Symbole sind im Ursprung *Bilder*; ihre Gestalt ist ganz und gar visuell, und es geschieht nur behelfsweise, daß sie überhaupt in eine verbale Ausdrucksebene übersetzt werden. Ihr Sinn, ihre Bedeutung hängt durchaus nicht an einer bestimmten Erzähl- oder Sprachform. Da sie eine Realität beschreiben, deren bildhafter Ausdruck in der menschlichen Seele selbst grundgelegt ist, sind sie gewissermaßen neutral gegenüber der verbalen Gestalt, die sie unter den einzelsprachlichen Bedingungen einer bestimmten Kultur annehmen. Mühelos vertragen sie daher, anders etwa als dichterische Lyrik, die Übersetzung von einer Sprache in eine andere, kommt es doch gerade nicht auf die sprachliche Form, sondern auf das Motiv selbst an. Quer durch das nationale Literaturgut der einzelnen Völker ziehen sich daher die großen Mytheme der Menschheit als eine unversiegbare Quelle gemeinsamen Fühlens und Denkens und begründen ihrerseits die Möglichkeit, ja das unbedingte Erfordernis einer allen Menschen gemeinsamen *Weltliteratur*.

Nicht umsonst geschieht es daher in den „Strukturen des Bösen", daß die Erörterung der einzelnen Symbole der j Urgeschichte immer wieder, anders als sonst in exegetischen Untersuchungen, auf Zeugnisse der Weltliteratur zurückgreift, indem diese als eine interpretatio perennis die zentralen Motive mythischen Erzählens menschheitlich aufzeigen, ausgestalten und stets von neuem ausdeuten. Andererseits wird man aus dem gleichen Grunde in dieser Arbeit vergeblich nach den üblichen sprachanalytischen Untersuchungen Ausschau halten, die für die theologische Bedeutung eines mythischen Textes relativ wenig abwerfen, aber sonst für die historisch-kritische Exegese das hauptsächliche Erkenntnismittel darstellen.

III. Die übergeordnete theologische Fragestellung: die Entscheidung zwischen Angst und Glauben

1. Die komplexe Verdichtung menschlicher Angst im Symbol der Schlange

Ein möglicher Einwand gegen die hier kategorisch geforderte Erweiterung der Bibelexegese durch tiefenpsychologische und philosophische Fragestellungen ergibt sich naturgemäß aus dem Eindruck einer außerordentlichen Verkomplizierung und Weitläufigkeit der Betrachtungsweise. Wenn man überhaupt konzediert, daß die offensichtliche theologisch unfruchtbare Fixierung der Bibelexegese auf historische Fragestellungen durchbrochen werden müsse, so wird man doch zur Rechtfertigung des inzwischen pflichtmäßig gewordenen historischen Spezialistentums in der Bibelauslegung betonen, daß ein einzelner gar nicht imstande sei, so verschiedene Methoden wie die hier genannten sinnvoll nebeneinander zu handhaben; höchstens ein *Team* von Fachwissenschaftlern könne eine so umfassende Aufgabe lösen; ein Exeget historisch-kritischer Provenienz habe also keinen Anlaß, seine methodische Einstellung zu überprüfen. In Wahrheit verhält es sich jedoch gerade umgekehrt. Mythische Symbole sind komplexe Verdichtungen der Wirklichkeit des menschlichen Daseins; wer diese Wirklichkeit in ihrer Komplexität nicht als ganze vor Augen hat, wird aus dem kunstvollen Gewebe mythischer Symbole nur ein paar isolierte Fäden übrig behalten, die nicht dadurch schon sinnvoller werden, daß man anläßlich einer Arbeits*kommission* anderen „Spezialisten“ begegnet, die andere isolierte Fäden desselben Gewebes in Händen halten. An ungereimten und widersprüchlichen Additionen von Teilwahrheiten in Form von „Sitzungsberichten“ und „Sammlungen“ über bestimmte Themen der j Urgeschichte und anderer mythischer Stoffe hat man wahrlich keinen Mangel mehr. Worauf es indessen ankommt, ist eine einheitliche, übergreifende Fragestellung, die es erlaubt, die unterschiedlichen Aspekte der verschiedenen Methoden zu einem Gesamtbild menschlicher Wirklichkeit zu integrieren und damit der Komplexität der in Frage stehenden mythischen Erzählungen wenigstens annähernd zu entsprechen.

Um noch einmal zur Verdeutlichung der Art einer solchen Integration verschiedener anthropologischer Methoden zum Zwecke *theologischer* Erkenntnis auf das Symbol der Schlange in Gn 3 zurückzukommen, so ergibt sich als eine gemeinsame verborgene Konstante auf den einzelnen Ebenen der Deutung des Schlangensymbols der Faktor der *Angst.* Welch eine Bedeutung man nämlich auch der Schlange zuerkennt, immer ist sie ein Wesen, das in seiner Zweideutigkeit an der Grenze zum Nichtsein, zum Chaotischen, zum Triebhaften, zum Unbewußten Angst verbreitet. Die Angst ist derjenige Begriff, der als einziger im Symbol der Schlange Mythologie, Tiefenpsychologie und (Existenz-)Philosophie miteinander verbindet; er ist daher zugleich derjenige Begriff, der auch die vorliegenden 3 Bände der „Strukturen des Bösen“ innerlich wie ein Ariadnefaden durchzieht.

2. Die Methode des Einfühlens in die subjektive Bedeutung des Gesagten

Auf den Befund der Angst kann man in Gn 3, 1—7 bereits stoßen, wenn man den Text nicht nur, wie üblich, daraufhin abhört, was in den einzelnen Worten und Handlungen *verbal* gesagt wird, sondern überlegt, was die jeweiligen Worte und Verhaltensweisen für die Betroffenen in der Erzählung selbst *bedeuten* und über sie aussagen.

Auch diese Regel der Interpretation, sich in einen Text aus der Sicht der handelnden Personen einzufühlen, die in dem vorliegenden 1. Bd. der „Strukturen des Bösen“ konsequent geübt und angewandt wird, gerät bei der historisch-kritischen Methode der Exegese heute noch leicht in den schier unüberwindbar scheinenden Verdacht des Subjektivismus und des Psychologismus. Tatsächlich aber begibt sich ein Interpret ipso facto in die Wüste inhaltlicher Oberflächlichkeiten und menschlicher Belanglosigkeit, wenn er sich lediglich um die Frage bemüht, was in einer Erzählung verbal gesagt wird, und methodisch prinzipiell ausklammert, wie die Akteure einer Erzählung sich selbst darstellen und empfinden und was in ihnen vor sich geht, wenn sie sich in gerade der Weise äußern und verhalten, in der die betreffende Erzählung sie darstellt. „Subjektivistisch" und „willkürlich" muß ein solches Sich-Einfühlen in den Text durchaus nicht sein. Im Gegenteil. Es ist eine der wichtigsten Voraussetzungen zum Verständnis jedes menschlichen Gespräches, wie es bes. von der *Gesprächspsychotherapie* herausgearbeitet wurde, daß man die Mitteilungen eines anderen jeweils daraufhin reflektiert, was das Gesagte für ihn selbst bedeutet, welche Gefühle, Wünsche, Hoffnungen, Sorgen etc. er implizit ausspricht; und es gilt als unabdingbare Kunst und Regel wirklichen Zuhörens, gerade dieses Unausgesprochene in allem Gesprochenen hervorzuheben, weil sonst ein wirkliches Verstehen menschlicher Rede nicht möglich ist. (R. Tausch: Gesprächspsychotherapie, 81)

Für die Bibel, der man die Hochachtung erweist, Gottes Wort zu sein, ist diese Aufmerksamkeit, die man einem Menschenwort, um es zu verstehen, entgegen bringen muß, mindestens genauso angebracht und jedenfalls ganz unentbehrlich. Denn bereits bei Anwendung dieser einfachen Regel bloßen Zuhörens und Mitempfindens wird man erleben, daß die Bibellektüre, unbelastet von dem Staub theologisch oft vollkommen belangloser historischer Puzzeleien, einen ganz unmittelbaren und faszinierenden Zugang des Verständnisses eröffnet, indem der Leser von vornherein sich in die Lage der geschilderten Personen hineinversetzen kann und muß. Von Anfang an geht es auf diese Weise, statt um Hypothesen über sehr entlegene historische Tatbestände, um Menschen und menschliche Schicksale vor Gott. Der so beschrittene Weg ist selbst für jemanden, der von Tiefenpsychologie und dgl. nichts oder nur sehr wenig versteht, höchst einfach und unkompliziert; und er führt in sich bereits, z. B. in Gn 3, 1—7, zu der äußerst wichtigen Entdeckung, daß die „Sündenfallerzählung" im Grunde eine Geschichte der *Angst* ist, daß die Schlange gerade vermittels der Angst, die sie verbreitet, ihre eigentlich verderbliche Macht über den Menschen gewinnt (s. u. S. 68).

3. Das Thema der Angst als Zentralmotiv der j Urgeschichte

Dieser Befund muß nun freilich tiefenpsychologisch abgesichert werden, und erst jetzt wird die Untersuchung schwieriger. Dafür ist sie freilich auch um so lohnender. Punkt für Punkt nämlich lassen sich die einzelnen Schritte der „Sündenfallerzählung" psychoanalytisch aus bestimmten Abwehrmechanismen der Angst verständlich machen (Strukturen, II 152—178). Mehr noch: ein genaueres Studium der fünf biologisch fundierten, paläoanthropologischen Grundformen der Angst macht deutlich, daß die sog. „Strafen“ Gottes nach dem „Sündenfall“ (Gn 3, 8—24) thematisch gerade jene Hauptformen menschlicher Daseinsangst aufgreifen, die schon vom Tierreich her im Menschen grundgelegt sind (Strukturen, II 221—235), daß also m.a. W. der j Darstellung zufolge *das ganze Menschendasein ohne Gott sich in einem Feld purer Angst totalisiert.* Nie käme man dazu, das „*Elend*“ des menschlichen Daseins in Gn 3 inhaltlich zu verstehen, wenn man nicht, und zwar *als Exeget,* sich um einen entsprechenden anthropologischen Hintergrund aus Tiefenpsychologie und Verhaltensforschung bemühen wollte. Desgleichen läßt sich erst auf dem Hintergrund der Neurosenlehre und des Studiums der Angst theologisch sinnvoll nach dem Verhältnis von „Natur“ und „Gnade“ fragen; denn erst so zeigt sich, daß das *ganze* menschliche Dasein *in seiner Kreatürlichkeit* ohne Gott im Felde der Angst aus einem Segen in einen Fluch verwandelt wird und nur vom Glauben her Erlösung möglich ist. (Vgl. zum „Erkennen von Gut und Böse“: Strukturen, I 45—53; 72—74; III 257—261)

Der Begriff der Angst ist es denn auch, der in allen folgenden Untersuchungen die größte Rolle spielt. Nicht nur vom Motiv der Schlange, — von *jedem* Motiv der j Erzählungen gilt, daß es weltweit verbreitet ist; und speziell gilt in der j Urgeschichte, daß jedes einzelne Motiv durch den *Faktor der Angst* quantitativ in einer Weise aufgebläht wird, daß auch seine Qualität sich substantiell ins rein Negative verändert (Strukturen, II 554—556).

Das Motiv der verfeindeten Brüder z. B., weit davon entfernt, nur eine Merkwürdigkeit der j Urgeschichte zu sein, ist in den Mythen und Märchen der Völker aller Welt verbreitet (Strukturen, II 247—256, III 278—299; vgl. O. Dähnhardt: Natursagen, I 248—257; L. Mackensen: Handwörterbuch des deutschen Märchens, I 338—340; J. Bolte u. G. Polivka: Anmerkungen zu den Kinder- und Hausmärchen der Brüder Grimm, I 528—556), und es bezieht sich dort zumeist auf die „Feindschaft“ von Sonne und Mond, Tag und Nacht, hellem Mond und dunklem Mond, Sommer und Winter, Kulturland und Steppe. Um seinen psychologischen Sinn zu erfassen, muß man natürlich wiederum, wie beim Schlangensymbol, nach den *psychischen* Determinanten des Motivs der kämpfenden Brüder fragen; darauf aufbauend kann man hernach *existenzphilosophisch* und *theologisch* die innere wie äußere Zerfallenheit des Menschen mit sich selbst als Folge der Entfremdung von Gott verständlich machen (Strukturen, III 287—299).

In der gleichen Weise ist methodisch bei jedem Motiv der j Urgeschichte: bei dem Symbol des Essens vom verbotenen Baum, der Vierzahl der Paradiesesströme, dem Paradies selbst, der Symbolik des Baumes, dem Motiv von Rache und Vergeltung (im Lamechlied), der „Engelehe", der Sintflut, der Entdeckung des Weinanbaus, der Schändung des Vaters (Noahs), dem Bau des Himmelsturmes und der Stadt, der Wanderung der Menschheit nach Osten (Gn 11, 1) etc. zu verfahren: all diese Motive sind kein biblisches oder altorientalisches Sondergut, sondern weltweit verbreitete Mytheme, die zunächst völlig unabhängig von den besonderen historischen Fragestellungen in sich selbst eine nur in der Weise symbolischen Sprechens mitzuteilende *wesenhafte* Bedeutung besitzen.

4. Ergebnissynopse der verschiedenen Interpretationsebenen

Um vorweg eine Vorstellung davon zu geben, wie die verschiedenen Methoden der Untersuchung dieser einzelnen Motive der j Urgeschichte sich gegenseitig ergänzen, bedingen und erläutern, wenn man sie nur konsequent genug und ohne Vermischung der jeweiligen Interpretationsebenen, aber auch ohne falsche Absolutsetzung und isolierte Frontenbildungen anwendet, wird es an dieser Stelle am besten sein, in einer Ergebnissynopse, die das Schema zur Schlangensymbolik von S. LXXV f erweitert, einen Längsschnitt durch die Hauptabschnitte der j Erzählungen zu ziehen. (S. LXXXIV—LXXXV)

Obwohl es hier natürlich weder möglich noch notwendig ist, die aufgeführten Ergebnisse zu erläutern und zu begründen, wird man dennoch anhand der schematischen Darstellung sogleich die innere Folgerichtigkeit und Geschlossenheit der gefundenen Resultate bemerken können. Denn von der Art, wie man z. B. das Symbol des „Paradieses" versteht, hängt selbstredend das Verständnis des sog. „Sündenfalles" ab; dieses aber steht in enger Verbindung zur Auffassung des Schlangensymbols; und auch was man unter der „Nacktheit" von Gn 2, 25 und 3, 7 versteht, entscheidet sich am Verständnis dessen, was mit dem „Paradies" und der Vertreibung aus dem Garten (in) Eden gemeint ist — und entsprechend bilden die einzelnen Interpretationen auch der anderen j Erzählungen ein in sich logisches Ganzes. In der Waagerechten gelesen, zeigt sich somit auf einen Blick, wie dieselbe Methode bei den unterschiedlichen Motiven der j Urgeschichte zu einer jeweils in sich zusammenhängenden Interpretation kommen muß;

Synopse der verschiedenen Deutungsebenen der j Urgeschichte

Interpretationsmethode	Deutung			
	Paradies	Sündenfall und „Erkenntnis“	Nacktheit	Kain und Abel
kulturhistorisch	Einheit mit der Natur (Paläolithikum)	Abfall von der Natur u. Kulturentstehung (Neolithikum)	Erinnerung an die Eiszeit (die „Fellröcke“)	Kulturdifferenzierung von Ackerbauern und Hirtennomaden
historisch — exegetisch	das Land Mesopotamien	Abfall vom Jahwekult; Fruchtbarkeitsreligion und magisches Wissen	das Ende kindlichen Daseins in den Initiationsriten	religiöse Differenzierung
naturmythologisch	das Land des Mondes, der Einheit von Sonne und Mond	Vertreibung des Mondes vom Himmel durch die Sonne	Entblößung von Sonne oder Mond	Gegensatz von Sonne und Mond, Sommer und Winter, Nordwind und Südwind
tiefenpsychologisch	Kindheitserinnerung an prä- und postnatale Eindrücke	die Ambivalenz der Gefühle	Schamgefühl	analer Sadismus und Masochismus
objektal	Einheit mit der Mutter	oraler Sadismus und Inzest: Entwöhnung und Kastration; Depression	sexuelles Erwachen	Geschwisterrivalität
subjektal	Einheit des Ich mit dem Unbewußten (dem „Mütterlichen“ der Psyche)	Differenzierung und Bewußtwerdung; die Ambivalenz des Unbewußten	Erwachen eigener Individualität	Aufspaltung in Vorder- und Hintergänger
philosophisch	Einheit mit der inneren und äußeren Natur; Status geistiger Unreflektiertheit	Bewußtwerdung, Reflexion in der Angst des Bewußtseins	Erkenntnis der Seinsnichtigkeit und Kontingenz des Daseins	Herr und Knecht; Sadomasochismus als Struktur der Intersubjektivität
theologisch	Einheit mit Gott und darin Einheit mit sich selbst und mit der umgebenden Natur; Kindsein in Gott	Abfall von Gott; das Ambivalentwerden der inneren und äußeren Natur; die Verwandlung des Daseins von Segen in Fluch	Obszönität des Daseins ohne Gott	menschliche Zerrissenheit und Feindschaft im Status der Gottesferne

Synopse der verschiedenen Deutungsebenen der j Urgeschichte (Forts.)

Interpretationsmethode	Deutung				
	Lamechlied	Engelehe	Sintflut	Noahs Söhne	Babel
kulturhistorisch	Institution des Hl. Königs	Ritual der Hl. Hochzeit	Eiszeit (paläontologisch)	Fruchtbarkeitsriten nach Art des Dionysoskultes	Himmelstreppen als Tempel
historisch — exegetisch	Wüstennomadentum	die Fruchtbarkeitsriten Kanaans	Überschwemmung in Mesopotamien	Durchsetzung des Patriarchats gegenüber der matriarchalen Ackerbaukultur Kanaans	Turm zu Babel
naturmythologisch	Kampf von Sonne und Mond	die Hochzeit der Sonne mit der Erdgöttin, des Nachthimmels mit der Morgenröte	die Fahrt von Sonne oder Mond auf dem Himmelsozean	die Zerstückelung von Sonne oder Mond	der Himmelsaufstieg der Gestirne
tiefenpsychologisch	männlicher Ödipuskomplex	weiblicher Ödipuskomplex	Untergang des Ödipuskomplexes	homosexuelle Problematik	Riesenerwartungen u. Allmachtsstreben
objektal	phallische Demonstration u. Kastrationsangst	Amphitryonmotiv und hysterisches Erleben	Latenzzeit	Exhibition und Kastration	koitale Inzestsymbolik
subjektal	Absolutsetzung des Bewußtseins	die Vereinigung von Bewußtsein und Unbewußtem; die Geburt des Selbst	Regeneration im Unbewußten	das Erwachen der Männlichkeit	Einheit von Menschlichem u. Göttlichem, von Bewußtsein und Unbewußtem
philosophisch	Rache für den Mangel des Daseins; der Andere als Gegenmensch	die verzweifelte Suche nach Halt in einem anderen; der Andere als Gott	das Aufbrechen der Bodenlosigkeit des Daseins	Unterdrückung und Intoleranz als Grundlagen nationaler Gruppenbildungen	die Serialitätsohnmacht und das notwendige Scheitern menschlicher Gruppenbildungen
theologisch	die Vergöttlichung des eigenen Daseins ohne Gott	die Vergöttlichung des anderen Menschen zum Ersatz Gottes	die Haltlosigkeit eines Lebens ohne Gott	das Auftreten geschichtlicher Gewalt im sozialen Feld der Gottesferne	die Verstiegenheit der menschl. Existenz; die menschl. Gesellschaft als Ersatz Gottes

in der Senkrechten wird deutlich, daß die verschiedenen Wissenschaftsgebiete und Methoden bei der Auslegung einzelner Symbole der j Urgeschichte immer wieder jeweils die gleiche Wirklichkeit beschreiben und diese lediglich auf ihre Weise auslegen: immer geht es etwa bei der Vorstellung vom Paradies und Sündenfall um eine ursprüngliche Einheit und deren Verlust; nur worin diese besteht, muß von Fachgebiet zu Fachgebiet unterschiedlich verstanden werden.

Die Geschlossenheit und gegenseitige Ergänzung der einzelnen Methoden ist indessen nicht nur in sich eine wichtige Bestätigung für die Richtigkeit der gefundenen Ergebnisse, sondern sie erlaubt auch die Hoffnung, mit der vorliegenden Interpretation der komplexen Verdichtung der j Symbolsprache ein Stück weit näher gekommen zu sein. Und dies verbindet sich mit der entscheidenden Erwartung, zugleich ein Stück mehr vom Menschen selbst zu verstehen, indem die Theologie die verschiedenen Zweige des Wissens um den Menschen in der einen Frage nach den Gründen der Not und Verzweiflung des Menschen ohne Gott zusammenführt und integriert.

Zu dem Schema auf den vorstehenden Seiten ist ergänzend zu bemerken, daß es nur einen groben Überblick vermitteln kann. Vor allem die Erzählungen von Gn 3—4 enthalten vielerlei Material, das, zusätzlich zur Tiefenpsychologie, noch weiterer Untersuchungen bedarf, um die psa gefundenen Triebregungen, die Neurosepsychologie selbst, durch neuere Erkenntnisse der *Verhaltensforschung* und der *Paläoanthropologie* wirklich verständlich zu machen; auf die Darstellung dieser vielfältigen Beziehungen mußte in der gegebenen Aufstellung verzichtet werden. Desgleichen sind die wichtigen strukturellen Gesichtspunkte der dialektischen Sozialphilosophie in der Erörterung des zweiten Teils der j Urgeschichte (Gn 9—11 J) sowie die Interpretation von Gn 10 (die Völkertafel des J) nicht aufgeführt. Trotz dieser Mängel wird die schematische Übersicht über die Art der zu verwendenden Methoden und ihrer interpretativen Zusammenordnung einen ersten hinreichenden Überblick ermöglichen, der die Einfügung der Übersichtstabellen auf S. LXXXIV—LXXXV als nützlich erscheinen läßt.

5. Vom Interesse der Dogmatik an einer Erweiterung der Exegese durch die Tiefenpsychologie

Punkt für Punkt lassen sich, wie man sieht, vornehmlich von der *Tiefenpsychologie* her diejenigen Einsichten über den Sinn der einzelnen j Erzählungen gewinnen, die eine vernünftige Disposition *philosophischer* und *theologischer* Erörterungen der j Urgeschichte (und anderer mythischer Texte) erlauben. Ohne ausgiebige Verwendung der Tiefenpsychologie darf man sich in der Tat nicht wundern, daß eine Exegese innerhalb der engen Grenzen bloß historischer Fragestellungen zu theologisch ungenügenden, wo nicht falschen Ergebnissen und Folgerungen in der Auslegung von theologisch so überaus wichtigen Texten wie denen der j Urgeschichte gelangen muß.

Die theologische Lehre der „*Erbsünde*" z. B., die, wie es scheint, bei einer historischen Interpretation der j Urgeschichte vom Alten Testament her schlechterdings unbegründbar ist, drängt sich bei der Lektüre von Gn 2—11 (J) förmlich von selbst auf, wenn man in der Analyse der *Angst* des Menschen Zeuge der verzweifelten, kunstreichen Anstrengungen wird, mit denen die Menschen in Gn 3—11 (J) zwischen Paradies und Babylon sich über den Abgrund der Nichtigkeit ihres Daseins ohne Gott hinwegzuretten versuchen. *Die Auswahl und Zusammenstellung der einzelnen Mythenmotive der j Urgeschichte*, die in rein historischer Betrachtung mehr oder minder zufällig, jedenfalls willkürlich und keinesfalls notwendig erscheint, ergibt in psychoanalytischer Betrachtung eine in sich geschlossene Entwicklungsreihe, indem die einzelnen Mytheme *eine vollständige Übereinstimmung mit der phasenspezifischen Themenabfolge der psychischen Individualentwicklung aufweisen.* Der Gesamtaufbau der j Urgeschichte kommt damit *der Darstellung einer neurotischen Fehlentwicklung* gleich, deren innere Folgerichtigkeit und Unentrinnbarkeit nachdrücklich *die Totalität der menschlichen Gottesferne*, wie die dogmatische Lehre von der „Erbsünde" sie behauptet, von der Sicht des J her unterstreichen.

Die Komplexität der j Erzählungen nötigt somit zu einer völlig neuen theologischen Reflexion über das Verhältnis von Sünde und Neurose, Angst und Glaube, Verzweiflung und Schuld, Gottesabfall und Freiheit, Kulturgeschichte und Heilsgeschichte, Phylogenese und Individualentwicklung; sie bereichert die Dogmatik um ein wirkliches Verständnis menschlicher Not im Bannkreis neurotischer Angst und verweist umgekehrt die Tiefenpsychologie angesichts der Hauptformen psychischer Neurosen auf den Reflex einer Angst, in der die menschliche Freiheit ohne Gott an sich selbst zugrunde geht (Strukturen, III 469—479; 482).

Kurze Zeit nach dem Erscheinen der „Strukturen des Bösen" ist inzwischen H. E. Richters vortreffliches Buch über den „Gotteskomplex" herausgekommen, das gegenwärtig die ihm gebührende große

Beachtung findet. Völlig übereinstimmend mit der Grundkonzeption der „Strukturen", zeigt auch H. E. Richter, wie die Menschen aus Angst in eine gottgleiche Allmacht hineinfliehen, in der sie sich notwendig zugrunde richten müssen. Bereits A. Adler nannte die Neurose ein ohnmächtiges Gottähnlichkeitsstreben (A. Adler: Über den nervösen Charakter, 26; Strukturen, II 271), und gewiß muß man eine Gesellschaft, die sich von ihrer Angst durch ein Streben nach absoluter Perfektion und Leistung erlösen will, mit Richter neurotisch nennen. Aber so recht H. E. Richter damit hat, daß Menschen sich zerstören, wenn sie aus lauter Angst mächtiger sein müssen als der mächtigste, weiser als der weiseste, tüchtiger als der tüchtigste und jedenfalls vollkommener als jeder Mensch, so sehr geht bei ihm in einer bloßen Kulturkritik die grundlegende und wesentliche Einsicht unter, daß Menschen, die Gott aus den Augen verloren haben, gar nicht anders können, als sich selbst auf eine unmögliche Gottähnlichkeit hin zu entwerfen, um der Angst ihres Daseins zu entfliehen. Statt die Psychoanalyse auf die alte Theorie S. Freuds vom illusionären Charakter des Religiösen einzuschwören, läßt sich gerade anhand der j Symbolerzählungen über die Trostlosigkeit des menschlichen Daseins ohne Gott zeigen, daß der gesamte Existenzaufbau des Menschen ohne Gott neurotische und wahnhafte Züge annehmen muß, so daß wir im 2. Bd. der „Strukturen des Bösen" die Sünde geradewegs als eine „Neurose vor Gott" definiert haben (Strukturen, II 556). Vor allem die existentielle Psychoanalyse, die wir von S. Kierkegaard und J. P. Sartre her zur Interpretation der j Erzählungen heranziehen, zeigt, daß die Angst zur Freiheit und zum Bewußtsein der Kontingenz des menschlichen Daseins selbst gehört. Die vermeintliche Ohnmacht gegenüber Krankheit und Leid, die Richter sehr eindringlich beschreibt, stellt sich in einer existentialanalytischen Betrachtung nur als *eine* Variante der Angst des Daseins vor seiner fundamentalen Nicht-Notwendigkeit und Ungerechtfertigtheit dar; und wenngleich die *zwangsneurotische* Angstflucht in Macht, Perfektion und Leistung (Strukturen, II 572—576; III 289—299) vielleicht, wie Richter meint, in unserer Gesellschaft gegenwärtig eine besonders verbreitete Krankheitsform darstellt, so bleibt doch die existentielle Frage rein psa unbeantwortet, wie denn ein Mensch das Erleben seiner radikalen Überflüssigkeit und Vergänglichkeit ohne Gott anders beantworten kann als durch den verzweifelten Willen, seine eigene Berechtigung und Notwendigkeit durch eine künstliche Absolutheit auf dem Wege von Leistung und Herrschaft in gottähnlicher Weise herzustellen, — ganz zu schweigen von den anderen Formen der Selbstverfehlung und Krankheit, die in der Angst der menschlichen Freiheit grundgelegt sind (Strukturen III 469—479) und in den j Erzählungen ihre symbolische Verdichtung finden. Die psa Krankheitslehre bedarf selbst einer theologischen Vertiefung, um die Formen der Angst und der neurotischen Angstvermeidung als wesentliche, zum menschlichen Dasein unabtrennbar gehörende Konflikte zu verstehen, die erst durch den Glauben an eine vorgängige Bejahung in Gott gelöst werden können.

Andererseits hängt für die Theologie alles daran, endlich die Macht und Verantwortung ihrer eigenen Bilder und Glaubensbekenntnisse zur Heilung der menschlichen Zerrissenheit und Verzweiflung zurückzugewinnen. Gerade mit Hilfe der psa Einsichten in die menschliche Angst muß sie zeigen, wie recht die j Urgeschichte mit der Überzeugung hat, daß der Mensch ohne Gott sich nur zugrunde richten kann. Um der Heilung des Menschen willen wird es hohe Zeit, die furchtbare Kluft zwischen einer seelenlos gewordenen Theologie und einer atheistisch sich darstellenden Tiefenpsychologie zu überwinden. Indem die j Urgeschichte in ihren komplexen Bildern von den grundlegenden Formen der Selbstverfehlung des menschlichen Daseins und der menschlichen Geschichte im Felde der Angst ohne Gott sprechen will, verlangt sie nach einer Interpretation, in der die Theologie die psa Neurosenlehre als eine Phänomenologie des menschlichen Daseins ohne Gott instrumentalisiert und transzendiert.

IV. Ein Fehler als Bestätigung: die Erzählung von der „Engelehe“

Für die Bestätigung der vorgelegten Ergebnisse der „Strukturen des Bösen“ ist *eine Berichtigung* interessant, die exegetisch zum vorliegenden 1. Bd. der „Strukturen des Bösen“ nachzutragen ist. Übereinstimmend mit der Mehrheit der Autoren, ist auf S. 176 ff das Motiv der „Engelehe“ (Gn 6, 1—4) ohne weitere Diskussion literarkritisch der j Urgeschichte zugerechnet worden. Tatsächlich ist das zumindest fragwürdig, wahrscheinlich falsch. Zu Recht hat J. Scharbert in einer dankenswerten Rezension (in: Theol.-prakt. Quartalsschrift, Linz, Heft, 3, 1977) darauf hingewiesen, daß Gn 6, 1—4 rein sprachlich „so gut wie sicher“ nicht zu J gehört (vor allem wegen der Wendung der Phrase *bšgm* — „dieweilen“, und dem Gebrauch des Wortes *bsr* — Fleisch). Andererseits fügt sich die Erzählung von der „Engelehe“

thematisch außerordentlich gut in den Zusammenhang der j Urgeschichte ein. Als eine exakte Bestätigung dieses Sachverhaltes, daß Gn 6, 1—4 zwar thematisch, aber nicht literarkritisch zur j Urgeschichte gehört, muß es nun erscheinen, daß die psychoanalytische Untersuchung in der Erzählung von der „Engelehe" im Grunde eine bloße Variante ohne eigentlichen thematischen Fortschritt gegenüber dem „Lamechlied" in Gn 4, 23.24 erkennen läßt: Lamechlied wie „Engelehe" erweisen sich psa als Erzählungen, die beide das Thema des Ödipuskomplexes, einmal in männlicher, einmal in weiblicher Sicht, aufgreifen (Strukturen, II 547; III 310—311). Psychoanalytisch gesehen, könnte die Erzählung von der Engelehe im Grunde daher fehlen, ohne daß in der phasenweisen Entwicklung der Motivabfolge in der j Urgeschichte eine Lükke entstünde; jedoch zeigt sich zugleich, daß Gn 6, 1—4 auch psychologisch gesehen dem Thema nach vollkommen „richtig" eingeordnet ist und den vorliegenden Stoff um eine wichtige Variante bereichert. Diese Gleichheit des psa Befundes mit dem Ergebnis exegetischer Quellenscheidung dürfte um so überzeugender sein, als sie im vorliegenden Falle den unzutreffenden exegetischen Voraussetzungen dieser Arbeit gewissermaßen zum Trotz erzielt wurde.

V. Kein Gott der Toten

Es bleibt im ganzen zu wünschen und zu hoffen, daß die vorliegende Studie der j Urgeschichte die Exegese u. a. auf die innere Berechtigung, ja die unumgängliche Notwendigkeit hinweist, ihre Methoden und Fragestellungen tiefenpsychologisch und philosophisch zu erweitern, und zwar nicht nur, weil sonst zahlreiche wichtige Texte, wie Gn 2—11 (J), in der Bibel unverstanden liegenbleiben müßten; auch nicht nur, weil die tiefe Kluft zwischen Exegese und Dogmatik ohne die Einbeziehung vermittelnder Disziplinen nicht geschlossen werden kann; sondern vor allem, weil die Bibelauslegung zunehmend mehr in die Gefahr einer völligen Wirklichkeitsfremdheit und theologischen Belanglosigkeit gerät, wenn sie unter dem Firmenschild einer rein historischen Wissenschaft sich methodisch die Frage geradezu verbietet, was in einem Bibeltext nicht nur gemeint *war*, sondern gemeint *ist*. Erzählungen wie die j Urgeschichte sagen etwas über das Wesen des Menschen vor Gott aus, und man versteht von ihnen gerade so viel und so wenig, wie man vom menschlichen Leben insgesamt versteht.

Gerade dieser Gedanke aber, daß man die Erzählungen der Bibel als Chiffren menschlicher Wirklichkeit, als verdichtete Träume der latenten Wahrheit des Daseins interpretieren muß, daß man sie nur innerlich aufschließen kann, wenn man sie nach den wirklichen Konflikten und Nöten, den eigentlichen Sehnsüchten und Gewißheiten des menschlichen Lebens — und nicht vorrangig nach gewissen historischen Tatsachen, die erst vor dem Hintergrund des theologischen Sinns ihre Relevanz erlangen, — befragt, dieser Gedanke scheint in der Flut exegetischer Untersuchungen beinahe gänzlich unterzugehen. Aus Angst, der „Unwissenschaftlichkeit“ geziehen zu werden, schränkt sich die Exegese in merkwürdiger Selbstverstümmelung auf die bloße Analyse von „Literatur“ und auf die rein historische Faktenrekonstruktion ein, als wäre das geschriebene Wort nicht lediglich ein Hinweis auf eine lebendige Wirklichkeit und das Geschehene nicht der Ausdruck eines immerwährenden Geschehens. Wenn es schon zu fürchten sein mag, sich als Exeget an dieser oder jener Stelle eines historischen Fehlers schuldig gemacht zu haben, — sollte eine solche Möglichkeit wirklich mehr zu fürchten sein als die Gefahr, in der Auslegung des Gotteswortes so zu sprechen, daß „Gott“ am Ende ein Vorwand wird, sich das Leben mit seiner Not und seiner Verheißung methodisch konsequent vom Leib gehalten und, entsprechend dem Worte Jesu in Mc 12, 27, Gott in einen „Gott der Toten“ verwandelt zu haben?

Die vorliegende Arbeit möchte den Versuch unternehmen, *mehr* an Wirklichkeit, *mehr* an Verbindlichkeit, *mehr* an theologischer Kompetenz in die Auslegung der Bibel und in die theologischen Gedankengänge über die Bibel hineinzuholen. Indessen: für ein Vorwort gilt natürlich das weise Wort des großen Scheich Saadi: „Durch seinen Duft gibt sich der Moschus zu erkennen — und nicht durch die Anpreisung des Händlers.“ (Scheich Saadi: Hundertundeine Geschichte aus dem Rosengarten, 313)

Literatur zur Vorrede der 2. Auflage

(zitiert stets nach der letztgenannten Ausgabe)

A. Adler: Über den nervösen Charakter. Grundzüge einer vergleichenden Individual-Psychologie und Psychotherapie ([1]1912; [2]1919; [3]1922; [4]1927); Frankfurt 1972 (Fischer Tb. 6174); eingel. v. W. Metzger

Aristoteles (ca. 350 v. Chr.): Metaphysik. Schriften zur Ersten Philosophie; übers. u. hrsg. v. F. F. Schwarz; Stuttgart (Reclam 7913 [6]) 1970

H. von Beit: Symbolik des Märchens. Versuch einer Deutung, Bern 1952
— Gegensatz und Erneuerung im Märchen, zweiter Band von „Symbolik des Märchens", Bern 1956; Registerband 1958

E. Bloch: Das Prinzip Hoffnung, 3 Bde., Frankfurt 1954; 1955; 1959; Neudruck: Frankfurt 1959 (stw 3)
— Atheismus im Christentum. Zur Religion des Exodus und des Reichs, Frankfurt 1968; Neudruck: Hamburg 1970 (rde 347)

J. Bolte und G. Polivka: Anmerkungen zu den Kinder- und Hausmärchen der Brüder Grimm; 5 Bde, Leipzig 1913—1932

G. Cornfeld und G. J. Botterweck (Hrsg.): Die Bibel und ihre Welt. Eine Enzyklopädie; Tel Aviv 1964; Bergisch-Gladbach 1969; Neudruck: München 1972, als dtv Lexikon, 3092—3097

O. Dähnhardt (Hrsg.): Natursagen. Eine Sammlung naturdeutender Sagen, Märchen, Fabeln und Legenden; 4 Bde., Leipzig-Berlin 1907—1912

K. Jettmar: Die anthropologische Aussage der Ethnologie, in: H.-G. Gadamer u. P. Vogler (Hrsg.): Neue Anthropologie; Bd. 4: Kulturanthropologie, Stuttgart-München 1973, S. 63—87 (dtv wr 4072)

K. Kerényi: Mythologie und Gnosis, Amsterdam-Leipzig 1942; Albae Vigiliae, Heft XIV; Neudruck in: K. Kerényi: Werke, Bd. I: Humanistische Seelenforschung; München-Wien 1966; S. 150—202

K. Kerényi: Die religiöse Idee des Nichtseins, in: Werke, Bd. VII: Antike Religion; München-Wien 1971; S. 171—192

H. Leisegang: Das Mysterium der Schlange. Ein Beitrag zur Erforschung des griechischen Mysterienkultes und seines Fortlebens in der christlichen Welt; in: O. Fröbe-Kapteyn (Hrsg.): Eranos-Jahrbuch 1939 (Bd. 7): Vorträge über die Symbolik der Wiedergeburt in der religiösen Vorstellung der Zeiten und Völker, Zürich 1940; S. 151—250

L. Mackensen (Hrsg.): Handwörterbuch des deutschen Märchens, 2 Bde., Berlin 1930—1940 (bis zum Stichwort „Gyges")

I. Nicholson: Mexican and Central American Mythology, London 1967; dt.: Mexikanische Mythologie; übers. v. U. Buhle; Wiesbaden 1967

Plotin (250 n. Chr.): Ausgewählte Schriften, in der Übers. v. R. Harder, überarb. v. W. Theiler u. R. Beutler; hrsg. v. W. Marg; Stuttgart (Reclam 9479—81/81a) 1973

P. Radin: The World of Primitive Man; dt.: Gott und Mensch in der primitiven Welt; übers. v. M. von Wyss, vom Autor rev. u. erw. Ausgabe; Zürich 1953

P. Radin — K. Kerényi — C. G. Jung: Der göttliche Schelm. Ein indianischer Mythen-Zyklus; der Text des Schelmen-Zyklus nach P. Radins engl. Übertragung der Winnebago-Aufzeichnung des Sam Blowsnake ins Deutsche übers. v. I. Krämer; Zürich 1954

H. E. Richter: Der Gotteskomplex. Die Geburt und die Krise des Glaubens an die Allmacht des Menschen, Hamburg 1979

Scheich Saadi (ca. 1250 n. Chr.): Hundertundeine Geschichte aus dem Rosengarten. Ein Brevier orientalischer Lebenskunst; aus dem Persischen übers. u. ausgew. v. R. Gelpke; Zürich 1967

Fray Bernardino de Sahagun (ca. 1550 n. Chr.): Historia general de las cosas de la Nueva España; daraus dt.: E. Seler: Einige Kapitel aus dem Geschichtswerk des Fray Bernardino de Sahagun, aus dem Aztekischen übers.; hrsg. v. C. Seler-Sachs; Stuttgart 1927

L. Séjourné: Altamerikanische Kulturen; aus dem Französischen übers. v. M. u. C. Schneider; Frankfurt-Hamburg 1971 (Fischer Weltgeschichte 21)

F. J. Stendebach: Der Mensch, wie ihn Israel vor 3000 Jahren sah, Stuttgart 1972

R. Tagore: Stray Birds; dt.: Verirrte Vögel. Aphorismen; aus dem Englischen übers. v. H. Meyer-Franck; Freiburg (Hyperion) o. J.

R. Tausch: Gesprächspsychotherapie, Göttingen [4](erg.) 1970

A. J. Toynbee: A Study of History; 10 Bde., 1929—54; Abridgement of volumes I—VI, by D. C. Somervell, London 1950; dt.: Der Gang der Weltgeschichte; übers. v. J. v. Kempski; 4 Bde.; München 1970 (dtv wr 4035—4038)

H. Zimmer: Myths and Symbols in Indian Art and Civilization, New York 1946; dt.: Indische Mythen und Symbole; übers. v. E. W. Eschmann; [1]1951; Neuausgabe Düsseldorf-Köln 1972

„Damit ein Mensch der Erlösung und des erlösenden Glaubens bedürftig werde, damit er die Freude an der Weisheit und Harmonie seiner Gedanken verliere und das große Wagnis des Glaubens an das Wunder der Erlösung auf sich nehme, muß es ihm erst schlecht gehen, sehr schlecht, er muß Leid und Enttäuschung, er muß Bitternis und Verzweiflung erlebt haben, die Wasser müssen ihm bis an den Hals gegangen sein.“

(H. Hesse: Das Glasperlenspiel, st 79; S. 560)

Vorbemerkungen

Vorweg gibt es einige Feststellungen, die wir grundsätzlich zu der jahwistischen Urgeschichte treffen können, nicht zuletzt aufgrund des hervorragend gearbeiteten neu erschienenen Kommentars von C. Westermann (We).

1. Die Urgeschichte ist nur als eine literarische Einheit zu verstehen. Es ist nicht zu rechtfertigen, wie es in zahlreichen Monographien geschieht, den sogenannten „Sündenfall" als isolierte Erzählung auszulegen und die ganze übrige Urgeschichte außer acht zu lassen. Alle Arbeiten, die das tun, sind mithin von vornherein als unzureichend, wo nicht als falsch anzusehen. Es gilt, daß „nur eine Auslegung den Texten gerecht wird, die vom Ganzen der Urgeschichte ausgeht und dieses Ganze ständig im Blick behält." (We 26) Für uns heißt das: wir können das, was der J über die menschliche Sünde sagt, nicht allein von der Paradieseserzählung her verstehen wollen; wir sind gehalten, die j Urgeschichte in ihrer Gesamtheit zu betrachten und von ihr her uns ein Bild von der j Aussage bezüglich der menschlichen Schuld zu erarbeiten. Im einzelnen macht es Westermann wahrscheinlich, daß die Urgeschichte selbst bereits vor der j Redaktion (nur diese wird uns im folgenden interessieren) als eine Erzähleinheit tradiert wurde. Anhand von außerbiblischen Parallelen läßt sich vermuten, daß die Themen der Urgeschichte bereits in einer vorgeformten Zusammenstellung dem J vorgegeben waren; mehr noch: es ergibt sich bei der Mannigfaltigkeit der urgeschichtlichen Überlieferungen bei Völkern verschiedenster Zeiten und Kulturen eine so überraschende Gemeinsamkeit in Form und Inhalt, daß Westermann sagen kann: „Das Reden von der Urzeit . . . hat nicht, wie es theoretisch denkbar wäre, unendlich viele Möglichkeiten; diese Möglichkeiten sind vielmehr begrenzt." (90)

Einen Grund für die Begrenztheit der Möglichkeiten werden wir rein exegetisch freilich nicht finden; erst durch die Einbeziehung psychoanalytischer Untersuchungsmethoden werden wir ein Modell entwickeln, das uns die Motivauswahl der j Erzählungen in der Urgeschichte verstehen läßt und uns ein weiteres wichtiges Argument für die Einheit von Gn 2—11 an die Hand geben wird.

2. Eine wichtige, bisher unterschätzte Bedeutung besitzen in der Urgeschichte die Genealogien, die als „eine selbständige Gattung" (23) in großer Formenvielfalt zu betrachten sind. Sie sind bei J freier gestaltet als bei P und verbinden sich dort enger mit den erzählenden Teilen (21). Ursprünglich an die prähistorische Tradition der Nomadenstämme gebunden (9), treten sie zurück, sobald der politische Kontext die Kontinuität des Geschehens immer mehr von der Geschlechterfolge auf die historischen Handlungen verschiebt (10). „Von der Vätergeschichte ... auf die Urgeschichte übertragen" (11), ermöglichen sie J (im Unterschied zu den Götter- und Königsgenealogien der außerisraelitischen Umwelt), die rein menschliche Geschlechterfolge „von Adam bis Abraham" (12) aufzuzeichnen, das heißt, sie „als Menschengeschichte" (12) zu konzipieren. Da sie selbst eine Art Schöpfungsgeschehen wiedergeben, stehen sie „in engster Beziehung zur Schöpfungserzählung" (66) und bezeugen den „Strom des Schöpfersegens" (12) und das „Weiterwirken der Schöpferkraft in den Menschen" (24).

3. Die „radikale Herauslösung aus dem Bereich des Mythischen" (92), die an dem ursprünglich mythisch überlieferten Material in der biblischen Urgeschichte vorgenommen wird, bewirkt, daß aus dem mythischen Urgeschehen eine echte Urgeschichte wird (93), die die menschliche Geschichte mit der Schöpfung verbindet.

4. In der Frage aber, was die Urgeschichte für unsere eigene Existenz und Geschichte bedeutet, wird es — leider — nötig, einen für unser Thema zentralen Einwand gegenüber dem Westermannschen Kommentarwerk zu erheben. Westermann glaubt nämlich (77), gegen v. Rad prinzipiell in Abrede stellen zu müssen, daß die j Urgeschichte „die Geschichte des Unheils und des Fluches" bzw. eine Erzählung „von Gottes tödlichem Zorn über die Sünde" darstelle. Seine Argumente sind zweifach:

a) Bei einer Durchsicht der „erzählenden Bestandteile" (24) in der Urgeschichte findet Westermann „drei Gruppen: Erzählungen von der Schöpfung, von Errungenschaften und von Freveln und deren Ahndung." (25) Zwar gibt Westermann zu, daß zu den Erzählungen von den Errungenschaften „die einzige deutlich" erkennbare „die vom Turmbau" ist und diese „zugleich zur dritten Gruppe" (25) gehöre; er rechnet jedoch dazu die Stellen 2, 8. 15. 16. 20a; 3, 7. 21, sowie die Notizen in Kapitel 4; 5, 28b; 9, 20; 10, 8 f. und 11, 1—9 (We 25). Das bedeutet: „Alle Texte, die explizit von Errungenschaften handeln, finden sich bei J." (78) Westermann bringt das in Verbindung mit dem „Standort" des J „im davidisch-salomonischen Reich" (78) und gelangt dann zu der ebenso wichtigen wie fragwürdigen Folgerung: „Um die Bedeutung dieses Bestandteils (sc. der Erzählungen von Errungenschaften in der Urgeschichte, d. V.) an einem Punkt vorauszunehmen: daß J die Urgeschichte einseitig und ausschließlich als eine Geschichte unter dem Fluch oder als Unheilsgeschichte darstelle, hätte so nie gesagt werden können, wäre die Bedeutung dieses Motivs der Errungenschaften gesehen worden." (78)

b) Ähnlich folgert Westermann aus dem Vorkommen der Genealogien und aus 1, 28 (P), daß in den Genealogien „auch J vom Weiterwirken der Schöpferkraft in dem Menschen nach der Vertreibung aus dem Garten" berichtet, „wie das die Lobworte in den Namendeutungen 4, 1 und 25 deutlich zum Ausdruck bringen" (24), daß, und darauf kommt es uns hier an, mithin die Urgeschichte bei J nicht „die Geschichte des Unheils und des Fluches" (24) sei.

Weil also bei J von „Errungenschaften" und der Verbreitung der menschlichen Fruchtbarkeit gesprochen wird, was unzweifelhaft richtig ist, deshalb kann die j Urgeschichte keine Darstellung des menschheitlichen Unheils sein. Westermann erklärt selbst, daß bei J die „Errungenschaften mehrfach . . . verwoben sind mit den Erzählungen von Schuld und Strafe (so in Gn 3 und 11), oder darin, daß die wichtigsten Errungenschaften in der Linie Kains dargestellt werden" (79). Er erkennt auch, daß bei J die Errungenschaften „nur in kurzen Notizen in Kap. 4, Anspielungen in Kap. 3 und in einer einzigen Erzählung Kap. 11" begegnen, und vermerkt richtig, daß Kap. 11 „gerade zeigt, wie solche Errungenschaften in Schuld verstricken können." (79) Aber er zeigt sich außerstande, daraus den naheliegenden Schluß zu ziehen, daß für J eben die „Errungenschaften" und ihre Entwicklung auf das engste mit der Entwicklung der Schuld zusammengehören und voneinander nicht zu trennen sind. Offenbar wird Westermann hier ein Opfer seiner eigenen Einteilungsweise, die, so berechtigt sie in formaler Hinsicht ist, ihn dazu verführt, den Zusammenhang zwischen Fortschritt und Schuld in der j Urgeschichte aufzulösen und nicht mehr zu sehen. Zweifellos ist es spekulativ nicht einfach, dieses Ineinander von kulturellen Errungenschaften und immer tieferer Verfallenheit in Schuld zu durchdringen; wir selbst werden uns später die größte Mühe zu geben haben, anhand der Hegelschen und Sartreschen Dialektik ein Intelligibilitätsschema zu entwickeln, das uns diesen Zusammenhang verständlich machen kann und dabei auf die Kategorien der Alteration, Entfremdung, Gegenfinalität u. ä. zurückgreifen. Aber es ist wichtig, gleich vorweg zu betonen, daß bei der engen Verzahnung von kulturellem Fortschritt und menschlicher Schuld in der j Urgeschichte nach wie vor nicht einzusehen ist, was G. v. Rad widersprechen sollte, wenn er von der j Urgeschichte sagt: „dieser Höherentwicklung und diesem langsamen Sichaufrichten zu kultureller Größe entspricht eine immer tiefere Entfremdung des Menschen von Gott, die zu einer Katastrophe führen mußte.“ (Theologie des Alten Testamentes, I 174)

5. Indem Westermann — seinen eigenen Beobachtungen zuwider — die „Erzählungen von den Errungenschaften“ von den „Erzählungen von Schuld und Strafe“ isoliert, bekommt für ihn die j Aussage naturgemäß von vornherein ein ganz anderes Gepräge. Aus dem Ineinander von menschlicher Größe und Verfallenheit wird bei ihm ein Nebeneinander von „den positiven Möglichkeiten des Menschen, seinen Errungenschaften“ einerseits, andererseits von „der erschrekkenden Möglichkeit ..., die dem Menschen in seiner Freiheit, gegen seinen Schöpfer zu handeln, gegeben ist.“ (73) Die menschlichen Errungenschaften und die menschliche Schuld schließen für Westermann als etwas Positives und etwas Negatives einander aus; im Grunde beziehungslos, berichtet J für ihn einmal von diesem, einmal von jenem. Das Postulat, man müsse bei der Auslegung der Urgeschichte immer das Ganze bedenken, bringt sich damit selbst um seine Fruchtbarkeit; denn eine „Vielfalt von Möglichkeiten“ ist alles andere als eine Einheit oder Ganzheit. Aus der Dramatik der Sünde in ihrer Steigerung und Entwicklung wird so ein unverbindliches und spannungsloses Spiel von Potentialitäten. M. E. heißt das, nicht nur die kompositorische Leistung des J gegenüber dem traditionsgeschichtlichen Befund zu gering zu sehen, sondern vor allem unter dem Anschein exegetischer Voraussetzungslosigkeit eine Theologie zu protegieren, die sich einfach nicht vorstellen kann, daß menschliche „Errungenschaften“ aus dem Widerspruch zu Gott geboren sein können. Nur wenn die zivilisatorische Größe des Menschen auch zugleich seine Größe vor Gott ist, nur dann ist es unmöglich, die menschlichen „Errungenschaften“ bei J mit einer Entfaltung der Sünde zusammenzudenken. Zuzustimmen ist E. Haag, wenn er meint: „die jahwistische Urgeschichte macht ... in ihrer Eigenschaft als die Geschichte des Anfangs sichtbar, wie die durch die Ursünde eingeleitete Verkehrtheit des menschlichen Wesens sich im Lauf der Menschheitsgeschichte auf allen Lebensgebieten durchsetzt und zum Schaden der sittlichen Ordnung sich auswirkt. So erscheint die ganze Menschheit in einer Situation der Gottesferne, die durch die Sünde heraufbeschworen wurde und die es den Menschen unmöglich macht, aus eigener Kraft den Weg zu Gott einzu-

schlagen." (E. Haag: Der Mensch am Anfang, 181; vgl. O. H. Steck: Die Paradieserzählung, 76) Lediglich der Ausdruck von der „sittlichen Ordnung" scheint zu eng; es geht um den ganzen Menschen, nicht nur um seine Sittlichkeit.

6. Unklar ist schließlich bei der Hermeneutik Westermanns auch das Verhältnis von Anfang und Gegenwart, Ursprung und Wirklichkeit. Selbst wenn man die an T. Boman orientierten sprachphilosophischen Überlegungen, die wir in der Einleitung angestellt haben, nicht für durchschlagend halten sollte, so bleibt doch die Feststellung E. Haags, die vom Verständnis der mythischen Sprechweise als solcher herkommt: „der Anfang setzt dem Ganzen sein Wesen" (E. Haag: Der Mensch am Anfang, 165), was bedeutet, daß die j Urgeschichte das menschliche Dasein als ein wesenhaft von Gott abgefallenes Sein schildern will. Da Westermann aber die Bedeutung der hebräischen Kategorie des Anfangs übergeht, muß sich für ihn die wesentliche Verbindlichkeit der Sünde „im Anfang" in ein überall vorhandenes Irgendwie beliebiger Möglichkeiten auflösen. Als Probe mag die Aussage gelten: „Überall auf der Welt weiß sich der Mensch in seinem Sein (Menschenschöpfung) und in seinem In-der-Welt-Sein (Weltschöpfung) auf einen Ursprung bezogen und bringt diesen Ursprung in irgendeiner Weise (!) in Beziehung zu seiner Gegenwart" (We 92). Das Eigentümliche der j Urgeschichte, diesen „Ursprung" als Abfall von Gott, als Sünde zu markieren und die Stadien dieses Abfalls aufzuzeigen, geht vollends in einer bloßen Allgemeinheit unter, wenn Westermann fortfährt: „Überall auf der Welt sieht sich der Mensch in seiner Welt gefährdet durch Katastrophen (Sintflut), überall sieht er sich in seiner eigenen Existenz begrenzt durch den Tod und durch mancherlei Übel und Gebrechen, sieht er sich begrenzt und gefährdet zugleich durch die Möglichkeit von Schuld und Frevel." (92) Richtiger scheint v. Rad zu sehen, wenn er von der j Urgeschichte meint, hier sei „alles Interesse des Erzählers darauf konzentriert, eine Kette wirklicher (!) Geschehnisse, einen Weg aufzuzeigen, den die Menschen gegangen sind und dessen Folgen von ihnen nicht mehr rückgängig gemacht werden können." (Theologie, I 167)

7. Damit zusammen hängt die Interpretation der formgeschichtlich wichtigen Feststellung Westermanns von der Redeweise „Als noch nicht" (59 ff.; 269 f.; 319 ff.). Westermann sagt: „Diese Stilform geht zurück auf Schöpfungserzählungen aus primitiven Kulturen." (60) Sie „erhält sich bis in die späteste Zeit" (61). Ihre Funktion ist eindeutig: „Durch solches Reden . . . wird dem Bestehenden der Welt das Selbstverständliche genommen, wird das Zuständliche der Welt auf ein Ereignis zu-

rückgeführt, das diese Zuständlichkeit transzendiert, auf den umwandelnden Akt eines Wirkenden, des Schöpfers." (61) Die Frage ist in unserem Zusammenhang, wie dieser Ansatz auf die Darstellung des J von der menschlichen Schuld, insbesondere auf Gn 2—3 zu übertragen sei.

Einerseits gilt, „daß dieses Schema dazu dient, das Urgeschehen erzählbar zu machen: Schöpfung, sofern sie erzählt wird, muß irgendwie in dem Zeitpunkt einsetzen ‚als noch nicht . . . war'; man würde es aber falsch deuten, wollte man daraus auf zwei zeitlich fixierbare Epochen oder Zustände oder Zeiträume schließen" (319/320). Das ist richtig. Es ist „die Absicht des Erzählers . . . nicht, zwei aufeinanderfolgende Zustände oder Phasen zu beschreiben, sondern seine Absicht ist, ein Geschehen darzustellen, durch das die gegenwärtige Wirklichkeit des Menschen so geworden ist, wie sie ist." (320) Auch das ist unbezweifelbar. Daraus ergibt sich aber nun für Westermann, daß Gn 2 und 3 in Analogie zu den „Urzeit-Erzählungen" insgesamt die Aufgabe habe, „Begrenzungen und Mängel der gegenwärtigen menschlichen Existenz aus urzeitlichen Vorgängen, besonders aus Strafen und Vergehen, zu erklären" (267). Dies „bedeutet nun, daß jeder besondere Aspekt menschlicher Begrenztheit mit dem Entferntsein von Gott in Zusammenhang steht."(267) Auch daran ist nichts auszusetzen; es reicht aber nicht aus, dem j Befund gerecht zu werden, und wird falsch, wenn Westermann hierbei stehen bleibt. Denn es geht nicht darum, „das Begrenztsein des Menschen" (268) zu begründen, sondern zu zeigen, wie der Mensch die ursprünglich gemeinte Ordnung Gottes (Gn 2) durch eigene Schuld (Gn 3—11) Zug um Zug zerstört (vgl. O. H. Steck: Die Paradieserzählung, 58—65). Denn: „Als Folge der Ursünde ist das menschliche Dasein durch eine umfassende Gegensätzlichkeit zu dem von Gott eingesetzten Anfang gekennzeichnet." (E. Haag: Der Mensch am Anfang, 181) Und diesen Gegensatz zwischen dem, was Gott mit dem Menschen gemeint hat, und dem, was der Mensch in seiner Wirklichkeit von Grund auf ist, will die Gegenüberstellung von Gn 2 und Gn 3 deutlich machen. Daß J den Menschen als einen schildert, der sich selbst negativ von dem ursprünglichen Handeln Gottes (Gn 2) abgesetzt hat, ist ganz und gar nicht als erzählerische Notwendigkeit der „Als noch nicht" — Rede zu verstehen, sondern ist, statt einer schriftstellerischen Manier, der Ausdruck eines zentralen theologischen Verständnisses des Menschen ohne Gott. Wenn bei J Schöpfung und Abfall im „Ursprung" stattfinden, so wird gerade herauszuarbeiten sein, wie nach ihm dieser Gegensatz die menschliche Existenz prägt, und es sind die Kap. 3—11 der Genesis zu lesen als die Zustandsbeschreibung dessen, was der menschlichen Existenz als Abfall von Gott ursprünglich zugrunde liegt. Gn 3—11 ist bei J dann wirklich das, als was es R. Smend verstanden hat: „Eine pessimistische, scheinbar hoffnungslose Sicht des Menschen ... in Mühsal und Ferne von Gott“ (R. Smend: Biblische Zeugnisse, 26).

Richtig sagt Westermann im Abschluß zu Gn 2—3, diese Erzählung habe „universalen Charakter“ (378) und besage: „Der von Gott getrennte ist der durch Tod, Leid und Mühsal begrenzte Mensch.“ (378) Sie stelle dar: „Was diese Sünde oder dieses Böse im Gegenüber des Menschen zu Gott ist und bedeutet.“ (379) Diesen Sätzen ist nur zuzustimmen. Aber sie werden an der gleichen Stelle wieder verdorben, wenn als Sinn von 3, 1—7 angegeben wird: „Zum Menschsein gehört es, daß der Mensch sich verfehlt; er kann nicht anders Mensch sein als in dieser Fehlsamkeit.“ (377—378) Mit solchen Wendungen wird die Tatsache der Sünde, die ausdrücklich für alle Menschen gelten soll, erneut auf eine bloße Möglichkeit herabgedrückt. J schildert in seiner Urgeschichte nicht die „Fehlsamkeit“ des Menschen, sondern daß der Mensch von Grund auf in seiner Einstellung zu Gott immer schon gefehlt hat; und dies ist nicht mit Begriffen wie „Möglichkeit“ und „Begrenztsein“ adäquat wiederzugeben, sondern nur mit Begriffen, die es dabei belassen: der Mensch ist wirklich von Gott getrennt, und sein Leben verrinnt ohne Gott in Leid und Mühsal. Man hat den Eindruck, als wenn Westermann aufgrund eines Mangels an entsprechenden Kategorien immer wieder zu kurz formuliert und vor allem nicht unterscheidet zwischen wesenhaften (ontologischen) und kausalen (ontischen) Begründungen, zwischen einem logischen und einem temporalen Nacheinander und so nicht dazu kommt, die j Urgeschichte als eine grundlegende Beschreibung der menschlichen Wirklichkeit im Gegensatz und Widerspruch zu Gott zu verstehen.

8. Ein Wort ist noch zur Verwendung der Psychologie in der Exegese der j Urgeschichte zu sagen, die in dieser Arbeit einen breiten Raum einnimmt und die manchen Leser verwundern wird.

Wenn der J tatsächlich „die psychologische Seite der Sünde“ (F. Dexinger, F. Staudinger, H. Wahle, J. Weismayer: Ist Adam an allem schuld? 96) darstellt, wenn bei J Gott auftritt „wie ein Psychologe vom Fach“ (W. Trilling: Denn Staub bist du, 78) und bei v. Rad der J als „der große Psychologe unter den biblischen Erzählern“ (v. Rad: Genesis 17; 9, 11) gerühmt wird, so kann eine Ausklammerung psychologischen Verständnisses für den Text so wenig angemessen sein wie bei der Interpretation von Dostojewskijs „Schuld und Sühne“. Die Zusammenhänge zwischen den

Zeilen, der psychische Erlebnishintergrund muß mitgefühlt und mitempfunden werden, nicht projektiv und willkürlich, wohl aber nachempfindend und existentiell betroffen. Eine „Psychologisierung" des Textes wird dabei schon deshalb nicht entstehen, weil im Auge zu behalten ist, was Westermann zurecht von Gn 2—3 bemerkt: „daß in der Frühzeit der Menschheit das Phänomen der Sünde oder des Bösen von dem Sich-Verstehen des Menschen in einem Gegenüber zu einer göttlichen Macht nicht ablösbar ist." (379—380) Wo aber J seine theologische Darstellung psychologisch gestaltet, da muß im Interesse der Auslegung auch psychologisch gearbeitet und gedacht werden. Der Grundsatz muß zwar lauten: so wenig Psychologie wie möglich, aber ergänzt werden durch: so viel Psychologie wie nötig.

Insgesamt muß zu dem folgenden exegetischen Versuch gesagt werden, daß es uns nur um eine Frage und einen Gesichtspunkt geht: wie das Böse von J in seiner Urgeschichte geschildert wird. Alle exegetischen Bemühungen in dieser Arbeit dienen lediglich der Beantwortung dieser Frage; alles nicht damit im Zusammenhang Stehende ist hier also nicht zu finden oder dient als Material zur Vorbereitung des psychoanalytischen und philosophischen 2. und 3. Teils. Das Ziel des vorliegenden Bandes ist trotz der exegetischen Arbeitsweise selbst nicht exegetisch, sondern systematisch. Dies darf nie vergessen werden.

A. DIE URSPRÜNGLICHE ORDNUNG (Gn 2, 4b—25)

Da für unsere Fragestellung Gn 2 lediglich insofern eine Rolle spielt, als sich hier zeigt, was alles durch die Tat der Menschen in Gn 3 anders geworden ist, gehen wir auf die Einzelfragen dieses Textes nur kursorisch ein und verweisen dabei auf die entsprechenden Kommentare.

Ursprünglich war „Gn 2 eine geschlossene Erzählung" (We 262), die die Verse 2, 4b—8. 18—24 umfaßte und „zu dem Kreis der Erzählungen von der Erschaffung des Menschen" (We 317) gehört. Darin hat J (oder ein späterer Redaktor? E. Haag: Der Mensch am Anfang, 39) V. 10—14, die „Kunde" von den Paradiesesströmen, eingefügt (We 265) und mit V. 9. und 15 eine Rahmung geschaffen, die bereits, ebenso wie das Verbot in V. 16—17, auf das Kap. 3 hinweist; mit V. 25 hat J eine feste Verbindung und Überleitung zu Kap. 3 hergestellt (We 265) und dabei eine Einheit erreicht, die, wie ein Vergleich mit Ez 28 zeigt, vielleicht ursprünglich den Stoffen anhaftete (vgl. E. Haag: Der Mensch am Anfang, 74 ff.). In der Verschmelzung von Gn 2 und 3 durch J zu einer Einheit liegt die Begründung mancher Unausgeglichenheiten der Erzählung von Gn 2 und 3 (z. B. der Widerspruch des Baumes der Erkenntnis und des Baumes des Lebens); und es liegt darin zugleich die Notwendigkeit, Gn 2—3 im Sinne von J als Einheit zu interpretieren. Als Sitz im Leben der ursprünglichen Erzählungen hält Westermann Geburts- oder Mannbarkeitsriten (267) für möglich; beide Erzählungen stellen nach ihm „die beiden Hauptgruppen von Erzählungen von der Menschenschöpfung in der Periode der mündlichen Überlieferung" (267—68) dar, indem sie die Erschaffung und „das Begrenztsein des Menschen" darstellen (268).

Indem J beide Erzählungen gegenläufig in Schöpfung und Abfall des Menschen zu einer Einheit zusammenfaßt, stellt er uns den Menschen von seinem Ursprung her als ein Widerspruchswesen vor Augen, das seiner eigenen Bestimmung zuwiderhandelt und die Bedingungen seiner Existenz durch eigene Schuld verändert. Schöpfung und Schuld sind dabei aufs engste miteinander verbunden. „Der ganze erste Abschnitt der Paradieserzählung, die Erschaffung und Ausstattung des Menschen und seiner Welt im Sinne Jahwes (2, 4b—25), ist von J als positives Gegenbild zur gegenwärtig charakteristischen Lage des Menschen, wie sie in

3, 1 ff. und besonders im Fluchabschnitt erstmals in Erscheinung tritt, gekennzeichnet." (O. H. Steck: Die Paradieserzählung, 59) Durch die Einbeziehung von Gn 3 in den Zusammenhang der Urgeschichte erweitert J zugleich die Thematik der Schuld zu einer Hintergrundfolie des Wirkens Gottes an Israel (Gn 12) und gibt damit der israelitischen Geschichte den Sinn der „Überbrückung der Kluft zwischen Gott und den Menschen insgesamt." (v. Rad, 16; 9, 10) „Die Komposition der Urgeschichte ... verkündet zunächst mit erhabener Einseitigkeit, daß alles Verderben, alle Wirrnis in der Welt von der Sünde kommt; dann aber bezeugt sie auch, wie der sich ständig erweiternden Kluft zwischen Gott und den Menschen ein heimliches Mächtigwerden der Gnade entspricht." (v. Rad, 15; 9, 10)

Gn 2 ist also Auftakt einer Erzählung vom Abfall und diese wiederum Teil einer umso deutlicheren Darstellung des Erbarmens Gottes über den Menschen. Es wird für uns dabei die Frage sein, wie J Schöpfung und Fall des Menschen als eine Einheit zu verstehen lehrt.

Von der Tradition her verfolgt Gn 2 nicht die Absicht, die Schöpfung der Welt zu zeigen, sondern allein die Schöpfung des Menschen zu schildern. Das bjwm — „am Anfang", „zur Zeit da" entspricht dem schon erwähnten „Als noch nicht" (We 270) und macht deutlich, daß 2, 4b—5 lediglich das Erschaffen des Menschen „als urzeitlich" (We 271) markieren will. Die Anrede Gottes als jhwh 'lhjm — „Jahwe Gott" ist singulär und unterstreicht noch die Einmaligkeit der Szene, die den geschichtstranszendenten Ursprung des menschlichen Daseins „am Anfang" aller Geschichte vor Augen stellt. Mit Jahwe-Elohim bezeichnet „der Jahwist den Schöpfergott" (E. Haag: Der Mensch am Anfang, 11). Weder gibt es Regen für die „Wildpflanzen der Steppe" (so We 272 für sjḥ) noch künstliche Bewässerung für die Kulturpflanzen (so We 272 für ʿsb). V. 6 fällt nicht nur aus der Konstruktion von V. 4b—5 heraus, sondern gehört auch wohl einer anderen Vorstellung an als der von V. 4b—5a, d. h., V. 6 ist nicht aus dem Zusammenhang dieser Verse heraus zu interpretieren. Was dann 'd bedeutet, ist unklar; das akkadische id läßt an eine Art Grundwasser denken; klar ist allerdings, daß mit V. 6 die eigentliche Schöpfung des Menschen, mit der „Bewässerung des Landes" (We 274) beginnend, einsetzt. Insofern die „Als-noch-nicht-"Aussage auf „zwei Lebensbereiche" (W. Trilling: Denn Staub bist du, 21), des Nomaden und des Bauern, hinweist, bietet die Stelle gewisse Hinweise auf Zeit und Ort ihrer Entstehung. Gn 2 könnte einer Zeit entstammen, in der das nomadisierende Hirtentum in Verbindung mit der Ackerbaukultur Kanaans trat. Jedenfalls ist Gn 2,4b—6 „ein ursprünglich selbständiges Traditionsstück" (We 280), das zunächst nicht die Schöpfung des Menschen vorbereitet, sondern lediglich die Situation des Urgeschehens markiert.

„Da formte Jahwe Gott den Menschen aus Staub vom Erdboden." (Gn 2, 7) 'dm — „Mensch" und 'dmh — „Erde" gehören zusammen, nicht nur etymologisch (vgl. H. W. Wolff: Anthropologie des Alten Testaments, 143; Gesenius, 10), sondern wesenhaft: „vom Ursprung her ist das ganze Schicksal des Menschen mit dem Ackerboden unlöslich verknüpft, aber auch dessen Schicksal mit ihm." (M. Buber: Biblisches Zeugnis, in: Werke II 1002) Die Zusammengehörigkeit der Worte ist Zeichen einer „Existenzgemeinschaft" und „Solidarität" beider (M. Buber: a.a.O. 1003), zwar in der Sprache und Vorstellung einer Bauernkultur, aber als Ausdruck eines universellen Einheitsdenkens. Zugleich stoßen wir auf die Züge einer echten Anthropologie. Gott schafft den Menschen „*als* Erdenstaub" (so sehr schön W. Trilling: Denn Staub bist du, 24). ʿpr — „Staub" ist, besonders im Blick auf 3, 19. 23, Zeichen „der absoluten Nichtigkeit des Menschen vor Gott." (E. Haag: Der Mensch am Anfang, 20—21) Hat J wirklich, wie anzunehmen ist, am Hofe Salomos seine große Geschichtstheologie Israels geschrieben, so läßt sich von Anfang an kein schärferer Kontrast zu jeder Art politischer oder humanistischer Selbsterhöhung denken. Der Mensch ist Staub. So wertlos. So haltlos. So in sich amorph. So sehr der „Todesnähe" (Job 4, 18—20), ja an sich der „Gottesferne" (Ps 22, 30) ausgeliefert (W. Trilling: Denn Staub bist du, 24). Sehr treffend wird noch im Spätjudentum diese Sicht des Menschen in Qumran betont und die völlige Angewiesenheit des Menschen auf Gott herausgestellt. „. . . was ist er denn, der Mensch? Erde ist er . . . (Lücken) abgekniffener Ton, und zum Staube geht seine Rückkehr . . . Ich bin Staub und Asche. Was soll ich denken, ohne daß du es willst? . . . Wie soll ich Festigkeit gewinnen, ohne daß du mich aufstellst?" (1 QH X 2—6; nach: E. Lohse: Die Texte aus Qumran, 149—150; vgl. 1 QH I 21—23; X 2—5. 11—12; XI 3—4; XII 24—27; XIII 15—17; XV 21—22) Dies ist die eine Seite des Menschen: Er ist wie ein auf der Töpferscheibe hergestelltes (jṣr) und ganz und gar abhängiges Wesen; nicht nur „begrenzt", wie Westermann (280—281) meint, sondern restlos angewiesen auf seinen Schöpfer, von dem sein Leben kommt und an dem es in alle Zukunft hängt, weil es ohne ihn wieder zurücksinken wird in das, was es von sich aus ist: in die pure Nichtigkeit. Was der Mensch ist, ist er von Gott (vgl. Spr. 8, 35—36; H. W. Wolff: Anthropologie des Alten Testaments, 37; Zi 115 —120). Seine npš ḥjh — sein „Leben" ist göttlichen Ursprungs. Man kann bei dem Ausdruck nicht an die „Seele“ der griechischen Philosophie denken, eher an das deutsche „Schnaufen“, als ein Zeichen und eine Äußerung der Vitalität, denn gemeint ist lediglich, daß der Mensch durch den Lebensatem Gottes ein „lebendiges Wesen“ wird. Aber wenn hiermit auch nicht ohne weiteres gesagt ist, daß der Mensch durch den Anhauch Gottes etwas Göttliches in sich trägt (so z. B. Gu: „der Mensch ist Gott verwandt“, 6), so ist doch Gunkels Formulierung richtig: „sein Odem ist eine Ausstrahlung des göttlichen.“ (a.a.O) Sein Leben hängt an diesem Anhauch Gottes, an dieser sozusagen „hauchdünnen“ Verbindung zwischen Gott und Mensch. Und man ahnt hier schon die Dramatik voraus, die eintreten muß, wenn diese Verbindung zerreißt. Der Mensch lebt nicht aus sich; er ist ganz und gar abgeleitet von Gott, ohne Unterschied von und in Einheit mit allen anderen Lebewesen, ganz im Sinne von Ps 104, 29. 30: „nimmst du ihnen den Odem, dann scheiden sie hin und kehren wieder zu ihrem Staube zurück. Sendest du aus deinen Hauch, dann sind sie erschaffen; du gestaltest das Antlitz der Erde neu.“ Gunkel meint, einen Unterschied zwischen npš ḥjh — „lebendes Wesen“ und nšmt ḥjjm — „Hauch des Lebens“ machen zu sollen; die nšmh — „der Lebenshauch“ sei das Prinzip des Lebens allgemein, die npš — „die Seele“ des Individuums, die nach dem Tod in die š'wl — „Unterwelt“ eingehe. (Gu 6; H. W. Wolff sieht in der „Seele“ den „Sitz der elementaren Lebensbedürfnisse“: Anthropologie des Alten Testaments, 31, also eine Kennzeichnung der Bedürftigkeit des Menschen; zum Geschaffensein aus Staub als Bild der Herkunft von der Mutter Erde vgl. E. Fascher: Vom Anfang der Welt und vom Ursprung des Menschengeschlechts, 49—67)

Vielleicht sollte auch dies noch bemerkt werden: die Redeweise von J ist hier und an vielen anderen Stellen ausgesprochen „anthropomorph“. Es genügt aber nicht, diese Eigentümlichkeit allein von dem tradierten Quellenmaterial her zu erklären, und noch weniger geht es an, J etwa für naiv zu halten. Denn ausnahmslos ist bei J die anthropomorphe Darstellung hintergründig und absichtsvoll gestaltet. Man kann W. Trilling zustimmen, daß für J die „Gefahr der Vermenschlichung des heiligen Gottes“ offenbar eher in Kauf zu nehmen ist „als die Gefahr der Verfeierlichung des menschenfreundlichen Gottes“ (W. Trilling: Denn Staub bist du, 25), wie sie mit einiger Sicherheit am Hofe Salomos heraufzuziehen begann (vgl. M. Buber: Königtum Gottes, in: Werke II 646). Der Gott, auf den der Mensch um seines Lebens willen angewiesen ist, trägt und soll unverzichtbar tragen die Züge einer möglichst konkreten persönlichen Gestalt; die Menschen leben nicht aus den Ursprüngen eines un- oder überpersönlichen Prinzips; das „Wunderbare, Geheimnisvolle“ (Gu 6) ihres Lebensatems kommt von einem Gott, der ebenso lebendig ist, wie der Mensch selbst. Etwas vom Text entfernt, aber in der Perspektive richtig, nimmt M. Buber diesen Gedanken dahin auf: „Gott in aller Konkretheit als Sprecher, die Schöpfung als Sprache: Anruf ins Nichts und Antwort der Dinge durch ihr Erstehn, die Schöpfungssprache dauernd im Leben aller Kreaturen . . . — das kundzugeben war Israel da. Es lehrte, es zeigte: der wirkliche Gott ist der anredbare, weil anredende, Gott“ (M. Buber: Die chassidische Botschaft, in: Werke III 742—743). So könnte sich auch die Doppelung „Jahwe Elohim“ erklären, die nur in Gn 2—3 vorkommt. (vgl. auch die exegetisch nicht begründbare, aber von der Tendenz der Stelle her weiterführende chassidische Auslegung, die Buber der Doppelung „Jahwe Elohim“ in Gn 2 gibt: Jahwe habe sich zu Elohim, zu einer wirkenden, der Welt gegenüberstehenden Kraft besondert, als er die Welt erschuf; in: Werke III 855—856) Der Gott, der die Welt schafft, ist der Gott, der sich von den Menschen mit dem persönlichen Eigennamen Jahwe anreden läßt. (W. Trilling: Denn Staub bist du, 26)

Jahwe pflanzt nun den Garten in Eden, im Osten (so mqdm); das Gewicht liegt nicht auf der Schöpfung der Pflanzen, sondern ganz und gar auf der Versorgung des Menschen, zu dessen Erhaltung alles geschieht. Da die V. 9. 15—17 Hinzufügungen von J sind, muß man davon ausgehen, daß ursprünglich mit dem „Garten in Eden“ in Gn 2 lediglich ein für den Menschen bestimmter Fruchtgarten gemeint ist, nicht schon ein paradiesischer Gottesgarten. Umso wichtiger ist, wie J diesen Garten versteht: er ist für ihn der Umraum eines Lebens, so wie es vom Ursprung her von Gott gemeint war: das „im Osten“ (mqdm) soll ja wohl nicht einfach „geographische Fixierung“ sein, sondern den „Schauplatz des Geschehens ... in ... unbekannte Ferne“ (We 287) rücken (vgl. Gn 11, 2), in eine nicht mehr greifbare Region. E. Haag denkt daran, daß der „heilvolle Zustand der Schöpfung“ gern mit dem Sonnenlicht verglichen wird, das „im Osten“ aufgeht (E. Haag: Der Mensch am Anfang, 26). Während die ursprüngliche Erzählung in Gn 2 von dem „Garten in Eden“ spricht, vielleicht als „Garten in der Steppe“ (Gu 7), spricht Gn 2, 15; 3,23—24 vom „Garten Eden“; hier liegt eine andere Tradition vor, die den Garten Eden als eine Art Gottesgarten versteht (vgl. Ez 28, 13 ff.), „als einen *heiligen* Bezirk, die Gegenwart der Gottheit umschließend und deshalb von Keruben bewacht“ (v. Rad 62; 9,54). Indem J beide Traditionen miteinander verbindet, macht er deutlich, daß der Mensch ursprünglich berufen ist, in einem Raum der Gottesnähe, der Geborgenheit und der Fülle zu leben, daß er berufen ist „zur Teilnahme an der Herrlichkeitsoffenbarung Jahwes", wie sie geschichtlich später auf Zion erfolgen wird (E. Haag: Der Mensch am Anfang, 106; 111—116). Aus ‘dn- „Eden" hört der Hebräer unweigerlich ‘dn — „Wonne" heraus. Der Nebensatz in 2, 8b greift das noch einmal sehr fein auf: „den Menschen, den er (Gott) geformt hatte, setzte er dorthin." Man könnte auch sagen: den Menschen, als den (so wie) er ihn geformt hatte. Solange der Mensch dem Bild gehorcht und entspricht, als das er geschaffen wurde, darf er im Garten Eden in der Nähe Gottes wohnen; aber schon hier wird die leise Unruhe wach, ob es nicht auch einen Menschen geben könnte, den Gott nicht geformt hat. Und mitten unter die Aufzählung all dessen, was Gott für den Menschen wachsen läßt, mischt J bereits (Gn 2, 9) die Worte ein, die später (3, 6) die Grundlage für die Ausweisung des Menschen bilden: daß die Früchte des Gartens „lieblich anzusehen und gut zu essen" waren.

Auch erwähnt er bereits hier die beiden Bäume, an denen der Mensch später scheitern soll.

Das Auftauchen dieser Bäume der Erkenntnis von Gut und Böse und des Lebens hat nun aus dem schönen Garten Eden einen rechten exegetischen Irrgarten gemacht. Es zeigt sich aber, daß die Wendung „Baum der Erkenntnis von Gut und Böse" nur in 2, 9 und 2, 17, also in von J eingeschalteten Stellen steht; sonst, in 3, 2. 3. 5. 6. 11. 12. 17, steht nur „Baum", „Baum in der Mitte des Gartens" oder „Baum, von dem ich zu essen dir verboten hatte". Nimmt man hinzu, daß nur die Bezeichnung „Baum des Lebens" fest geprägt ist und auch außerhalb der Genesis und außerhalb des AT's vorkommt, so wird man Westermann (289—291) zustimmen müssen, daß J selbst den „Baum des Lebens" vorfand, aber 3, 5b die Bezeichnung „Baum der Erkenntnis von Gut und Böse" bildete; und indem er diesen Ausdruck bereits hierhin setzt, läßt er schon am Horizont die Gewitterwolken aufziehen, die sich später über dem Menschen entladen sollen. Das „Paradies" ist nicht nur der Ort des Lebens für den Menschen, es enthält auch schon alles, was den Menschen um sein Glück bringen wird. Indem der Lebensbaum wie eine Klammer nur hier (2, 9) am Anfang und am Schluß (3, 22) auftaucht, bildet die Frage nach dem Leben gewissermaßen den Hintergrund für das Problem, das sich am Baum der Erkenntnis von Gut und Böse entzündet; in der Art, wie J die tradierten Quellen miteinander verzahnt hat, markiert der Lebensbaum die Eckdaten für das, was ursprünglich für den Menschen vorgesehen war und was er, so wie er jetzt lebt, unwiederbringlich verloren hat.

Zunächst tut der J freilich alles, um uns von diesen schon leise anklingenden Gedanken späterer Bedrohung wieder abzubringen und das Bild einer großen und universellen Fülle in breiten Farben auszumalen. In 2, 10—14 unterbricht er den ursprünglichen Bericht von der Erschaffung des Menschen durch die „Kunde“ von den Paradiesesströmen. Dabei ist V. 10a eine Notiz, die wohl nicht zu V. 10b—14 gehört, sondern, im Gegensatz auch zu V. 8, die Bewässerung des Paradieses durch einen einzigen Strom beschreibt (vgl. Ps 46); damit verbunden wird dann eine Art altertümlicher Erdkunde; dies jedenfalls war V. 10b—14 ursprünglich, was immer mit den Strömen geographisch gemeint ist. In der redaktionellen Zusammenordnung von J wird diese Notiz indessen zu einer Verdeutlichung der Fruchtbarkeit, die der Garten der ursprünglichen Bestimmung des Menschen für das später durch die menschliche Schuld verfluchte Erdreich bereithält. Die 4-Zahl der Ströme bedeutet „die ganze Welt“ (v. Rad 64; 9, 55). Alle Fruchtbarkeit, die es jetzt (noch) gibt, ist wie ein bloßes Relikt, „ein Überbleibsel des paradiesischen Wassers“ (v. Rad 64; 9, 55); das Wasser, die Grundlage allen Lebens mithin, entstammt dem Paradies und nahm von dort seinen Anfang. Und dorthin hat Jahwe Gott den Menschen gesetzt: in den Garten Eden (V. 15a). Es genügt wohl nicht, diese Wiederaufnahme von V. 8b lediglich als Anknüpfung (Westermann) nach der „Abschweifung“ (v. Rad) von V. 10—14 zu deuten. Es ist vielmehr noch einmal ein verstärkter Hinweis auf die ursprüngliche Bestimmung des Menschen: dort, im Paradies, war der Ort des Menschen, selbstverständlich nicht zeitlich, aber ursprunghaft, wesentlich. Ursprünglich stand der Mensch in Verbindung mit der Fülle des Lebens; weggelassen wird jetzt der Nebensatz aus V. 8b: „den Menschen, den er gebildet hatte.“ Statt dessen tritt nun ein Auftrag und eine Zweckbestimmung an den Menschen heran, die sich wie ein weiterführender Kommentar zu dem ausnimmt, als was Gott den Menschen geformt hat: der Mensch wird in den Garten Eden gesetzt, „ihn zu bebauen und zu bewahren“ (V. 15). Zum Glück des Menschen gehört eine feste Verantwortung für das Erdreich, dem er entstammt; er soll es „bedienen“ und vor Unheil schützen. Noch ist kein Hinweis, wovor der Garten bewahrt werden müßte; und doch hört man schon heraus, daß es Gefahren gibt, die gerade der Mensch vom Garten fernhalten sollte; erst später erfährt der Leser, daß diese Gefahr für den Garten vom Menschen selbst ausgeht. Es kann sein, daß die Worte von der Bestimmung des Menschen von J bereits aus der Tradition (V. 8) übernommen wurden; indem er die Bemerkung hierhin, zwischen V. 10—14 und dem Verbot von V. 16—17, stellt, macht er deutlich, was bei dem Auftrag Gottes (zunächst nur für den Menschen) auf dem Spiel steht.

Zweifellos hat aber schon die J vorliegende Quelle von Gn 2 das „Paradies“ nicht als Schlaraffenland zeichnen wollen; die aristotelische Abwertung der Arbeit ist ihr fremd; ebenso allerdings auch die Vorstellung sumerischer und babylonischer Schöpfungsmythen, nach denen die Menschen als Arbeitssklaven für die Götter geschaffen wurden. Vielmehr wird hier entmythologisierend die menschliche Arbeit als ein Auftrag Gottes verstanden. Die Arbeit an sich, so läßt sich diese Auffassung von der späteren Verfluchung der Arbeit her interpretieren, könnte eine Erfüllung der menschlichen Bestimmung darstellen; die Bestimmung des Menschen ist nicht das Nichts-Tun, sondern das Gestalten; und es liegt nicht an der Arbeit, sondern an der Entfremdung von Gott, daß die Arbeit jetzt als Fluch und Strafe auf dem Menschen lastet (man denke an die humanistische Remythisierung des Arbeitsverständnisses, die Arbeit sei eine Sklaverei im Dienste menschlicher Götter). Zugleich aber an die Aufgabe der Bedienung und Bewahrung des Erdreichs hat J das Gebot der Bewährung des Menschen geknüpft: V. 16—17. Das Gebot „beginnt mit einer großen Freigabe“ (v. Rad 64; 9, 56), als ob J noch unterstreichen möchte, daß die Eingrenzung und das Verbot nur eines Baumes gerade im Kontrast zu all den anderen Möglichkeiten so gut wie keine Einschränkung darstellt. Dennoch fallen hier zum ersten Mal die drohenden Worte: „am Tag, an dem du von ihm ißt, mußt du sterben“ (V. 17c). Die ursprüngliche Erzählung von Gn 3, die hier in Gn 2, 9. 16—17 vorbereitet wird, hat wohl, wie schon gesagt, nur von einem „Baum“ (in der Mitte des Gartens) gesprochen; die Wendung „Baum der Erkenntnis von Gut und Böse“ stammt aus 3,5; aber man muß sich doch fragen, was den Redaktor (J?) bewogen hat, diese grammatisch wie erzählerisch schwierige Hinzufügung hierhin zu setzen. Ursprünglich liegt hier lediglich ein nicht näher begründetes Verbot Gottes vor, bei dem es unmöglich ist, nach seinem Sinn zu fragen, und das bloß mit seiner Drohung seinen Zweck angibt: den Menschen vor dem Tod zu bewahren. Für den Redaktor aber hängt diese Todesdrohung auf das engste mit dem Wissen um Gut und Böse zusammen. Man kann für J nicht, wie Westermann meint, die Frage ausschließen, wieso das Verbot des Baumes und die Androhung der Todesstrafe mit dem Wissen von Gut und Böse in Beziehung steht.

Die Wendung „Gut und Böse“ ist immer wieder verschieden ausgelegt worden. Im wesentlichen sind es drei Interpretationsvorschläge, die man m. E. nicht gegeneinander ausspielen, sondern eher miteinander verbinden sollte. Diese drei Deutungen sind:

1. die Erkenntnis von Gut und Böse sei „die Erwerbung des geschlechtlichen Verlangens";

2. es sei „die Erwerbung des sittlichen Bewußtseins";

3. Gut und Böse bezeichne von den Endpolen her den gesamten Umfang des Wißbaren überhaupt und meine also die Allwissenheit (vgl. M. Buber: Bilder von Gut und Böse, in: Werke I 612).

Für die erste Deutung spricht (außer der psychoanalytischen Symbolik von Schlange, Baum und Früchten; s. Teil II), daß jdʿ — „erkennen" oft genug von der Begegnung der Geschlechter gebraucht wird (vgl. Gesenius 287, Bedeutung 5), und vor allem der „Vergleich von 2, 25 und 3, 7" (Gu 14); daß die ersten Menschen sich nicht schämen, zeigt, daß sie die Erkenntnis ihrer sexuellen Nacktheit noch nicht haben. Dieser Deutung widerspricht nicht ohne weiteres, daß, wie Buber (Werke I 612) meint, sich dieses Wissen nicht mit der Verheißung der Schlange, wie Gott zu werden, vereinbaren lasse; denn was wäre in den Mythologien der Völker mehr vergöttlicht worden als die Sexualität? Wenn T. Schwegler unter Berufung auf Renckens die sexuelle Deutung des Erkennens von Gut und Böse mit der Begründung ablehnt, ein Text, der die Ehegemeinschaft begründen wolle, könne unmöglich die Sexualität verbieten wollen (T. Schwegler: Die biblische Urgeschichte, 126), so vermengt er damit nicht nur die Aussage von Gn 2 mit der von Gn 3, sondern beweist auch ein geringes Gespür für die mythische Gedankenwelt, die solche Ambivalenzen nicht nur kennt, sondern geradezu bevorzugt. Wenngleich die sexuelle Deutung allein nicht ausreicht, J's Meinung wiederzugeben, so könnte der vorliegende Mythos doch sehr wohl gemeint haben, daß die Versuchung der Schlange u. a. darin besteht, das Erleben der Sexualität als gottgleiches Wissen zu betrachten; und wichtig ist auch der Hinweis Gunkels (a.a.O. 14), daß das Nichtwissen um Gut und Böse (mit Bezug auf Dt 1, 39 und Jes 7, 15) ebenso wie das Verbot des Essens „kindlich" sei (10; vgl. 29). Damit geht ineins, daß auch eine gewisse kindliche Unvernunft in sittlicher Hinsicht in dem Nichtwissen gelegen sein kann, jedenfalls was die ursprüngliche Meinung von Gn 3 angeht; mit Recht hingegen lehnt bereits Gunkel die Meinung Wellhausens ab, das „Wissen" sei „als die menschliche Kultur" (Gu 14) zu verstehen; „der Mythus redet nicht sowohl von den menschlichen Künsten und Fertigkeiten, die das Kind durch die Erziehung *lernt*, sondern mehr und deutlicher von dem, was das Kind bei seinem Heranwachsen zur Zeit der Geschlechtsreife durch die *Natur* bekommt, die Reife des Urteils, die Vernunft." (14—15)

So wenig es die Meinung von J gewesen sein wird, daß Gott gerade dies dem Menschen habe vorenthalten wollen, so sehr wird es für uns festzuhalten sein, daß das mythische Material von Gn 3 in eine Phase kindlicher Sexualentwicklung weist; wir werden später psychoanalytisch die rein exegetisch unbeantwortbare Frage klären, wieso das Nahrungsverbot überhaupt zustandekommt, denn es ist nicht so, daß es ganz und gar „unzulässig" ist, nach „einem Zweck des göttlichen Gebotes zu fragen" (v. Rad 65; 9, 56; We 303), wenn auch die Aussageabsicht von J nicht allein aus der Analyse des mythischen Traditionsgutes zu eruieren sein wird. Westermann meint (305), das Eßverbot erinnere an „die primitive Vorform des Verbotes, das tabu", und sei wie dieses „rational nicht zu begründen"; aber das schließt ja nicht aus, daß es sich „irrational" vorzüglich begründen läßt. Die beiden ersten Interpretationen sind, wie es scheint, allerdings in sehr begrenztem Umfang, geeignet, die ursprüngliche Thematik des Mythos zu klären.

Die dritte Deutung, das Wissen von Gut und Böse bedeute „einfach ‚alles'" (v. Rad 65; vgl. aber 9, 63), stößt auf eine Schwierigkeit, die Buber richtig erkannt hat: „Bei dem ‚Sei es (Gutes) . . . sei es (Böses) . . .,' das hier stets vorliegt, geht es nicht um die ganze Skala des Seienden, . . . sondern eben um die Gegensätze und die Unterscheidung zwischen ihnen" (M. Buber: Werke I 612); außerdem besitze diese Stelle (Gut und Böse ohne Artikel) eine Emphatik, die es verbiete, „sie nur als Redefloskel zu verstehen." (613) Damit wird nicht ausgeschlossen, daß es hier um „alles" geht, aber die zentrale Bedeutung scheint zu sein, daß hier ein Wissen angesprochen wird, das die „Gegensätzlichkeit" (Buber: Werke I 613) in allem betrifft. Die Menschen sollen der Deutung Bubers zufolge davor bewahrt bleiben, sich magisch (durch Essen) ein Wissen von den Kräften anzueignen, die in der Schöpfung Gottes gebändigt sind, da sie sonst an diesem Wissen zugrundegehen müßten. Denn: „Ein überlegen-vertrautes Umfangen der Gegensätze ist dem . . . nur am Geschöpftum, nicht an der Schöpfung Beteiligten, dem nur zu zeugen und zu gebären, nicht zu schaffen Befähigten versagt." (Buber: Werk I 614; vgl. auch 258, wo Buber die chassidische, biblisch so nicht mehr begründbare Lehre von den zwei Trieben entfaltet) Diese Deutung besitzt von vornherein den großen Vorteil, daß sie verständlich macht, warum Gott dem Menschen die Erkenntnis von Gut und Böse verweigert und warum diese Erkenntnis göttlich ist (vgl. E. Haag: Der Mensch am Anfang, 31—32; 124—127; ähnlich W. Werner: Uraspekte menschlichen Lebens, 38—39). Die endgültige Diskussion über das Erkennen von Gut und Böse müssen wir noch bis zur Besprechung von Gn 3 aufheben; aber es bleibt offen: so könnte J gedacht haben; so fände das Wissen von Gut und Böse und das spätere Motiv vom „Sein wie Gott" eine Erklärung; und verständlich würde auch, warum die Todesstrafe auf dem Essen von dem Baum steht; und es hätte schließlich einen guten Grund und wäre nicht nur eine schriftstellerische, zudem ungeschickte und widersprüchliche Manier von J, die Bemerkung aus 3,5 vom Erkennen schon hier einzusetzen: Gott will (wollte) ursprünglich die Menschen in einer Zone der Geborgenheit halten, die zerstört würde, wenn die Menschen gottgleich an die Kräfte der Schöpfung selbst rührten, ohne selbst Schöpfermacht zu besitzen, und wenn das Böse, das in ihnen gebunden liegt, entfesselt würde. Die Todesdrohung Gottes dient so dazu, den Tod von den Menschen fern zu halten, die „vor die Wahl zwischen Leben und Tod" gestellt sind (E. Haag: Der Mensch am Anfang, 42).

Mit welcher Meisterschaft aber bringt J uns erneut wieder davon ab, auf diese Möglichkeit zu starren! Wie wenn für den Menschen selbst die Unheimlichkeit, die in der Todesdrohung liegt, beruhigend zugedeckt werden sollte, hat er durch die Voranstellung von V. 10—14 zunächst einmal das Verbot des einen Baumes als eine völlige Geringfügigkeit vor Augen gestellt; zudem gibt Gott in V. 16 selbst noch ausdrücklich alle Bäume des Gartens frei. Und indem er unmittelbar nach dem Verbot wieder den Erzählfaden von V. 8 aufnimmt und nun berichtet, wie Gott sich weiter um den Menschen sorgt, taucht J das Verbot mit der Todesdrohung ganz und gar in ein Klima zuverlässiger Geborgenheit. In einer ebenso naiv-anthropomorphen wie hintergründigen Feststellung läßt er Gott seine Unzufriedenheit mit seinem bisherigen Werk bekunden. Als ob sich Gott in den menschlichen Seelenzustand hineinversetzen und von daher in seinem eigenen Tun korrigieren lassen würde, findet er selbst, daß es „nicht gut" ist, wie er es bisher geplant hat. Der Mensch in der Einzahl, der einsame, nur für sich lebende Mensch ist nicht der Mensch, wie ihn Gott für „gut" findet. Auch hier ist der Kontrast zu dem Folgenden, besonders unter Einbeziehung der j Hinzufügung von 2, 25, unüberhörbar: die ursprüngliche Ordnung, die Gott für den Menschen bestimmt hat, sieht vor, daß der Mensch auf ein anderes Wesen bezogen ist und in Einheit mit ihm lebt — ungeschützt, ohne sich vor dem anderen zu schämen, wie J ausdrücklich betont. Erst auf diesem Hintergrund wird deutlich, wie sehr sich das im Menschen Angelegte pervertiert, wenn der Mensch mit Gott zerfällt, und wie die ursprüngliche Zusammengehörigkeit sich dann zu einem Fluch verwandelt (3, 16). Denn wohl ist wahr, wie Westermann sagt, daß „der Mensch erst in Gemeinschaft“ „Gottes Geschöpf“ (262) ist, aber nicht allein um dies zu sagen, hat J Gn 2 mit Gn 3 verbunden, sondern um den Gegensatz deutlich zu machen, der die Gemeinschaft miteinander in der ursprünglich von Gott gewollten Ordnung von dem nach dem Zerwürfnis mit Gott eingetretenen Zustand trennt. Aller Geschichte des menschlichen Zusammenlebens liegt ein ursprünglicher Bruch in der Einheit mit Gott zugrunde. Richtig sagt Westermann: „Das Spezifische ... in Gn 2—3 ... besteht ... darin, daß der Ablauf von Schuld und Strafe sich direkt zwischen dem Menschen und Gott vollzieht ... Diese Direktheit gibt es an keiner anderen Stelle“ (263). Von hieraus aber wird alles Zwischenmenschliche geprägt und bestimmt und ist entweder Heil oder Unheil.

Zwar ist der Mensch bestellt, den Garten zu bedienen und zu bewahren; aber eben darin ist er einsam. Er verwaltet den ganzen Garten, aber nicht dazu allein ist er berufen; er findet seine Erfüllung erst in einem ihm entsprechenden Gegenüber (kngdw). In diesem Sinn ist auch die Hilfe (ʿzr) zu verstehen, die ihm gegeben werden soll: es ist eine Hilfe, die das Gegenüber des Menschen dadurch bedeutet, daß es da ist und seine Einsamkeit überwindet; nicht gedacht ist zunächst an eine Hilfe bei der Arbeit oder zum Zwecke der Fortpflanzung etwa. Damit bekommt die Frau, die später geschaffen wird, eine für den Orient erstaunlich hohe „gleichberechtigte“ Stellung, — so jedenfalls wiederum in der ursprünglichen Ordnung, die erst durch die Sünde dahin verändert wird, daß der Mensch über den Menschen, der Mann über die Männin herrscht (2, 23; 3, 16). Die Frau, die in Gn 3 als Vermittlerin der Sünde auftritt, ist vom „Anfang“ her so konzipiert, wie der J sie mit der Voranstellung von Gn 2 verstanden wissen wollte (zu diesem Gegensatz von Gn 2 u. 3 hinsichtlich der Bewertung der Frau vgl. Gu 28; vgl. auch W. Trilling: Im Anfang schuf Gott, 67—68).

Das wjṣr — „und er bildete“ von 2, 19 knüpft nun an 2, 7 an; die noch unfertige Schöpfung muß weitergehen, um zu ihrem Ziel zu kommen, und erst in V. 22 findet sie ihren Abschluß. Zwar wird von den Tieren, die Gott erschafft, nicht ausdrücklich gesagt, daß Gott ihnen „Lebensatem“ einhaucht; doch kann daraus nicht ohne weiteres herausgelesen werden, daß Gn 2 damit einen prinzipiellen Unterschied zwischen Mensch und Tier andeuten wolle; zunächst setzt die Erzählung ja gerade voraus, daß Gott die Tiere als gleichfalls „lebende Wesen“ für nicht ungeeignete Gefährten des Menschen hält; jedenfalls soll der Mensch erst selbst entscheiden, was bzw. wer zu ihm paßt, und zwar innerhalb seines gesamten Lebensraumes: „Tiere des Feldes und Vögel des Himmels"; an Fische des Meeres ist nicht gedacht; das Meer gilt der Erzählung offenbar nicht als Lebensraum des Menschen. Wenngleich dabei der Versuch Gottes, dem Menschen einen Partner zuzuführen, im ersten Anlauf scheitert, so bleibt doch eine innige Beziehung zwischen Mensch und Tier bestehen, wie die Namengebung zeigt; und erst im Fluchwort über die Schlange (3, 14) wird diese Einheit aufgelöst. Die Namengebung sollte man nicht als magische Herrschafts- oder Besitzergreifung mißverstehen. Sehr schön zu dieser Stelle Westermann: „hier ist . . . gesagt, daß der Mensch den Tieren Namen gibt und sie in diesem Namen seiner Welt zuordnet"(311). Es ist nicht gemeint, daß der Mensch die Namen der Tiere kennt und also geheime Macht über sie besitzt. Der Mensch redet die Tiere an auf der Suche nach einem Gegenüber, er bemächtigt sich ihrer nicht. „Benannt wird ursprünglich nicht das Vorhandene (das Ding), sondern das Begegnende." (We 312) Man möchte diesen Satz manchem Heideggerschüler ins Stammbuch schreiben (vgl. M. Heidegger: Sein und Zeit, 70: „Tiere [sind] immer schon zuhanden . . ."). Die Tiere sind das, was Gott selbst dem Menschen als mögliches Gegenüber zuführt und was dieser durch die Namengebung in seine Welt einbezieht. Gleichwohl findet sich „für einen Menschen" (so 2, 20 l'dm ohne Artikel) keine entsprechende Hilfe. Die Wiederholung des kngdw — „sein Gegenüber" zeigt an, worum es hier geht und was hier mißglückt: es gibt keine wirkliche Entsprechung von Mensch und Tier. Der Mensch besitzt eine eigene, einsame Sonderstellung gegenüber allen anderen Geschöpfen. Man sieht, daß es nicht ohne Gewalt möglich sein wird, die Vertreibung aus dem Paradies, wie es manche Philosophen und, in ihrem Gefolge, auch Theologen wollten, als Akt der Menschwerdung überhaupt, als Herausfallen aus der Natur zu interpretieren; es ist nicht die Sünde, die die Menschen hervorbringt, sondern es sind die Menschen, die die Sünde hervorbringen. Der Unterschied zwischen Natur und Kultur wird nicht von der Sünde geschaffen, wohl aber die Zerspaltenheit des Menschen zwischen dem, was er ist, und dem, was er sein sollte, und diese Kluft verändert dann auch den Unterschied des Menschen zur Natur (vgl. 3, 14—17).

Die Schöpfung der Frau läßt die Schöpfung des Menschen zum Abschluß kommen, der erst als Mann und Frau, als Ich und Du Mensch ist. Entsprechend jubelnd reagiert der Mensch, als er aus dem Tiefschlaf, den Gott geschickt hat, erwacht und sieht, was Gott aus seiner „Rippe" (wohl ein sumerisches Wortspiel von Rippe und Frau) „gebaut" (bnh) hat. E. Haag geht so weit, geschichtlich dem „Bau“ der Frau in der Urgeschichte die Schaffung der davidischen Dynastie zu parallelisieren (E. Haag: Der Mensch am Anfang, 134). Unnachahmlich treffend übersetzt Buber den Ausruf Adams, der seine gereizte Ungeduld wie sein freudiges Erstaunen zugleich ausdrückt: „Diesmal ist sies!“ (M. Buber: Die fünf Bücher der Weisung, 14) Der V. 23 ist rhythmisch geformt und bringt die Freude des Menschen über sein Gegenüber zum Ausdruck. Ebenso das z’t — „diese“. „Dreimal wiederholt der Mensch, freudig auf das Weib hinweisend, z’t — ‚die da‘“ (Gu 12). Es ist „Bräutigams-Jubel“ (Gu 13) und Anruf zugleich.

2, 23 scheint auf die Namengebung der Tiere (V. 20) anzuspielen und stellt deren eigentliche Erfüllung dar. Auch hier besagt der Name, was der (das) andere für den Menschen bedeutet; jetzt aber bedeutet er in dem Wortspiel von ’jš und ’šh — „Mann und Männin“, was der Mann in der Blutverwandtschaftsformel (W. Trilling: Denn Staub bist du, 40) ausspricht: „diese ist Gebein von meinem Gebein“; sie ist Teil seiner selbst, ihm ganz und gar zugehörig, ein „Stück“ (vgl. die Rippe) von ihm selbst (‘ṣm). Schöner läßt sich die Zusammengehörigkeit von Mann und Frau, das Verhältnis der Liebe und der inneren Einheit nicht ausdrücken. Diese Beziehung innerer Zusammengehörigkeit und Einheit von Mann und Frau ist der Grund nicht nur der Ehe (V. 24), sondern Urbild menschlicher Einheit überhaupt (vgl. sehr schön die Darstellung bei H. W. Wolff: Anthropologie des Alten Testaments, 251—252). Damit ist der ursprüngliche Schöpfungsbericht über den Menschen beendet.

Wenn J nun daran noch den V. 25 hinzufügt („Und die beiden waren nackt, der Mann und seine Frau, und sie schämten sich nicht voreinander.“), so um das Bild des ursprünglich von Gott gemeinten Zustandes des Menschen abzurunden und scharf hervorzuheben, wie das, was von Gott geschaffen ist, sich verändert durch das, was die Menschen tun. Es wird sich sogleich in Gn 3 zeigen, wie dieselben Realitäten eine gänzlich andere Qualität bekommen. Noch geht der Bruch zwischen Gott und Mensch nicht trennend durch die menschliche Gemeinschaft; noch gibt es nichts, dessen die Menschen sich schämen müßten; noch sind sie offen für- und voreinander, ohne sich verbergen zu müssen. Die Harmonie ist vollständig. Denn die „geschöpfliche Dürftigkeit des Menschen“ (E. Haag: Der Mensch am Anfang, 49) ist in der Nähe Gottes noch nicht erniedrigend und noch nicht in ihrer Erbärmlichkeit „erkannt“.

Damit ist das Kontrastbild und der Goldglanzhintergrund gemalt, auf dem sich die düsteren Umrisse von Gn 3 nur um so schärfer abheben. Hat bisher (Gn 2) Gott gehandelt, so wird jetzt (Gn 3) der Mensch handeln. Und nach wenigen Zeilen menschlichen Handelns wird sich zeigen, daß die Ordnung, die Gott gewollt hat, Punkt für Punkt in ihr qualitatives Gegenteil übergehen wird. Die Schöpfungswirklichkeit bleibt die gleiche; aber die ganze Tragik liegt darin, daß nun durch das Tun des Menschen das, was als Segen gemeint war, zum Fluch wird. Der Mensch war geschaffen aus dem Staub der Erde, aber er war in seiner Hinfälligkeit durch den Anhauch Gottes zum Leben berufen; indem er die Verbindung zu Gott zerstört, fällt er in den Staub zurück, der er ist. Er war dazu bestimmt, den Garten Eden zu bedienen und zu bewahren; indem er sich an den Früchten des verbotenen Baumes im Garten vergeht, wird er aus dem Garten, in dem ihm Gott begegnet (so die Überlieferung von Gn 3), verbannt, und die Erde, aus der er stammt, verwandelt sich in ein Erdreich der Unfruchtbarkeit und der Mühsal. Er war berufen, in Gott geborgen zu sein, solange er unter der Herrschaft Gottes blieb, und in einem Areal der Fülle, der Wonne (ʿdn) zu leben; späterhin, nach seinem Abfall, werden wir ihn voller Furcht vor Gott sich verkriechen und seinen Fragen ausweichen sehen. Seine Berufung war es, nicht einsam zu sein, sondern in Einheit und „Ebenbürtigkeit" (so das mʿṣmj — „von meinem Gebein") mit einem ihm gemäßen Gegenüber (kngdw), ohne sich schämen zu müssen, frei und offen zusammenzuleben; ja, diese Gemeinschaft sollte die Erfüllung seiner Schöpfungsbestimmung als Mensch sein; indem aber der Mensch mit Gott zerfällt, muß er sich, wenige Zeilen später, vor dem anderen dessen schämen, was er ist.

Es ist also m. E. zu wenig, wenn Westermann glaubt, J habe Gn 2 Gn 3 vorangestellt, um zu zeigen, „daß das Drama in Kap. 3 die Gemeinsamkeit von Mann und Frau als Partner Gottes voraussetzt" (265; vgl. 329—330); es soll vielmehr gezeigt werden, daß diese Gemeinsamkeit untereinander nicht mehr so besteht, wie sie von Gott gemeint war, weil die Gemeinsamkeit mit Gott zerfallen ist. Nur so ist verständlich, was Westermann selbst bemerkt, daß J in der Exodustradition und dem Versprechen der Landnahme späterhin zeigen will, wie Gott selbst versucht, „die Bestimmung des Menschen zur Gemeinschaft" (268), „die heile Gemeinschaft" als „Elemente einer Geschichte mit Gott" (269) herauszustellen. Dann ist es auch nicht hinreichend zu sagen, J wolle in Gn 2—3 lediglich „die tiefsinnige Polarität zwischen den positiven und negativen Möglichkeiten (!) dieser Gemeinsamkeit" (265) untereinander darstellen. Als wenn es J's Meinung wäre, daß wir das „Urgeschehen" jederzeit frei wählen könnten, und als wenn er nicht vielmehr sagen wollte, daß wir, wenn Gott nicht neu einsetzt, vom Ursprung her durch Gn 3, 1—7, durch Schuld und innere Zerrissenheit, bestimmt sind!

Diese Verwandlung des ursprünglich Gemeinten in sein Gegenteil wird so konsequent, so Stück um Stück vollzogen, daß wir uns schon hier berechtigt glauben zu behaupten: J schafft in Gn 2 einen in sich geschlossenen Antitypos von Gn 3; Gn 2 und Gn 3 bilden eine Einheit gerade insofern, als sie im Widerspruch Aussage für Aussage gegenläufig aufeinander bezogen sind. Diese Feststellung wird durch die redaktionsgeschichtliche Analyse von Gn 3 noch erhärtet werden. Gn 2 schildert was ist, wenn Gott handelt, Gn 3, was daraus wird, wenn der Mensch handelt. Insofern braucht man kaum Bedenken zu tragen, in Gn 2 eine Darstellung dessen zu erblicken, was in der traditionellen Theologie als „Gnade" verstanden wurde; denn was mehr könnte „Gnade" beinhalten als das, was J in Gn 2 schildert? Gn 3 hingegen ist eine Darstellung der Sünde des Menschen, bzw. eine Darstellung davon, wie die Sünde im Menschen beginnt. So richtig es ist, daß J keine „Sündenlehre" bietet, sondern eine Reihe von Bildern sündhaften Verhaltens vor Augen stellt, deren Offenheit jede systematische Interpretation wahren sollte, und so falsch es wäre, einen woher immer gewonnenen Sündenbegriff einfachhin J zu unterschieben, so sehr muß doch betont werden, daß die Absicht von J unübersehbar ist, in Gn 2—3 eine widersprüchliche antitypische Einheit zweier Wirklichkeiten — selbstredend nicht „zeitlicher Zustände" — gegenüberzustellen, die sich am besten unter den Begriffen Gnade und Sünde zusammenfassen lassen, wofern nicht unabhängig vom weiteren Gang der Interpretation der j Urgeschichte damit bereits freischwebende und unbeweisbare Spekulationen zum Thema Sünde verbunden werden.

Aber auch dies ist schon zu sehen, daß Gn 2 und Gn 3 nicht als beliebig wählbare Möglichkeiten gegenübergestellt werden. Vielmehr kennzeichnet Gn 2 das, was durch die menschliche Schuld unwiederbringlich verloren ist, was aber vom Ursprung her von Gott gemeint war. Wäre es nicht so, hätte Gn 3 nicht eine (theo-)logische Vorgeschichte, wäre mithin Gn 3 die einzige Aussage über den Menschen, so wäre die Schuld des Menschen nicht mehr seine Schuld. Wir werden später bei einer systematischen Erörterung des Textes sehen, daß eine Betrachtung der menschlichen Geschichte, die nicht, wie Gn 2, den Menschen ursprünglich und unvermittelt vor Gott stellt und alle Geschichte von diesem Punkt her sieht, nicht mehr dazu kommen kann, innerhalb der Verstrickungen des menschlichen Lebens überhaupt noch von Schuld zu sprechen. Ohne die Voranstellung von Gn 2 wäre die Frage von Gn 3 nach der Schuld und dem Bösen in dem von Gott geschaffenen Menschen nicht sehr viel anders zu beantworten als es in der akkadischen Mythologie im Enuma-elisch-Epos geschieht, wo der Widerspruch im Menschen in das Göttliche hineinverlegt wird: der Mensch wird dort geschaffen, um für die Götter zu arbeiten, und vor allem, um das Todeslos von den Göttern zu nehmen, die im Kampf zwischen Marduk und der Tiamat für die letztere Partei ergriffen haben; zur Sühne bestimmt Marduk den Anführer der bösen Kräfte, Kingu, vor dem Gott Ea zum Sündenbock; ihm werden die Adern durchschnitten, und aus seinem Blut wird der Mensch erschaffen.

So müßte man vom Menschen sprechen, wenn J nicht der Erzählung von Gn 3 die Szenerie der eigentlichen Bestimmung des Menschen in Gn 2 vorangestellt hätte. Der Mensch käme dann bereits im Zustand von Gn 3 zur Welt; schon bei seiner Entstehung wäre er kein reines und unschuldiges Wesen; in seinen Adern flösse „das Blut eines Gottes, aber eines schuldigen und verurteilten Gottes, ein verdorbenes, mit Sünde und Tod belastetes Blut." (P. Garelli u. M. Leibovici: Akkadische Schöpfungsmythen, in: Quellen des alten Orients, I 130) Der Mensch übernähme so in seiner Existenz die Strafe für ein Verbrechen, das er nicht begangen hat; er wäre das Sühnopfer göttlichen Zwietrachts und hätte in seinem Dasein abzubüßen, was er nicht verschuldet hat. Der 3. Teil unserer Untersuchungen wird zeigen, daß Phänomenologie und Philosophie, indem sie von dem ausgehen (müssen), was der Mensch jetzt ist, nicht anders können, als die hoffnungslose Wahrheit des akkadischen Mythos zu bestätigen.

Insofern ist es ein Zeichen unüberhörbarer Hoffnung, wenn J vor der Darstellung des gegenwärtigen Menschseins in Gn 2 zeigt, wozu der Mensch eigentlich berufen ist. Denn dann ist es nicht die Schuld des Schicksals, daß der Mensch so ist, wie er ist, sondern dann hat der Mensch sich selbst sein Schicksal zugesprochen; und weil er schuldig ist, kann er gerettet werden.

Gn 2—3 ist mithin in seiner Antitypik ein unüberhörbarer Hinweis darauf, daß es nicht möglich ist, das Drama und, das können wir vorwegnehmend sagen, die Tragödie des menschlichen Lebens und seiner Geschichte nur in sich zu verstehen. Denn das zentrale Thema dieser Geschichte und dieses Lebens ist die verlorene Einheit mit dem, was Gott gewollt hat, ist die Verlorenheit als Existenzform und die Ausgeliefertheit aneinander gerade aufgrund der Zusammengehörigkeit, die den Menschen in seinem Ursprung ausmacht.

Ehe wir aber sehen, wie das, was Gott als Segen seiner Schöpfung dem Menschen mitgab, durch die Schuld des Menschen sich in sein Gegenteil verwandelt, müssen wir den Vorgang untersuchen, der die Menschen schuldig werden läßt: Gn 3, 1—7: die Verfehlung des Menschen.

Abschließend ließe sich noch nach der sozialen Gruppe fragen, in der die Erzählung von der Erschaffung des Menschen in Gn 2 entstanden und tradiert wurde. Sicher ist eine agrarische Umwelt anzunehmen (so schon Gu 28—29), die weder Seehandel noch Fischfang kennt (das Fehlen der Wassertiere) und am Rande von Steppengebieten zu existieren scheint. Mit Recht bemerkt Gunkel, daß hier nicht die „Weltschöpfung" geschildert werde, sondern die Schöpfung des Bauern; d. h., der Mythos von Gn 2 leistet in erster Linie, was ein Mythos leisten sollte: er bietet eine Rückwärtsstabilisierung der bestehenden Sozialordnung, indem er sie aus dem Ganzen der Welt rechtfertigt. Entsprechend ist der Mensch der Mittelpunkt der Erzählung, und alles ist nur dazu da, seine gegenwärtige Lebensordnung als gottgewollt darzustellen. Aus dem Anhangen des Mannes an der Frau (2, 24) ließe sich möglicherweise eine Art Matriarchat oder Mutterrecht herauslesen, wie wir es für archaische Agrarkulturen als nicht unwahrscheinlich annehmen können. Der Sitz im Leben des Mythos erschließt sich durch die Frage, welch ein ursprüngliches Ritual durch den Mythos gedeutet wurde; hier läge aufgrund der starken Betonung der Zusammengehörigkeit von Mann und Frau der Schluß nahe, an Fruchtbarkeitsriten zu denken; vielleicht wurde dabei die Schaffung des Menschen und der Frau kultisch-rituell dramatisiert und ihre Zusammenführung vorbereitet; wenn Spekulationen erlaubt sind, so könnte auch die Zuführung der Tiere als Teil eines überwundenen ehedem totemistischen Kultus (der Jägerkultur) betrachtet werden, der unter einem Wechsel von Bedeutung und Funktion, wie er für Riten geradezu charakteristisch ist, in einen nun matriarchalischen Ritus (agrarischer Kultur?) einbezogen wurde. Der Mythos würde dann u. a. die Ablösung des Totemismus (bzw. totemistischer Vorstellungen und Organisationsformen) durch eine matriarchalische Ordnung widerspiegeln, für die die menschliche Fruchtbarkeit als Teil der Fruchtbarkeit der Natur gilt. Wenn wir uns vorstellen, daß solche Mythen in die ganz anders strukturierten Nomadenverhältnisse der israelitischen Stämme Eingang fanden, so ist es erstaunlich, mit welcher Freiheit bereits J mit diesen ursprünglich sicher ebenso verpönten wie anziehenden Riten und Mythen schaltet und waltet.

B. SCHULD UND VERBANNUNG (Gn 3)

I. Motivgeschichtlicher Hintergrund

Da Gn 3 aufgrund der Motive, die in dem Traditionsmaterial enthalten sind, sehr unterschiedliche Deutungen erfahren hat, ist es unumgänglich, nach dem motivgeschichtlichen Hintergrund von Gn 3 zu fragen.

Da es Urgeschichten menschheitlich gegeben hat und gibt, so ist es nicht abwegig, zunächst in der Ethnologie nach Parallelen Ausschau zu halten und nicht sogleich in der Archäologie; es steht nämlich zu erwarten, daß die Erzählungen und Mythen „primitiver" Kulturformen dem ursprünglichen traditionsgeschichtlichen Material, das der biblischen Urgeschichte des J zugrunde liegt, näher stehen, als die schriftlich vorliegenden Erzählungen der alten Hochkulturen, die für sich selbst ein langes Stadium der Tradition und Umformung durchlaufen haben.

So verwundert es nicht, daß eine Erzählung, deren Motive Gn 2—3 sehr nahe zu stehen scheinen, sich bei den Bassari in Nordtogo findet; sie mag als Vorbild für eine ursprünglichere Form des Mythos gelten, der der biblischen Erzählung vom Sündenfall als Vorbild diente.

Der Mythos erzählt, wie Unumbotte, der Gott, zuerst den Menschen schuf, dann die Antilope, dann die Schlange. Es gab als einzigen Baum nur die Palme, und die drei Geschöpfe sollten für Gott die Erde klopfen und Samen anpflanzen. Als Unumbotte wiederkam, hatten sie den Boden nicht geklopft, aber den Samen gepflanzt, und aus einem der Samen war ein Baum gewachsen, der rote Früchte trug. An jedem siebenten Tag kam Unumbotte nun und pflückte von den roten Früchten. „Die Schlange sagte eines Tages: ‚Wir wollen auch von den roten Früchten essen. Weshalb sollen wir denn hungern?' Aber die Antilope meinte: ‚Wir kennen doch die Frucht gar nicht.' Dann nahmen der Mann und seine Frau von den Früchten und aßen davon. Unumbotte kam vom Himmel und sagte: ‚Wer hat die Frucht gegessen?' Der Mann und die Frau antworteten: ‚Wir haben sie gegessen'. Unumbotte fragte: ‚Wer hat euch gesagt, daß ihr davon essen sollt?' Der Mann und die Frau erwiderten: ‚Die Schlange hat es uns gesagt.' Weiter fragte Unumbotte: ‚Warum seid ihr der Schlange gefolgt?‘ Der Mann und die Frau entgegneten: ‚Wir hatten Hunger.‘ “ Unumbotte gibt nun der Antilope gegen ihren Hunger das Gras zum Fressen, den Menschen aber gibt er Korn und Jams. Die Menschen bilden Speisegenossenschaften. „So entstand die Verschiedenartigkeit der Sprachen. Seitdem bebauen die Leute das Land. Die Schlange aber bekam von Unumbotte eine Medizin, damit sie den Menschen beiße.“ (R. Jockel: Götter und Dämonen, 445—446)

Ähnlich wie später bei der Erzählung von Kain und Abel oder der Turmbaugeschichte sind hier die Motivanklänge an die biblische Erzählung größer als bei den Erzählungen der Hochkulturen in der Umwelt Israels. Als übereinstimmend mit Gn 3 läßt sich herausstellen:

a) der Mensch ist als eine Einheit geschaffen; auch die Schlange ist ein Geschöpf Unumbottes; die Menschen sind in Gemeinschaft mit den Tieren;
b) der Auftrag zum Bebauen der Erde;
c) das Motiv eines Baumes, den Gott für sich beansprucht;
d) die Aufforderung der Schlange, von dem Baum zu essen;
e) das Verhör durch Unumbotte;
f) der Hinweis der Menschen auf die Schlange;
g) der Mensch wird Ackerbauer; er tut jetzt allein, wozu ursprünglich alle Lebewesen bestimmt waren;
h) die „Feindschaft“ zwischen Mensch und Schlange.

Wie man sieht, wird hier in dem Mythos mehrererlei begründet: warum die Antilope Gras frißt und die Menschen Ackerbauern sind; warum die Menschen verschiedene Nahrungsgemeinschaften haben und verschiedene Sprachen reden; warum der Biß der Schlange giftig ist; es handelt sich um eine ausgesprochen „orale“ Ätiologie, deren Thema das Essen und die Differenzierungen, die sich aus den unterschiedlichen Nahrungsgewohnheiten bei Mensch und Tier ergeben, darstellt.

Auf dem Hintergrund dieser frappierenden Ähnlichkeiten heben sich die Unterschiede umso stärker hervor und geben bereits einen ersten Umriß von den Aussageabsichten des J:

a) statt einer Vielzahl von Bäumen in einem Garten, den Gott gepflanzt hat, wächst nur ein einziger Baum, den die Menschen in ihrer Arbeit für Unumbotte gepflanzt haben;
b) Gott verzehrt die Früchte des Baumes, während seine Geschöpfe hungern;
c) ein eigentliches Nahrungsverbot besteht nur insofern, als Gott selbst den Baum beansprucht;

d) insofern findet keine Übertretung eines Gebotes, sondern lediglich ein Übergriff in den Anspruchsbereich Gottes statt, der zudem gut motiviert erscheint; die vorsichtige Antilope steht in Kontrast zu der dreisten Schlange;
e) es gibt keine Bestrafung, sondern Unumbotte wird darauf aufmerksam, was den Geschöpfen fehlt; diese erhalten, wonach sie streben, und bekommen zwar andere, aber dafür ausreichende Nahrung; der Konflikt ist beseitigt; lediglich die Schlange bleibt eine ständige Gefahr für die Menschen.

Im Unterschied dazu stellt J die Verfehlung gegenüber einem ausdrücklichen göttlichen Gebot, also einen wirklichen Sündenfall dar. Das Motiv von der Konkurrenz zwischen Gott und Mensch tritt zurück. Daß der Mensch den Acker bebauen soll, und nicht mehr, wie bisher, den Garten Eden, ist bei J Teil einer Bestrafung. M. a. W.: aus einer ätiologischen Erzählung von der Entstehung kultureller Differenzierungen ist bei J eine theologische Erzählung vom Abfall der Menschen geworden, von ihrer Bestrafung und ihrer Verbannung. Während in dem Mythos der Bassari die Menschen bekommen, was ihnen fehlt, wird ihnen bei J entzogen, wozu sie eigentlich geschaffen waren.

Nicht nur diese Unterschiede sind beachtenswert, sondern auch eine Reihe von Motivanreicherungen, deren Anklänge wir z. T. in den Mythen der Hochkulturen des alten Orients vorfinden, die jede für sich aber die ursprünglichen Züge der Erzählung verwischen: die Verführung des Mannes durch eine Frau mit Hilfe von Früchten; der Erwerb der göttlichen Weisheit; das Sein wie Gott; das Nacktsein; das Todeslos (in Verbindung mit der Schlange). Auch was die Schlange bedeutet, wird man in Gn 3 kaum mehr so harmlos nehmen können, wie bei dem Bassari-Mythos. So müssen wir auch die Texte des alten Orients zum Vergleich heranziehen.

Traditionsgeschichtlich kommt der Motivfolge von Gn 2—3 kein schriftlicher Text so nahe wie die Engidu-Geschichte des Gilgamesch-Epos; von dieser ist daher bevorzugt auszugehen (vgl. schon Gu 33—35); die Parallelanklänge im Adapa-Mythos und in Ez 28, 11—19 sowie Job 15, 7—8 sind dahinter zurückzustellen.

1. Die Götter beauftragten im Gilgamesch-Epos Aruru, den Engidu zu schaffen, um die übermäßige Macht Gilgameschs, des Herrschers von Uruk, zu begrenzen. Das geschieht; dann heißt es (in der Übersetzung von A. Schott, durchgesehen von W. Soden) 1. Tafel II 34—41, daß Aruru sich den Lehm „abkniff", nachdem sie Engidu geschaffen hatte. Dieser, „mit Haaren bepelzt am ganzen Leibe", geht mit dem Wild zur

Tränke. „Er streift auf dem Berge beständig umher, / Beständig frißt mit dem Wild er das Gras“ (1. Tafel III 5—6). Ein Jäger, den das Auftauchen des wilden Engidu beunruhigt, fragt seinen Vater um Rat, und dieser empfiehlt ihm, in Uruk bei Gilgamesch eine Tempeldirne des Anu auszuleihen, die ihn, „den würgerischen Mann aus dem Innern der Steppe“ (IV 7), zum Verkehr verführen und zähmen soll. Der langatmig vorbereitete Text lautet (1. Tafel III 47—IV 46):

Sie nahmen den Weg, wählten die rechte Straße. III 47
Am dritten Tag langten sie an am Ort der Bestimmung. 48
In ihr Versteck setzten der Jäger sich und die Dirne. 49
Den ersten Tag, den zweiten Tag saßen sie gegenüber der
  Tränke. 50
Es kam das Wild und trank aus der Tränke, 51
Es kam des Wassers Getümmel, und seinem Herzen war wohl. IV 1
Aber Engidu, der auch im Gebirge daheim ist — 2
So frißt er auch mit den Gazellen das Gras, 3
Trinkt er mit dem Wild an der Tränke, 4
Ist wohl seinem Herzen mit des Wassers Getümmel — 5
Ihn sah die Hure, den wilden Mann, 6
Den würgerischen Menschen aus dem Innern der Steppe. 7
„Dies ist er, Hure! mach frei deine Brüste, 8
Deinen Schoß tu auf, er schwelge in deiner Lust! 9
Scheue dich nicht, nimm hin seinen Atemstoß! 10
Sieht er dich erst, so wird er dir nahn. 11
Dein Gewand entbreite, daß auf dir er sich bette, 12
Schaff ihm, dem Wildling, das Werk des Weibes: 13
Sein Wild wird ihm untreu, das aufwuchs mit ihm in der Steppe; 14
Fülle wird sich auf dich legen!“ 15
Ihren Busen machte die Hure frei, 16
Tat auf ihren Schoß, er schwelgte in ihrer Lust,
Sie scheute sich nicht, nahm hin seinen Atemstoß, 17
Entbreitet’ ihr Gewand, daß auf ihr er sich bettete, 18
Schaffte ihm, dem Wildling, das Werk des Weibes — 19
Seine Fülle legte sich auf sie. 20
Sechs Tage und sieben Nächte war Engidu auf, 21
Daß er die Hure beschlief.
Als er von ihrem Genusse satt war, 22
Hatte den Ort er vergessen, wo er geboren. (45)
Sein Antlitz richtet’ er hin auf sein Wild: 23
Da sie ihn, Engidu, sahen, 24

Sprangen auf und davon die Gazellen,
Wich von seinem Leibe das Wild der Steppe. 25
Es hielt an Engidu seinen gereinigten Leib, 26
Ihm versagten die Knie, da hinwegging sein Wild. 27
Abgefallen ist Engidu, seines Laufens ist nicht wie zuvor. 28
Zu Verstand kam er jetztund, weitend den Sinn, 29
Kehrte um und setzte sich zu Füßen der Dirne, 30
Ihr ins Antlitz schauend, der Dirne; 31
Und der Dirne, wie sie redet, hören zu seine Ohren. 32
Die Dirne sprach zu ihm, zu Engidu: 33
„Weise bist du, Engidu, bist wie ein Gott! 34
Warum läufst du in die Steppe mit dem Getümmel? 35
Komm, ich führ dich hinein nach Uruk-Gart, 36
Zum strahlenden Tempel, dem Wohnsitz von Anu und Ischtar! 37
Wo Gilgamesch ist, vollkommen an Stärke, 38
Und wie ein Wildstier seine überragende Kraft erprobt an
den Mannen!“ 39
Da zu ihm sie gesprochen, fand Beifall ihre Rede: 40
Der Kluggesinnte sucht einen Freund. 41
Engidu sprach zu ihr, zur Dirne: 42
„Komm, Hure, nimm du mich mit! 43
Zum strahlenden Tempel, dem Wohnsitz von Anu und Ischtar, 44
Wo Gilgamesch ist, vollkommen an Stärke, 45
Und wie ein Wildstier seine überragende Kraft erprobt an den
Mannen! 46

In diesem Text klingen zahlreiche mit Gn 3 verwandte Motive an: Engidu, aus Lehm geschaffen, lebt in der Gemeinschaft der Tiere, im bloßen Naturzustand; er wird verführt durch eine Frau; die „Verführung“ besteht in der Überlistung Engidus zum sexuellen Verkehr; dieser läßt ihn seinen Geburtsort vergessen und zerstört die Gemeinschaft mit den Tieren, die vor ihm fliehen; „abgefallen ist Engidu“; „Verstand“ und „Sinn“ aber sind ihm fortan zueigen; er sucht Zuflucht zu Füßen der Dirne, die ihn auf sein gottgleiches Wissen anspricht: „Weise bist du, Engidu, bist wie ein Gott“ (V. 34). Dieses Wissen ist aufs engste verbunden mit der Zugehörigkeit zur Stadtkultur, die ihrerseits in Verbindung mit dem Tempel, dem Wohnsitz Anus und Ischtars, steht; es scheint nicht zuviel behauptet, wenn man sagt: die göttliche Gemeinschaft von Gott und Göttin begründet das kulturelle Wissen, zu dem Engidu durch den Verkehr mit der Tempeldirne geführt wird. Die Tempeldirne tut, was die Götter tun, und weiht damit Engidu ein in das gottgleiche Wissen, das die menschliche Gemeinschaft begründet. Entsprechend verlockt die Tempeldirne Engidu, nach Uruk zu kommen, und stellt ihm die Genüsse in Aussicht, die dort seiner warten:

(1. Tafel V 6—11)
Komm hinein nach Uruk-Gart, Engidu, 6
Zu den Männern, herrlich mit Gürteln angetan! 7
Täglich wird dort ein Fest gefeiert . . ., 8
Wo Buhlknaben sind, um Freude zu schaffen, 9
Und Dirnen, anzusehn, wie sich's gebührt: 10
Lust ruht auf ihnen, sie sind voller Wonne. 11

Späterhin lehrt die Dirne Engidu, sich zu bekleiden (2. Tafel, 43—77):
„Ein Gewand zog sie aus: 67 f
Ihn bekleidete sie mit dem einen,
Das andere Gewand behielt sie selbst an. 69 f
Sie führte ihn an der Hand wie ein kleines Kind 71 f
Zu des Hirten Tisch, zur Stätte des Hofes." 73 f

Und schließlich bringt sie ihm bei, die Speisen des Landes zu essen und seinen Körper zu pflegen (2. Tafel, 81—106):
Pflegt' er die Milch des Getümmels zu saugen — 81 f.
Sie setzten ihm Speise vor, er wurde beklommen: 83 ff
Er schaut und guckt —
Nicht weiß Engidu Brot zu essen. 86 f
Rauschtrank zu trinken versteht er nicht! 88 f.
Die Dirne tat den Mund auf und sprach zu Engidu: 90 f
„Iß das Brot, Engidu, das gehört zum Leben! 92 f
Trink den Rauschtrank, wie's Brauch ist im Lande." 94
Brot aß Engidu, bis er gesättigt war, 95 f
Trank den Rauschtrank — der Krüge sieben! 97 f
Frei ward sein Inneres und heiter, 99
Es frohlockte sein Herz, und sein Antlitz erstrahlte! 100 f
Mit Wasser wusch er ab seinen Leib, den haarigen: 102 f
Er salbte sich mit Öl und ward zu einem Menschen. 104 f
Ein Gewand zog er an, wie ein Mann ist er nun. 106 f

Im weiteren Verlauf des Epos bittet Ischtar, die Venusgöttin, (6. Tafel) um Verkehr mit Gilgamesch; als ihr dieser von Gilgamesch verweigert wird, erzwingt sie von Anu, dem Götterkönig, einen Himmelsstier, um Gilgamesch zu töten. Mit Engidus Hilfe wird der Stier jedoch erlegt; die Götter beschließen daraufhin, Engidu sterben zu lassen. Als der schwer erkrankte Engidu dies durch einen Traum des Gilgamesch erfährt, beginnt er zu klagen. Darauf antwortet Gilgamesch (7. Tafel II 17b—20a):

„Es schenkte dir der Gott . . . ein weites Herz, zuverlässige
Rede; 17b
Er gab dir, Vernunft zu haben, und doch gar Seltsames
redest du! 18
Warum, mein Freund, sprach dein Herz so seltsame Dinge? 19
Der Traum war doch sehr kostbar, des Schreckens aber auch viel!" 20a

In einem Fluch auf den Jäger und die Tempeldirne verwünscht Engidu (7. Tafel III) diejenigen, die ihn dazu verleitet haben, den Lebensweg einzuschlagen, der nun im Tod endet. Der Gott Schamasch tröstet Engidu; er weist auf den Wert des Lebens hin, das er erworben hat, auf die Macht, die Freundschaft und nicht zuletzt auf die Trauer, die seinen Tod begleiten wird, und Engidus „zorniges Herz" wird „besänftigt". In einem Traum sieht er sich in der Gestalt eines Totengeistes geführt werden

„Zum Hause der Finsternis, . . . (IV 33—42)
Zum Hause, das nicht verläßt, der's betreten, 34
Zur Straße hin, deren Bahn nicht umkehrt, 35
Zum Haus, darin wohnend man Lichts entraten muß, 36
Wo Erdstaub die Nahrung ist, Lehm die Speise, 37
Man anhat Flügelgewänder wie Vögel, 38
Und Licht nicht sieht, im Dunkeln sitzt. 39
Wo ich eingetreten, im Hause des Erdstaubs, 40
Sind gestürzt die Throne, liegen am Boden die Königsmützen, 41
Die Fürsten, die Träger von Königsmützen, 42
Die seit Vorzeit das Land beherrschten".

So stirbt Engidu, und ganz Uruk trauert um ihn. Gilgamesch aber begibt sich zu Utnapischtim, dem ehemaligen Herrscher von Schuruppak, um Engidu zu retten. Utnapischtim erzählt ihm, wie der Gott Ea ihn vor der Sintflut durch den Bau der Arche bewahrte und die Götter ihn dann mit seiner Frau unter die Götter versetzten. Er versteht den Wunsch Gilgameschs, denn, so sagt er (10. Tafel VI 26—29):

„Der grimme Tod ist unerbittlich: VI 25
Irgendwann errichten wir ein Haus! 26
Irgendwann siegeln wir (ein Testament)!
Irgendwann teilen die Brüder! 27
Irgendwann herrscht Haß im Lande! 28

Irgendwann führt das Hochwasser des angeschwollenen Flusses
(etwas) davon!" 29

Utnapischtim vertraut Gilgamesch ein Lebenskraut an (11. Tafel 266—270), ein „Gewächs gegen die Unruhe, durch welches der Mensch sein Leben erlangt" (278—279). Als Gilgamesch aber mit dem Fährmann Urschanabi an einem Brunnen schläft, stiehlt die Schlange das Gewächs, das seine verjüngende Kraft dadurch beweist, daß die Schlange nach seinem Genuß ihre Haut abstreift. Resigniert bemerkt Gilgamesch zu Urschanabi (11. Tafel 293—296):

„Für wen, Urschanabi, mühten sich meine Arme? 293
Für wen verströmt mein Herzblut? 294
Nicht schafft' ich Gutes mir selbst — 295
Für den Erdlöwen wirkte ich Gutes!" 296

Das Gilgamesch-Epos schloß wohl mit diesem Ausblick der Unmöglichkeit, das Lebenskraut wiederzubekommen. Eine andere, 12. Tafel aber erzählt auf ihre Weise von dem Tod Engidus und seinem Abschied von Gilgamesch (12. Tafel 85—96):

Da umarmten sie einander, setzten sich zusammen. 85
Zu ratschlagen hatten sie, quälten sich dabei: 86
„Sage mir, Freund, sage mir, Freund, 87
Sage mir die Ordnung der Erde, die du schautest!" 88
„Ich sag sie dir nicht, Freund, ich sag sie dir nicht! 89
Sag ich dir die Ordnung der Erde, die ich schaute — 90
Du müßtest dich setzen und weinen!" 91
„So will ich mich setzen und weinen!" — 92
„Freund, meinen Leib, den du frohen Herzens berührtest, 93
Frißt Ungeziefer, wie ein altes Gewand! 94
Meinen Leib, den du frohen Herzen berührtest, 95
Entstellt die Verwesung, erfüllt der Staub!" — 96

Ziehen wir aus diesem zum Vergleich mit der j Urgeschichte wichtigen Motivquerschnitt des Gilgamesch-Epos die Bilanz, so lassen sich folgende Punkte festhalten:

a) Zweifellos bildet das Gilgamesch-Epos (außer u. U. in der Sintflut-Erzählung) in keinem seiner Teile eine literarische Quelle der j Urgeschichte. Um so bemerkenswerter sind die Motivanklänge:

die Erschaffung Engidus aus Lehm;
sein Leben mit den Tieren;
seine Verführung durch eine Frau;
der Erwerb der göttlichen Weisheit;
das Bekleiden mit Gewändern;

der Zorn der Göttin über die Ablehnung ihres Liebeswerbens;
der Verlust des Lebens.

Andere Bezüge, die wir später noch erörtern müssen, liegen vielleicht in der Heirat mit den Göttern (vgl. Gn 6, 1—4), ganz sicher in dem Sintflut-Bericht Utnapischtims, und, für unsere Stelle, in dem Diebstahl des Lebenskrautes durch die Schlange.

Wie gesagt, es handelt sich nur um Motivähnlichkeiten. Immerhin liefern sie uns Einblick in den Sinn, den diese Motive in der J vorliegenden Tradition gehabt haben.

b) Von der Engidu-Episode her darf als wahrscheinlich gelten, daß eines der traditionsgeschichtlichen Motive von Gn 3, 1—7 das der (sexuellen) Verführung des Mannes durch eine Frau ist. Damit erhält die Deutung von Gn 3 als einer sexuellen Tat der Menschen für das traditionsgeschichtliche Material der Erzählung ein nur schwer zu bestreitendes Recht. Dagegen läßt sich auch nicht anführen, wie es sogar einem so glänzenden Methodiker wie Westermann unterläuft (332), daß Gott unmöglich den Menschen die Fähigkeit zur Fortpflanzung verboten haben könne und daß das Bewußtsein davon ja bereits in 2, 24 vorausgesetzt wurde. Denn Gn 2 ist traditionsgeschichtlich nicht zu Gn 3 gehörig, und also muß das Motiv von Gn 3, 1—7 gesondert untersucht werden. Allerdings ist richtig, daß die sexuelle Deutung des Textes mit der Komposition von J und also mit der Aussageabsicht von J unvereinbar ist; aber dies gilt es auseinander zu halten.

c) Wenn dies so ist, so ist es bereits der Frage wert, warum das, was im Gilgamesch-Epos direkt und ohne jede Scheu angesprochen wird, in Gn 3, 1—7 nur in symbolischer Verkleidung angedeutet wird. Noch bevor wir psychoanalytisch den Text auf die Art und Arbeitsweise seiner Symbolisierungen und Abwehrmechanismen hin untersuchen, läßt sich aus den Verschiebungen, die bereits die Tradition vor J durchlaufen hat, der Schluß ziehen, daß es nicht ohne weiteres möglich sein wird, die Aussageabsicht von Gn 3, 1—7 mit der des ursprünglichen Motivs zu identifizieren.

d) Die ursprüngliche Aussage des vorliegenden Motivs ist aus der Engidu-Episode unzweifelhaft zu ersehen: der Verkehr mit der Tempeldirne macht aus dem steppengeborenen Wildling Engidu, der bepelzt in der Gemeinschaft der Tiere lebt, einen kultivierten und zivilisierten Menschen. Das „Wissen", die „Weisheit", die er empfängt, ist das kulturelle Wissen der Stadt Uruk, in deren Gemeinschaft er aufgenommen wird. Durch den Verkehr mit der Tempeldirne wird Engidu selbst wie Gott und hat Teil an dem (sexuell vorgestellten) Leben der Götter im Tempel von Uruk. Der Sitz im Leben des Motivs, göttlich zu werden durch ein (kulturelles) Wissen, das sexuell erworben wird, dürfte in den Mannbarkeits- und Initiationsriten liegen; nur hier scheint der Ort zu sein, an dem sich so verschiedene Dinge wie Wissen, Göttlichkeit und Sexualität miteinander verbinden. Die „Aussage" der Engidu-Episode ist es, die Eingliederung in die Zivilisation darzustellen. Mit Recht kann man von daher Rückschlüsse auf die Bedeutung des Ausdrucks vom „Erkennen von Gut und Böse" und dem damit verbundenen „Sein wie Gott" anstellen; die Wahrscheinlichkeit liegt nahe, daß in der J vorliegenden Tradition gemeint ist, was Westermann an mehreren Stellen ein Wissen zur „Daseinsbewältigung" nennt (bes. We 342; 372): „Erkennen, daß etwas richtig oder nicht richtig (gut oder böse) ist, und daraufhin Abhilfe zu schaffen." (343) Ähnlich folgert Westermann vom Adapa-Mythos her, das Wissen von Gut und Böse sei als Weisheit zu verstehen, und dies bedeute, zu tun, was Adapa tut (336). Aber es ist die Frage, ob auch J das mit dem Wissen von Gut und Böse gemeint hat.

d) In die gleiche Richtung weist das Anziehen von Kleidern nach der Tat. Wie Engidu sich von der Tempeldirne überreden läßt, nach Uruk zu gehen, und dort die Vorzüge der Kultur, u. a. auch durch das Anlegen von Kleidung genießt, so machen die Menschen sich Schurze bzw. bekommen von Gott die Felle der Tiere als Kleidung geschenkt. Für die J vorliegende Tradition liegt in diesem Motiv ein Hinweis auf den kulturellen Fortschritt, der Engidu zuteil wird; aber die Frage ist wieder, was J damit gemeint hat, wenn er dieses Motiv aufgreift.

f) Der Tod Engidus ist dadurch bedingt, daß Gilgamesch das Liebesangebot der Venusgöttin Ischtar ausschlägt und Engidu seinem Freund bei der Tötung des Himmelsstieres beisteht. Dafür und für die Mithilfe an der Tötung Chumbabas, des Wächters des großen Waldes, wird Engidu von den Göttern mit dem Tode bestraft. Es scheint von daher schwierig, motivgeschichtlich vom Gilgamesch-Epos her das „Wissen von Gut und Böse" mit dem Sterbenmüssen in Verbindung zu bringen.

2. Ein anderer wichtiger Zug aus Gn 2—3 ist das Motiv vom Essen. Dafür gibt es nun zwar aus der Mythologie der Völker zahlreiche Parallelen in Form von Speise- und Nahrungstabus, jedoch kommt als wenigstens entfernter motivgeschichtlich greifbarer Vorläufer der Genesis-Stelle nur die kurze Szene des Adapa-Mythos in Frage, in der Adapa das Opfer eines Streites zwischen Ea und Anu wird: Ea erschafft den Adapa in Eridu und macht ihn zum weisesten aller Geschöpfe, nicht jedoch gibt er ihm das ewige Leben. „Die göttliche Weisheit be-

fähigte Adapa, zu erkennen, was dem Lande fromme, als Priester für den Tempel die Opferbrote zu backen und zwischen Göttern und Menschen zu vermitteln.“ (R. Jockel: Götter und Dämonen, 40) Nur die Götter aber bewohnen den Garten mit dem Lebensbaum, dem Lebenskraut und dem Lebenswasser. „Das ewige Leben war keine Eigenschaft, die den Göttern ohne weiteres eignete; sie konnten es nur erlangen, wenn sie von der Lebensspeise kosteten und den Lebenstrank schlürften.“ (a.a.O., 41) Als Adapa nun die Flügel des Südwinds zerbricht und zum Himmelsgott Anu beordert wird, rät Ea ihm, „die Speise des Todes“ und „das Wasser des Todes“, das man ihm reiche, nicht zu kosten. Anu, der sich bei seinem Verhör von Tammuz besänftigen läßt, beschließt, Adapa zu seiner Weisheit auch noch das Leben zu geben, und befiehlt, die Lebensspeise und das Lebenswasser zu holen. Als Adapa sich weigert, es zu sich zu nehmen, wird er zurück auf die Erde geschickt. „So verspielte Adapa das ewige Leben, mußte zur Erde zurückkehren und sterben, da Ea es in seiner Weisheit so gewollt hatte.“ (a.a.O., 43)

Die Unterschiede zu Gn 3 sind hier offensichtlich größer als die Ähnlichkeiten; Adapa befolgt ja gerade Eas Gebot und ißt das Brot des Lebens nicht; wegen seines Gehorsams Ea gegenüber wird über ihn der Tod verhängt. Immerhin steckt darin noch ein weiterer Zug, der in Gn 3 anklingt: daß die Menschen etwas tun, durch das sie am Leben zu bleiben hoffen, durch das sie aber gerade sich den Tod zuziehen.

Bei der Dürftigkeit des literarischen Vergleichsmaterials werden wir das Motiv vom Essen der Früchte des Baumes am besten gesondert analysieren und die Erörterung dieses Stoffes bis zur psychoanalytischen Besprechung der Stelle aufschieben.

3. Ein im Gilgamesch-Epos klar greifbarer Zug ist das Schicksal des Staubes, das über dem Menschen liegt: „Meinen Leib . . . erfüllt der Staub“ (12. Tafel 95—96). Die Welt der Toten gilt als „Haus der Finsternis“ (7. Tafel IV 32) und „Haus des Erdstaubs“ (7. Tafel IV 40), als ein „Haus, darin wohnend man Lichts entraten muß, wo Erdstaub die Nahrung ist, Lehm die Speise“ (7. Tafel IV 36—37). In Gn 3 wird das Todeslos über den Menschen ebenfalls wiedergegeben mit der Rückkehr zum Staub; das Staubessen aber ist allein im Fluchwort über die Schlange enthalten. Sollte das Staubfressen ursprünglich ein Bild des Todes sein, so würde sich nahelegen, in dem Fluchwort über die Schlange nicht nur eine ätiologische Begründung über die Bewegungsart der Schlange zu sehen, sondern zugleich auch einen Hinweis auf das, was sie dem Menschen gebracht und wodurch sie ihre Feindschaft ihm gegenüber begründet hat: das, was sie tut, Staub zu fressen, stünde

dann als Bild für das, was sie als Schicksal über den Menschen verhängt hat.

Das Motiv von der Feindschaft der Schlange und ihrem Kriechen im Staub erscheint indessen in den Mythen primitiver Kulturen in einer Weise, die Gn 3 nähersteht. Z. B. erzählen die Saramo in Ostafrika, Gott habe die Tiere zuerst alle ohne Beine geschaffen und sie hernach vorgeladen, sich die Beine anfertigen zu lassen. Trotz tagelanger Einladungen aber verspätet sich die faule und immer gefräßige Schlange und kommt erst, als Gott dem Tausendfüßler bereits alle restlichen Beine gegeben hat. „So sagt das Sprichwort: Die Schlange hat keine Beine bekommen. Seitdem lebt die Schlange in Feindschaft mit allen anderen Geschöpfen" (R. Jockel: Götter und Dämonen, 492).

Auch die unversöhnliche Feindschaft zwischen Mensch und Schlange aufgrund einer urzeitlichen Schuld des Menschen wird in Mythen der Primitivkulturen ähnlich geschildert wie in Gn 3, während eine Parallele dafür in den Hochkulturen der Nachbarschaft Israels offenbar fehlt. Eine australische Mythe aus dem nordöstlichen Südwales z. B. erzählt, daß der Mondgott Balu einst die Menschen bat, seine drei „Hunde", die Schlangen, über einen Fluß zu tragen. Die Menschen aber haben Angst, weil die Schlangen schon mehrfach (irdische) Hunde und auch schon Menschen getötet haben; und sie können ihre Angst nicht überwinden, auch als Balu erklärt, sie würden wieder lebendig werden, wenn sie stürben, falls sie tun würden, was er wünsche; wie ein Stück Holz, das man ins Wasser wirft, würden sie erst untergehen, dann aber sofort wieder an die Oberfläche kommen; sie würden immer wieder, wie der Mond, von neuem lebendig werden; falls sie aber seinem Wunsch nicht entsprächen, würden sie versinken wie ein Stein im Wasser und wieder zu einem Stückchen Erde werden. Obwohl die Menschen Balu eigentlich gern haben, kommen sie seinem Wunsch doch nicht nach und gehorchen lieber ihrer Angst. Balu trägt seine „Hunde" daher selbst über den Fluß; die Menschen aber müssen sterben, ihrer Feigheit wegen. Seither versuchen die Menschen immer wieder, die Schlangen zu erschlagen, aber Balu sendet immer neue; denn er sagt: „Solange Menschen leben, soll es Schlangen geben. Die sollen sie daran erinnern, daß sie einst nicht tun wollten, um was ich sie bat!" (R. Jockel: Götter und Dämonen, 164—165)

4. Was die Schlange in Gn 3 bedeutet, ist wohl nicht zufällig sehr verschieden ausgelegt worden. Das Schlangenmotiv ist so weit verbreitet, daß von vornherein mit einer Anreicherung und Überlagerung ursprünglich heterogener Überlieferungsschichten zu rechnen ist. Man

sollte deshalb nicht eine Deutung gegen die andere ausspielen wollen; wohl aber sollte man nie vergessen, daß die Deutung dieses Motivs in der Überlieferungsgeschichte noch keine Deutung für den Sinn der Schlange bei J darstellt.

Im Gilgamesch-Epos stiehlt der „Erdlöwe" (die Schlange?) (11. Tafel 296) das Lebenskraut. Dies ist m. E. die Erzählung, die Gn 3 am nächsten kommt. Das schließt nicht aus, daß das Wort „Schlange" auf einem breiten Fächer zusätzlicher Bedeutungsanreicherungen gesehen werden kann oder muß. Die Schlange als ein Symbol des bösen Triebes zu betrachten, wie es Buber in der Tradition der chassidisch-talmudischen Exegese tut (M. Buber: Bilder von Gut und Böse, in: Werke I 612 ff; vgl. Die Chassidische Botschaft, in: Werke III 795—799; dort auch 250—251; 263), kann getrost als exegetisch nicht haltbar ausgeklammert werden; es handelt sich hier um eine tiefsinnige Symboldeutung, die indessen in der Schrift oder in dem zugrunde liegenden Traditionsgut nicht verifiziert werden kann. Ebenso entfernt sich die Interpretation der Schlange als des „Teufels" der christlichen Dogmatik sehr weit vom Text. Freilich ist es nicht ausgeschlossen, daß religionsgeschichtlich zwischen dem Teufel der Christen und der Schlange aus Gn 3 Beziehungen bestehen. Seit der Auffindung der Texte von Ras-Schamra wissen wir, daß der biblische Baal zebul (Mt 12, 24. 27; Mc 3, 22; Lc 11, 15. 18) historisch identisch ist mit dem ugaritischen zbl b'l („Baal der Fürst" oder „Oberhaupt"), auf dessen theologische Abwehr die Namensentstellung „Fliegenbaal" (b'l zbwb — baal zebub) in 2 Kg 1, 2. 3. 6. 16 hinweist. (A. S. Kapelrud: Die Ras-Schamra-Funde und das Alte Testament, 40) Nimmt man hinzu, daß Baal in der ugaritischen Mythologie die „sich windende Schlange" (67 I 1 ff) Lotan besiegt hat, den Leviathan der Bibel (Jes 27, 1; Ps 74, 14; 104, 26; Job 3,8; 40, 25; 41, 1; vgl. Kapelrud, 46—48) bzw. die tnjn — tannin (Jes 51, 9; Jer 51, 34; Ps 74, 13; Job 7, 12), so läßt sich die Möglichkeit nicht abweisen, daß hinter der Schlange der ugaritische Baal stünde (Kapelrud, 46). Zudem steht der Baal im babylonischen Mythos mit Marduks Kampf mit dem Seeungeheuer Tiamat, der hebräischen thwm, in Verbindung (Kapelrud, 45—46), ein Motiv, das über die griechische Perseus-Sage bis in die christliche Georg-Legende hinein fortwirkt. Der Sieg im Drachenkampf, den auch die Bibel kennt (Ps 74, 12—14; Jes 51, 9 f; vgl.: J. Bottéro: Jüdische Schöpfungsmythen, in: Quellen des alten Orients, I 219—223) und auf Jahwe überträgt, macht Baals Hauptruhm aus. Schließlich war Baal als einem Fruchtbarkeitsgott die Institution der Tempelprostitution verbunden sowie der Ritus des hieròs gámos;

er stellte somit einen diametralen Widerspruch zur Jahwereligion dar (Kapelrud, 56 ff).

Wir würden damit traditionsgeschichtlich wiederum auf ein Motiv stoßen, das auch von der Engidu-Episode her mit Gn 3 verwandt schien. Es stünde dann hinter der Tradition von Gn 3 und der Einführung der Schlange als Verführerin eine Abwehr der kanaanäischen Fruchtbarkeitsmythen und -riten (vgl. 2 Kg 18, 4; Nu 21), entweder im Sinne der Baalreligion oder unmittelbar eines Schlangenkultes. Beides würde die sexuelle Hintergrundthematik miteinschließen, wie wir sie aus dem Gilgamesch-Epos kennen.

Ein mit dem Mythos von Marduk und Baal (A. Caquot: Schöpfungsmythen der Kanaanäer, in: Quellen des alten Orients, I 180) verwandter Zug klingt in einem hethitischen Mythos an, dessen Sitz im Leben, ähnlich wie in Ugarit, das Neujahrsfest zu sein scheint. Der Gewittergott von Nerik kämpft hier gegen die Schlange Illuyanka, wird zunächst besiegt, vernichtet aber am Ende „seinen Rivalen mit Hilfe eines Menschen." (P. Grimal: Mythen der Völker I 130)

So ist O. Loretz zuzustimmen, wenn er für die „sexuelle Deutung" der Schlange und des Essens vom Baum der Erkenntnis eintritt und auf den „Zusammenhang von Zeugung und Tod" hinweist (O. Loretz: Schöpfung und Mythos, 112—113; vgl. 117; 121); Überzeugungskraft bekommt dieser Hinweis allerdings erst unter psychoanalytischen Voraussetzungen. O. H. Steck führt dagegen an, „die ältere, isolierbare Paradiesgeschichte" (s. u.) habe nach dem Vorbild von Ez 28 nur vom Menschen gesprochen; „erst im Zuge der Gestaltung der vorliegenden Erzählung durch J" seien Mann und Frau aufgetreten (O. H. Steck: Die Paradieserzählung, 63; Anm.); aber in Gn 3, 1—5 verführt die Schlange von Anfang an die Frau; dies schon, nicht erst Gn 3, 6b, ist „sexuell" zu deuten. „Sexualität" ist hier freilich nicht als zunächst persönliches Bedürfnis, sondern auf dem Hintergrund der Fruchtbarkeitsreligion zu sehen; und diese wiederum ist nicht auf Ugarit beschränkt, sondern *die* Religion der Ackerbaukultur vom Mittelmeer bis Indien schlechthin. Der Kampf zwischen Marduk und Tiamat unterscheidet sich hier nicht wesentlich von den breit angelegten indischen Texten des Rig-Veda vom Kampf Indras mit der Schlange (Rig-Veda II 12, 3. 11; I 32, 1—15, in: Gedichte aus dem Rig-Veda, übers. u. erl. von B. Thieme, 22—29). Wenn E. Haag in Gn 3 aufgrund von Ez 28 eher an die redaktionelle Abwehr der Königsideologie als des Fruchtbarkeitskultes denkt (E. Haag Der Mensch am Anfang, 52; 137 ff), so wird dem zuzustimmen sein; nur ist die Alternative falsch gestellt; denn die Königsideologie verträgt sich in Sumer wie in Ras Schamra ausgezeichnet mit dem Fruchtbarkeitskult, ja, wird davon sogar begründet.

Der Zusammenhang von Fruchtbarkeit (Sexualität) und Sterbenmüssen klingt in den Mythen der Primitivkulturen aber wiederum in einer Form an, die Gn 3 weit nähersteht als alle vergleichbaren Mythen der antiken Hochkulturen. Als Beispiel führen wir eine Überlieferung der Nupe im Sudan an, derzufolge der Gott Soko die Schildkröten, die Menschen und die Steine ohne Kinder, aber je als Mann und Frau geschaffen hat; den Steinen indes gab Soko kein Leben. Immer wieder baten die Schildkröten den Gott um Kinder. „Es war damals so: wenn die Menschen ganz alt geworden waren, wurden sie wieder jung. Aber Kinder gab es nicht.“ Soko machte die Schildkröten darauf aufmerksam, daß sie sterben müßten, wenn sie zwei oder drei Kinder bekommen hätten. Die Schildkröten aber wollten es so. Und auch die Menschen sagten: „Wir wollen unsere Kinder sehen und dann sterben.“ Nur „die Steine bekamen keine Kinder und starben auch nicht. Und so kamen die Kinder und das Sterben in die Welt.“ (R. Jockel: Götter und Dämonen, 453—454) Demnach gehört zum Leben die Entdeckung der Geschlechtlichkeit und mit ihr auch der Tod, ganz wie in Gn 3 die Frau ein Kind empfängt, nachdem der Tod von Gott über die Menschen verhängt worden ist; darin liegt zweifellos ein starkes Argument für die Meinung, daß Gn 3, 1—7 motivgeschichtlich mit dem Thema der Fruchtbarkeit zu tun hat.

5. Die (sexuelle) Verführung durch Früchte findet gewisse Anklänge in der sumerischen Kosmologie des Dilmun-Mythos, in dem die Erdgöttin Nintu die Göttin Uttu belehrt, wie sie den Gott Enki mit Hilfe von Früchten in ihrem Hause ganz wörtlich „an die Leine“ legen könne. Sie erbittet von dem Gärtner Gurken, Äpfel und Trauben in der Hoffnung: „Der Gott Enki wird mein Diener werden“ (152). Enki aber, der Gott des Süßwasserozeans, freundet sich mit dem Gärtner an und bringt statt seiner Uttu die Früchte; als Uttu „jauchzenden Herzens die Tür ihres Hauses öffnet“ (173), wirft sich Enki auf sie und vergewaltigt sie.

Interessant ist, daß hier das Thema des Matriarchats mitanklingt, während der Ausgang der Erzählung, ebenso wie in Gn 3, die Unterordnung der Frau annimmt (vgl. M. Lambert: Sumerische Schöpfungsmythen, in: Quellen des alten Orients, I 115—117).

Daneben kann m. E. auch aus dem Darreichen der Frucht selbst bereits auf ein sexuelles Motiv geschlossen werden; eine Frucht wie der Apfel „symbolisiert die Liebe“; „er ist der Paß zu den Elysischen Gefilden, den Apfelgärten“ (R. v. Ranke-Graves: Griechische Mythologie,

I 20). Zum Motiv des Baumes als Vegetationssymbol und Gegenstand des Fruchtbarkeitskultus vgl. M. Eliade: Das Heilige und das Profane, 87—89; P. Grimal (Mythen der Völker I 88—90) zeigt, wie die sumerische Vorstellung den kosmischen Baum als „Band zwischen Himmel und Erde“ versteht.

Zusammenfassend kann man sagen, daß motivgeschichtlich die Mythen der Primitivkulturen eher zum Vergleich mit Gn 3 geeignet sind als die spezialisierteren Vorstellungen der altorientalischen Hochkulturen. Sie zeigen in einer erstaunlichen Verbreitung und Einhelligkeit, daß J Motive zur Darstellung des Menschseins in Gn 3 aufgegriffen hat, die in ihrer Ursprünglichkeit wirklich Menschheitsgut darstellen. Es findet sich in ihnen vor allem der Gedanke ausgesprochen, daß zum Leben, wie es jetzt erscheint, die Vermehrung gehört und das Sterbenmüssen; zugleich aber erscheint dieses Los als etwas, das nicht notwendig so sein müßte und die Folge einer ursprünglichen Verfehlung darstellt, die indessen eher aus Hunger oder Angst, als aus eigentlich bösem Willen zustande kommt; auf sonderbare Weise scheint dabei die Daseinsangst und Lebensnot in der Gestalt der Schlange konkretisiert zu sein, die mit dem Schicksal von Zeugung und Tod, Schuld und Strafe, Unsterblichkeit und Staubvergänglichkeit auf das innigste verbunden ist. Wie man sieht, sind die Motive im einzelnen einer schier unendlichen Variation, Anreicherung, Umdeutung und Kombination untereinander fähig. Gerade hierin erweisen sie sich als „urzeitliche“, grundlegende Bilder, die offen genug sind, das menschliche Dasein in seiner Ganzheit zu umschließen. Der mythologischen Bedeutung des Baum- und Schlangenmotivs werden wir im 2. Teil der Arbeit noch ausführlicher nachgehen.

II. Traditionsgeschichtliche und literarkritische Feststellungen

1. Westermann wird zuzustimmen sein, daß 3, 1—5, die eigentliche Verführungserzählung, als relativ selbständig zu betrachten ist „und auf eine Erzählung zurückgeht, in der die Verfehlung nur *eines* Menschen (wie Ez 28) erzählt wurde.“ (340; vgl. 322) D. h., man wird zunächst Gn 3, 1—5 in sich betrachten müssen und dann die Frage zu stellen haben, was der Redaktor damit beabsichtigte, daß er den Abschnitt von der Verführung der Frau durch die Schlange den Versen 3, 6. 7 voranstellte und diese so geschaffene Erzähleinheit mit der zusammenfassenden Bemerkung von 2, 25 verband.

2. Der Abschnitt 3, 8—24 ist formal als „Rechtsakt" (We 343) gestaltet. Dabei wird ursprünglich auf V. 8—13 (Entdeckung und Verhör) ein Satz gefolgt sein, der die Austreibung der Menschen als Strafe verhängte, und sodann V. 21 und V. 23 (We 349; 364), die freilich schon 3, 1—5 und 3, 6—7 als Einheit voraussetzen. V. 14—19 sind ursprünglich Fluchworte, deren rhythmische Form bereits auf ihre Bedeutung als Rechtssätze hinweist; „in diesen Sätzen ergeht die Strafe bzw. der Fluch" (We 350). Die eigentliche Form der Verfluchung liegt jedoch nur noch in dem Wort über die Schlange (V. 14) vor, das erst durch die sekundäre Begründung mit der Erzählung verbunden wird und ursprünglich wohl lediglich eine ätiologische Deutung der Schlange beabsichtigte. V. 15 seinerseits ist nur locker mit V. 14 verbunden, fügt sich aber gut in die Erzählung ein. V. 16, das Strafwort gegen die Frau, ist gleichfalls ursprünglich ätiologisch gemeint, d. h., es geht dem Vers ursprünglich nicht um „die Erklärung einer Veränderung (sc. der Rolle der Frau, d. V.) . . ., sondern die des lastenden und quälenden gegenwärtigen Schicksals der Frau." (We 357) V. 17—19, die Bestrafung des Mannes, gibt sich als ein literarisches Konglomerat zu erkennen: V. 17a, die Begründung der Strafe, ist deutlich redaktionell und stellt eine Klammer zu 2, 16—17 dar, schließt also Gn 2 und Gn 3 zur Einheit zusammen. Das Fluchwort über den Mann selbst ist zunächst ein Fluchwort über die Erde ('dmh) und ganz parallel zum Fluchwort über die Schlange; seine ursprüngliche Form wird gewesen sein: „Es sei verflucht der Acker um deinetwillen, Dorn und Stechstrauch läßt er dir schießen" (17b und 18a; nach Buber). Damit verbunden war der Fluch über den Mann: „Im Schweiße deines Antlitzes magst du Brot essen, bis zum Acker du kehrst, denn aus ihm bist du genommen" (19a.b, Buber), das ebenfalls eine Brücke zu Gn 2 schlägt. Dann traten drei Erweiterungen hinzu: 1. „in Beschwer sollst du von ihm essen alle Tage deines Lebens" (17b), das mit dem Leitwort „Beschwer" (ʿṣb) an V. 16 anknüpft; 2. „so iß denn das Kraut des Feldes" (18b), das den jetzt eingetretenen Zustand Gn 2 entgegensetzt und also die Einheit von Gn 2 und 3 schon voraussetzt; und 3. das Sprichwort „Staub bist du und zum Staub wirst du kehren" (19c). Damit entfällt die Notwendigkeit — und auch die Möglichkeit —, die Verse 3, 17—19 auf zwei Quellen zu verteilen (gegen v. Rad 76; 9, 67).

Der Werdeprozeß von Gn 3 ist also bis jetzt: Zuerst 3, 6.7 und ihre Verschmelzung mit 3, 1—5; die Erzählung 3, 1—7 setzt sich fort in 3, 8—13 und findet ihren Abschluß in 3, 21.23. In diese Erzählung eingeschaltet werden redaktionell die Fluch- bzw. Strafworte 3, 14—19, die z. T. ältestes Material verarbeiten, besonders in 3, 14 und 17b β. 18a. 19a.b, den Fluchworten über die Schlange und den Mann (bzw. den Acker). Die Bedeutung dieser Worte ist ursprünglich ebenso wie die von V. 15.16 ätiologisch. V. 17a stellt die Verbindung zu 2, 16—17 her; die weiteren Einschübe verstärken das Leitwort „Beschwer" für Mann wie Frau (17bβ und 16), setzen diesen Zustand von dem vergangenen ab (18b) und betonen die Rückkehr zu dem, was der Mensch war, bevor ihn Gott erschuf (3, 19c). 3,23 wird der Abschluß der ursprünglichen Erzählung Gn 2—3 gewesen sein; der von Gott geschaffene und in den Garten versetzte Mensch (2, 8) wird von Gott aus dem Garten verstoßen (3, 23).

3. Es bleiben die Verse 3, 20 und 3, 22. 24.

3, 20 ist eine „Stammbaumnotiz" (We 364), die eigentlich die Geburt eines Kindes voraussetzt und diese zum Anlaß einer Namengebung nimmt. Im Grunde liegt hier schon ein Hinweis auf 4, 1 vor, und die Frage wird sein, was die Einschaltung dieses Verses durch J (?) unmittelbar zwischen die Fluchworte und das Anfertigen der Kleider (3, 21) beabsichtigt.

3, 22 und 3, 24 gehören zusammen und bilden einen Schluß für sich. Das Motiv vom Lebensbaum haben wir schon aus dem Adapa-Mythos kennengelernt; obwohl es in 2, 9 ausdrücklich von J (?) vorbereitet wurde, stellt es deutlich eine sekundäre Erweiterung der Erzählung dar; denn nicht nur war 2, 9 bisher für den Gang der Erzählung überflüssig, sondern auch das Motiv vom Neid der Götter, das hier m. E. anklingt, stammt aus einem anderen Themenkreis (vgl. den Adapa-Mythos). Wohl wird in 3, 4 mit den Worten der Schlange bereits auf die Möglichkeit einer Konkurrenz von Gott und Mensch hingewiesen, aber diese Verknüpfung muß redaktionsgeschichtlich interpretiert werden und liefert keinen Beitrag zum Verständnis des ursprünglichen Sinns der Worte. Diese sprachen wohl in der Tat einmal von der Angst der Götter vor der Möglichkeit, daß der Mensch ewig lebe und damit Gott ebenbürtig werde. In diese Richtung weist der Plural, der Mensch sei geworden „wie einer von uns", was an einen Götterrat denken läßt; dahin führt auch der mythische Zug von den Keruben, die den Garten bewachen sollen. Aus einer eigenen Tradition stammt wohl 3, 24 „das Lodern des kreisenden Schwerts" (Buber). Diese Vorstellungen passen zur Welt der babylonischen Mythologie, der auch der Lebensbaum angehört. Auch hier wird es die Frage sein, was der Redaktor beabsichtigte, wenn er, der selbst so viel an „Entmythologisierung“ des tradierten Materials leistete, diese ausgesprochen mythischen Züge an das Ende der Erzählung von Gn 2—3 stellte.

III. Redaktionsgeschichtliche Überlegungen

Es ist nun zu untersuchen, ob aus der Komposition des überlieferten Materials, dessen einzelne Teile wir bisher zu bestimmen versucht haben, ein bestimmter Sinn erkennbar wird, von dem aus die einzelnen Teile zu lesen sind. Dabei ist von zwei Feststellungen auszugehen:

1. Ursprünglich hat J in Gn 3 eine Erzählung vorgelegen, die von der Versuchung, dem Fall und der Austreibung der Menschen sprach. In diese Erzählung hat er, z. T. aus tradiertem, z. T. aus selbstgeformtem Material, eine großangelegte Szene der Bestrafung bzw. Verfluchung aller Akteure des Geschehens gestaltet. Daraus folgt methodisch zwingend, daß hieran, wenn irgendwo, die Aussageabsicht des Redaktors abgelesen werden muß. M. a. W., es ist nicht möglich, wie Westermann es will, mit Berufung auf die „ursprüngliche und eigentliche Strafe“ (350) der Vertreibung den Abschnitt 3, 14—19 (20) für bloßes Beiwerk und Illustrationsmaterial der Vertreibung zu halten. Vielmehr ist redaktionsgeschichtlich nur zu unterstreichen, was bereits Gunkel von den Verfluchungen gesagt hat: „Sie sind dem Erzähler die Hauptsache.“ (20)

Es ist deshalb zu fragen, welcher Sinn den Verfluchungen in der Komposition von Gn 2—3 zukommt. Am deutlichsten ist die Redaktortätigkeit in 3, 17a zu erkennen: hier geht es J darum, an 2, 16—17 anzuknüpfen; dieselbe Absicht zeigt sich in der jetzigen Gestalt des Textes in 3, 19c: die Rückkehr zum Staub erinnert an den Schöpfungsvorgang und zeigt, was der Mensch jetzt „ist“, nachdem er sich gegen Gott vergangen hat; er war Staub; aber er lebte durch den Anhauch Gottes; daß er jetzt nur Staub ist, ist die Folge seines eigenen Verhaltens. Ebenso markiert V. 18b den Unterschied zwischen den ursprünglichen Lebensbedingungen und den jetzigen Verhältnissen. Das Leitwort Beschwernis (‘ṣb) (17bβ) unterstreicht noch diesen Kontrast; bedenkt man, daß der Hebräer bei Eden (‘dn) (3, 23.24) unüberhörbar an das hebräische Wort für „Wonne“ denkt, so wird der Gegensatz zwischen der ursprünglichen Bestimmung des Menschen und seiner Vertreibung noch deutlicher. Ein weiteres Leitwort ist der „Ackerboden“ (’dmh) (3, 17.19.23), ganz in Entsprechung zu 2, 5.6.9, wobei das „bedienen“

('bd) aus 3, 23 ausdrücklich auf 2, 5 und 2, 15 verweist: der Mensch, der berufen war, den Garten zu bedienen und zu bewahren, wird jetzt, nach seinem Vergehen an einem der Bäume des Gartens, vertrieben, den „Ackerboden" zu bedienen, nicht mehr in 'dn (Wonne), sondern in 'ṣb (Beschwernis). Insofern 'ṣb - 'ṣbwn (3, 16aβ.17bβ) zugleich das Schicksal von Mann und Frau zusammenfügt, stellt J eine Gemeinschaft zwischen beiden her, wie sie zuvor 2, 23 im Garten bestand; die Gemeinsamkeit beider besteht auch jetzt noch, aber nunmehr als eine Gemeinsamkeit im Unheil. Entsprechend könnte der versprengte Vers 3, 20 auf 2, 24 zurückweisen, so wie 3, 21 auf 2, 25 zurückweist.

Überblickt man dies, so kann über den Sinn der Fluchworte und ihrer Erweiterungen kein Zweifel sein. So wie J in Gn 2 nicht einfachhin von einem Garten sprach, sondern seine Schilderung dazu benutzte, den Menschen in dem Zustand zu zeigen, in dem Gott ihn bei seiner Erschaffung gewollt hatte, so ist es ihm auch in Gn 3 nicht ausreichend, einfach von einer Vertreibung aus dem Garten zu sprechen, sondern in den Fluchworten und den Umständen der Vertreibung versucht er ein Gegenbild zu jenem ursprünglichen Zustand zu zeichnen. So recht Westermann hat, daß diese „Zustände" nicht als zeitlich aufeinanderfolgend verstanden werden dürfen, so unrecht hat er damit, überhaupt zu leugnen, daß es J um ein Gegeneinander solcher „Zustände" in der Gegenwart Gottes und in der Ferne Gottes gehe. Wir können vielmehr sagen: die entscheidenden Passagen, mit denen J die beiden ursprünglich selbständigen Erzählungen von Gn 2 und 3 zu einer Einheit verbunden hat, kennzeichnen gerade in ihren antitypischen Entsprechungen, was der Mensch in der Einheit mit Gott und was er im Zerwürfnis mit ihm ist. Nur eine eklatante Unterbewertung der Redaktionsgeschichte vermag diese Erkenntnis, die von Gunkel bis G. v. Rad vertreten wurde, zu leugnen.

Damit ergibt sich eine wichtige Interpretationsanweisung für die Ausdeutung von Gn 3. Es ist dann nämlich nicht möglich, die Straf- bzw. Fluchworte aus 3, 14—19 je aus ihrem ätiologischen Gehalt zu interpretieren, den sie ursprünglich, wie in 3, 14 und 3, 17—19, gehabt haben; schon die Einleitungen, die J gerade diesen Versen gibt, macht deutlich, daß es dem Redaktor von Gn 2—3 nicht um Ätiologie, sondern Theologie zu tun ist. Wohl beschreibt er, was ist; aber er beschreibt es als etwas, das von Gott so nicht gewollt war und erst durch die Schuld des Menschen diese Gestalt gewonnen hat. „Der Paradiesesbericht zeigt uns in seiner Gesamtheit, wie die Sünde alles, was vorher war, entstellt hat: Die Beziehung von Mensch zu Mensch ist durch das Schamgefühl beeinträchtigt; Mutterschaft und Arbeit werden mühselig; die Hilfe, die das Weib dem Manne leistet, verkehrt sich in Dienstbarkeit. Der Autor ... will ... zeigen, was in unserer gegenwärtigen Erfahrungswelt als Folge der menschlichen Sünde zu gelten hat." (A. M. Dubarle: Unter die Sünde verkauft, 83)

Es ist von großer Bedeutung zu sehen, daß das, was Gn 3, 7 und 3, 14ff schildern, nicht nur formal in Beziehung zu Gn 2 steht, sondern auch inhaltlich im Grunde ein und denselben Tatbestand skizziert:

Gn 2, 25: sie waren nackt — Gn 3, 7: sie erkannten, daß sie nackt waren

Gn 2, 23.24 Mann und Frau sind eine Einheit — Gn 3, 16 Mann und Frau sind eine Einheit

Gn 2,16—17: von dem Baum darfst du nicht essen — Gn 3, 17: von dem Baum hast du gegessen

Gn 2, 15: der Mensch soll den Garten Eden bebauen — Gn 3,17: der Mensch soll den Ackerboden in Mühsal bebauen

Gn 2, 10—14: der Garten als Ursprung aller Fruchtbarkeit

Gn 2, 9 (2, 16): die Erde bringt Früchte hervor — Gn 3, 18: die Erde bringt Dornen und Gestrüpp hervor

Gn 2, 7: der Mensch wird aus Staub geschaffen — Gn 3, 19: der Mensch ist Staub

Darüber hinaus ist von 3, 20 aus zu parallelisieren:

2, 23: die Namengebung — Gn 3, 20: die Namengebung

2, 25: das Nacktsein — Gn 3, 21: die Fellröcke

Die Entsprechungen sind formal wie inhaltlich lückenlos. Alles, was war, besteht auch jetzt noch; aber alles ist verkehrt; alles hat eine andere neue Qualität angenommen. Dabei ist, wie man sieht, Gn 2 zu Gn 3,7—19 nach Art einer Antiklimax aufeinander bezogen; d. h., die Beziehungslinien sind stets überkreuz zu lesen. Was in der Schöpfung am Anfang steht, steht bei der Bestrafung am Ende. Die Schilderung der Folgen der Sünde nimmt die exakt umgekehrte Reihenfolge und Ordnung des Schöpfungsvorgangs ein. Das, was aus der Schuld des Menschen folgt, macht buchstäblich die in der Schöpfung des Menschen angelegte Richtung „rückgängig"; es ist dieselbe Ordnung, nur gegenläufig, nur in Umkehrung. Es ist dieselbe Realität wie vorher, aber nun nicht zum Heil des Menschen, sondern zu seinem Unheil. Was von Gott her mit dem Menschen vom Staub her begann, endet durch den Menschen vor Gott im Staube; allerdings, wie hervorzuheben ist, nicht durch bloße „Konsequenz", sondern durch das Tun Gottes selbst. Es mag sein, daß J keine Lehre von der Sünde gibt (Gunkel), aber es wäre viel wert, wenn es eine „Lehre“ von der Sünde gäbe, die auch nur annähernd das einholte, was J allein durch den Aufbau von Gn 2—3 aussagt.

Daneben steht die Umkehrung der Reihenfolge von Verhör und Bestrafung; Gunkel bemerkt treffend, daß die Strafe „die ursprüngliche Reihenfolge“ (Gu XXXV) des Vergehens wiederherstelle; wichtiger aber ist noch, daß damit in der Bestrafung deutlich wird, daß die Tat selbst die Schöpfungsordnung umkehrt. Gunkel sagte bereits: „Es ist . . . dem modernen Leser zu raten, auf die Gliederung zu achten, da er mit ihr zugleich den Fortgang der Handlung in die Hand bekommt.“ (Gu XXXV) Man kann hinzufügen: zugleich auch ihren Sinn.

2. Von daher fällt auch ein Licht auf Gn 3, 1—7 (8—13) und auf die Bedeutung des Erkennens von Gut und Böse. In der Komposition von Gn 2—3 haben die Verse Gn 3, 1—7 die Aufgabe, darzustellen, wie die Ordnung von Gn 2 durchkreuzt wurde. Der Grund dafür ist das Erkennen von Gut und Böse, das erfüllt wird, indem die Menschen erkennen, daß sie nackt sind. Was dies bedeutet, muß noch einmal überlegt werden.

Westermann hat recht, daß das „Erkennen von Gut und Böse“ die Bedeutung eines Leitwortes einnimmt. Es begegnet „in der Exposition (2, 9.17), auf dem Höhepunkt (3, 5) und in einem Rückblick (3, 22).“ (We 330) D. h.: „Der Ausdruck muß . . . eine für die ganze Erzählung bestimmende Bedeutung haben.“ (330) Mit Recht fügt Westermann hinzu: „Dies gilt für die Erzählung in ihrer Endgestalt.“

Es kann dann aber nicht richtig sein, die Bedeutung des Erkennens von Gut und Böse (3, 5) aus 3, 6 hskjl — „begreifen“, „weise werden“ abzuleiten und damit auf der Ebene der Bedeutungen stehen zu bleiben, die das Motiv der Weisheit traditionsgeschichtlich einmal besessen hat. Vielmehr wird das, was J damit meint, sich nur aus der Art seiner Komposition erkennen lassen, in der er das tradierte Material zusammenstellt. Es ist uns dabei bisher klar geworden, daß die Erzählung Gn 2—3 in zwei gegensätzliche und gegenläufige Hälften zerfällt, die von J mit Absicht und Vorbedacht antithetisch aufeinander bezogen sind, formal in der Gestalt von Klimax und Antiklimax, inhaltlich in dem Gegensatz von Schöpfung durch Gott und Verfluchung (Bestrafung) durch Gott. Wir haben weiter festgestellt, daß dabei die „Tatsachen“, die äußere Wirklichkeit, hier wie da die gleiche ist und dennoch in ihrer Gesamtheit in ihr Gegenteil verkehrt wird. Diese Verkehrung geschieht, indem die Menschen erkennen, was Gut und Böse ist. Daß ihnen „die Augen aufgehen“ (3, 5.7), bezeichnet dabei den Vorgang, durch den die Menschen zu dieser Erkenntnis von Gut und Böse gelangen: und daß sie zu dieser

Erkenntnis gelangen, bedeutet (3, 7), daß sie sich als nackt erkennen, was sie 2, 25 schon waren, wessen sie sich jetzt aber schämen.

Wenn dem so ist, dann gibt es für das Erkennen von Gut und Böse im Rahmen des Kontextes, den J festgelegt hat, nur eine Deutung: was Gott gemacht hat, ist gut, bzw. Gott schafft so lange, bis es gut ist (2, 18); und so ist es und bliebe es, wenn der Mensch in der Gemeinschaft mit Gott bleibt. Alles aber bekommt eine andere Qualität, wenn die Menschen sich von Gott abwenden. In der Trennung von Gott ist das, was vorher gut war — aus Lehm geschaffen zu sein, den Ackerboden bestellen zu müssen, auf Gemeinschaft hingeordnet zu sein, nackt zu sein —, schlecht bzw. böse. Was der Mensch in der Gemeinschaft mit Gott nicht sehen konnte, die mögliche Kehrseite der Dinge, dafür gehen ihm jetzt „die Augen auf"; der Ausdruck bezeichnet sehr treffend, daß nicht die Wirklichkeit sich verändert, sondern Aspekte an dieser Wirklichkeit bislang verhüllt waren, die jetzt wahrgenommen werden. Ganz genau dies und nichts anderes ist das Erkennen von Gut und Böse. Nackt zu sein heißt nicht, sich schämen zu müssen, solange die Einheit mit Gott besteht; arbeiten und den Acker bedienen (ʿbd) heißt nicht, Sklave (ʿbd) sein zu müssen, solange die Gemeinschaft mit Gott besteht; in Gemeinschaft miteinander zu leben heißt nicht, etwas oder sich selbst verstecken zu müssen, solange die Gemeinschaft mit Gott besteht; aus Lehm geschaffen sein heißt nicht, sterben zu müssen, solange die Gemeinschaft mit Gott besteht (vgl. Ps 104 [103], 29.30). Aber es bedeutet all dies, wenn die Gemeinschaft mit Gott zerfällt. Und dies zu erkennen, heißt Gut und Böse zu erkennen. Es ist dann eine Einsicht gemeint, wie sie in der Weisheitsliteratur zu finden ist, z. B. Prov 13, 21: „Das Böse (rʿh) folgt den Sündern nach, das Gute (ṭwb) belohnt den Frommen." Oder, geschichtstheologisch, Dt 4, 1. 4.

Nur so scheint verständlich, warum Gott das Erkennen von Gut und Böse verbietet. Wenn Westermann sagt, daß „nur eine Deutung, die alle Elemente im Text möglichst gleichmäßig berücksichtigt" (333), befriedigen kann, dann muß von seinem eigenen Vorschlag gesagt werden, daß er diese Bedingung nicht erfüllt. Denn daß das Erkennen von Gut und Böse „das Gewinnen von Erkenntnis der Daseinsbewältigung" sei, „die ein Fortschreiten in der Kultur ermöglicht" (We 342), vereinbart sich wohl mit dem mythischen Material, das J vorliegt, aber nicht mit der Deutung, die J diesem Material gibt. In den Mythen sind Menschen und Götter Rivalen, und wir hören davon, daß die Götter die Menschen durch ihre Gebote schädigen; solche Motive klingen auch in Gn 3 an, aber eben im Munde der Schlange (3, 5). Ja, es scheint mit zur Versuchung zur Sünde zu gehören bzw. schon eine Folge aus der Sünde zu sein (3, 22.24), sich Gott so vorzustellen, daß er die Menschen von einer wesentlichen Vervollkommnung ihres Daseins ausschließe. Für J muß eine Interpretation als unannehmbar gelten, nach der Gott dem Menschen das Gewinnen von Erkenntnis zur Daseinsbewältigung verboten haben sollte. Es ist nicht zu sehen, wie Westermanns Deutung über das Niveau des tradierten Mythenmaterials und seiner Ätiologie mitsamt seinen theologischen Ungereimtheiten hinausgehen könnte.

M. E. steht die von uns vorgeschlagene Deutung des Erkennens von Gut und Böse der schon erwähnten Interpretation Bubers am nächsten und besitzt alle bereits dort skizzierten Vorteile einer einheitlichen Erklärung des Verbotes Gottes, des Ausdrucks selbst im Zusammenhang mit dem Öffnen der Augen und dem Erkennen der Nacktheit, sowie der Zustände, die sich durch die Strafe Gottes für den Menschen aus seinem Tun ergeben. Was unsere Interpretation von der Buberschen Auffassung unterscheidet, ist der Umstand, daß in unserer Auslegung Gut und Böse nicht so sehr Kräfte in den Dingen sind, als vielmehr Aspekte bzw. Qualitäten an den Dingen selbst, je nachdem, ob der Mensch in der Einheit mit Gott oder in der Verbannung von ihm lebt. In diese Richtung ging auch Buber selbst, wenn er (Werke I 258; 612) mit Berufung auf die talmudische Exegese Gut und Böse für Zustände im Menschen erklärte; aber indem er die Lehre von den zwei Trieben erneuerte, verstellte er sich den Blick dafür, daß der Unterschied von Gut und Böse erst durch den Menschen, indem er sich von Gott lossagt, an den Menschen selbst und an die Dinge herangetragen wird; daß Gut und Böse also nicht Triebe im Menschen, sondern das Treiben des Menschen ist.

Damit entfällt die Möglichkeit, aus dem „begreifen“ (hskjl) in 3, 6 einen unmittelbaren Schluß auf die Bedeutung des Erkennens von Gut und Böse zu ziehen. Wohl ist richtig, daß „für die Frau das eigentlich Begehrenswerte, das eigentlich Verführerische“ „in dem hskjl“ (We 330) bestand; aber daß sie zu der Meinung kam, mit dem Verbot des Wissens um Gut und Böse sei ihr etwas an „Wissen zur Daseinsbewältigung“ von Gott vorenthalten, setzt ja in der jetzigen Komposition bereits die Versuchungsszene 3, 1—5 voraus. Tatsächlich zeigt 3, 7, daß die Menschen durch ihr Tun fähig wurden, für ihr Nacktsein „Abhilfe zu schaffen“ (We 342); aber was dieser „Fortschritt“ für J wert ist, zeigen die nachfolgenden Szenen des Verhörs und der Bestrafung und schließlich auch 3, 21, daß Gott selbst den Menschen bekleidet: es ist ein „Fortschritt", der nicht nur unzulänglich ist, sondern ganz und gar überflüssig wäre, wenn die Menschen bei Gott geblieben wären. In deutlichem Widerspruch zum tradierten Material bedeutet für J das „begreifen" im technischen und kulturellen Sinn nichts anderes als einen Versuch des Menschen, die Löcher zu stopfen, auf die er durch seine Entfernung von Gott aufmerksam geworden ist; und es scheint zu den Hauptaussagen der ganzen j Urgeschichte zu gehören, daß dieser Versuch bis zum Turmbau notwendig zum Scheitern verurteilt ist, ja den Menschen nur immer mehr in den Widerspruch zu Gott hineintreibt und damit in sein Unglück (vgl. v. Rad. 82; 9, 73—74). Des Menschen Rettung ist nicht sein hskjl („begreifen"), sondern Gott selbst. Noch einmal: es geht J nicht um Ätiologie, sondern zentral um Theologie.

In diesem Sinne ist es nun auch wohl zu verstehen, daß das eigenmächtige Tun der Menschen 3, 7 in der Erkenntnis endet, daß sie nackt sind. Gerade wenn die Zusammenfügung dieses Verses zu der Versuchungsgeschichte 3, 1—5 das redaktionelle Werk des J ist, muß man sich fragen, was J damit beabsichtigt, die Entdeckung des Nacktseins so in den Mittelpunkt zu stellen. Denn in der Komposition von J läuft jetzt die gesamte Versuchungsgeschichte, besonders durch die Vorschaltung von 2, 25, auf diese Entdeckung hinaus. Sie macht für J den Kern des gesamten Wissens von Gut und Böse aus. Es ist deshalb von vornherein zu eng, in dem Erkennen des Nacktseins nur ein Phänomen der (sexuellen) Scham zu sehen, wieviel auch immer in einer solchen Deutung traditionsgeschichtlich berechtigt sein mag. Es scheint vielmehr, daß das Nacktsein die Zusammenfassung dessen ist, was die Menschen als Geschöpfe Gottes sind und wessen sie sich vor Gott und voreinander schämen müssen, nachdem sie von Gott abgefallen sind. Es scheint hier um die Blöße und Ungeschütztheit, um die Offenheit und Bedrohtheit, um die, wie J. P. Sartre sagt, „Obszönität" des menschlichen Daseins insgesamt zu gehen; auf der Linie, die in den Strafworten Gottes als Tod und Mühsal zum Ausdruck kommt, ist es vielleicht nicht zuviel, wenn man das „Nacktsein" als eine ursprüngliche Erfahrung der „Kontingenz" des menschlichen Lebens versteht, als „Umschreibung eines Zustandes . . ., der die geschöpfliche Dürftigkeit des Menschen meint." (E. Haag: Der Mensch am Anfang, 49)

Westermann ist zuzustimmen, daß es in Gn 2—3 für den Menschen auch um „die Begrenztheit seiner Existenz" gehe (We 378); aber es kommt bei ihm nicht klar genug zum Ausdruck, daß diese „Begrenztheit", die Kontingenz des Daseins, nach der Art von 2, 25 und von 3, 7 erlebt werden kann, je nachdem, ob der Mensch in der Einheit oder

Trennung von Gott existiert, ja daß von 3, 7 an alle menschliche Geschichte „ursprünglich“ außerhalb der neuerlichen Erwählung durch Gott in Abraham eine Geschichte von Menschen ist, die sich vor Gott und den anderen für sich selbst schämen müssen, ja, die sich dessen schämen müssen, was sie sind: nackt. Wir werden später bei einer systematischen Besprechung des Textes von der Sartreschen Existentialanalyse her zu zeigen versuchen, was dieser exegetische Befund bedeutet.

Zu untersuchen ist noch die redaktionelle Hinzufügung von 3, 22.24 und 2, 9 mit der vorbereitenden Erwähnung des Lebensbaumes. Ist dies „eine bewußte Komposition des J“ (We 290), so wird die Verwendung dieses alten mythologischen Motivs einen besonderen Zweck haben. Auf der einen Seite wird hier betont, daß dem Menschen das Leben nur in der Nähe Gottes wächst und daß er dazu bestimmt war, dieses Lebens teilhaftig zu werden; ja, es kann sein, daß der Baum in der Mitte des Gartens von J deshalb als Lebensbaum bezeichnet wurde, um anzudeuten, was der Aufenthalt im Garten Eden in seinem Zentrum, seinem Mittelpunkt, für den Menschen an Wert besitzt und was diesem verlorengehen muß, wenn er davon vertrieben wird: das Leben des Menschen selbst steht auf dem Spiel, seine Unsterblichkeit, zu der er bestimmt war. So wenig J daran interessiert ist, mythologisch von Gott zu sprechen, so scheint er doch der Hoffnung unzähliger Mythen der Menschheit Recht zu geben und sie mit in seine Theologie einzubeziehen, daß der Mensch ursprünglich von Gott ein nie endendes Leben erwartet und ihm dies in der von Gott vorgesehenen Weise auch gegeben war. Indem J aber schon 2, 9 dem Lebensbaum den Baum der Erkenntnis zur Seite stellt, wird deutlich, daß das Leben des Menschen in der Einheit mit Gott, nach 2, 16—17 im Gehorsam zu Gott liegt, nicht aber in einem magischen Essen. Freilich bleibt die Frage, warum J in 3, 22.23 unverhüllt das Motiv vom Neid der Götter übernimmt. Richtig erkennt Westermann, daß hier im Grunde an 3, 4 angeknüpft wird (We 372). Die Schlange stellte den Menschen Gott als jemanden vor, der aus Neid den Menschen etwas verbietet; der Mensch, der aus dem Paradies vertrieben wird, nimmt offenbar ein Stück weit den Eindruck mit, daß die Schlange nicht so unrecht hatte; es ist nicht unwahrscheinlich, daß J mit dem Abschluß von Gn 2—3 andeuten möchte, daß nunmehr, bei ihrer Verbannung, den Menschen Gott tatsächlich wie der Gott der Mythen erscheint: neidisch, besorgt, voller Angst vor der Konkurrenz, die ihm seitens des Menschen drohen könnte. Wie dem nun sei, sicher ist, daß 3, 22.24 den Endpunkt markiert: der zum Leben berufene Mensch wird ohne Rückkehrmöglichkeit von dem Garanten seines Lebens getrennt, nachdem er sich selbst von der Quelle seines Lebens entfernt hat. Das geschenkte und verlorene Leben ist somit das Rahmenthema von Gn 2—3, der Spannungsbogen, der von J her die Dynamik in der Geschichte vom Fall des Menschen begründet.

IV. Exegese von Gn 3, 1—24

a) Im Getriebe der Angst (Gn 3, 1—7)

„Die folgende Erzählung hat durch ihre Meisterschaft in der psychologischen Schilderung stets das Entzücken feinfühliger Leser erregt: in den wenigen Worten und Handlungen, die er seinen Personen zuschreibt, versteht es der Erzähler, sie im Innersten deutlich zu machen" (Gu 15—16). Wenn das stimmt, dann kann eine Auslegung dem Text nicht gerecht werden, die sich nicht bemüht, die zwischen den Zeilen geschilderten Gefühle und Stimmungen, die Gründe und Motive, die Wirkungen und Folgen des Gesagten zu berücksichtigen und herauszustellen. Dies ist von einer psychoanalytischen Interpretation, wie wir sie später vornehmen wollen, ganz und gar zu unterscheiden. Es geht hier nicht um Analyse und „Interpretation", sondern um ein Verbalisieren und Aufgreifen der emotionalen Gestimmtheiten, so wie sie sich in der Darstellung des Verhaltens von Schlange und Frau zeigen. Es ist wahr, daß ein solches Sich-Einfühlen in den Text nicht mehr restlos objektivierbar ist; zur psychologischen Darstellungskunst gehört es, das psychische Geschehen nicht platt beim Namen zu nennen, sondern in Spuren und Indizien anschaulich zu machen. Mehr als sonst gilt hier für die Auslegung das Dichterwort: wenn ihr's nicht habt, ihr werdet's nicht erjagen; lediglich die psychische Verständlichkeit als ganze kann als „Beweis" zählen, die Lückenlosigkeit, mit der bei einer bestimmten Sicht alle Indizien sich verstehen lassen, keines mehr zufällig oder überflüssig, keines mehr deplaziert oder störend wirkt. Man soll einen Text von solchem literarischen Rang wie Gn 3, 1—7 wörtlich nehmen. Aber man sollte ihn beim Worte nehmen, so wie es D. Hasselblatt einmal vom Gedicht gesagt hat (Deutschlandfunk 29. 1. 73): „nicht . . . wie man eine Zeitungsmeldung beim Wort nimmt, die von Bankraub, Unfällen, politischem Machtwechsel Nachricht gibt. Eher . . . wie man eine Pappfahrkarte der Bahn beim Wort nimmt, auf der der Zielort der Reise aufgedruckt steht; denn wir fahren nicht nach Heilbronn, Prag, Florenz — wir fahren zu Begegnung und Abenteuer, zum Austrag eines kritischen Daseinsaugenblicks, zu mühseligen und langwierigen Gesprächen, ...", kurzum, wir können den vorliegenden Text nur verstehen, wenn wir ihn „von innen" lesen, ihn mitempfinden und ihn zuinnerst auf uns selber wirken lassen und beziehen.

Wenn es wahr ist, daß Gn 3, 1—5, die Versuchungsgeschichte, „eine Erweiterung der Erzählung" darstellt und anzunehmen ist, „daß der Erzähler durch sie besonders hervorheben wollte, wie es zu der Verfehlung kam" (We 322), dann muß es von besonderer Bedeutung sein, den Ablauf des Prozesses zu erfassen, durch den die Menschen schuldig wurden. Insbesondere muß es dann die Frage sein, wie die Frau, die gerade noch (3, 3) betont hat, daß sie vom Baum der Erkenntnis doch nicht essen dürfe, drei Verse später (3, 6) tut, was ihr verboten ist. Wie kann es überhaupt geschehen, daß Menschen, mitten in der Ordnung und lebend in der Obhut Gottes, in Übertretung und in Sünde fallen? Wie ist es möglich, daß Menschen, deren Leben an dem Hauche Gottes hängt, die sein Gebilde sind und ohne ihn dem Tod anheimgegeben bleiben, lieber den eigenen Untergang heraufbeschwören und Unheil über sich bringen, als dem Gebot Gottes treu zu bleiben? Wenn der Text darauf eine Antwort geben will, so wird es wichtig sein, sie so genau wie möglich abzuhorchen. Es kann dann nicht genügen, bei bloßen Feststellungen stehen zu bleiben wie, daß in Gn 3, 3 die Frau das Gebot Gottes richtig stellt, oder so allgemeine Unverbindlichkeiten zu statuieren wie: „Wer ein Gebot verteidigt, kann schon auf dem Wege sein, es zu übertreten." (We 326)

Gn 3, 1a: „Die Schlange aber war listiger als alles Lebendige des Feldes, das Jahwe der Gott gemacht hatte" (nach Buber). Wir können zwar vermuten, was traditionsgeschichtlich hinter dem Auftreten der Schlange steht; aber für J muß es bei dem bleiben, was Westermann feststellt: „Die Funktion der Schlange ist aus der Struktur der Erzählung zu entnehmen." (We 324) Da erfahren wir als erstes, daß die Schlange listig ist ('rwm). Das ist nun doch ein erster Hinweis. Das Folgende, heißt das, muß man unter dem Blickwinkel der List lesen. Der Ausdruck ist rein funktional auf die Art und Weise zu beziehen, in der die Schlange vorgeht; alle Überlegungen, was sie an sich listig machen könnte (z. B. daß sie, wie im Gilgamesch-Epos, ihre Haut wechselt) sind fehl am Platze. „Listig" meint hier „Doppeldeutigkeit" (E. Haag 54), nichts weiter. Daß Tiere sprechen, ist ein an sich märchenhafter, nicht mythischer Zug. Ob aber daraus Rückschlüsse auf einen „eindeutig vormythischen Charakter" (We 324) der Erzählung möglich sind, scheint bei der Hintergründigkeit und Tiefe des Textes zweifelhaft. So wie hier erzählt wird, erzählt man doch wohl nicht „in den primitiven Kulturen" (We 324), sondern nur, wenn der Blick für den Menschen und sein Tun auf ungewöhnliche Weise erwacht ist (vgl. v. Rad 17; 9, 11) und man das Stadium der mythischen Anthropologie längst überwunden hat. Wenn aber J solch ein unmythisches, märchenhaftes Bild für die Herkunft des Bösen gebraucht, dann offenbar, um das unlösbare Rätsel des Bösen stehen zu lassen. J kann und will nicht eine Erklärung des Bösen geben, wenngleich er sich dabei im Bild der Schlange vermutlich an tradierte Vorstellungen anlehnt, was das Böse sei — etwa der Fruchtbarkeitskult Kanaans mit seiner Vergötterung der Kräfte der Natur. In diesem Sinne könnte man den Nachsatz verstehen, mit dem J die Schlange in die Erzählung einführt: sie ist, man könnte hinzufügen, *nur* eines der Tiere, „die Jahwe der Gott gemacht hat", gerade also nicht, wie es das Schlangenmotiv nahelegen könnte, eine selbständige Macht. Damit wird allerdings zugleich in aller Verhaltenheit auch eine Art von Theologie des Bösen gegeben. Wir wissen ja, wieviel Unheil durch die Schlange über die Menschen kommen wird, wieviel an Leid und Schmerzen die Schlange mit ihrer „List" über sie bringen wird. Und da wird nun gleich in der Eröffnung wie zur Besänftigung, wie ein vorweggenommener Trost, fast unhörbar, in aller Vorsicht, in einem Nebensatz, mit angemerkt: das Wesen, von dem das Unheil ausgeht, ist und bleibt ein Geschöpf Gottes; alles, was sich jetzt ereignet, so furchtbar es auch sein mag, wird in den Händen Gottes bleiben. Es gibt kein Böses, das sich Gottes Machtbereich entzöge. Das steht am Anfang. Und wir werden diesen Fingerzeig nicht vergessen dürfen. Denn bald schon werden wir sehen, wie rasch die Bühne sich ändern wird und wie unerhört leicht es ist, diesen Teil der Einleitung des ganzen Abschnittes aus den Augen zu verlieren. Wohl kann alle Dialektik über das Böse an diesen Satz anknüpfen, sogar alle Selbstrechtfertigung des Menschen, aber es ist doch für den Menschen, der in den Strudel des Bösen hineingezogen wird, die einzige Hoffnung, daran zu glauben und darauf zu vertrauen, daß, wie es Amos ausdrückt, kein Unheil geschieht in der Stadt, ohne daß der Herr es bewirkt (Am 3, 6b).

Gn 3, 1b: „Da sprach die Schlange zum Weib". Es geht also los. Der Spruch, der das Natterngift der List den Menschen injizieren wird, wird ausgesprochen. Er lautet: „Ob wohl Gott gesagt hat: Eßt nicht von allen Bäumen des Gartens?" Man muß sich klarmachen, nicht nur was die Schlange sagt, sondern mehr noch, was sie bewirkt. Scheinbar fragt ja die Schlange nur nach einem Gottesgebot, wie um sich zu erkundigen. Alles ist völlig harmlos — anscheinend (vgl. Zi 152—153).

Irgendwie gibt die Schlange vor, interessiert zu sein an dem, was Gott gesagt hat, sie greift es auf; aber zugleich verfälscht sie es auch und verwandelt es in sein Gegenteil. Gott hat ja, um den Menschen zu warnen (We 326), den Baum der Erkenntnis unter Todesstrafe verboten und dieses Verbot mit einer Freigabe des ganzen Gartens verbunden; ja, es war die Darstellungskunst des J, mit 2, 10—14 und 2, 18 ff. zweimal das Thema des jetzigen Konfliktstoffes so einzukleiden, daß jeder Schatten einer Gefahr von ihm genommen wurde. Was aber macht die Schlange nun! Gott hatte ausdrücklich gesagt (Gn 2, 16b. 17): „Von allen Bäumen des Gartens essen, ja essen darfst du; nur von dem Baum der Erkenntnis von Gut und Böse, von dem darfst du nicht essen. Denn am Tage, da du davon ißt, sterben, ja sterben mußt du" (nach Buber). Auf dieses Gebot bezieht sich die Schlange. Aber sie verdreht es so, daß sie Freigabe und Verbot miteinander vermischt und die Grenzen zwischen Chance und Einschränkung zweideutig macht; und sie erreicht damit, daß das Bild Gottes selbst ins Zwielicht gerät und man nicht mehr weiß, ob Gott den Menschen mit seinem Wort Möglichkeiten eröffnen oder nehmen will. „Nur von einem Baum dürft ihr nicht essen", daraus macht sie: „Ihr dürft ja wohl von keinem Baum des Gartens essen". Aus „Von allen Bäumen des Gartens darfst du essen", macht sie: „Nicht von allen Bäumen des Gartens darfst du essen". D. h., sie gestaltet es mit ihrer Frage so, als ob es eine Freigabe des Gartens gar nicht gegeben hätte, als wenn alles überschattet würde von dem einen Verbot und dieses alles Erlaubte wegwischen würde. Ihre Frage suggeriert eine Ungeheuerlichkeit: daß Gott vielleicht ein so grausamer Despot ist, daß er einen prächtigen Garten schafft und den Menschen dort hineinsetzt und daß er ihm dann Tantalusqualen zumutet, indem er ihm verbietet, zuzulangen und die Dinge zu genießen, die er vor sich sieht. Mit einer solchen Vorstellung von Gott spielt die Schlange. Mit Recht hat man die Frage der Schlange eine Übertreibung genannt, aber die Schlange übertreibt doch wohl nicht nur, um der Frau die Möglichkeit zu geben, in ihrer Antwort „recht zu haben" (Zi 153; Morant 167; v. Rad 71; 9, 62); vielmehr sieht Gunkel völlig richtig: „Sie (sc. die Schlange) übertreibt Gottes Verbot ... aufs stärkste und tut, als sei sie befremdet über solche Härte ... So schmeichelt sie sich durch vorgebliche Teilnahme ein und sät Mißtrauen und Argwohn in das Herz des arglosen Weibes." (16) Gerade so ist es. Mit ihrer „Übertreibung" fragt die Schlange nicht nur nach der Anordnung Gottes, sie stellt dieses Gebot Gottes selbst in Frage, und sie stellt ein Bild von Gott auf, das diesen selbst aufs äußerste fragwürdig erscheinen lassen muß. Mindestens mit der Möglichkeit spielt die Schlange, daß Gott am Ende gar nicht so ein treusorgender Erhalter und Ernährer seiner Menschenkinder sei, sondern viel eher ein tyrannischer Entzieher und Vorenthalter von Dingen, die dem Menschen doch eigentlich — ja, warum eigentlich nicht (?) — wie alles andere zugänglich sein müßten. Indem die Schlange ein unerträgliches Bild von Gott und seinem Verbot an die Wand malt, erreicht sie es, daß selbst dieses eine Gebot unerträglich und fragwürdig werden muß, wie Gott selbst, der es erlassen hat.

Es wird jetzt klar, worin die „List“ der Schlange liegt: sie spielt mit einer phantasierten Möglichkeit, und sie stellt diese Möglichkeit der Phantasie neben das Wort Gottes selbst. Aber sie benutzt dabei ein Stück Wirklichkeit; Gott hat ja wirklich ein Gebot erlassen; er hat wirklich dem Menschen etwas vorenthalten und entzogen; und er hat als Begründung nichts anderes gegeben als die Warnung vor dem drohenden Tod. So viel ist richtig an den Worten der Schlange. Doch dieses Stück Wirklichkeit wird von ihr zu einem phantastischen und ungeheuren Schreckensbild ausgemalt. Und es läßt sich gar nicht vermeiden, daß von diesem Bild her ein Schatten selbst auf das Stück Wirklichkeit zurückfällt, an das die „Phantasie“ der Schlange anknüpfen konnte. Wenn Gott sein Verbot über alle Bäume des Gartens gelegt hätte, wäre er ein „harter Gott“ (Herder, nach Gu 16), unverständlich grausam. Aber ist es jetzt nicht schon unverständlich und grausam, diesen einen Baum zu verbieten? Gott mitsamt seinem Verbot steht unter der Frage, ja, dem fragend geäußerten Vorwurf, ein verbietender und sinnlos quälender Gott zu sein. Und es ist jedesmal erschütternd, bei der Lektüre der Sündenfallerzählung zu sehen, welch eine furchtbare Verheerung diese Infragestellung, dieses Spiel mit dem Gedanken eines grausamen Gottes in den Herzen der Menschen anrichtet. Die Frau kann ja nicht anders, als ihrerseits diese Infragestellung Gottes zu revidieren. Sie muß zeigen, was Gott wirklich gesagt hat; sie muß auf die Seite Gottes treten und ihn gegenüber den Angriffen der Schlange in Schutz nehmen. Die einzige Chance der Frau liegt darin, zu tun, was alle Theologie tut, zu rekurrieren auf das, was Gott gesagt hat. Hier nahm die Infragestellung durch die Schlange ihren Anfang, hier muß auch die Berichtigung und Klarstellung beginnen. Es ist aber die Frage, ob die Frau das noch vermag. Denn das Wort Gottes ist jetzt nicht mehr das selbstverständliche Gebot; Gott selber ist nicht mehr der Gott, der den Menschen im Garten „alle Bäume“ zur Verfügung stellte; sondern alles ist jetzt von „Mißtrauen“ (W. Trilling: Denn Staub bist du, 46) durchsetzt. Und die Frage ist jetzt für die Frau doch wohl nicht, der Schlange gegenüber Recht zu behalten, sondern den Zweifel, die Verdächtigung, die Unsicherheit zu beseitigen, die sich in das Verhältnis zwischen ihr und Gott durch die Infragestellung der Schlange eingeschlichen hat. Und Gott in Frage gestellt sehen, heißt ja für die Frau, daß alles das, wovon sie lebt, in Frage steht. Was wird sie tun? Was kann sie tun?

Gn 3, 2.3.: „Das Weib sprach zur Schlange: Von der Frucht der Bäume im Garten dürfen wir essen, aber von der Frucht des Baumes, der mitten im Garten steht, hat Gott gesprochen: Eßt nicht davon und rührt nicht daran, sonst müßt ihr sterben" (nach Buber). Daß die Frau hier nicht vom Baum der Erkenntnis, sondern vom Baum in der Mitte des Gartens spricht, ist traditionsgeschichtlich begründet (s. o.; es wäre nicht richtig, dahinter eine besondere Bedeutung sehen zu wollen; die Mutmaßungen Morants [168] sind hier überflüssig).

Man kann sich nicht denken, wie sich die Frau anders verhalten sollte. Daß sie noch einmal den Gottesbefehl ausdrücklich wiederholt, kann doch nur heißen: sie möchte sich um alles in der Welt an diesen Gott und sein Gebot halten; sie will auf gar keinen Fall der Unterstellung der Schlange rechtgeben. Sie gibt und bietet eine Art erster Theologie, erster Reflexion über ein Gotteswort; daß sie dabei von „Gott", nicht von „Jahwe" spricht, bedeutet daher sicher nicht, wie E. Haag meint, daß „sich die Frau von Jahwe abgewandt hat und in eine rein diesseitige Religiösität abgesunken ist" (E. Haag: Der Mensch am Anfang, 56); im Gegenteil versucht die Frau eine Rechtfertigung Gottes, eine Abwehr der schweren Vorwürfe gegen Gott; sie unternimmt eine Art Theodizee im ursprünglichen Sinne. Wenn irgend die Fragen Grelots nach dem Zusammenhang von „Bewußtsein" und „Sünde" (P. Grelot: Die Ursünde neu gesehen, 53—60) eine exegetische Basis bekommen sollten, dann müßten sie hier, nicht aber erst bei dem Erkennen von Gut und Böse ansetzen. Hier reflektiert die Frau, hier überlegt sie, hier diskutiert sie, hier versucht sie selber ihren Standpunkt zu behaupten, und sie will, daß dieser Standpunkt auf seiten Gottes sei. Alle Interpretationen, die in der Sünde des Menschen ein Erwachen zu sich selbst erblicken, übersehen, daß die bewußteste theologische Disputation nicht mehr tun kann, als die Frau hier tut, daß also die Bewußtheit wenigstens nach J offensichtlich der Sünde vorausliegt. Mit bloßem „Eifer" (so Gu 16; v. Rad 71; 9, 62; Morant 168) im Sinne einer harmlosen und kindlichen Unschuld hat das nichts zu tun. Wenn es wirklich richtig ist, daß die Frage der Schlange „Mißtrauen und Argwohn" in der Frau gesät hat, dann ist es unmöglich, ihre Antwort als „kindlichen Eifer", als eine Art „Unklugheit" (Morant 168) oder gar noch als im Zustand der Unbewußtheit gesprochen zu verstehen.

Immer wieder ist bemerkt worden, daß die Frau in ihrer Antwort der Übertreibung der Schlange selbst eine Übertreibung entgegenstellt: Gott habe gesagt: „rührt nicht daran". Und zurecht stellt v. Rad fest: „Es ist, als wolle sie durch diese Übertreibung sich selbst ein Gesetz geben" (71; 9, 62); zurecht erkennt er darin eine „Schwäche in der Position des Weibes". Und genau so richtig sagt Westermann: „daß ein in Frage gestelltes Gebot nicht mehr ein ursprüngliches Gebot ist" (We 326), und fügt hinzu: „Wer ein Gebot verteidigt, kann schon auf dem Wege sein, es zu übertreten." Aber die Frage, die hier unbedingt gestellt werden muß, wird nicht gestellt, wie denn der Zusammenhang beschaffen ist, der hier zwischen der Verteidigung des Gebotes und seiner Übertretung besteht. Die Wendung „kann schon auf dem Wege sein" verdeckt das Problem mehr, als daß sie es sich stellt; denn das Erschütternde, das Unheimliche an diesem Text ist doch, daß die Frau mit ihrer Antwort, wie wir unmittelbar im Folgenden sehen, schon auf dem Weg zur Übertretung *ist*. Ein in Frage gestelltes Gebot ist nicht mehr ein ursprüngliches Gebot; aber was hat es verändert? Was bringt die Frau dazu, sich selbst ein Gesetz zu geben und das Gebot Gottes in dieser Weise für sich zu verschärfen?

Es ist eine psychologische Grunderkenntnis, daß ein Gebot verschärft werden muß, wenn die Neigung sich vergrößert, es zu übertreten, daß insbesondere selbst getroffene Verschärfungen eines Gebotes „Abwehrmechanismen" (A. Freud) gegenüber latenten Wünschen darstellen. Dies kann hier vorausgesetzt werden: durch die „Frage" der Schlange ist das Verbot Gottes in den Mittelpunkt des Interesses gerückt; zum ersten Mal ist die Möglichkeit, die bisher schlummerte, geweckt worden, gegen das Verbot Gottes zu handeln. Und damit ist zugleich auch die Möglichkeit des Todes real geworden. Ausdrücklich erinnert die Frau 3, 3b daran, und voller Absicht wird die Schlange in 3, 4 diese Furcht der Frau vor der Todesdrohung aufgreifen. Dann aber ist die Spannung deutlich, die die Frau dazu treibt, das Gebot Gottes durch den Zusatz „rührt nicht daran" zu verschärfen: einerseits regt sich in ihr der Wunsch, entgegen dem Verbot Gottes zu handeln; was bisher bloß theoretisch möglich schien, wird jetzt tatsächlich eine diskutierbare, praktische und des Überlegens werte Möglichkeit. Andererseits wird jetzt die Androhung der Todesstrafe (2, 17b) akut und zwingt die Frau, ihren Wunsch abzuwehren. Es ist das erste Mal, daß der Frau die Todesdrohung Gottes Angst einflößen muß. Und genau entsprechend reagiert sie. Wir kennen die Stimmung, in der man sagt: „Ich will an etwas gar nicht rühren." Westermann sagt, das Verbot Gottes erinnere an ein „tabu" (We 305) und dieser Charakter eines Tabus schimmere gerade an dieser Stelle durch. Das ist nur bedingt richtig. Es geht ja nicht darum, daß hier die Frau etwa der Schlange oder dem Leser noch eine Erklärung über das Gebot Gottes geben müßte (so sonderbarerweise Gunkel: „diese kleine Abweichung (!) kann eine ‚Nachholung' sein" 16), sondern es geht darum, daß die Frau jetzt selber für sich das Verbot Gottes so auslegt. Nicht an sich, sondern erst in der Bedeutung, die die Worte Gottes jetzt durch die Frage der Schlange annehmen, erhält das Verbot Gottes den Charakter eines Tabus, wird der Baum tabuisiert, wird, psychologisch gesprochen, aus einem Eßverbot ein Berührungstabu, wird, das ist der Sinn eines Tabus, die Neigung zu essen durch Berührungsangst abgewehrt. Und es kann dann kein Zweifel sein, daß es Angst ist, die die Frau dazu bringt, das Verbot Gottes bis dahin zu verschärfen: „Rührt nicht daran." Es ist im Grunde eine „Versicherungsmaßnahme" (S. Freud), die die Angst beruhigen soll, etwas zu tun, das man insgeheim tun möchte, das man aber auf gar keinen Fall tun darf. So richtig Morant: „Sie tat es wohl in der Überzeugung, daß man sich kaum den Genuß der Frucht versagen könnte, wenn man sie schon einmal anrühren würde." (P. Morant: Die Anfänge der Menschheit, 168) Es ist ein angstbesetzter Versuch, sich die Hände zu binden, die das Böse tun könnten.

Es ist dann deutlich, was die Frage der Schlange in der Frau bewirkt hat. Neben dem Mißtrauen Gott gegenüber ist es jetzt zutiefst Angst, welche das Verhalten der Frau bestimmt. Darin liegt tatsächlich die „Schwäche in der Position des Weibes", daß die Frau sich wohl auf die Seite Gottes stellen möchte, aber ihr das nur noch möglich zu sein scheint in der Haltung der Angst. Die Frau, die sich mit aller Anstrengung darum bemüht, dem Gebot Gottes treu zu bleiben, tut hier ihr Äußerstes: strikte Vermeidung, „nicht einmal dran rühren" — und doch ist sie schon gerade so auf dem Weg in die Übertretung. Es ist erschütternd mitansehen zu müssen, wie krampfhaft hier unter allen Umständen versucht wird, der Sünde auszuweichen und — man kann ruhig sagen — wie es gerade deshalb nicht mehr möglich ist, sie zu vermeiden. Die Schlange hat mit einem einzigen Satz, mit einer einzigen Frage, das Netz gespannt — und der Mensch zappelt so lange darin, bis es sich wie von selber zuzieht.

Man wird der Unheimlichkeit der Situation, ihrer Zwiespältigkeit und

Konfliktgeladenheit erst richtig inne, wenn man die Koordinaten der Angst, die in dem Text gezeichnet sind, auszieht. Das ist auch deshalb nötig, um die Stoßrichtung zu verstehen, in die der nachfolgende Satz der Schlange zielt. Nicht zufällig bricht ja die Schlange mit 3, 4 gerade in das nun schon erheblich gestörte Verhältnis der Frau zu Gott ein. Denn gerade dies steht hier in Frage. Zerbrochen ist das unmittelbare Vertrauen zu Gott, zerstört die Sicherheit in seiner Nähe. Statt dessen hat sich das Bild von Gott hier in die Gestalt eines Gottes verwandelt, der bereit steht, die Todesstrafe über den Menschen zu verhängen. Die Frau bemüht sich so gut sie kann, bei diesem Gott zu bleiben und seinem Gebot treu zu sein, aber sie hat Angst vor diesem Gott; sie findet nicht zu einem ruhigen Vertrauen zurück; und sie vermag sein Gebot nicht mehr in ruhiger Sicherheit zu befolgen, sondern nur noch übersteigert und verkrampft.

Die psychische Situation, die hier gezeichnet wird, würde dabei verkannt, wenn man glauben wollte, daß die Frau ihren Wunsch, das Gebot zu übertreten, bereits bewußt erleben würde. Es gehört gerade zur Wirkung eines Tabus, daß es nur Angst macht, und zwar in einem solchen Umfang, daß jede sich darauf beziehende Wunschregung niedergehalten und unmöglich gemacht wird oder werden soll; die Angst ist lediglich die bewußte Erlebnisseite der unbewußt abgewehrten Regung. Auf diese Weise wird die Frau mit ihrem Wunsch relativ gut fertig; sie bemerkt ihn gar nicht; aber er äußert sich in der Übersteigerung des Verbots, in der Angst, die er mobilisiert. Und diese erlebt die Frau. Einmal als Angst vor dem Baum: an ihn auch nur zu rühren, bringt die Todesgefahr mit sich; dann aber und vor allem als Angst vor Gott, der den Tod über den Menschen verhängen würde. Der Baum als Tabubereich steht jetzt ja nicht mehr einfachhin wie die anderen Bäume im Garten; er ist vielmehr fortan die Quelle tödlicher Bedrohung und Gefahr. Die Menschen werden ihm ausweichen müssen, als würden sie von ihm verfolgt, als liege die Gefahr gar nicht in der Frau, sondern in dem Baum selbst, als käme sie von außen zum Menschen, als sei der Baum eine Art Magnetberg, der das angstvolle Menschenwesen wie ein Schiff anzieht und zum Zerschellen bringt.

Man kann sich fragen, was die Frau tun könnte. Sie hat Gott der Schlange gegenüber in Schutz zu nehmen und zu verteidigen versucht (vgl. Morant 168). Sie hat sein Gebot wiederholt, sie hat getan, was in ihren Kräften stand. Sie konnte dem unheimlichen Zweifel nicht ausweichen, den die Schlange in sie gelegt hatte; sie konnte der Angst vor Gott nicht ausweichen, die wie von selber aus dem Zweifel aufstieg; sie hat den Zweifel bekämpft; und selbst ihre Angst vor Gott legt noch ein eindringliches Zeugnis für ihre Treue ab: sie will keinen Kontakt mit dem, was verboten ist. Und dennoch liegt bereits der ganze Zwiespalt in ihr. Denn gleichzeitig ist die Angst auch ein Zeugnis ihrer jetzt geweckten Neigung, die die Angst auf den Plan ruft und bewirkt, daß schon bei einer bloßen Annäherung an den Baum der Sog unwiderstehlich wird. Und dazwischen liegt der Schnittpunkt beider Angstrichtungen, der Gott selbst ist. Sein Bild ist jetzt im Spiegel der Angst bis dahin verzerrt worden, daß er nicht mehr als eine Hilfe gegen die Angst erscheint, sondern vielmehr als deren Quelle und Ursache in Erscheinung tritt. Dies ist das Wichtigste. Er, der wenig vorher der Ursprung und Garant des Lebens der Menschen war, erscheint jetzt als der Bedrohende und den Tod Verhängende. Hier liegt denn auch der Konfliktstoff, mit dem die Schlange sogleich ihre Arbeit fortsetzen wird: daß Gott der Frau keine Hilfe, keine Sicherheit mehr ist, daß sie sich auf die Seite eines Gottes schlägt, der sie zugleich mit dem Tod bedroht — das ist es, was die Schlange mit ihrer Infragestellung erreicht hat. Ihre „Frage" spielte mit der Vorstellung eines unerträglichen Gottes; das Ergebnis ist, daß jetzt, im Zwielicht der Angst, das Bild von Gott wirklich unerträglich verzerrt ist. Erst dies schafft die Voraussetzung, um zu verstehen, wieso die Schlange im nächsten Satz *so* fortfährt und fortfahren *muß:*

Gn 3, 4: „Sterben, sterben werdet ihr nicht" (Buber). „Wohl hat Eva den wachgerufenen, leisen Zweifel an Gottes Wohlwollen, der in der Frage lag, abgelehnt. Indem sie aber das Verbot in seiner ganzen Breite darlegt und sogar überspitzt, läßt sie ein Gefühl der Bitterkeit aufkommen, die ihr freudiges Ja zum Verbot trübt und ihren gläubigen Gehorsam erschwert." So beschreibt Morant (168) die Situation der Frau, und darin ist etwas Richtiges; aber er untersucht nicht die Gründe der Frau, den Baum zum Tabu zu erklären und mit Berührungsangst zu besetzen; deshalb bleibt es bei ihm und anderen Autoren unverständlich, warum die Schlange in ihrer Antwort zunächst so großen Wert darauf legt, der Frau die Angst vor der Todesdrohung zu nehmen. Die Schlange scheint zu wissen, daß die Angst vor dem Tod allein die Frau daran hindert, das Gebot Gottes zu übertreten; sie scheint auch zu ahnen, daß hinter der Angst gerade diese Neigung steckt, daß aber gerade dieser Zwiespalt von latentem Wunsch und bewußter Angst Gott selbst in den Augen der Frau ins Zwielicht gebracht hat; denn in diesem Moment ist Gott für die Frau selbst eine todbringende Gewalt, von deren Seite Unheil und Gefahr droht. Und gerade in diesem Augenblick wird es der Schlange möglich, der Frau, wie einen Trost, die Versicherung zu geben: deine Angst ist überflüssig, ja gänzlich unbegründet; ihr werdet nicht sterben — das genaue Gegenteil des Gotteswortes. Was wird damit bewirkt?

Das zusätzliche Verbot, an den Baum zu rühren, hatte die Frau anscheinend Gott in den Mund gelegt; in Wahrheit muß man eher sagen: im Zustand ihrer Angst hatte sich das Bild von Gott so weit verzerrt, daß er ein solcher Gott wird und werden muß, daß er Unzumutbares gebietet. Indem die Frau versucht, Gott treu zu bleiben und mit ihm zu leben, entsteht die Angst und macht sich selbst zum herrschenden Motiv, Gottes Gebot zu befolgen; damit wird Gott selbst zum Gegenstand tödlicher Angst. Man kann auch sagen: weil die Frau mit Gott leben will, aber nur noch in der Angst an ihm festhalten kann, erscheint ihr Gott in einer Gestalt, mit der sich nicht mehr leben läßt. Von ihm geht kein Halt, kein Trost mehr aus, der die Angst vor ihm auffangen könnte. An seiner Stelle tritt jetzt die Schlange auf und spricht den Lebenswillen der Frau an; sie übernimmt die Rolle Gottes und tut im Grunde das, was allein Gott gebührt: als schenkte sie den Menschen vor dem grausam tötenden Gott das Leben zurück, als wäre in diesem Augenblick sie und nicht mehr Gott der Ursprung des Lebens, sichert sie dem Menschen den Erhalt seines Daseins zu. Mag sein, daß ursprünglich mal die Schlange ein Gegenstand des Fruchtbarkeitskultes und ein Gegenstand menschlicher Lebenshoffnungen war; entscheidend ist an diesem Text, wie sie zu dieser Position kommt, wie sie die Hoffnungen der Menschen von Gott wegstehlen und dann sich selbst den Menschen in ihrer Hoffnungslosigkeit als neue Heilsbringerin präsentieren kann; wie sie, anders ausgedrückt, den Menschen in eine Sackgasse lockt, an deren Ende sie dann selbst als Öffnerin des einzigen Ausweges aufzutreten vermag. Nicht was die Schlange früher motivgeschichtlich einmal war, sondern zu wem sie hier wird, ist wichtig. „Sterben, sterben werdet ihr nicht." Dieses Wort bringt die Frau dazu, die Schlange wie einen Retter zu erleben.

Daß dieser Vorstoß gegen Gott überhaupt gewagt werden kann, zeigt schon, wohin es gekommen ist. Die Situation der Frau und ihr Verhältnis zu Gott ist jetzt so kritisch geworden, daß es plausibel wird, was die Schlange sagt: sie gibt das Leben, Gott aber ist jemand, vor dem man keine Angst zu haben braucht. Ihr braucht nicht zu sterben — dieser Satz ist ja richtig unter der Bedingung, daß die Menschen sich an das Gebot Gottes halten; die Schlange aber formuliert ihren Satz bedingungslos, und das scheint psychologisch treffsicher der Situation der Angst zu entsprechen. Es scheint, als setze die Schlange voraus, daß die Angst der Frau gleichermaßen bedingungslos zu einer Angst vor Gott geworden ist, zu einer Angst zu sterben, gar nicht mehr so sehr, das Gebot zu übertreten. Das ganze Geschick der Schlange scheint darin zu liegen, daß sie zunächst gar nicht auf das Essen vom Baum zu sprechen kommt, sondern erst einmal die Todesangst der Frau beruhigt. So sehr wie in der Angst der Frau Gott mit seiner Todesdrohung verschmolz, so generell bemächtigt sich die Schlange jetzt des Lebensdranges der Frau. So sehr die Angst die Frau von der eigentlichen Quelle ihres Lebens, von Gott, trennt, so total die Gefährdung der Frau erscheinen muß, so total kann jetzt die Schlange zusichern: ihr braucht nicht zu sterben — und die Bedingung fortlassen, unter der der Satz richtig ist; und im gleichen Atemzug ersetzt sie die ursprüngliche Bedingung (des Gehorsams zu Gott) durch eine Gegenbehauptung, die Gott widerlegt. Ihr Wort trifft so genau die innere Situation der Frau, es ist wiederum eine so gekonnte Mischung aus Richtigem und Falschem und deckt sich so meisterlich mit den Ängsten, die in der Frau aufgestanden sind, daß man das vorweggenommene Urteil des biblischen Verfassers über die Schlange nur unterstreichen kann: die Schlange ist listig, am listigsten von allem, was Jahwe der Gott an Tieren des Feldes geschaffen hatte.

Mit zwei Sätzen, einer Frage und einer Behauptung, hat sie erreicht, wenn man es rekapituliert: daß das Bild von Gott sich von einem gütigen in einen grausamen (Herder, Gunkel) und sinnlos verbietenden Gott verwandelte; daß das Bild von Gott selbst in Frage gestellt wurde (v. Rad, Westermann); daß die Frau sich gegen die Schlange verteidigen und Gott gegen die Schlange in Schutz nehmen mußte (Morant) — und daß sie das nicht mehr neutral und ruhig, sondern nur noch in angsterfüllter Übersteigerung zu tun vermochte: in ihr selbst war der Wunsch geweckt, unbemerkt noch, aber angstauslösend, doch das Gebot zu übertreten; dadurch wurde die Todesgefahr seitens Gottes eine reale Möglichkeit; sein Bild, das eben nur noch in Frage gestellt war, verdüsterte sich jetzt wirklich; das Verbot, von dem Baum zu essen, ist zu dem von der Angst diktierten Verbot, den Baum auch nur zu berühren, geworden; und der so tabuisierte Baum erscheint jetzt selbst als eine Quelle der Gefahr. Auf diesem Gipfelgrat der Angst, jetzt, wo Gott und Tod sich zu einer zusammengehörigen Vorstellung verbinden und der Mensch, durch die Angst von Gott, der ihn allein retten könnte, getrennt, nicht ein noch aus weiß, da stellt die Schlange sich selbst als Retterin hin, die dem bedrohten Menschen die Todesangst durch eine neue Verheißung nimmt, die Bedrohung als Schein entlarvt und konsequent die Rolle mit Gott tauscht.

Westermann bemerkt sehr richtig, daß den Worten nach die Schlange auch jetzt noch „in einer dem Menschen gegenüber freundlichen Gesinnung" (326) zu sprechen scheint, daß ihre Worte auch jetzt gerade nicht wie Versuchung aussehen, sondern wie Hilfe. Ihre List ist nur, daß sie mit ihrer harmlosen „Erkundigung" von 3,1b gerade die Situation schafft, für die sie und nicht mehr Gott als Helferin erscheint. Sie hat erreicht, daß sie hier als helfende Partei dem Menschen beispringen kann — gegen Gott, tatsächlich ohne daß die Frau diese Umpolung eigentlich recht wahrzunehmen vermag. Nicht richtig ist freilich, wenn Westermann sagt, „erst an den Folgen" (We 326) sei die Verführung der Schlange zu erkennen. Zu erkennen ist, daß die Schlange hier ausdrücklich Gott widerspricht; daß aber dies jetzt keinen Konflikt mehr in der Frau auslöst, sondern vielmehr den Konflikt zu beenden scheint, in den die Frau durch die Worte der Schlange geraten ist, dies macht die Verführung so meisterlich, so schwer als solche durchschaubar, so zwingend in ihrer psychologischen Wirkung; vor allem, wenn die Schlange jetzt dazu ausholt, — und nach allem, was geschehen ist, auch dazu ausholen kann, — die Frau über das aufzuklären, was Gott eigentlich mit seinem Gebot beabsichtigt, um damit den Widerspruch, der zwischen der Frau und Gott in der Angst aufgebrochen war, endgültig aufzureißen:

Gn 3, 5: „sondern Gott ists bekannt, daß am Tage, da ihr davon esset, eure Augen sich klären und ihr werdet wie Gott, erkennend Gut und Böse" (Buber). Nachdem die Angst vor der Todesdrohung der Frau genommen ist, startet die Schlange jetzt ihren Generalangriff, und sie trägt ihn, wie wir gesehen haben, wohlvorbereitet vor. Nachdem sie das Strafgewitter eines tötenden Gottes im Hintergrund beseitigt hat, geht sie daran, Gott als ohnmächtig hinzustellen. Gott hat, so unterstellt die Schlange, das Gebot nur erlassen, um sich selbst zu schützen. Er bangt und zittert um seinen Thron. Er ist ein Gott, der keiner ist, sondern voll Eifersucht darüber wachen muß, daß die Menschen seine Untertanen bleiben.

Die Argumentation ist völlig überzeugend, allerdings nur unter der Voraussetzung, die wir herauszuarbeiten versuchen, daß die Frau Gott wirklich schon gar nicht mehr als Helfer und Ursprung ihres Lebens, sondern voller Angst als ihren Bedroher und Gegner betrachtet. Dann entfällt die Möglichkeit bereits, daß Gott sein Gebot so streng erließ, weil es ihm um den Menschen ging und ihm daran lag, den Menschen vor seinem eigenen Unglück zu schützen. Dann ist es treffsicher und richtig, vorauszusetzen, daß es Gott allein um sich selbst zu tun war. Und dann selbstverständlich muß die Härte der Strafe, die Gott verhängte, mit seiner eigenen Schwäche zusammenhängen. Dann gilt, daß jemand, der derartige Strafen in Aussicht stellt und sogar mit der Todesstrafe droht, selbst Todesangst haben muß und mit der Strafe lediglich eine ihn selbst bedrohende tödliche Gefahr von sich abzuwenden sucht. Die Schwere der Strafe ist nicht ein Indiz von Stärke, sondern ein Symptom verborgener Schwäche. Wenn Gott so schwer bestraft, dann wird er sich zufolge dieser Logik für schwer verwundbar durch den Menschen halten müssen. Gott ist durchschaut: Mißgunst und Neid und Angst um seine Stellung waren die Motive seines Gebotes. „Nicht in eurem, sondern im eigenen Interesse hat Gott das Verbot ausgesprochen!" (Gu 16) Ohnmacht auf seiten Gottes also statt Macht, Angst vor den Menschen — statt daß die Menschen Angst vor ihm haben müßten; Neid, Eifersucht und Selbstschutz — statt Liebe, Fürsorge und Obhut! Was sonst nur in den Mythen erscheint, daß die Götter dem Menschen sein Glück verübeln, — hier wird es zur Motivation Gottes erklärt. Jahwe der Gott (die Frau und die Schlange sprechen immer nur von „Gott"; die traditionsgeschichtliche Erklärung dafür bei Gu 16; 26) verwandelt sich hier in einen mit dem Menschen konkurrierenden Dämon. Gott und der Mensch liegen jetzt in Streit um den Besitz des gleichen Territoriums. Beide sind Gegner. Beide müssen sich bekämpfen. Ein Gott, der auf die Möglichkeiten des Menschen neidisch ist und offenbar zu seiner Selbsterhaltung auch sein muß, kann und verdient auch nur noch, als Feind und Unterdrücker gesehen zu werden, als jemand, auf den die Menschen gewissermaßen ein Recht haben, ihrerseits neidisch zu sein, und dem, wenn er außerdem noch seine Schwäche offenbart, ganz recht geschieht, wenn man ihn vom Thron holt. Das dämonische Bild eines unterdrückenden und alles verbietenden Gottes, mit dem die Schlange eingangs nur zu spielen schien, ist jetzt Zug um Zug zu einer gewissen Realität geworden.

Die Schritte, die dahin führten, sind von bestechender Konsequenz: Von Anfang an ließ die Schlange Gott als einen diktatorischen und grausamen Despoten erscheinen; anfangs freilich suchte und rang die Frau um die Möglichkeit, mit diesem Gott zu leben; Zweifel und Angst bedrängten sie; dann wurde die Angst von der Schlange weggenommen, sie selber präsentierte sich als Erlöser. Und nun, nachdem sie selbst den Menschen von Gott getrennt und sich selbst ihm zur Seite gestellt hat, nachdem sie erreicht hat, daß sie selbst als Freund, Gott aber als der

Feind des Menschen erscheint, nachdem sie also selbst sich in die Rolle Gottes eingeschmuggelt hat, kann sie die Frau dazu ermuntern, selbst gegen Gott aufzustehen, ihre Angst als überflüssig zu erkennen, ja, Gott selbst als einen ängstlichen und nur aus Schwäche handelnden Gott zu durchschauen und sich damit selbst als Gott gleich zu empfinden.

Gott ist entlarvt. Jetzt wird er offen abgelehnt. Der Mensch hat seine Freiheit wieder. Er hat nichts über sich zu fürchten. Er kann handeln ohne Angst und Bindung. Er hat jetzt seine Beruhigung, seinen Halt, den Grund seiner Angstfreiheit in sich. „Sterben werdet ihr nicht", und Angst zu haben braucht ihr auch nicht, denn im Grunde, so könnte man paraphrasieren, hat Gott Angst vor euch. Dies ist die letzte Folge aus den Worten der Schlange.

Morant sagt: „Die Schlange verdächtigt Gottes Güte. Nicht aus Güte, wie der Mensch bis anhin ... geglaubt hatte, sondern aus Mißgunst und Neid hat Gott das Gebot erlassen" (P. Morant: Die Anfänge der Menschheit, 169). Das ist richtig; aber es beantwortet nicht die Frage, was eigentlich das Verführerische, das Überzeugende in den Worten der Schlange ausmacht, wieso eigentlich die Unterstellung der Schlange glaubwürdig ist. Daß die Schlange bei der Frau Erfolg hat, setzt ja voraus, daß der Frau bereits vorher, nicht erst jetzt, sondern zuvor schon die „Güte Gottes" unglaubwürdig geworden ist, daß sie in Gott nicht mehr den guten Gott sehen konnte und also bei ihm nicht mehr Geborgenheit, sondern Bedrohung und Feindschaft empfand; dies ist der Hintergrund, vor dem die Motivation, die die Schlange dem Gebot Gottes gibt, glaubwürdig wird und die Verhältnisse der Angst umgekehrt werden können. Die unerträgliche Angst vor Gott wird damit beantwortet, daß nicht der Mensch vor Gott, sondern umgekehrt Gott vor dem Menschen Grund hat sich zu fürchten. Damit entfallen alle Hinderungsgründe, die die Frau von dem verderblichen Schritt abhalten könnten. Das Versprechen, wie Gott zu werden, ist überzeugend auf dem Hintergrund des Gefühls, eigentlich wie Gott zu sein; nur so wird überhaupt das Motiv des Neides, das die Schlange Gott unterschiebt, plausibel; es überzeugt erst, wenn der Mensch sich wirklich als Konkurrent Gottes empfindet und also als jemand, der Gott ebenbürtig ist und groß genug, Gottes Neid herauszufordern. Der Eindruck des mißtrauischen Zerwürfnisses von Gott und Mensch, der sich in dem schillernden Gefühl der Angst bei der Frau aussprach, ist jetzt zu einem wirklichen Gegeneinander geworden. Der Mensch empfindet sich als Gottes Gegner. Kürzer, konsequenter und zwingender kann eine Verführung nicht erzählt werden.

In einer eindrucksvollen Darstellung hat Arthur Schopenhauer einmal (voller Empörung) den Bericht eines französischen Reisenden darüber wiedergegeben, wie eine Schlange ein Eichhörnchen fängt. Das Eichhörnchen holte mit Eifer Nahrung für seine Jungen im Nest, das es oben in der Astgabel eines Baumes angelegt hatte. „Bald war es wie von Furcht ergriffen, seine Bewegungen wurden unordentlich, man hätte meinen können, es wäre dauernd darauf aus gewesen, zwischen sich und gewissen Teilen des Baumes ein Hindernis aufzurichten: dann kauerte es sich wieder und verharrte unbeweglich zwischen zwei Ästen. Der Reisende hatte das Gefühl, als drohe dem unschuldigen Tier eine Gefahr ... eine Ringelnatter, die ihre Augen starr auf das arme Eichhörnchen gerichtet hatte ... Das Eichhörnchen stieß einen klagenden Schrei aus, der für alle, die ihn kennen, die Nähe einer Schlange bedeutet. Es lief ein wenig vorwärts, versuchte sich zurückzuziehen, ging wieder vorwärts, versuchte aufs neue umzukehren, aber näherte sich immer mehr dem Reptil. Die Ringelnatter, zur Spirale zusammengerollt, der Kopf über den Ringen schwebend und unbeweglich wie ein Stück Holz, ließ es nicht aus dem Auge. Das Eichhörnchen sprang von Ast zu Ast und kam immer weiter herab, bis es schließlich zu dem Ansatz des Stammes kam. Dann versuchte das arme Tier nicht einmal mehr der Gefahr zu entfliehen. Von einer unwiderstehlichen Macht angezogen und wie von einem Schwindelgefühl fortgerissen, stürzte es sich in den Rachen der Schlange, der sich plötzlich unmäßig weit öffnete, um es aufzunehmen" (A. Schopenhauer: Die Welt als Wille und Vorstellung, 2. Band, Ergänzungen zum 2. Buch, Kap. 28 Charakteristik des Willens zum Leben; in: Werke Bd. 3, 405—406 [franz.]; deutsch in: Schopenhauer, ausgew. und eingeleitet von Reinhold Schneider, 1956 Frankfurt [Fischer Tb. Bd. 134] 116—117).

Man kann nicht beweisen, daß J diese Fangart der Beute gemeint hat, als er die Schlange in der Versuchungsgeschichte als „listig" (ʿrwm) bezeichnete; aber deutlich ist, daß gerade diese Fangart und List es ist, die die Frau ins Verderben stürzt; sie, die sich wenige Augenblicke zuvor noch gesträubt hatte, den Baum auch nur anzurühren, die sich voller Angst nach Kräften gegen die Schlange zu wehren versuchte, findet am Ende keinen anderen Ausweg, ihrer Angst zu entrinnen, als der Schlange geradewegs in den Rachen zu kriechen.

Diese innere Widersprüchlichkeit, ja Gequältheit in der Erzählung ist m. E. auch der wichtigste Einwand dagegen, einfachhin zu glauben, daß die Schlange lediglich den Fruchtbarkeitskult Kanaans repräsentiere und J die Sünde der Frau in einem sozusagen rein kultischen „Abfall von Jahwe" gesehen hätte (so F. J. Stendebach: Der Mensch wie ihn Israel vor 3000 Jahren sah, 79—80); die Themen der Fruchtbarkeitskulte sind allesamt viel derber und heiterer (vgl. 6, 1—4; 9, 20—25) — ganz abgesehen davon, daß redaktionsgeschichtlich der Jahwekult in der j Urgeschichte erst 4, 26 eingeführt wird, man also nicht gut schon in 3,5 von einem solchen Kult abfallen kann. Vielmehr zeigt sich hier, auf welch einem verschlungenen Weg der Mensch als solcher in Zweifel, Mißtrauen, Angst und schließlich in Widerspruch zu seinem Schöpfer gerät.

Gn 3, 6a: „Das Weib sah, daß der Baum gut war zum Essen und daß er eine Wollust den Augen sei und anreizend der Baum zu begreifen" (Buber). Der tabuisierte Baum, auf den sich ohnehin im Zustande der Angst alle Aufmerksamkeit der Frau gerichtet hatte, erscheint nun, nach Beseitigung der Angst-Barrieren, als Inbegriff alles Erstrebenswerten. Der Satz über das, was die Frau „sieht", variiert die Aussage, mit der J selbst in 2, 9 das Thema der Versuchung bereits vorbereitet hatte; seine wörtliche Wiederholung und gleichzeitige Abwandlung macht darauf aufmerksam, welche Veränderung an diesem Baum, der an sich nach wie vor derselbe geblieben ist, für die Frau vor sich gegangen ist. In 2, 9 hieß es, daß Gott aus dem Acker allerlei Bäume schießen ließ, „reizend zu sehen und gut zu essen" (Buber). Hier jetzt wird das „gut zum Essen" vorangestellt; was von allen Bäumen galt und nur von diesem einen gerade nicht, wird hier betont von gerade diesem einen Baum gesagt. Was vorher von allen Bäumen des Gartens gesagt wurde, das gilt jetzt ganz spezifisch nur von diesem einen. In ihm, so scheint die wiederholende Anspielung des J auf die frühere Bemerkung zu besagen, ist nunmehr die ganze Schönheit und alles Glück des Gartens verdichtet; das „reizend zu sehen" (nḥmd lmr'h) hat sich in das schwergewichtige „eine Wollust den Augen" (wkj t'wh hw' lʿjnjm) verwandelt, als sei der Baum selbst das Gestalt (mr'h) gewordene Verlangen (t'wh) (vgl. Spr. 13, 12) und teile sich als solches den Augen mit, während das „reizend" (nḥmd) jetzt nicht mehr mit dem verbunden ist, was man objektiv sieht, sondern mit dem, was die Frau sich durch die Einflüsterungen der Schlange wünscht; der Anreiz, „weise zu werden", erscheint jetzt wie eine objektive, von dem Baum ausgehende Qualität und Verheißung. Sehr verhalten wird so unterstrichen, daß die Frau eigentlich gar nicht so sehr ihr Verlangen erlebt, sondern es so erfährt, als wenn der Baum selber sie in seinen Bann schlüge. Und folgerichtig, beinahe wie selbstverständlich nach einer solchen dreifachen Steigerung des Begehrenswerten, heißt es jetzt kurz und knapp in drei Worten:

3,6bα: „Sie nahm von seiner Frucht und aß" (wtqḥ mprjw wt'kl). Es zählt dies zu der hohen Darstellungskunst des J, daß er den eigentlichen Vorgang wie etwas Unwesentliches, wie ein bloßes schon selbstverständliches Resultat in äußerster Knappheit darstellt. Alles ist eigentlich schon geschehen, ehe die Frau zugreift. M. E. richtig bemerkt Morant: „Bei der Frau . . . schwindet die Furcht vor der Sünde immer mehr . . . schließlich eine rasche Handbewegung — und die . . . Sünde ist getan. Dieses Unbegreifliche und Katastrophale wird . . . beschrieben, beinahe als wäre es etwas Selbstverständliches und Folgerichtiges." (P. Morant: Die Anfänge, 171; vgl. v. Rad 72—73; 9, 64) Das eigentliche Tun der Frau erscheint wie hypnotisiert, wie passiv gezogen, wirklich nur wie ein Schlußpunkt nach einem in sich abgeschlossenen Satz. Mag es auch sein, daß Gn 3, 1—5 vor der Redaktion durch J einmal eine eigenständige Rolle spielte; in der Art, wie J die Szene jetzt gestaltet, kann man von 3, 6 nicht mehr sagen: „Dieser Satz könnte unmittelbar an das Verbot anschließen." (We 338) Und es geht hier auch nicht mehr um „das allgemein-menschliche Phänomen des Reizes des Verbotenen" (We 338). Wohl ist es richtig, wenn Westermann sagt: „gerade das Verbot lenkt den Blick auf das Verbotene und gibt ihm den Reiz . . . des unwiderstehlich Anziehenden." (We 338) Gerade die Unwiderstehlichkeit wird von J sehr betont in 3, 6a angedeutet; aber damit es zu dieser Unwiderstehlichkeit kommt, bedarf es unbedingt einer Vorgeschichte in der Auseinandersetzung mit dem Verbotenen, bedarf es des „Mißtrauens und Argwohns gegen Gott" (Gu), bedarf es der Angst, der Feindseligkeit und Konkurrenz zwischen Gott und Mensch, die schließlich die Annahme als wahrscheinlich, ja als sicher erscheinen lassen, daß im Grunde nicht der Mensch vor Gott, sondern Gott vor dem Menschen Angst haben muß — und also hat. Erst nach dieser Auflösung des Zwiespaltes der Angst wird der Baum unwiderstehlich. Durch die Tabuisierung und Angst überwertig geworden, bleibt er nach Wegnahme der Angstbarrieren, die ihn jedem Zugriff entziehen, der faszinierende Konzentrationspunkt und das Zentrum, ja, der Inbegriff von allem Erstrebenswerten. Wenn die Worte der Schlange ernst zu nehmen sind, dann wird die Frau nicht erst durch das Essen vom Erkenntnisbaum wie Gott, sondern sie muß sich bereits Gott überlegen fühlen, noch ehe sie vom Baum ißt. Zugleich aber stellt J ihr Tun wie ein unwiderstehliches Angezogenwerden dar, wie ein passives Ausgeliefertsein an Kräfte, die sie nicht durchschaut und denen sie nicht gewachsen ist. Nie ist sie ohnmächtiger gewesen als in dem Augenblick, da sie von sich aus wähnt, wie Gott zu sein.

Gn 3, 6bβ: „Und sie gab auch ihrem Mann bei ihr, und er aß" (nach Buber). Dies ist der letzte Akt des Dramas. Mit Recht hebt Westermann hervor, daß J durch die Zusammenfügung von Gn 2 und Gn 3 „das urzeitliche Geschehen von Schuld und Strafe als ein den Menschen in der Gemeinschaft betreffendes Geschehen" habe darstellen und damit zeigen wollen, „daß das Drama in Kap. 3 die Gemeinsamkeit von Mann und Frau als Partner Gottes voraussetzt" (265). Aber man kann das doch nicht so verstehen, als wenn die Sünde nur und erst in der Gemeinsamkeit zustande käme. Vielmehr ist die Sünde von der Frau begangen worden, ehe sie gemeinsam wird; die Entwicklung zur Sünde ist in ihr abgeschlossen, und nun zeigt sich allerdings, daß die Gemeinsamkeit und Zusammengehörigkeit der Menschen, ehedem das die Schöpfung des Menschen abschließende und „gut"-machende Geschenk Gottes, zu einer Gemeinsamkeit und Zusammengehörigkeit in der Sünde wird, daß es nicht möglich ist, daß jemand nur für sich von Gott abfällt, sondern sogleich den anderen neben sich mit hineinzieht. „Die Verführte wird sogleich zur Verführerin." (v. Rad 73; 9, 64) Das „Mitsein" der Menschen in der Schuld wird sehr eindrucksvoll durch die zusätzliche Bemerkung wiedergegeben, daß die Frau „auch ihrem Mann *bei ihr*" (ʿmh) gab. Und wie selbstverständlich, wie gar keiner weiteren Motivation bedürftig, so als sei alles zum Verständnis Notwendige gesagt, heißt es in lakonischer Kürze: „und er aß" (wjʾkl). Das „bei ihr" ist Begründung genug. Es ist die von Gott selbst geschaffene Gemeinsamkeit der Menschen, die die Menschen auch in der Schuld gemeinsam sein läßt.

Jedoch zeigt sich, daß diese Gemeinsamkeit nicht mehr so besteht wie zuvor, sondern zu einer Gemeinsamkeit im Negativen entartet. Es ist ja immer wieder die Illusion, daß es eine Solidarität in der Schuld gäbe, und die Vorstellung herrscht, daß die Schuld des einzelnen erleichtert werden könnte, wenn auch der andere schuldig werde oder ist. H. Zulliger beschrieb wiederholt, wie Schuldgefühle zum Anlaß von Bandenbildungen werden (H. Zulliger: Umgang mit dem kindlichen Gewissen, 108—124), daß das Schuldgefühl vereinsamt, der Vereinsamte aber „setzt allmählich alles in Bewegung, um aus seiner Isolierung herauszukommen" (a.a.O. 109; vgl. Bausteine zur Kinderpsychotherapie und Kindertiefenpsychologie, 135—156), und sucht, wenn er seine Schuld nicht gestehen kann, nach einer Gemeinsamkeit mit dem anderen in der Schuld. Es ist am Text nicht belegbar, daß solch ein Motiv beim Weiterreichen der Frucht durch die Frau eine Rolle spielt (gegen Morant: „Jetzt möchte sie auch in ihrem Sündigen nicht allein sein. Sie sucht Hilfe und Deckung ... Gerade in der Sünde hat der Mensch Angst, allein zu sein." [171]); aber deutlich ist, daß das Ergebnis nicht eine Solidarität in der Schuld ist, sondern ein Zerfall der Gemeinschaft in der gemeinsamen Schuld, daß die Gemeinsamkeit, die nach wie vor besteht, jetzt nicht mehr eine Quelle gemeinsamer Freude, sondern nur noch gemeinsamer Scham sein kann. Der Versuch, eine Gemeinsamkeit, die durch die Schuld des einen zerbrochen ist, dadurch wieder zusammenzufügen, daß auch der andere an der Schuld beteiligt wird, führt dazu, daß die Gemeinsamkeit selbst sich trennend auswirkt. Dabei scheint es im Text so zu sein, als wenn die Frau subjektiv noch gar nicht an Schuld denke, sondern dem „Mann neben ihr" von der Frucht mitgeben wolle, die anreizend ist, weise zu machen, als wenn sie dem Mann die gleiche Wohltat erweisen wolle, die ihr die Schlange zugedacht hat.

Gn 3, 7a: „Die Augen klärten sich ihnen beiden, und sie erkannten, — daß sie nackt waren" (Buber). Tatsächlich kommt es also zu einer Gemeinsamkeit beider; ausdrücklich heißt es, daß sich ihnen „beiden" (šnjhm) die Augen auftuen. Es geschieht wirklich und aufs Wort, was die Schlange sagte: die Augen klären sich. Sie erkennen wirklich. Und man darf auch voraussetzen, daß sie, wie es 3, 22 ja bestätigt wird, Gut und Böse erkennen, daß sie also wirklich Wissen von etwas erlangen, das bis dahin nur Gott wußte. Inhalt dieses den Menschen bisher verborgenen Wissens aber ist, daß sie nackt sind. Das Nacktsein, das zuvor von J mit einem vorbereitenden Satz als gut herausgestellt wurde (2, 25), das sie bis dahin nur als gut kannten, erfahren sie jetzt als „böse". Die Menschen werden ihrer Nacktheit inne; sie werden im Widerspruch zu Gott auf das zurückgeworfen, was sie ohne Gott sind, und sie beginnen, sich ihrer selbst zu schämen. Sie sind nichts anderes geworden, als was sie vorher waren; aber jetzt, im Widerspruch zu Gott, beginnen sie sich dessen zu schämen, was sie sind. Und das verändert alles. Indem sie wie Gott um Gut und Böse wissen, sind sie von Gott unendlich weit entfernt, so weit wie das Geschöpf von seinem Schöpfer (s. o. die Deutung Bubers von Gut und Böse). Westermann konstatiert ganz zutreffend, das Erkennen von Gut und Böse müsse funktional auf das bezogen sein, was „für den Menschen gut und böse" sei (329), „eine auf das Leben der Gemeinschaft bezogene ... Erkenntnis" (329). Aber wenn er dann folgert, es müsse um die „Ermöglichung von Daseinsbewältigung" gehen, so verkennt er, daß der Inhalt des Erkennens von Gut und Böse nach 3, 7 nichts außerhalb des Menschen ist, was sich bewältigen ließe, sondern der Mensch selbst; was gut und böse für den Menschen ist, ist nichts an den Dingen der Welt, mit denen er dann zum praktischen

Gebrauch umgehen könnte, sondern der Mensch selbst ist sich gut oder böse, je nachdem, ob er mit oder fern von Gott lebt. Daher gilt hier, wie die Versuchung der Schlange nahelegen könnte, der Satz des großen Francis Bacon nicht, Wissen sei Macht; das Wissen, das der Mensch hier erwirbt, ist ein Wissen über sich selbst in seiner eigenen Ohnmacht, in seinem Nacktsein, das ohne Gott sein Schicksal ist. Wer glaubt, daß irgendeine Art von „weise sein" (hskjl) daran etwas ändert, der gaukelt nach wie vor dem Menschen vor, wozu die Schlange aufforderte; dem sind die Augen offensichtlich noch nicht aufgegangen.

In einem fast zynischen Wortspiel greift J die Ambivalenz dieses „Wissens" auf. Die Menschen erkennen, daß sie ʿjrmjm (3, 7) bzw. ʿrwmjm (2, 25) sind, nackt von ʿrwm (arom) bzw. ʿjrwm (eirom;) die Schlange aber ist 3,1 ʿrwm (arum) — weise, listig. Bis auf den Wortklang hat die Schlange also mit ihrem Versprechen recht behalten, nur die Bedeutung dessen, was sie zu verheißen hatte, ist eine andere, als wie die Menschen es sich vorgestellt hatten. Wenn später in Kap. 11 als letztes Stadium in der Entwicklung der Sünde von der Sprachverwirrung berichtet wird, so sieht man hier, wie sie beginnt. Weise zu werden bedeutet in dieser Art, sich in einer Weise kennenzulernen, daß man sich seiner schämen muß. Die Versuche (vgl. Wellhausen, Gunkel), an diesem Stand der Dinge etwas Positives zu entdecken, können nicht überzeugen. Wenn Westermann meint, die Erkenntnis der Menschen bemerke „einen Mangel, etwas an ihnen selbst, was nicht richtig war" (We 341), und dies sei ein Fortschritt, so verkennt er, daß das Nacktsein von 2, 25 durchaus kein Mangel war und überhaupt erst zu einem „Mangel" und etwas nicht Richtigem wurde, indem die Menschen sich von Gott trennten. Es geht also nicht bloß um eine „neue Erfahrung" (We 341), sondern darum, daß diese „neue Erfahrung" das, was vorher „gut" war, zum Bösen verändert. Daß, wie Gunkel meint, „die Scham hier eine dem Kindesalter überlegene Erkenntnis" sei (Gu 18), ist eine psychologisch richtige Bemerkung; sie erklärt aber nicht die Aussageabsicht der Stelle, es sei, man wolle den Standpunkt der Schlange zur Grundlage der Exegese machen und behaupten, Gott habe wirklich etwas verbieten wollen, das der menschlichen Entfaltung dient, er sei also wirklich ein Gott, wie ihn die Schlange schildert, und die Menschen hätten sich eigentlich nur genommen, was ihnen zusteht. Da dies nicht wohl die Meinung von J sein kann, ist es abwegig, die Erkenntnis des Nacktseins als eine „Erkenntnis" der „Daseinsbewältigung" und das Bedecken mit Schurzen als „ein Fortschreiten in der Kultur" auf dem Hintergrund der hohen sozialen bzw. sozial-geschichtlichen Bedeutung der Kleidung zu sehen (We 342). So wahr es ist, daß diese Motive im traditionsgeschichtlichen Material anklingen, so unsinnig ist es, diese Bedeutung der Aussageabsicht von J unterlegen zu wollen. Denn dessen Meinung ist doch wohl, daß diese Anfänge der menschlichen Zivilisation vom Ursprung her bereits unter dem Vorzeichen des fundamentalen „Mangels" stehen, der darin liegt, von Gott getrennt zu sein. Und das, was J in Gn 2 als ein Zusammensein mit Gott schildert, trägt nirgendwo die Züge kindlicher Unschuld und infantiler Unaufgeklärtheit. Es geht in Gn 2—3 um das Gegeneinander zweier „Zustände": bei Gott zu sein und von ihm getrennt zu sein; es geht nicht darum zu skizzieren, wie aus einem Kind oder unschuldigen Primitiven ein Erwachsener oder Zivilisierter wird. Was indessen im tradierten Material an psychologischen und kulturanthropologischen Implikationen enthalten ist, was also an den von dort her getroffenen Interpretationen berechtigt ist, müssen wir auf die spätere psychoanalytische Untersuchung des Textes verschieben.

Gn. 3, 7b: „Sie flochten Feigenlaub und machten sich Schurze" (Buber). Wenn es der Versuch der Frau war, den Mann neben ihr an der Frucht des Baumes und damit an ihrer „Schuld" teilhaben zu lassen, wenn es auch soeben noch schien, als sei ihnen beiden (šnjhm) Gemeinsamkeit vergönnt, so wird jetzt deutlich, was aus der Gemeinsamkeit der Menschen im Zustand der Schuld wird: die Gemeinschaft, die die Frau suchte, ist dahin pervertiert, daß es eine Gemeinsamkeit der Scham, des Mißtrauens und der Angst voreinander geworden ist. Jeder hat jetzt vor dem anderen etwas zu verbergen. In jedem gibt es jetzt etwas, das der andere nicht mehr sehen darf und das es vor dem Blick des anderen zu verstecken gilt. Daß „sie sich voreinander genieren" (We 342), ist doch wohl zu harmlos ausgedrückt. Das Entscheidende ist vielmehr, daß jeder sich vor dem anderen bloßgestellt vorkommt und sich als etwas empfindet, das so, wie es ist, nicht mehr zu rechtfertigen, aber auch nicht zu ändern, sondern nur zu verstecken ist. Jeder braucht jetzt sein Feigenblatt vor dem anderen. Ungetrübte Aufrichtigkeit ist nicht mehr möglich. Trennend zwischen die Menschen tritt ihr „Mangel", dessen sie sich schämen und der offenbar wird, nachdem sie sich von Gott getrennt haben. „Die Unmittelbarkeit des Zusammenlebens hat aufgehört." (Zi 162)

Das Tun des Menschen hat man oft als „Stolz“ bezeichnet und mit dem Streben nach dem von Gott verbotenen Wissen und dem Wie-Gott-sein-Wollen begründet (z. B. Morant 173, oder v. Rad: „Titanismus“; „Hybris“ 72; 9, 63). Diese Auffassung ist aber nur z. T. berechtigt und falsch, wenn von ihr her ein Gesamtverständnis von Gn 3, 1—7 ermöglicht werden soll. Denn das Motiv des Stolzes kommt erst in Gn 3, 5 zum Ausdruck und erklärt durchaus nicht, ja, macht gerade unverständlich, wie die Frau, die den ersten Ansturm der Schlange so weit von sich gewiesen hatte, mit einem Mal in die Sünde hineingerät. Zurecht meint O. Loretz, die Auffassung von der Ursünde als Sünde des Hochmuts sei vom Gedanken der griechischen Hybris, nicht aber vom Text gewonnen (O. Loretz: Schöpfung und Mythos, 111—112). O. H. Steck definiert die Erkenntnis von Gut und Böse als „Selbstbestimmung des Menschen hinsichtlich dessen, was seinem Leben förderlich oder abträglich ist“ (O. H. Steck: Die Paradieserzählung, 35, Anm.; vgl. 88; 101; 104). Aber „Erkennen“ ist nicht „Bestimmen“ oder „Autonomie“; die Deutung des Erkennens von Gut und Böse muß offen genug für die Umkehrung in 3, 7 sein, daß die Menschen „erkennen“, daß sie nackt sind; hier wird nichts „bestimmt“, sondern eine Erfahrung gemacht, die nur in der Sünde zu machen ist und deshalb nie hätte gemacht werden sollen. Vor allem setzt das Motiv der Autonomie zu früh ein; die Polarität von Heteronomie und Autonomie setzt bereits den Graben der Angst und des Mißtrauens voraus, wie Steck ihn selbst (a.a.O. 103) treffend darstellt, ist also sekundär — nicht Ziel, sondern Ergebnis. Die Menschen trennen sich nicht von Gott, weil sie autonom sein wollen, sondern sie empfinden Gott als „heteronom“, weil sie sich, ohne es direkt zu wollen (!), von ihm entfremdet haben. Die Auffassung vom „Wahn der Autonomie“ (Steck, a.a.O. 90) unterstellt dem Tun der Menschen eine Größe, die der Armseligkeit, mit der diese der Schlange erliegen, deutlich widerspricht (dies auch gegenüber v. Rad, der neuerdings den Gedanken vom „Bestimmen“ über Gut und Böse übernimmt: 9, 63 f). Dem Text gerechter wird da schon die zusammenfassende Aufzählung bei Gunkel, der Erzähler beschreibe, wie es zur Sünde gekommen sei, „von den ersten Regungen des Zweifels, der Begierde bis zur sündigen Tat“ (Gu 18; zit. n. Meinhold). Oder wie T. Schwegler es versucht: „Durch sein Mißtrauen gegen Gott, durch seine Auflehnung gegen Gottes Autorität und durch sein Gott-gleich-sein-wollen hat das erste Menschenpaar ... gesündigt.“ (T. Schwegler: Die biblische Urgeschichte, 128) Allerdings kann man nicht einfach Motive beliebig aneinanderreihen ohne zu zeigen, wie eine solche Motivverknüpfung zustandekommt.

Nach unserer Auffassung des Textes läßt sich folgender Prozeß feststellen: Zweifel und Mißtrauen sind tatsächlich die erste Regung der Frau auf die Frage der Schlange. Daraus entsteht, in Abwehr des geweckten Wunsches, Angst und Tabuisierung des latent gewünschten Gegenstandes; Gott erscheint als bedrohlich — die Frau hat Todesangst vor ihm; die Schlange beseitigt die Todesdrohung, stellt sich als Helferin dem Menschen zur Seite, erklärt Gott zum neidischen Gegner des Menschen und kehrt das Verhältnis der Angst um: die Größe der Strafe erscheint als ein Symptom der Angst Gottes vor dem Menschen; ein Verhältnis der Konkurrenz entsteht; der Mensch will jetzt wirklich wie Gott sein. Wenn man will, mag man das „Stolz" nennen; man muß dann aber hinzufügen, daß der „Stolz" in Gn 3 nicht ein ursprüngliches Motiv, sondern das Resultat einer psychischen Motivkette ist, in deren Zentrum die Angst steht. So wie psychoanalytisch Stolz als übersteigertes Selbstbewußtsein eine Reaktionsbildung auf ein tiefer liegendes Gefühl der Unterlegenheit und Bedrohtheit darstellt, so ergibt sich in Gn 3, 1—7 der Wille, wie Gott zu sein, nicht aus einem originären Verlangen des Menschen nach Macht, sondern aus der Abwehr eines Gefühls tödlicher Bedrohtheit durch einen Gott, dem die Frau gerade treu bleiben will, zu dem sie aber nicht mehr ohne Angst zurückfindet, der ihr in der Angst unerträglich wird, während sie sich gerade auf seine Seite begeben will. Die Geschichte vom „Sündenfall" ist zentral nicht ein Konflikt des Stolzes, sondern der Angst.

Was ist dann aber die „Schuld" der Frau? Man muß zugeben, daß an keiner Stelle sichtbar ist, wie die Frau anders hätte handeln können. Ihre Tat erscheint „fast als etwas . . . innerlich Folgerichtiges" (v. Rad 72—73; 9, 64), nicht nur vom Schluß her, sondern in der ganzen Art, wie die Erzählung aufgebaut ist. Zurecht meint Gunkel, „daß diese hier geschilderte Sünde als Typus der Sünde verstanden werden kann" (Gu 18). Aber wenn er sagt, die Erzählung stelle die Tat der Menschen nicht als „Tragödie" dar, sondern als eine „Kindersünde", „naschhaft, harmlos" (Gu 32), dann verkennt er, wieviel an Tragik in diesem Nichtwollen und Dann-doch-Tun der Frau zum Ausdruck kommt. Man kann Gunkel nur zustimmen, wenn er sich dagegen verwahrt, hier „'titanenhaften' Trotz" oder „einen Freiheitsdrang, der gegen Gott ankämpft" (Gu 32), sehen zu wollen, und hervorhebt: „des Menschen Sünde ist nicht Hochmut" (Gu 32). Wenn er selbst aber als entscheidendes Motiv schließlich kindlichen „Ungehorsam“ ansieht, so fällt er hinter seine eigene Einsicht zurück, daß am Anfang der Erzählung „Argwohn“ und „Mißtrauen“, nicht aber Naschhaftigkeit und Ungehorsam stehen. Das Drama von Gn 3, 1—7 ist ein Drama nicht der menschlichen Begierde, die von Gott, aus welchen uneinsichtigen Gründen immer, ihre Grenze gefunden hätte, — dies ist die Bedingung, nicht der Grund des Konfliktes, — sondern es ist ein Drama, das sich zwischen Mensch und Gott ereignet, das mit Mißtrauen und Angst beginnt und mit Auflehnung und Übertretung endet. Nichts davon ist kindlich, ahnungslos, harmlos oder unschuldig. Alles folgt vielmehr in einer unheimlich „erwachsenen“ und ausgereiften Psycho-Logik auseinander (wenngleich die Motive des tradierten Materials z. T. infantile Konflikte reflektieren, wie wir noch psychoanalytisch sehen werden).

Feststellen läßt sich jetzt auch schon, daß die seit der Aufklärung diskutierte Frage, jedenfalls vom j Text her, negativ beantwortet werden muß, ob die „Sünde“ des Menschen nicht in seinem Erwachen zum Selbstbewußtsein (vgl. P. Grelot: Die Ursünde, 53—60) und seinem Herausfallen aus der Unbewußtheit der Ordnung der Natur liegen könne. Der Schritt zur Kultur ist nicht der Schritt zur Sünde; eher kann man sagen, daß, wenn das Bekleiden mit Schurzen als Zeichen einer kulturellen Errungenschaft zu verstehen ist, die kulturelle Entwicklung des Menschen vom Ursprung her von dem Vorzeichen eines radikalen Mangels verstanden werden muß, der aus der Entfernung von Gott stammt und die Menschen zwingt, nach selbstgefertigten notdürftigen Hilfsmöglichkeiten für den entstandenen Mangel Ausschau zu halten.

Wenn wir aber die Menschen in der geschilderten Weise in die Sünde „fast als etwas Selbstverständliches“ hineingeraten sehen, wie können sie dann schuldig sein? Durchaus hat man ja bei der Lektüre der sogenannten Sündenfallerzählung den Eindruck, als handele es sich hier um ein Schuldigwerden wider Willen, um ein Gezogenwerden mehr als um ein Tun. Alles scheint wie eine exakt funktionierende Maschinerie abzulaufen, bei der an keiner Stelle zu sehen ist, wo man etwas zwischen ihr lückenlos ineinander greifendes Getriebe stecken könnte, wo die Schaltstelle wäre, um den Motor der Angst abzuschalten. Die Menschen, die hier auftreten, wirken nicht „kindlich“, wohl aber sehr hilflos, ausgeliefert und wie Opfer ihrer Angst. Mit soviel Verständnis und Einsicht zeichnet J ihr Bild, daß es unmöglich ist, nicht Mitleid mit diesen Menschen zu haben, die in der Tat den Typ dafür abgeben, wie es schlechthin ist, wenn Menschen sündigen.

Wir werden auf die Frage, was eigentlich die Schuld der Menschen ist, hier noch nicht überzeugend antworten können. Man sieht nur, was die Ursache ihres Fehltritts wird. Indem die Frau das Gebot Gottes zu halten versuchte, aber dies nur in Angst und Mißtrauen Gott gegenüber zu tun vermochte, verdüsterte sich in ihren Augen sein Bild immer mehr, und alles ging scheinbar mit Notwendigkeit Zug um Zug weiter. Hier muß also der Schlüssel liegen: daß die Frau nicht ihre Angst vor Gott überwindet, sondern sich selbst, wenngleich in scheinbar guter Absicht, mit einem zusätzlichen Gebot die Angst zu nehmen sucht. Im ganzen folgenden Teil der Urgeschichte wird sich zeigen, wie diese Angst vor Gott weitergeht und alles nur noch unheilbarer macht. Angst aber ist eine zweideutige Vokabel, die psychologisch die Schuld aus dem Geschehen nimmt und alles als zwangsläufig erscheinen läßt. Wir werden nicht umhinkönnen, gerade an diesem Problem in einem eigenen systematischen Teil von der j Urgeschichte her die Frage nach dem Verhältnis von Freiheit und Notwendigkeit, von Schuld und Gesetzmäßigkeit, von Psychologie und Theologie aufzurollen, und können hier lediglich vorwegnehmend sagen, daß die eigentliche Schuld der Frau darin liegt, daß sie zu Gott nicht mehr zurückfindet, nachdem durch die Infragestellung seitens der Schlange sein Bild in den Schatten des Mißtrauens und der Angst geraten war, daß ihre Angst stärker ist als ihr Vertrauen; das aber, was psychologisch so zwangsläufig erscheint, wirklich als Schuld zu erkennen, wird überhaupt erst möglich sein, wenn der Prozeß der Sünde bis zu dem Punkt fortgeschritten ist, an dem nichts anderes mehr übrig bleibt, als sich so oder so Gott anzuvertrauen. Es ist ebenso schuldhaft wie tragisch, daß der Mensch, nachdem er seinen Halt in Gott verloren hat, diesen trotz seines Bemühens nicht wiederfindet und deshalb selbst wie Gott sein will — und (psychologisch gesehen) *muß*, aber eben daran scheitert, um im Scheitern zu Gott zurückzufinden. Wohl ist es eine schlechte Exegese, Vorstellungen des Christentums in das AT zu reprojizieren; aber es ist erlaubt zu sagen: bei einem solchen Ausmaß an Verständnis für die unheimliche Sogkraft des Bösen, bei einer solchen Einfühlung in die Hilflosigkeit und Ausgesetztheit des Menschen in dem Moment, in dem er in die Sünde fällt, wird irgendwo ein Fluchtlinienschnittpunkt sichtbar, wo Gott selbst Erbarmen hat mit diesem Menschen und sich an seine Stelle setzt, um seine Angst zu neuem Glauben umzukehren.

b) Im Versteck und auf der Flucht (3, 8—13)

Die Angst vor Gott, die die Menschen in ihre Tat trieb, kehrt jetzt, nach der Tat, noch heftiger wieder als Angst, vor Gott nackt zu sein (3, 10). Wie Westermann an dieser Stelle darauf kommt, es müsse „dem Menschen erst gesagt werden", daß er schuldig geworden sei und sich vergangen habe (We 345), wird sein Geheimnis bleiben. Wenn er selbst vom Sichverstecken der Menschen sagt: „Der Erzähler meint den Menschen, der sich vergangen hat und dem nun eine Strafe droht. Ein Mensch in dieser Lage verhält sich so" (We 344), dann sollte man doch meinen, die Menschen wüßten um ihre Schuld, schon gar in Anbetracht von Gn 3, 2.3; die Lieblingsidee der protestantischen Dogmatik, der Sünder wisse erst durch ein erneutes Anreden Gottes um seine Schuld, wird hier vom Text selbst widerlegt; freilich, daß der Mensch mit dem Wissen um sein Vergehen auch schon ein „reuiger Sünder" sei, davon ist in der Tat nichts gesagt. Im Gegenteil. Zunächst sehen wir den Menschen sich vor Gott verkriechen und ihm ausweichen.

Gn 3, 8: „Sie hörten Jahwes des Gottes Schall, der sich beim Tageswind im Garten erging. Es versteckte sich der Mensch und sein Weib vor dem Antlitz Jahwes des Gottes" (nach Buber). Auf der Seite Gottes hat sich also nichts geändert. Wie eh und je, so ist vorauszusetzen, benutzt er die frische Kühle des Morgens (Gu 18—19) zu einem Spaziergang im Garten. Diese „kindliche Anschauung von Gott" (Gu 18) sollte man nicht als Relikt anthropomorpher Naivität mißverstehen. Daß J gerade hier in dieser Weise von Gott spricht, scheint vielmehr jetzt, wo es verloren ist, in feinem Kontrast deutlich zu machen, wie innig das Verhältnis zwischen Gott und Mensch war und von Gott aus auch noch ist. Da, wo die Menschen wohnen, ist der Ort, wo sich Gott ergeht. Er verkehrt mit dem Menschen „auf der gleichen Ebene" (We 345). Des Menschen Ort ist der Ort der Erquickung Gottes, und der Mensch wohnt dort, wo sich Gott in der Morgenkühle erholt. Das war das Paradies. Jetzt aber wird dieses Bild der Eintracht und der Harmonie ein Bild der Furcht des Menschen. Was früher Schutz, Geborgenheit und Sicherheit versprach, daß Gott den Menschen sieht und schützt (vgl. z. B. Ps 9, 14; 10, 14; 25, 18; 31, 8, u. ö.), wird jetzt zur Quelle des Unerträglichen. Dem Blick dieses Gottes ist nicht standzuhalten. Es gilt ihm auszuweichen, „fort aus dem Antlitz des Herrn". Man muß vor Gott, der den Menschen behütet, jetzt selber auf der Hut sein. Was später als Austreibung aus dem „Paradies" berichtet wird (3, 23.24), erscheint wie eine Einwilligung Gottes in dieses Streben des Menschen,

Gott aus den Augen zu gehen. Dabei ist die „Naivität“ des Bildes von Gott, der sich im Garten ergeht, gerade notwendig, um die Illusion zu motivieren, daß es ein solches Ausweichen vor Gott gebe. Die Menschen, die wie Kinder mit Gott verkehren durften und konnten, denken sich die Nähe Gottes in einer rührenden Weise immer noch wie Kinder, während sie doch zugleich merken, daß die Voraussetzungen eben dieses kindlichen Verhältnisses zu Gott zerbrochen sind. Sie möchten sich wie Kinder vor einem Gott verstecken, dessen unveränderte Nähe sie gerade nicht mehr als Kinder, sondern als Schuldige trifft; sie möchten noch Vorteil aus etwas ziehen, das gerade jetzt, wo es nicht mehr besteht, sie anklagt.

Der Anblick Gottes, der sonst Segen und Leben ist und dessen Abwenden den Bruch der Gemeinschaft und damit den Entzug all dessen bedeutet, was Gott für den Menschen ist (vgl. hstjr pnjw — „sein Antlitz verhüllen“ z. B. Dt 31, 17.18; 32, 20; Jes 8, 17; 54, 8; 64, 6; Jr 33, 5; Ps 104, 29 u. ö.), wird jetzt von den Menschen selbst gemieden. Die Menschen setzen gewissermaßen schon voraus, daß Gott sie jetzt „nicht mehr sehen kann“, und verstecken sich vor ihm. Daß das Dasein in dem Gefühl der Schuld und in der Angst vor Gott zu einem „Versecksapparat ausgebaut“ wird (M. Buber: Der Weg des Menschen, in: Werke III 717), gerade weil auf seiten Gottes alles gleich geblieben ist, das macht diesen Kontrast von Harmonie und Disharmonie so grell. Die Menschen hören den Schritt Gottes in ihrer Nähe wie ehedem (so der „Schall“ — qwl — Gottes), jetzt aber verkriechen sie sich. Die Tragödie der Angst vor Gott setzt sich unabwendbar weiter fort. Es ist deshalb wichtig, daß Gott den Menschen zur Rede stellt. Gott sucht den Menschen, „Gott geht dem Menschen nach in sein Versteck“ (We 346).

Gn 3, 9: „Jahwe der Gott rief den Menschen an und sprach zu ihm: Wo bist du?“ (Buber) Dem Wortlaut nach freilich bedeutet das, „daß er nicht weiß, wo der Mensch sich befindet.“ (Gu 19) Aber wie hintergründig ist dieser Anthropomorphismus! Gott selber fragt sich, wo seine Geschöpfe hingeraten sind, und er fragt den Menschen, wohin er geraten ist. Daß Gott sich dies erst vom Menschen erklären lassen muß, kann J wohl kaum rein vordergründig meinen. Richtig sagt Buber: „Wenn Gott so fragt, will er vom Menschen nicht etwas erfahren, was er noch nicht weiß; er will im Menschen etwas bewirken, was eben nur durch eine solche Frage bewirkt wird“ (M. Buber: Der Weg des Menschen, in: Werke III 716; vgl. 389—390). Es geht Gott um den Menschen, wenn er fragt, und darum, daß die Menschen das Einzige tun, was ihre Lage jetzt noch retten könnte: daß sie eindeutig Stellung nehmen und

Gott ihre Schuld gestehen; daß die Menschen selbst ihren eigenen Standort klären — vor Gott. Aber gerade dieses scheint unmöglich. Wenn wir schon sahen, daß die Menschen aus Angst vor der Todesdrohung in die Schuld gerieten, so sehen wir jetzt, wie diese Angst ihr Geständnis verhindert. Der Mensch muß vor Gott hintreten, und er gesteht ihm seine Angst. Er kann Gott nicht standhalten, nackt geworden, wie er ist. Gerade die Gefühle der Angst und der Scham, die anzeigen, daß der Mensch nicht leichtfertig über seine Schuld hinweggeht, daß er keineswegs als „Titan" oder „Prometheus" sündigte, gerade diese Gefühle, die ihn seine Schuld ernst nehmen lassen, werden hier so stark, daß sie sich als Trennwände zwischen Gott und den Menschen stellen. Treffend bemerkt Gunkel: „Er (sc. der Mensch, d. V.) hat aus der Frage den Vorwurf herausgehört, daß er sich nicht freiwillig gestellt habe, und will sich entschuldigen . . . Nun kann er es aber doch nicht übers Herz bringen, Jahve auch die volle Wahrheit über die Ursache seiner Furcht zu gestehen, sondern er fügt einen halben Vorwand hinzu . . ." (Gu 19).

Gn 3, 10: „Er sprach: Deinen Schall habe ich im Garten gehört und fürchtete mich, weil ich nackt bin, und ich versteckte mich" (Buber).

Die Frage Gottes an den Menschen, die diesen zu einer klaren Stellungnahme bringen sollte, wird so mit Angst erlebt, daß dem Menschen wieder nur die gleiche Halbheit im Geständnis möglich ist, die schon seinen Abfall kennzeichnete: teils will er nicht, teils will er doch, teils gesteht er, teils weicht er aus. Diese Zwiespältigkeit verhindert, daß der Mensch sich selbst als schuldig bekennt und sich auf Gedeih und Verderb seinem Gott überläßt. Gott zerrt ihn an das Licht, aus dem Versteck heraus; aber das Vertrauen zwischen Gott und Mensch, das zerbrochen war, noch bevor die Sünde geschah, ist jetzt, nach der Tat, so sehr der Angst gewichen, daß eine solche uneingeschränkte Hinwendung zu Gott unmöglich scheint. „Furcht und Scham sind fortan die unheilbaren Stigmata des Sündenfalles am Menschen . . . Regungen, die objektiv und vorbewußt gegeben sind . . . vor jeglicher rationaler Überlegung." (v. Rad 73; 9, 65) Wenn jetzt Gott den Menschen zu bewußter Stellungnahme auffordert, so legt er den Menschen das Bekenntnis sozusagen in den Mund, suggestiv, wie um ihn zum Geständnis zu zwingen:

Gn 3,11: „Er sprach: Wer hat dir gemeldet, daß du nackt bist? Hast du vom Baum, von dem nicht zu essen ich dir gebot, gegessen?" (Buber) Die ausdrückliche Erinnerung an 2, 16.17 markiert beides: die Notwendigkeit, die eigene Schuld zu gestehen, und zugleich die Unmöglichkeit, es zu tun. Der Mensch brauchte nur Ja zu sagen, so wie die

Frage gestellt ist. Aber eben die Erinnerung an das Verbot würde das Schuldgeständnis fast notwendig zu einem selbstgefällten Todesurteil werden lassen. Welcher Mensch vermag unter solchen Umständen sich als schuldig zu bekennen und seine Schuld zu akzeptieren? „Der Mensch wagt nicht zu leugnen . . ., aber er wagt auch nicht zu bekennen." (Gu 19) Gerade darin liegt die ganze Tragik der Angst, daß sie nicht nur die Schuld hervorbringt, sondern auch die Umkehr verhindert, die mit einem Eingeständnis beginnen müßte. Wieder sieht man den Menschen im Grunde hilflos in die verkehrte Richtung stolpern. Im Grunde hat er seine Schuld schon eingestanden: es ist ja vorausgesetzt, daß der Mensch um seine Nacktheit erst wissen kann, wenn er sich durch seine Schuld von Gott entfernt hat. Aber der Mensch gibt das nur zu, indem er es nicht zugibt. Er präsentiert in seinem Verhalten objektiv eine Schuld, die einzugestehen er subjektiv sich sträubt. Unter dem Druck der Angst vor Gott kann er seine Schuld weder bearbeiten noch überhaupt zugeben. Der Mensch weicht aus, und zwar auf eine geschickte, aalglatte Weise.

Gn 3, 12: „Der Mensch sprach: Das Weib, das du mir beigegeben hast, sie gab mir von dem Baum, und ich aß" (Buber). Dies nun ist ebenso verzweifelt wie meisterlich. Keineswegs geht es hier darum, wie Westermann meint, „daß die gegen Gott gerichtete Tat des Menschen . . . vom Menschen her gesehen immer mehrdeutig bleibt" (We 348); wohl ist richtig, daß sie „ihre Eindeutigkeit allein von Gott her erhält" (We 348); aber diese Eindeutigkeit hat das menschliche Tun seit 2, 16.17 und 3, 2.3 und braucht nicht jetzt erst hinterdrein hergestellt zu werden. Dem Worte Gottes zufolge, das die Menschen kannten und auf das hin Gott sie jetzt noch einmal anspricht (3, 11), war die Sache völlig eindeutig, und sie konnte es auch dem Menschen sein. Es ist vielmehr das Interesse des Menschen, den Sachverhalt zweideutig zu machen, und es ist eine Konsequenz der Sünde selbst, den Tatbestand in der Zweideutigkeit zu belassen. Nicht ein Ausüben seiner „Freiheit . . ., sich zu verteidigen" (We 348), sondern ein Mißbrauch seiner Freiheit zu einer von Anfang an sinnlosen und am Ende alles verspielenden Verteidigung findet hier statt, ein glänzendes Lehrstück in Sachen Dialektik übrigens, insofern der Mensch „die Schuld . . . in der Richtung nach Gott hin" (v. Rad 74; 9, 65) abschiebt. So wird man wohl das zweimalige „geben" (ntn) verstehen müssen: Gott hat dem Menschen die Frau „gegeben"; und wenn diese Adam von der Frucht „gab", so setzt sich darin eigentlich die Gabe Gottes fort. Im Grunde geht also in der Sünde die Gabe Gottes weiter; ohne seine Gabe wäre es dem Menschen nicht gegeben gewesen zu sündigen; Gottes eigenes Tun verlängert sich dieser Version gemäß in das Tun des Menschen hinein. Nicht der Mensch also hat sich vor Gott, sondern eigentlich Gott vor dem Menschen zu verantworten. Geschickter geht es nicht.

Dieser „Vorwurf gegen Gott selbst: warum hast du sie mir beigesellt" (Gu 19), nimmt eigentlich die Kehrseite der Nebenbemerkung von 3, 1 auf. Sagte J dort, daß Gott auch die Schlange geschaffen habe, um damit zu sagen, daß selbst das Böse sich der Hand Gottes nicht entzieht, so dreht der Mensch hier das, was in der Schuld seine Hoffnung sein könnte, dialektisch dahin, daß nicht eigentlich er selbst, sondern Gott schuld an dem bösen Tun des Menschen ist; was ihm helfen könnte, die Schuld zu überwinden, benutzt der Mensch, um die Schuld von sich weg auf Gott zu verlegen. Ist 3, 1 ein hintergründiges Bekenntnis zu Gott und eine Aussage des Glaubens, die von keiner theologischen Theodizee eingeholt werden kann, so ist 3, 12 die dialektische Umkehrung dieser Aussage zu einer logisch richtigen, aber existentiell verheerenden Gegenposition zu Gott. Es ist der Versuch einer totalen Rechtfertigung, aber auch totalen Verantwortungslosigkeit. „Das Geständnis der eigenen Übertretung kommt ganz kurz hinten nach; die eigene Schuld stellt er als ganz natürlich dar: ‚da mußte ich wohl essen'" (Gu 19). Deutlich zeigt sich hier, daß man vom Bösen nicht anders sprechen kann als so, daß man sich selbst als seinen Urheber versteht — alles andere macht Gott zum Schuldigen und ratifiziert im Grunde den begonnenen Abfall. Erst von hier an ist der Mensch eigentlich „trotzig" in der Schuld oder verrät einen Anflug von „Stolz"; aber wieviel Angst treibt ihn dazu! Er ist nicht nur „feig und trotzig zugleich" (Gu 19), sondern auch trotzig aus Feigheit.

Vielleicht könnte man sogar noch feinere Tönungen aus dieser „trotzigen" Antwort des Menschen heraushören. Der Hinweis auf das, was Gott „gegeben" hat, muß ja nicht nur vorwurfsvoll sein; es kann auch ein gewisser Hinweis darin gelegen sein, wie sehr der Mensch angewiesen und abhängig ist von Gott. Indem Adam Gott die Verantwortung der Sünde zurückgibt, würde er dann gerade — nicht nur vorwurfsvoll, sondern fast einschmeichelnd — auf seine Abhängigkeit und Bezogenheit auf Gott rekurrieren; er würde dann gewissermaßen auf den Zustand vor der Sünde zurückgehen wollen, als er diese Angewiesenheit auf Gott, die es ja gibt, noch nicht geleugnet hatte. Es wäre dann fast wie eine verhaltene Bitte um Komplizenschaft, das Böse nicht als trennend verstehen zu müssen, sondern eher als ein gemeinsames Tun von Gott und Mensch ansehen zu wollen. Aber damit wird die

Chance vertan, ein Geständnis vor Gott abzulegen. Es gibt von jetzt an keinen Rückweg mehr. Das nächste Wort, das Gott zum Menschen sprechen wird, muß die Bestrafung sein.

Ein anderes wichtiges Moment der Schuld zeichnet sich jetzt zwischen den Menschen ab. Die Gemeinschaft der Menschen, die Gott gestiftet hatte, sollte auch in der Schuld noch fortbestehen. Es zeigt sich aber hier, daß es eine „Solidarität der Sünde" (v. Rad 74; 9, 65) nicht gibt, wenn die Sünde nicht gestanden und offen bekannt werden kann. „Die *Schuldgefühle* der Gemeinschaftsmitglieder ... müssen dadurch aufgelöst werden, daß man sich dem Führer in unbedingtem Vertrauen offenbaren, daß man ihm *gestehen* darf. *Das Geständnis ist zugleich Sühne*, es erleichtert das Gewissen und bildet ... den wesentlichsten Kitt für das Bestehen der Gemeinschaft — es löst die Angst." (H. Zulliger: Horde, Bande, Gemeinschaft, 186) Hier aber bleibt die Angst vor Gott bestehen. Und daher gibt es kein Geständnis. Vielmehr weist jetzt ein jeder auf den anderen hin, um sich hinter dessen Schuld zu verstecken. Auch dies ist eine Folge der Sünde, daß aus Angst immer der andere, nie aber das eigene Ich für schuldig gehalten wird, daß die Gemeinsamkeit in der Schuld dazu benutzt wird, daß jeder für sich in dieser Gemeinschaft sich zu verstecken und darin unterzuschlüpfen sucht, indem er auf den Nächsten neben sich verweist. Ich bin nicht schuldig — der andere ist schuldig — alle anderen sind schuldig — also ist keiner schuldig — also ist Gott selber schuldig: diese kollektive Dialektik der Selbstentlastung zerstört gerade die Gemeinsamkeit, auf die sie sich beruft; denn statt sich selber anzuklagen, klagt jeder aus Angst vor der Strafe nur stets den anderen an. Sehr treffend formuliert H. Thielicke: „Ich will Opfer und will kein Angeklagter sein. Ich will rufen: ‚Haltet den Dieb' und derweilen in fröhlicher Unschuld weiterstehlen." (Wie die Welt begann, 179)

Das Vertrackte ist, daß es einen Verantwortungszusammenhang tatsächlich gibt. Was der Mensch in Gn 3, 12 vorbringt, stimmt. Die Schuld ist gemeinsam begangen worden. Der Handlungszusammenhang besteht wirklich; nur daß der Mensch darin nicht eine Ausweitung seiner Zuständigkeit und Verantwortung für den Nächsten erblicken will, sondern ein Alibi, um die Schuld im Grunde zu eliminieren, das macht die ganze Berechtigung dieser Betrachtung hinfällig. Die Flucht vor dem Eingeständnis der Schuld verfestigt die Schuld endgültig. Zwar nimmt Gott den Faden der Zusammenhänge auf, die zu der Tat führten; er erkennt an, daß es diese Verbindungen gibt; aber im Unterschied zum

Menschen bleibt es für ihn ein Nachgehen in der Schuld, nicht ein Abgehen vom Unschuldigen zum Schuldigen.

Gn 3, 13a: „Jahwe der Gott sprach zum Weib: Was hast du da getan!" (Buber) Gott geht also auf die Antwort Adams ein, nur daß er den Nebensatz von 3, 12 — das Weib, das du mir beigegeben hast — übergeht. Er gibt in seiner Frage bzw. seinem Vorwurf an die Frau sogar ausdrücklich zu, daß Adam nicht allein für sich gesündigt hat. Einen Augenblick lang scheint der Mensch wirklich entlastet, während in Wahrheit die Frage an ihn einstweilen nur verschoben, aber nicht aufgehoben ist. Es scheint Gott wichtig, gegenüber der kollektiven Rechtfertigung, der andere sei schuldig, jeden einzelnen für sein Tun zur Verantwortung zu ziehen. Jeder einzelne muß Stellung nehmen. Das „Drohende" (Gu 20) in der Frage aber veranlaßt die Frau, genauso ausweichend zu reagieren wie der Mann. Es gehört zur Angst in der Schuld, daß sie ein Bekenntnis unmöglich macht, sind doch hier Untersuchungs- und Strafinstanz in Gott identisch und läuft das Eingeständnis der Schuld scheinbar notwendig auf die Vollstreckung der angedrohten Todesstrafe hinaus.

Gn 3, 13b: „Das Weib sprach: Die Schlange verlockte mich, und ich aß." (Buber) Das Dilemma ist klar: die Tat kann nur wie angehängt, hintendrein, zugegeben werden, und auch das nur, nachdem die Schuld zunächst auf einen anderen abgewälzt worden ist. Der Mann und die Frau sind darin nun wirklich bis in das Wort hinein „solidarisch". Gott verlangt, daß die Schuld eingestanden werde, und es wäre der einzige Ausweg, sie vor Gott zu bekennen; aber wenn dieser Weg wirklich gangbar wäre, dürfte er nicht von der Angst vor der Strafe blockiert sein. Selbstrechtfertigungsversuche, Sichversteckthalten, versteckte Anklagen gegen Gott, Scham, Angst, das Suchen nach dem Schuldigen außerhalb der eigenen Person, Ablehnung der Verantwortung in Richtung auf den anderen und schließlich auf Gott selbst, — dies ist das undurchdringliche Ensemble der Hilflosigkeit der Menschen, die jetzt nackt vor ihrem Gott stehen und die sich doch mit Feigenblättern zu schützen suchen. Gunkel sagt zurecht, daß Gott hier gleich einem „scharfsinnigen Untersuchungsrichter" (20) auftritt, der die Zusammenhänge freilegt; aber das eigentliche Thema von 3, 8—13 ist doch nicht der göttliche Feinsinn, sondern das Schicksal des Menschen, seine Unfähigkeit, in seiner Furcht vor dem Untersuchungsrichter Gott mit seinen drohenden Fragen ein Geständnis abzulegen; das erst begründet die Notwendigkeit, daß Gott den ganzen Zusammenhang der gegenseitigen Beschuldigungen in dem gemeinsamen Handlungszusammenhang der Schuld durchgehen und freilegen muß. Es gibt, wo Gott die Untersuchung führt, kein Sichverstecken und kein Ausweichen, obwohl gerade vor ihm die Menschen in der Schuld die Verantwortung von sich möglichst weit wegschieben möchten.

Bei der Schlange angelangt, kommt die Bewegung nun zum Stillstand. Die Schlange beruft sich auf nichts mehr. Für ihr Handeln gibt es von Anfang an kein Motiv. Es bleibt dabei, daß J keine Ableitung der Sünde im Sinne der Angabe eines Herkunftsprinzips kennt. Statt das Böse zu begründen, beschreibt er mit außerordentlicher Schärfe der Beobachtung den Prozeß, durch den die Menschen das Böse tun; er tut dies „durch seine . . . höchst komplizierte Seelenmalerei, durch die Kunst, intimste Stimmungen in schlichtem Worte oder in einfacher Handlung wiederzugeben, durch die schöne (! d.V.) Folgerichtigkeit der Begebenheiten und durch die geniale Disposition“ (Gu 27), wie Gunkel treffend bemerkt. Freilich, die gezeigte „Folgerichtigkeit“ „schön“ zu finden, heißt über der ästhetischen Bewunderung des erzählerischen Genies von J das theologische Anliegen zu vergessen und an der existentiellen Auseinandersetzung vorbei die Exegese zu betreiben. Wenn die Menschen derart „folgerichtig“ in die Sünde geraten, wenn sie derart hilflos ihrer Angst ausgeliefert sind, wenn sie wirklich sündigen wie Kinder, — was gerade nicht heißt, daß sie eine Kindersünde begehen! — wo liegt dann in diesem furchtbaren Prozeß die Schuld? Alles geht seinen unheimlichen Gang, der bei allem Verständnis für den Ablauf nur noch rätselhafter wird. Der eigentliche Ursprung des Bösen verliert sich in den Abgründen der Schöpfung Gottes selbst. Es gibt dafür keine Er-Klärung; es gibt nur eine Klärung dessen, was im Menschen vor sich geht, wenn er sündigt, wie es „typisch“ ist für das menschliche Verhalten in der Sünde und in der Schuld. Es ist ja nicht das Bild einer historischen Vergangenheit, das hier gemalt wird, sondern eine Darstellung der grundlegenden Strukturen im Sein und Leben des gegenwärtigen Menschen. Und die Frage Gottes geht in Adam an einen jeden: „Wo bist du?“ Und unsere Antwort ist: „‚Ich habe mich versteckt‘, und damit beginnt der Weg des Menschen.“ (M. Buber: Der Weg des Menschen, in: Werke III 717) Er kann sich nicht entschuldigen mit etwas anderem, als er selbst ist. „Er soll nicht auf andere zeigen, sondern auf sich selbst.“ (D. Arenhoevel: Ur-Geschichte. Genesis 1—11, S. 57)

c) Das bestrafte Leben (3, 14—19)

Wir haben schon gesehen, daß die Strafworte eine zu Gn 2 gegenläufige Darstellung des Menschenlebens darstellen und zeigen, wie das menschliche Leben jetzt, in der Ferne von Gott, beschaffen ist und wie das, was nunmehr die Grundlage des menschlichen Lebens ausmacht, ganz und gar dem widerspricht, was ursprünglich von Gott mit diesem Leben gemeint war und was es in der Nähe Gottes sein würde. Die Worte in 3, 14—19 sind „der eigentliche Ziel- und Höhepunkt, auf den die Erzählung (von Anfang an) ausgerichtet war." (v. Rad 74; 9, 65 korrigiert: „in ihrer jetzigen Gestalt") Das menschliche Dasein, so wie es jetzt ist, steht unter dem Strafgericht Gottes; es ist ein verbanntes, vertriebenes und heimatloses Leben. Dies (3, 23) ist „die eigentliche und die ursprüngliche Strafe" (We 367), während die 3, 14—19 ausgesprochenen Strafen sich wie Einzelaufnahmen der Mühsal und vielfältigen Plage des menschlichen Daseins ausnehmen. Sie sind in sich „ätiologisch zu verstehen" (v. Rad 74; 9, 65), „als Antworten auf bestimmte Fragen" (Gu 20), aber es ist in der Aussageabsicht von J das Schwergewicht nicht auf die einzelnen Motive der Strafworte zu legen, sondern auf den Duktus des Ganzen, innerhalb dessen die einzelnen Sanktionen als Verdeutlichungen der einen Kernaussage von der Vertreibung aus dem Garten zu werten sind; ihr Hauptziel liegt in der antitypischen Entgegensetzung zu Gn 2, indem sie zeigen, wie die wesentlichen Strukturen des menschlichen Lebens ihre Qualität zum Gegenteil hin verändern, wenn der Mensch von Gott getrennt ist. Die Reihenfolge der Strafworte 3, 14—19 geht den Weg der gegenseitigen Anschuldigungen wieder zurück und stellt somit die Reihenfolge der Handlung wieder her; gleichzeitig kehrt sich darin der Aufbau von Gn 2 um (s.o.).

So beginnt es mit dem Wort über die Schlange.

Gn 3, 14—15: „Jahwe der Gott sprach zur Schlange: Weil du das getan hast, sei verflucht vor allem Getier und vor allem Lebendigen des Feldes, auf deinem Bauche sollst du gehen und Staub sollst du fressen alle Tage deines Lebens, Feindschaft stelle ich zwischen dich und das Weib, zwischen deinen Samen und ihren Samen, er stößt dich auf das Haupt, du stößest ihm in die Ferse." (nach Buber) Zunächst geht es hier ätiologisch um die sonderbare Bewegungsart der Schlange und die jedem Wüstenbewohner bekannte Feindschaft ('jbh) zwischen den Menschen und den hinterhältig irgendwo im Sand verborgenen Reptilien. Im Zusammenhang von Gn 3 aber kann davon nicht abgesehen werden, daß die Schlange eine besondere Rolle spielt und offenbar weiterspielen wird. Es wäre zu vordergründig, die Feindschaft zwischen den Nachkommen des Weibes und der Schlange rein auf den Bereich des äußeren Kampfes zwischen Mensch und Tier zu beschränken (so O. H. Steck: Die Paradieserzählung, 112). Richtig bemerkt W. Trilling: „Die Schlange wird doch nicht nur als ein Tier unter anderen verflucht, sondern als der Verführer und Feind Gottes und als der Feind des Menschen, wie sie in Vers 1—5 geschildert ist! Es ist exegetisch unmöglich und unhaltbar, die Strafworte in einem vordergründigen ätiologischen Sinn aufgehen zu lassen und erklären zu wollen." (W. Trilling: Denn Staub bist du, 51)

So soll mit dem ätiologisch orientierten Fluchwort über die Schlange in der Redaktion des J doch wohl gesagt werden, daß der Kampf, der in Gn 3, 1—5 begonnen hat, weitergehen wird, und zwar unbeendbar, ohne Sieg für eine der beiden Parteien. Das Böse, verkörpert in der Schlange, wird dem Menschen gerade in dem Augenblick zur tödlichen Gefahr werden, wo der Mensch es vernichtend zu treffen meint. So findet ja der Kampf zwischen Mensch und Schlange statt: daß der Mensch zutritt und den Sieg schon zu haben glaubt, während er gerade so hinterrücks in die Ferse (ʿqb) gebissen wird. Der Mensch hofft des Bösen Herr zu werden, aber gerade so setzt er sich erneut dem Bösen aus. Die Gefahr des Bösen wird ihn gerade dann erneut bedrohen, wenn er vor der Hand meint, damit fertig geworden zu sein. Indem man die überlieferten Fluchworte nur als Ätiologie des Rätselwesens Schlange liest, übersieht man, daß es in dem Fluch über die Schlange wesentlich um den Menschen geht, so wie 3, 17 der Acker verflucht wird und der Mensch darin gemeint ist. (Vgl. den australischen Mythos von Balu und seinen Schlangen.) Vor allem aber verschließt man sich so der Erkenntnis, daß die ganzen folgenden Kapitel der j Urgeschichte, wie wir noch sehen werden, m.E. auch den Sinn haben, darzustellen, wie dieser vergebliche Kreislauf im Kampf gegen ein Böses beschaffen ist, das gerade dann wieder zum Zuge kommt, wenn es besiegt zu sein scheint. Die Schlange ist dazu verflucht, aussichtslos gegen den Menschen zu kämpfen, dieser aber ist der Widerpart des Fluches: er muß gegen das Böse kämpfen, das er frontal attackiert, während es ihn noch gefährlicher von hinten wieder bedroht. Das hebräische Wort „Ferse" (ʿqb) hat für hebräische Ohren unüberhörbar einen Anklang an das Wort für „trügerisch", „hinterlistig" (ʿqb), ja, ohne Vokalisation und Beachtung der Wortstellung wüßte man gar nicht zu unterscheiden, ob es heißen soll „du stößt ihm in die Ferse" oder „du stößt ihn — hinterlistig".

Die Überlistung des Menschen von Gn 3, 1—7 wird weitergehen. Und wohl wird J künftig nicht mehr von der Schlange sprechen, aber die Art, in der er das Ringen des Menschen mit dem Bösen schildert, wird genau diese Struktur haben: der Mensch stößt nach dem Bösen, und im gleichen Augenblick stößt das Böse heimtückisch nach ihm, und zwar genau in das Organ, mit dem er das Böse vernichten wollte. Das zweimalige „Stoßen" (šwp) macht die Wechselseitigkeit dieses aussichtslosen Ringens, den dauernden Kreislauf dieses Kampfes, deutlich.

Man hat in dieser Stelle, gestützt auf eine unzureichende Interpretation des „Samens" der Frau und in falscher Übersetzung des hebräischen šwp als „zertreten" statt „stoßen" sowie mit Hilfe einer falschen Lesart (hj' statt hw'), eine erste Verheißung des künftigen Erlösers (Christus, Maria) sehen wollen (dazu noch einmal, hoffentlich endgültig, We 354—355). Davon kann in 3, 15 keine Rede sein. Nicht eine Verheißung, sondern eine Verfluchung wird hier ausgesprochen. Wer unbedingt schon an dieser Stelle ein Stückchen Hoffnung sehen will, mag allenfalls anführen, daß immerhin von Gott das Bündnis zwischen Mensch und Schlange zerbrochen wird (so Gu 21); es wird keinen Pakt im Bösen gegen Gott geben, und der Mensch wird niemals so in das Böse hineingezogen werden, daß er sich schon ganz und gar damit identifiziert; wohl aber, das ist der Sinn der Stelle, wird er immer wieder vergeblich und in letzter „Hoffnungslosigkeit" (v. Rad 75; 9, 66) dagegen ankämpfen und gerade dann vom Bösen gebissen werden, wenn er meint, es zerstoßen zu können. (Ein ausführlicher Versuch zur Rechtfertigung von 3, 15 als Protoevangelium bei P. Morant: Die Anfänge, 181—192)

Freilich mag auch in der Demütigung der Schlange etwas Hoffnung für den Menschen liegen. Ihre Verfluchung zum Staubfressen ist, neben der ätiologischen Bedeutung, auch ein „Symbol für Ohnmacht" (D. Arenhoevel: Ur-Geschichte, 56), ein „Zu-Boden-Werfen", das den Stolzen trifft (z.B. Job 40, 12.13; Mi 7, 17). Das Wesen, durch das das Böse über den Menschen kam, ist letztlich vor Gott ohnmächtig. Zugleich gilt die Schlange nach Lv 11, 42, weil sie auf dem Bauch kriecht, als unrein. (E. Haag: Der Mensch am Anfang, 63) Das darf jedoch nicht dazu verleiten, bei der Schlange an den Satan zu denken. Das AT kannte keinen „Teufel", und man mußte offenbar eine lange Zeit in der Geschichte der Offenbarung Gottes uneingeschränkt erst an Gott selber glauben lernen, ehe der Gedanke an ein Wesen „gegen" Gott ohne dualistische Mißverständnisse aufgegriffen werden konnte. So wenig eine bloß ätiologische Auffassung des Fluchwortes über die Schlange der Aussageabsicht der Stelle gerecht wird, so verkehrt wäre es, die Schlange als Symbol einer persönlichen Macht auffassen zu wollen. Dafür spricht der Text zu deutlich auch von dem Tier Schlange. „Der Teufel geht nicht auf dem Bauche und frißt keinen Staub." (Zit. bei Gu 21) Das schließt jedoch nicht aus, daß in der Schlange auch eine Personifikation und Symbolisierung des Bösen vorliegt: so wie in der Schlange tritt es in Erscheinung.

Nach der Verfluchung der Schlange schreitet Gott nun zur Bestrafung der Frau. War diese in ihrem Samen bereits im Fluch über die Schlange mitgemeint, so geht es jetzt direkt gegen sie:

Gn 3, 16: „Zum Weibe sprach er: Mehren, mehren will ich deine Beschwernis, deine Schwangerschaft, in Beschwer sollst du Kinder gebären. Nach deinem Mann sei deine Begier, er aber walte dir ob." (Buber) „Gerade dort, wo die Frau die Erfüllung ihres Lebens, ihre Ehre und ihre Freude hat, in ihrem Verhältnis zu ihrem Mann und als Mutter ihrer Kinder, gerade dort ist . . . Schmerz, Last, Beugen und Unterordnung." (We 358) Das ganze Gewicht erhält diese Feststellung auf dem Hintergrund von 2, 23.24; denn „geradezu in Entgegensetzung zu 2, 23 f" wird hier die Beziehung der Frau zum Mann aufgegriffen. (O. H. Steck: Die Paradieserzählung, 112—113) Gerade wenn es zutrifft, wie Westermann meint, daß hier ursprünglich eine „Spendeformel" aus den Initiationsriten verarbeitet ist, so ist der Akzent, den der Vers in der Komposition von Gn 2—3 jetzt erhält, ganz deutlich: die Frau wird gerade durch das bestraft, was als ein „Segen" für sie gemeint war; das, was sie auszeichnen sollte, wird Gegenstand ihrer Bestrafung. „Der positive Unterton", den Westermann hier zu hören meint (We 358), ist nur das Echo der Erinnerung an das, was hätte sein können, und kann die „Beschwernis" über das, was nach Eintritt der Schuld jetzt ist, nur umso schwerer machen. Am deutlichsten wird dies an der Veränderung im Verhältnis von Mann und Frau: die Bestimmung zur Gemeinsamkeit der Liebe verkehrt sich jetzt für die Menschen, die sich ihrer Nacktheit voreinander schämen müssen, in ein Verhältnis des Herrschens (mšl) und des Unterdrücktwerdens, und für die Frau, der es vergönnt war, daß der Mann ihr anhange (2, 24), verändert sich jetzt ihr natürliches Verlangen zum Mann bis dahin, daß Gunkel als Sinn der Stelle formulieren kann: „das Weib begehrt ihre eigene Sklaverei!" (Gu 22) Der „Mann, nach dem die Frau verlangt, ist ihr Herrscher!" (O. H. Steck: Die Paradieserzählung, 113) Dies trifft die Frau umso schwerer, wenn man hinzunimmt, daß sie nicht nur in ihrem Dasein als Frau bestraft wird, sondern daß sie nach dem traditionsgeschichtlich vorgegebenen Inhalt der Versuchungsgeschichte auch als Frau gesündigt hat. Nach wie vor ist Gunkel von der Motivgeschichte her zuzustimmen, wenn er von der Sünde des Weibes sagt: „sie hat ihr *Geschlecht* durch eine Sünde erkannt; *geschlechtlicher* Verkehr wird die unausbleibliche Folge sein, und das Weib wird Kinder bekommen" (Gu 22). Der Redaktion von J entsprechend stellt Gn 3, 1—7 den Abfall von Gott, nicht den Verkehr von Mann und Frau dar; aber deutlich ist, daß J die Strafe Gottes auf das richtet, was die Frau als Frau ist. Die Strafe Gottes trifft die Frau total. Mann und Frau, die füreinander bestimmt sind, werden weiter aufeinander bezogen bleiben, aber nicht zum Guten der Frau, sondern zum Bösen. Und nach wie vor wird von der Frau selber das Verlangen (tšwqh „Wollust" von šwq — arabisch š'q gelüsten; Gesenius 815) ausgehen, das sie nunmehr ins Unglück bringt.

Desgleichen trifft den Mann das Fluchwort in gerade der Bestimmung, die er in 2, 15 von Gott erhalten hat.

Gn 3, 17—19: „Zu Adam sprach er: Weil du auf die Stimme deines Weibes gehört hast und von dem Baum gegessen hast, den ich dir verbot, sprechend: Iß nicht davon!, sei verflucht der Acker um deinetwillen, in Beschwer sollst du von ihm essen alle Tage deines Lebens. Dorn und Stechstrauch läßt er dir schießen, so iß denn das Kraut des Feldes! Im Schweiß deines Antlitzes magst du Brot essen, bis du zum Acker kehrst, denn aus ihm bist du genommen. Denn Staub bist du und zum Staub wirst du kehren" (Buber). Die Begründung der Verfluchung, die das redaktionelle Werk von J darstellt, klagt Adam dafür an, daß er auf das Weib, das Gott ihm gegeben hat, mehr gehört hat als auf Gott selbst. Der Gehorsam zu Gott hätte verlangt, auf das Angebot (oder den Wunsch) der Frau nicht einzugehen und ihr die Gemeinsamkeit im Tun zu versagen. Wohl ist es also wahr, daß die Menschen aufgrund der Bestimmung zur Gemeinsamkeit auch in der Schuld zusammenhängen, aber es ist die Schuld des eigenen Handelns, die Schuld des anderen zu übernehmen. Schon dies allein läßt die Meinung Westermanns fragwürdig erscheinen, J habe Gn 2 besonders deshalb Gn 3 vorgeschaltet, um den „Menschen in seinem Miteinander" (We 262) zu zeigen und „das urzeitliche Geschehen von Schuld und Strafe als ein den Menschen in der Gemeinschaft betreffendes Geschehen darzustellen" (We 265); denn zwar verändert die Schuld vor Gott die Art der menschlichen Gemeinschaft radikal, aber daß es eine solche Gemeinsamkeit der Schuld überhaupt gibt, ist von Gott ausdrücklich als eigentlicher Vorwurf gegenüber Adam ausgesprochen. Daß zwischen Gotteswort und Menschenwort nicht unterschieden wurde, ist die Anklage Gottes gegen Adam; und ausdrücklich läßt J in einer gewichtigen Wiederholung Gott noch einmal Adam sein Wort vor Augen stellen, das er hätte beachten müssen auch den Worten der Frau gegenüber.

Indirekt liegt darin so etwas wie eine Antwort, die J sich selbst auf die Rechtfertigung des Menschen in 3, 12 gibt. Der Mensch, für den das, was die Frau ihm gab, nicht zu unterscheiden war von dem, was Gott ihm gab, so daß er die Annahme des einen mit dem anderen meinte entschuldigen zu können, sündigte gerade dadurch, daß für ihn das Geschenk eines Menschen und das Geschenk Gottes gleichbedeutend waren. Seine Sünde war, nicht zwischen Gott und Mensch zu unterscheiden und schon zu meinen, das Sprechen und Tun des anderen sei selbst wie das Wort Gottes, und dies umso tragischer, wenn E. Haag recht hat, daß die Schlange sich absichtlich an die Frau heranmachte, weil diese die „wahre Hilfe ... zur Überwindung des geschöpflichen Alleinseins" (E. Haag: Der Mensch am Anfang, 178) für den Menschen war und also doppelt verführerisch werden konnte.

Dann folgt das wiederum stark ätiologisch ausgerichtete Fluchwort über den Acker. Wie in Gn 2 Mensch ('dm) und Acker ('dmh) vom Ursprung her eine Einheit bildeten, so bleiben sie auch jetzt im Negativen eine Einheit; wieder ist das Verhältnis das gleiche: daß die von Gott geschaffenen Dinge und Einrichtungen bleiben wie sie sind, aber nun, nach der Schuld des Menschen, sich vom Guten ins Böse wandeln, und zwar für den Menschen, denn auf ihn zielt das Wort über den Acker. Eingeschaltet in den ursprünglichen Fluch über den Acker und den Menschen (3, 17bα. 18a. 19a.b.) ist die Bemerkung 3, 17bβ: „in Beschwer sollst du von ihm (sc. dem Acker, d.V.) essen alle Tage deines Lebens", die nicht nur die Beziehung zwischen Mensch und Acker unmittelbarer gestaltet, sondern auch mit dem Leitwort „Beschwer" die Verbindung zu dem Strafwort über die Frau herstellt; so wird doch noch eine weitere Art von Solidarität in der Schuld sichtbar: zwar keine, um die Schuld aufeinander abzuwälzen, wohl aber eine, um sie in gemeinsamer Beschwer in ihren Folgen zu tragen. Während die Gemeinschaft des Mannes und der Frau von Angst und Scham, von gegenseitigen Schuldvorwürfen und der Unterdrückung und Beherrschung des anderen geprägt ist, gibt es doch etwas, das sie fortan gemeinsam haben: ihre Beschwernis und ihr Leid, das in den Versen 16 und 17, so wie J sie absichtlich gefügt hat, die Frau und der Mann miteinander teilen

Genau wie bei der Frau, besteht auch für den Mann die Strafe Gottes in dem, was er selbst in seinem Dasein ist. Wie bei der Frau sich die ursprüngliche Bestimmung unter der Strafe, die Gott ausspricht, in ihr negatives Gegenteil verkehrt, so wandelt sich beim Mann der Auftrag von 2, 15 in eine lebenslange Strafarbeit an einem Acker, der um seinetwillen verflucht ist. Die Arbeit, die ursprünglich eine Auszeichnung des Menschen war, wird jetzt ganz das, was in dem jiddischen Ausdruck „Maloche" noch vom hebräischen Wort „Arbeit" (ml'kh) übrig geblieben ist. Und immer wieder, wenn der Mensch findet, daß es eine „verfluchte Arbeit" und ein „verfluchtes Land" ist, das er in Mühsal zu bebauen hat, wird er sich sagen müssen, daß es nur an ihm selber liegt, daß die Dinge ihm fortan feindselig und sperrig gegenübertreten. Die Maßlosigkeit seines eigenen Verlangens hat ihm den „Dorn und Stechstrauch" (V. 18) schießen lassen. Denn deutlich wird das Leitwort „essen" in Strafbegründung und -vollstreckung hervorgehoben (5×): der Mann wird durch das bestraft, was er getan hat, und in dem, wozu er bestimmt war. Weil er verlangte, wozu er nicht bestimmt war, und von der Frucht aß, die er nicht essen durfte, verwandelt sich jetzt alles Eßbare für ihn, entgegen seiner ursprünglichen Bestimmung, in Mühsal und Beschwernis. Der Mensch, der sich eine „Erkenntnis zur Daseinsbewältigung" erhoffte, wird sich sein Lebtag lang zu plagen haben, um sein Dasein zu „bewältigen". Er ist (V. 18) mit einem Mal Daseinsbedingungen ausgesetzt, die für ihn ursprünglich in der Gemeinschaft mit Gott nicht bestanden und die die Folge eben des Anspruches sind, der den Menschen in die Sünde trieb.

Den Sinn des zweiten redaktionellen Einschubs in 18b wird man nur verstehen, wenn man die Voranstellung des „Essens" berücksichtigt, wie sie Buber sehr treffend übersetzt: „so iß denn". Was Gott als Strafe ausspricht, ist wie ein Hohn auf den Menschen, der ja unbedingt „essen" wollte; paraphrasierend könnte man sagen: er soll ruhig haben, was er will; er soll ruhig essen — nämlich das Kraut eines verfluchten Ackers. Wie man sieht, handelt es sich um genau die gleiche Ironie wie in 3, 5—3, 7: wie sich dort erfüllte, was man wollte (die Augen wurden aufgetan), aber gerade darin das Furchtbare lag (sie erkannten, daß sie nackt waren), so besteht die Strafe über den Menschen in einer bitteren Ironie eigentlich nur darin, daß er bekommt, was er haben will — und doch ist das, was er bekommt, etwas ganz anderes, ja, gerade das Gegenteil von dem, was er verlangte. Meisterhafter läßt sich durch keine „Redaktion" andeuten, wie sehr die Sünde ihre Strafe in sich selber trägt, ja, wie die Strafe eigentlich darin besteht, daß die Sünde erreicht, wonach sie strebt. Der Mann wollte ja essen — nun gut, dem Manne kann geholfen werden. Um den Text so zu lesen, ist es allerdings vonnöten, in der „Redaktion“ nicht nur „Dorn und Stechstrauch“ im Ackerland der Exegese zu sehen und eine bloße „Beschwer“ für die Arbeit der Formgeschichte, sondern gerade den Akzent auf das zu legen, was sinndeutend zu der Überlieferung hinzutritt. Im „Redaktor“ redet Gott mit uns.

Entsprechend steht es mit dem „Zusatz“ in 19c. Ursprünglich handelt es sich dabei wohl um einen mšl, ein Sprichwort, das aussagte, der Mensch gehöre „in seinem Woher und in seinem Wohin dem 'Staub' an“ (We 362). In seiner jetzigen Komposition aber kann die Deutung dieses Verses nicht auf diese Feststellung beschränkt bleiben. Bereits die Einleitung „denn“ (kj) zeigt, daß in diesem Satz der Grund für die Verse 19a.b gesehen werden soll. Zudem nimmt der Vers ausdrücklich noch einmal das „Kehren zum Acker“ auf; ja, er ist mit 19b in der vorliegenden Fassung so eng verbunden, daß 19b und 19c („bis du zum Acker kehrst, denn aus ihm bist du genommen. Denn Staub bist du und zum Staub wirst du kehren“) zusammen einen synonymen Parallelismus membrorum bilden, der chiastisch gestellt ist und in dem das „bis du zum Acker kehrst“ interpretiert wird als „zum Staub wirst du kehren“. Dann kann es für die Analyse der Aussageabsicht des jetzigen Textes nicht richtig sein, wenn Westermann davon ausgeht, daß — was ursprünglich richtig sein dürfte — V. 19b „streng auf 19a bezogen“ (We 361) und also von 19c zu trennen sei. Westermann meint, V. 19a.b mit der Wendung „bis du zum Acker kehrst“ spräche ursprünglich nicht vom Tod als einer Strafe; lediglich sei gemeint, daß die Mühsal des Lebens erst mit dem Tod endet (We 361); freilich wäre dann eher die Wendung „alle Tage deines Lebens“ (kl jmj ḥjjk) zu erwarten, die gerade in V. 14—19 bevorzugt gebraucht wird (14.17); und vor allem übersieht Westermann, daß in der jetzigen Fassung das Achtergewicht des Satzes gerade auf dem Interpretament von 19c liegt. Da Westermann V. 17—19 erklärtermaßen „ohne die Hinzufügungen“(!) exegesiert (363), gelangt er bei der bloßen Analyse der „zugrunde liegenden Motive“ selbstredend zu dem Ergebnis, daß der Tod „in 3, 19 nicht Strafe für die Übertretung des Menschen“ ist (We 363); nachdem er die Verse vollständig von dem Kontext der Strafrede gelöst hat, findet er darin mit Recht lediglich einen „Realismus“ (We 361) des Lebens ausgesprochen, in dem sogar „etwas Positives“ (We 363) darin anklingt, daß der Mensch ja auch „am Ende der mühevollen Arbeit“ (We 363) „alt und lebenssatt“ sterben kann (We 363). Das heißt nichts anderes, als daß die redaktionsgeschichtlichen Überlegungen absichtlich so weit vernachlässigt werden, daß die Aussageabsicht des J, bzw. des Redaktors, die gerade in den „Hinzufügungen“ und in der Komposition deutlich wird, unberücksichtigt bleiben muß und daß damit das, was theologisch gemeint ist, auf das Niveau eines ätiologischen „Realismus“ zurückfällt.

Im Zusammenhang des Textes ist hingegen davon auszugehen, daß 3, 19 den Abschluß der Strafreden darstellt. Dann kann kein Zweifel sein, daß hier der Tod als Strafe über den Menschen verhängt wird, und zwar nicht als unmittelbares physisches Sterben, sondern als Kennzeichnung des Lebens, wie es in der Ferne von Gott ist. (Vgl. W. Trilling: Denn Staub bist du, 54; H. W. Wolff: Anthropologie des Alten Testaments, 172—173; 322) Deutlich erinnert 19b („denn aus ihm — dem Acker — bist du genommen“) an 2, 7 und hebt gerade durch das, was jetzt fehlt, hervor, worin die Strafe liegt: hieß es damals, daß der Mensch vom Staub der Erde genommen wurde und Gott ihm den Odem des Lebens einblies, so ist jetzt nur noch die Rede davon, daß er vom Staub genommen ist (19b), daß er mithin selber „nur“ Staub ist (19c). (Vgl. Job 34, 14.15; Job 12, 7—10) Wenn der Mensch in 3, 7 erkannte, daß er, nachdem er sich von Gott entfernt hat, „nackt“ ist, so wird ihm jetzt gesagt, daß er „Staub“ ist. Und diese Reduktion seines Lebens aufs „Staubsein“ ist die Strafe seines Abfalls von Gott.

Versteht man das Geschaffensein aus dem Staub als Ausdruck der „Kontingenz“ (O. H. Steck: Die Paradieserzählung, 79), so kann man sagen, daß die Strafe Gottes auch hier darin besteht, daß der Mensch in das zurückfällt, was er ohne Gott ist. Sein ganzes Dasein wandelt sich zu einem „Sein zum Tode“. Sein ganzes Dasein ist jetzt, ohne Gott, ein Kreislauf vom Staub zum Staub, ein letztes und notwendiges Scheitern: was der Mensch tut und was er ist, endet im Staub, in einem „düsteren Ende, in dem unweigerlich alles Lebendige zu Staub ... zurückfällt! Das ... wird in sein Bewußtsein gerückt und er muß von diesem Wissen sein ganzes Leben überschatten lassen.“ (v. Rad. 77; 9, 68) Mit all seinen Mühen wird er vor dem Tod zu fliehen suchen, der umso sicherer nur auf ihn wartet. All seine Mühsal, die er eingeht, um am Leben zu bleiben, wird sein Leben verschleißen, bis er stirbt. Mit den Erträgen, die er im Schweiß dem Acker abringt, wird er sich am Leben zu erhalten suchen, aber der um seinetwillen verfluchte Acker wird des Menschen Schicksal sein: das, wovon er sich ernährt, ist das, worin er sich verwandelt. Mit den Worten E. Ionescos: „... hinter alledem der Gedanke: Ich lebe nicht, das Leben geht vorüber. In jeder Frucht unausweichlich der Kern der Angst, der Gedanke an den Tod ... Es ist, als sähe ich am hellen Tag die Nacht.“ (E. Ionesco: Tagebuch, 156)

Wenn darin „etwas Positives“ liegt, dann höchstens im Sinne von Job 10, 9, daß in der grenzenlosen Armut des Menschen, wie sie jetzt offenbar geworden ist, fast schon wieder so etwas liegt, wie der Anspruch eines Bettlers auf Gnade — wobei die Kehrseite in Job 7, 20.21 zu sehen ist: daß es beinahe wie eine Erlösung wäre, zum Staub zurückkehren zu dürfen, um die Mühsal dieses bestraften Lebens abzuschütteln.

Die Frage, wie denn die Warnung Gottes vor der Todesstrafe (2, 17) sich dazu verhalte, daß die Menschen doch nach der Sünde am Leben bleiben (vgl. v. Rad 77; 9, 68), setzt eigentlich voraus, J habe in Gn 2 ein Bild der „Unsterblichkeit“ im Sinne der physischen Freiheit vom Tod malen wollen; man vergißt dabei, daß 2, 17 im Sinne des J nicht gut 3, 19 widersprechen kann, sind doch beide Verse in ihrer Zusammenstellung Werk des Redaktors. Man wird dann wohl befugt sein, die Warnung vor dem Tod in 2, 17 so aufzufassen, wie sie in 3, 19 erscheint: das Dasein in der Ferne von Gott und unter der Strafe Gottes ist ein Sein zum Tode, ein Kreislauf der Vergeblichkeit von Staub zu Staub, ein Wirken im Vergänglichen und Flüchtigen, ein durch und durch demütigendes und gedemütigtes Dasein (vgl. Gu 23) ohne Hoffnung und Ertrag; zu einem solchen Leben, das kein Leben ist, war der Mensch in der Gemeinschaft mit Gott nicht berufen; und die Warnung Gottes sollte ihn davor bewahren zu erkennen, was er und sein Leben ist, wenn er sich von Gott getrennt hat. „Die Rückkehr zum Staub bezeichnet ... den totalen Verlust all jener Vorzüge des menschlichen Daseins, die in dem von Jahwe gesetzten Anfang beschlossen sind“ (E. Haag: Der Mensch am Anfang, 184; dies auch gegen H. Haag: Biblische Schöpfungslehre und kirchliche Erbsündenlehre, 52—53). Wie in dem Mythos von Balu und seinen Schlangen, sind die Menschen dazu verurteilt, *aus* Angst vor dem Sterben *in* Angst vor dem Sterben zu leben. Das bedeutet es, ohne Gott leben zu müssen: daß die Todesangst das Leben auffrißt. Wie man diese tödliche Verzweiflung kultivieren kann, davon erzählt das Buch der Weisheit 2, 1—9: „Laßt uns die Rosenflechten tragen, ehe sie verwelken ...“ (Weish. 2, 8)

Kein Gedanke ist also daran, daß Gott etwa seine Strafe gemildert hätte, weil er die Menschen nicht auf der Stelle sterben läßt, denn darum geht es nicht. J will in Gn 2 und Gn 3 den Kontrast aufzeigen zwischen der eigentlichen Bestimmung des Menschen und dem, was in der Abwendung von Gott grundlegend seine Wirklichkeit bestimmt; er möchte deutlich machen, daß das gegenwärtige Leben mit der dunklen Aussichtslosigkeit des Todes vor Augen, mit seiner Sinnlosigkeit und Vergeblichkeit des Wirtschaftens von Staub zu Staub das Los von Menschen sein muß, die sich, und zwar gegen das ausdrückliche Wollen und Warnen Gottes, von Gott entfernt haben; erst Abraham (25, 8), Isaak (35, 29) oder der getreue Job (42, 17) sterben „alt und lebenssatt". In der Urgeschichte des J aber wird das nicht einmal von Noah gesagt (9, 29), wenn dieser Vers zu J gehört.

d) Die verbannten Kinder Evas (3, 20—24)

Im Anschluß an die Strafworte Gottes folgt ein Vers, der, gerade weil er offensichtlich eingeschoben ist, wieder für die Aussage von Gn 3 wichtig ist.

Gn 3, 20: „Der Mensch rief den Namen seines Weibes: Chawwa, Leben! Denn sie wurde Mutter alles Lebendigen" (Buber).

Ursprünglich scheint Gn 3, 20 eine „Stammbaumnotiz" gewesen zu sein, die Anlaß zur Namengebung der Mutter bot (We 364). Der Name der Mutter aller Lebenden oder Urmutter könnte der Name einer Schlangengöttin gewesen sein; der aramäische Ausdruck ḥwjh, „Schlange", der dem Hebräischen ḥwh ähnelt, würde dann zugleich ein Hinweis auf den außerisraelitischen Ursprung dieser Tradition sein (vgl. Gu 23). E. Haag denkt an eine ugaritische Urmutter vom Charakter einer Göttin (E. Haag: Der Mensch am Anfang, 67). Im jetzigen Zusammenhang wirkt der Satz sperrig, einmal, weil er die Geburt eines Kindes voraussetzt, was in Gn 3 nicht hineinpaßt und sich außerdem mit 4, 1 stößt, zum anderen, weil die Namengebung mit 2, 23 unvereinbar zu sein scheint. Dieser Widerspruch bleibt auch dann bestehen, wenn wir bedenken, daß motivgeschichtlich, z. B. in dem sudanesischen Mythos von Soko und den Schildkröten, die Fähigkeit, sich fortzupflanzen, untrennbar mit der Notwendigkeit zu sterben verbunden ist.

Wenn, wie anzunehmen ist, dieser Satz auf die Redaktion von J zurückgeht, so hat J also offensichtlich Widersprüche in Kauf genommen, die zu massiv sind, als daß man sie nur mit der Sperrigkeit des Traditionsmaterials erklären könnte. Die Frage muß vielmehr sein: was tut Gn 3, 20 an dieser Stelle trotz oder gerade wegen seiner scheinbaren Unverträglichkeiten zum Kontext?

Wie bei allen redaktionsgeschichtlichen Überlegungen ist zunächst von der Stellung des Satzes im Rahmen der Komposition von Gn 2—3 auszugehen, d. h., es ist zu beachten, daß in 3, 20 die Strafrede Gottes abschließt und zur Vertreibung aus dem Paradies überleitet. Dann kann die Absicht von J wohl nicht sein, in Widerspruch zu 4, 1 die Geburt eines Kindes vorauszusetzen oder zu berichten, sondern, in der Namengebung deutlich hervorgehoben, auf die kommende Geburt aller Menschen hinzuweisen bzw., entsprechend der Darstellungsart der Urgeschichte, das gegenwärtige Dasein aller Menschen als von diesem Ursprung stammend zu kennzeichnen. Wenn die Strafreden (V. 14—19) umfassend markierten, wie sich das Leben, wie es ursprünglich von Gott gemeint war, durch die Schuld des Menschen und nach seinen hilflosen Selbstentschuldigungen grundlegend verändert hat, so ist es jetzt wie eine Zusammenfassung und Deutung der gesamten Menschheitsherkunft, wenn J betont: „Chawwa, Leben!" Der Satz, der ursprünglich wohl freudig gemeint ist und einen Ehrentitel für die Frau darstellen dürfte, wird von den vorhergehenden Versen umgefärbt und bekommt eher die Aussagerichtung: da — das ist der Ursprung des Lebens. Es ist dann auch unschwer zu verstehen, was J mit der zweifachen Namengebung der Frau sagen will; weit davon entfernt, darin einen Widerspruch oder eine Ungereimtheit konstatieren zu müssen, scheint es vielmehr so zu sein, daß es für J wirklich zwei „Namen", zwei Wesensaussagen über die Frau gibt: sie ist als Frau (ischscha — 'šh) vom Ursprung her dazu bestimmt, das Gegenüber des Mannes (isch — 'jš) zu sein (2, 23); aber „Mutter aller Lebenden" ist sie so nicht; die Urmutter aller Menschen ist diejenige, die von Gott abgefallen ist und die ein Leben weitergeben wird, das von Gott bestraft ist. Dies ist die zweite Aussage, die es über das zu machen gilt, was den Menschen von Grund auf kennzeichnet. So ordnet sich auch der Kontrast zu 4, 1 ein: der erste Sohn der Stammeltern wird in der Verbannung geboren, und der erste, der geboren wird, ist Kain, der Mörder seines Bruders. Die Einfügung von 3, 20 hätte also in Verbindung mit V. 14—19 die Funktion, nach rückwärts (2, 23) und vorwärts (4, 1) deutlich zu machen, wie das menschliche Leben sich zu dem verändert hat, was es heute ist, daß alles menschliche Leben vom Ursprung her ein gefallenes und bestraftes Dasein ist und daß, wenn man die Fortsetzung in 3, 22—24 hinzunimmt, die Heimatlosigkeit und Abgewiesenheit das Straflos der gesamten Menschheit darstellt. Auf diese Weise fügt sich 3, 20 ohne Schwierigkeiten in den Duktus des Ganzen ein; allerdings wird man dann in 3, 20 nicht mehr so sehr den ursprünglichen Jubel über das Leben heraushören dürfen, sondern weit mehr den traurigen Kontrast zu 2, 23: so hat das Leben sich verändert! das heißt es jetzt zu leben! so ist aus der ischscha ('šh) die in Mühsal empfangende chawwa (ḥwh) geworden, die am Anfang allen menschlichen Lebens (chajja — ḥjh —) steht. Ein „Fortschritt" ist darin schon enthalten: das Leben wird seinen bitteren Lauf nehmen; aber von „Hoffnung" (W. Trilling: Denn Staub

Abb. 1

Zu Gn 3,1

Das Bild einer Schlange erscheint am Ischtar-Tor von Babylon, das von R. Koldewey ausgegraben wurde und zu den großartigsten Prunkbauten zählt, die Nebukadnezar II (605—562) errichten ließ. An diesem Tor, das Ischtar, der Göttin des Krieges, der Jagd, der Liebe und der Mutterschaft geweiht war, versammelten sich die Prozessionszüge, die über die Heilige Straße zu der Ziqqurat mit dem Marduktempel führten. Der Torbau war mit blauen Lapislazuli-Kacheln umgeben und zeigte in gelb-braunen Farben die Gestalten von Drachen und Stieren, die als Symboltiere von Marduk und Adad galten. Der Sirrusch, der Schlangengreif Marduks, war mit Klauen und Vogelkrallen bewehrt; sein geschuppter Leib trug auf einem langen Hals einen Schlangenkopf, dessen flacher Schädel mit einem Horn für den Angriff bewaffnet war. Marduk besiegte im Kampf die Tiamat und schuf den Menschen aus dem Blut des Dämons Kingu.

Abb. 2

Zu Gn 3,24
Greife (Kerube) bewachten das Tor zum Palast Assurnasirpals II. (884—859) in Nimrud (Kalach). A. H. Layard, der den Tell Nimrud in der Nähe des heutigen Mossul im Norden des Irak freilegte, sah in den Flügelstieren die Attribute der Allgegenwart (in den Schwingen des Vogels), der Kraft (im Körper des Löwen) und des Verstandes (im Kopf des Menschen) verkörpert. Noch im Mithraskult treten Stiergötter als Weltachsenwächter auf.

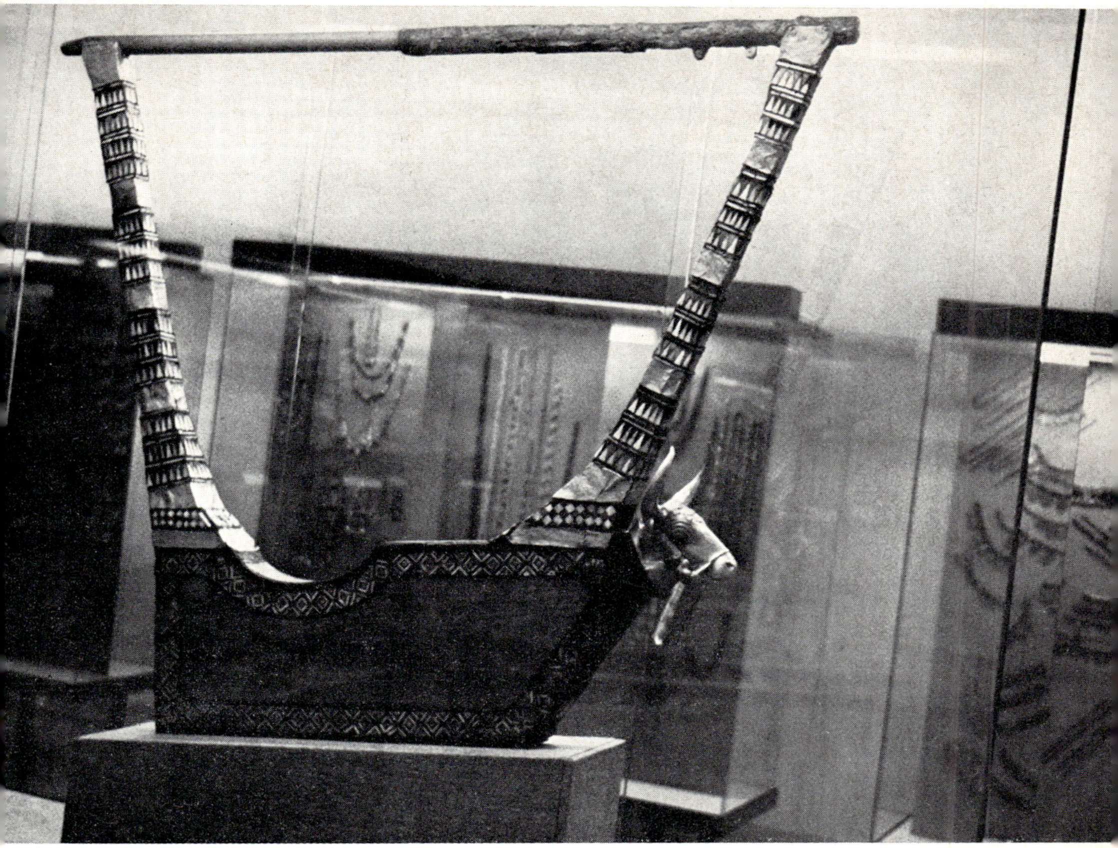

Abb. 3

Zu Gn 4,21
Eine Lyra aus der II. frühdynastischen Periode von Ur (2600—2400). Die Harfen und Leiern, die in den Königsgräbern von Ur gefunden wurden, waren oft in Stierform gefertigt und mit Blattgold, Perlmutt und Lapislazuli ausgelegt. (Iraq-Museum, Baghdad)

Abb. 4

Zu Gn 4,26
Die betenden Statuen aus Tell Asmar (um 2700—2600) sind aus gemasertem Gips hergestellt; ihre großen starren Augen und geometrischen Linien sind typisch für die Votivfiguren Sumers; in ihren Händen tragen sie Trankopferbecher. Möglicherweise handelt es sich bei diesen beiden Statuen um Darstellungen von Abu, dem Gott der Pflanzenwelt, und seiner Gattin. (Iraq-Museum, Baghdad)

Abb. 5

Zu Gn 6,2

Der indische Gott Krishna, eine Inkarnation Vishnus, hatte in seiner Jugend eine Vielzahl von Liebesabenteuern mit den anmutigen Gopis, den Hirtinnen, die ihn verehrten und auf seine Liebe stolz waren. Berühmt ist vor allem die Liebe zwischen Krishna und Radha, die bis heute die Liebeslyrik inspiriert und mystisch als Verhältnis der Menschenseele (als Radha symbolisiert) zu ihrem Gott gedeutet wird. Mythen von der Verbindung der Göttersöhne mit den Menschentöchtern sind in der Antike weit verbreitet. Die gezeigte Darstellung entstammt dem Krishna-Mandapam in Mahabalipuram (Südindien); 8. Jh. n. Chr.

Abb. 6

Zu Gn 6—8
Der Ararat liegt im NO der Türkei, dicht an der Grenze zum Iran und zur Sowjetunion. Mit 5172 m Höhe ist er der höchste Berg der Türkei; deshalb wohl sieht die Überlieferung der Priesterschrift in ihm den Ort, wo Noah nach der Sintflut die Arche verließ.

Abb. 7

Zu Gn 11,4
Die Ziqqurat von Ur wurde von Urnammu, dem Gründer der III. Dynastie von Ur, errichtet (2150—2100). Sie war dem Mondgott Nanna geweiht und zählt zu den besterhaltenen Tempeltürmen Mesopotamiens. Der innere Treppenturm war mit Ziegeln verkleidet; die auf dem Bild sichtbaren Kanalisationslöcher dienten dem Wasseraustritt während der Regenzeit und verhinderten ein Bersten des Lehmziegelkerns. Die schrägen Mauern waren durch flache Wandpfeiler gegliedert. Der Turm selbst war über drei Freitreppen zugänglich.

Zu Gn 11,9 Abb. 8

Dur Kurigalzu wurde zu Beginn der Kassiten-Herrschaft im 15. Jh. v. Chr. von Kurigalzu I. an einem durch die natürliche Lage gut befestigten Ort etwa 17 km im NW des heutigen Baghdad errichtet (der heutige Tell Aqarquf). Kurigalzu, der durch die Verlegung der Residenz sich vielleicht von den Priestern des Marduk-Heiligtums Esagila unabhängig machen wollte, führte nicht nur Babylon auf eine neue Höhe seiner Machtentfaltung, sondern beanspruchte für sich göttliche Eigenschaften und Titel, die seit der III. Dynastie von Ur sich kein Herrscher mehr zu eigen gemacht hatte. So heißt es in einer Inschrift: „In Babylon, der Residenz der kassitischen Könige, der ewigen Stadt, haben die großen Götter . . . das Amt des Kurigalzu erhöht; sie haben ihn mit dem Schmuck des ‚göttlichen Glanzes' geziert und haben ihn mit den Abzeichen der Königsherrschaft geschmückt." (E. Cassin, J. Bottéro, J. Vercoutter: Die altorientalischen Reiche II 21—22) So machte man sich in Babylon einen „Namen". Die Kassiten-Dynastie wurde 300 Jahre später durch die Elamiter gestürzt (durch Schutruknachunte I. von Elam, 1160). Die Ziqqurat wurde von dem Semiten Kurigalzu III im 14. Jh. gebaut (S. N. Kramer: Mesopotamien, 64).

bist du, 57) hier zu sprechen, ist wohl nicht der rechte Ausdruck; der Ton ist eher „Pessimismus“ (Gu 23, für V. 17—19). Die Frage stellt sich nun, wie das menschliche Leben, wenn es weitergehen soll (V. 20), überhaupt weitergehen kann. Und hier fällt nun doch ein Lichtschimmer in das Dunkel:

Gn 3, 21: „Jahwe der Gott machte Adam und seinem Weibe Röcke aus Fell und kleidete sie“ (Buber). Ursprünglich wird der Vers die mythologische Vorstellung widerspiegeln, daß die menschlichen Kulturerzeugnisse Geschenke der Götter sind. Seine jetzige Bedeutung ist indessen nur aus dem Kontext von Gn 2—3 zu erschließen. Das Thema dieses Verses ist in 2, 25; 3, 7 und 3, 10.11 vorbereitet worden; der Vers wirkt aber gerade neben 3, 7b wie überflüssig. Wenn J diesen Eindruck in Kauf nimmt, dann offenbar, um gegenüber 3, 7b eine neue wichtige Aussage zu treffen. Nach der Tat, die sie von Gott entfernte, merkten die Menschen ihre Nacktheit und es erfaßte sie Scham und Furcht voreinander und vor Gott. Die Menschen versuchten, dieser Notlage durch die Schurze aus Feigenlaub Herr zu werden; aber es war ein kläglicher Versuch, der zumindest Gott gegenüber, wie das nachfolgende Verhör zeigt, erfolglos war. Die Ansicht, daß die Schurze wenigstens die Scham und Angst der Menschen voreinander gemildert hätten (We 342—343), scheint von J offenbar nicht geteilt zu werden; denn die Schurze, die Gott jetzt selbst anfertigt, sind doch wohl in Anbetracht der bevorstehenden Vertreibung nicht mehr als Schutz vor Gott, sondern als Schutz der Menschen voreinander zu verstehen; Gott „stellt sie nicht in ihrer Nacktheit voreinander bloß“ (v. Rad 78; 9, 69). Dann aber ist vorauszusetzen, daß die Schurze, die die Menschen sich verfertigten, ihren Sinn nicht oder nur sehr begrenzt erfüllten. Vergleicht man die selbstgefertigte Kleidung der Menschen mit ihrer ursprünglichen Bestimmung, so „gibt sie ihren Träger sogar der Lächerlichkeit preis.“ (E. Haag: Der Mensch am Anfang, 59) Der Sinn dieser Stelle kann dann nur sein, daß Gott den Mensch ihr Los zu erleichtern und erträglicher zu gestalten sucht. Er, der soeben noch strafende Gott, versucht die Menschen, die sich voreinander schämen, sozusagen voreinander in Schutz zu nehmen. Er erweist sich als Realist; „er nimmt die Menschen als die, die sie als Gefallene sind“ (v. Rad 78; 9, 69, zit. nach Bonhoeffer), und darin liegt in der Tat eine gute Portion Hoffnung: Gott läßt die Menschen nicht einfach im Stich; er verlangt von ihnen nichts Unmögliches; er gibt ihnen, bevor er sie in die Verbannung treibt, „ein letztes armes Almosen“, „eine Ausstattung fürs Elend“ (Gu 23) mit auf den Weg.

Wenn aber unsere Auffassung von 3, 20 richtig ist, daß hier bereits auf 4, 1, auf die Geburt Kains, hingewiesen wird, dann hat 3, 21 auch wohl noch einen anderen Sinn. Die Scham und Angst der Menschen voreinander scheint für Gott eine Gefahrenquelle zu sein, deren Ausweitung er nach Möglichkeit verhindern möchte. Es ist nicht möglich, daß die Menschen zu der Harmonie des Anfangs (2, 25) zurückfinden; aber es soll verhütet werden, daß sich das, was jetzt durch die Schuld der Menschen eingetreten ist, auswächst. Wir werden gleich im 4. Kap. sehen, daß der Versuch Gottes mißlingt und daß der Konflikt genau an dieser schwachen Stelle der Menschen ausbricht und im Brudermord von Kain und Abel endet. Und wieder wird Gott dann versuchen, wenigstens den Mord der Menschen untereinander zu lokalisieren und an seiner Ausweitung zu hindern (4, 15), und er wird wiederum mit seinem Vorhaben am Verhalten der Menschen scheitern (4, 23—24). Man hat auf diesem Hintergrund den Eindruck, als enthalte die Gabe der Fellröcke an die Menschen zugleich eine neue Aufgabe, ein neues Gebot: nun zumindest, nachdem die Gemeinschaft mit Gott zerbrochen ist, die Gemeinschaft untereinander zu wahren. So wie 2, 16—17 sich Gabe und Aufgabe verband, so scheint auch hier hinter dem, was Gott dem Menschen gibt, eine Art Gebot und Warnung versteckt zu sein, das, was jetzt ist, nicht erneut aufs Spiel zu setzen. Es wird sich sogleich zeigen, wie berechtigt und wie vergeblich die Vorsorge Gottes sein wird. Die nun folgende Ausweisung ist der Schlußstrich unter dem, was die Menschen getan haben, und den Folgerungen, die Gott daraus gezogen hat. Auch hier scheint jetzt nicht mehr nur Strafe, sondern im gleichen Maß Mitleid am Werke zu sein. Der Mensch, der sich vor Gott aus Furcht vor seiner Nähe verstecken wollte, weil er sich seiner Nacktheit wegen fürchtete, ist mit einer angemessenen Bekleidung versehen worden, die ihn unter seinesgleichen schützt; vor Gott aber gibt es einen solchen Schutz nicht; hier weist Gott selbst den Menschen von sich. Daneben aber ist die Ausweisung der Menschen aus dem Garten noch anders motiviert:

Gn 3, 22: „Jahwe der Gott sprach: Da, der Mensch ist geworden wie unser einer im Erkennen von Gut und Böse. Und nun könnte er gar seine Hand ausschicken und auch vom Baum des Lebens nehmen und essen und in Weltzeit leben!" (nach Buber)

Das Motiv vom Lebensbaum, den es zu schützen gilt, ist neu und nur durch die Notiz von 2, 9 vorbereitet; der Vers bildet mit 3, 24 eine Einheit und scheint ursprünglich von der Sorge der Götter gesprochen zu haben, daß der Mensch, der die Weisheit erlangt hat, auch noch das

Leben erhält; es liegen dann traditionsgeschichtlich Anklänge an die Erzählung vom Lebenskraut im Gilgamesch-Epos vor und, mehr noch, Anklänge an die Trennung von Weisheit und Leben im Adapa-Mythos durch den Neid der Götter (vgl. We 368—372). Was aber mag J bewogen haben, dieses exquisit mythologische Thema mit der Erwähnung der Austreibung aus dem Garten Eden (3, 23) zu verbinden und diese also mit einer zusätzlichen Motivation zu versehen?

Zunächst knüpft 3, 22 ausdrücklich in der Redaktion des J an 3, 5 an. Da das Erkennen von Gut und Böse bereits 3, 7 ironisiert wurde, liegt die Vermutung nahe, daß die Ansicht der Exegeten richtig ist, die meinen, die Feststellung der Gottähnlichkeit des Menschen in seinem Wissen von Gut und Böse in 3, 22 sei ebenfalls ironisch zu verstehen. Daß Gott nach der Auffassung des J wirklich vor dem Menschen sich fürchten müsse, darf als ausgeschlossen gelten; dafür ist die Überlegenheit Gottes in Gn 3 zu souverän gezeichnet. Dafür spricht auch der jetzige Kontrast von 3, 21.22 mit den parallelen Einleitungen: „Jahwe der Gott machte . . . Röcke" — „Jahwe der Gott sprach." Was Gott wirklich tun muß, ist ein Zudecken der menschlichen Schande, aber die Gedanken, die die Menschen ihm nahelegen, sehen einen großen gottähnlichen Menschen vor sich. So liebt es J, besonders anthropomorphe oder mythische Züge der Tradition mit ironischem Unterton aufzugreifen (vgl. in der Urgeschichte Gn 11, 5 in der Interpretation von v. Rad 124; 9, 113—114). So verstanden, nimmt Gott bei J die Hoffnungen und Gedanken des Menschen auf und erweist sie als absurd. Den Worten der Schlange und den dadurch geweckten Ansprüchen der Frau zufolge (3, 4.5) sind Gott und Mensch als Konkurrenten zu denken; so wie es in der Versuchungsgeschichte schien, ist Gott wirklich jemand, der vor dem Menschen Angst haben und ihn aus Neid niederhalten muß. 3, 22 könnte nun den Eindruck wiedergeben, daß Gott sich tatsächlich auf dieses Denken und diese Haltung der Menschen einstellt; Gott antwortet mit seinem Verhalten auf die Haltung der Menschen. Behandelt der Mensch Gott als einen neidischen Unterdrücker, so reagiert Gott wirklich wie ein neidischer Unterdrücker, und die Ironie des göttlichen Verhaltens liegt darin, daß er in dem Moment, wo er dem Menschen recht zu geben scheint, wo er die Annäherung bestätigt, sie zugleich als lächerlich erweist. Wo der Mensch in seiner Sünde Gott ernsthaft zu treffen meint, nimmt Gott den Menschen ernst bis zu dem Punkte, wo der Ernst der Sünde komisch wird. Gott spielt sozusagen die Sünde mit, bis es dem Menschen deutlich wird, wie lächerlich das Böse ist. Er handelt so, wie es die Erfahrung der Psalmen ausdrückt:

„Wer dir treu bleibt, Herr, dem wirst du treu bleiben, jedoch die stolz dreinschauen, läßt du die Augen niederschlagen" (Ps. 18, 26.28).

Andererseits könnte in den mythischen Bildern, die J jetzt verwendet, auch angedeutet sein, daß Gn 3, 22.24 nicht aus der Perspektive Gottes, sondern aus der Perspektive des Menschen zu verstehen ist. Dem von Gott abgefallenen und bestraften Menschen erscheint nun Gott, der in der Verführung der Schlange bereits dämonische Züge annahm, tatsächlich als eine Art mythischer Gott, und vollends die Austreibung muß ihm so vorkommen, als wenn die Worte der Schlange und mithin die eigene Sünde eine Rechtfertigung besäßen. Den Worten von 3, 22.24 nach scheint es ja wirklich, als wenn Gott Angst um den Bestand seiner Herrschaft hätte; und es sieht so aus, als wenn dieses Bild den Menschen mit in seine Sünde begleiten würde: als wenn Gott wirklich schwach wäre, als wenn man nur noch nicht entschieden genug vorgegangen sei, als bestünde da doch eine Hoffnung, es in dieser Richtung noch weiterbringen zu können.

Diese Ausdeutung der Stelle bleibt hypothetisch, der Sinn der Worte ist hier offenbar absichtlich unklar, so unklar wie das Verhältnis zwischen Gott und Mensch inzwischen ist. Es setzt sich aus den widersprüchlichsten Elementen zusammen: der strafende Gott ist zugleich der hilfreiche Gott; der aufdeckende Gott ist zugleich der bedeckende; der souveräne Gott erscheint zugleich wie ein Gott, der Angst haben muß. Und umgekehrt ist der Mensch vor Gott widersprüchlich: einerseits ist er groß und wie Gott in seinem Wissen, andererseits hat er gerade so seine Blößen; einerseits ist er zutiefst gedemütigt, andererseits steht zu erwarten, daß er sich aufs neue „vergreift". Gott scheint mit der Austreibung und der Verbannung vom Baum des Lebens verhindern zu wollen, daß die Menschen die Illusion hegen, sie könnten an der entscheidenden Strafe Gottes (2, 17; 3, 4; 3, 19) durch irgendeine neue Manipulation etwas ändern. G. v. Rad wird zuzustimmen sein: „Wir sollen ... sehen, daß gerade der von Gottes Strafe so tief gebeugte Mensch doch unvermindert nach Unsterblichkeit lechzt" (79; 9, 70). Es scheint der Sinn dieser Vertreibung zu sein, daß die Menschen, die sich von Gott getrennt haben, doch niemals aufhören, nach dem zu verlangen, was nur in der Nähe Gottes für sie wächst, damit sie nicht in ihrer Sünde unsterblich werden und ein Leben ohne Gott wirklich für möglich halten. An Gott erinnert die Menschen jetzt wenigstens das, was ihnen fehlt. Dies rettet sie durch ihren Schmerz und durch ihre Sehnsucht vor der letzten Endgültigkeit der Sünde. So wird M. Buber m.E. recht haben: „Gott, der dem Staubgebild seinen Atem eingehaucht ... hatte,

... wollte es vor der latenten Gegensätzlichkeit des Daseins behüten. Der Mensch aber hat sich ... dem Willen Gottes ... entzogen ... Diese Situation müßte zur erfüllten Dämonie werden, wenn ihr nicht ein Ende gesetzt wäre. Daß das leichtherzige Geschöpf nicht ... auch nach der Frucht des anderen Baumes lange und sich äonische Pein eresse, wehrt Gott ihm die Rückkehr in den Garten... Für den Menschen als ‚lebende Seele' (2, 7) ist der gewußte Tod die drohende Grenze; für ihn als das in der Gegensätzlichkeit umgetriebene Wesen kann er zum Hafen werden, um den zu wissen heilsam ist." (M. Buber: Bilder von Gut und Böse, in: Werke I 616) Das Wort von der Verweigerung hat somit, wie v. Rad sehr schön sagt, „eine barmherzige Rückseite" (79; 9, 70): es bewahrt den Menschen vor einem Gut, „das von ihm in seinem nunmehrigen Lebensstand gar nicht zu tragen wäre" (79; 9, 70); es beseitigt alle Illusionen an einer möglichen Korrektur der Strafe Gottes; es macht dem Menschen endgültig seinen unverrückbaren Abstand deutlich — und das zu tun, ist bei der „Größe" des Menschen nötig geworden, nicht für Gott, aber für den Menschen; es beläßt den Menschen in einer reuigen Sehnsucht nach Leben, und es zeigt deutlich und unverwischbar, daß ganz allein bei Gott und nirgendwo auf Erden sonst das pharmakon athanasias, das Kraut des Lebens, wächst. Nachdem die Grenze zwischen Gott und Mensch für den Menschen in der Sünde verwischt scheint, macht Gott die Distanz absolut, und dies ist für den Menschen nicht nur eine Strafe, sondern zugleich eine Chance. Nach allem, was passiert ist, ist ein Leben im Schatten des Todes besser für den Menschen als ein Leben, das, mit der Erfahrung des Bösen belastet, in Ewigkeit dauern würde. Es wäre unvermeidlich, daß dann der Mensch, statt aus dem Anhauch Gottes sein Leben zu empfangen, es als eigenes (magisches) Mittel zu besitzen glaubte.

So folgt der Satz, der ursprünglich die Erzählung von Fall und Bestrafung des Menschen abschloß:

Gn 3, 23: „So schickte Jahwe der Gott ihn (den Menschen) aus dem Garten von Eden, den Acker zu bebauen, daraus er genommen war." (Buber). Der Satz führt aus, was Gott 3, 17 beschlossen hat; und er rundete mit der Anknüpfung an 2, 5 ursprünglich wohl Gn 2—3 ab (Gu 24), indem er zeigte, wie der Mensch als Bauer durch seine Arbeit selbst bestraft ist. Der Mensch, der 2, 5 und 2, 15 dazu erschaffen und bestimmt war, den Garten Eden zu bedienen, wird jetzt, außerhalb des Gartens, seine Bestimmung fortsetzen müssen; der Auftrag des Menschen bleibt wortwörtlich der gleiche; aber die Bedingungen haben sich durch seine Schuld grundlegend verändert; noch einmal sieht man, worin die

Strafe eigentlich besteht: daß der Mensch durch seinen Abfall von Gott gezwungen ist, seiner Berufung unverändert unter grundlegend veränderten Umständen zu folgen; was für ihn im Garten gut war, ist böse für ihn außerhalb der Gemeinschaft mit Gott; nicht den Garten Eden, sondern den um seinetwillen verfluchten Acker wird der Mensch zu bebauen haben. Was zum Menschen gehört, daß er als Wesen der Erde die Erde bediene, steht jetzt unter dem Vorzeichen der Strafe Gottes. Wenn Gunkel sagt: „der Mensch kann über die Ackerarbeit nicht murren; er stammt ja vom Acker“ (24), so ist das richtig, es müßte aber unbedingt hinzugefügt werden: und weil er selber Schuld an seinem Unglück trägt; denn es geht nicht um eine Ätiologie des Fellachenstandes, sondern darum, „Gott und seine Schöpfung freizusprechen von all dem Leid und Mühsal, die in die Welt gekommen ist.“ (v. Rad 81—82; 9, 73)

Jetzt aber schwingt durch die Vorschaltung von 3, 22 auch noch eine andere Bedeutung mit. Die ausdrückliche Erinnerung, daß der Mensch einen Acker bedienen muß, von dem er selbst genommen wurde, verweist noch einmal auf 3, 19. Wenn dort, wie wir angenommen haben, der Tod als Strafe über den Menschen verhängt wird, dann bekommt diese Auffassung aus der jetzigen Komposition von Gn 3, 22.23 noch eine zusätzliche Stütze. Der Ausschluß aus dem Garten als Trennung vom Lebensbaum bedeutet, daß der Mensch einen Acker bestellen muß, der ihn nicht ernährt und nur für sehr begrenzte Zeit sein Leben fristen läßt, der als solcher sein Schicksal und die Vergeblichkeit seines Tuns ausmacht. Wenn andererseits die Deutung v. Rads für 3, 22 zutrifft, daß dort von der unerfüllten Lebenssehnsucht des Menschen die Rede sei, so wird jetzt noch einmal unterstrichen, wie das Leben des Menschen aussieht: statt von Früchten der Unsterblichkeit wird der Mensch von dem verfluchten Ackerboden leben müssen. Es scheint ein bißchen auch die Frage mitanzuklingen, wie es die Menschen halten werden: ihre Vertreibung macht deutlich, daß es Leben für sie nur bei Gott in einem Garten gibt, den sie verloren haben; daß der Mensch dieses Leben in einer unvollendbaren Sehnsucht aushalten werde, scheint fraglich; nahe liegt, daß er versuchen wird, sein Verlangen nach Unsterblichkeit an den Früchten des Ackers statt des unerreichbaren Paradiesesbaums zu erfüllen; indem das Leben von Staub zu Staub unter dem Schatten des Todes und der endgültigen Vergeblichkeit alles menschlichen Tuns an die Stelle der paradiesischen Lebensfrüchte tritt, scheint als Gefahr schon angedeutet, daß der Mensch in Zukunft versuchen wird, der unfruchtbaren Erde das Leben des Paradieses abzuringen.

Denn daß es für den Menschen jetzt keinen Weg zurück mehr gibt, zeigt

Gn 3, 24: „Er vertrieb den Menschen und ließ östlich vom Garten von Eden die Kerube wohnen und das Lodern des kreisenden Schwerts, den Weg zum Baum des Lebens zu hüten" (nach Buber). In diesem Vers, der mit V. 22 ursprünglich eine Einheit bildete, sind noch einmal zwei Traditionen verarbeitet: eine von den Keruben und eine von dem Flammenschwert. Die Lokalisierung „östlich" setzt voraus, daß das „Paradies" im Westen liegt und daß die Menschen (vgl. 4, 16) im Osten von Eden wohnen (vgl. Gu 24); dies sowie die Vorstellung der Kerube macht für V. 22.24 als Herkunftsort den Raum Mesopotamiens wahrscheinlich, während die Lokalisierung 2, 8 wohl nur aus der Blickrichtung Kanaas zu verstehen ist. Die beiden Angaben (2, 8 und 3, 24) zusammen vermitteln aber das Bild, daß die Menschen nach ihrer Vertreibung sich vom Paradies aus nach Osten wegbewegen; 4, 16 wohnt Kain im Osten von Eden; und 11, 2 sind die Menschen immer noch auf einer Wanderung „nach Osten" (mqdm; vgl. Gesenius 701), jetzt unterwegs zum Ort des Turmbaus. Das legt die Vermutung nahe, daß „Osten" für die j Redaktion der Urgeschichte eine nicht lokale, sondern theologische Bewegungsrichtung ist (so We 428, aber nur für 4, 16), die immer weiter vom Garten wegführt in eine Richtung, die erst von 12, 1 an in die Gegenrichtung, ins Land der Verheißung Gottes führt. Nach Osten ist die Bewegungsrichtung der Urgeschichte, nach Kanaan (12, 5) die Bewegung der Heilsgeschichte. Dann würde hier schon anklingen, wohin und wie der Weg des Menschen weitergehen wird; und es wird auch gesagt, warum: der Weg zurück zum Paradies ist ganz und gar versperrt. „Nach Osten" gibt gewissermaßen die Richtung für die Flucht nach vorn an, die der Mensch antreten wird.

Die Kerube sind ursprünglich wohl göttliche Tiere, vielleicht Relikte einer Tierverehrung (vgl. Gu 24); hier jedenfalls sind sie nur noch Wächter des Göttlichen (vgl. 1 Kg 6, 23—27). Daneben steht das Feuerschwert, „die Personifizierung einer Waffe" (We 374), gegen die es keine Wehr gibt (Gu 25) (vgl. Nu 22, 23). Die Verdoppelung der Wache zeigt die ganze Unmöglichkeit, an den Ort des Lebens zurückzukehren. In der jetzigen Fassung wirken die Einleitungen von V. 23.24 (23: wjšlḥhw — er schickte ihn fort — 24: wjgrš — er vertrieb) wie eine „Steigerung" (We 373): der Mensch, der weggeschickt wird, scheint nur zögernd wegzugehen; er muß mit Gewalt fortgetrieben werden. Dann klänge darin an, wie schwer dem Menschen die Vertreibung fällt; und auch die Doppelwache setzt eigentlich voraus, daß es Versuche des

Menschen geben könnte, eigenmächtig sich Zutritt zu dem Ort zu verschaffen, wo der Baum des Lebens wächst. Von vornherein wird solch ein Versuch zum Scheitern verurteilt sein. Wo aber wird der Mensch in der Verbannung dann sein Leben finden? Das wird im Kommenden die Frage sein.

Daß jetzt zum Abschluß von Gn 2—3 noch so massiv und gehäuft mit mythischen Bildern gearbeitet wird, ist, gemessen an der Vorsicht der ganzen bisherigen Erzählung, verwunderlich. Es scheint, als wenn den Menschen bei der Vertreibung Gott wirklich zu einer unheimlichen Größe wird. Von dem Ort, wo sie mit ihm leben durften, sehen sie nur noch das zuckende Schwert und diese drohenden Mischwesen aus Gott und Mensch. Von Gott scheinen sie nur noch das zu sehen, was sie von ihm trennt und abweist.

Buber meint, der Mensch werde jetzt „aus dem *Sitz*, der ihm gerichtet war, auf einen *Weg*, den Menschenweg, geschickt" (M. Buber: Bilder von Gut und Böse, in: Werke I 617), und er versteht das anscheinend positiv; aber wenn dieser Weg über Kain bis hin zum Turmbau immer weiter „nach Osten" gehen wird, dann ist der Menschenweg in stetig zunehmender Fluchtdistanz zu Gott doch offenbar ein Irrweg.

V. Rückblick und Fragen zu Gn 2—3

Nachdem wir „die Perle der Genesis" (Gu 27) versucht haben auszulegen, verbleibt, die wesentlichen Ergebnisse festzuhalten und die Grundlagen und die Fragen zu formulieren, die sich vom Text aus an die Psychologie und systematische Theologie richten.

a) exegetische Ergebnisse

Als solche können wir festhalten:

1. Gn 2—3 bildet eine Einheit, die zeigt, wie das Leben des Menschen in der Nähe Gottes und wie es in der Trennung von Gott beschaffen ist. Das, was der Mensch ist, ist für ihn gut, solange er mit Gott verbunden ist; es ist für ihn schlecht, sobald er von Gott getrennt ist. Dies zu wissen, ist die Erkenntnis von Gut und Böse, vor der Gott den Menschen bewahren wollte, weil sie nur durch den Abfall von Gott zu erwerben ist. Sobald dieser Abfall eintritt, zeigt sich, daß die wesentlichen Bestimmungen des Menschen unter dem Vorzeichen der Schuld eine entgegengesetzte Qualität bekommen. Der Mensch bleibt, was er ist; aber das,

was er ist, erhält eine andere Bedeutung und Wertung; es wandelt sich von Segen in Strafe. Insofern hat die Sünde ihre Strafe in sich; indem sie erreicht, was sie will, verwandelt sie das, was ist, in sein Gegenteil. In dieser Art wird die Auseinandersetzung des Menschen mit dem Bösen weitergehen: der Mensch wird von sich aus immer wieder in einen endlosen Kreislauf im Kampf mit dem Bösen hineingezogen werden, das er zu besiegen meint, während er in Gefahr gerät, davon besiegt zu werden.

2. Grundlegend ist, daß der Mensch als Geschöpf Gottes nackt ist und daß er sich nach dem Abfall von Gott dieser Nacktheit schämen muß; dies gilt vom Menschen schlechthin. Des weiteren werden seine wesentlichen Bestimmungen als Mann und Frau durch den Abfall von Gott alteriert und ihrer ursprünglichen Qualität beraubt. Das zentrale Kennzeichen des Lebens ohne Gott ist das „Sein zum Tode", das den Rahmen aller Mühsal, Not und Vergeblichkeit des menschlichen Tuns absteckt. Richtig sieht H. Haag, daß die Strafen Gottes „Zustände und Bedingungen des Menschen" schildern, „die unabhängig von Sündhaftigkeit oder Sündenlosigkeit des Menschen in seiner Natur begründet sind." (H. Haag: Biblische Schöpfungslehre und kirchliche Erbsündenlehre, 51) Aber es gilt zu sehen, daß das, was der Mensch ist, je nach der Einheit oder dem Zerwürfnis mit Gott Heil oder Unheil, Segen oder Fluch sein kann, und dies sieht H. Haag nicht.

3. Woher das Böse kommt, ist nicht gesagt; es liegt als Möglichkeit in der Schöpfung Gottes selbst; daß es zum Tragen kommt, liegt am Menschen. Der Beginn des Prozesses, durch den der Mensch von Gott abfällt, ist das Mißtrauen, das seinen Inhalt an der Schranke nimmt, die Gott seinem Geschöpf setzen muß, um zu verhindern, daß der Mensch sich von Gott trennt und damit auf seine bloße Kreatürlichkeit und „Nacktheit" zurückfällt. Die Angst, die das Mißtrauen vor Gott erzeugt, führt zu einem krampfhaften Festhalten an Gott in einer solchen Weise, daß das Bild Gottes sich immer mehr verdunkelt und schließlich Gott und Mensch als Gegensätze erscheinen. Die Sünde wird dann zu einem scheinbar zwangsläufigen Ergebnis. Um neben Gott existieren zu können, muß der Mensch gegen Gott existieren und selbst wie Gott werden, aber er fällt dadurch radikal auf seine bloße Kreatürlichkeit zurück.

4. Es gehört zur Sünde, daß der Mensch, der aus Angst in die Sünde gerät, nach und in der Sünde noch größere Angst vor Gott hat. Es ist daher die Haltung der Sünde, die Schuld beim anderen, letztlich bei Gott, zu suchen und aus Angst dem Geständnis auszuweichen. Man kann

nicht sagen, daß die Gemeinsamkeit der Menschen mit zur Sünde gehört; daß die Sünde gemeinsam begangen wird, ist neuerlich Schuld, aber kein Argument der Entschuldigung. Es zeigt sich, daß nach dem Zerfall der Gemeinschaft mit Gott auch die Gemeinschaft der Menschen fundamental in Frage gestellt ist und nur noch als eine Gemeinsamkeit der Not, nicht aber der Solidarität besteht. Die Sünde wirkt sich wohl auch und gerade sozial aus, aber es ist bereits eine Meinung des gefallenen Menschen, sie sei eine Folge der Sozialität. Es ist Schuld, zwischen Gotteswort und Menschenwort nicht zu unterscheiden.

5. Gn 2—3 zeigt die Sünde als eine ebenso ursprüngliche wie selbstverschuldete Bestimmung des Menschen. Der durch die Sünde geschaffene und gekennzeichnete Zustand ist vom Menschen her nicht rückgängig zu machen. Er müßte als einfach gegeben erscheinen, wäre er nicht selbstverursacht. Gn 2—3 will zeigen, daß er selbstverschuldet ist; J will nicht sagen, daß es einen zeitlichen Zustand vor der Sünde gab, wohl aber, daß das menschliche Leben, so wie es ist, vor Gott nicht so zu sein brauchte und daß es insgesamt unter dem Vorzeichen des Abfalls von Gott und der Verbannung steht.

6. Die Vertreibung aus dem Garten wird notwendig, nachdem die Menschen in der Sünde die Grenze zwischen Gott und Mensch verwischen wollten. Daß Gott sein Leben bei sich hat, der Mensch aber in der Sünde von der Quelle seines Lebens verbannt ist, markiert den unaufhebbaren Unterschied von Gott und Mensch und ist der Sinn der Demütigung, die die Sünde über den Menschen bringt.

b) psychoanalytische Fragen

1. Bereits bei der exegetischen Interpretation des Textes, besonders von 3, 1—7, waren wir auf eine Reihe psychologischer Verbalisierungen emotionaler Erlebnisinhalte angewiesen und haben von Mißtrauen, Angst, Abwehr, Zwang, Neid, Stolz, Scham u. ä. gesprochen; die Geschlossenheit der Versuchungsgeschichte, insbesondere die Lückenlosigkeit der Abfolge, legt die Vermutung nahe, daß den verschiedenen Beobachtungen eine einheitliche Struktur zugrundeliegt; die Frage ist, ob sich eine solche Struktur psychoanalytisch fassen läßt.

2. Die in Gn 2—3 verwendeten Motive sind in sich bisher psychologisch unverständlich. Die Frage ist daher: läßt sich psychoanalytisch plausibel machen

a) wieso ein Nahrungsverbot die Funktion eines Urgebotes annimmt und mit Todesgefahr verbunden wird?

b) wieso das Essen vom Baum eine solche Vielzahl von Strafen und letztlich die Austreibung aus dem Garten nach sich zieht?
c) wieso die Folge des gemeinsamen Essens von der verbotenen Frucht die Entdeckung des Nacktseins ist?

3. Vorausgesetzt, dies ließe sich erklären, ist es dann möglich, den motivgeschichtlichen Problemkreis anzugeben und ihm eine bestimmte genetische Struktur zuzuordnen? Welche Rolle spielt die „Kindlichkeit" im Verhalten der Menschen im Garten Eden?

All dies ist, wie gesagt, zunächst nur eine Analyse der *Motive* in der Urgeschichte des J; aber wenn die Motivauswahl durch J nicht zufällig ist und wenn gerade J die Psychologie als Aussagemittel seiner Darstellungsweise benutzt, so müssen wir dem mit den Methoden der Psychologie nachgehen; allerdings werden wir zu beachten haben, daß die beste Psychologie keine Theologie ist, also mit Sicherheit noch nicht das, was J uns sagen will, hinlänglich interpretiert.

c) systematische Feststellungen und Fragen

1. Die Sünde ist nicht der Schritt des Menschen zur Erkenntnis, weder im philosophischen noch kulturanthropologischen noch im psychologischen oder sexuellen Sinne. Alle diesbezüglichen Deutungen können sich auf bestimmte Motive des traditionsgeschichtlichen Materials, nicht aber auf die Aussage von Gn 2—3 berufen. Es scheint vielmehr, daß die Menschen nach Gn 3, 1—7 u.a. gerade dadurch sündigen, daß sie den Worten der Schlange glauben und meinen, daß die Sünde ihnen einen menschlichen Fortschritt zur Erkenntnis bringen könnte, den Gott ihnen vorenthielte. Insofern freilich der biblische Autor mit den genannten Motiven arbeitet und also seine Aussage gerade an die Deutung und Interpretation dieser Motive bindet, wird es notwendig sein, in einer philosophisch-systematischen Untersuchung der Bedeutung dieser Motive nachzugehen und zu untersuchen, inwieweit Sünde und Erkenntnis zusammenhängen, und zwar

a) als Erwachen der Geschlechtlichkeit oder der naturhaften Begierde insgesamt;

wir werden dies anhand des Kantischen Gegensatzes von Sittlichkeit und Sinnlichkeit untersuchen;

b) als Erwachen des Selbstbewußtseins;

wir haben gesehen, daß dieses Motiv sich nicht erst in 3, 7, sondern bereits in 3, 3 findet; wir werden es anhand der Hegelschen These vom Bösen als der Reflexivität des Für-sich-seins überprüfen;

c) als Erwachen des zivilisatorischen und kulturellen Wissens und damit des geschichtlichen Fortschritts; diese Ansicht werden wir von der Kantisch-Hegelschen Fortschrittsphilosophie aus betrachten.

Mit Hilfe solcher Analysen glauben wir auch in etwa das Terrain dogmatischer Spekulationen zum Problem der „Erbsünde" abstecken zu können. Allerdings ist zu bedenken, daß wir hier erst am Anfang der j Urgeschichte stehen und besonders für eine richtige Disposition der kulturgeschichtlichen Fragestellungen erst die Analyse des ganzen Abschnittes von Gn 2—11 abwarten müssen.

2. Es ist einer systematischen Betrachtung vom Text her bereits jetzt schon ein recht umfangreicher Katalog von Fragen aufgegeben:

a) Wie läßt sich die Aussage durchdringen, daß der Abfall von Gott der menschlichen Geschichte zugrundeliegt, daß also alle Menschheitsgeschichte von sich aus unter dem Vorzeichen der Schuld steht? Wir werden uns hier besonders der Hegel-Sartreschen Dialektik bedienen, die den Abfall und Mangel zur grundlegenden Bestimmung der Existenz des Menschen und seiner Geschichte erklärt hat. Ineins damit wird das Problem von Freiheit und Notwendigkeit in der Schuld diskutiert werden müssen.

b) Wie läßt sich der Abfall von Gott mit den Alterationen zusammendenken, die sich in den Strafen Gottes ausdrücken und das menschliche Dasein in seinen grundlegenden Qualifikationen zum Negativen verändern? Auch hier versprechen wir uns Einsichten von der Sartreschen Existenzphilosophie und ihrem Ausgang vom menschlichen Dasein als abgefallenem Sein.

c) Wie läßt sich die Beobachtung deuten, daß die Sünde gerade dort, wo sie zum Ziel kommt, das, was sie erstrebt, ins Gegenteil pervertiert? Gibt es ein Kategoriennetz, um diesen Vorgang einsichtig zu machen? Es steht zu erwarten, daß wir auch hier dialektische Methoden brauchen werden. Begriffe wie Gegenfinalität, Zirkularität, Entfremdung u.ä. werden hier nützlich sein.

d) Wie läßt sich das Thema der Sehnsucht der Menschen nach Leben mit ihrem Abfall von Gott zusammendenken? Auch hier müssen wir noch die weitere Besprechung von Gn 4—11 abwarten, um die dogmatisch relevanten Fragen bibeltheologisch korrekt formulieren zu können.

C. JENSEITS VON EDEN (Gn 4, 1—16)

I. Motivgeschichtlicher Hintergrund

Auch die Kain-und-Abel-Geschichte hat zahlreiche Deutungen erfahren, die Westermann (We 385—388) in die kollektiv-stammesgeschichtliche und individuelle Richtung einteilt. Ehe wir auf die Beantwortung dieser Frage anhand des Textes eingehen, läßt sich eine gewisse Vorentscheidung bereits aufgrund des motivgeschichtlichen Materials treffen, das seine größte Ähnlichkeit wiederum nicht in den Erzählungen der antiken Hochkulturen, etwa dem Mythos von Osiris und Seth oder der Sage von Eteokles und Polyneikes oder Romulus und Remus hat, sondern in Märchen und Sagen sogenannter Primitivkulturen.

Als ein Gn 4 sehr verwandtes Beispiel läßt sich neben vielem anderen das Märchen (oder die Sage) von „Maschilo und Maschilwane oder Der Brudermord" anführen (L. Tetzner: Märchen. Gesammelt und nacherzählt von L. Tetzner, 269—271). Maschilo war der ältere Bruder Maschilwanes; beide zogen mit ihren Hunden aus und kamen an einen Baum, in dem Maschilwanes Hund eine Öffnung fand, aus der fette Kühe herauskamen, indessen Maschilos Hund eine Öffnung entdeckte, aus der magere Kühe hervorkamen. Aus Neid tötete Maschilo auf dem Heimweg seinen Bruder und trieb die ganze Herde allein zum Dorfe. „Es begegnete ihm aber ein Mann, der fragte ihn und sprach: ‚Wo hast du denn die vielen Kühe gefunden?' — ‚Im hohlen Baum fand ich sie!' antwortete Maschilo. — ‚Wo ist dein Bruder Maschilwane?' forschte der Mann weiter. ‚Ich weiß nicht', antwortete Maschilo, ‚er hat gesagt: Ziehe nur voraus mit den Kühen, ich komme hintennach.' Der Hund des Erschlagenen aber erhob bei diesen Worten ein Geheul und sagte: ‚Hu, hu, Maschilo hat Maschilwane erschlagen; der Kühe wegen hat er ihn erschlagen, weil er sah, daß seine eigenen Kühe mager waren!' Da erschrak der Mann, ging eilends an Maschilo vorüber und seines Weges weiter." In der Nähe des Dorftores kamen Maschilo Männer entgegen, die ihn ebenfalls nach den Kühen fragten; wiederum suchte Maschilo mit der gleichen Lüge zu antworten; wiederum aber verriet ihn der Hund. Am Dorftor wiederholte sich die gleiche Szene zum dritten Mal. „Dann aber entstand ein großer Lärm. ‚Heda, Maschilo, was bedeutet das? Wo ist dein Bruder Maschilwane?‘ Doch der Brudermörder gab nur dieselbe Antwort wie schon vorher.“ Die Leute befahlen Maschilo, mit ihnen den Bruder zu suchen. Sie kamen an den Baum, und nachdem sie ihn betrachtet hatten, versuchte Maschilo sie in eine verkehrte Richtung zu führen. Der treue Hund aber zeigte den Ort, an dem der Mord geschehen war. Man begrub den Leichnam Maschilwanes und berichtete im Dorf, was Maschilo getan hatte. „Da erhob sich ein furchtbares Wehgeschrei im ganzen Dorf. ‚Auf, laßt uns Maschilo töten!‘ riefen sie. Doch einige wehrten dem und sprachen: ‚Laßt uns nicht den Brudermörder töten, aber ihn austreiben aus unserem Dorf; er sei verbannt für alle Zeit!‘ Und so jagten sie ihn von dannen.“

Die Parallelen dieser Geschichte zur Erzählung von Kain und Abel sind so auffällig, daß es sich lohnt zu untersuchen, was hier gemeinsam ist und worin die Unterschiede bestehen; ja, es wird möglich sein, in begrenztem Umfang auch einige Rückschlüsse auf den ursprünglichen Sinn der Motive zu ziehen.

Gemeinsam sind die folgenden Züge beider Erzählungen:

a) der ältere Bruder tötet den jüngeren erfolgreicheren aus Neid;
b) der Erfolg des jüngeren Bruders ist nicht auf seine Leistung, sondern auf sein Glück zurückzuführen;
c) der Mord wird mit Lüge vertuscht, gleichwohl wird er von anderswoher schreiend deutlich gemacht; nicht die Menschen, sondern eine außermenschliche sprachfähige „Instanz“ ist Zeuge der Tat und macht sie manifest;
d) dem Mörder droht die Todesstrafe, die dann in Austreibung und Bann verwandelt wird.

Unterschiedlich aber sind die folgenden wichtigen Merkmale, die bereits Anhaltspunkte für die Deutung der biblischen Erzählung bieten:

a) der eigentliche Streitpunkt der Brüder ist bei J nicht mehr der Erfolg oder das Glück, sondern der Segen Gottes, der auf dem einen ruht und dem anderen verweigert wird; hinzu kommt das Motiv der Berufsdifferenzierung;
b) nach dem Verbleib des Bruders fragt nicht ein anderer Mensch, sondern Gott; nicht der Hund verkündet die Schuld, sondern die Erde ruft zu Gott;
c) während die Todesstrafe von seiten der anderen Menschen droht, schützt Gott selber, nicht ein menschlicher Beschluß, das Leben des Mörders; das Motiv des Kainszeichens tritt hinzu.

Damit läßt sich sagen, daß die biblische Erzählung ganz und gar auf das Verhältnis von Gott und Mensch zentriert ist; der Brudermord ist etwas, das sich innerhalb, ja, wegen dieses Verhältnisses ereignet; dieser Akzent ist wichtig.

Formal fällt auf, daß das afrikanische Märchen „besser" erzählt ist — jedenfalls in L. Tetzners Version: die dreifache Steigerung der Spannung beim Verhör, die mit einer ständigen Ausweitung der Mitwisser einhergeht, läßt sich in dem biblischen Bericht bei der Ausrichtung auf Gott nicht nachahmen; wichtiger noch ist, daß manche Motive in Gn 4 so knapp und verkürzt aufgegriffen sind, daß sie erst auf einem solchen Hintergrund wie dem Negermärchen überhaupt verständlich werden. Die oft gestellte Frage, woran Kain eigentlich merkt, daß Gott sein Opfer nicht angesehen hat, beantwortet sich auf der Stelle, wenn es motivgeschichtlich ursprünglich um Glück und unverdienten Erfolg ging; die Frage muß dann freilich gestellt werden, warum bei J dieses Motiv so total, beinahe bis zur Unverständlichkeit, gestrichen wird; daß die Erde aufschreit, ließe sich vom Einsickern des vergossenen Blutes her verstehen; es leuchtet aber noch besser ein, wenn der Leichnam des Erschlagenen, allerdings dann von Kain selbst, begraben wird; in der biblischen Erzählung wird offenbar vorausgesetzt, daß Kain selber seine Tat und ihre Spuren verwischt; — gerade da jedoch wird sie offenbar, nicht vor den Menschen, aber vor Gott; sodann scheint die Furcht Kains vor der Todesstrafe besser motiviert, wenn wir als Hintergrund die Bereitschaft der Stammesbrüder zur Blutrache vor Augen haben, die in dem afrikanischen Märchen erzählt wird.

Am wichtigsten ist der Unterschied, daß die biblische Erzählung in der Redaktion des J den Charakter eines Märchens (bzw. einer Sage) verloren und die Gestalt einer Urgeschichte angenommen hat; d.h., es geht nicht um ein Brüderpaar, sondern um die menschliche Geschichte als eine Brudermordgeschichte. Von der Gestalt des ursprünglichen Motivs ist es auch wahrscheinlich, daß die Kain-und-Abel-Geschichte zunächst nur von zwei einzelnen Personen spricht, nicht aber, wie es erwogen wurde, ätiologisch von der Entstehung des Stammes der Kainiten oder der Verdrängung des Hirten durch den Landmann; dies um so weniger, als das wesentliche Motiv solcher Deutungen, das Kainszeichen, ebenso wie die Vorstellung der Berufs- und Stammesdifferenzierung offenbar erst sekundär zu dem überlieferten Stoff vom Brudermord hinzutritt. Den eigentlichen Ausschlag in der Beantwortung dieser Frage aber gibt die Traditionsgeschichte.

Interessant ist die These, Gn 4 stelle die Ablösung der Jägerkultur durch Ackerbau und Viehzucht dar und zeige, wie schließlich der Ackerbau sich durchsetze (vgl. z.B. H. Kühn: Der Aufstieg der Menschheit, 10—14). Es würden dann in der Erzählung Motive aufgegriffen, die in die Epoche nach der letzten Eiszeit, etwa ins Protoneolithikum, zurückreichen würden. Man muß sich indessen hüten, die kulturhistorischen Reminiszenzen der j Urgeschichte zu überdehnen und für die Aussageabsicht von J zu halten (vgl. A. Negev [Hg.]: Archäologisches Lexikon zur Bibel, 14—18; „Ackerbau", v. S. Appelbaum).

II. Traditionsgeschichtliche und literarkritische Feststellungen zu Gn 4, 1—16

Hinsichtlich der Traditionsgeschichte von Gn 4, 1—16 hat Westermann in seinem Kommentar die entscheidenden Fragen m.E. zutreffend beantwortet. Ursprünglich wird, wie ein Vergleich mit dem Aufbau der Priesterschrift, in der 5, 1 ff auf 1, 1—2, 4a folgt, zeigt, sich an Gn 2—3 die Genealogie von 4, 1 angeschlossen haben, die ihre Fortsetzung in 4, 17—26 findet. Westermann meint, die Erzählung von Kain und Abel (4, [2] 3—16) sei aus der genealogischen Angabe herausgewachsen, und er führt dafür überzeugend an, daß die Erzählung eigentlich nicht von einem Brüderpaar, sondern nur von Kain handele; „Abel" (hbl — „Hauch") zeige als bloßes Appellativ, daß der Name aus der Geschichte selbst gebildet sei; er trete nur als Kains Bruder auf; das Gewicht der Erzählung liege auf den Redeteilen, nicht auf der Handlung, und gerade diese Redeteile seien auffallend parallel zu Gn 3 gestaltet (s.u.). Das lege die Vermutung nahe, daß Gn 4, (2) 3—16 aus einer Genealogie herausgewachsen sei, die noch die Notiz (4, 8) enthalten habe, daß Kain seinen Bruder (ohne Namen) erschlug und daher vom Acker verbannt wurde (We 388—389). Dies wird richtig sein; es muß aber hinzugefügt werden, daß die Ausgestaltung der Tradition in 4, 1—16 nicht gänzlich frei erfolgte, sondern Motive verarbeitete, die der Notiz vom Brudermord selbst zugrunde lagen. Wenn Westermann sich mit guten Gründen gegen die Gunkelsche Auffassung wendet, die Genealogien seien nur stilisierte Sagen, und er die formgeschichtliche Eigenständigkeit der Gattung „Genealogie" hervorhebt, so scheint es in Gn 4 doch ausnahmsweise so zu sein, daß die „Notiz" (We 389) vom Brudermord eine ursprüngliche Sage aufgreift, die in 4, 2—16 in etwa wieder rekonstruiert worden ist. Die Annahme einer sekundären Rekonstruktion würde auch die bereits festgestellte theologische Zentrierung der Brudermorderzählung verständlich machen und zugleich einen wichtigen Hinweis auf die Aussageabsicht der Erzählung geben. Zugleich muß natürlich die Frage gestellt werden, warum J überhaupt auf diese in der ihm vorliegenden Tradition nur kurze Notiz vom Brudermord ein derartiges Gewicht legt, daß er daraus eine eigene Geschichte formt. Es kann freilich auch sein, daß die J vorliegende Tradition nicht einmal von einem Brudermord berichtete; dann wäre die Einfügung dieses Motivs an dieser Stelle erst recht beachtenswert. So oder so zeigt sich aber, daß das ursprüngliche Motiv vom Brudermord nicht ätiologisch-stammesgeschichtlich gemeint sein kann, sondern eine individuelle Sage war, die von J zur Urgeschichte gestaltet wurde. Erst indem diese Erzählung mit der Genealogie Kains zusammenwuchs, bekam sie den Anschein einer auch ätiologisch-stammesgeschichtlichen Aussage über die „Keniter".

III. Redaktionsgeschichtliche Überlegungen

Wie sich zeigt, ist der Aufbau von 4, 2—16 in auffallender Weise Gn 3 parallel, und zwar gerade dem Verhör und den Strafreden von Gn 3 (was wiederum davor warnen sollte, das Gewicht dieser Reden in Gn 3 unterzubewerten). Dem Verhör von 3, 9—13 entspricht das Verhör 4, 9—10; den Fluch- bzw. Strafworten von 3, 14—19 entspricht 4, 11—12; wie in 3, 21 die Härte der ursprünglichen Strafe gemildert wird, so in 4, 13—15; beide Erzählungen, die vom Sündenfall ebenso wie die vom Brudermord, enden (3, 23.24; 4, 16) mit einer Vertreibung nach Osten (vgl. We 389; 412). Dann kann die Folgerung nur sein, daß J in Gn 4, 2—16 zeigen will, wie sich das Drama zwischen Gott und Mensch in Gn 3 Zug um Zug an dem Konflikt zwischen den Menschen wiederholt, wie der Zerfall der Beziehung der Menschen zu Gott sich vertieft, indem die Beziehungen der Menschen untereinander zerfallen. Gn 4 ist m.a.W. eine Wiederholung von Gn 3, aber auf einer neuen Stufe; es ist dasselbe, aber auf einem anderen Hintergrund, an einem anderen Konfliktstoff. Die Aufeinanderfolge von Gn 3 und 4 scheint deutlich machen zu sollen, was aus dem Zerwürfnis mit Gott für das Verhältnis der Menschen untereinander folgt, welche Konsequenzen es hat und, entsprechend der Parallelisierung, haben muß.

„Die in Gn 3 geschilderte Auflehnung des Menschen gegen Jahwe und seine Schöpfung kehrt sich in der Folge gegen den Menschen selbst und offenbart alsbald im Brudermord des Kain ihre verderbliche Wirkung (Gn 4, 1—16)." (E. Haag: Der Mensch am Anfang, 159) Keinesfalls genügt es dann zu sagen, Gn 3 zeige die „Urbeziehung von Mann und Frau", Gn 4 „die Urbeziehung des Nebeneinanderseins von Brüdern" als die „Grundmöglichkeiten menschlicher Gemeinschaft im Nebeneinander" (We 389); vielmehr zeigte Gn 3, wie die Gemeinschaft der Menschen mit Gott verdarb und sich daran die gesamte Geschöpflichkeit und Schöpfungswirklichkeit des Menschen zu einer Strafe bzw. in einen Fluch verwandelte, wie daran auch die Gemeinsamkeit der Menschen in die Gefahr des Verfalls geriet und wie Gott (3, 21) versuchte, gerade diesen Gefahrenpunkt vorsorglich zu mildern: Gott wollte die Scham der Menschen voreinander auf ein erträgliches Maß zurückdrängen. Es ist vor diesem Hintergrund zu einfach und wird dem Gedankengang des Textes nicht gerecht, in Gn 4 lediglich das Motiv des Neides bzw. des Zorns dem Motiv der Scham von Gn 3 gegenüberzustellen (We 405); es muß vielmehr gezeigt werden, wie aus dem Gefühl der Scham vor Gott und voreinander eine Handlung wie Gn 4, 2—16 überhaupt entstehen kann. J will doch wohl nicht bloß sagen, daß der Brudermord eine „Möglichkeit" des Zusammenlebens ist, sondern daß er wirklich eintritt bei Menschen, die von Gott vertrieben sind. Die Generationsfolge in der Zeit läßt sich hier, ähnlich wie die scheinbar zeitliche Abfolge von Gn 2—3, nicht temporal, sondern logisch verstehen. Gerade wenn es J nicht um Geschichte, sondern Urgeschichte, d.h., um die geschichtsjenseitigen Grundlagen und Voraussetzungen aller menschlichen Geschichte geht, ist es wichtig zu untersuchen, wie die Angaben, die er macht, „zusammenhängen", und zwar strukturell, nicht zeitlich. Seine Aussage ist dann nicht, daß der Brudermord eine „Möglichkeit" geschichtlichen Nebeneinanders ist, sondern daß er die fundamentale Wirklichkeit unserer Geschichte darstellt, die überhaupt nur zu verstehen ist, wenn man sich vor Augen hält, was aus dem Menschen, den Gott geschaffen hat, durch seinen Abfall von Gott geworden ist. Es steht dann nichts im Wege, G. v. Rad recht zu geben, wenn er sagt: „Der Erzähler zeigt, welchen Weg es mit der aus dem Gehorsam Gottes einmal gefallenen Menschheit genommen hatte. Es ist eigentlich das erste Bild von dem aus dem Paradies verwiesenen Menschen, und dieses Bild ist ein furchtbares"; „dieser außerparadiesische Mensch ist ein Brudermörder von Anfang an. Die Geschichte bringt etwas von dem Wesen des Menschen überhaupt zum Ausdruck, indem sie es in einem Bild von ganz elementarer Gewalt zusammendrängt." (v. Rad 88; 9, 79)

Eine vollkommene Parallele zwischen Gn 3 und Gn 4 liegt in 4, 7b und 3, 16 vor; der Satz ist freilich so schwierig, daß sich darauf allein keine weiteren Folgerungen aufbauen lassen. Die Stelle scheint verderbt und mit dem Text von 3, 16 sekundär gefüllt worden zu sein. Allerdings muß der Bearbeiter, der so verfuhr, ein sehr gutes Gespür für die Parallelität von Gn 3 und 4 insgesamt gehabt haben. Zudem sollte man bedenken, worauf M. Buber hinweist, „daß der für die uns vorliegende Textgestalt Verantwortliche nicht weniger Hebräisch konnte als unsereiner. Was *er* mit dem was dasteht meinte, wie er es verstand, das zu erfassen ist unsere Aufgabe; hinter ihn gelangen zu wollen ist eine aussichtslose Selbsttäuschung" (M. Buber: Die Schrift und ihre Verdeutschung, in: Werke II 1183). D.h., daß wir nicht darauf verzichten können, auch die absichtliche Parallelisierung von 4, 7b mit 3, 16 in die Betrachtung einzubeziehen. Gestört zu sein scheint der Text auch in 4, 8, wo das „er sprach" (wj'mr) eine Rede einleitet, die dann nicht folgt; auch hier aber kann die Frage nicht übergangen werden, ob nicht ein gewisser Sinn mit einer solchen „Lücke" verbunden sein kann, vorausgesetzt, man will dem Text nicht einfach unterstellen, daß er sinnlos überliefert ist.

Insgesamt bringt die enge Verbindung und Parallelisierung von Gn 3 und 4 die hermeneutische Verpflichtung mit sich, die Erzählung vom Brudermord nicht aus sich heraus, sondern von Gn 3 her zu lesen und zu interpretieren.

IV. Einzelauslegung

1. Der Streit um Gottes Segen (Gn 4, 1—8)

Gn 4, 1: „Der Mensch erkannte Eva (Chawwa) sein Weib, sie wurde schwanger, und sie gebar den Kain (Kajin). Da sprach sie: Kaniti — erworben habe ich einen Mann mit Jahwe" (nach Buber).

Im Unterschied zu 4, 24 knüpft dieser Vers mit der Nennung Evas deutlich an 3, 20 an, ja, bildete vielleicht einmal eine Einheit damit (vgl. We 397). Sein Sinn in dem jetzigen Kontext ist jedoch sehr verändert. Der Erstgeborene, der mithin Haupterbberechtigte (vgl. de Vaux: Das Alte Testament und seine Lebensordnungen, I 96 ff) Evas ist Kain. Eigentlich drückt der Name, der dem Kind bei dieser Gelegenheit gegeben wird, „Hoffnung“ (de Vaux I 82) aus, umso mehr, als die volksetymologische Erklärung des Namens unzweifelhaft auf den Segen Gottes hinweist, der in dem Geschenk des Kindes sichtbar wird. Andererseits scheint aber mit der Nennung Evas jetzt bereits die Hypothek der Stammeltern angedeutet zu sein, die in 3, 14—24 gezeigt wurde; „der Mensch“ steht sehr betont am Anfang, seine „Rolle wird nun von Kain übernommen“ (We 393), und die deutliche Erwähnung der Namen Adam und Eva scheint diesen Eindruck unterstreichen zu sollen: das erste Kind der von Gott vertriebenen Menschen ist Kain, der Mörder; daß er „erworben“ wird, ist ein Geschenk Gottes; das menschliche Leben also geht von Gott her weiter; umso greller ist dann die Dissonanz, wenn J diese Genealogie mit der Erzählung vom Brudermord ausgestaltet: derjenige, von dem die vertriebenen Menschen den Fortgang des Lebens erwarten, wird die von Gott als Strafe verhängte Sterblichkeit des Menschen selbst im Mord verwirklichen. Von daher fällt auch noch einmal ein Licht auf 3, 20: so, in der Geburt Kains, beginnt Eva die Mutter aller Lebenden zu werden. Der Freudenruf bei der Geburt wird jäh vom weiteren Gang der Ereignisse durchkreuzt, so wie J ihn redaktionell gestaltet.

Daß Eva dem Kind den Namen gibt, statt des Vaters, könnte die Reminiszenz einer ehemals mutterrechtlichen Institution darstellen; andererseits scheint der Name des Kindes „normalerweise“ (de Vaux I 81) von der Mutter gewählt zu werden, der Umstand braucht also keine besondere Bedeutung zu haben. Der Name Kain (qjn) scheint nicht vom arabischen qn'h — Lanze, Rohr, hebräisch qnh (vgl. 2 Sam 21, 16), zu kommen, sondern vom arabischen qjn, aramäisch qjn'h, der Schmied (vgl. Gesenius 712). Die Etymologie des Textes bringt das Wort in Verbindung mit qnh — „schaffen, erwerben, kaufen“; im Sinne von „schaffen“ wird es gern von Gott gesagt, und es wäre auf ugaritischem Hintergrund an einen göttlichen Schöpfungsvorgang durch Zeugung zu denken (vgl. A. Caquot: Schöpfungsmythen der Kanaanäer, in: Quellen des alten Orients, I 178); Eva nähme dann die Rolle der ugaritischen Athirat ein, der qnyt ilm, der Mutter der Götter, und der Ausdruck für das „erkennen“ (jd'), der hier geschlechtlich zu verstehen ist, könnte noch einmal belegen, daß in Gn 3, 1—7 u.a. auch das Motiv des kanaanäischen Fruchtbarkeitskultes eine Rolle gespielt haben dürfte. Indessen sind das Spekulationen; klarer ist, was der Text jetzt besagen soll: der Fruchtbarkeitssegen Jahwes setzt sich von Gott her im Menschen fort. Für das hebräische 't gibt es an dieser Stelle keine eindeutige

Erklärung (vgl. We 396—397); am nächsten liegt es, die Wendung in dem Sinne zu paraphrasieren: ich habe einem Manne das Leben gegeben „ähnlich wie der Herr", „zusammen mit dem Herrn" — obwohl es dann besser k oder 'm, „wie Jahwe" oder „mit Jahwe", heißen sollte.

Gn 4, 2a: „Sie fuhr fort zu gebären, seinen Bruder, den Abel" (Hauch). (nach Buber) Im Grunde ist die Wendung „sie fuhr fort zu gebären" wohl eine Überleitung, die Abel als Bruder Kains einführen soll. Daß nicht mehr eigens gesagt wird „sie wurde schwanger" (wthr), sollte man nicht, wie Gunkel als Möglichkeit erwägt, als Aussage über eine Zwillingsgeburt verstehen; vielmehr ist dazu der Neueinsatz sprachlich wie traditionsgeschichtlich zu deutlich; außerdem scheint das Motiv vom Brudermord eine gewisse Affinität zur Gestalt des älteren Bruders zu haben, ein Umstand, den wir später psychoanalytisch unschwer verstehen werden. Der Name „Abel" (hbl) klingt hebräisch unüberhörbar an hbl — „Hauch, Nichtigkeit" an. J wird diesen Namen selbst zu der Geschichte von 4, 2—16 gebildet haben. Dann aber ist die Bedeutung dieses Namens nicht nur aus der Geschichte vom Brudermord zu ersehen, sondern auch im Zusammenhang des von J geschaffenen redaktionellen Rahmens, vornehmlich in Verbindung mit Gn 3. Daß der Mensch ein Hauch ist, ist eine Aussage, die besonders die Psalmen zum Ausdruck bringen: Ps 39, 6.12; 62, 10; 94, 11; 144, 4, und zwar unüberhörbar im Zusammenhang mit dem Thema der Sünde (Ps 39, 12) bzw. der von Gott unabhängigen Existenz (Ps 62, 10); so ist „Abel" ein Ausdruck dessen, was aus dem Menschen geworden ist, nachdem er sich von Gott getrennt hat. Ohne Gott ist er ein verschwindender Hauch, ein Nichts. Und dies ist die Voraussetzung dafür, die menschliche Nichtigkeit und Todverfallenheit sich im Mord zunutze zu machen: der Mensch, den Gott leben läßt, der aber getrennt von Gott sterblich ist, ist angesichts des Menschen, seines eigenen Bruders, zum Tode verurteilt, sogar und gerade dann, wenn Gott ihm seine Gunst erweist.

Gn 4, 2b: „Abel wurde ein Schafhirt, Kain wurde ein Diener des Ackers" (nach Buber). Darin könnte eine Menschheitserinnerung an die Berufsdifferenzierung in die beiden ursprünglichen Tätigkeiten des Menschen liegen, die die „neolithische Revolution" zusammen mit den Entdeckungen der Töpferei und Weberei vor 8000 bis 10000 Jahren mit sich gebracht hat (vgl. C. Lévi-Strauss: Rasse und Geschichte, 52); daß diese kulturelle Entwicklung der Berufsdifferenzierung in Ackerbau und Tierhaltung aber unmittelbar, wie Westermann (399—400) meint, aus dem Auftrag zur Arbeit (2, 15) folge, kann man nicht sagen. Es ist im Gegenteil im jetzigen Kontext höchst verwunderlich, daß es nach dem ausdrücklichen Auftrag von 3, 23, den Acker zu bedienen, plötzlich neben dem Ackerbauern Kain den Hirten Abel gibt. Auch 2, 15 (vgl. 2, 5) dachte beim Menschen ('dm) nur an den „Diener des Ackers“ ('dmh). Nimmt man hinzu, daß (3, 17—19) dieser Acker wegen der Sünde des Menschen zur Widerspenstigkeit und Spärlichkeit verurteilt und die Arbeit des Bauern verflucht wurde, so scheint der Hirtenberuf und damit die Berufsdifferenzierung von J eher als eine Folge des eingetretenen Mangelzustandes verstanden zu werden und sich von der ursprünglichen Bestimmung des Menschen (2, 5.15) notgedrungen zu entfernen; der Hirtenberuf erscheint jetzt wie ein Versuch, den Fluch von 3, 17—19 durch eigene Erfindungskunst zu mildern oder ihm doch auszuweichen: das, was dem Menschen an Nahrung entzogen ist, die Hartlaubgewächse der Steppengebiete, macht er sich geschickt durch Kleinviehzucht zunutze. Was ihm auf diese Weise Vorteil bringt, entzweit ihn aber mit sich selbst: der Hirte ist der Feind des Landmannes und umgekehrt. Während in 4, 2a mit besonderem Gewicht das Leitwort der ganzen Erzählung von 4, 2—16 eingeführt wird, daß Abel Kains „Bruder“ ist (vgl. 4, 8a.b. 9a.b. 10.11), so trägt 4, 2b in diese Brüderlichkeit die Trennung der Berufe und damit der Lebensweisen hinein. Insofern J den ursprünglichen Menschen bereits als Landmann schildert, ist für ihn eine kulturhistorische Interpretation vom fortschreitenden Kulturerwerb der Menschen an dieser Stelle nicht möglich. Nicht Kulturfortschritt, sondern Abfall vom ursprünglichen Auftrag ist bei ihm gemeint.

Damit ist bereits in die übernommene Genealogie von 4, 1 und in die z.T. selbstgeschaffene Überleitung von 4, 2 von J so viel Konfliktstoff gelegt worden, daß die Weichen für die Erzählung vom Brudermord gestellt sind. Dieser entzündet sich indessen, wie nicht übersehen werden darf, gerade nicht an der menschlichen Unterschiedenheit, sondern an der gemeinsamen Frage der Menschen nach dem jetzt östlich von Eden fragwürdig gewordenen Segen Gottes.

Gn 4, 3.4a: „Nach Verlauf der Tage wars, Kain brachte von der Frucht des Feldes Jahwe eine Spende, und auch Abel brachte von den Erstlingen seiner Schafe, von ihrem Fett“ (nach Buber). Die Zeitangabe, die zu der eigentlichen Erzählung 4, 3 ff überleitet, scheint anzudeuten, daß es mit der Berufsteilung der Menschen eine ganze Zeitlang erfolgreich weitergeht, daß der tödliche Widerspruch nicht sogleich, sondern erst allmählich aufbricht. Der Grund, nicht nur der Anlaß dafür, ist ein gemeinsames Opfer. Das, was die Menschen eint und sie gemeinsam mit ihrem Schöpfer verbinden sollte, wird das, was sie zu Todfeinden, zu

Konkurrenten macht. Beide, Kain und Abel, bringen Gott ein Opfer dar. Das hebräische mnḥh für das Opfer Kains ist hier nicht als eigentliches Speiseopfer (vgl. de Vaux II 267) zu verstehen, sondern allgemein als „Spende". Buber, der das Wort sonst seiner Etymologie von nḥh- „hinleiten" wegen mit „Hinleitspende" übersetzt (vgl. Die Schrift und ihre Verdeutschung, in: Werke II 1117), setzt deshalb hier zurecht das allgemeine Wort „Spende" ein. Die Kommentatoren sind sich größtenteils (Gu 42; v. Rad 84; 9,76: „Kultus — Kultur"; We 401—403; Morant 222; u.a.) darin einig, daß das Opfer als ein selbstverständlicher Ausdruck der Religion zu betrachten sei, und sie machen für diese Ansicht Argumente der Archäologie oder Ethnologie bzw. der Religionsphänomenologie geltend. Es ist aber sehr die Frage, ob J ebenfalls dieser Ansicht ist. Es scheint nämlich kein Zufall, daß erst jetzt, sozusagen in der 2. Generation, nach der Vertreibung, von Opfern die Rede ist. Ein Vergleich mit Gn 2—3 macht das deutlich: der Gedanke ist abwegig, daß die Menschen im Garten (von) Eden Gott Opfer dargebracht hätten. Stets geht es ja beim Opfer in seiner Frühform um die Abhaltung schädlicher Kräfte und die Förderung guter Einflüsse; stets geht es um die „Hilfsbedürftigkeit des Menschen" (vgl. H. v. Glasenapp: Glaube und Ritus der Hochreligionen, 54; 104—106; gegen eine Übersteigerung dieses Gedankens als Erklärung des israelitischen Opfers aber de Vaux II 297—298; vgl. G. Cornfeld und G. J. Botterweck: Die Bibel und ihre Welt, 1074—1091: Stichwort „Opfer"), also um Dinge, die J erst nach der Verbannung der Menschen voraussetzen kann. Das Problem, das das Opfer zu beantworten bzw. zu lösen beabsichtigt, ob die Gottheit gnädig gestimmt sei und wie sie gnädig erhalten werden könne, setzt religionspsychologisch eine tiefgreifende Ambivalenz in dem Verhältnis von Gott und Mensch voraus. Gerade so aber hat J den Rahmen für Gn 4, 3 ff geschaffen. Es sind die von Gott verbannten Menschen, die sich an Gott mit der Bitte um seine Gunst wenden. Durch die Ausweisung ist die Güte Gottes zutiefst unsicher und fragwürdig geworden; sich ihrer zu versichern, ist der Sinn des Opfers. Dieses wird jetzt geradezu notwendig, und so gehört das Opfer denn tatsächlich zum Signum aller Religionen, ist deswegen aber keineswegs ein unverdächtiges Zeugnis menschlicher Frömmigkeit, sondern vielmehr der Ausdruck einer Einstellung, die für J gerade durch die Situation nach Gn 3 erst geschaffen wurde.

Das Opfer der ersten Kinder Evas weist also auf beides hin: auf die grundlegende Veränderung, die in dem Verhältnis von Gott und Mensch eingetreten ist, und auf die Anhänglichkeit, mit der die Menschen ihren

Gott zurückzugewinnen suchen. W. Eichrodt meint zurecht, daß ursprünglich im Speiseopfer der Gottheit „Nahrung zur Stärkung ihrer Kraft" (W. Eichrodt: Theologie des Alten Testamentes, I 84) zugeführt werden sollte. Wichtiger aber ist im jetzigen Text, daß in der Gabe des Opfers anerkannt wird: „Der Mensch schuldet Gott alles" (de Vaux II 302); er sucht „nach Vereinigung mit Gott" (de Vaux II 304); und es gilt: „Jedes Opfer hat bereits einen Sühnewert, weil es eine Gabe ist, durch die sich der Mensch eines nützlichen Gutes beraubt, und weil es gute Beziehungen zwischen Gott und dem Opfernden herstellt." (de Vaux II 305)

Dann hat das Opfer Kains und Abels den Sinn, Gott nach der Verbannung ausdrücklich wieder als den Geber aller Gaben anzuerkennen. Hatten die Stammeltern durch Übertreten eines Nahrungsverbotes gesündigt, so wird jetzt durch ein freiwilliges Speiseopfer Gott als uneingeschränkter Herr bestätigt. Dennoch ist die Übertretung nicht rückgängig zu machen: die ehedem selbstverständliche Anerkennung Gottes ist eben nicht mehr selbstverständlich; gerade darum muß sie durch ein Opfer ausgedrückt werden. Sehr schön markiert ein Satz der chinesischen Weisheit diese Zwiespältigkeit des Opfers: „Wenn das ungeschnittene Holz nicht zerschnitten würde, wer könnte da Opfergefäße anfertigen?" (Lin Yutang: Laotse, 86) Das Opfer setzt eine Trennung von Gott und Mensch voraus, die es gerade bestätigt, indem es sie zu überwinden trachtet.

Wie unsicher denn auch die Haltung Gottes und der Menschen zueinander geworden ist, beweist vollends der weitere Gang der Dinge.

Gn 4, 4b. 5a: „Jahwe achtete auf Abel und seine Spende, auf Kain und seine Spende achtete er nicht" (nach Buber). Die Frage, wie Kain die Ungnade, die „Mißachtung" Gottes gemerkt habe, scheint motivgeschichtlich sich unter Hinweis auf die Erfahrungen vom größeren unverdienten Glück des jüngeren Bruders zu beantworten. Das entsprechende Tatmotiv Kains wäre demnach der Neid auf den erfolgreicheren jüngeren Bruder. Aber so einfach liegen die Dinge nicht. Es kann nämlich nicht bedeutungslos sein, daß J keinerlei Hinweise gibt, daß Kain die Mißachtung Gottes in dieser motivgeschichtlich vorgeprägten Weise erfahren habe. Das heißt doch, daß es J gar nicht um irgendwelche sichtbaren Erfolge geht, sondern um die eine einzige zentrale Erfahrung Kains, mit seinem Opfer von Gott nicht angenommen zu sein. Das hebräische š'h — „schauen" wird von Gunkel treffend so wiedergegeben: „Gott mag es gar nicht ansehen." (Gu 43) Das ist es also, was Kain erfährt: daß Gott ihn mit seinem Opfer gar nicht sehen will; ausdrücklich setzt der Text das nebeneinander: „Kain und seine Spende“; der eigentlich Abgelehnte ist also Kain und seinetwegen die Gabe. Das macht es überflüssig, nach irgendwelchen eventuellen Fehlern oder Mängeln der Opfergabe Kains zu suchen; entscheidend ist, daß er sich selbst vor Gott als abgelehnt empfinden muß, als vor Gott „unansehnlich“. Die Frage ist, warum? Man hat (z.B. M. Buber: Der Glaube der Propheten, in: Werke II 331) den Grund für die Ablehnung in der „Seelenlage“ Kains erblicken wollen; davon steht aber nichts im Text (vgl. Gu 43). Wohl ist es wahr, daß ein Mensch, der auf die Ablehnung seines Opfers mit Empörung und Mord reagiert, nicht die beste Gesinnung mitgebracht haben kann und daß das, was bei einem solchen Anlaß der Zurückweisung zutage tritt, auch vorher im Untergrund vorhanden gewesen sein muß. Aber wichtiger ist eben, daß bei den von Gott vertriebenen Menschen in der Folgezeit überhaupt so etwas wie das Tun Kains durchbricht. Man sollte nie vergessen, daß die Erzählung von Kain und Abel urgeschichtlich verstanden werden muß, daß Kain und Abel hier als Repräsentanten der von Gott abgefallenen und verbannten Menschheit auftreten. Für die von Gott getrennten Menschen ist das zentrale Problem die Frage nach dem Segen Gottes; deshalb das Opfer. Es gibt aber offenbar jetzt auch von Gott her keine uneingeschränkte und gleichmäßige Annahme des Menschen mehr. Mit Recht zitiert v. Rad zur Erklärung der Stelle 2 Mos 33, 19: „Ich erweise Gnade, wem ich gnädig bin und erzeige Barmherzigkeit, wessen ich mich erbarme“ (v. Rad 85; 9, 76). Aber diese Unterschiede selbst sind doch erst jetzt, außerhalb von Eden, denkbar; erst jetzt erscheint Gott als der unverständliche, überlegene, ja, ungerechte Gott, der in dieser Widersprüchlichkeit akzeptiert werden müßte — und nicht akzeptiert wird.

Die Frage ist also nicht so sehr, was in Kain (als einzelnem) der Grund für seine Ablehnung ist; auf diese Frage gibt der Text keine über Gn 3 hinausgehende Begründung; die Frage muß vielmehr sein: wie kommen die von Gott verbannten Menschen jetzt mit einem Gott zurecht, der für sie uneinsichtig handelt und grundlos den einen bevorzugt und den anderen zurückstößt? Diese Situation ist neu und unerwartet; der Text drückt diesen Eindruck sehr fein in der chiastischen Stellung von 4, 3.4.5a aus: Kain opfert, Abel opfert; statt aber zu sagen: Gott schaut Kains Opfer an, heißt es: Gott schaut das Opfer Abels an; schon diese umgekehrte Reihenfolge läßt aufhorchen; aber immer noch erwartet man, daß es wie selbstverständlich weiterginge: auch Kains Opfer habe Gott angesehen; das aber ist gerade nicht der Fall. Das Stilmittel der Umkehrung macht die Dramatik in der Umkehr der erwarteten Reihenfolge und Ordnung der Dinge deutlich. Und sie ist es, mit der Kain nicht fertig wird.

Daß der Text keine weitere Begründung für die „Ungerechtigkeit" Gottes gibt, kann doch nur heißen, daß J eine solche Begründung nicht für nötig hält. Für J muß es offenbar so sein, daß Gott jenseits von Eden als ein Gott erlebt wird, der seine Gunst gewissermaßen willkürlich verteilt. Und die Frage ist allein, wie dieser Eindruck vom Menschen verarbeitet wird (4, 6.7); der „Grund", warum Gott so erlebt wird, kann daher nicht durch „allerlei Grübeleien" (Gu 43) über Kains Gesinnung gefunden werden; er liegt unausgesprochen einfach in der Situation, die durch Gn 3 entstanden ist.

Andererseits kommt man nicht daran vorbei, sich klarzumachen, was das Gefühl der Ablehnung Gottes für Kain bedeutet. Denn dies ist das „Furchtbare der Sünde Kains . . ., daß sie ihm . . . unterläuft . . . gerade da, wo er sich zu Gott erhebt" (v. Rad 88; 9, 80), daß Kain eigentlich an Gott scheitert, daß das „Motiv" zum Mord gerade in dem Ringen um die verlorene Gunst Gottes liegt.

Im Mittelpunkt der Erzählung steht mithin nicht (mehr) so sehr das Motiv des Neides, sondern stärker das Gefühl des Abgewiesenseins, des Abgelehntwerdens, des Nichtakzeptiertseins, und zwar seitens Gottes, und zwar ohne ersichtlichen Grund, und zwar trotz des eigenen Bemühens, den ohnehin fragwürdig gewordenen Segen Gottes zurückzugewinnen; und das alles — darin liegt die Berechtigung der Ausdeutung vom Neid — angesichts des Angesehenwerdens, des offensichtlichen Bevorzugtwerdens Abels.

Man kann verstehen, daß es im nächsten Satz heißt:

Gn 4, 5b: „Da entflammte Kain sehr, und sein Antlitz fiel" (nach Buber). Kain antwortet auf seine Ablehnung und Zurücksetzung mit zorniger Empörung. Es ist durchaus zunächst nicht von Neid die Rede, sondern von Zorn, und doch wohl nicht über Abel, sondern über Gott, an dessen Verhalten sich die Empfindung Kains entzündet und der denn ja auch im folgenden der Gesprächspartner Kains ist (bzw. bleibt). Auf die Abwendung Gottes reagiert Kain seinerseits mit einer Abwendung, die man als Trotz und Verschlossenheit charakterisieren kann, als Verfinsterung (vgl. zu wjplw pnjw — „sein Antlitz fiel" Gesenius 512) und unfreundliches Sich-in-sich-Zurückziehen. Dahinein kann man sich auch Neid gemischt denken; aber entscheidend ist, daß das Motiv des Neides sekundär zu der Empörung über Gott hinzutritt. Was die Menschen einander sich bis zum Mord bekämpfen läßt, ist eine Folge des Gefühls, von Gott abgelehnt zu sein, und dies erst bringt den tödlichen Neid untereinander mit sich.

Kain und Abel stehen — diese Erfahrung ist neu — als Konkurrenten vor Gott. Das ist es, was ihre Feindschaft bedingt und was diese Feindschaft so tödlich macht. Wenn Menschen sich streiten, so daß es tödlich wird, scheint J durch die theozentrische Weglassung aller anderen Themen möglicher Streitigkeiten sagen zu wollen, so streiten sie sich nicht um Rinder und um Landbesitz; das eigentliche Thema der menschlichen Zwietracht ist das Angenommensein oder Nichtangenommensein vor Gott. Mag es schon sein, daß die Zuwendung Gottes auch in solchen Dingen wie Besitz und Habe zum Ausdruck kommt, — wenn Menschen sich ermorden, geht es im Grunde nicht darum, sondern um das Akzeptiert- und Angenommensein vor Gott. Dann kann man auch nicht mehr mit der rein psychologischen Vokabel Neid auskommen, um das Verhältnis zwischen Kain und Abel zu charakterisieren; die Problematik ist vielmehr, daß es jetzt so aussieht, als wenn der eine den anderen vor Gott verdrängt. Der Segen Gottes scheint spärlich geworden, jenseits von Eden; indem der eine ihn bekommt, scheint er dem anderen zu fehlen. Was diese Konkurrenzsituation vor Gott theologisch bedeutet, läßt sich hier nicht klären und muß einer systematischen Untersuchung des Textes vorbehalten bleiben; exegetisch aber ist es wichtig, die Schwerpunkte richtig zu setzen. Und hier ist die Beobachtung von erheblicher Bedeutung, daß die Ursache des Konfliktes zwischen Kain und Abel zentral nicht im Neid auf Abel, sondern in der zornigen Empörung über das Nicht-Angenommensein vor Gott besteht, daß also der eigentliche Konfliktpartner zunächst nicht Abel, sondern Gott ist. Abel ist nicht die Ursache der Empörung Kains, sondern allenfalls der Maßstab, an dem die „Ungerechtigkeit" Gottes sichtbar wird.

Die Beziehung zwischen den beiden Brüdern ist mithin nicht eigentlich Neid, sondern eher die Entdeckung einer Konkurrenz, die bereits bei ihrer Aufdeckung zuungunsten des einen und zugunsten des anderen entschieden ist. Die reaktive Empörung darüber richtet sich zunächst auf Gott und späterhin erst auf den Menschen, auf Abel. Daß die als ungerecht erscheinende Ablehnung und Zurücksetzung durch Gott sowie die Empörung über Gott zur Ursache des Mordes unter den Menschen wird, scheint vorauszusetzen, daß der Konflikt aus dem Bereich zwischen Gott und Mensch allererst in den zwischenmenschlichen Bereich verschoben wird. Wie das vor sich geht, ist noch unklar; lediglich dies läßt sich bereits vermuten: wenn der ganze Konflikt tödlich endet, dann wird er selbst ursprünglich als tödlich empfunden worden sein. Und gerade dies ist zu erwarten: der Segen Gottes ist für den Menschen nicht irgendetwas — gerade deshalb scheint J jede Aussage darüber, woran man sein Fehlen ersehen kann, weggelassen zu haben —, sondern alles; es geht für Kain tatsächlich um sein Leben, nicht um ein bestimmtes Lebensgut.

Umso verwunderlicher ist der nächste Abschnitt (4, 6.7), der zwar verderbt, dessen Sinn aber eindeutig ist:

Gn 4, 6: „Jahwe sprach zu Kain: Warum entflammt es dich? warum ist dein Antlitz gefallen?" (nach Buber) Dieser Satz ist deshalb erstaunlich, weil Gott offensichtlich den Zorn und die Empörung Kains gar nicht für nötig, ja, für völlig unbegründet hält. Indem Gott nach dem Wofür (lmh), dem Grund der zornigen Verdüsterung Kains fragt, wird offenbar, daß Gott einen solchen Grund gar nicht erkennen kann. Westermann meint: „Daß die Empörung Kains berechtigt ist, ist in dieser Frage, die einen Vorwurf impliziert, schon nicht mehr gesehen." (We 407) Das ist wahr. Westermann schließt aber daraus, daß der Vers möglicherweise „nicht ursprünglich" (We 407) in diesen Zusammenhang gehöre; diese Hypothese ist jedoch nur dann einleuchtend, wenn man die ganze Widersprüchlichkeit in der Erfahrung von Gott und Mensch, wie sie nach der Vertreibung aus Eden offenbar zutage tritt, für unmöglich hält. Wie soll man dann aber die sehr richtige Bemerkung Westermanns verstehen, die „Ungleichheit" unter den Menschen habe biblisch „ihren Ursprung im Ansehen Gottes" (We 404—405)? Die Konsequenz daraus kann doch nur sein, daß offenbar das, was dem Menschen als „Ungerechtigkeit" erscheint, für Gott keine Ungerechtigkeit ist, daß es jetzt sogar die Aufgabe des Menschen sein müßte, mit diesem ihm ferngerückten und unverständlich gewordenen Gott weiterzuleben. Eben dies aber spricht sich in der Infragestellung Gottes in 4, 6 aus. Die menschlich so überaus verständliche und berechtigte Reaktion Kains ist vor Gott unberechtigt und grundlos. Diesen Gegensatz gilt es herauszuarbeiten, nicht aber den Kontrast der jetzigen Textgestalt durch Eliminierung des ganzen Versabschnittes (V. 6. 7) zu beseitigen. Der Vers wiederholt wörtlich die vorhergehende Verszeile 4, 5b, so als wollte Gott hier die in Kain beginnende Bewegung mit seiner Infragestellung ganz umfassen und beruhigen. Es ist „eine väterliche Rede" (v. Rad 85; 9, 76), die in ihrer Vorsicht zugleich verrät, daß Gott die Stimmung Kains kennt, wie auch, daß er eine Alternative anzubieten hat (vgl. Jona 4, 4.9.10). Zugleich zeigt sich, daß Gott Kain trotz der Nicht-Annahme seines Opfers „nicht endgültig verworfen" (v. Rad 85; 9, 76) hat. Kain soll die glücklose Existenz der Erfolglosigkeit und Mühsal jenseits von Eden tragen, selbst wenn sie für Abel in dieser Weise nicht besteht.

Vielleicht läßt sich dabei noch ein direkterer Zusammenhang in der Aussage des Textes wahrscheinlich machen. Man kann nur unterstreichen, was Westermann für 4, 1 und den Zusammenhang von Gn 2 und 3 bemerkt: „die Rolle Adams wird nun von Kain übernommen" (We 393). Daß dies tatsächlich die hermeneutische Überschrift für Gn 4 ist, wird bestätigt durch die schon erwähnte Erstgeburtstellung Kains sowie durch die Übernahme des Strafauftrags von Gn 3, 23; Kain übt den Beruf der ursprünglichen, aber durch den Abfall von Gott zu einer Strafe gewordenen Bestimmung des Menschen aus. So scheint er das eigentliche Los des Menschen nach der Verbannung in Gestalt der Nichtannahme, des Nichtakzeptiertseins zu verkörpern; dies bedeutet nicht eine totale Verstoßung; die Menschen dürfen noch leben, und, wenn auch spärlich, bringt doch der Boden noch Nahrung hervor; damit müßte der Mensch „zufrieden" sein. Andererseits kann Gott sich verhalten wie 2 Mos 33, 19 oder Jes 45, 7: „Das Licht bilde ich und erschaffe die Finsternis, bewirke das Heil und schaffe das Unheil! Ich, der Herr, bin es, der all dies bewirkt." Gott kann auch jetzt seinen Fluch aussetzen und Segen bringen; so bei Abel, der als Hirt vom Fluch der Erde ausgenommen scheint, ja, aus dem Wachsen des Unkrauts sogar Vorteil zieht. Das aber ist nicht „Ungerechtigkeit", sondern Gottes unverdiente Gnade. Keinerlei Zorn oder Empörung darüber ist berechtigt.

Den Text so zu verstehen, empfiehlt sich deshalb, weil auf diese Weise so gut wie alle Schwierigkeiten der Stelle ihre Erklärung finden: daß kein weiterer Grund für die Ablehnung Kains genannt wird — im Erbe Adams ist die Ablehnung der selbstverständliche „Normalfall"; die grundlose Begünstigung Abels, die für Kain eine Ungerechtigkeit darstellt, für Gott aber gerade dies nicht ist; die Verwunderung Gottes über den Zorn Kains und seine Frage an ihn; die Verständlichkeit des Zorns Kains, der dennoch vor Gott nicht berechtigt ist; schließlich der Umstand, daß die Ablehnung des Opfers Kains von Gott nicht als endgültige Verstoßung, sondern in einer erstaunlichen Problemlosigkeit gesehen wird.

Insgesamt würde in dieser Interpretation, die indessen nur durch die Geschlossenheit des Verständnisses von Gn 4, 2—16 „bewiesen" werden kann, mit der Annahme Ernst gemacht, daß Kain wirklich als der verstanden werden muß, als der er von J durch die Übernahme der Genealogie in 4, 1 eingeführt wird: als der erste Sohn Evas, als der Nachfolger Adams, als der Mensch in der ersten Generation im Osten von Eden. Daß dies so ist, findet eine gewisse Bestätigung auch durch

4, 11.12, wo J das Thema von 3, 17—19 wieder aufgreift und verschärft: der Boden ist nach der Tat Kains nicht nur durchsetzt mit Unkraut, sondern verdirbt bis zur Unfruchtbarkeit; so wächst sich das Erbe Adams, das sich in Kain fortsetzt, bis zur letzten Konsequenz aus. Alles, was über Kain zu sagen ist und was in Gn 4, 2—16 verwundert, stünde also in Gn 3 und 4, 1; es wäre dies zugleich ein weiterer Hinweis nicht nur für die Geschlossenheit von Gn 3 und 4, sondern auch dafür, daß Gn 4 als eine Geschichte vom „Anwachsen der Sünde", wie es v. Rad verstanden wissen wollte, zu lesen ist. Zu beachten ist, daß diese Auffassung des Textes auch ohne die Interpretation von V. 6.7 möglich ist, durch diese Verse aber noch wahrscheinlicher wird.

Entscheidend ist nun in der Erzählung, daß Gottes Fragen und Ermahnen nicht zum Ziel führt. Es mag sogar eine vorsichtige Anspielung auf Gn 3, 1—7 darin liegen, daß wiederum zur Einleitung der Tat eine Dialogpassage vorangestellt wird; wiederum beginnt es mit einer Frage, diesmal aber nicht von der Schlange zur Verführung, sondern von Gott zur Beseitigung der Gefahr. Das Tragische ist indes, daß jetzt gerade die Rede Gottes unmittelbar dem Mord vorhergeht, also mindestens den Mord nicht verhindert — vielleicht sogar begünstigt. Zwar versucht sich Gott in Kain hineinzuversetzen und dessen Gefühlslage zu treffen, so in 4, 7a, eine Vershälfte, die relativ intakt zu sein scheint, aber das Unheimliche der Erzählung ist, daß hier das Gotteswort genau das Gegenteil seiner eigenen Intention erreicht, ähnlich wie späterhin die Mahnreden der Propheten angesichts der Herzenshärte, der šrjrwt lb, zum Gegenteil ausschlagen (vgl. Jes 6, 9—12).

Gott fährt in seiner Rede fort:

Gn 4, 7: „Ists nicht so: meinst du Gutes, Erheben; meinst du nicht Gutes aber: vorm Einlaß Sünde, ein Lagerer, nach dir seine Begier — du aber walte ihm ob" (nach Buber). Dieser schwierige Vers, den die Bubersche Übersetzung als einzige in der jetzigen Lesart korrekt wiedergibt (rbṣ [pt.m.] „lagernd" kann sich grammatisch nicht auf ḥṭ't „Sünde" beziehen; tšwqtw „seine Begier" [suff. 3. s.m.] aber muß sich auf rbṣ beziehen; der ganze Satz kann also nur als Anakoluth wiedergegeben werden), scheint so verderbt, daß er durch keinerlei Konjektur und Textänderung (vgl. die Übersicht bei We 409—410) wiederhergestellt werden kann. Es bleibt also nur, ihn so zu nehmen, wie er dasteht, und sich davor zu hüten, zuviel auf ihm aufzubauen. Was immer dann rbṣ — „ein Lagernder" bedeutet haben mag — ein Schwellendämon, ein Totengeist (so der neue Vorschlag Westermanns, 408), ein Dämon überhaupt —, in der jetzigen Textfassung kann kein Zweifel sein, daß damit die Sünde selbst als etwas zur Tür, zum Eingang hin Lagerndes gemeint ist und daß Kain in diesem Satz vor der Sünde gewarnt wird. Diese ist „als weiblicher Dämon gedacht“ (Buber: Der Glaube der Propheten, in: Werke II 331), der, wie die Frau in Gn 3, zur Sünde verführen will, aber gemeistert werden müßte. An die Stelle der anderen Person ist jetzt etwas im Menschen selbst getreten.

Der Sinn ist dann in etwa doch recht eindeutig zu erkennen: die zornige Verdüsterung Kains ist für Gott das Anzeichen einer Gefahr, die in Kain selbst liegt und auf die er Kain hinweist. Hatte V. 6 den Zorn Kains in Frage gestellt und seine Begründung angezweifelt, so zeigt das einleitende — „nicht wahr“, „ists nicht so“, daß Gott hier an eine Selbstverständlichkeit appelliert, die auch Kain geläufig sein muß und derzufolge die Verfinsterung Kains nicht durch etwas Äußeres zustande kommt — und also möglicherweise berechtigt wäre —, sondern ihren Grund in Kain selbst hat. Der Verfinsterte, Zornige, Gedrückte ist aufgrund der eigenen Bosheit verfinstert, zornig und gedrückt; würde Kains Sinnen auf Gutes gehen, so könnte er sein Antlitz frei und heiter erheben „im Bewußtsein seiner Unschuld“ (Gesenius 523). Kain, der über Gott erzürnt ist, bekommt von Gott also gesagt, daß seine eigene Bosheit die Ursache seines Zorns und seiner Verfinsterung ist und daß er mit ihr fertig werden muß und kann. Dies darf als sichere Aussage von V. 6.7 gelten. Im Zusammenhang der Stelle kann das jedoch nur bedeuten, daß Kain trotz seiner scheinbaren Benachteiligung gegenüber Abel nicht verbittert sein dürfte und daß er trotz allem, wenn seine Gedanken auf Gutes gerichtet wären, heiter und froh sein müßte. Will man zur Verdeutlichung den Inhalt dieser Mahnung Gottes etwas ausspinnen, so könnte man sagen: Kain sollte sich über den Segen seines Bruders freuen; so dächte er Gutes; so könnte er heiter sein; daß es anders ist, daß er voller Zorn und Empörung ist, liegt an dem Bösen, das in ihm lauert und nun wirklich wie ein Dämon darauf wartet, zum Zuge zu kommen und Eintritt zu finden.

V. 6.7 bestreiten also ausdrücklich die Berechtigung von Kains Empörung, die menschlich so einleuchtend zu sein schien, und verlagern den Grund dafür in Kain selbst. Das Problem, das sich darin ausspricht, ist jetzt, daß Kain sich über den Segen seines Bruders ärgert und empört, statt mit Abel über die unverhoffte Gunst Gottes froh zu sein, daß er für sich verlangt — als Anspruch der Gerechtigkeit —, worauf, wenn unsere Auslegung des Textes richtig ist, jenseits von Eden gar kein Anspruch mehr besteht; es handelt sich dann um ein Problem, das in etwa dem Gleichnis Jesu von den Arbeitern im Weinberg ähnelt (Mt 20, 1—15).

Insofern könnte man sagen, daß es eigentlich zwei Gründe sind, die Kain zum Mord an seinem Bruder treiben: der Segen Gottes, der ihm ungerecht erscheint und ihn über Gott empört sein läßt; und, so meint V. 7, daß er von vornherein nichts Gutes sinnen kann, wenn er so reagiert. Hier sieht es denn so aus, als wenn die Trennung der Brüder nicht erst durch den Segen Gottes, also durch die vermeintliche Ungerechtigkeit Gottes zustande gekommen sei, sondern ein gewisser Bruch ihr schon zugrunde liege; wären Kain und Abel wirklich „Brüder", fühlten sie sich sicher und geborgen in Gott, kurzum, lebten sie noch in Eden, so wäre es nicht denkbar, daß der Segen des einen von dem anderen als ein solch schreiendes Unrecht empfunden würde und dieser mit einer solchen Verstörung antwortete. Auch hier ist wieder die Situation greifbar, die in Gn 3 beschrieben wurde: mit einer gewissen Scham und Angst voreinander wurden die Menschen entlassen; Gott versuchte diese Konfliktquelle zu stopfen; aber sie bricht sofort auf, sobald Gott, sei es auch aus reiner Gnade, den einen bevorzugt und den anderen nicht.

Sollten V. 6.7 spätere Hinzufügungen zum Text sein, so sind es doch Eintragungen, die den ursprünglichen Sinn der Zusammengehörigkeit von Gn 3 und 4 wirkungsvoll unterstreichen. Für das, was menschlich so verständlich ist, trägt „Kain die volle Verantwortung für die ... folgende Tat" (We 409). Seine Aufgabe wäre es, den widersprüchlichen und jetzt ungerecht erscheinenden Gott zu ertragen und sich mit seinem Bruder zu freuen, dessen Ungleichheit ihm jedoch jenseits von Eden wie eine Bedrohung vorkommen muß.

Ganz „mechanisch" (We 408) ist dann wohl auch das Zitat aus 3, 16 nicht, mit dem 4, 7b Kain die Aufgabe zuweist, der Sünde Herr zu werden. Es erinnert ja ausdrücklich daran, daß eine Spannung zwischen den Menschen durch den Abfall von Gott eingetreten ist und eine Über- und Unterordnung von ursprünglich Gleichberechtigten die Folge der Sünde war; jetzt aber muß es darum gehen, nicht sich über diese Ungleichheit zwischen den Menschen zu empören, sondern gerade der Sünde Herr zu werden, die als Versuchung des Zornes und der Empörung daraus erwachsen kann. Zugleich wird dabei die Spannung, die zuvor zwischen Mensch und Mensch, zwischen Adam und der Frau, bestand, in den Menschen selbst hineinverlagert. Der Mensch soll jetzt nicht so sehr über einen anderen herrschen, sondern über etwas, das selbst in ihm liegt und bereits vor der Tür des eigenen Herzens lauert. Es wäre dann angedeutet, wie der Trennung unter den Menschen im Mord die Zerspaltenheit im Menschen vorausgeht, wie jetzt bereits etwas im eigenen Ich unterdrückt werden muß, wenn es nicht zum Mord kommen soll.

Wie gesagt, läßt sich auf einem so schwierigen Vers nicht viel an Folgerungen aufbauen; aber es läßt sich doch zeigen, daß die jetzige Textgestalt, wie immer sie entstanden ist, einen guten Sinn besitzt, der sich in den Gesamtrahmen von Gn 3 und 4 gut einfügt. Festzuhalten bleibt, daß es nur irreführend sein kann, wenn Westermann eine ursprünglich angeblich positive Zeichnung der Gestalt Kains gegen eine nachträgliche Korrektur dieses Verständnisses in V. 6.7 ausspielen will (We 409); wenn J aus 4, 1 diese Erzählung herausgearbeitet hat, dann hat es nie eine „positive" Zeichnung Kains gegeben; wohl ist richtig, daß Kain keineswegs als von Anfang an bloß schlecht gesehen wird. Wie in Gn 3 ist es gerade die tragische Durchkreuzung der guten Absicht, die am Ende wie mit Notwendigkeit in die Katastrophe führt. Gerade weil Kain nicht von Anfang an ein Mörder oder ein einfachhin schlechter Mensch ist, ist es so bewegend zu sehen, wie er beim Opfer für seinen Gott zum Mörder an seinem Bruder *wird*. Die Psychologie und Theologie des J ist nirgendwo, soweit man sieht, so plump, nach der Art eines Wildwestfilms nur in Schwarz und Weiß zu malen. Die Tragik dessen, was er schildert, liegt in Gn 3 wie in Gn 4 vielmehr darin, daß die Menschen gerade das Böse tun, indem sie auf ihre Art das Gute wollen. Und ferner ist J offen für den Unterschied, daß das, was mit menschlichen Augen vollkommen verständlich und berechtigt, ja, wie notwendig erscheint, vor Gott deshalb noch gar nicht verständlich und berechtigt sein muß; dies gerade zeigen die Verse 6.7. Es ist zu fragen, ob etwas, das so fugenlos sich in den Kontext einpaßt, tatsächlich als „Hinzufügung" betrachtet werden muß.

Das Ende der Entwicklung ist, wie in Gn 3, 1—7, lakonisch kurz.

Gn 4, 8: „Kain sprach zu Abel seinem Bruder. Aber dann wars als sie auf dem Felde waren: Kain stand auf wider Abel seinen Bruder und tötete ihn" (nach Buber). V. 8a macht den Eindruck, als wenn hier eine Rede Kains eingeführt würde, die dann ausgefallen wäre. Die alten Übersetzungen haben hier eingeschaltet: „Laßt uns aufs Feld gehen"; aber das ist eine deutliche Konjektur aus dem Zusammenhang. Das wj'mr — „und er sprach" in wjmr von mrh — „hadern" zu ändern, also zu sagen: „er (Kain) fing Streit an", wie Gunkel (44) vorschlägt, ist ebenso wenig befriedigend, denn es müßte dann, wie er selbst bemerkt, b oder 'm „mit", „gegen" folgen. Es bleibt also nur übrig, entweder eine Lücke anzunehmen, oder wj'mr absolut zu verstehen, wie es Buber in seiner

Übersetzung tut. Das nachfolgende wjhj übersetzt Buber mit „Aber dann wars", und zeigt damit, daß er 8a im Widerspruch zu 8b sieht. Dieses Verständnis wird m.E. dem Text, wie er dasteht, am besten gerecht. Kain hätte danach das Gotteswort tatsächlich akzeptiert! Er hätte versucht, mit seinem Bruder zu sprechen! Er wäre willens gewesen, das zerbrochene Band wiederherzustellen! Die Situation wäre dann tatsächlich ganz analog zu Gn 3, 3.6; wie dort, so würde auch hier unmittelbar vor der Tat noch einmal das äußerste versucht, das gerade nicht zu tun, was dann geschieht; dort wie hier würde in atemberaubender Kürze die Peripetie erfolgen. Das zweimalige 'ḥjw — „sein Bruder" markiert das Entsetzliche der Tat: der, der mit seinem Bruder zu reden versucht, ist unmittelbar derjenige, der seinen Bruder ermordet. Es mag sein, daß hier ein Gespräch „ausgefallen" ist; aber wie sollte man sich ein (kurzes!) Gespräch vorstellen, das so rasch den Wechsel von Gesprächsbereitschaft zum Mord widerspiegelt? Die Annahme, daß das Gespräch selbst einen Streit enthält, scheitert an dem Wort „Bruder" in V. 8a, das hier doch wohl noch positiv, nicht schon anklagend zu verstehen ist. Wenn aber das Gespräch wirklich noch brüderlich gemeint war, dann ist es tatsächlich am einfachsten, anzunehmen, daß das Gespräch „ausfiel", nicht textkritisch, sondern sachlich: daß Kain mit Abel „sprach" — aber kein Gespräch stattfand, daß beide sich nichts (mehr) zu sagen hatten. Wo gäbe es Textlücken, die eine solche Feinheit in der Darstellung verraten, und wo Lücken des Nichtgesagten, die sprechender sind als es jedes Gespräch sein könnte?

So rasch nun aber auch immer die Tat selbst erfolgt — rein automatisch erfolgt sie nicht. Das wjqm — „er stand auf" zeigt die Überlegtheit und Entschlossenheit des Tuns Kains; es zeigt, wie er sich zu seinem Tun entscheidet; wozu er sich entscheidet, das Entscheidende des ganzen Abschnittes, berichtet J wiederum nur mit einem einzigen Wort: wjhrghw — „er tötete ihn". Wie in 3, 6 alles in einem einzigen Wort zusammenläuft (wt'kl — „sie aß"), so drängt sich hier alles in diesem einen Wort zusammen, das um so grausiger wirkt, als noch vorweg das Wort „sein Bruder" gesetzt wird. Die Häufung dieses Leitwortes unterstreicht die ganze Furchtbarkeit von Kains Tun; zugleich aber gibt es auch so etwas wie eine Begründung seiner Tat: gerade weil Kain und Abel Brüder waren, gerade weil sie zusammengehörten, war der Segen des einen eine solche Herausforderung für den anderen; hätten sie sich ferner gestanden, wären sie einander gleichgültiger gewesen, wäre es nie und nimmer zum Mord gekommen. Gerade das, was die Menschen eint, ist das, was sie tödlich gegeneinander „aufstehen" läßt.

Kürzer und eindringlicher läßt sich die Verkehrung der Zusammengehörigkeit der Menschen durch die Sünde nicht ausdrücken.

Man kann diesen Bericht mit der Szene vergleichen, die J in der Josefsgeschichte (Gn 37, 3—25. 25—36) zeichnet, und daran den Unterschied beobachten. Auch in der Josefsgeschichte geht es um den Segen Gottes, dort aber vermittelt durch die Gestalt des Vaters; auch dort geht es um das Motiv des Neides, der aber rein psychologisch, nicht mehr theologisch motiviert ist; was also in der Geschichtserzählung auf der menschlichen Ebene zutage tritt, ist in der Erzählung der Urgeschichte unmittelbar ein Konflikt zwischen Gott und Mensch; während dort gezeigt wird, wie das Unheil der Menschen von Gott in Heil verwandelt wird, zeigt die Geschichte von Kain und Abel, wie das Heil Gottes sich in das Unheil der Menschen verwandelt — und es dagegen offenbar selbst in den Worten und Maßnahmen Gottes kein Gegengift gibt. In der Josefsgeschichte folgt dem Mord(-versuch) der Segen, in der Urgeschichte von Kain und Abel eine Vertiefung des Fluchs über den Menschen: dem Segen Gottes folgt der Mord des Menschen.

Zusammenfassung:

Der Abschnitt Gn 4, 1—8 zeigt eine eigenartige Umkehrung: der Segen der Fruchtbarkeit im Menschen wandelt sich in den von Menschenhand verhängten Tod; das Opfer, das mit Gott versöhnen soll, wird zum Grund der Empörung und des Zorns über Gott; der Segen Gottes über Abel wird für Kain zum Grund des Mordes. So widersprüchlich finden wir die Menschen jenseits von Eden vor. Wir sahen, daß Kain in der Erzählung die Stelle Adams einnimmt und in ihm die Hypothek der Stammeltern sich fortsetzt. Insofern steht Kain urgeschichtlich für die ganze Menschheit, für den überlebenden Teil der Menschheit, der die Geschichte macht. Es zeigt sich dabei, daß die Menschen, wenn sie einander töten, im Grunde sich nicht um Besitz und dergleichen, sondern um Gott und seinen Segen streiten, daß aber gerade die Trennung von Gott dazu führt, daß der Segen Gottes mißverständlich wird und in einer unheil gewordenen Welt Unheil bewirkt. Jenseits von Eden erscheint Gott den Menschen unter der Strafe, da wo er segnet, als ungerecht und unverständlich, als launenhaft und unberechenbar; so erntet er Empörung und Zorn und wird am Ende selbst trotz seiner Mahnung und Infragestellung der menschlichen Wertungen und Vorstellungen zum Anlaß von Neid und Totschlag der Menschen untereinander. So zeitigt die Sünde ihre Konsequenzen: was die Menschen verbindet, wird das, was sie umbringt, was sie segnet, wird ihr Fluch, was sie gebären, wird zum Material der gegenseitigen Vernichtung.

Systematisch sind folgende Fragen an den Text zu richten:

1. Wie ist die Situation der Verbannung „östlich von Eden" zu bestimmen? Wie lassen sich die Merkmale des Textes (das Streben nach der Rückgewinnung des Segens Gottes, die Entfremdung und Fremdheit, ja, Widersprüchlichkeit der Handlungsweise Gottes etc.) systematisch fassen? Wie hängt die Zwiespältigkeit der Gotteserfahrung (Achtung — Mißachtung, Segen — Ungerechtigkeit) mit der Zwiespältigkeit im Menschen (4, 6.7) und der Menschen untereinander (4, 8) zusammen?
2. Wie bestimmt man die Konkurrenzsituation der Menschen vor Gott? Was bedeutet es, daß nach J Gott das eigentliche Thema des menschlichen Streites ist? Was bedeutet die Zusammengehörigkeit der Menschen als Grundlage ihrer Feindschaft?
3. Gibt es eine Formalisierung, eine Logik der „Umkehrungen"?

Psychologisch bleiben vor allem diese Themen zur Analyse aufgegeben:

1. inwieweit ist die Struktur der Widersprüchlichkeit vor „Gott" und die Widersprüchlichkeit des zwischenmenschlichen Verhaltens psychologisch faßbar?
2. wie erklärt sich das Motiv des Neids auf den jüngeren Bruder aus Anlaß des unverdienten Segens, den dieser empfängt?
3. gibt es eine menschheitlich zu verstehende Entwicklungsstufe, auf der die Problematik von Opfer, Nichtannahme, Konkurrenz, Ambivalenz und Mord eine Einheit bilden?

2. Das verfluchte Leben (Gn 4, 9—16)

Gn 4, 9a: „Jahwe sprach zu Kain: Wo ist Abel dein Bruder?" (nach Buber). Unmittelbar nach der Tat tritt Gott wieder auf den Plan; die Parallele von Gn 4, 9 zu Gn 3, 9 ist offenkundig. Aber wie überall, so ist es auch hier notwendig, nach der Bedeutung des Gleichen und Unterschiedenen in solchen Parallelstellen zu fragen. Was ist gleich geblieben? Was hat sich geändert?

Zunächst fehlt jetzt der nachträglich fast verträumt wirkende Zug von Gn 3, 8, von dem Gott, der unter den Menschen spazierengeht und dessen Geräusch die Menschen nötigt, sich zu verstecken. Gott ist jetzt sofort und ohne Rückzugsspielraum für den Menschen da. Seine Frage ist, wie im Garten, die Frage nach einem Wo, die Frage nach einem Verlust, nach etwas, das Gott abhanden gekommen ist. Durch die Verfehlung des Menschen ist es dahin gekommen, daß Gott etwas fehlt, und er fragt danach, wo es ist. In Gn 3 aber ging es um den Menschen selbst; dieser selbst war für Gott wie verloren gegangen, und die Frage Gottes richtete sich daher direkt an ihn: 'jkh — „wo bist du". Aber jetzt stellt sich die Frage nach dem Bruder. Hatte das Tun in Gn 3 den Menschen von Gott (tödlich) getrennt, so geht es jetzt um die tödliche Trennung, die zwischen den Menschen selbst entstanden ist. Klarer als an dieser Gleichheit und Unterschiedenheit von 3, 9 und 4, 9 läßt sich nicht zeigen, was die beiden Kapitel vereint und was sie an Verschiedenem sagen wollen: Gn 3 schildert den Abfall des Menschen von Gott, Gn 4 zeigt, wie dieser Abfall sich zwischen den Menschen auswirkt. Ansätze in dieser Richtung waren unmittelbar auch in Gn 3 schon gegeben: in Form der Scham voreinander, der Schuldanklage und Schuldverschiebung auf den anderen, der Unterordnung des einen unter den anderen (vgl. Gn 3, 7.12.16.21) und schließlich in der Elendsgemeinschaft der Not ('ṣbwn-Mühsal 3, 16.17). Aber all das war erst keimhaft nur angelegt und noch von Gott selbst zugedeckt (3, 21); es bricht jedoch alsbald vehement nach der Vertreibung aus dem Garten in einen tödlichen Konflikt aus. Und die Frage nach dem Menschen, der von Gott abgefallen ist, ist jetzt zu einer Frage nach seinem Bruder geworden, den er umgebracht hat. So hat Kain die Rolle Adams übernommen; und so wirkt sich der Abfall von Gott im zwischenmenschlichen Bereich aus.

Westermann weist darauf hin, daß Gn 2—3 von der Gemeinschaft zwischen Mann und Frau berichte, Gn 4 von dem „Bruderverhältnis" der Menschen vor Gott (We 431); das ist richtig. Das Geschehen zwischen Kain und Abel ist nicht denkbar zwischen Mann und Frau, deren Zusammengehörigkeit ja trotz aller Veränderungen in 3, 16 noch einmal unterstrichen wurde. Wichtiger aber als diese Feststellung ist es zu sehen, daß die Spannung, die zwischenmenschlich aus dem Abfall von Gott folgte, sogleich tödlich wird, wenn sie nicht mehr durch die Bindung zwischen Mann und Frau, so notdürftig auch immer, aufgefangen wird. Die Macht der Liebe zwischen den Geschlechtern geht jetzt einher mit der Macht der Zerstörung untereinander. Es ist ein Gegensatz, der an die klassische Trieblehre Freuds erinnert, daß es gegen den Todestrieb (Thanatos) nur den Sexualtrieb (Eros) als Gegenkraft gebe, mit dem Unterschied freilich, daß für J diese „Triebnatur" des Menschen nicht das Faktum seiner ursprünglichen biologischen Anlage, sondern das

Produkt seines ursprünglichen Abfalls von Gott darstellt. Das Ringen zwischen beiden, zwischen der Macht des Lebens, die aus der Gemeinschaft von Mann und Frau erwächst, und der Macht des Todes, die aus der Destruktionsneigung des Menschen erwächst, sehen wir in 4, 17 und 4, 25 weitergehen.

Die Frage Gottes an Kain ist in 4, 9 ebensowenig ein Zeichen der naiven Unwissenheit Gottes wie in 3, 9; daß in 4, 10 Gott als völlig wissend von J dargestellt wird, beweist durch die Parallelisierung noch einmal, daß er es auch in Gn 3, 9 so verstanden wissen will. Wenn Gott fragt, tut er es um des Menschen, nicht um seiner selbst willen. Gott nennt dabei den Namen „Abel“ und setzt eindringlich hinzu: „dein Bruder“. Damit wird das Leitwort von 4, 8 aufgegriffen, jetzt mahnend und Reue nahelegend, wie als wenn Kain trotz allem noch einmal gesagt werden sollte: es war dein Bruder, den du erschlagen hast. Wie in 3, 9, erhält Kain noch einmal die Chance sowohl eines Geständnisses wie einer Umkehr. Während aber Adam voller Angst die Tat eingestand, wenngleich er die Schuld dafür auf den anderen, letztlich auf Gott, abzuschieben trachtete, ist Kain dies nicht mehr möglich; er kann nur gestehen und damit die Schuld auf sich nehmen, oder er muß tun, was er tut: er lügt — und höhnt!

Gn 4, 9b: „Er sprach: Ich weiß nicht. Bin ich meines Bruders Hüter?“ (Buber). Gott erinnerte Kain an seine Zusammengehörigkeit mit seinem Bruder, der aber leugnet schroff diese Zusammengehörigkeit, die ihn jetzt schuldig sprechen muß. „Ich weiß nicht“ ist nicht nur eine Lüge, es ist auch ein Bekenntnis, nicht der Tat, aber der Haltung, in der die Tat geschah; es bedeutet zugleich: „ich will von ihm nichts (mehr) wissen“. Außerdem tut Kain so, als wenn er Gott auf die Suche schicken könnte; während in Gn 3 eine gewisse Dämonisierung des Gottesbildes sichtbar war, behandelt Kain Gott hier wie einen Menschen, dessen Unwissenheit er ausnützen könnte und dessen Frage er weit von sich weisen dürfte. Für diese Antwort könnte man zum ersten Mal das Wort „prometheisch“ oder „stolz“ gebrauchen, wenn nicht der Gott des Kain hier beinahe wie ein Hanswurst behandelt würde, den man mit frechen Antworten loswerden könnte; gegen einen solchen Gott kann man wohl trotzig, nicht aber hochmütig sein, dafür ist er bereits zu klein geworden. Und so wird man die ganze Antwort Kains auch wohl verstehen müssen, daß er, der sich seines Bruders, seines Konkurrenten, entledigte, sich nunmehr auch seines Gottes entledigen will. Wieder erreicht die Frage Gottes nicht eine Veränderung, sondern nur eine Verhärtung des Menschen: Kain behält seinen Trotz und spricht ihn offen aus. Ja, er treibt geradeheraus seinen Spott mit Jahwe. „Bin ich der Hüter (Hirte) meines Bruders?" — „Soll ich den Schafehüter hüten?" Das nachgestellte 'nkj — „ich" macht die Frechheit noch deutlicher und verlegt den Akzent sehr stark auf die Selbstbehauptung Kains, die in dieser Antwort liegt: „Bin denn des Hüters Hüter — ich!?"

Um zu überlegen, was das bedeutet, muß man sich vor Augen halten, daß Kain nach seiner Ablehnung von Gott tatsächlich den Eindruck haben mußte, bei Gott keinen Rückhalt mehr zu finden. Daß sein ganzes Leben ganz und gar an Gott hängt, wird nicht gesehen; lediglich daß der Segen, den der Hirte Abel bekam, ihm vorenthalten wurde, ist für sein Verhalten wesentlich. So sieht er sich trotzig auf sich selbst zurückgeworfen und glaubt, trotzig sich gegen Gott behaupten zu müssen und zu können. Der Eindruck muß sein, auch ohne Gott auskommen zu können; Kain „pfeift" auf Gott; damit hat Gott im Grunde aufgehört, noch Gott für Kain zu sein; mag Gott ihm auch seinen Segen verweigern, — er wird auch ohne diesen Segen auskommen. 4, 12 freilich wird sogleich zeigen, wie diese Meinung Kains in Erfüllung gehen wird: der ohne den Segen Gottes leben will, wird ohne den Segen Gottes leben müssen.

Zunächst aber sagt Gott Kain direkt seine Schuld zu, und zwar mit einem empörten Aufschrei:

Gn 4, 10: „Er aber sprach: Was hast du getan! die Stimme des Geblüts deines Bruders schreit zu mir aus dem Acker" (Buber). Wie in 3, 13, fragt Gott nach dem Tun des Menschen; hier aber ist es keine Frage mehr, sondern ein leidenschaftlicher anklagender Vorwurf. Daher auch wartet Gott gar keine Antwort mehr ab, sondern nennt direkt den Frevel beim Namen. Wie in 3, 11, sagt Gott dem Menschen seine Schuld zu, hier wie dort nicht, weil dieser sie nicht wüßte, sondern um ihn zur Stellungnahme zu bewegen; während aber 3, 11 noch eine Frage war, die dem Menschen das Geständnis förmlich suggerieren sollte, wird hier die Schuld unmittelbar als Anklage formuliert. Offenbar sieht Gott, daß ein Verhör im eigentlichen Sinne bei der Verstocktheit Kains sinnlos ist. Was bei Adam und seiner Frau noch trotz aller Angst der Menschen möglich schien, ist hier von Anfang an vergeblich. Um so heftiger ist die Betroffenheit, ja, das Entsetzen Gottes. Zu ihm schreit die Stimme des Bluts. Mag auch kein Mensch Kain zur Rede stellen — Gott hört das Wehgeschrei, die ṣ'qh, die aus der Erde nach Vergeltung ruft. Es ist möglich, daß Kain den Leichnam seines Bruders schon vergraben und versteckt hat, daß er keinen Zeugen seiner Tat zu fürchten braucht und daß er mit seinem „Ich weiß nicht" bei den Menschen sich durchmogeln könnte; aber Gott ist sein Zeuge, und an ihm wird er nicht vorbeikommen. Ganz deutlich zeigt sich, daß letztlich die gegenseitige Vernichtung der Menschen Gott betrifft; er war und ist letztlich gemeint, wenn Menschen sich untereinander tödlich befeinden, um ihn geht es eigentlich, wenn Menschen sich ermorden, und er ist die Instanz der Gerechtigkeit und Bestrafung der gegenseitigen Mißhandlung des Menschen durch den Menschen, selbst wenn das Tun sonst niemandem bekannt würde.

Dabei zeigt sich erneut der Zusammenhang des Menschen ('dm) mit dem Erdreich ('dmh), die zusammen eine Schicksalsgemeinschaft bilden. „Der biblische Acker hat zu verantworten, was der aus ihm stammende, ihm verhaftete Mensch verschuldet. Sie sind auf Gedeih und Verderb miteinander verbunden, so aber, daß es der Mensch ist, der mit seinem Tun und Lassen das Schicksal des Bodens bestimmt, welches hinwieder zu seinem Schicksal wird." (M. Buber: Biblisches Zeugnis, in: Werke II 1003) Ursprünglich wird diese Anschauung auf die Mythologie der Agrarkulturen zurückgehen, für die die Fruchtbarkeit der Erde das Ergebnis göttlichen Wirkens darstellt (vgl. M. Eliade: Das Heilige und das Profane, 73—75; R. Pettazzoni: Der allwissende Gott, 83—86). Aber zurecht stellt Buber fest: „Gewiß, nur ein Bauernvolk kann so reden; aber ich weiß außer dem in Kanaan seßhaft gewordenen Israel kein anderes Bauernvolk, das so geredet hat." (M. Buber a.a.O., 1003) Es ist, als wenn die besudelte Mutter Erde sich selbst zum Anwalt für den Menschen machen würde, den sie hervorgebracht und wieder in sich aufgenommen hat. Der Schrei des Blutes zu Gott ist auf dem Hintergrund des Eigentumsrechtes Gottes am Blut als dem Träger des Lebens zu sehen. kj npš kl bsr dmw — „denn das Leben allen Fleisches ist sein Blut" (Lv 17, 14); deshalb ist jeder Blutgenuß verboten, und deshalb bedeutet Blut zu vergießen unmittelbar, in Gottes Recht auf alles Leben einzugreifen. Der Plural dmjm steht stets für das durch Gewalttat vergossene Blut (Gu 44); ein 'jš dmjm — ein „Blutmann" ist denn auch das Synonym für „Mörder" (Ps 5, 7; 26, 9; vgl. Gesenius 164). Diese enge Verhaftetheit von Mensch und Erdreich, von Blut und Leben als Gottesbesitz macht unüberhörbar deutlich, daß jede Gewalttat der Menschen untereinander unmittelbar gegen Gott gerichtet ist und notwendig von ihm geahndet wird, daß aber andererseits der Mensch selbst seine Lebensgrundlage durch ein solches Tun sich verdirbt.

Dies zeigt das folgende Fluchwort Gottes, das in der vorliegenden Form wie eine Folgerung aus diesem Zusammenhang wirkt:

Gn 4, 11.12: „Und nun, verflucht seist du hinweg vom Acker, der seinen Mund aufmachte, das Geblüt deines Bruders aus deiner Hand zu empfangen. Wenn du den Acker bedienen willst, nicht gibt er dir fortan seine Kraft. Schwank und schweifend mußt du auf Erden sein" (Buber). Bei diesem Satz wird man der Auffassung Westermanns (We 416—417) folgen können, daß ursprünglich 11a und 12b zusammenhingen, deren Rhythmus jetzt durch die Einfügung des Motivs von 11b und 12a gestört ist: „(Und nun,) verflucht seist du hinweg vom Acker. Schwank und schweifend mußt du auf Erden sein." Die ältere Vorstellung ist in 11b und 12a enthalten; sie ist nicht eigentlich ein Fluch, sondern eine Folge aus dem Tun Kains. Indem J diese „magische" Vorstellung mit dem strafenden Gotteswort verbindet, gestaltet er die Tatfolge in eine an die Person Gottes gebundene Straffolge um; so zeigt sich wie in Gn 3, 14—19, daß die Strafe Gottes die Folgerung aus dem Tun des Menschen zieht, daß wiederum die Schuld die Strafe in sich selbst hat, aber nicht aufgrund einer kausalen Automatik, sondern durch das Handeln Gottes.

In der jetzigen Form erinnert der Fluch an 3, 17b und macht deutlich, was sich jetzt geändert hat. Wurde dort der Acker verflucht um des Menschen willen, so lautet jetzt der Fluch umgekehrt: der Mensch selbst wird verflucht vom Acker weg; seine ursprüngliche Bestimmung, den Acker zu bebauen, ist jetzt der Grundlage beraubt. Der Mensch wird gezwungen, fortan eine haltlose und buchstäblich „bodenlose" Existenz zu führen; der bereits Verbannte wird jetzt zu einem Menschen auf der Flucht; das bislang nur bestrafte Leben wird jetzt vollends ein verfluchtes Leben. Wieder trifft das Wort Gottes in dem, was ist: der Ackerbauer, der Gott Feldfrüchte opferte (Gu 45), wird verflucht als Ackerbauer durch die Unfruchtbarkeit der Erde; er kann seinen wesensmäßigen Beruf nicht mehr ausüben, denn die Erde, die er mit Blut getränkt hat, ist eine unfruchtbare Erde. Der Mann, der um des Segens Gottes willen seinen Bruder erschlug, erntet den Fluch Gottes; derjenige, der schließlich meinte, auch ohne Gott auskommen zu können, soll ohne Gott auskommen (4, 14). Die Kennzeichen dieses Lebens sind nʿ wnd — eigentlich „schwankend und bebend"; es ist ein Leben voller Angst und Hast, getrieben und unsicher, heimatlos und wurzellos.

Das ’rwr ’th — „verflucht seist (bist) du" ist, wie 3, 15, ein Fluch, der Aussonderung (mn) und Trennung bedeutet. Kain wird (wie die Schlange aus der Gemeinschaft der Tiere) abgesondert und, wie Westermann sehr treffend sagt, zum Tabu erklärt (We 417). Er ist künftig ein vogelfreier outlaw, ein Geächteter außerhalb der menschlichen Gemeinschaft. Ähnlich wie in dem afrikanischen Märchen, wird der Mörder ausgestoßen und vom Kulturland verbannt, eine Strafe, die keineswegs geringer ist als die unmittelbare Todesstrafe; denn die Rechtlosigkeit Kains gibt jedem die Möglichkeit, mit ihm zu verfahren, wie es beliebt; das, was er Abel angetan hat, kann auch ihm jederzeit angetan werden. Wichtig aber ist, daß die Ausstoßung Kains hier von Gott ausgeht, nicht von den Menschen; es ist die zerbrochene Beziehung zwischen Kain und Gott, die Kain auch menschlich asozial werden ließ und bleiben läßt.

Angesichts der unerträglichen und unmenschlichen Lebensform, die Gott über den Mörder verhängt, versteht man, wenn Kain, der Gott verhöhnte, vor den Konsequenzen seines Tuns zurückschreckt und Gott seinerseits die Konsequenz eines solchen Tuns vor Augen hält:

Gn 4, 13.14: „Kain sprach zu Jahwe: Allzugroß zum Tragen ist meine Verfehlung. Da, du vertreibst mich heute vom Antlitz des Ackers, vor deinem Antlitz muß ich mich bergen, schwank und schweifend muß ich sein auf Erden, — so muß es sein: allwer mich findet, tötet mich!" (nach Buber) Man kann nicht sagen, daß Kain Gott um Milderung der Strafe bittet (gegen Gu 45); wohl aber erklärt er sich außerstande, den Fluch zu tragen; ihm graut vor diesem Leben, das er selber über sich heraufbeschworen hat. Zu den beiden ausdrücklichen Fluchworten Gottes (V. 11: weg vom Ackerboden, und V. 12: schwankend und schweifend auf Erden) gesellt er zwei neue Momente hinzu, wobei er die Unfruchtbarkeit des Ackers fortläßt; neu erwähnt er, daß er sich fortan vor Gottes Angesicht verbergen muß — parallel zur Verbannung vom Angesicht des Ackers —, und daß ein jeder ihn erschlagen wird, parallel zum „schwankend und schweifend". In zwei Sätzen, die nach Art eines synthetischen Parallelismus membrorum gebaut sind, zieht Kain also selbst die Folgerung aus den Fluchworten Gottes. Daß Gott ihn vom Antlitz der Erde vertreibt, bedeutet, daß er vor Gottes Angesicht sich verstecken muß, daß er Gott gewissermaßen nicht mehr unter die Augen kommen darf. Eventuell steht dahinter noch die Vorstellung, daß Gott da ist, wo sein Land ist, und seine Macht an der Grenze seines Kultes endet (vgl. Ri 11, 23 f; 2 Kg 3, 27; bes. 1 Sam 26, 19f; 2 Kg 5, 17); diese Vorstellung setzt religionsgeschichtlich jedoch wohl schon die Landnahme und damit über die Verbindung Gott - Volk auch bereits die Verbindung Volk - Land voraus (vgl. H. v. Glasenapp: Die nichtchristlichen Religionen, 199); von J soll wohl gesagt sein, daß Kain, der in seiner von Gott für den Menschen verfügten Bestimmung als Ackerbauer verflucht wird, vor Gott auf der Flucht sein muß, ähnlich wie Jona vor Gott fliehen muß, weil er seiner Bestimmung untreu geworden ist. Was bei Adam nur ein fehlgeschlagener Versuch war, vor Gott sich ins Versteck zu flüchten (3, 8), wird jetzt zum Lebensschicksal und zur Daseinsform Kains. Der von Gott abgefallene ist zugleich der wurzellose Mensch, der sich vor dem Sehen Gottes hüten muß (vgl. R. Pettazzoni: Der allwissende Gott, 24—69). „Schwankend und schweifend" zu sein, bedeutet für Kain außerdem, als vogelfrei für jedermann zu gelten. Damit spricht er die horizontale Ebene des Fluchs Gottes an: wer nicht Teil an den Lebensregeln des Kulturlandes hat, steht außerhalb der Satzungen, die das menschliche Leben schützen. Krasser kann nicht gesagt werden, wie sehr die Trennung von Gott in die Isolation und Ausgesetztheit eines gehetzten und angstgetriebenen Daseins reiner Asozialität treibt.

So muß es an sich sein; so ist es auch, wenn Gott den von ihm selbst gesetzten Zusammenhang nicht mildert. Daß Gott es anders verfügt, zeigt, daß er immer noch den Menschen vor dem äußersten bewahren möchte:

Gn 4, 15: „Jahwe sprach zu ihm: So denn (lkn bzw. l' kn — „nicht so"), allwer Kain tötete, siebenfach würde es geahndet. Und Jahwe legte Kain ein Zeichen an, daß ihn unerschlagen lasse, allwer ihn fände" (nach Buber). An diesen Vers und an das „Zeichen" knüpfen sich alle Spekulationen über Kain als den Stammvater des Nomadenstammes der „Keniter" oder jedenfalls eines Kamelnomadenstammes (vgl. R. de Vaux: Das Alte Testament und seine Lebensordnungen, I 38). Es sollte auch ruhig zugegeben werden, daß die Vorstellung eines solchen „Zeichens" möglicherweise etwas mit der Stammestätowierung der Beduinen zu tun hat. Andererseits hat Westermann recht, wenn er für 4, 12.14, die Wendung nʿ wnd —„schwankend und schweifend", treffend erklärt: „Niemals ... beschreibt eines der beiden Verben die Lebensform der Nomaden." (We 419) D.h., es ist, was immer kulturgeschichtlich hinter dem Schutzzeichen Kains stehen mag, davon auszugehen, daß J seine Erzählung hier nicht stammesätiologisch verstanden wissen will, sondern lediglich von einem individuellen Zeichen spricht, das den Mörder Kain in der Verbannung schützen soll (vgl. We 424 bis 427); „erklärt" wird hier nicht das Nomadendasein eines Stammes der Menschheit, sondern das Nomadendasein des ganzen Menschheitsstammes ohne Gott. An sich lassen sich wohl alle Körperbemalungen — wenn es sich beim Kainszeichen um eine „Tätowierung" (v. Rad 88; 9, 79) handelt — als „Übergang von der Natur zur Kultur, vom ‚dumpfen'

Tier zum zivilisierten Menschen“ (C. Lévi-Strauss: Traurige Tropen. Indianer in Brasilien, 137) verstehen, denen die Funktion sozialer Organisation und Gruppendifferenzierung zukommt; das Zeichen Kains aber hat unstreitig dem Text zufolge die Funktion, die soziale Gemeinschaft durch Ausschluß des Verbrechers und seine Kenntlichmachung und Ächtung zu schützen, sowie umgekehrt den Ausgestoßenen zu tabuisieren und damit der Willkür der Gruppe zu entziehen.

Wichtiger noch als diese soziale Bedeutung des Schutzzeichens ist für die Interpretation der Stelle die theologische Vorstellung, die sich bei J ausspricht: das Leben ist und bleibt Gottes Eigentum. So wie das Heiligtum Gottes als Asylstätte gilt (vgl. R. de Vaux: Das Alte Testament und seine Lebensordnungen, I 258—263, aber auch 29—30; 124 ff), so gewährt das Zeichen Gottes Schutz des Lebens. Gott geht gewissermaßen in dem Zeichen, das er Kain gibt, mit dem Mörder mit und entläßt ihn nicht aus seinem Schutzraum, und zwar auch und gerade (im Unterschied zum späteren israelitischen Recht, das nur den unfreiwilligen Totschläger schützt,) den freiwilligen Mörder nicht. Zwar muß Kain jetzt, ausgestoßen von Gott und den Menschen, rastlos und bodenlos sein Leben verbringen; aber auch sein Leben gehört Gott und nicht der menschlichen Willkür.

Dabei ist es wichtig, diese Aussage nicht ohne den Kontext des ganzen Kapitels Gn 4 zu sehen, insbesondere des Lamechliedes 4, 23.24 (vgl. We 455), auf dessen Hintergrund sie ein ganz besonderes Gewicht bekommt; denn offenbar will Gott durch die neuerliche massive Strafandrohung für den Fall menschlicher Strafjustiz über den Mörder Kain gerade verhindern, daß der Mord an Abel die Wirkung einer Kettenreaktion annimmt; offenbar will Gott nicht nur Kain schützen, sondern ineins damit den Mord lokalisieren und an seiner Ausbreitung hindern; indem Kain geschützt wird, wird zugleich die menschliche Gemeinschaft davor geschützt, sich vom Mord infizieren zu lassen. Wie in Gn 3, 21 Gott den entstandenen Konflikt einzudämmen und erträglich zu machen suchte, indem er die Nacktheit der Menschen bedeckte, so versucht er hier, das aufgebrochene Problem des Mordes „lösbar“ zu machen: die Gemeinschaft wird mit dem Mörder leben müssen, aber ohne selbst den Mord in ihre Praxis aufzunehmen. Es wird sich sogleich zeigen, daß diese Maßnahme Gottes ebensowenig verfängt, wie seine Bemühungen in Gn 3. Aber wenn hinter der siebenfachen Strafandrohung die Institution der Blutrache durchschimmern sollte (Gu 47; vgl. R. de Vaux: Das Alte Testament und seine Lebensordnungen, I 31—33), so gerade in der Weise, daß die Ausbildung dieser Institution unter den Menschen von Gott kupiert wird: die Menschen sollen nicht tun dürfen, was nur Gott als Herrn des Lebens zusteht; die „Blutrache" Gottes soll die der Menschen verhindern. Gott selbst ist der g'l, der Schützer und Rächer der bedrohten Menschenfamilie (vgl. de Vaux I 48—50). So wird Kain fortgeschickt.

Gn 4, 16: „Kain zog von Jahwes Angesicht hinweg und wurde erst seßhaft im Lande Nod, Schweife, östlich von Eden" (nach Buber). Damit endet die Erzählung von Kain. Sie schließt mit dem Bild eines Mannes, der auf der Flucht vor Gott sich einrichtet und der zuhause wird im „Unbehausten". Es ist ein unheimliches Bild. Die Entfernung von Gott, die Fluchtbewegung von Eden weg nach Osten, ist gewachsen; der Mensch, der in Gn 3 bereits dem Antlitz Gottes auszuweichen suchte, flieht jetzt hinweg aus seinem Angesicht und findet seine neue „Heimat" in der Heimatlosigkeit. Weder das Land Nod (hebräisch an nwd — „schweifen" erinnernd) noch die Richtungsangabe „östlich" (s.o. zu 3, 24) werden geographisch gemeint sein; J's Geographie ist hier unzweifelhaft Theologie (vgl. We 427—428). Aber welch ein Menschenbild ist dann gezeichnet! Der Mensch, der vor Gott auf der Flucht ist, richtet sich ein und wird seßhaft auf der Flucht. Der homo viator ist unruhig nicht auf Gott hin, sondern weg von Gott in Bewegung. Wieder kann man sagen, daß J in diesen Bildern keine Systematik einer Sündenlehre gibt; aber wo gibt es eine Systematik der Sündenlehre, die an Aussagekraft diesen Bildern gleichkommt? Daß die „Sünde" Kains in eine einzige fliehende Bewegungsrichtung weg von Gott einmündet, daß es möglich, ja, daß es sogar das Ergebnis seines Tuns und seiner Verfluchung ist, im Lande der Flucht (Nod) heimisch zu werden und erst dort zur Ruhe zu kommen, wo es keine Ruhe mehr gibt — wo hätte man das bibeltheologisch reflektiert? Dostojewskij hat im sibirischen Ostrog einmal geschrieben, der Mensch sei das Wesen, das sich an alles gewöhne; das ist wahr; aber außerhalb der Einheit mit Gott ist es die verzweifeltste Aussage, die sich über den Menschen machen läßt. J macht sie.

Zusammenfassung:

Ehe eine Aussagenbilanz des Abschnittes Gn 4, 2—16 gegeben werden kann, müssen zwei grundsätzliche Fragen geklärt werden, die von Westermann erneut zur Diskussion gestellt worden sind:
a) ist die Gestalt Kains individuell oder kollektiv zu verstehen?
b) ist die Erzählung von Kain als „Steigerung" der Sünde zu verstehen?

ad a) Die Gründe, die zugunsten einer individuellen Auffassung der Gestalt Kains sprechen, sind z.T. bereits bei Westermann selbst überzeugend aufgeführt.

1. Motivgeschichtlich geht es nicht um eine Stammesätiologie, sondern um eine Einzelgestalt.
2. Gn 4, 2—16 spricht nicht von umherziehenden Nomaden (4, 12.14), sondern von einem flüchtenden Mörder.
3. Das Zeichen (4, 15) ist, jedenfalls in der Erzählung, kein Stammeszeichen, sondern ein individuelles Schutzzeichen.

Folgt daraus aber, daß Kain *nur* eine einzelne Person, eine der, wie Westermann sagt, „negativen Möglichkeiten" „des von Gott geschaffenen Menschen" (We 432) sei? Diese Frage muß verneint werden. Denn:

1. Die Gestalt Kains ist eine Gestalt der Urgeschichte; d.h., sie begründet zwar nicht die Existenzweise einer partikularen Menschengruppe, wohl aber die Existenzweise der Menschheit insgesamt. D.h.: Kain ist keine „Möglichkeit" neben anderen, positiven, die der Text der j Urgeschichte ja gerade nicht schildert, sondern die geschichtsjenseitige Grundlage und Grundwirklichkeit des menschlichen Zusammenlebens überhaupt.
2. Insofern Kain das Erbe und die Rolle Adams übernimmt, ist er ebenso menschheitlich-korporativ zu sehen wie die Gestalt Adams selbst. Richtig sagt Westermann: „‚Der Mensch' das ist nicht nur Adam und Eva; ‚der Mensch' ist auch Kain und Abel." (We 432) Aber Westermann läßt aus, daß Kain Abel geschichtswirksam Gn 4, 2—16 überlebt, daß die Urgeschichte nur mit Kain weitergeht (zu den anderen Kindern Evas in 4, 25—26 s.u.); und weiter ist zu überlegen, wie die Gestalt Kains (Gn 4) sich zu Adam (Gn 3) verhält, ob sie wirklich nur ein Nebeneinander von Möglichkeiten, oder, entsprechend ihrer urgeschichtlich-genealogischen Herleitung, nicht eher ein Nacheinander der Grundwirklichkeiten menschlicher Geschichte ausdrückt. Damit sind wir bei der zweiten Frage.

ad b) Westermann wehrt sich gegen den Gedanken eines „lawinenartigen Anwachsens der Sünde" (v. Rad), den er für christliche Eisegese hält. Nun mag dahinstehen, was christliche Sündenlehre ist; entscheidend ist, zu sehen, was Westermann gegen diesen Gedanken einnimmt. Er sagt: „Der Brudermord des Kain hatte daneben (sc. neben dem „Sündenfall" Gn 3, d.V.) nur noch die Bedeutung einer Steigerung, also keine qualitative, sondern nur eine quantitative Bedeutung." (We 433) Demgegenüber betont er die soziale Dimension der Sünde in der Kain-und-Abel-Geschichte. Zwar gibt er zu, man brauche „das Motiv der Steigerung" „nicht unbedingt auszuschließen" (We 432); aber entscheidend meine J keine Steigerung der Sünde, sondern eine andere Sünde als die von Gn 3 (We 432—433).

Darauf ist zu sagen:

1. Westermann hat recht, daß es kein Anwachsen der Sünde gibt, wenn man den Gedanken der Steigerung der Sünde rein quantitativ versteht. Aber: muß, ja, kann man v. Rad so verstehen? v. Rad sagt: „1 Mos. 4, 1—16 erzählt nicht mehr die Geschichte eines Stammes, sondern ein Kapitel aus der Urgeschichte der Menschheit, und damit ist die Geschichte in ihrer jetzigen Gestalt aufs engste mit der vorhergehenden vom Sündenfall verknüpft. Der Erzähler zeigt, welchen Weg es mit der aus dem Gehorsam Gottes einmal gefallenen Menschheit genommen hatte. Es ist eigentlich das erste Bild von dem aus dem Paradies verwiesenen Menschen, und dieses Bild ist ein furchtbares: Die Sünde ist lawinenartig angewachsen. Sie hat von dem Menschen, der sich mit ihr eingelassen hat, totalen Besitz ergriffen, denn dieser außerparadiesische Mensch ist ein Brudermörder von Anfang an." (v. Rad, 88; 9, 79)

   Diese Worte sprechen für sich selbst; alle Zweifel darüber, daß es v. Rad trotz des quantitativen Bildes der „Lawine" um etwas Qualitatives und Dynamisches, den Menschen Hinwegreißendes (so „lawinenartig") geht, beseitigt der nächste Satz: „Die Geschichte bringt etwas von dem Wesen des Menschen überhaupt zum Ausdruck, indem sie es in einem Bild von ganz elementarer Gewalt zusammendrängt." (88; 9, 79) Und so verstanden, erfüllt die Deutung v. Rads alle Anforderungen, die die Westermannsche Interpretation erhebt, ja, sie bietet den Vorzug, zahlreiche auch von Westermann gesehene Züge des Textes einzubeziehen, die bei der Westermannschen Deutung selbst untergehen, und zwar besonders:

a) die Parallelisierung von Gn 3—4;

b) die genealogische Abfolge: Kain als erstes Kind Adams und Evas; die Situation nach der Vertreibung; Westermann sagt selbst von den urgeschichtlichen Genealogien: „was hier das Herkommen vom Vater ist, wird in der Geschichtsschreibung die geschichtliche Kausalität"

(We 439); aber wo bleibt diese völlig richtige Feststellung in der Interpretation der Kain-Gestalt?

c) die bei Verhör und Strafe an Gn 3 erinnernden, aber über Gn 3 weit hinausgehenden Züge im Verhältnis Kains zu Gott und in dem Fluch Gottes;

d) das individuell-menschheitliche Verständnis der Gestalt Kains, das so erst wirklich umfassend wird;

e) die wesentlich soziale Auswirkung der Schuld der Menschen vor Gott, die gerade nicht eine beliebige Möglichkeit, sondern eine Konsequenz aus Gn 3 darstellt.

2. Westermann sagt, es sei „Kain nicht von vornherein der Bösewicht" (We 434); das stimmt, wenn man es auf die Person Kains bezieht; es stimmt nicht, wenn man es auf die Situation der Menschen jenseits von Eden bezieht. J scheint gerade sagen zu wollen, daß es für den Menschen, der von Gott verbannt ist, typisch sein muß, in einem Raum zu leben, der ihn wie Kain handeln läßt; undenkbar wäre es, Gn 4 sachlich auf Gn 2 folgen zu lassen. Daher genügt es nicht, die soziale Dimension der Sünde sozusagen ohne die Sünde, ohne den Abfall von Gott, zu erörtern. Was Kain und Abel tun, ist eine Sünde, aber nicht genau so gut eine Sünde wie das, was Adam und Eva tun, sondern es entsteht aus dem, was Adam und Eva getan haben; nicht nur genealogisch, sondern theologisch ist Kain das Kind Adams und Evas. Man kann das durchaus mit G. v. Rad eine „Steigerung" nennen; wer daran Anstoß nimmt, mag „Konsequenz" sagen, wer aber beides sachlich ausklammert, der sagt zuwenig, und zwar nicht als Christ, sondern als Exeget.

Psychologisch ergibt sich als Frage an den Text im wesentlichen nur das Problem, wie wir uns die Struktur einer Schuld (eines Schuldgefühls) vorzustellen haben, das die Merkmale des Mordes, der Flucht vor „Gott", der Angst vor dem anderen und der Geborgenheit in „Gott" trägt; z.T. auch, was es mit dem Gefühl, ein „Gezeichneter" zu sein, auf sich hat.

Wichtiger sind die *systematisch* zu erarbeitenden Aussagen des Textes:

1. Wie versteht sich der Schutz des menschlichen Lebens durch Gott; was bedeutet der Zusammenhang von Erde und Mensch; was bedeutet die Unfruchtbarkeit des Ackers als Folge des vergossenen Blutes?
2. Wieso wirkt sich der Zerfall mit Gott in einem Zerfall der menschlichen Gemeinschaft aus? Was bedeutet die „soziale Dimension"

des Abfalls von Gott? Wieso ist das Getrenntsein von Gott in seinen Auswirkungen ein Getrenntsein und Ausgestoßensein von den Menschen?

3. Wie lassen sich strukturell die Merkmale des von Gott verstoßenen Lebens verstehen: das Fliehen vor Gott, die Angst vor den anderen, die Boden- und Haltlosigkeit, das Sich-Einrichten im Lande Nod?
4. Wie versteht sich der Abfall von Gott und die Tötung des anderen als Bewegung „weg vom Angesicht Gottes"?

Das Ergebnis der Kainerzählung, wie es sich in der Bestrafung durch Gott bekundet, faßt H. Groß so zusammen: „Sie (sc. die Strafe, d. V.) stellt den Mörder unter Gottes Fluch und beläßt ihn zur Strafe in einem Leben weitester Gottesferne, um dessen physische Erhaltung allein Gott Sorge trägt ..." (H. Groß: Hauptthemen der Urgeschichte, in: Lebendiges Zeugnis, Heft 1; 1964, 71)

„So kommt . . . ziemlich häufig der folgende Mördertypus vor. Lebt da irgendein Mensch still und friedlich. Sein Los ist bitter, aber er trägt es mit Geduld. Nehmen wir an, daß er ein Bauer . . . ist. Plötzlich reißt etwas in ihm: er kann sich nicht mehr beherrschen und ersticht seinen Feind und Bedrücker. Und erst da beginnt das Seltsame: der Mensch gerät für einige Zeit ganz außer Rand und Band. Der erste, den er getötet hat, war sein Feind und Bedrücker; da liegt zwar auch ein Verbrechen vor, aber man kann es doch begreifen . . . Dann aber mordet er nicht nur seine Feinde, sondern jeden ersten besten, der ihm in den Weg kommt. Er tut es zu seinem Vergnügen, . . . mitunter ‚um die Zahl gerade zu machen' . . . Es ist, als ob er . . . geradezu Gefallen daran finde, daß es für ihn nichts Heiliges mehr gibt; ein innerer Drang scheint ihn dazu zu treiben, . . . sich an einer grenzenlosen und zügellosen Freiheit zu berauschen und dieses Gefühl des Grauens und der Herzbeklemmung zu genießen, das er unbedingt vor sich selbst empfinden muß. Außerdem weiß er, daß ihn eine furchtbare Strafe erwartet. Das alles gleicht vielleicht dem Gefühl eines Menschen, der, auf einem hohen Turm stehend, sich von der Tiefe, die unter seinen Füßen ist, niedergezogen fühlt, so daß er sogar froh wäre, selbst kopfüber hinabzuspringen und damit der Sache ein rasches Ende zu machen! . . . Er gibt sich den Anschein, ein tollkühner *Mensch zu sein, und wartet zuweilen selbst mit Ungeduld auf die Strafe, wartet darauf, daß man mit ihm* abrechnet, *weil es ihm schließlich selbst schwerfällt, diese* Tollkühnheit *zur Schau zu tragen.*

(F. M. Dostojewski: Aufzeichnungen aus einem Totenhaus, I 8; rk/122—124, S. 121—122)

D. IN DER NACHFOLGE KAINS (Gn 4, 17—24)

I. Traditionsgeschichtliche und literarkritische Feststellungen zu Gn 4, 17—24

Hier folgen wir Westermann in den folgenden Punkten seiner Textanalyse: 4, 17—24 schließt an 4, 1 an und ist zusammen eine urzeitliche Genealogie, die deutlich in zwei Teile zerfällt: a) 4, 1.17.18: ein diachroner Stammbaum, der das Nacheinander von 7 Geschlechtern beschreibt und der nur durch die Namenerklärung in 4, 1 und die (gestörte) Bemerkung von der Stadtgründung in 4, 17b erweitert wird; an 4, 17.18 angeschlossen ist b) eine zweite synchrone Reihe 4, 19—22, die in einem Nebeneinander von den zwei Frauen Lamechs aus über Ada die Lebensweise der Nomaden (Jabal) sowie die Entstehung der Musik (Jubal) erklärt und über Zilla die Metallverarbeitung (Tubal-Kain). Das Thema dieser Genealogie ist (in Anlehnung an babylonische Vorbilder) die Kulturentstehung und Kulturdifferenzierung. Angeschlossen ist das Prahllied 4, 23.24, das durch die Namen von V. 23 und den Bezug auf 4, 15 fest mit dem Vorhergehenden verbunden ist. Westermann sagt: „Es kann ... kein Zweifel sein, daß das Lied in seinem jetzigen Kontext diese bestimmte kompositorische Bedeutung hat, die Genealogie abzuschließen" (We 455). Damit ist bereits die Frage nach der Redaktionsgeschichte von 4, 17—24 gestellt. Ein weiteres Problem wird sein, wie die Verse 4, 25.26 einzuordnen sind, die zusammen mit 4, 1.17.18 der Genealogie von P in Gn 5 entsprechen. Ob sie 4, 1.17.18 fortsetzen oder selbständig sind, wird sich erst bei dem Vergleich mit P beantworten lassen, den wir bei der Untersuchung von 4, 25.26 durchführen.

II. Redaktionsgeschichtliche Überlegungen

Die Frage muß sein, wie der Aufbau von Gn 4 zu verstehen ist. Wenn es stimmt, daß das Lamechlied (4, 23.24) das ganze Kapitel abschließt (We 455), also als Ziel der Erzählung 4, 2—16 wie auch der Genealogie 4, 1.17—22 betrachtet werden muß, dann kann daraus hermeneutisch nur der Schluß gezogen werden, daß der Duktus der Interpretation auf die Aussage dieses Liedes hinzuordnen ist, daß also alle Einzelzüge im Sinne von J in dem einmünden, was das Lamechlied im Kontext des Kapitels 4 (nicht in seiner isolierten Bedeutung) zum Ausdruck bringt. Als sicherster Leitfaden dient dabei zunächst die Beziehung von 4, 24 zu 4, 15; die Strafe, die Gott sich vorbehalten wollte, wird vom Menschen usurpiert — und ins völlig Maßlose gesteigert; die Kettenreaktion des Mordens, die Gott verhindern wollte, bricht aus. Dann wird man mit Bezug zu Gn 3 wohl sagen müssen, daß J im 4. Kapitel beabsichtigt, darzustellen, wie der Zerfall der Gemeinschaft mit Gott zu einem fortschreitenden und vollständigen Zerfall der Gemeinschaft der Menschen untereinander führt.

Unter dieser Perspektive bekommen die kulturgeschichtlichen Genealogien eine qualitative Umprägung. Ursprünglich waren sie, ebenso wie das Lamechlied, positiv gemeint und berichteten über Errungenschaften und Erfolge; im jetzigen Zusammenhang aber dienen sie der Vorbereitung des Lamechliedes, von dem her gesehen sie den Charakter einer weiteren Entfremdung von Gott annehmen. Dies wird noch deutlicher, wenn man bedenkt, daß das Lamechlied die genealogischen bzw. kulturgeschichtlichen Angaben zusammenfaßt. Das zeigt die Erwähnung der beiden Frauen Ada und Zilla und, mehr noch, der Umstand, daß es sich hier „sämtlich" um „Erinnerungen der Wüste" (Gu 52) handelt: Zelt, Musik und Eisen sind die Lebensvoraussetzungen und kulturellen Errungenschaften des Nomadentums, „die drei Stände der Wüste" (Gu 51); zu ihrer Lebensweise aber gehört das Gesetz der Blutrache, das, noch übersteigert, Lamech, der mittelbare Stammvater der Nomaden, besingt (vgl. R. de Vaux: Das Alte Testament und seine Lebensordnungen, I 32).

Wenn aber das Lamechlied und die Angaben von 4, 19—22 so eng zusammengehören, dann kann von einer positiven Wertschätzung des kulturellen und zivilisatorischen Fortschritts, wie Westermann ihn sieht, bei J keine Rede mehr sein; was in der Tradition unbestreitbar als Gewinn gemeint war, wird von J gerade mit einem ganz anderen Vorzeichen versehen, erst recht, wenn man an den von J selbst geschaffenen Einbau der Kain-und-Abel-Erzählung denkt.

Es muß ja beachtet werden, daß in der jetzigen Form der ganze Stammbaum erst nach der Tat und Verfluchung Kains überliefert wird. Erst im Lande Nod wird Kain der Vater der nomadisierenden Lamechgruppe (4, 19—22) und des Stadtgründers Henoch (4, 17). Die beiden Kulturformen von Stadt und Nomadentum erscheinen so als selbstgeschaffene

Verfahren, nach der Verfluchung des Ackers zur Unfruchtbarkeit (4, 12), nach der Beseitigung der Ackerkultur durch Gott wegen der Schuld Kains, mit den neuen Lebensumständen im Lande Nod fertig zu werden; und wie in Gn 3, 7 (die Schurze) und in 4, 2 (der Hirte), werden die Menschen mit den äußeren Umständen fertig, jetzt, indem sie an die Stelle der Ackerbaukultur die Stadtkultur und das Nomadentum setzen; aber da das Grundproblem, ihre Einstellung zu Gott, ungelöst bleibt, verschlimmert sich nur alles: das Ergebnis der Nomadenkultur wird unmittelbar in Lamech vorgeführt; das Ergebnis der Stadtkultur wird das Schlußkapitel der j Urgeschichte (Gn 11) deutlich machen.

Damit erfährt die gesamte Kulturgeschichte eine neue Qualifizierung; sie erscheint als eine „Errungenschaft", die nötig wird, um die Mängel zu beseitigen, die der Abfall von Gott offenbart hat, die aber in Wahrheit nicht alte Wunden heilt, sondern im Zustand der Gottesferne nur neue und größere Wunden aufreißt: der Abfall von Gott brachte die Erkenntnis des Nacktseins mit sich, die zwang, sich Schurze anzulegen (3, 7); die Verfluchung des Ackers zum Hervorbringen des Stechdorns (3, 17—18) rief den Hirten auf den Plan (4, 2); sein Glück aber empörte den benachteiligten Bauern Kain; der Mord war die Folge; die völlige Verfluchung des Ackers zur Unfruchtbarkeit (4, 12) läßt nun Stadtkultur (4, 17) und Nomadentum (4, 20—22) entstehen, aber das Morden wird jetzt eine Art Tugend, deren man sich rühmt und mit der man prahlt (4, 23—24).

Die „Erfindungen" der Menschen sind also nicht etwa an sich schlecht, aber sie versuchen das Problem der Gottesferne in der falschen Richtung zu lösen: indem sie die Folgen des Fluchs Gottes erträglich machen, tragen sie dazu bei, daß sich der Fluch Gottes immer weiter vertieft. Stufe für Stufe versucht Gott dieser Entwicklung zu steuern: 3, 21 mit den Fellröcken für die Nacktheit; 4, 15 mit der Kupierung der Blutrache. Aber deutlich ist der Unterschied zwischen dem göttlichen und menschlichen Handeln: die Maßnahmen Gottes betreffen den Konflikt, der im Menschen selbst liegt, und versuchen zwar nicht ihn zu lösen, wohl aber ihn erträglich zu machen; die Maßnahmen der Menschen betreffen die äußeren Lebensbelastungen und versuchen diese zu erleichtern, vertiefen aber in Wahrheit den grundlegenden Konflikt im Verhältnis zu Gott; so geht die Entwicklung dahin weiter, daß die schützenden Eingriffe Gottes um ihre Wirkung gebracht werden, und das Ergebnis ist jeweils das, was gerade verhindert werden sollte. Wenn die Verfluchung von 3, 14—15 über die Schlange auch ein Bild für die

Art der Auseinandersetzung der Menschen mit dem Bösen ist, so kann man sagen, daß sich hier zeigt, was in 3, 15 gemeint ist: die Menschen treten — scheinbar erfolgreich — nach dem Bösen, während es ihnen gerade dadurch aufs neue zusetzt.

Damit ist der interpretative Rahmen abgesteckt, in dem die einzelnen Angaben von 4, 17—22 und die Aussagen des Lamechliedes zu lesen sind.

III. Einzelauslegung

Gn 4, 17: „Kain erkannte sein Weib, sie wurde schwanger und gebar den Henoch. Er aber wurde Erbauer einer Stadt und rief den Namen der Stadt nach seines Sohnes Namen Henoch" (nach Buber). Der Satz ist deshalb schwierig, weil hier Kain als Erbauer der Stadt bezeichnet wird, was nicht nur 4, 1 widerspricht, sondern auch stilistisch unmöglich ist: nach der Geburt eines Sohnes kann nicht noch eine Aussage über den Vater folgen. Ursprünglich wird also wohl Henoch selbst als Stadtgründer bezeichnet worden sein; die Wendung kšm bnw — „nach seines Sohnes Namen" ist also entweder ein Einschub oder es hat ursprünglich geheißen kšmw — „nach seinem Namen".

Für die eigentliche Bedeutung des Textes hat dieser Befund indessen kein allzu großes Gewicht. Der jetzige Text stellt lediglich den ohnedies zu beachtenden Zusammenhang zu 4, 16 noch eindringlicher her. Nach dem Mord an seinem Bruder pflanzt sich urgeschichtlich die Linie Kains fort. Die Kraft des Lebens geht weiter. Aber angesiedelt ist sie jetzt „im Lande Nod östlich von Eden" (4, 16). Wenn es im Vers zuvor noch hieß, daß Kain im Land der Heimatlosigkeit heimisch wird, so zeigt sich jetzt, wie „gründlich" das gemeint ist: der vom Acker Vertriebene zieht in die Stadt um. Die Stadtkultur entsteht also als Folge der Verfluchung des Ackers; sie ist erbaut von den Händen des von Gott verfluchten und von den Menschen gejagten Mörders. Nur wenn man 4, 1 und 4, 17 vollkommen von der j Redaktion löst, kann man den Text uneingeschränkt „als erste Kulturerrungenschaft" (We 444) verstehen, „daß Städtegründung zur seßhaften Kultur gerechnet wird, die ihre Grundlage im Ackerbau hat (Kain, der Ackerbauer)." Nicht als wenn J nicht gerade diesen kulturellen Entwicklungsvorgang aufgreifen wollte; jedoch man interpretiert die vorjahwistische Tradition, nicht aber den Bibeltext, wenn man dabei stehen bleibt.

Der Name Henoch (ḥnwk von ḥnk — „einweihen") scheint anklingen zu lassen, daß die Stadtgründung als „ein sakraler Akt" (We 445) verstanden wird. Wenn C. Lévi-Strauss meint, die Stadt sei als „Subjekt der Kultur" „das Menschliche schlechthin" (C. Lévi-Strauss: Traurige Tropen, 83), so umschreibt das mit modernen Worten, was die Antike von der Stadtkultur als Gabe und Wohnsitz der Götter dachte. Setzt man voraus, daß die Stadt ursprünglich eine Abbildung der Kosmogonie und der Weltschöpfung schlechthin ist (vgl. M. Eliade: Das Heilige und das Profane, 26—39; O. Keel: Die Welt der altorientalischen Bildsymbolik, 104—105), so läßt sich vielleicht sagen, daß es bei dem Bau der Stadt Henoch um nichts Geringeres geht als um den Versuch, die göttliche (paradiesische) Schöpfung nachzubilden — und zwar, wie J zu sagen scheint, nicht aus ursprünglicher Pietät, sondern eher aus Heimweh: die aus Eden und vom Erdreich verbannten Kinder Kains versuchen im Land der Heimatlosigkeit sich eine Heimat zu errichten; vertrieben aus der Schöpfung Gottes, versuchen sie gleichwohl diese Schöpfung Gottes für sich neu zu erbauen. Aber Gott wird nicht bei ihnen wohnen. Und selbst wenn Henoch mal ein Stadtgott war, (Gu 52) — für J ist er nichts weiter als Kains Sohn.

Die folgende Ahnenliste in Gn 4, 18 („Dem Henoch wurde Irad geboren, Irad zeugte Mechujael, Mechujael zeugte Metuschael, Metuschael zeugte Lamech.") enthält keine Namen hebräischen Ursprungs; sie bedarf einer eigenen Auslegung im Vergleich mit Gn 5 (s.u.) (We 473 ff).

Eine eigene Tradition ist *Gn 4, 19—22*: „Lamech nahm sich zwei Weiber, der Name der einen war Ada, der Name der zweiten Zilla. Ada gebar den Jabal, der wurde Vater der Besitzer von Zelt und Herde. Der Name seines Bruders war Jubal, der wurde Vater aller Spieler auf Harfe und Flöte. Und auch Zilla gebar, den Tubal-Kain, Schärfer allerlei Schneide aus Erz und Eisen. Tubal-Kains Schwester war Naama" (Buber).

Diese Genealogie stellt der Stadtkultur die Nomadenkultur gegenüber. Der Differenzierung in Völkerstämme und Stände entspricht eine kulturelle Differenzierung. Westermann meint, daß hier „die Kulturaufgaben (den Acker zu bebauen und zu bewahren), das Kulturschaffen und der Kulturfortschritt als für die Menschheitsgeschichte grundlegend angesehen" werde (We 448); aber das ist so, als wenn wir immer noch bei 2, 15 stünden und als wenn es 3, 17—19 und 4, 12 gar nicht gegeben hätte und als wenn nicht auf dem Fuße in 4, 23—24 J noch seine eigene Deutung dieses „Fortschritts" für die „Menschheitsgeschichte" geben würde. Auf diese Weise wird überschlagen, daß J beim Bewohnen der Stadt (4, 17) ebenso wie beim Bewohnen der Zelte (4, 20) davon ausgeht, daß die Menschen sich durch eigene Schuld von ihrer ursprünglichen (auch kulturell wirksamen) Bestimmung entfernt haben, daß der Acker unfruchtbar und unbewohnbar für die Söhne Kains geworden ist, daß sie jetzt ihre „Kultur" sozusagen als Ersatz und Notlösung für das Verlorengegangene hervorbringen müssen und daß sie gerade dabei sind, sich mit all dem noch weiter von Gott zu entfernen. Zweifellos besitzen „die technischen Möglichkeiten als solche (!) ihre positive, das Menschendasein fördernde Funktion" (We 453), aber entscheidend ist, daß sie, im Zustand der Gottesferne hervorgebracht, in einer ganz bestimmten Weise gebraucht werden. Freilich können auch Nomaden anders leben als die Kinder Kains (vgl. J Gn 13), und die Stadt kann wirklich der Ort sein, an dem Gott wohnt, ganz so, wie es vielleicht in der Stadt Henoch geplant war (vgl. Weish. 9, 8). Aber das setzt einen neuen Einsatz jenseits des Turmbaus und der davon ausgehenden Völkergeschichte (Gn 11) voraus.

Während die heidnischen Mythen die Entstehung der Kultur und besonders der Stadtgründung speziellen Göttergenealogien zuschreiben (We 447), zeigt J, daß die Kulturschöpfungen durchaus das Werk von Menschen sind, und zwar von Menschen, die darin eine Heimat wiedersuchen möchten, die darin nicht zu finden ist, da sie nur durch den Abfall von Gott verloren ging und nur in Gott wiedergefunden werden kann. Um die Auffassung J's so klar wie möglich wiederzugeben, könnte man sagen: alles kulturelle Arrangement der Menschen ist nicht das Heil der Menschen; ihr Heil ist allein Gott; und sind sie von ihm getrennt, so leben sie in einem Feld von Unheil, das durch technische Errungenschaften und Abhilfeversuche nur noch größer wird. (Zum Stand der Diskussion über die Namen, Geräte und Berufe in Gn 4, 19—22 vgl. We 446—453)

An dieser Stelle kann noch auf einen Punkt hingewiesen werden, der zeigt, was J sagen will und was nicht. Gunkel bemerkt zurecht, daß die Stadtgründung 4, 17 bereits eine große Menschenmenge voraussetzt, daß aber 4, 20 erst die Herdenzucht entsteht. Er folgert: „Wenn wir dem Sammler dieses Stückes (Jj) Überlegung zutrauen, so müssen wir ... annehmen, daß diese Notiz erst nachträglich hinzugekommen sei." (52) So müßte es sein, wenn J die Absicht gehabt hätte, eine Kulturgeschichte zu schreiben; er hatte diese Absicht aber nicht, und für das, was er sagen wollte, paßte die kulturgeschichtliche Kunde widerspruchsfrei gerade an diese Stelle. J hat überlegt, aber als Theologe; Unausgeglichenheiten, die sich bei einer nicht-theologischen Betrachtung des Textes ergeben (vgl. schon Gn 2, 23—3, 20), nahm er ohne jedes Zögern offenbar in Kauf, vielleicht auch weil er glaubte, man könne gerade an diesen „Widersprüchen“ lernen, wie zu lesen sei.

Nicht widersprüchlich ist eigentlich 4, 2.4 zu 4, 20; denn vermutlich ist an der letzteren Stelle (vgl. de Vaux I 38) das Kamelnomadentum gemeint, während ṣ'n 4, 2 sicher „Kleinvieh" meint.

Alle kulturellen Leistungen, die in 4, 19—22 berichtet wurden, sind an die Sippe Lamechs geknüpft, deren Gesinnung das folgende „Schwertlied“ vor Augen stellt. Da auf dieses Lied hin kompositionell nicht nur die genealogischen Notizen, sondern auch die Erzählung 4, 2—16 angelegt ist, stellt es die zusammenfassende Interpretation der von J aufgenommenen Traditionsstücke und selbstgeformten erzählenden Teile dar. Es ist vorerst der Schlußstein der Entwicklung, die in 4, 1 ff begann.

Gn 4, 23.24: „Lamech sprach zu seinen Weibern: Ada und Zilla, hört meine Stimme, Weiber Lamechs, lauscht meinem Spruch: Ja, einen Mann töt ich für eine Strieme! Ja, siebenfach wird Kain geahndet, aber siebenundsiebzigfach Lamech!“ (Buber)

Dies rhythmisch geformte Prahllied wurde vielleicht, ähnlich wie Ri 15, 16 oder 1 Sam 17, 44 (vgl. Morant, 237), anläßlich einer bestimmten erfolgreich bestandenen (Gu 52) oder bevorstehenden (We 457 „die Funktion des Abschreckens“) Kampfsituation gesungen; es braucht nicht stammesgeschichtlich verstanden zu werden, sondern ist ursprünglich wohl das „Prahllied eines mächtigen Mannes vor seinen Frauen“ (We 456). Auch in Israel kennt man den Preisgesang auf den Kriegshelden, dessen Größe in der Anzahl der Erschlagenen gar zur Konkurrenz herausfordert (1 Sam 18, 7.8); aber was späterhin geschichtlich so selbstverständlich zu sein scheint, ist von Gott nicht gewollt, sondern vielmehr eine grausige Folge des Abfalls von Gott. Als J schreibt, hat das mittelassyrische Imperium unter Tiglatpileser I (1116—1078) bereits rund hundert Jahre zuvor den Höhepunkt seiner Eroberungszüge erreicht; man kann sich fragen, wo eigentlich anders als lediglich in der bei Lamech noch fehlenden politischen Dimension der sachliche Unterschied des Lamechliedes zu dem Preislied auf Tiglatpileser liegt:

„Einen Weg von drei Tagen marschierte er vor.
Vor Aufgang der Sonne war Glut ihre Erde,
Zerfetzte er der Schwangeren Bäuche,
Durchbohrte er der Schwachen Leib.
Den Mächtigen schnitt er die Hälse ab,
Im Rauch ihres Landes starben die Mannen —

Ein Trümmerhaufen, wer sündigt an Aschschur!
Laßt singen mich von Aschschurs Sieg,
Des Mächtigen, der da zieht zum Kampf,
In aller Welt den Sieg erringt ..."
(H. Schmökel: Ur, Assur und Babylon, 114)

Die urgeschichtliche Haltung Lamechs legt die Grundlage zu den Greueln der Geschichte; und das Anwachsen des kulturellen, technischen und politischen Fortschritts muß einhergehen mit einem Anstieg der Schrecklichkeit des gegenseitigen Tötens, solange der Geist Lamechs die Grundlage der Geschichte bleibt. Die Sackgasse, in die der Anstieg der technischen Leistungskurve des Menschen bei einem gleichzeitigen Anstieg der Entfernung von Gott führen muß, ist eklatant. Beides aber hat man vor sich: was Lamech von Kain trennt, ist sowohl das technische Potential als auch die gewachsene Distanz zu Gott. Gemessen am Gesang Lamechs, erscheint Kains Tat wie ein unheilvolles Vergehen, das mit einer langen Vorgeschichte begründet werden muß und das noch die Merkmale eines — sieht man von der urgeschichtlichen Bedeutung der Kain-Gestalt ab — individuellen Unfalls an sich trägt, der es den Maßnahmen Gottes entsprechend auch bleiben soll. Bei Lamech ist das anders. Für ihn ist das Morden etwas Selbstverständliches geworden, das dazu gehört, um ein rechter Mann zu sein. Daß die Frauen Lamechs die Adressaten des Gesangs sind, läßt den Kampf als rechte Männersache erscheinen, und die Tüchtigkeit im Töten scheint wie beim Rivalenkampf der Tiere, der freilich selten tödlich endet, den Sieger den Frauen als Partner zu empfehlen (vgl. 1 Sam 18, 25.27) und sie auf die Stärke seines Schutzes vertrauen zu lassen. Während bei Kain (im Unterschied zum Verhalten der ersten Menschen) der Trotz seiner Antwort gegenüber Gott auffällt (4, 9), ist bei Lamech der Wille zur Selbstbehauptung gegenüber den Menschen, aber auch gegenüber Gott grenzenlos geworden.

Dies wird noch deutlicher, wenn die Annahme Westermanns (454 bis 455) zutrifft, daß 4, 24 erst von J eingefügt ist, um den Bezug zur Kain-Erzählung herzustellen; denn dann verlangt der Text noch eindringlicher, 4, 24 mit 4, 15 zu vergleichen. Der Ruhm Lamechs liegt dann nicht nur in seiner abschreckenden Kraft und Gnadenlosigkeit im Töten, sondern besonders auch darin, daß er Gott überbietet. Im Grunde spricht das Lamechlied ja nicht von Blutrache (gegen de Vaux I 32), sondern schlechterdings von maßloser Rache und Vergeltung. Die Blutrache ist im israelitischen Talionsgesetz als eine Re- oder Substitutionsforderung für den durchbrochenen Herrschaftsanspruch Gottes auf das Leben zu verstehen, und zwar nicht nur in Israel, sondern auf breitem religionshistorischen Hintergrund (vgl. A. Alt: Die Ursprünge des israelitischen Rechts, in: Kleine Schriften I 302—310; Zur Talionsformel, in: Kleine Schriften I 341—344). Ursprünglich dürfte sie ein Kultakt gewesen sein, der erst später an Jahwe gebunden wurde, in dem Maße sich Israel an Jahwe band (zur Bindung des Gesetzes an den „Bund" s. M. Noth: Die Gesetze im Pentateuch. Ihre Voraussetzungen und ihr Sinn, in: Gesammelte Studien zum Alten Testament, 32 ff). So erhebt auch 4, 15, da die Verletzung des Menschenlebens eingetreten ist, den Alleinanspruch Gottes auf die Ahndung des Vergehens und insbesondere auf das Recht weiteren Blutvergießens. Dieser gegen die menschliche Blutrache gerichtete Gedanke lebt im Talionsgesetz mindestens noch insoweit fort, als der Bluträcher sich als Ausübender der göttlichen Strafjustiz versteht. Darin liegt zugleich, daß die Heiligkeit des Menschenlebens ebenso anerkannt wird wie der Grundsatz, daß der Schaden der Straftat durch einen ebensolchen (und nicht größeren) Schaden ausgeglichen werden muß, daß also der menschlichen Willkür kein Raum gegeben wird. Wie schwer die Pflicht der Blutrache im übrigen sein konnte, wie grausam auch für den Goel, den Bluträcher selbst, zeigt die Parabel der Frau aus Tekoa 2 Sam 14, 4—11. Ja, es scheint sich in Israel das Gefühl nicht verloren zu haben, daß es eigentlich auch die Blutrache nicht geben sollte. 2 Sam 14, 14 scheint wie ein „Spruch der Urfrau" (M. Buber: Weisheit und Tat der Frauen, in: Werke II 919—921): „Sterben Sterbliche wir, ist's wie Wasser, das zur Erde verronnen, das nicht aufzusammeln ist, aber trug Gott eine Seele nicht hinweg, plant er Planungen noch, auch den Verstoßenen unverstoßen zu lassen vor ihm" (Buber). Der Verfasser der Thronnachfolgegeschichte Davids verrät hier einen gleichen Geist wie der „Sammler" der j Urgeschichte in 4, 15.

Lamech indessen beansprucht das Verfügungsrecht über das Leben für sich selbst. Den Schaden, der ihm zugefügt wurde, wird er ahnden, und zwar „besser", strenger, brutaler als Gott. Dieses Motiv der Überbietung Gottes kennzeichnet eigentlich noch mehr als die Maßlosigkeit des Rachegedankens, wes Geistes Kind der Sohn Kains geworden ist. Statt daß das Leben Gott gehört, gehört es Lamech; statt daß Gott es schützt, schützt sich Lamech selbst; auf die Stärke seines Ichs ist ihm mehr Verlaß als auf Gott. Man kann ruhig sagen, daß Gott unter diesen Umständen, die sein prinzipielles Recht als Schöpfer ignorieren, praktisch nicht mehr existiert. Kain hatte trotzig bezweifelt, daß Gott ein Recht habe, ihn nach seinem Bruder zu fragen. Lamech bestreitet indirekt, daß Gott ihm überhaupt in den Arm fallen kann. Lamech gegenüber muß sich Gott wie ein Schwächling ausnehmen; denn sein Strafen ist begrenzt, Lamechs Rache aber unbegrenzt; so ist das 7×70 zu verstehen: als ein absolutes Maximum, demgegenüber Gott als ohnmächtig und kleinlich erscheint.

Das Lamech-Lied charakterisiert mithin eine Situation der Menschheit, die neu ist und von Gott gerade verhindert werden sollte. Dient das Lied Lamechs nicht nur der Prahlerei, sondern mehr noch der Abschreckung, so zeigt sich, was aus dem Zusammenleben der Menschen geworden ist. Die Sicherheit des menschlichen Daseins liegt jetzt nicht mehr, wie noch bei Kain, im Schutz Gottes, sondern in dem Schrecken, den jeder einzelne um sich herum zu verbreiten vermag. Auch hierin wird eine neue Linie sichtbar: die erste Folge des Abfalls von Gott war die Scham und die Angst voreinander; auf der nächsten Stufe hatte diese Angst im Motiv des Neids und der Konkurrenz bereits einen konkreten Inhalt; jetzt ist die Stufe erreicht, wo der eine vor dem anderen Furcht und Schrecken empfinden und das gleiche Gefühl um sich verbreiten muß, um zu überleben. Das „Leben zum Tod“ wird jetzt ein Instrument, sich gegenseitig zu terrorisieren und in Schach zu halten. Die Angst vor dem Tod soll das Leben erhalten. Die menschliche Gemeinschaft, die von 3,12 an schon durch die Schuld in Frage gestellt war und mehr in der Gemeinsamkeit des Leids als der Liebe bestand, ist jetzt eine Gemeinschaft geworden, in der jeder dem anderen so viel Leid wie möglich zuzufügen sucht, um sich zu schützen oder um sich zu rächen, und in der es gesellschaftsfähig geworden ist, sich dessen zu rühmen. Auch dies will J ja wohl mitsagen: die Menschheit ist jetzt eine geworden, in der das Lamechlied uneingeschränkt Beifall und Bewunderung findet. „Das Pathos eines Lamech vermischt sich mit den Emotionen seiner Frauen“ (H. Werner: Uraspekte, 105). Lamech spricht nicht nur für sich, sondern daß er so spricht, spricht zugleich für die, vor denen er sich rühmt.

Dies also ist der „Fortschritt“, den die Menschheit im Lande Nod genommen hat. Um zu zeigen, wie anders man auch denken könnte, wie wenig selbstverständlich das wie selbstverständlich vorgetragene Lied Lamechs ist, mag an einen Satz des chinesischen Weisen Laotse erinnert sein, der im Tao te king 31 ein halbes Jahrtausend nach J sagt: „Die Waffen sind unheilvolle Geräte, nicht Geräte für den Edlen. Nur wenn er nicht anders kann, gebraucht er sie . . . Er siegt, aber er freut sich nicht daran. Wer sich daran freuen wollte, würde sich ja des Menschenmordes freuen . . . Wer im Kampfe gesiegt, der soll wie bei einer Trauerfeier weilen.“ (Übers. v. R. Wilhelm: Laotse: Tao te king, S. 71) Dies ist der Gesinnung nach dem Gedanken von J sehr verwandt; wie einsam hoch J aber damit auch über dem Gedankenkreis Israels steht, zeigt ein Blick in die alttestamentlichen Geschichtsbücher. Sollte J wirklich zur Zeit Salomos geschrieben haben, so hatte er wohl allen Grund, am Lamechlied, dem ewigen Lied des geschichtlichen Handelns, Kritik zu üben (vgl. 1 Kg 2, 5.6.8.9.24.32—34.44—46; historisch: J. Wellhausen: Grundrisse zum Alten Testament, 32—33; M. Noth: Geschichte Israels, 188). M.A. Beek sagt richtig von den innenpolitischen Razzien Salomos: „Alle diese Maßnahmen wurden, wie dies bei orientalischen Machthabern üblich ist, ohne die geringsten Bedenken getroffen. Salomo war ein absoluter Herrscher; er war keiner Instanz Rechenschaft schuldig.“ (M. A. Beek: Geschichte Israels, 61—62) War er es wirklich nicht? Seit Lamech scheinbar nicht mehr.

Andererseits ist der Stand von Gn 4, 23.24 doch nicht der einer totalen Verwilderung. Insofern Lamech das Lied vor seinen Frauen singt, wird angedeutet, daß die „Bande des Blutes“, die „Solidarität unter den Angehörigen eines Stammes“ (de Vaux I 31.48—50), intakt geblieben ist. Was sich in den Genealogien bereits im Kontext zum Mord Kains und zur Unfruchtbarkeit der Erde zeigte, wird in der Steigerung des Lamechliedes noch deutlicher: während die Beziehung der Menschen untereinander immer tiefer zerbricht, bleibt doch die Verbundenheit zwischen den Geschlechtern noch erhalten. Freilich, die Liebe der Frau gilt jetzt dem Typ des tötenden, selbstherrlichen, sich selbst vergötternden Mannes. Daß dabei dem Umstand, daß Lamech zwei Frauen besitzt, eine besondere Bedeutung zukomme (Morant 235; de Vaux I 52), ist indessen zweifelhaft, wenngleich unter Berücksichtigung von Gn 2, 21—24 nicht total auszuschließen. Wichtiger ist in jedem Fall, daß jetzt die ungehemmte Aggression sich als eine Art Liebesbedingung empfiehlt und daß der Mann erscheint als einer, der Gott mit der Gewalt seiner eigenen Rache zu übertreffen weiß. An diese Stelle scheint der übernächste Abschnitt (6, 1—4) anzuknüpfen.

Zusammenfassung:

Folgende Punkte bleiben zur Vorbereitung einer *systematischen* Untersuchung des Textes herauszustellen:

1. Die Entwicklung der menschlichen Erfindungen und Techniken erscheint als Versuch, die Heimatlosigkeit („Nod“) zu überwinden

und als Verbannte und Vertriebene in einer unfruchtbar und feindlich gewordenen Welt seßhaft zu werden. Wenn „Ökonomie“ als Fundamentalgesetz der Geschichte betrachtet wird, so ließe sich von J her fragen, welch einen oikos, welch eine Heimat die Menschen eigentlich suchen, wenn sie „Ökonomie“ treiben, und was ihnen wirklich fehlt, wenn sie Städte bauen und Vieh züchten und Musik machen und Geräte herstellen. Es gilt zu prüfen, inwieweit die technisch-praktische Seite der menschlichen Geschichtsentwicklung vom Gedanken der Entfremdung und des Mangels her zu konzipieren ist, wie es im Marxismus geschieht.

2. Es zeigt sich, daß die Menschen mit Hilfe ihrer Errungenschaften die Lösung des durch ihren Abfall von Gott verschuldeten, bestraften und verfluchten Lebens in der falschen Richtung suchen und daß sie so stets das Gegenteil, ja, die Steigerung dessen erreichen, was sie bekämpfen wollen. Indem sie die Nachteile der selbstverschuldeten Verschlechterung ihrer Lebensbedingungen durch äußere Praktiken zu beheben trachten, geraten sie in eine immer größere Distanz zu Gott, dessen Maßnahmen auf diese Weise unwirksam werden. Wir werden auch hier ohne eine dialektische Denkweise diesen Prozeß nicht verstehen können. Westermann vermerkt (399—400), J habe den Wert der Arbeitsteilung und Kulturdifferenzierung hervorgehoben, und wirft dem Christentum vor, dies zu gering geschätzt zu haben. Er weist dabei hin auf K. Marx und hält dies offenbar für einen theologisch bedeutsamen Hinweis. Augenscheinlich aber weiß er nicht, wie recht er mit seiner Bemerkung hat, und sucht deren Bedeutung, wo sie nicht ist. Denn Marx beschrieb nicht sowohl den Wert der Arbeitsteilung, als vielmehr den Prozeß der Entfremdung, der sich aus ihr notwendig ergibt. Setzt man voraus, daß Entfremdung heißt, daß das eigene Tun, wie beim Verlieren im Schachspiel, benutzt wird, um in das Gegenteil seines Ziels verkehrt zu werden, so kann man von J wohl sagen, daß er nicht nur die „Entfremdung“ der „Arbeit“ beschreibt, sondern auch einen Grund dafür benennt, der jenseits des Arbeitsprozesses liegt, und so überhaupt erst eine Alternative zur Einlinigkeit der marxistischen Geschichtsauffassung ermöglicht. Entfremdung ist bei ihm nicht eine Notwendigkeit des geschichtlichen Prozesses der Entwicklung der Arbeitsbedingungen, sondern eine Entscheidung des Menschen, die als Vorzeichen menschlicher Geschichte diese selbst zu einer Geschichte der Entfremdung, zu einem Leben im Uneigentlichen, im Lande Nod, macht. In bezug auf den Begriff der Entfremdung werden wir daher im Rahmen einer systematischen Untersuchung ausführlich zu fragen

haben, inwieweit die marxistische Geschichtsinterpretation eine Verstehenshilfe für die Auslegung der j Urgeschichte sein kann.

3. Die Entwicklung der Gottesferne führt zu einer wachsenden Dissozialität und Zersplitterung, zu einer Erhöhung des aggressiven Potentials, das jetzt zum Selbstschutz und zur gegenseitigen Abschreckung gebraucht wird. An die Stelle des Vertrauens zum Schutz des Lebens durch Gott ist das Vertrauen in die Fähigkeiten der eigenen Selbstbehauptung getreten. Die Angst vor dem Tod wird zur Furcht vor dem anderen und als solche ein Werkzeug der eigenen Sicherheit. Die Möglichkeiten der Technologie treten in den Dienst dieser Struktur und führen ihrerseits zur Verbesserung der Methoden des Drohens und Abschreckens.

4. So etabliert sich die menschliche Zusammengehörigkeit auf dem Hintergrund der Gottesferne in Kleingruppen (Familien), die mit dem Anspruch der Selbständigkeit gegeneinander stehen. Es wird die Frage sein, wie die Ablehnung Gottes mit dieser Atomisierung des Menschlichen zusammenhängt.

Psychologisch sind nur zwei Fragen von Belang: welche Situation in der psychischen Ontogenese vereinigt diese Motive: Überbietung „Gottes" durch Prahlen mit heldenhafter Stärke und „mordsmäßiger" Kraft gegenüber anderen feindlichen Männern, verbunden mit einer unüberhörbaren Adresse an das weibliche Geschlecht? Wohin gehört die Vorstellung, als ein rechter „Mordskerl" bei den Frauen attraktiv zu sein? Wie gehören Aggression und („sexuelles") Imponiergehabe zusammen? Und vor allem: gibt es ein psa Schema, das die Hervorbringung kultureller Erfindungen aus dem Bestreben, ein künstliches Nachbild des verlorenen Paradieses zu schaffen, erklären könnte? Wie läßt sich die fortschreitende Entfernung der Menschen von „Gott" psa mit dem Bemühen zusammendenken, gerade den Zustand wiederherzustellen, der in der Einheit mit „Gott" bestand?

E. EIN NEUER ANFANG (Gn 4, 25.26; 5, 28γ.29)

I. Traditionsgeschichtliche und literarkritische Feststellungen

Um die Bedeutung des Sethstammbaums und der dazugehörigen (?) versprengten Notiz 5, 28γ.29 zu verstehen, ist ein Vergleich der j Genealogie von 4, 1.17.18.25.26 mit der Genealogie der Priesterschrift P Gn 5 unerläßlich. Dabei wird der Eindruck erhärtet, der sich schon bei der Analyse von Gn 4, 2—16 und 4, 19—22.23—24 ergab, daß in den ursprünglich zusammengehörigen Stammbaum Gn 4, 1.17.18 das Stück 4, 2—16 von J eingeschoben wurde und daß die Stammbaumreihe 4, 19—22 einen neuen Einsatz darstellt, der seinen Abschluß in 4, 23.24 findet. Der Stammbaum bei P lautet im Vergleich zu J:

P: Adam u. s. Weib (5, 1.2)	Seth (5, 3)	Enosch (5, 6)	Kenan (5, 9)	Mehalalel (5, 12) ↖	Jared (5, 15)	↗ Henoch (5, 18)
J: Adam u.„Männin“ (2,23) Eva (3, 20)	[Seth (4, 25)	Enosch] (4, 26)	Kain (4, 1)	Henoch (4, 17)	Irad (4, 18)	Mechujael (4, 18)

P: Metuschelach (5, 21)	Lamech (5, 25)	Noah (5, 28)	Sem, Cham, Japhet (5, 32)
J: Metuschael (4, 18)	Lamech (4, 18)	[Noah (5, 29)	Sem, Cham, Japhet] (9, 18)

(Vgl. Gu 50)

Beide Genealogien sind den Namen nach als identisch zu betrachten. Stellt man die Frage nach dem Verhältnis von J und P, so ist zunächst die Stereotypie zu beachten, mit der P das Lebensalter insgesamt, sowie den Zeitraum vor und nach der Geburt aufführt. Die einzigen Unregelmäßigkeiten liegen bei 5, 1—2, dem Hinweis auf die Schöpfung, bei

5, 24, der Notiz von der Entrückung Henochs, und bei 5, 29, der Bemerkung über Noah, die man (s.u.) wohl als eine versprengte Notiz von J verstehen muß. Die Künstlichkeit dieser Anordnung wird noch unterstrichen durch die 10-Gliedrigkeit der Genealogie. Nachdem alle Versuche, einen Zusammenhang dieser Ahnenreihe mit außerbiblischen Parallelen, z. B. mit den Verzeichnissen der „babylonischen Urkönige" (Gu 50), herzustellen, hinfällig geworden sind (We 474—477), wird man sagen müssen, daß P seinen Menschheitsstammbaum selbst erst 10-gliedrig aus Namenreihen konstruiert hat, die ursprünglich, wie bei J, nicht zusammengehörig waren und die wohl, wie bei J, ohne Angaben von Zahlen überliefert waren. Erst indem P ein sekundäres Zahlenschema für seine Genealogie schuf, ergab sich eine scheinbare Ähnlichkeit zu den alten sumerischen Königslisten (vgl. We 477—479). Dies wird dadurch unterstrichen, daß alle Ähnlichkeiten in den Genealogien von J und P im wesentlichen sich auf die Entsprechung der zahlenlosen Angaben von 4, 1.17—18 mit den Angaben von P in 5, 9—25 beschränken. Die Verse 4, 25—26 hingegen entsprechen bei P 5, 3—8 und sind wohl erst von P in diese Reihenfolge gebracht worden. Nimmt man hinzu, daß 4, 19—22 ein eigener Stammbaum ist, verbunden mit 4, 23.24 (s.o.), so wird man sagen können, daß auch 4, 25.26 ursprünglich eine Genealogie für sich darstellte. Während aber P den „Sethstammbaum" mühelos in eine Reihe mit den übrigen genealogischen Angaben stellte, unterbricht J den Zusammenhang, bricht bei Lamech ab und stellt die Sethlinie in einem eigenen neuen Anfang von Adam her der Kain-Linie gegenüber. Die Frage wird sein müssen, warum.

Am schwierigsten ist die Frage nach dem versprengten Satz 5, 28γ.29. Daß dieser Vers zu J gehört, ist einwandfrei: der Name Jahwe ebenso wie die Erinnerung an 3, 17—19 (4, 11.12) lassen dies als sicher erscheinen. Offensichtlich gehört der Vers in einen genealogischen Zusammenhang, aber in welchen? In Frage käme einmal 4, 25.26; so scheint Westermann noch auf Seite 458 zu meinen; 487 aber möchte er den Vers lieber an 4, 1.17—18 anschließen. M.E. wird beides richtig sein. 4, 1. 17—18 entspricht P 5, 9—27, worauf 5, 28—32 die Geburt Noahs und die seiner Söhne Sem, Cham, und Japhet folgt; 4, 25.26 aber hat seine Parallele in P 5, 3—8, das, wie bei J, von Adam über Seth zu Enosch führt, also wohl eine abgeschlossene Einheit bildet. Dann wird daran zu denken sein, daß ursprünglich 4, 17—18 über Lamech zu Noah führte. Die Namenerklärung von 5, 29 scheint auf 9, 20 hinzudeuten, also von einer Kulturleistung zu sprechen, die in etwa dem Thema von 4, 19—22 entspricht. Es wäre mithin möglich, daß J eine Tradition vor sich gehabt hat, die von 4, 17—18 zu 5, 28γ. 29 und dann zu 9, 20 führte. Indem J aber 4, 19—24 an die Erwähnung Lamechs (4, 18) anschloß, führte er diese Linie zu einem Höhepunkt, an dem er noch einmal mit der Sethlinie 4, 25.26 neu ansetzte. Aufgrund dieser Redaktion ist die Verbindung zu Noah, wenn sie bestanden hat, endgültig abgebrochen. Zudem ist der fromme Noah der Sintfluterzählung „eine ganz andere Gestalt“ (Gu 78) als der betrunken im Zelt liegende Weinbauer Noah (9, 21); auf den gottwohlgefälligen Noah aber will J vorbereiten (vgl. 6, 8); und so ist es bei J unmöglich, Noah im Zusammenhang mit der jetzigen Lamechgestalt von 4, 17—24 zu denken. Daraus folgt, daß man für die Auslegung von J sachlich die Gestalt Noahs von der Sethitenliste her interpretieren muß, selbst wenn sie möglicherweise traditionsgeschichtlich mit 4, 1.17.18 zusammenhing. Dies allein ist im folgenden wichtig.

II. Einzelauslegung

Gn 4, 25: „Adam erkannte nochmals sein Weib, und sie gebar einen Sohn. Sie rief seinen Namen Seth, Setzling! denn: gesetzt hat Gott mir einen anderen Samen für Abel, weil ihn Kain erschlug“ (nach Buber). Daß der Satz nicht einfach die Genealogie weiterführen will, zeigt bereits die Mühe, die J aufwendet, den Satz gerade so zu stellen, daß er zu einem Neueinsatz von Adam her und zu einem Ausgleichsversuch für den Mord an Abel wird. Denn allzu deutlich ist in 25a das ʿwd — „noch einmal“ ein Zusatz, ebenso wie die sprachlich harte Wendung: einen „anderen“ Samen „für Abel, weil ihn Kain erschlug“. Ursprünglich wird der Vers einfach von der Geburt Seths als Sohn Adams gesprochen haben und von der — als festlich zu denkenden — Namengebung durch die Mutter (vgl. de Vaux I 81 ff), also gelautet haben: „Adam erkannte sein Weib, und sie gebar einen Sohn. Sie rief seinen Namen Seth (št), denn: gesetzt (št) hat Gott mir einen Samen.“ Adam steht dabei ohne Artikel und wirkt hier (im Unterschied zu 4, 1) wie ein bloßer Eigenname. Alles sähe also nach einer bloßen Genealogie aus, wenn der Vers nicht von J durchgreifend dahin erklärt würde, daß Seth als ein Ersatz für den ermordeten Abel verstanden werden soll. Entsprechend muß er ausgelegt werden.

J will dann sagen, daß „noch einmal“ eine neue Entwicklung neben und vorbei an der Linie, die von Adam über Kain zu Lamech führt, beginnt. Die Tat Kains ebenso wie der Gesang Lamechs haben den

Menschen mehr und mehr von Gott entfernt und ihn selbst dazu gebracht, selbstherrlich Rechte in Anspruch zu nehmen, die allein Gott zukommen. Der Schutz des eigenen Lebens, bisher in der Hand Gottes, wird jetzt vom Menschen selbst wahrgenommen in einer Weise, die die Unsicherheit des einen auf dem Weg der Drohung und Abschreckung zur Sicherheit des anderen macht. Was bei Kain noch ein Verbrechen war („was hast du getan!" 4, 10), ist bei Lamech zu einem Grund stolzer Freude geworden. Wenn man das Lamech-Lied so versteht und darin den „Trotz einer alles fremde Leben mißachtenden Selbstbehauptung" (v. Rad 92; 9, 83) wahrnimmt, so müßte man, ähnlich wie nach der Tat Adams und seiner Frau (3, 8 ff) oder nach dem Vergehen Kains (4, 9 ff), eigentlich eine neue Stellungnahme Gottes erwarten. Der bisherigen Kompositionsweise von J entspräche, daß Gott erneut ein Wort der Strafe sprechen und eine Maßnahme setzen würde, die das neuerliche Unheil von den Menschen abhalten soll. Das aber ist hier auffallenderweise nicht der Fall. Die letzte entscheidende Maßnahme Gottes bestand darin, das Recht der Blutrache für sich selbst in Anspruch zu nehmen und so die Gefahr der Kettenreaktion des Mordens zu bannen. Gerade dieser vorbeugende Schutz Gottes wird vom Menschen in der Gestalt Lamechs stolz und eigenmächtig unterlaufen, und zwar nicht, wie bisher, durch ein Tun des Menschen, in das er wie gegen seine Absicht hineingezogen wird (so bei der Frau, so vielleicht auch bei Kain), sondern mit voller Absicht, programmatisch angekündigt und erklärtermaßen.

Wenn dies als Stand der Dinge in 4, 24 angesehen werden kann, dann ist es wohl nicht zufällig, daß Gott jetzt keine Stellungnahme mehr abgibt bis zu 6, 5 ff, der Einleitung der Sintflut. Es liegt dann eine unheimliche Spannung in dem Aufbau, den J seiner Urgeschichte gibt, indem er von jetzt an Gott bis zur monologischen Verkündigung seines Strafentschlusses schweigen läßt. Die Rede Lamechs spricht sozusagen auch vor Gott für sich selbst; er gibt dazu keinen weiteren Kommentar mehr; Gott hat, etwas überspitzt gesagt, dem Menschen, der so denkt, nichts mehr zu sagen; jedenfalls spricht er fortan nicht mehr mit ihm, außer allein zu Noah (7, 1); alle anderen werden von Gott fortan nur noch sein Gericht zu sehen bekommen, das sie vernichten wird. Noah aber entstammt einer anderen Entwicklungsreihe als Lamech. Dies ist der eine Punkt, auf den zu achten ist: das kommentarlose Schweigen Gottes, das auf ein Gericht vorbereitet, aus dem nur ein einziger gerettet wird; auf ihn hin zielt jetzt ohne weitere Erklärung, sozusagen im geheimen, ein neuer Einsatz, der noch einmal bei Eva beginnt.

Zum anderen kann man, in Analogie zu dem bisherigen Verhalten Gottes, doch so etwas wie eine Gegenmaßnahme Jahwes zum Tun der Menschen in der Geburt Seths erblicken. Während der Mord sich mit Lust und Stolz über den Menschen ausbreitet, geht doch das Leben und die Kraft des Lebens von Gott her weiter und ist imstande, den angerichteten Schaden auszugleichen. Die Kraft, die Gott dem Menschen von seiner Schöpfung her verliehen hat, vermag gewissermaßen die Tödlichkeit des menschlichen Tuns zu kompensieren. Nicht mehr ausdrücklich in einem eigenen Tun wendet sich Gott gegen die Auswirkungen des menschlichen Verhaltens, aber doch geht von ihm her und vom Anfang des Menschengeschlechts aus eine Kraft weiter, die einen Ersatz für die selbstverschuldete und selbstgewollte Beeinträchtigung und Schädigung des menschlichen Lebens durch den Menschen darstellt. Was immer die Menschen einander zufügen mögen —, sie werden das Leben selbst (noch!) nicht vernichten können. Die Schöpfungsmacht, die von Gott her im Menschen ist, ist stärker als der Destruktionswille. Diese Gewißheit lebt in dem Vers 4, 25; und zwar „hat Gott" diesen „anderen Samen für Abel" gesetzt; er hat noch einmal indirekt versucht, die Folgen des menschlichen Tuns einzugrenzen und erträglich zu halten — wie mit den Fellen in Gn 3, 21, wie mit dem Schutz des Mörders Kain (4, 15).

Vielleicht klingt auch noch ein anderer Aspekt mit an. Die Blutrache ist (s.o.) eigentlich eine Restitution für den Verlust, den Gott durch den menschlichen Übergriff in die Eigentumsrechte Gottes an jeglichem Leben im Falle eines Mordes erlitten hat. Gott wollte dieses Recht der Blutrache sich selbst vorbehalten; er wollte verhindern, daß es in die Hände der Menschen gerät. Und er verschafft sich jetzt selbst eine Restitution für den eingetretenen Schaden: nicht durch den Totschlag eines weiteren Menschen, sondern durch die Geburt neuen Lebens. Dann ist es auch nicht unwichtig, daß Adams Frau diesen Satz der Namenerklärung Seths spricht; denn Seth ist hier ja nicht etwas, das für Gott einen „Ersatz" bilden würde, sondern für den Menschen. Der Mord an Abel war nicht ein Schaden für Gott, sondern für den Menschen, wenngleich sich Gott anstelle des Menschen über den Mord empörte. Insofern braucht auch nicht Gott einen „Ersatz" für den Getöteten, sondern der Mensch. Und ihm ist nicht mit neuerlichem Morden, sondern mit neuem Leben gedient. Stärker kann eigentlich dem Gedanken der Blutrache vom Ursprung her kaum widersprochen werden. Ähnlich wie 2 Sam 14, 14 (s.o.), ist es die Weisheit der Urfrau, der Mutter aller Lebenden, die sich darin ausspricht; und die Trauer um den Getöteten drückt sich in ihren Worten ebenso aus wie der Trost, den sie bei der Geburt eines neuen Kindes über den Verlust Abels empfindet. Wo immer ein Mensch den anderen erschlägt, betrifft dies unmittelbar Gott, aber es trifft das Leben selbst; und dort, im Menschen selbst, verbleibt ein Schaden und eine Art Traurigkeit, die nur durch neues Leben selbst getröstet wird.

Gn 4, 26: „Auch dem Seth wurde ein Sohn geboren, er rief seinen Namen Enosch, Menschlein. Damals begann man den Namen Jahwes anzurufen" (nach Buber). Der Name Enosch ist wohl nicht einfach als Eigenname zu werten, sondern er schillert, wie „Adam", zwischen Eigenname und Bezeichnung für „Mensch" schlechthin. Dabei ist unüberhörbar der Beiklang des Hinfälligen, Niedrigen, Unreinen, Vergänglichen, Mühseligen, der in „Enosch" mitschwingt, ein bestimmtes Wissen darum, daß der Mensch nicht Gott ist und daß das, was er hat, nur von Gott kommt. (vgl. Ps 8, 5; 9, 21; 73, 5; 90, 3; 103, 15; 144, 3; Job 4, 17; 7, 17; 9, 2; 10, 4.5; 13,9; 14, 19; 15, 14; 25, 4.6; 28, 13; 32, 8; 33, 26) So scheint Enosch nicht nur ein genealogischer Punkt ohne weitere Bedeutung zu sein, sondern das zu verkörpern, was der Mensch als das Kind Adams (geworden) ist, und zwar, darauf scheint 4, 26 hinzudeuten, nicht mehr, wie Lamech, im Gebaren stolzer Unabhängigkeit von Gott, sondern in dem Bewußtsein der Abhängigkeit, der völligen Hinfälligkeit ohne Gott. Enosch würde dann den Menschen repräsentieren, wie er ohne Gott ist, wie er aber gerade so sich angewiesen auf Gott weiß: das „Menschlein", wie Buber treffend übersetzt.

Die Formel qr' bšm in 4, 26b ist problematisch. Buber übersetzt: „den Namen ausrufen" (vgl. Ex 33, 19); besser begründet scheint aber die Übersetzung: „den Namen anrufen" (vgl. Jer 10, 25; Zeph 3, 9; so Gu 54 und We 462), was im Sinne von kultischer Verehrung zu verstehen wäre. Über die Bedeutung des Verses ist darin kein Zweifel, daß hier die Jahweverehrung als urgeschichtlich gekennzeichnet werden soll. Aber gerade hier liegt das Problem. J kann wohl kaum geglaubt haben, daß die Jahwereligion ein Menschheitsphänomen ist (vgl. Ex 3), wenn er auch vielleicht sagen wollte, daß ihre Wurzeln in die vorisraelitische Zeit zurückgehen (Gu 54; v. Rad 92; 9, 83); wahrscheinlicher ist schon die Annahme Westermanns, J meine einfach die „Religion", das Anrufen Gottes im weitesten Sinne (460—463), und er spreche von Jahwe, weil für ihn mit Gott Jahwe gemeint sei. Aber damit kann es gleichfalls nicht getan sein. Denn man sollte meinen, schon 4, 3.4 hätten die Menschen nichts anderes getan als „Jahwe anzurufen". Wenn J gleichwohl ausdrücklich hier von einem „Anfang" der Jahweverehrung spricht, dann kann man nur annehmen, daß er trotzdem sagen will, daß mit 4, 26 etwas Neues beginnt. Es kann dann die Zeitangabe 'z — „damals" nicht einfach „in der Urzeit" bedeuten (gegen We 463), sondern muß einen neuen Abschnitt in der Urgeschichte einleiten, und die Frage muß sein, worin dieser neue Abschnitt besteht. Zweifellos ist nicht an einen eigentlich geschichtlichen Zeitpunkt zu denken — da hat Westermann recht; wohl aber wird mit 'z — „damals" die Situation gemeint sein, die sich urgeschichtlich nach Gn 3 und 4 ergeben hat. Die Frage ist dann, was 4, 3.4 von 4, 26b unterscheidet. Man muß sich immer wieder verdeutlichen, daß die Urgeschichte nicht ein beliebiges Nebeneinander von Traditionsfragmenten ist, sondern eine wirkliche Abfolge beschreibt, deren Teile nicht austauschbar und deren Reihenfolge nicht zufällig ist. Wie es nicht anders sein kann, muß daher auch 4, 26b aus dem Kontext der j Urgeschichte verstanden werden.

M.E. wird die Interpretation v. Rads zutreffen, wenn er in 4, 26b „ein Wort tiefen Gebeugtseins und großer Erlösungssehnsucht" (91; 9, 82) erblickt. Keineswegs ist die „Religion" im Sinne des kultischen Anrufens Jahwes einfach ein positives Zeichen des menschlichen Fortschritts; vielmehr scheint darin der Kontrast sich auszudrücken zu dem, was gerade geworden ist; ja, das, was geworden ist, macht das Anrufen Gottes allererst nötig. Die Menschen, die ehedem im Garten Gottes, dann wenigstens auf dem Acker Gottes lebten, sind jetzt, als Verbannte und Vertriebene, gehalten, zu Gott zu rufen. Und auch dies ist nicht mehr selbstverständlich; der Gegensatz zur Linie Kains zeigt, wie anders man sich auch verhalten kann. Aber der „Enosch", das Menschlein, darf und muß zu Gott rufen, wenn es leben will. Dies ist dann in der Tat „Religion", wie man sie kennt: ein Versuch, die Trennung von Gott zu überwinden, ein Anrufen Gottes zu bestimmten Zeiten und an bestimmten Orten, nachdem die ursprüngliche Einheit mit Gott abhanden gekommen ist, ein Bitten in der Not und im Bewußtsein der eigenen Armseligkeit. So verstanden, ist die Bemerkung von 4, 26b in der Tat kein Gegensatz zu 4, 3.4. Kain und Abel opferten Jahwe, und dies war bereits ein Zeichen nicht nur ihrer Frömmigkeit, sondern zugleich ein Ausdruck ihres verbannten und bestraften Daseins; aber Kain und Abel lebten noch mit einem Gott, der jederzeit in ihrer Nähe zu sein schien. Erst jetzt wird so etwas wie „Religion" nötig. In dem ganzen folgenden Teil der Urgeschichte wird Gott nicht mehr mit den Menschen, sondern nur noch mit sich selber reden (6, 3; 6, 7; 8, 21—22; 11, 6—7); er wird an den Menschen handeln, wie er beschlossen hat; aber reden wird er nur noch ein einziges Mal mit Noah, um ihn allein vor dem Gericht über die Menschheit zu retten (7, 1—4). In dieses Schweigen Gottes hinein beginnen die Menschen Gott anzurufen. Diese Wendemarke scheint das ’z — „damals“ zu kennzeichnen. Es ist, wenn diese Deutung zutrifft, der Anfangspunkt der Religion, wie sie allerdings aller Menschengeschichte zugrunde liegt, wie sie aber hoffentlich einmal am Ende der Geschichte aufhören wird (vgl. Apk 21, 22).

Gn 5, 28γ.29: „. . . einen Sohn. Er rief seinen Namen: Noah! sprechend: Se jenachmenu — Dieser wird uns leidtrösten in unserm Tun und der Beschwernis unsrer Hände an dem Acker, den Jahwe verflucht hat“ (nach Buber). G. v. Rad vermißt in seinem Kommentar, daß die Vorstellung „einer doppelten urmenschlichen Linie“ (91; 9, 82—83) in Lamech und Enosch wirklich durchgeführt werde. Das kann daran liegen, daß an dieser Stelle Teile der j Urgeschichte ausgefallen sind; eher ist jedoch anzunehmen, daß J tatsächlich die Linie, die zu Noah führte, nur mit einer kurzen Notiz vermerkte und daß er mit der Erzählung von den Gottessöhnen (6, 1—4) unmittelbar zur Sintfluterzählung überging; denn wie wir sehen werden, ist 6, 1--4 eigentlich genau das Thema, das an 4, 23.24 und 4, 25.26 anschließen muß. Wir haben dann Grund zu der Annahme, daß in 5, 28.29 tatsächlich eine vorbereitende Bemerkung auf die Gestalt Noahs und 9, 20 vorliegt. Die Erklärung des Namens Noahs (nwḥ) geht von nḥm — „trösten“ aus, obwohl dem Namen selbst nwḥ — „ruhen“ viel besser entsprechen würde; das „trösten“ paßt aber sehr gut, wenn damit, wie man annimmt, der Weinanbau von 9, 20 ff gemeint ist (vgl. Ps 104, 15). In Noah würde dann als auf den Begründer des Weinbaus hingewiesen. (Vgl. Gu 55)

Es ist aber zu beachten, daß J diesen Vers mit der Erwähnung von 3, 17—19, die wohl sein eigenes Werk ist (vgl. We 488), in den Zusammenhang seiner Urgeschichte gestellt und ihm damit einen eigenen Sinn gegeben hat. Im Kontext von J ist es sicher zu einfach, sich Noah lediglich als Kulturbringer des Weinbaus zu denken; vielmehr ist Noah für J derjenige, als den er ihn selber (6, 8) charakterisiert: der Mann, der als einziger inmitten der todgeweihten Menschheit Gnade bei Gott gefunden hat. In diesen Dimensionen sieht J Noah: er ist derjenige, der auf der vom Menschen gereinigten Erde, die fortan unter Gottes Schutz steht (8, 22), wieder Frucht hervorbringt und so beweist, daß der Fluch von 3, 17—19 und 4, 11.12 nicht mehr besteht. Lediglich wenn man die Gestalt Noahs in 5, 29 ganz und gar von der folgenden Sintflutgeschichte trennt, wie es Gunkel (55) quellenkritisch begründet hat, wird man dabei stehenbleiben können, den verheißenen „Trost“ Noahs nur im Weingenuß zu erblicken. Abgesehen davon, daß der Ausbau des Weinbaumotivs in 9, 20—27 schon an sich keinesfalls das fröhliche Lied des Weintrinkens singt, wird die Bedeutung der Noah-Gestalt und der Art seines „Trostes“ ganz und gar vom Weinbau weggezogen, wenn die Sintfluterzählung zum Bestand der j Urgeschichte als eines (jetzt) in sich geschlossenen Textes gerechnet wird. Es muß dann tatsächlich angenommen werden, was Gunkel ein zu „sonderbarer Trost“ (Gu 55) zu sein schien: daß der Trost, der von Noah ausgeht, darin liegt, daß in ihm die Menschheit anfängt, die trotz allem Zukunft hat, die das Gericht Gottes überlebt und die — das nähert sich dem traditionsgeschichtlichen Sinn des Weinbaumotivs an — den Fluch über den Acker in seiner Radikalität auffängt.

So wäre denn 5, 29 das Zeugnis dafür, daß Gott mit Seth eine Linie beginnen läßt, die nicht nur die Folgen des menschlichen Tuns für den Menschen ausgleicht, sondern auch das, was der Mensch über die ihm anvertraute Erde gebracht hat. Und die Voraussetzung dafür ist, daß wenigstens einer da ist, der ḥn — „Gunst“ in den Augen Gottes findet.

Zusammenfassung:

Die wichtigsten Feststellungen der Untersuchung sind:

1. daß Gott in Seth einen Ersatz für den Verlust schafft, den der Mensch selbst durch sein Tun sich zugefügt hat;
2. daß er selbst aber fortan nicht mehr (außer zu Noah) zum Menschen sprechen wird; zugleich beginnt hier die Zeit, in der der Mensch anfängt, zu Gott zu rufen;
3. in Noah wird jemand in Aussicht gestellt, der auch die Folgen des menschlichen Tuns für den von Gott verfluchten Acker aufhalten wird.

Systematisch wird es wichtig sein zu untersuchen,

1. was es bedeutet, daß der Abfall von Gott im Grunde dem Menschen selbst, nicht Gott Schaden zufügt;
2. daß von Gott her die Absicht besteht, der Zerstörungsneigung des Menschen die Kraft des Lebens gegenüberzustellen;
3. wie die „Religion“ auf dem Hintergrund einer ursprünglich nicht beabsichtigten Ferne von Gott zu sehen ist.

Psychologisch liegt es nahe, den „Ersatz“, den Gott für den Verlust an Leben setzt, als „Kompensation“ zu verstehen. Es wäre zu überlegen, wie eine solche Ersatzbildung für etwas Verlorenes und Zerstörtes psychologisch zu interpretieren ist.

F. DER LETZTE SCHRITT (6, 1—4)

I. Motivgeschichtlicher Hintergrund

In dem kurzen, aber problemreichen Abschnitt Gn 6, 1—4 treten drei Gruppen auf, die nicht leicht zu identifizieren sind:
a) die bnj h'lhjm — die Gottessöhne oder Göttersöhne (6, 2.4)
b) die npljm — die Riesen (Nephilim)
c) die gbrjm — die Helden (Gibborim)
ad a) Die Göttersöhne wurden (z.B. noch bei v. Rad 92—93; 9, 83 ff) nach dem Vorbild von Hen 6—11 und syr Bar Apk 56, 10—16 gern als Engel aufgefaßt. (zur Analyse von Hen 6—11 vgl. G. Beer in: E. Kautzsch: Die Apokryphen und Pseudoepigraphen des Alten Testamentes, II 225; zu Bar Apk: 402—412) Dies kann für die altisraelitische Auffassung von den Göttersöhnen nicht angehen. Zutreffend charakterisiert Gunkel diese als „Wesen, die nach ATlichem Glauben Jahve an Wesen und Macht ähnlich, aber untergeordnet sind" (Gu 55). In Job 1, 6; 2, 1; Ps 29, 1; 89, 7 scheinen die Göttersöhne als himmlische Ratsversammlung und Exekutivversammlung Gottes vorgestellt zu werden. Dies wird durch die Funde von Ras-Schamra belegt, wo die bnê 'il (Gottessöhne) als Teil eines Pantheon gedacht sind (vgl. A. S. Kapelrud: Die Ras-Schamra-Funde und das Alte Testament, 56; 63; A. Ohler: Mythologische Elemente im Alten Testament, 204—212). Es sind offenbar Götter der zweiten Generation, „d.h. von Göttern gezeugte Wesen" (Gu 56). Daß aber diese Anschauungen nur im poetischen Teil des AT's Eingang gefunden haben, zeigt, daß es sich in der Bibel offenbar um entmythologisierte und ästhetisch frei gewordene ältere religiöse Vorstellungen handelt.

Auch die Verbindung mit den Menschentöchtern ist in Ugarit zu belegen. El scheint nämlich nach dem Gedicht „Die Geburt der huldvollen Götter" am Ufer des Meeres „zwei Frauen durch die Größe seiner ‚Hand' (seines männlichen Gliedes)" betört und mit ihnen die Götter Schahar (Morgenröte) und Schalim (Frieden, Dämmerung) gezeugt zu haben, denen er aufträgt, zur Stillung ihres Hungers „sieben Jahre lang Äcker und Weiden zu durchstreifen" (P. Grimal: Mythen der

Völker, I 136—137). Es handelt sich allem Anschein nach um einen Ackerbau-Mythos; und es ist von daher möglich, auf eine ursprüngliche Funktion des Motivs der Verbindung der Göttersöhne mit den Menschentöchtern zu schließen. Der Hintergrund des Fruchtbarkeitskultes ist aber sicher nicht auf Ugarit einzugrenzen, sondern dürfte soweit reichen wie die Anfänge der Ackerbaukultur insgesamt. Die „Menschentöchter" sind in diesem Sinne Verkörperungen der Terra Mater, deren Fruchtbarkeit ebenso göttlichen Ursprungs ist wie die Fruchtbarkeit der Menschen. Die menschliche Ehe fungiert dabei als rituelle Abbildung des kosmogonischen Mythos. Die orgiastischen Riten des Kultes der Mutter Erde dienen der Anreizung der Fruchtbarkeit und wollen zu der „Undifferenziertheit" zurückführen, „die vor der Schöpfung herrschte . . .; soziale ,Vermengung', Ausschweifung und Saturnalien symbolisieren den Rückschritt in den amorphen Zustand, der der Weltschöpfung vorausging." (M. Eliade: Das Heilige und das Profane, 86; vgl. M. Eliade: Kosmos und Geschichte. Der Mythos der ewigen Wiederkehr, 50 ff)

So verstanden, ist die spätere Überschwemmung der Erde in der Sintflut, die Rückkehr ins Chaotische, motivgeschichtlich die angemessene Strafe der Ausschweifung der Gottessöhne; dies um so mehr, als das Wasser nicht nur die Bestimmung hatte, „der Schöpfung vorauszugehen und sie wieder aufzusaugen" (M. Eliade: Das Heilige, 77), sondern auch als befruchtender Same des (Himmels-) Gottes verstanden wurde. (Vgl. die Vermählung des Süßwasserozeans [Enki] mit der Erde [Nintu] im sumerischen Dilmun-Epos 65—85, oder die Paarung Enkis mit Uttu, die er „mit seinem Samen" „überschwemmte", im Dilmun-Epos 160—180; M. Lambert: Sumerische Schöpfungsmythen, in: Quellen des alten Orients, I 113—117; vgl. P. Grimal: Mythen der Völker, I 93 ff) Die Aufeinanderfolge von Gn 6, 1—4 und 6, 5 ff würde dann belegen, daß J das Gesetz, die „Sünde" durch sich selbst zu be strafen, auch hier befolgt hat.

ad b) Die Nephilim sind offenbar im Zusammenhang der Götterehe mit den Menschentöchtern gedacht. Das Wort steht im AT nur noch in Nu 13, 33 und bedeutet dort soviel wie „Riesen". Es ist aber wohl nicht möglich, die „geschichtliche" Angabe über die „Enakiter" mit dem Mythos der Nephilim in Verbindung zu bringen. Methodisch richtiger ist es, die Nephilim aus den Motiven vergleichbarer Mythen zu verstehen. Hier liegt vor allem aus der griechischen Mythologie die Vorstellung der Titanen zum Vergleich bereit, die nach Hesiods Theogonie vermutlich auf hurritischem Hintergrund aus der Ehe der Erdgöttin Gaia mit dem Himmelsgott Uranos hervorgegangen sind (vgl. P. Grimal I 160 ff; zu des Uranos patriarchalischer Stellung und Verbindung zum arischen Gott Varuna vgl. v. Ranke-Graves I 26—27). Die prähellenischen Siedler Süd- und Mittelgriechenlands waren „Anhänger des Titanenkultus" (R. v. Ranke-Graves I 30—31.35); sie verehrten in den Titanen in Entsprechung zur babylonischen Astrologie „die sieben Tage der geheiligten planetaren Woche" (v. Ranke-Graves I 23). Auch diese Vorstellung scheint der Bibel nicht fremd. Das zeigt sich einmal darin, daß die „Gottessöhne" auch im AT als Sterne erscheinen können (Job 38, 7; Jes 24, 21; vgl. Gu 55; A. Ohler: Mythologische Elemente im Alten Testament, 202—204); zum andern scheinen die Titanen, die in Griechenland nach ihrer Überwindung (und der sie verehrenden Bevölkerung) durch die griechischen Götter in den „sieben planetentragenden Säulen" fortlebten, in Jerusalem die Gestalt des siebenarmigen Leuchters angenommen zu haben (v. Ranke-Graves I 24). Mit den Titanen und ihrer Ablösung durch spätere Götter ließe sich dann auch das Motiv des Titanenkampfes, der gegengöttlichen Revolte, verbinden (vgl. v. Ranke-Graves I 31 ff; P. Grimal I 167 ff), wie es Sir 16, 7 und Weish 14, 6 anzuklingen scheint.

ad c) Die gbrjm — die Helden der Vorzeit sind nach 6, 4 gleichfalls aus der Verbindung der Menschen mit den Göttersöhnen hervorgegangen. Nimmt man hinzu, daß J in seinem Stammbaum 10, 8—11 selbst interpretiert, was er unter gbr — „Held" versteht, so ist die Vorstellung des „Gibbor" relativ sicher auszumachen. J denkt bei den „Helden" offenbar an Gewaltherrscher nach der Art Nimrods, an Urzeitkönige, die dem Mythos nach aus der Vereinigung eines Gottes (-sohnes) mit einer Menschentochter hervorgegangen sind. Die Vorstellung, daß der König der (biologische) Sohn des Gottes ist, findet sich in Ugarit, wo El der Vater des Königs Keret ist (vgl. P. Grimal I 142 ff), ebenso wie in Ps 2, 7 und 89, 27. Auch der ugaritische Danel, wie Keret ein kinderloser König, ist dem AT bekannt (vgl. Ez 14, 14; 28, 3).

Die Vorstellung der Gotteskindschaft des Königs begegnet am frühesten in Mesopotamien bei Lugalbanda und dessen Sohn Gilgamesch, dort freilich erst posthum. „Dagegen findet sich bei Mesalim und bei Eanatum von Lagaš das älteste Zeugnis für die sog. Gotteskindschaft", beide als Söhne der Ninhursanga, der sumerischen Muttergöttin. „Das bedeutet aber nicht, daß der Herrscher sich selbst als göttliches Wesen ansah." Das „Ritual der Heiligen Hochzeit" ist „erst aus der Zeit des Iddindagan von Isin (1974—1954)" belegt. (E. Cassin, J. Bottéro, J. Vercoutter: Die Altorientalischen Reiche I, 75) In der

Akkade-Zeit allerdings wurde der König zu einem Übermenschen mit kultischer Verehrung; er heißt jetzt, wie z.B. Naramsin, „Gemahl der Ištar Annunitum“ (Die Altorientalischen Reiche, I 109). „Er spielte seinen Untertanen gegenüber jetzt dieselbe Rolle des Schöpfers, Ordners, des Herrn im Guten und im Bösen wie die Götter gegenüber den Menschen.“ (a.a.O. 109) In Ur III unter Šulgi setzte sich die Vergöttlichung des Königs endgültig durch, und zwar so, daß er als der Schutzgott des Landes verstanden, aber auch wahrscheinlich mit Dumuzi, dem Geliebten der Inanna, identifiziert wurde (a.a.O. 137—138).

Es ist indessen schwer, die babylonischen Vorstellungen unmittelbar mit Gn 6, 4 in Verbindung zu bringen; obwohl Gn 10, 8—11 eigentlich nach Mesopotamien weist, ist nicht zu übersehen, daß die Heirat des Königs mit der Muttergöttin eigentlich einer zwar verwandten, aber doch geschlechtlich umgekehrten Vorstellung angehört. Näher kommt man dieser Vorstellung in der ägyptischen Mythologie. Wäre mit „Nimrod“ der ägyptische Pharao Amenophis III gemeint (1411—1375), der in den Amarnabriefen neb-ma-re heißt (v. Rad 122; 9, 111), so würde man damit deutlicher in die unmittelbare Nähe der Vorstellung des Gibbor als Gottessohnes geführt. In Ägypten ist die göttliche Abstammung des Königs „unter dem Einfluß der Lehre von Heliopolis“ seit der V. Dynastie in dem neuen Titel „Sohn des Re“, des Sonnengottes, selbstverständlich geworden (P. Grimal I 62). Die Geschichte von Cheops und den Zauberern berichtet nebenbei, wie der Sonnengott mit der Frau eines Re-Priesters sich vereinigt und die Könige der V. Dynastie zeugt. In einem Gemach des Tempels von Luksor findet man entsprechend die Geburt des Amenophis III dargestellt (P. Grimal I 62—63). In der XVIII. Dynastie wechselt Re die Rolle des Erzeugers mit Amun, der immer mehr Re ersetzt (der Mythos selbst bei P. Grimal I 63—65). Späterhin verband sich die Göttlichkeit des Pharao mit dem zunehmenden Osiris-Glauben, bleibt also im Rahmen des Fruchtbarkeitskultes.

Der Gottessohntitel des Pharao ist im wesentlichen ein Titel der Macht. „Der Unterschied zwischen den Göttern und dem Pharao war geringer als der zwischen dem Pharao und seinen Untertanen.“ (V. Ions: Ägyptische Mythologie, 116) Ähnlich werden die Gibborim, die Helden von Gn 6, 4, zu verstehen sein: als übermächtige, übermenschliche Herrschergestalten, die ihre Geburt auf die Zeugung durch einen Gott zurückführen (vgl. später Aischylos: Die Perser, V. 154, wenn er von der Perserkönigin Atossa sagt, sie sei „Bettgefährtin eines Persergottes, Mutter eines Gottes“.).

In den Rahmen der Fürstengenealogie und des Fruchtbarkeitskultes gehören zahlreiche griechische Mythen, z.B. die Liebesaffären des Zeus. U.a. vereinigt sich Zeus mit der Hera-Priesterin Io, die als Sohn den Epaphos hervorbringt; dessen Tochter Libya gebiert dem Poseidon den Agenor und Belos, denen die Königsgeschlechter von Syrien und Ägypten entstammen, aus denen später Kadmos, der Gründer Thebens, und Danaos, der König von Argos, entstehen. Desgleichen verführt Zeus die Tochter des Agenor, Europa; deren Kinder werden dem König von Kreta übergeben; Europa wird nach ihrem Tod in ein Gestirn verwandelt. Mit Leda zeugt Zeus Kastor und Helena, Pollux und Klytaimnestra usw. (vgl. P. Grimal I 185 ff)

Immer geht es hierbei um eine Verbindung von Fruchtbarkeitsmythologie mit politischen Herrschaftsbegründungen. Io und Europa sind wohl Mondgöttinnen (vgl. v. Ranke-Graves I 169—172; 173—177), Nachfahren der Astarte, der Isis, der Demeter. Die Zeus-Erscheinungen als Stier (Europa) oder Schwan (Leda) weisen ebenso auf den Fruchtbarkeitskult. Hinter Leda steht Nemesis, die Nymphengestalt der Mondgöttin (v. Ranke-Graves I 184—186). „Belos ist der Baal des Alten Testamentes . . . Sein Name ist von der sumerischen Mondgöttin Belili, die er verdrängte, abgeleitet.“ (v. Ranke-Graves I 182) Auch Danae, eine Nachkomme des Danaos, mit der Zeus den Helden Perseus zeugt, ist eine griechische Isis (v. Ranke-Graves I 220); sie lebt noch fort in der Dina-Sage ([Gn 34, 1—4]; vgl. Ranke-Graves I 182—183).

Es kann abschließend festgehalten werden, daß das ursprüngliche Motiv von Gn 6, 1—4 aufs engste mit dem Fruchtbarkeitskult zu tun hat. Die Paarung von Himmel und Erde, die die kosmische Fruchtbarkeit begründet, findet ihr Abbild in der Paarung der Menschen. Dabei sind als hieros gamos, als Heilige Hochzeit, Kreuzungen möglich zwischen der Muttergöttin und einem Mann oder zwischen dem Gott und einer Frau. In dieser Form verbindet sich der Fruchtbarkeitsmythos zugleich mit einer Begründung der Machtfülle des Herrschers und gewinnt damit politische und geschichtliche Bezüge. Das Thema wird damit ins Menschliche verlegt.

Als eine vergleichbare griechische „Rationalisierung“ kann man die Einteilung mancher Philosophen werten, die „zwischen den Menschen des Prometheus und der unvollkommenen Schöpfung, welche die Erde hervorgebracht hatte“, unterschieden (v. Ranke-Graves I 28) und somit zwei Menschengruppen annahmen, die Gn 6, 1—4 nicht unähnlich sind.

Es liegt also nahe, bei den Gottessöhnen und Gibborim im Sinne von J auf dem Hintergrund des Fruchtbarkeitskultes an Unterschiede unter den Menschen zu denken, die sich aus ihrer Machtfülle ergeben. Indem J das Thema in die Urgeschichte verlegt, verlangt er allerdings eine Deutung, die dem mythischen Thema den menschheitlichen Sinn beläßt und es nicht auf bestimmte Herrschaftsverhältnisse einengt.

II. Traditionsgeschichtliche und literarkritische Feststellungen

Das Ziel der Erzählung wird einmal die Begründung der Nephilim und Gibborim in 6, 4 gewesen sein. Dieses Nebeneinander zweier Gruppen aber ist schwerlich als ursprünglich zu betrachten. „Während die Nefilim 4a ... eindeutig einen mythischen Charakter haben, deutet in 4b nichts auf mythische Gestalten.“ (We 511) Es scheinen hier zwei Linien zusammenzulaufen: eine mythische, die auf die Nephilim hinausläuft (4aα), und eine ätiologische, die in 4aβ.b zu den Gibborim hinführt. Eine deutliche Einfügung ist das wgm 'ḥrj-kn — „und auch nachher noch“, das mit dem wohl temporal zu lesenden Relativsatz 'šr an 4b angeschlossen wird und 4b zum Nebensatz macht. Man darf wohl annehmen, daß 4b ursprünglich als Hauptsatz dastand (wjb'w bnj — „es gingen die Söhne ...“) und dann bruchlos den Vers 6, 2 weiterführte. Es muß dann nicht sein, daß die Gibborim in 4c nur eine erklärende Variante der Nephilim in 4a wären (Gu 58); in ihnen liegt wohl ein in sich selbständiger Schluß vor, neben dem die Nephilim in 4a ebenso eigenständig sind (We 509—510). Wohl läßt sich vermuten, daß der „mythische“ Schluß mit den Nephilim ursprünglicher war als der rein „ätiologische“ mit den Gibborim (We 499—500). Beide Erzählreihen decken sich jedenfalls mit der Erzähleinleitung in 6, 1.2, die in sich am klarsten ist. Lediglich kann auffallen, daß 6, 1a, die Notiz von der Vermehrung der Menschen, nicht weitergeführt wird. Vielleicht steckt dahinter eine ältere Vorstellung, in der die Überbevölkerung der Erde zum Auftreten des Todes (der Altersbegrenzung) bzw. der Sintflut führt (vgl. We 516—517). So bekommt zum Beispiel in der zoroastrischen Mythologie der Urzeitkönig Yima (der Yama, der Totengott der indischen Mythologie) von Ahura Mazda einen goldenen Stab, mit dessen Hilfe er die für Klein- und Großvieh und den Menschen zu klein gewordene Erde um ein Drittel erweitert. Er wird dann von Ahura Mazda angewiesen, vor der kommenden Schnee- und Regenflut in der Unterwelt den Vara anzulegen, einen abgeschlossenen Raum, „eine Rennbahn lang im Gevierte zum Bewohnen für die Menschen, eine Rennbahn lang im Gevierte als Stallung für das Vieh“, und dorthin die besten Samen und makellosen Tiere sowie Menschen zu bringen (Vendidad 2, 1—41, in: K. F. Geldner: Die zoroastrische Religion [Das Avesta], 28—31). Es wäre dies ein Motivzusammenhang von Überbevölkerung und Sintflut, der vielleicht auch Gn 6, 1 zugrunde liegen könnte.

Deutlich eingeschoben ist die interpretierende Bemerkung 6, 3, welche die Handlung, die in 6, 1.2 beginnt, nicht nur nicht weiterführt, sondern schlechtweg abbricht und mit einem eigenen Urteil bewertet (vgl. We 495). Um die Aussageabsicht der jetzigen Stelle 6, 1—4 zu verstehen, ist bevorzugt von diesem Satz auszugehen.

III. Redaktionsgeschichtliche Überlegungen

In seinem Kommentar fragt v. Rad, wie J nach dem Höhepunkt der menschlichen Selbstbehauptung im Lamechlied (4, 23.24) eigentlich noch das Thema der Sünde weiterführen könne, und glaubt, daß dies im Grunde nicht mehr möglich sei; daher meint er, daß hier ein „ganz neues Kapitel der jahwistischen Urgeschichte" (92; 9, 83) beginne. Nun ist zwar Gn 6, 1—4 nicht so eng wie etwa Gn 4, 2—16 oder 4, 23.24 mit dem Vorhergehenden verbunden; aber das liegt im wesentlichen daran, daß hier keine Namen genannt werden, auf die bereits zuvor hingewiesen worden wäre. Thematisch fügt sich das Motiv von 6, 1—4 trotz seines auffallend mythischen Charakters lückenlos in den Gesamtaufbau der j Urgeschichte.

Wir haben bisher gefunden, daß J Schritt für Schritt auf das Tun des Menschen hin Gott eine Maßnahme treffen läßt, die die Folgen des menschlichen Tuns begrenzen soll, daß aber unmittelbar danach das menschliche Verhalten gerade diese Maßnahme Gottes überschreitet: auf 3, 21, die Bekleidung mit Fellen, folgt 4, 2 ff, die Erzählung vom Brudermord; auf 4, 15, die Inanspruchnahme der Blutrache, folgt 4, 23.24, das Lamechlied; als eine weitere einschränkende, die Folgen mildernde „Maßnahme" Gottes deuteten wir auch 4, 25.(26), den Ausgleich, den Gott durch die Fruchtbarkeit, die er den Menschen gegeben hat, für die Folgen der Mordlust des Menschen schafft. Es entspricht dann ganz und gar der bisherigen „Logik" der Erzählung, daß im folgenden Gegenzug der Menschen gerade das Thema der Fruchtbarkeit aufgegriffen und ins Widergöttliche verkehrt wird. Ähnlich geht es denn auch später 8, 21.22 und 9, 20—27 weiter: die Fruchtbarkeit des Ackers, die Gott nach der Sintflut garantiert, wird zur Ursache folgenschwerer

Verwirrungen; der Segen Noahs (9, 26.27) leitet über zur Völkertafel (Gn 10), führt aber damit zu dem Konflikt, den die Menschen Gn 11, 1—9 mit dem Turmbau „lösen“ möchten, den sie indessen gerade so endgültig unlösbar und global machen.

Somit beginnt in 6, 1—4 keine neue Erzählreihe, sondern es wird im Gegenteil die bisherige Entwicklung einem letzten Höhepunkt zugeführt. Wir haben bereits festgestellt, daß nach 4, 23.24 an „eingrenzenden Maßnahmen“ Gott eigentlich nur noch der Erhalt des Lebens in der Fruchtbarkeit des Menschen übrigbleibt. Wenn gerade diese nun in 6, 1—4 zum Gegenstand der Abkehr von Gott wird, so wird damit tatsächlich die Voraussetzung der menschlichen Existenz im Kern getroffen. So verstanden, ist dann auch der Vernichtungsbeschluß Gottes in 6, 5—7 die „richtige“ Konsequenz aus dem, was bisher geschehen ist.

Damit entfällt die Fragestellung, wie sie Westermann anordnet. Weil er meint, J beabsichtige nicht, „die Steigerung, sondern die Vielfalt der Sünde in ihren Grundmöglichkeiten darzustellen“ (We 498), steht er vor dem Problem, ob wohl 6, 1—4 die folgende Sintfluterzählung begründe, und findet richtig: „niemals kann 6, 1—4 allein als Begründung des Flutgerichts gemeint sein“ (We 498). Tatsächlich setzt ja 6,5 auch voraus, daß rq rʿ kl-hjwm — „nur noch böse allezeit“ die Herzensgedanken des Menschen sind, und enthält also ein Urteil, das nicht nur auf einem einzelnen Ereignis fußen kann. Die Westermannsche Konzeption, die voraussetzt, daß „mehr als ein Beispiel“ der Sündenverderbnis in Gn 6, 1—4 nicht enthalten sein könne, findet mithin gar keine Begründung für das Strafurteil Gottes. „Weder die einzelnen vorher erzählten Vergehen noch ihre Summe könnten den Vernichtungsbeschluß begründen.“ (We 550) Ja, entgegen seiner eigenen menschheitlichen Auffassung der Gestalt Kains, dessen Tat er sich offenbar am ehesten als Begründung eines solchen Urteils vorstellen könnte, meint er, „daß etwa der eine (!) Brudermord“ als Grund des Vernichtungsbeschlusses „absurd“ (We 550) wäre. Es spricht nur für die Richtigkeit der bisher von uns vorgetragenen Auffassung des Textes, daß die Problemstellung Westermanns bei ihr gar nicht erst entsteht. Weder 6, 1—4 noch irgendein anderes „Beispiel“ allein begründet das Strafurteil Gottes, auch nicht ihre „Summe“; wohl aber ergibt sich aus der Abfolge der einzelnen Strafen, daß Gott gewissermaßen nichts anderes mehr zu tun übrig bleibt, als zur Vernichtung zu schreiten. Der Ausspruch Lamechs war in seiner Art ein „Höhepunkt“ (v. Rad), aber selbst diese Gesinnung ließ sich von Gott noch kompensieren; 6, 1—4 hingegen macht in der bereits gewohnten Weise das, was Gott als letzte Maßnahme zur Rettung anbieten konnte, die Fruchtbarkeit des Menschen, wieder zum Instrument des Abfalls. Insofern steht die Erzählung von der Heirat mit den Gottessöhnen keinesfalls als bloß weiteres „Beispiel“ vor dem Bericht von der Sintflut; es ist, wenn auch nicht „allein“, sondern als Abschluß der gesamten Reihe von Gn 2—6, die Darstellung eines Tuns, auf das nur die Strafe des Untergangs folgen kann.

Ob also 6, 1—4 die Sintflut „begründet“, ist nicht so wichtig wie die Feststellung, daß in diesem Abschnitt eine Entwicklungsreihe abschließt, aus der Gott nur die Beurteilung und den Entschluß von 6, 5—7 ziehen kann. Wenn freilich 6, 1—4 lediglich zeigt, „daß das Anwachsen der Menschheit ... negative Möglichkeiten (!) heraufzubringen beginnt“ (We 500), dann ist die Vernichtung der gesamten Menschheit die schiere Unverständlichkeit, dann kann aber auch Gott die Dinge wohl nur maßlos übertreiben, wenn er alles, was die Menschen ersinnen, für rq rʿ — „nur böse“ hält (6, 5).

Der Zusammenhang von 6, 1—4 mit dem Vorhergehenden wird noch deutlicher, wenn für die „Gottessöhne“ von 6, 2.4 die Annahme Westermanns zutrifft, daß die mythische Vorlage der Verbindung mit den Gottessöhnen für J lediglich die Funktion hat, „ein menschheitliches Phänomen“ „in der Weise des mythischen Redens“ (We 501) darzustellen; es wären dann in den Gottessöhnen Regenten von absoluter Machtfülle nach der Art des ägyptischen Pharao (vgl. Gn 12, 10—20) oder des israelitischen Königs (2 Sam 11 f) zu sehen, die sich als Herrscher das Recht nehmen, ihrer Leidenschaft zuliebe das „Machtgefälle von Göttersöhnen und Menschentöchtern“ (We 515) für sich rücksichtslos auszunutzen. Geht es in 6, 1—4 (wenigstens u.a. auch) um die (sexuelle) Willkür der Übermächtigen den Menschentöchtern gegenüber, so findet damit eine Entwicklung ihren Abschluß, die in 2, 23.24 beginnt. Ursprünglich war der Mensch als Mann und Frau wesens-(namens-) gleich geschaffen (2, 23); dies wurde anders durch den Abfall von Gott, der nicht nur die Menschen dazu trieb, sich voreinander (und vor Gott) ihrer Nacktheit wegen zu schämen, sondern auch die Frau zur Strafe unter die Herrschaftsgewalt des Mannes brachte (3, 16). Wenn wir dann 4, 23.24 Lamech gegenüber seinen Frauen mit seiner Mordbereitschaft prahlen hörten, so klang darin nicht nur etwas vom Drang der menschlichen Selbstbehauptung an, sondern auch etwas vom Verhältnis zwischen Mann und Frau, das zeigte, worin der Mann nunmehr seine Bewunderung beim anderen Geschlecht suchte. Jetzt in 6, 1—4 richtet sich die Macht und Überlegenheit, und zwar ins Übermenschliche gesteigert, gegen die Frauen selbst, wobei die Betroffenen ihre Erniedrigung offenbar selbst wünschen, wie in Gn 3, 16 und 4, 23.24. Morant sieht den Zusammenhang so, daß die Einehe, die er 2, 23.24 ausgedrückt findet, durch die Polygamie Lamechs mit den zwei Frauen gebrochen sei und nun der reinen Sittenverderbnis weiche (P. Morant: Die Anfänge, 283—284); er hat recht, daß es eine Entwicklungsreihe von 2, 23.24 über 4, 23.24 zu 6, 1—4 gibt, aber sie liegt wohl mehr in dem Konflikt der Macht und führt in jedem Fall nicht an 3, 16, dem Thema der Unterordnung der Frau, vorbei. Die dem Abfall von Gott entstammende Herrschaft des Mannes über die Frau weitet sich jetzt zum völlig willkürlichen, rein sinnlichen Macht- und Besitzanspruch auf die Frau aus.

Andererseits ist die Übernahme eines so kraß mythologischen Stoffes wie Gn 6, 1—4 von J nicht hinreichend verstanden, wenn man dabei lediglich an eine sexuelle Thematik auf menschlich-unmenschlichem Niveau denkt. Von der Motivgeschichte her war zu sehen, daß hinter dem Thema der Machtbegründung der Gedanke des Fruchtbarkeitskultes steht, die Heilige Hochzeit, der hieròs gámos. Dies ist vom Stoff her das eigentliche Thema von 6, 1—4. Indem die Menschentöchter die Gottessöhne heiraten, erwerben und tragen sie die Fruchtbarkeit der Erde. Insofern setzt sich hier wirklich die Genealogie von 4, 25.26 fort; die Verbreitung der Menschheit geht weiter (6, 1); aber was von Gott kam, wird hier ein Stück menschlicher Aneignung und widergöttlicher Anmaßung. Das, wodurch Gott die Menschen retten wollte (4, 25), wird jetzt in sich vergöttlicht; das erst erklärt, daß J sich nicht scheut noch scheuen darf, diesen Mythos aufzugreifen. War schon in 3, 22.24 den Menschen bei der Vertreibung Gott in mythologischer Anschauungsform gegenübergetreten, so wird jetzt zum (ersten) Abschluß der Entwicklungsreihe der j Urgeschichte die göttliche Kraft der Fruchtbarkeit im Menschen selbst mythologisch vergöttlicht. Die traditionsgeschichtliche Entsprechung von 3, 22 und 6, 3 (vgl. We 505) macht dann deutlich, worum es in 6, 1.2 geht: die vom Lebensbaum getrennten Menschen suchen ihr Leben durch die Verbindung mit dem Göttlichen zu überhöhen, zu steigern und zu erhalten (vgl. O. Loretz: Schöpfung und Mythos, 44). Doch da sie es an Gott vorbei tun, der allein ihr Leben ist, kann die Folge ihres Tuns nur zum Gegenteil ausschlagen. Was Gott den Menschen schenkte, kann nicht mythisch zu einer Macht außerhalb Gottes werden, ohne daß es sich gegen den Menschen selber richtet.

Insoweit ist die Verbindung von 6, 1—4 nach rückwärts auf mehrfache Weise geschlossen. Nach vorwärts ist der Bezug zur folgenden Sintflutgeschichte unüberhörbar. Aber auch das Thema der Gibborim, das der

Tradition nach als ätiologisches Ziel des Abschnittes von der Götterehe angesehen werden kann, weist bereits nach vorn. Selbst wenn die Erde von den Menschen und ihren Bastarden gereinigt sein wird, werden wieder (10, 8—11) Gibborim, „Helden", auftreten, dann aber bereits als politische Gestalten der Gewaltherrschaft und Eroberungssucht; das sexuelle Thema des Fruchtbarkeitskultus von der menschlichen Gottgleichheit wird sich dann ins Machtpolitische verlagern und somit unmittelbar den Grundstein für den letzten Akt des Vorspiels der Menschheitsgeschichte (11, 1—9) legen.

M.a.W.: es liegt kein Grund vor, bei dem Abschnitt Gn 6, 1—4 anders zu verfahren, als bisher; was J mit diesem Abschnitt sagen will, geht wesentlich aus der Stellung hervor, die dieser Abschnitt im Aufbau der j Urgeschichte hat. Ihn daraus zu isolieren, heißt die Aussageabsicht des Redaktors aus methodisch nicht gerechtfertigten Gründen von vornherein zu verkürzen.

IV. Einzelauslegung

Gn 6, 1.2: „Es geschah als der Mensch auf dem Antlitz des Ackers sich zu mehren begann und Töchter wurden ihm geboren, die Gottessöhne sahen die Menschentöchter: daß sie schön sind, und nahmen sich Weiber, allwelche sie wählten" (Buber). Der Satz beginnt mit einer Zeitbestimmung, die an sich positive Ereignisse und Feststellungen aufnimmt: die Geburt eines Kindes ist (trotz 3, 16) bisher stets als etwas Freudiges begrüßt worden: 3, 20; 4, 1.17.25; freilich konnte aufgrund des Kontextes stets auch eine gegenläufige Färbung und Deutung festgestellt werden. Die Vermehrung des Menschen geschah von Anfang an unter den Umständen, die sich aus der Bestrafung und Verfluchung durch Gott ergeben hatten. Insofern wurden auch die Hoffnungen auf die Zukunft des Lebens gleich zu Anfang (4, 2 ff) bitter enttäuscht; und in 4, 25 hatte die menschliche Fruchtbarkeit bereits die Aufgabe, die durch das menschliche Tun entstandenen Lücken zu stopfen. Daher kann man auch hier die Untertöne nicht überhören, die der Notiz von der Ausbreitung der Menschen vom redaktionellen Zusammenhang her unterlegt sind. Die Wendung „auf dem Antlitz des Ackers" erinnert an 4, 14.16, wo das „Antlitz des Ackers" parallel zu dem „Antlitz Gottes" gestellt war; es ist der von Gott verfluchte Acker, der jetzt die Grundlage der Ausbreitung des Menschen darstellt und in 6, 7 vom Menschen gereinigt werden muß (vgl. 6, 7; 7, 3.4.23; 8, 8 [8, 9]; 8, 13).

Die Menschen nehmen eine Erde in Besitz, von der sie vertrieben und wurzellos geworden sind. Es mag in dieser Wendung auch bereits ein Hinweis auf den Konflikt enthalten sein, der sich 11, 4.8.9 abzeichnet, nur daß dort nicht mehr vom „Antlitz des Ackers", sondern vom „Antlitz aller Erde" die Rede ist. Der Ausdruck „Antlitz des Ackers" ist eng gebunden an den Gedanken der Einheit und Schicksalsverbundenheit von Mensch ('dm) und Acker ('dmh) und gemahnt zugleich an die Unfruchtbarkeit, zu der 3, 17—19 und 4, 11.12 der Acker verflucht wird. Insofern scheint in dem Aufgreifen dieses Leitwortes von Gn 4 eine gewisse Motivation für das Tun der Menschen zu liegen.

Wir sahen, daß das Motiv der Ehe mit den Gottessöhnen unmittelbar auf den Hintergrund des Fruchtbarkeitskultes verweist, und es scheint das den außerisraelitischen Religionen des antiken Orients so gut wie selbstverständliche mythische oder rituelle Geschehen der Heirat der Gottessöhne von J dahin verstanden zu werden, daß die Menschen den „Drang, das Leben zu steigern und zu sichern" (We 508), im Grunde gegen Gott selbst richten; sie möchten die Fruchtbarkeit des Menschen und der Erde erhalten und gewährleisten, deren Gefährdung sie selbst verschuldet haben. Und sie trennen damit die Schöpfungskraft, die ihnen von Gott her verblieben war, von ihrem Schöpfer ab. Darin scheint das eigentliche Drama in der Nachfolge von 4, 25.26 zu liegen. Indem der Segen Gottes in der Geburt neuer Kinder sich fortsetzt, war den Menschen doch ein Rest der ursprünglichen Schöpfungswirklichkeit verblieben; jetzt aber ist das Überleben nicht mehr selbstverständlich und es muß eigens gesichert werden durch die speziellen Kulte und Riten der Fruchtbarkeitsreligion, die aber nicht mit Gott, sondern nur mit den „Gottessöhnen" verbinden — paraphrasierend könnte man sagen, mit den Zerrbildern Gottes, mit dem Mythos von Gott — und die also in Wirklichkeit von Gott endgültig trennen. Auch der Bezug zu 3, 22.24 ist hier nicht zu übersehen. Die Menschen, die Gott vom Baum des Lebens entfernen mußte, suchen jetzt selbst in die Gemeinschaft mit dem Göttlichen zu kommen und sich mit dem Göttlichen zu verbinden. Genau in der Mitte der j Urgeschichte verbindet also das Motiv der Ehe mit den Gottessöhnen das Thema der Vertreibung von Gott (3, 22.24) mit dem Bemühen am Ende der Urgeschichte, sich selbst an die Stelle Gottes zu setzen und in dem Bau von Stadt und Turm ein künstliches Paradiesnachbild zu errichten (Gn 11, 1—9).

So gesehen, kann man vielleicht sagen, daß die Menschen sich hier eigentlich zu erobern suchen, wozu sie von Gott im Grunde bestimmt und geschaffen waren: die Einheit mit Gott und darin die Sicherung des

Lebens. Aber nachdem beides zerfallen ist, nachdem die Einheit mit Gott zerstört und das Leben sich in ein Sein zum Tode wandelte, suchen die Menschen jetzt beides sozusagen an Gott vorbei zu erreichen, indem sie selber sich in die Gemeinschaft des Göttlichen begeben, ja, schließlich selbst die Stellung Gottes beanspruchen (Gn 11). In bezug auf diese Tendenz kann man sagen, daß das Streben von 3, 5, wie Gott sein zu wollen, nunmehr voll zum Zuge kommt: nach der Beanspruchung des Herrschaftsrechtes Gottes über das Leben (4, 2—16; 4, 23.24) erheben die Menschen jetzt den Anspruch auf die göttliche Kraft der Hervorbringung des Lebens. Dies ist in der Tat der Höhepunkt und das vorläufige Endstadium der Entwicklung, die in 3, 5 begann. Indessen zeigt sich auch hier sehr deutlich, daß es dabei nicht so sehr um Stolz oder Trotz der Menschen geht. Was den Anschein von Stolz und Trotz erweckt, ist vielmehr der Umstand, daß die Menschen auf Gedeih und Verderb etwas ohne Gott zu erlangen suchen, das ihnen nur in der Gemeinschaft mit Gott gegeben sein kann.

Die „Sünde" des Menschen, so wie J sie zeichnet, scheint also darin gelegen zu sein, daß die Menschen in ihrer Trennung und unter der Strafe und Verfluchung Gottes sich das zu verschaffen suchen, wozu sie eigentlich geschaffen und bestimmt sind. Die „Sünde", wenn diese Abstraktion nach dem bisherigen Stand der Untersuchung bereits erlaubt ist, wie sie die j Urgeschichte zeigt, erscheint also als eine Art Kompensationsversuch des Menschen, um das Böse auszugleichen, das aus der Trennung von Gott erwachsen ist. Was der Mensch in der Sünde sucht, ist das, wozu er eigentlich berufen ist; aber indem er es außerhalb der Gemeinschaft mit Gott sucht, verwandelt sich ihm alles immer wieder in sein Gegenteil; statt der erhofften Steigerung des Lebens wird ihm der Tod zuteil (6, 3; 6, 5 ff).

Eigenartig ist in der Erzählung, wie passiv das Verhalten der Menschentöchter gezeichnet wird. Nach der Strafe, die Gott in 6, 3 über die Menschen verhängt, kann kein Zweifel bestehen, daß J von einer Schuld nicht der Gottessöhne, sondern der Menschen sprechen will. Daß die Menschentöchter mit ihrer Schönheit die Gottessöhne aufgereizt hätten (vgl. Morant: Die Anfänge, 283), ist gerade nicht gesagt (vgl. Gu 57 zu V. 3). Eher scheint es so, als wenn den Menschentöchtern, ohne eigentliche Absicht, ihre Vorzüge (vgl. 2, 23.24) zum Verhängnis würden. Gerade das, was ursprünglich an Gutem und Schönem im Menschen ist, wird ihm jetzt zur Ursache immer tieferer Verstrickungen. Diese Umkehrung des Guten ins Böse scheint die Konsequenz der Erkenntnis von 3, 5.7 zu sein. Nicht erst absichtliche Verführung treibt den Menschen ins Verderben, sondern daß er so ist, wie er ist, wird ihm jetzt in der Trennung von Gott zum Fallstrick.

Auf der anderen Seite ist die Willkür und Übergewalt der Gottessöhne beeindruckend, deren Launen die Menschentöchter offenbar ganz und gar ausgeliefert sind. Das brutale „sie nahmen sich ... allwelche sie wählten" macht diese Preisgegebenheit des Menschen erschreckend deutlich. Die passive Fügsamkeit unter einen überlegenen Willen, die Untertänigkeit und die offenbare Unfreiheit da, wo man sich gerade Lebenssteigerung und Lebensfülle erhofft, geben einen eindringlichen Kontrast ab zwischen dem, was die Menschen sein wollen, und dem, was sie (geworden) sind. Zu denken ist bei dem Motiv wohl an die Institution des Tempeldirnentums, in dem die gehorsame religiöse Willfährigkeit ebenso wie die Hoffnung auf Fruchtbarkeit ihre Erklärung fänden (vgl. Gu 416—417 zu Gn 38, 12—26 J). Andererseits findet sich in der Roheit der männlichen Begierde gegenüber der Frau und in der passiven Hingegebenheit der Frau an den Mann wohl auch eine Art Maximaldarstellung der Strafe, die Gott 3, 16b über die Frau wegen ihrer Verführung des Mannes verhängte.

Gn 6,3: „Jahwe sprach: Nicht bleibe mein Geistbraus im Menschen für eine Weltzeit, dieweil er auch Fleisch ist, seien denn seine Tage: hundertundzwanzig Jahre" (nach Buber). Das Wort dwn ist nicht erklärbar; am ehesten ist in Entsprechung zu den alten Übersetzungen an „bleiben" zu denken (vgl. äg. arab. jd'n — „immerwährend etwas tun", Gesenius 158). l'lm — „für eine Weltzeit", wie Buber übersetzt, meint nicht die abendländische Vorstellung der „Ewigkeit", sondern der unübersehbar langen Zeit ('lm — „verbergen"), der ununterbrochenen Zukunft. Auch ist nicht an eine Weltzeit im iranisch-apokalyptischen Sinne der aufeinanderfolgenden „Weltzeitalter" gedacht; es ist nicht erkennbar, daß J in seiner Urgeschichte den Gedanken der oft variierten, wohl ursprünglich indo-arischen Kalpa-Lehre von der sukzessiven Verschlechterung in der Aufeinanderfolge von vier Weltaltern aufgreifen würde (vgl. H. v. Glasenapp: Die nichtchristlichen Religionen, 158—159; M. Eliade: Kosmos und Geschichte, 93—108), obwohl gerade im Rahmen dieser Zeitauffassung eine Vielzahl von Mythen vom primordialen Paradies und seinem allmählichen Verlust konzipiert ist; das zyklische Weltbild dieser Mythenstruktur gilt für J gerade nicht: das Paradies kehrt nicht nach den festgelegten Gesetzen der Zeitläufte von allein zurück. l'lm heißt hier also einfach so viel wie: „für immer".

Damit aber steht man vor der Frage, wie die Strafe, die Gott verhängt, sich mit der Strafandrohung in 2, 17 und der Strafe in 3, 19 sowie mit der nachfolgenden Sintflut vereinbaren läßt. In 3, 22 wurde die Ausweisung aus dem Garten damit begründet, daß der Mensch nicht vom Baum des Lebens esse und wḥj l'lm — „in Weltzeit lebe". Gn 2, 7 und indirekt 3, 19 wurde gesagt, daß der Mensch, aus dem Staub genommen, nur durch den „Geistbraus" Gottes lebt (zu Bubers „Geistbraus" für rwḥ vgl.: Die Schrift und ihre Verdeutschung, in: Werke II 1126 bis 1128). Wenn Gott seinen Geist vom Menschen zurückzieht, muß er sterben (Ps 104, 29.30). Auch das „Verhüllen des Antlitzes Gottes", wie es Gn 4, 14.16 im „Vertreiben vom Antlitz" zum Ausdruck kommt, ist biblisch ein Bild der Todesdrohung (Ps 104, 29). Man kann sich dann des Eindrucks nicht erwehren, daß J in Gn 2—6 eine fortschreitende Präzisierung des menschlichen Todesschicksals und eine zunehmende Einengung der menschlichen Lebensgrenze darstellen will. Die Todesdrohung, die mit dem Essen vom Baum der Erkenntnis (2, 17) verbunden war, ereilt den Menschen als allmähliche Konsequenz seines Tuns. Je weiter er sich von Gott entfernt, desto näher rückt er der Todesgrenze, desto enger wird sein Lebensspielraum. Am Anfang stand das Bewußtsein, in den Staub zurückkehren zu müssen (3, 19) und fortan auf den Staub und den Tod in Vergeblichkeit und Vergänglichkeit hin leben zu müssen. Bei Kain geht im Mord an seinem Bruder die Todesdrohung bereits von den Menschen selbst aus; indem Kain vom Antlitz Gottes vertrieben wird (4, 14.16), droht er der Schutzlosigkeit und Bedrohtheit durch die anderen ausgeliefert zu werden; die durch den Tod gerissene Lücke wurde 4, 25 noch geschlossen; das Leben als ganzes ging weiter. Jetzt hingegen, nachdem die Menschen, wenn wir den Text 6, 1.2 richtig verstehen, unabhängig von Gott ihr Leben durch die Vermischung mit den Gottessöhnen vergöttlichen möchten, schreitet Gott ein, indem er, wie in 3, 22, die Menschen in ihre Schranken weist und durch das bestraft, was sie tun: die Menschen, die sich ihr Leben an Gott vorbei steigern und absichern wollen, verkürzen in Wahrheit ihr Leben und untergraben seine Sicherheit. Daß die Strafe von 6, 3 den Menschen trifft, der sich von Gott entfernt hat, zeigt die (aber nicht zu J gehörige) Angabe von 9, 28.29, die von der hohen Lebensdauer Noahs spricht. Der Mensch, der sein Leben ins Göttliche erheben will, trennt sich von der Grundlage seines Lebens.

Damit ist die Schlußgrenze erreicht; der nächste Schritt der Strafe ist die völlige Vernichtung der Menschen in der Sintflut. Unzweifelhaft ist, daß 6, 3 ätiologisch gemeint sein muß, d.h., daß es begründen will, wie es zur jetzigen Höchstgrenze des menschlichen Lebensalters kommt. Man kann dann auch sagen: die Menschen leben heute so, daß sie in der Begrenzung ihres Lebensalters in einem Höchstmaß beeinträchtigt sind; sie leben wie am Rand eines Abgrundes; noch einen Schritt weiter — und es geht direkt in den Tod, in die Sintflut hinein. Die Begrenztheit des Lebens (3, 22) wird jetzt zu einer klar umrissenen, auch zeitlichen Begrenzung; das scheint der Sinn des Werdegangs von 3, 22 zu 6, 3 zu sein. Die Menschen, die mit ihrem Tun ihre selbstverschuldeten Mängel überwinden wollen, ziehen die Schlinge ihrer Begrenztheiten nur immer enger. Und durchaus kann man sagen, daß die hier verhängte Strafe, wie in 3, 22, zum Wohl des Menschen dient. Denn: „Unsterblich sein müssen ohne die Gnade Gottes, das ist das pure Grauen." (H. Thielicke: Ich glaube. Das Bekenntnis der Christen, 194) So mag fortan wenigstens die feststehende, absehbare Todesmarke des Lebens eine Erinnerung daran sein, wo des Menschen eigentliches Leben liegt. Insofern ist Gn 6, 3 tatsächlich kein Widerspruch, sondern die Vorbereitung zur nachfolgenden Sintfluterzählung, die in der Gestalt Noahs, der „Gnade vor den Augen Gottes" (6,8) gefunden hatte, zeigt, was den Menschen retten und am Leben halten und was ihn vollends in den Abgrund stürzen muß. Wenngleich sich Gott selbst 8, 21.22 eine Art Verbot einer künftigen Sintflut auferlegt, so bleibt doch die Erfahrung gültig, an die der Tatbestand von Gn 6, 3 gemahnt: daß der Mensch sein Leben ganz allein in Gott hat; der Tod vermag ihm, der sonst so sehr geneigt ist, sich selber an die Stelle Gottes zu setzen, ein für allemal zu demonstrieren, wie hinfällig und abhängig er im Grunde seines Wesens ist. Daß dies so demütigend und erniedrigend für den Menschen offenbar wird, ist die notwendige Folge seines Abfalls von Gott, das letzte Stück seiner Erkenntnis, nackt zu sein. Noch ärmer als in Gn 6, 3 kann der Mensch nicht mehr werden —, während er, wie in 3, 5, wähnt, wie Gott zu sein.

Eine gewisse Schwierigkeit liegt in dem Satz, der scheinbar den Strafspruch Gottes begründen soll: bšgm hw' bsr — das wohl mit „dieweil (bšgm) er auch Fleisch ist" zu übersetzen ist. Der Satz geht offensichtlich nicht auf das Tun der Gottessöhne und Menschentöchter ein, sondern spricht statt dessen von dem, was der Mensch ist: bsr — „Fleisch". Nimmt man das gm — „auch" so stark, wie es die Bubersche Übersetzung (auch wohl wegen der Betonung des hw' — „auch er") tut, so wäre der Sinn der Begründung wohl, daß der Mensch „Fleisch" ist wie die anderen Lebewesen — „er auch"; „bsr ist . . . der lebende Körper, der von nefeš durchwaltet ist." (W. Eichrodt: Theologie des Alten Testamentes, II/III 96) So kann bsr — „Fleisch" auch als Sammelbegriff für lebendige Wesen überhaupt gebraucht werden (Gn 6, 13.17;

7, 15; Ps 136, 25). Der Satz würde dann bedeuten, daß der Mensch ein bloßes Lebewesen ist, daß jetzt „er auch" sein soll wie die anderen Lebewesen und unter demselben Gesetz steht wie sie. Was er schon immer war, „in sich selbst *schwach und hinfällig*" (H. W. Wolff, Anthropologie, 55), das muß er nun, nach seiner Trennung von Gott, zur Strafe werden. Er, der sich mit dem Göttlichen vermischen wollte, muß fortan das Schicksal aller Kreatur teilen. „Wie der Mensch erst dadurch zum Leben erwacht ist, daß Gott ihm seinen Lebensodem einblies, so bleibt sein Ergehen zeit seines Lebens davon abhängig, daß die ruaḥ nicht geschädigt wird" (W. Eichrodt: Theologie des Alten Testamentes, II/III 25). Das aber ist geschehen, und so hat der Mensch die Folge zu tragen, daß er die Konsequenzen seiner Kreatürlichkeit, wie sie ihm außerhalb der Gemeinschaft mit Gott verbleibt, übernehmen muß. So verstanden, braucht diese Bemerkung durchaus nicht „ein späterer Zusatz eines Lesers" (We 507) zu sein, sondern gibt eine Begründung nicht zwar für die Strafe selbst, wohl aber für die Art der Strafe ab, die Gott über den Menschen verhängt.

Beachtenswert ist, daß Gott seine Strafe hier nur noch rein monologisch ausspricht. Die Trennung, die der Mensch in seinem Verhalten Gott gegenüber herbeigeführt hat, scheint somit auch formal ihren Ausdruck zu finden. Daß die Menschen, nicht die Gottessöhne bestraft werden, zeigt nicht nur, daß sie voll für ihr Tun verantwortlich sind, sondern ist auch ein Beweis dafür, daß J hier allein am Tun und Schicksal der Menschen vor Gott, nicht aber an Mythologie oder bloßer Ätiologie interesssiert ist.

Gn 6, 4: „In jenen Tagen waren die Riesen auf Erden, und danach auch als die Gottessöhne zu den Menschentöchtern eingingen und die ihnen gebaren, das sind die Helden, die aus der Vorwelt, die Männer von Namen" (Buber). Dieser Satz wird (s.o. Traditionsgeschichte) einmal auf 6, 2 gefolgt sein. Jetzt aber ist in 6, 4 die Erwähnung der Riesen zu einer Notiz aus der Vorzeit geworden. Die Riesen sind gerade nicht aus der Verbindung der Gottessöhne mit den Menschentöchtern hervorgegangen; vielmehr bilden sie eher eine Art background für die Übersteigerung des Menschlichen, die 6, 1.2 versucht wurde; die „Übermenschlichkeit", das Titanentum, bestand in jenen Tagen, so könnte man paraphrasieren, und es endete kläglich. J verarbeitet auch die ätiologische Notiz von den Helden in ähnlicher Weise: sie sind das Produkt gottmenschlicher Vermischung, das Ergebnis einer grandiosen Verstiegenheit, die für die menschliche Natur verheerende Folgen hat; keineswegs sind sie, „die Männer von Namen", die Vorbilder und bewundernswerten Gestalten, als die sie in den Sagen und Mythen der Völker verherrlicht werden; im Gegenteil: was in den Mythen so verehrt wird, die Übermenschlichkeit, der Aufstieg des Menschen zu Gott, ist für den biblischen Redaktor der Ausdruck und das Ergebnis einer Widergöttlichkeit, die die Katastrophe unausweichlich heraufbeschwört. Die Schleusen werden sich jetzt öffnen. Insofern später die „Helden" erneut auftauchen (Nimrod, der Turmbau), erweisen sich die dann schon quasi-politisch zu sehenden „Helden" als Kinder eines Geistes mit den Leuten, die „damals" schon einmal die Menschen in den Untergang gerissen haben, weil sie sich einen „Namen" machen wollten (6, 4; 11, 4) und den Namen Gottes außer acht ließen (vgl. Ex 20, 7; Lev 24, 16).

Zusammenfassung:

Als wesentlich zeigt sich in Gn 6, 1—4, daß die Menschen durch eine Vergötterung ihrer generativen Kräfte sich die letzte Möglichkeit rauben, von Gott her mindestens die Straffolgen ihres Tuns begrenzt zu halten. Ihre Maßlosigkeit wird nun in 6, 5 ff den totalen Untergang mit sich bringen. Insofern ist in der j Urgeschichte der Abschnitt über die Ehe der Gottessöhne das Ende einer Entwicklungsreihe, die in Gn 3 begann und nun in der Vernichtung der Menschheit ihre letzte Konsequenz zeitigen wird.

Vom *systematischen* Standpunkt aus sind folgende Fragen von Bedeutung:

1. Wie läßt sich die Tendenz der Menschen, sich mit dem Göttlichen eigenmächtig zu vermischen, verstehen? Wie erklärt es sich in diesem Zusammenhang, daß die Menschen in ihrem vorerst letzten und entscheidenden Abfall von Gott gerade das zu erreichen versuchen, was sie durch ihren Abfall von Gott verloren haben? Es hat den Anschein, als sei das Tun der Menschen in der Sünde als ein Restitutionsversuch dessen zu verstehen, wozu sie ursprünglich bestimmt waren, was sie aber gerade in der Sünde verloren haben; die Sünde der Menschen erscheint so als die Suche nach einem verlorenen Gott, als ein Streben nach dem, was nur in der Gemeinschaft mit Gott erreichbar ist, was aber, wenn es außerhalb von Gott erstrebt wird, nur immer weiter von Gott entfernt und also das Gegenteil des Erstrebten bewirkt. Wieder wird es die Aufgabe sein, dieser Dialektik nachzugehen. Das Thema muß dabei die Tödlichkeit des „Titanismus" (v. Rad) sein.

2. Wir sahen, daß Gott bisher versuchte, die Konflikte, die im Menschen selbst lagen, erträglich zu halten, daß aber dieses Bemühen Gottes ins Leere lief, weil die Menschen jeweils die Folgezustände, die Sym-

ptome, zu kurieren versuchten, dabei aber die eigentliche Krankheit nur verschlimmerten. Auch diesen Tatbestand gilt es systematisch zu verstehen. Es muß dabei beachtet werden, wie das Tun der Menschen sich immer mehr der Existenzgrundlage beraubt, während es gerade diese Existenzgrundlage zu verbreitern trachtet. Der Kerngedanke muß dabei sein, daß die wesentliche Existenzgrundlage des Menschen Gott ist, daß deshalb aber alles Tun außerhalb von Gott dialektisch dem Menschen zunehmend das Dasein verengt, ja, am Ende verunmöglicht. Diese Sichtweise wird auf ihre strukturelle Form hin untersucht werden müssen.

3. Das zunehmende Schweigen Gottes, das die Maßnahmen und Strafen Gottes immer mehr zum Monolog werden läßt, verweist auf ein urgeschichtliches Geschehen der dialogischen Entfremdung von Gott und Mensch in der Sünde. Kann man sagen, daß die Entwicklung von Gn 3 zu Gn 6 einem fortschreitenden Dialogabbruch mit Gott gleichkommt (gerade auch wegen Gn 4, 26 c), so wird es die Aufgabe sein, den Menschen in der Sünde als ein Wesen zu beschreiben, das um seiner Existenz willen auf den Dialog mit Gott hin angelegt ist und das sich seiner Existenzgrundlage und -möglichkeit beraubt, wenn und in dem Maße es diesen Dialog aufgibt und außerhalb seiner Beziehung zu Gott sein Heil, die Reintegration des im Abfall von Gott Verlorenen, sucht.

Psychoanalytisch ist das Thema der Heirat der Menschentöchter schon aufgrund des mythischen Hintergrundes hochinteressant. Im Unterschied zur religionsgeschichtlichen oder kultursoziologischen Interpretation hat die Psychoanalyse zu fragen, wo in der Ontogenese das Thema der Heirat der Menschentöchter, der Ehe des Mädchens mit den Gottessöhnen, eine Rolle spielt. Wie versteht sich dabei die Passivität des Erlebens? Wie erklärt sich der massive traditionsgeschichtliche Versuch, das Thema selbst zu entschärfen? Wieso werden die Menschen (-töchter) für das Tun der Gottessöhne bestraft? Und vor allem: wenn es traditionsgeschichtlich und mehr noch redaktionell eine gewisse Verknüpfung des Motivs der Ehe der Gottessöhne (mit den Menschentöchtern) mit der nachfolgenden Sintfluterzählung gibt, läßt sich diese Verbindung auch psychoanalytisch plausibel machen? Wir dürfen erwarten, daß die Beantwortung dieser Frage eine Art Prüfstein der ganzen psychoanalytischen Untersuchung des 2. Bandes dieser Arbeit sein wird. Denn es ist m. E. höchst seltsam, daß es überhaupt eine Urgeschichte gibt, die die Themenfolge so verschiedener disparater Traditionen in dieser Weise disponiert und eine Abfolgereihe konstruiert, die auf einen umfassenden Untergang der Menschheit zusteuert, um dann (in Noah) noch einmal anzusetzen und auf eine neue Katastrophe (Gn 11, 1—9) hinzuleiten. Diese zweimalige Entwicklung ist exegetisch nicht „erklärbar"; die Erfindung von Kulturgütern vor der Sintflut steht in offenkundiger Diskrepanz zu der ätiologischen Bedeutung, die der Erwähnung dieser Kulturgüter zukommt; auch gibt es bei J jetzt schon in der Gestalt der gbrjm — „Helden" Hinweise dafür, daß das Thema vor der Sintflut auch das Thema nach der Sintflut sein wird, — dies auch wegen der Entsprechung des Bemühens von der Götterehe zu dem Bemühen des Gottessturzes in Gn 11, der Geschichte vom Turmbau (vgl. 6, 4; 11, 4). Ist eine psychoanalytische Untersuchung imstande, diese kulturgeschichtlich und ätiologisch widersprüchliche Ablaufreihe verständlich zu machen, ja, sie als notwendig erscheinen zu lassen, so wird man wohl sagen können, daß ihr Untersuchungsbeitrag zur j Urgeschichte nicht nur nützlich, sondern unverzichtbar ist. Denn wohl sind, wie wir gleich sehen werden, die Erzählungen von einer großen urgeschichtlichen Flut weltweit verbreitet, aber die Eigentümlichkeit der j Urgeschichte ist gerade die Gruppierung einer zweizeitigen Motivfolge, die einmal zur Sintflut hinführt, und dann nach der Katastrophe in Parallelität zu den alten Themen erneut auf den Untergang zugeht. Dieser Aufbau einer zweizeitigen Katastrophenentwicklung (nicht die einzelnen Motive selbst) ist einzigartig und bedarf einer Erklärung, die im Ätiologischen oder Religionsgeschichtlichen nicht gefunden werden kann und die m.E. auch theologisch nicht zwingend plausibel zu machen ist. Umgekehrt ist es ebenso auffällig wie erklärungsbedürftig, daß jenseits aller religions- und kulturhistorischen Unterschiede menschheitlich eine Reihe von Urzeitmotiven tradiert werden und wurden, die um den Bericht einer großen Flut herumgelagert sind und in dieser Gestalt bereits von J übernommen werden konnten; sowohl dieses menschheitliche Phänomen, das offenbar Erinnerungen der Menschheitsentwicklung aufgreift und rekapituliert, wie auch die Besonderheiten des Aufbaus der j Urgeschichte bedürfen einer Erklärung. Wir glauben, daß die Psychoanalyse imstande ist, beides zu leisten.

G. REINIGUNG UND ERNEUERUNG (Gn 6, 5—8; 7, 1—8, 22)

I. Motivgeschichtlicher Hintergrund

Fluterzählungen gibt es rings um den Erdball. Wichtiger als diese Feststellung ist indessen die Frage nach den möglichen Gründen für die Allgemeinheit ihrer Verbreitung. Eine Antwort läßt sich nur geben, wenn man die Frage nach der Funktion aufnimmt, die diese Sagen oder Mythen von der großen Flut besessen haben.

Die einfache Antwort ist, wie üblich, der Hinweis auf ein ätiologisches Motiv. Ein solches läßt sich in der Tat in sehr breiter Form finden. Eine südamerikanische Flutsage von einem Mann, der sich als einziger auf die Warnung seines Lamas hin auf einen hohen Berg rettet, erklärt z.B., warum der Fuchs einen schwarzen Schwanz hat (R. Jockel: Götter und Dämonen, 389); eine Flutsage aus Afrika erläutert, warum die Schwalbe ihr Nest nicht mehr im Ohr des Elefanten bauen darf, der den Gott Esso zu der Überschwemmung reizte (R. Jockel 446—447). Jedoch sind solche ätiologischen Motive so gut wie nie der Kern der Erzählung.

Ein Stück weiter kommt man vielleicht bei dem recht häufigen Motiv, die Flut habe den Zweck oder die Folge gehabt, die Riesen und Ungeheuer einer früheren noch unfertigen Welt zu vertilgen. So erzählen die nordamerikanischen Zuñi in ihrem Weltschöpfungsmythos, wie die Menschen früher, als die Welt noch nicht vollendet war, von Riesen und gewaltigen Tieren umgeben waren, die in der großen Flut ihr Ende fanden (C. Burland: Mythologie der Indianer Nordamerikas, 126); und die Pawnee-Indianer berichten, Tirawa Atius habe anfangs die Erde mit Riesen bevölkert, die er in einer Flut vernichtete, als sie übermütig wurden (C. Burland: Mythologie der Indianer Nordamerikas, 83; vgl. a.a.O., 69: die Flutmythe der Arikara). Man wird hier die Möglichkeit nicht ausschließen können, daß es sich bei diesen Mythen oder Sagen um echte eiszeitliche Erinnerungen handelt, in denen das ehemalige Zusammensein mit den großen Jagdtieren weiterlebt; zusätzlich mögen zahlreiche Skelettfunde von Dinosauriern diese Erzählungen mitveranlaßt haben. Es liegen darin jedoch auch erste „theologische“ Motive:

1. daß die Götter die Welt vor der Flut noch nicht fertig erschaffen haben und erst durch die Flut mit dem Auftreten des Menschen nach der Flut vollendeten. Dies wird ausgebaut: sehr deutlich und weiterreflektiert schildert z.B. ein Schöpfungsmythos der Mayas, wie die Götter die Menschen, die aus Holzpuppen geschaffen waren, wieder vernichteten; erst in der 4. Generation sind sie vollendet (P. Grimal III 195—196; I. Nicholson: Mexikanische Mythologie, 31); auf Formosa retten ein Bruder und seine Schwester sich an einem Baum aus der Flut; ihre Nachkommen aber sind körperlich mißgestaltet und erst in der 3. Generation wohlgestaltet (R. Jockel, 237).

2. Der Anlaß der Flut liegt also in der Unvollkommenheit; das kann dahin variiert werden, daß irgendein Vergehen die Flut als Strafgericht verursacht. Eine Flutmythe der Melanesier z.B. begründet die Flut mit der mutwilligen Ermordung der heiligen Taube der Großen Schlange, vor deren Zorn sich die Mörder auch durch den Bau eines hohen Schutzturmes nicht retten können, wenngleich eine Menschengruppe zum Eiland Vatu-lele entkommt (R. Jockel, 187—190); eine der seltenen chinesischen Flutsagen (vgl. P. Grimal II 288ff; A. Christie: Chinesische Mythologie, 83—84: die Mythe von Nü-kua und Fuhsi; a.a.O., 86—88: die Erzählungen von Yü, dem Meister der Fluten) erzählt, wie eine Witwe und ihr Sohn von einer göttlichen Bettlerin, die von der Ungastlichkeit der Menschen und ihrer Mitleidlosigkeit tief enttäuscht ist, vor der drohenden Flut gewarnt werden und den Auftrag erhalten, nur Tiere ins Boot zu nehmen; ein Mann, den sie dennoch retten, bringt ihnen später schweres Ungemach, aus dem ein Rabe sie befreit (R. Jockel: Götter und Dämonen, 216—218). Der Übermut der Riesen wurde schon erwähnt. Ungastlichkeit spielt auch in Ovid, Metamorphosen I 210 ff (vgl. Apollodoros III 8, 1) eine Rolle, desgleichen der Göttersturm der Giganten (Metam. I 151f).

3. Zugleich erscheint jedoch das Göttliche selbst als widersprüchlich. In sehr einfacher Form zeigt das der afrikanische Mythos von dem Streit zwischen dem roten (Himmels-) und dem schwarzen (Erd-) Gott; der rote Gott will die Erde überschwemmen, der schwarze Gott rettet die Menschen; wenn es laut donnert, sagt man, will der rote Gott zur Erde, wenn es leise donnert, sagt der schwarze Gott zum roten: „Laß die Menschen zufrieden, töte sie nicht!“ (R. Jokkel, 494—495) Ähnlich ermöglicht in der indischen Flutmythe von der Rettung des Stammvaters Manu (Vaivaswata) der Gott Vishnu in seiner Inkarnation als Matsya (Fisch) das Überleben; wie in der biblischen Flutsage fordert der Gott seinen Schützling auf, ein Schiff zu bauen,

das er dann in seiner Gestalt als Fisch durchs Wasser zieht (Shatapatha-Brahmana I 8, 1, 1—10, bei: H. v. Glasenapp: Indische Geisteswelt, 30—31; vgl. V. Ions: Indische Mythologie, 54; H. v. Glasenapp: Die nichtchristlichen Religionen, 164; J. Hertel: Indische Märchen, 10—12). Besonders im Gilgamesch-Epos, das wegen seiner Ähnlichkeit zum biblischen Bericht die größte Beachtung verdient, verhängt der Gott Enlil „unüberlegt" (XI 168) die Flut, während der menschenfreundliche Gott Ea Utnapischtim warnt. In der indirekt davon wohl abhängigen griechischen Sage (R. v. Ranke-Graves I 125) beschließt Zeus zwar die Vernichtung über die Söhne des Lykaon, der Titan Prometheus aber warnt seinen Sohn Deukalion, wenngleich dieser nach seiner Rettung Zeus opfert. (Apollodoros III 8, 1; Ovid: Metam. I 230 ff) Auf diese Weise ist das Göttliche das, was die Flut verhängt, und zugleich das, was aus der Flut rettet; ähnlich zwiespältig ist die Wirkung (oder Absicht) der Flut selbst: sie ist das Ende einer unvollkommenen oder frevelhaften Welt, und sie ermöglicht in der Rettung einer kleinen Menschengruppe oder eines einzelnen Menschenstammvaters einen Neubeginn, der zur Gestalt des gegenwärtigen Menschen führt. Dieser löst oft als eine neue Stufe der Schöpfung das Zeitalter der Riesen oder unfertigen Menschheit ab.

Eigenartig und wohl ein Zeichen für die archaische Struktur der Flutmythen ist die Nähe zu den Tieren. Besonders bei den Mythen der Primitivkulturen sind es zumeist nicht Götter, sondern Tiere, die den Menschen oder Urzeitheroen warnen bzw. ihm während der Flut behilflich sind. Ein afrikanischer Mythos erzählt, wie ein Mann sich allein aus der Flut rettet; das Wasserhuhn und der Ibis aber holen die Erde zurück und machen ihn auf eine Gruppe von Mädchen in einer anderen Bucht aufmerksam (R. Jockel, 431—432). Bei den nordamerikanischen Creek-Indianern z.B. warnt ein Hund seinen Herrn und rät ihm, ein Floß gegen die Flut zu bauen; um nach der Flut, in der alle Menschen umkommen, ans Land zu gelangen, muß er den Hund ins Wasser werfen und ertrinken lassen; er selbst darf auf Weisung des Hundes erst nach sieben Tagen der Trockenheit an Land gehen (C. Burland, 113). Der zwielichtige Trickster der Creek-Indianer, Wisagatcak, der beim Fang des Riesenbibers mit dem Einreißen des Biberdammes die Flut ausgelöst hat, rettet sich zwei Wochen lang auf einem Floß; als die Bisamratte vom Floß aus Land sucht, ertrinkt sie; ein ausgesandter Rabe findet nur Wasser; mit seiner Zauberkraft holt Wisagatcak schließlich den Wolf zur Hilfe, der ihn mit einem Moosball rettet (C. Burland, 51). Andere Möglichkeiten besitzt die aztekische Wassergöttin Chalchihuitlicue; sie verwandelt die Menschen praktischerweise zur Rettung aus der Flut selber in Fische (I. Nicholson: Mexikanische Mythologie, 31).

Damit läßt sich sagen, daß die Hauptzüge der j Fluterzählung auf irgendeine Weise Menschheitsgut darstellen, und zwar in diesen Punkten:

a) die Sintflut beendet eine Welt von sündigen Menschen und vernichtet die Riesen; sie ermöglicht damit einen Neuanfang in einem einzigen Stammvater; sie ist also nicht nur Unheil, sondern auch Heil;
b) der Entschluß selbst (Gn 6, 5—8) zeigt Gott zutiefst zwiespältig; nicht nur, daß der Untergang der Menschen von ihm ausgeht, wo er sich auf der anderen Seite in beinahe zärtlicher Weise (Gn 7,16 b J) um Noahs Rettung bemüht — er „bereut" selbst seine Schöpfung wegen der Sünde der Menschen (6, 5—7), während die Bosheit der Menschen zugleich auch wieder Grund ist, den Menschen nicht zu verfluchen (8, 21); die Zwiespältigkeit des Göttlichen gehört offenbar zum Motiv der Großen Flut;
c) der von Gott gewarnte Mensch vermag sich mit einer Anzahl Tiere und mit deren Hilfe aus der Flut zu retten.

So weit, so gut. Man könnte von hier aus zur Besprechung des biblischen Textes fortschreiten, wenn man sich Mythen ohne Ritus denken könnte. Westermann meint, bei den Fluterzählungen eine „Theologisierung" (546) feststellen zu können, die die (animistischen) Erzählungen der Primitivkulturen von den polytheistischen Erzählungen der Hochkulturen trennen würde. Diese Vorstellung ist nicht richtig. Zum ersten ist es für animistisches oder totemistisches Denken nicht weniger „theologisch", vom „Hund" oder „Biber" zu sprechen als es für polytheistisches Denken die Erwähnung des Enlil oder Zeus ist. Zum anderen zeigt sich, z.B. beim indischen Mythos von der Rettung Manus, daß die polytheistische Version des Stoffes den Inhalt nicht grundlegend verändert; es ist kein so großer Unterschied, ob die Tiere göttliche Mächte sind oder ob die Götter in Tieren inkarnieren. Vor allem setzt sich in den polytheistischen Religionen der Hochkulturen das magische Ritual ungeschmälert fort; zurecht bemerkt A. Gehlen für diese Kulturen: „neben der Sublimierung alter Religionen steht als Schatten ihre Magisierung, neben der Wendung ins Ethische gerade der Rückfall in massive Zauberei." (Urmensch und Spätkultur, 245—246) Der Unterschied ist lediglich, daß die alten Riten nun zur „Indienstnahme eines magischen Betriebes durch rationale politische Instanzen" (Gehlen, a.a.O. 247) herhalten müssen und damit zur „Rückwärts-Stabilisierung" dieser Instanzen wesentlich beitragen; „erst die absolute Schwelle des

Monotheismus“ (a.a.O., 245) beendet die Zauberei und das magische Ritual, und hier liegt der entscheidende Einschnitt.

Um das zu beleuchten und um so dem biblischen Text sein Eigengewicht zu geben, muß man sich daher fragen, nicht nur welche Erzählungen sich mit der j Sintfluterzählung vergleichen lassen, sondern vor allem, welche Riten im biblischen Umkreis weggefallen sind. M.E. ist dies die Frage nach dem Sitz im Leben der vorbiblischen Tradition von der Großen Flut.

Hier ist vor allem an das zeremonielle Neujahrsfest (akitu) in Babylon zu erinnern, dessen „Ideologie und rituelle Struktur . . . schon in der sumerischen Epoche“ existierten (M. Eliade: Kosmos und Geschichte, 49) und in dem man den Sieg Marduks über die Tiamat feierte. (Dazu, daß dieses Motiv in Israel bekannt war, vgl. A. Ohler, 85—116) Der Rückkehr ins Chaos entsprachen dabei orgiastische Praktiken, aus denen schließlich durch die Hierogamie des Königs mit der Göttin in Gestalt einer Tempeldirne die Neugeburt der Welt hervorging. Eine mutmaßliche Beziehung zwischen Sintflut und Akitu-Fest sieht M. Eliade im Ritual der Neujahrsfeier. „Wir nehmen, so könnte man sagen, an einer ‚Sintflut‘ teil, die der ganzen Menschheit ein Ende bereitet, um der Heraufkunft einer neuen und regenerierten Menschheit den Weg zu bereiten.“ (M. Eliade: Kosmos und Geschichte, 51) „Daß die Sintflut und, im allgemeinen, das aquatische Element auf die eine oder andere Weise in den Neujahrsriten gegenwärtig sind, wird uns genügend garantiert durch die Waschungen, die bei dieser Gelegenheit vorgenommen werden“ (M. Eliade: Kosmos und Geschichte, 52; vgl. M. Eliade in: A. Randa: Handbuch der Weltgeschichte, I 189—192). Im Rahmen eines solchen Rituals werden tatsächlich die Hauptmotive der Sintfluterzählung verständlich: zunächst zeigt sich, daß es bei der Interpretation von Gn 6, 1—4 nicht sinnvoll ist, monokausal auf einer einzigen Deutung des Motivs zu bestehen, etwa die Gottessöhne seien *nur* die Mächtigen (Westermann) oder *nur* „vollwertige Götter“ (O. Loretz: Schöpfung und Mythos, 36); es sind sowohl Herrscher wie Götter, und ihre Paarungen sind Teil eines kosmogonischen Rituals; freilich beendet beim Akitu-Fest die Hierogamie den rituellen Dramenzyklus, doch ist die (orgiastische) Herbeiführung des Chaos die unerläßliche Voraussetzung für die Reaktualisierung und Renovation des Schöpfungsaktes. So auch geht im Gilgamesch-Epos Utnapischtim erst in die Arche, nachdem er ein „Fest . . . als wie am Neujahrstag“ begangen hat (XI 74). Einen späten Beleg für die Verbindung von Sintflutsage und Neujahrsfest liefert auf ihre Weise auch die Priesterschrift, wenn sie in 8, 13—14 mit dem Abschluß der Flut eine neue Weltzeit beginnen läßt, deren neue Ordnung in Gn 9 begründet wird. „Wenn in der kultischen Begehung des Neujahrstages der Kosmos erneuert wird, so gibt der Schluß der Fluterzählung (sc. bei P, d. V.) verdeckt ... die Begründung für die spätere jährlich wiederholte kultische Erneuerung des Kosmos am Neujahrsfest." (We 604)

So versteht man auch das Motiv der Reinigung und Erneuerung. Es ist für die Interpretation von Gn 6—9 dann nicht zu übersehen, daß es bei der Sintflut nicht nur um ein Gericht, sondern um eine Wiederherstellung des Kosmos geht. In die gleiche Richtung weist auch, daß Noah nach der Flut (Gn 8, 20) Gott einen Altar baut. Religionsgeschichtlich wird „die Erbauung des Opferaltares als eine ‚Erschaffung der Welt' aufgefaßt. Das Wasser, mit dem man den Lehm vermengt, ist das primordiale Wasser; der Lehm, der als Untergrund des Altars dient, ist die Erde; die Seitenflügel stellen die Atmosphäre dar, usw." (M. Eliade: Kosmos und Geschichte, 68) Der Altarbau selbst ist also in sich ein kosmogonischer Akt; zugleich ist er auch ein Versuch, die Einheit herzustellen, die vor der Schöpfung bestand, und mit den Opfern die Gottheit aus ihren Teilen wieder zu vereinigen. (Zur Geschichte des Akitu-Festes vgl. H. W. F. Saggs: Mesopotamien, 565—573)

Sieht man einen Zusammenhang zwischen der Sintflutmythe und dem Ritual des Neujahrsfestes, so scheint die nachfolgende Erzählung von dem Weinbauer Noah (9, 20 ff) an der „richtigen" Stelle zu stehen. Denn ebenso wie die Ehe der Gottessöhne mit den Menschentöchtern, verweist die Vorstellung der zyklischen Renovation der Schöpfung in die Welt der Ackerbau-Kultur und des Fruchtbarkeitskultes. Man versteht von daher die Klammer, die das Thema der sexuellen Verfehlung in Gn 6, 1—4 und Gn 9, 20 ff um das Chaos der Sintflut legt. Das Chaos des Sexuellen ist sozusagen der Auftakt der kosmischen Auflösung und auch beteiligt an der Neuschöpfung der Welt. „Die sexuellen Exzesse übten einen magischen Einfluß auf die kommende Ernte aus. Aber man kann immer die Tendenz zu einer gewaltsamen Verschmelzung aller Formen erkennen, mit anderen Worten: die Tendenz zur Reaktualisierung des Chaos vor der Schöpfung." (M. Eliade: Kosmos und Geschichte, 60, Anm.) In der griechischen Flutsage lebt speziell der Zusammenhang von Flut und Weinbau weiter. Zwar wird „Deukalions Anspruch auf diese Erfindung ... von den Griechen, die Dionysos bevorzugten, nicht anerkannt. Immerhin wird Deukalion als der Bruder der Ariadne bezeichnet, die durch Dionysos die Mutter verschiedener weinbauender Stämme war ... Deukalion behielt seinen Namen ‚Neuer-Wein-Segler' (von *deukos* und *halieus*)." (R. v. Ranke-Graves I 125)

Wie man sieht, ist der Weinbauer Noah und der „fromme" Noah der Flut durchaus ein und derselbe (trotz Gunkel 78) — jedenfalls motivgeschichtlich. An babylonische Herkunft und Fruchtbarkeitskulte gemahnt auch die Gestalt der Pyrrha, hinter der wohl die babylonische Ischtar steckt. „*Pyrrha* bedeutet ‚feurig-rot' und ist ein Attribut des Weines." (R. v. Ranke-Graves I 125)

Andererseits ist das Thema der primordialen Wiedergeburt weiter als das der Vegetation. „Der Ackerbau ist nur eine Ebene, auf der sich die Symbolik der periodischen Wiedergeburt vollzieht." (M. Eliade: Kosmos und Geschichte, 56) Der Hintergrund dieser Vorstellung dürfte in dem weitverbreiteten voragrarischen Mondkult liegen; die Veränderung der Mondphasen galt wohl als Urbild der vegetarischen Fruchtbarkeit, der Fruchtbarkeit der Frau, ja, vermochte dem ganzen Kosmos die lunare Struktur eines ewigen Auf und Ab zu geben. Im Rahmen eines solchen zyklischen Weltbildes ist dann die Sintflut ebenso wie das Auftreten der Riesen nicht nur ein urgeschichtliches, sondern zugleich ein endgeschichtliches Ereignis der Mythologie; so, wenn z.B. in der germanischen Mythologie die Riesen am Ende der Tage gegen Asgard stürmen und die Flutkatastrophe über die Welt bringen (P. Grimal III 55—56; vgl. Mt 24, 37—39; Lc 17, 26.27). Die Vorstellung kann gepaart sein mit astrologischen Theorien über die Planeten, die, wie wir sahen, mit dem Titanenkult zusammenhängen; die Abirrung der Riesen (Planeten) trägt dann die Schuld am Kataklysmos (vgl. Platon: Timaios 22 d). Nach Berossos erfolgt die Sintflut, wenn die sieben Planeten im Sternbild des Krebses zusammentreten (M. Eliade: Kosmos und Geschichte, 75). Die 7-Zahl selbst könnte dabei ursprünglich den Mondphasen entstammen, die in 2 Abschnitten zu je 14 Tagen und später in 4 × 7 unterteilt wurden. Neuere Funde in Ostsibirien zeigen, daß eine Art Mondkalender bereits im Paläolithikum bestanden hat und daß bereits in dieser Zeit die 7-Zahl heilig war (B. Frolow: Die magische Sieben in der Altsteinzeit, in: Bild der Wissenschaft 1971, Heft 3, 259—265). Mit den Mondphasen brachte man zugleich die Periode der Frau in Verbindung; Mondkult und Matriarchat bildeten so eine Einheit, die auch bestehen blieb, ja, noch vertieft wurde, als die Agrarkultur begann. So gesehen, ist der Mond das Urbild der kosmischen Renovation und seine Verehrung vielleicht die älteste Wurzel eines Fruchtbarkeitsrituals, als dessen Mythe die Sintfluterzählung gelten darf. (vgl. O. Schilling: Das Mysterium lunae, 17—27)

Für den ursprünglichen Zusammenhang der Sintfluterzählung mit dem Mondjahr spricht noch, daß bei J vieles in 7-Einheiten geschieht:

7 Paare unreiner Tiere (7, 2.3), 7 Tage bis zur Flut (7, 4.10), 7 Tage Warten aufs Trocknen (8, 10), 7 Tage bis zum Trocknen (8, 12). Demgegenüber ist die Chronologie der Sintflut bei P die des Sonnenjahres: Gn 7, 11 beginnt die Flut am 17. des 2. Monats und geht zurück am 27. des 2. Monats im folgenden Jahr (8, 14); „die Sintflut hat also zwölf Monate und elf Tage gedauert, das ist genau die Anzahl von Tagen, die zum Ausgleich des Mondjahres mit zwölf Monaten zu insgesamt 354 Tagen und des Sonnenjahres mit 365 Tagen erforderlich sind." (R. de Vaux: Das Alte Testament und seine Lebensordnungen, I 303) So tritt bei P das Sonnenjahr an die Stelle der lunaren Chronologie, deren Mythologie wir vielleicht in den Flutsagen vorliegen haben. Die weite Verbreitung des Mondkultes könnte auch, vor allem, wenn wirklich seine Wurzeln ins Paläolithikum zurückgehen, eine Teilerklärung für die weite Verbreitung der Flutmythologie besonders bei den nordamerikanischen Indianern sein. Die Vorstellung vom „Stirb und Werde" beim Mondkult ebenso wie beim Fruchtbarkeitskult dürfte auch die christliche Anschauung von dem göttlichen Drama von Geburt, Tod und Auferstehung (Wiedergeburt) maßgeblich beeinflußt haben. Was der Mond, der Vegetationsgott (Marduk-Dumuzi) oder der orientalische König zu erleiden und zu verkörpern hat, sein Abstieg zur Unterwelt und sein Sieg, wurde entscheidend mit Christus in Verbindung gebracht; nach wie vor ist es dabei die Waschung und das Eintauchen im Wasser (der Taufe), die mit dem Tod und der Auferstehung Christi vereinigen und diese kultisch erneuern. Die uralten Praktiken des Fruchtbarkeitskultes haben denn auch bis heute im Volksbrauch die Osterfeier durchsetzt (vgl. das Osterei, das die Druiden hyazinthenfarbig alljährlich am Meer suchten und das mit der Paarung von Zeus und Leda in Zusammenhang stehen dürfte; vgl. R. v. Ranke-Graves I 185—186). Auch die Verbindung des Mondes mit orgiastischen Fruchtbarkeitsriten ist uralt; für die indische Mythologie z.B. ist Soma als Mond identisch mit Soma als Amrita (V. Ions: Indische Mythologie, 39); und diese Gleichung erhält sich bis in den Mithraskult hinein (M. J. Vermaseren: Mithras, 67; vgl. Chandogya-Upanishad V 10; Brihad-Aranyaka-Upanishad VI 1, in: Indische Weisheit — Upanishaden, übertragen und eingeleitet von A. Hillebrandt, 95—97).

Ingesamt lernen wir:

1. Die Erzählungen von 6, 1—4 bis 9, 20—27 lassen sich motivgeschichtlich als Einheit verstehen, deren Mitte ursprünglich die Wiederherstellung der Schöpfung ist (vgl. dazu auch die neu gefundene Version des Atraḥasis-Mythos, We 539). Die Ehe mit den Gottessöhnen, die als

„rituelle Handlung . . . bestimmte Episoden des heiligen Dramas des Kosmos" nachahmte (M. Eliade: Kosmos und Geschichte, 28), setzt sich in Chaos und Rettung, Untergang und Erneuerung fort; der Weinbau bestätigt den (dionysischen) Segen der Erde.

2. Während es der Sinn der zyklischen Renovationsmythologie ist, die Geschichte aufzulösen und in ihr das Leid und die Vernichtung auf eine höhere Gesetzmäßigkeit zurückzuführen, hat J dem Menschen und seinem Tun allein die Verantwortung für die Reaktion und das Verhalten Gottes gegeben; es liest sich dann 8, 21.22 wie das bewußte Verbot eines zyklisch-mythischen Verständnisses der Sintflut. „Wenn . . . die Götter die Erde, um sie zu läutern, mit Wasser überschwemmen" (Platon: Timaios 22d), so überschwemmt Gott in der j Urgeschichte eine Menschheit, die zum Leben bestimmt war, aber in den Untergang stürzt, weil sie ihr Leben außerhalb der Grundlagen ihres Lebens meinte suchen zu müssen. Und dies ereignet sich nicht periodisch immer wieder, sondern es geschieht ganz und gar einmalig. Damit zeigt sich erneut, daß die Urgeschichte wirklich Ur-Geschichte ist, d.h., ein Ablauf von Verhaltensweisen, die sich auseinander ergeben und ihre jeweiligen Konsequenzen haben, daß sie also nicht ein Sammelsurium von Möglichkeiten und „Aspekten" des menschlichen Daseins darstellt, sondern eine unumkehrbare und grundlegende Reihe von Aussagen über den Menschen und sein Schicksal vor Gott.

3. Man mag sich fragen, ob es wirklich nötig ist, die Kulte von Sonne, Mond und Sternen zu bemühen, um den j Text verstehen zu können, der von all dem gar nichts sagt. Die Antwort kann nur lauten: es ist notwendig. Denn erst wenn in etwa klar ist, was J alles nicht oder anders sagt, versteht man, was er sagt. Indem er den kosmischen Mythos in die Beziehungsproblematik des menschlichen Abfalls von Gott eingliedert, hält er seine von Anfang an gewählte Perspektive durch, den Menschen und sein Los radikal aus seinem Verhältnis zu Gott sehen und verstehen zu wollen. Das Unheil, das den Menschen (mit Ausnahme Noahs) total trifft, ist die Folge seines selbstverschuldeten totalen Abfalls von Gott. Nicht eine unfertige und unvollendete, sondern eine abgefallene und bis zur Zerstörung ihrer Lebensgrundlage fortgeschrittene Menschheit wird von Gott vernichtet.

4. Wie in der lunaren Mythologie, ist die Sintflut nicht nur Strafe und Untergang. Vielmehr steht zu erwarten, daß dabei der Gedanke einer neuen Schöpfung, eines neuen Anfangs, eine Rolle spielen wird. Es geht nicht nur um strafende Destruktion und Zurückführung ins Chaos, es geht (vgl. Gn 8, 21.22) auch um die Begründung einer geläuterten Welt

und um die Renovation der eigentlichen Ordnung. Auch hier aber sieht man deutlich, daß der zyklische Gedanke durchbrochen wird: der Zustand nach der Sintflut ist nicht die Rückkehr ins Paradies; und wie 9, 20—27 zeigt, sind auch die Menschen nach der Flut nicht grundverschieden von den Menschen vor der Flut.

Was den Vergleich der j Sintfluterzählung mit der Erzählung des Gilgamesch-Epos (XI) angeht, so ist er derart oft durchgeführt worden, daß wir hier mit eigenen Bemühungen nur Eulen nach Babylon tragen würden; noch einmal und ausführlich dazu und unter Beibringung weiterer Parallelen We 537—540. (Zum Stoff selbst: A. Ohler: Mythologische Elemente im Alten Testament, 85 ff; zur babylonischen Version der Flutsage vom König Xisuthros vgl. schon Gu 67—68)

II. Traditionsgeschichtliche und literarkritische Feststellungen

Es hat sich motivgeschichtlich gezeigt, daß es richtig ist, von der Einheit von Gn 6—9 auszugehen, wenngleich deutlich ist, daß die für J sperrige Tradition von 6, 1—4, der Fluterzählung und vom Weinbau (9, 20—27) erst nachträglich zusammengestellt wurde. Dabei läßt sich aus dem Block des zweistrangigen Flutberichtes 6, 5—9, 17 als Ergebnis der Quellenscheidung von P und J für J in Anspruch nehmen: 6, 5—8; 7, 1—5.7.16b. (8.9.) 10.12.17b.22.23aαβ. c; 8, 6a.2b.3a.6b. 8—12. 13b. 20—22. (vgl. O. Eissfeldt: Hexateuch-Synopse, 9*—13*; Gu 59; v. Rad 97; 9, 88; We 532—533) Zu überlegen wäre freilich auch, ob nicht Vers 7, 10 noch vor 7, 7 einzuordnen und Vers 7, 12 hinter 7, 16b unterzubringen wäre, wie Westermann meint (We 580; 585); entscheidendes ändert sich dadurch nicht. Es entsteht mithin der folgende relativ vollständige Text der j Fluterzählung (nach Buber):

6, 5a) Jahwe sah: ja, groß war die Bosheit des Menschen auf Erden 5b) und alles Gebild der Planungen seines Herzens bloß böse all den Tag, 6, 6) da leidete Jahwe, daß er den Menschen gemacht hatte auf Erden, und er grämte sich in sein Herz. 6, 7a) Jahwe sprach: Wegwischen will ich vom Antlitz des Ackers den Menschen, 6, 7b) (den ich schuf, vom Menschen bis zum Tier, bis zum Kriechgerege und bis zum Vogel des Himmels,) 6, 7c) denn leid ists mir, daß ich sie machte. 6, 8) Noah aber fand Gunst in Jahwes Augen. 7, 1) Jahwe sprach zu Noah: Komm, du und all dein Haus, in den Kasten! Denn dich habe ich bewährt vor mir in diesem Geschlecht ersehn. 7, 2) Von allem reinen Getier nimm dir je sieben und sieben, ein Männchen und sein Weibchen, und von dem Getier das nicht rein ist je zwei, ein Männchen und sein Weibchen, 7, 3) (auch vom Vogel des Himmels je sieben und sieben männlich und weiblich,) Samen neu zu beleben auf dem Antlitz all der Erde. 7, 4) Denn noch sieben Tage, dann lasse ich auf die Erde regnen vierzig Tage und vierzig Nächte und wische alles Bestehende, das ich machte, weg von dem Antlitz des Ackers. 7, 5) Noah machte es, allwie Jahwe ihm gebot. 7, 7) Noah kam, (mit ihm seine Söhne, sein Weib, die Weiber seiner Söhne,) vor den Wassern der Flut in den Kasten. 7, 16b) Jahwe schloß hinter ihm zu. 7, 8) Und von dem reinen Getier und von dem Getier, das unrein ist, und von dem Vogel und allem, was auf dem Acker sich regt, 7, 9) kamen zwei und zwei zu Noah in den Kasten, männlich und weiblich, wie Gott dem Noah geboten hatte. 7, 10) Nach dem Tagsiebent wars, da waren die Wasser der Flut über der Erde. 7, 12) Der Schwall geschah vierzig Tage, vierzig Nächte auf die Erde. 7, 17b) Die Wasser stiegen und trugen den Kasten, er hob sich weg über die Erde. 7, 22) Alles, das Hauch (Braus) des Lebens in seinen Nasenlöchern hatte, was alles auf dem Festland war, es starb. 7, 23a) Er wischte alles Bestehende weg, das auf dem Antlitz des Ackers war, 7, 23b) (vom Menschen bis zum Tier, bis zum Kriechgerege und bis zum Vogel des Himmels, weggewischt wurden sie von der Erde). 7, 23c) Noah allein blieb übrig und was mit ihm in dem Kasten war. 8, 6a) Am Ende von vierzig Tagen geschahs: 8, 2b) gehemmt wurde der Schwall vom Himmel. 8, 3a) Das Wasser kehrte, ein Gehn, ein Kehren, weg von der Erde. 8, 6b) Noah öffnete das Fenster des Kastens, das er gemacht hatte. 8, 8) Er schickte die Taube von sich aus frei, zu sehen, ob das Wasser von dem Antlitz des Ackers verringert sei. 8, 9) Die Taube fand keine Ruhestatt für ihre Fußsohle, sie kehrte zu ihm in den Kasten, denn Wasser war auf dem Antlitz aller Erde. Er schickte seine Hand aus und nahm sie und ließ sie zu sich in den Kasten kommen. 8, 10) Er wartete nochmals ein andres Tagsiebent und schickte wieder die Taube aus dem Kasten. 8, 11) Zur Abendzeit kam die Taube zu ihm, und da, ein gepflücktes Ölblatt in ihrem Schnabel! Noah erkannte, daß sich das Wasser von der Erde verringert hatte. 8, 12) Er wartete nochmals ein andres Tagsiebent und schickte die Taube aus; sie kehrte nicht nochmals wieder zu ihm. 8, 13b) Noah tat die Decke vom Kasten ab und sah sich um: wohl, fest war das Antlitz des Ackers. 8, 20) Noah baute Jahwe eine Schlachtstatt. Er nahm von allem reinen Getier (und von allem reinen Vogel) und höhte Darhöhungen auf der Schlachtstatt. 8, 21a) Da roch Jahwe den Ruch des Geruhens, und Jahwe sprach zu seinem Herzen: Nicht will ich hinfort den Acker wieder verwünschen um des Menschen willen, 8, 21b) weil das Gebild des Menschenherzens von seiner Jugend her böse ist, 8, 21c) nicht will ich hinfort wieder alles Lebende schlagen wie ich tat, 8, 22) hinfort soll, alle Tage der Erde, Saat und Ernte, Frost und Glut, Sommer und Winter, Tag und Nacht niemals feiern.

Diese Übersetzung erklärt M. Buber für die wichtigsten Abweichungen vom üblichen Wortgebrauch so:

6, 6 nḥm — leiden — „ursprünglich etwa seufzen" (M. Buber: Prophetie und Apokalyptik, in: Werke II 931)

6, 8 ḥn — Gunst (Die Schrift und ihre Verdeutschung, in: Werke II 1157—1158)

7, 1 ṣdjq — bewährt — „der in der Übereinstimmung Lebende" (Die Schrift, 1124; 1161—62; 1173—74; Der Glaube der Propheten, in: Werke II 343)

8, 20 ʿlh — Darhöhung (Die Schrift, 1154)

8, 20 mzbḥ — Schlachtstatt — „weil ‚das Schlachten des Schlachtmahls' ... das Primäre ist" (Die Schrift, 1117; 1166)

8, 21 rjḥ hnjḥḥ — Ruch des Geruhens — „*nur* vom Opferduft ... ruhen ... Geruhen" (Die Schrift, 1118; 1164—1165; Der Mensch von heute und die jüdische Bibel, in: Werke II 866—869)

8, 22 šbt — feiern — „von der ‚Arbeit' (Gottes, d.V.) feiernd" (Die Schrift, 1123)

Einschübe eines späteren Redaktors dürften in 6, 7b; 7, 3a.8.9.22.(rwḥ.) 23b; 8, 20 (vgl. Gu 60—63) vorliegen, in denen z.T. die Totalität des Geschehens unterstrichen und sprachlich in einer gewissen Pedanterie die Ausdrucksweise von P übernommen wird. Das br' — „schaffen" in 6, 7b weicht von dem einfachen ʿsh — „machen" in 6, 6a und 6, 7c ab und dürfte ebenfalls von P her beeinflußt sein. Der ursprüngliche „Kern des Geschehens" (We 546) wird in den beiden Versen 6, 5a und 6, 7a enthalten sein. Der Vergleich von 6, 5.7 J mit 6, 11. 12.(13b).(17) P zeigt, daß in der Tat ursprünglich die Bemerkung von der Verderbtheit des Menschen und der Entschluß Jahwes, den Menschen zu vernichten, das Geschehen einleiteten, also wohl schon in der J vorgegebenen Tradition enthalten waren. Umso wichtiger für die Interpretation der Stelle ist dann die Feststellung, daß J selbst die Verse 6, 5b. 6 und 7c geformt haben dürfte, in denen er die Radikalität der menschlichen Bosheit unterstreicht und das Leiden Gottes an den Menschen hervorhebt. Entsprechend wird 8, 21b in Parallele zu 6, 5b von J eingeschoben sein, und man wird fragen müssen, was diese Parallelisierung vor und nach der Flut sagen will. Wenn schon dem Motiv und dem Aufbau nach Gn 6—8 eine Einheit darstellt, so wird man bei der Auslegung besonders zu beachten haben, daß die Klammer von 6, 5—8 und 8, 21.22 die Sintfluterzählung formell einleitet und abschließt und sie inhaltlich mit zwei gleichlautenden und für J charakteristischen Sätzen deutet.

Von J hinzugesetzt sein könnte auch 7, 1b, die Bemerkung von der Bewährtheit Noahs, die offenbar durch ein Reflexionsurteil die Ausnahme, die Jahwe in Noah macht, motivieren soll. Im jetzigen Aufbau des Textes wird man nicht umhin können, auch die Namenserklärung von 5, 28.29 rückwärts von dieser Bemerkung her zu lesen. In der Einleitung zur Sintfluterzählung muß aber im j Textbestand der Auftrag an Noah, eine Arche zu bauen, und auch der Bau der Arche ausgefallen sein. Daß davon mal berichtet wurde, zeigt 8, 6b. Andererseits wird die eigentliche Flut erst 7, 4 angekündigt. Das führt zu der Sonderbarkeit, daß anscheinend Noah die Arche baut (und bauen soll), ohne zu wissen warum. Seit Budde (vgl. Gu 61; v. Rad 98; 9, 89) wird daraus geschlossen (auch in Anlehnung an 6, 13—22 P), daß Gott den Noah mit dem Bau der Arche habe auf die Probe stellen wollen; das ṣdjq — „bewährt“ wäre dann ein ursprünglich zur Erzählung gehörendes Urteil Gottes über den Gehorsam Noahs. Es bliebe freilich auch dann das Problem, warum (6, 8) gerade Noah zu dieser „Probe“ ausersehen wird und ob sie überhaupt nötig ist, wenn Noah bereits „Gunst in den Augen Gottes“ gefunden hat (6, 8). Außerdem zeigt ein Vergleich mit dem Gilgamesch-Epos XI, daß das Motiv einer „Glaubensprobe“ der Tradition der Sintfluterzählung völlig fremd ist und es daher mehr als fragwürdig ist, aus einer Textlücke weitreichende theologische Spekulationen abzuleiten. Zudem werden wir gleich noch sehen, daß auch von der Aussage des Textes her sich schwere Einwände gegen eine solche Auffassung von der Gestalt Noahs erheben.

Weggefallen ist, wie Gunkel scharfsinnig bemerkt, nach 8, 3a wohl eine Notiz darüber, daß die Arche sich an irgendeinem Ort festgesetzt hat. Desgleichen fehlt nach 8, 13b eine Erwähnung vom Auszug aus der Arche. Sonst aber ist die Erzählung wohl vollständig erhalten. Allerdings müssen, um sie in ihrer ursprünglichen Form zu lesen, manche Vershälften, wie man gesehen hat, isoliert und umgestellt werden. Auf diese „Arbeit ganzer Geschlechter von Gelehrten“ (Gu 59), die die Wiederherstellung des j Textes besorgt haben, dürfen wir hier ohne weitere Begründung dankbar zurückgreifen.

Bei den Versen 7, 7.8.9, die in der jetzigen Form stark nach einer von P herkommenden Überarbeitung oder Einschaltung aussehen, kann man sich fragen, ob sie wirklich ganz und gar das Werk der späteren

Pentateuchredaktion sind, oder ob in ihnen nicht wenigstens Notizen von J den Anstoß dazu gegeben haben. In 7, 22 ist nšmt-ḥjjm — „Lebensodem" (vgl. 2, 7 J) mit dem Ausdruck rwḥ — „Geistbraus" (Buber) nach P (7, 15) verbunden; es soll damit wohl erneut auf die Totalität der Katastrophe, die Mensch wie Vieh betrifft, hingewiesen werden, desgleichen 7, 23b. Der „reine Vogel" in 8, 20 dürfte auf den Einschub von 7, 3a zurückgehen.

Von großer Bedeutung ist die Frage nach der Einheitlichkeit des Schlusses 8, 20—22. Die Szene selbst, Opfer wie Altarbau, gehören, wie auch Gilgamesch-Epos XI 155 ff zeigt, zur alten Überlieferung; auch der starke Anthropomorphismus vom „Riechen" Jahwes (Gilgamesch-Epos XI 159 ff) weist auf das Alter der Erzählung, das im übrigen auch von Worten wie tbh — „Kasten" und mbwl — „Flut" belegt wird. Die Begründung von 8, 21b aber schiebt sich jetzt zwischen den Parallelismus membrorum von 8, 21a.c.; sie dürfte, wie 6, 5b, von J selbst eingefügt sein. Daß die Erzählung indessen mit einem rhythmisch geformten Schwur endet (8, 22), darf mit einiger Sicherheit als ursprünglich angesehen werden; es zeigt eindrucksvoll, daß die Erzählung hier einmal ihren Abschluß hatte, daß also der folgende Abschnitt 9, 18—27, obwohl motivgeschichtlich zugehörig, doch traditionsgeschichtlich isoliert betrachtet werden muß.

III. Redaktionsgeschichtliche Überlegungen

Am deutlichsten greifbar ist die redaktionelle Arbeit von J in der Klammer, die er 6, 5b.6.7c und 8, 21b der Erzählung gibt. In ihr drückt J aus, wie er die Erzählung von der Flut verstanden hat und wie sie also zu interpretieren ist. Es zeigt sich dann, daß für J das Urteil über die Verderbnis des Menschen keineswegs nur die Große Flut „verständlich" machen soll, als sei dies ein Gedanke des J, „in dem dieser mit der Unverständlichkeit des Vernichtungsbeschlusses in seinem Kontrast zur Menschenschöpfung ringt" (We 550); vielmehr ist es ein Satz über das, was der Mensch ist, und zwar von Grund auf (8, 21b; s.u.) und so unabänderlich, daß Gott daraus nur die Folgerung ziehen kann, entweder die Menschheit zu vernichten oder aber sich mit dem Zustand des Menschen abzufinden. Es geht mithin nicht um eine „abstrakt aufgefaßte Sündigkeit des Menschengeschlechtes" (We 549), wohl aber um die Sündigkeit, die sich Gn 3—6 gezeigt hat. Die „tief pessimistische Betrachtung" (Gu 60) Gottes über die Verderbtheit des Menschen motiviert ja nicht nur das Flutgericht, was „begreifbar“ wäre, sondern ebenso, und nun völlig grundlos und unverständlich, das grenzenlose Erbarmen Gottes. Zweifellos ist 6, 1—4 nicht der alleinige Grund für das Urteil in 6, 5b und 8, 21b; aber nur wenn man übersieht, wie konsequent die j Urgeschichte sich bis hierhin entwickelt, kann man sich wundern, wie J zu einer solchen Ansicht über die Situation des Menschen vor Gott kommen könne. Während P nämlich 6, 11.12 einfachhin konstatiert, was Gott zur Flutkatastrophe veranlaßt, diente die ganze Urgeschichte des J bisher gerade dem Zweck zu zeigen, wie es zu der globalen Verderbtheit des Menschen kommt und wie sie beschaffen ist. Diese einzigartige Darstellungsweise des J gilt es entsprechend zu würdigen.

Zugleich zeigt sich in dem abschließenden Urteil Gottes, 8, 21, daß nicht mit einer radikalen Veränderung der menschlichen Haltung nach der Flut zu rechnen ist. Daß Noah, der Bewährte (ṣdjq), gerettet wurde, bedeutet nicht, daß nunmehr die Menschheit nach ihm gleichermaßen „bewährt“ ist; die folgende Szene 9, 20—27 beweist dies denn auch auf dem Fuße. Einerseits ist also die Sintflut als eine Renovation und Erneuerung der Schöpfung zu verstehen; andererseits aber wird der Mensch nicht wesentlich verwandelt. Dieses Weitergehen der menschlichen Bosheit, die sich schon zur Zeit Noahs fortsetzt und auf 11, 1—9 hinausläuft, macht es denn auch sehr unwahrscheinlich, daß die Theorie R. Rendtorffs richtig ist, 8, 21 stelle das Ziel und den Abschluß der j Urgeschichte dar (R. Rendtorff: Genesis 8, 21 und die Urgeschichte des Jahwisten, K. u. D. 7, 1961, 69—78; vgl. C. Westermann: Erträge, 88; We 609—610). Vielmehr wird, was in Gn 6—8 in die physische Katastrophe und ins Chaos der Elemente führt, späterhin, nachdem Gott sich ein für allemal zum Schutz der Erde bekannt hat, ins soziale Chaos führen; dort erst wird die j Urgeschichte abgeschlossen sein und den Höhepunkt ihrer immanenten Logik erreichen.

Die Frage läßt sich dann bereits hier stellen und beantworten, was J mit der Sintfluterzählung sagen will. Während die Sintfluterzählung selbst ein urgeschichtliches Ereignis berichtet, besagt das Versprechen in 8, 21.22, daß dieses Ereignis sich geschichtlich nie wiederholen wird. Deutlich wird damit der zyklischen Auffassung der Sintflutmythologien widersprochen; die Sintflut ist und bleibt ein einmaliges Geschehen. Daß dies so ist, liegt aber ausdrücklich nicht daran, daß der Mensch anders geworden wäre, als es in Gn 3—6 sich gezeigt hat, sondern daß Gott trotzdem Erbarmen und Schonung üben wird. Auf das, was der Mensch „von Jugend auf“ ist, kann Gott nur mit dem Beschluß der Vernichtung des Menschen antworten, denn dieser Mensch widerspricht ganz und gar dem, was mit ihm gemeint war. Nun aber lebt der Mensch. Diesen Widerspruch läßt J bestehen, ja, er arbeitet ihn durch die Entgegensetzung von 6, 5b und 8, 21b möglichst klar heraus. Bedenkt man, daß die Urgeschichte nicht etwas Vergangenes, sondern das aller Geschichte Zugrundeliegende darstellt, so kann man sagen: die Sintfluterzählung zeigt im Kontrast, daß das gesamte Leben des Menschen angesichts seines widersprüchlichen sündhaften Wesens nur von einem umfassenden Gnadenakt Gottes zu verstehen ist, von einer Art genereller Amnestie und einem Erbarmen, das total ist und sein muß, weil (!) auch die Verderbtheit des Menschen total ist. Daß dies so ist, daß unser jetziges Dasein und seine Ermöglichung (8, 22) gerade nicht, wie man meinen könnte, etwas Selbstverständliches oder mit der Schöpfungswirklichkeit bereits Gegebenes ist, macht die Sintfluterzählung deutlich. Sieht man, wie Gott (6, 5), was der Mensch ist und was er tut, so wäre gerade der Katastrophenbeschluß Gottes selbstverständlich und das menschliche Dasein geradezu etwas Unmögliches. Die Frage ist dann, wie es überhaupt sein kann, daß Gott die Menschen in dieser Art am Leben läßt. Diese Kernfrage aller Theodizee beantwortet J radikal: indem er das Böse radikal denkt, gibt er eine radikale Antwort vom Erbarmen Gottes her: mit allen Menschen und mit allem, was der Mensch tut, muß Gott Erbarmen haben; denn wäre es nicht so, so bliebe nur die totale Vernichtung.

Damit ist ein Standpunkt erreicht, der, wie Gunkel (66) richtig feststellt, von dem Gedanken der Propheten und auch von der späteren Apokalyptik weit entfernt ist. (demgegenüber vgl. M. Buber: Prophetie und Apokalyptik, in: Werke II 936—938; zum Motiv vom Weltuntergang in Prophetie und Apokalyptik vgl. We 637—639) Man kann nicht drohend sagen: „der Schöpfer der Menschheit hat die Möglichkeit, die von ihm geschaffene Menschheit zu vernichten" (We: Erträge, 85), und dies sei der Sinn der Sintfluterzählung, etwa noch mit Bezug auf die Vorstellungen vom Weltenbrand oder auf Gn 19, den Untergang Sodoms. Denn entscheidend ist, daß nach J Gott diese „Möglichkeit", die eigentlich vom Tun des Menschen her so überaus naheliegen müßte, urgeschichtlich sich gerade ein für allemal genommen hat. Die Sintfluterzählung zeigt nicht „Möglichkeiten" Gottes in bezug auf unsere Geschichte auf, sondern zeigt das, was als Wirklichkeit unserer Geschichte zugrunde liegt; und diese Grundwirklichkeit, die es ermöglicht, daß es überhaupt Geschichte in der Art, wie wir sie kennen, gibt, ist allein das Erbarmen Gottes. Jedem, der fragt, warum Gott nicht das Böse von Grund auf bestraft, antwortet J, daß, wenn Gott so verfahren würde, er handeln müßte, wie Gn 6—8: wir Menschen könnten dann gar nicht am Leben bleiben. Aber — für uns ganz unbegreiflich —: so handelt Gott nicht; nicht weil wir es verdient hätten, sondern weil er es nicht will. Gott erbarmt sich unser, gerade weil wir Sünder sind. Die Aussage der j Fluterzählung ist also nicht das universale „Wissen, daß das Menschengeschlecht gefährdet ist“ (We 639), sondern daß wir nur leben, weil Gott nicht tut, was wir verdienten, daß dazusein bedeutet, von Grund auf gerettet zu sein.

Dann liegt der Schwerpunkt der Sintfluterzählung auch nicht, wie man von der Motivgeschichte her meinen könnte, primär auf dem Gedanken der Renovation; der Mensch nach der Flut ist kein anderer als der Mensch vor der Flut; vielmehr geht die Entwicklung in derselben Richtung weiter wie vorher (Gn 9—11). Erst recht liegt der Ton der Erzählung nicht auf dem Motiv des Strafgerichts. Die Sintfluterzählung ist im Gegenteil für J ein Beleg dafür, wovon die Menschen leben: an dem Kontrast der Großen Flut läßt sich ermessen, wie vollkommen unwahrscheinlich unser Leben von Gott her ist; wir sind noch einmal davon gekommen — dies macht es, daß es so etwas wie uns tatsächlich gibt. Nicht Strafe, sondern wesenhafte Gnade, die erst erkennbar wird, wenn man sich ansieht, was Gott eigentlich tun müßte, lehrt uns J mit der Sintflutsage.

Freilich darf der Gedanke der Erneuerung der Schöpfung nicht ganz und gar unterschlagen werden. Denn Noah wird als der „Bewährte“, der ṣdjq, von Gott gerettet. Insofern sieht es doch so aus, als wäre hier eine neue Chance gegeben, als wäre auf der Basis des Segens bzw. des freiwilligen Fluchverzichtes Gottes ein anderes Leben möglich, als es im Gefolge der Sünde 3, 17—20 über den Menschen verhängt wurde. Diesem Aspekt wird in den folgenden Erzählungen der j Urgeschichte nachzugehen sein.

Zur Gestalt Noahs läßt sich noch bemerken, daß sie in der Motivgeschichte die Rolle des Stammvaters einnimmt, der nach der Flut, die die „unvollkommene Menschheit“ bedeckte, den Typ des gegenwärtigen Menschen begründet. Wir haben soeben gesehen, wieviele Abstriche an diesem Konzept von J her zu machen sind. Wichtig aber ist in der j Erzählung, daß es die Gestalt des Noah inmitten der Verderbtheit der Menschen gibt, daß also für Gott dieser Punkt bleibt, von dem aus Rettung möglich ist. Bereits 5, 28.29 war der Name nwḥ — Noah mit nwḥ — „ruhen“ in Verbindung gebracht worden. Dieses „Ruhen“ aber ist, wie schon erwähnt, nicht nur auf den Weinbau Noahs in

Gn 9, 20—27 zu beziehen, sondern gerade auf die Funktion, die Noah in der Sintfluterzählung innehat. Gunkel, der (55) unter dem „Trost" Noahs nur den Genuß des Weins verstehen möchte, hat bei seinem hervorragenden literarischen Gespür sich doch nicht entgehen lassen, daß V. 6, 6; 8, 9 und 8, 21 deutliche Anspielungen auf den Namen „Noah" zu enthalten scheinen, freilich ohne daß er daraus eine entsprechende Konsequenz gezogen hätte. In 6, 6 (J) korrespondiert das wjnḥm — „da leidete Jahwe" dem wnḥ — Noah in 6, 8: Noah ist, wenn man diesem „Wortspiel" nachgeht, der Mann der Großen Flut, der Mann, der erwähnt wird und werden muß, wenn von dem Leid Gottes über und am Menschen die Rede ist. Treffend hat daher Buber bereits 5, 28.29 die Namenserklärung von Noah mit „leidtrösten" übersetzt. 8, 9 spielt das mnwḥ — „Ruhstatt" auf den Namen nḥ — Noah an. Es ist schwer, solche feinen Fäden auszuspinnen, ohne sie durch Übergewicht zu zerreißen; aber es bleibt doch zu beachten, daß nicht nur für den Menschen, sondern auch für das Getier allein Noah ein Manoah — eine Ruhstatt darstellt; inmitten der Verwüstung ist er der einzig ruhende Pol. Und noch einmal wird am Schluß der Erzählung diese Verbindung hergestellt: Noah opfert 8, 21 rjḥ hnjḥḥ — „Ruch des Geruhens", wie Buber das Wortspiel sehr schön wiedergibt. Er, der Leidtröstende, der Ruhepol, ist derjenige, der vor Gott das „Geruhen" bewirkt. Dies zuletzt Gesagte ist wohl als Zusammenfassung und Deutung der bisherigen Andeutungen zu lesen: Noah ist der Ruhepunkt inmitten des hereinbrechenden Chaos, weil Gott an ihm sein Geruhen findet. Daß Noah durch sein Opfer Gott umgestimmt habe (Gu 66: „wichtig für das Verständnis des alten ‚Sühnopfers'") wird man wohl nicht sagen können; nicht aufgrund, sondern eher aus Anlaß des Opfers Noahs spricht Gott das Wort seines Erbarmens; der so menschlich dargestellte Gott bleibt gerade in seiner Menschlichkeit der überlegene Herr.

Als Leitworte des j Textes sind Erde (6, 5; 6, 6; 7, 10; 7, 12; 7, 17b [7, 23b]; 8, 3a; 8, 11; 8, 22), Acker ([7, 8] 8, 21), Antlitz des Ackers (6, 7; 7, 4; 7, 23aβ; 8, 8; 8, 13b) und Antlitz aller Erde (7, 3; 8, 9) anzusehen. Ohne Zweifel wird hier auf die Thematik der Fluchworte von 3, 17—19 und 4, 11.12.14 (vielleicht auch von 6, 1) zurückgegriffen. Diese Feststellung treffen, heißt aber zugleich beachten, daß das Geschehen der Sintflut nicht nur durch die Vorschaltung der Ehe mit den Gottessöhnen (6, 1—4) „begründet" wird; vielmehr erfüllt sich in der Sintflut das Schicksal des Ackers, das Schicksal der Erde, deren Antlitz der Mensch Zug für Zug zerstörte, und zwar jetzt total und global. Die Sintflut ist somit der Komposition des J entsprechend der konsequente Schlußstrich unter eine Entwicklungsreihe, die am Schicksal des Ackers ablesbar war und nun in der Vernichtung des Ackers ihren Abschluß findet. Dem fortschreitenden Verfall des Menschen ('dm) entspricht der fortschreitende Verfall der Erde ('dmh); ihre Schicksalsverbundenheit und Einheit hält sich auch in der Vernichtung durch, die über beide hereinbricht.

Von daher ist es wichtig zu sehen, daß Gott am Ende der Großen Flut 8, 21a.22 die Erde und den Acker ausdrücklich aus der Schicksalsgemeinschaft mit dem Menschen löst. Die Ordnung der „Natur“ bekommt jetzt unter dem Schutz Gottes eine Eigenständigkeit gegenüber dem Tun des Menschen. Sie bleibt von Gott her in Ordnung, auch wenn die Menschen weiter dem Chaos zustreben. Zum ersten Mal tritt die von Gott gewährleistete Regelmäßigkeit und Festigkeit der Naturordnung in Kontrast zum Treiben des Menschen und dem Verlauf seiner Geschichte. Die Entsprechung und Einheit von Mensch und Acker besteht nicht mehr, und sie darf nicht mehr bestehen, wenn irgend der Mensch leben soll; ihm werden, was immer er tut, von der Erde her — entgegen dem Fluch von 4, 11.12 — „Saat und Ernte“ (die ja nicht nur Zeitmaße sind) zur Verfügung stehen.

Andererseits ersieht man an dem gleichen Leitwort („Erde“), daß die Urgeschichte des J durchaus noch nicht mit der Sintflut zu Ende ist. Denn fortan tritt das Wort kl h'rṣ — „alle Erde“ als Leitwort auf, dessen Bedeutung mit dem Menschen, dem „Erdvolk“ selbst, identisch ist: 9, 19; 10, 25; 11, 1 bezeichnet „alle Erde“ den Menschen in der Bewegung seiner Zerstreuung; das „Antlitz der Erde“ (11, 8; 11, 9) ist jetzt die Kulisse der Zerstreuung des Menschen. Das Chaos der „Natur“ hat Gott verhindert; das weltweite Chaos der menschlichen Geschichte aber bleibt noch zu erzählen; und es wird eines ganz neuen Handelns Gottes bedürfen, um dieses Chaos des Geschichtlichen und Sozialen zu überwinden durch eine eigene, gegenläufige Geschichte, wie Gott sie in Abraham beginnt, in dem einen Land ('rṣ), das das Schicksal aller Länder, die soziale und politische Zerstückelung „aller Erde“, revidieren soll. Ehe diese globale Zerstreuung in eine Vielfalt von Völkern noch nicht erzählt ist, ist das Schicksal der „Erde“ noch nicht zu Ende berichtet und die Urgeschichte unserer Geschichte noch nicht vollendet.

Gn 6, 5: „Jahwe sah: ja, groß war die Bosheit des Menschen auf Erden und alles Gebild der Planungen seines Herzens bloß böse all den Tag" (nach Buber). Diese Feststellung Gottes, die seinen Vernichtungsbeschluß begründet, ist umso schwerwiegender zu nehmen, als J selbst zur „Bosheit" des Menschen (r't h'dm), einem „Zustandsbegriff" (We 551), noch unterstreichend hinzufügt, daß alles Gebild der Planungen seines Herzens rq r' — bloß böse ist „all den Tag". Ausdrücklich erklärt J damit die Innerlichkeit der menschlichen Bosheit; „was von leb („Herz", d.V.) ausgeht, ist recht eigentlich Sache des ganzen inneren Menschen, das ihn darum als bewußt handelndes Ich verantwortlich macht." (W. Eichrodt: Theologie des Alten Testaments, II/III 94) Das „Herz" ist das „Zentrum des bewußt lebenden Menschen" (H. W. Wolff, 90). Der Mensch ist also nicht nur böse, sondern er will böse sein; seine Bosheit ist die Richtung seines Willens, und zwar nicht nur von Mal zu Mal, punktuell, sondern immer. „Der Mensch" ist dabei kollektiv, das rq r' — „bloß böse" ausschließlich. Es ist ein Urteil über den Menschen, das mit „pessimistisch" (Gu 60) fast noch zu gelinde wiedergegeben ist; es ist aussichtslos; eben deshalb beschließt Gott das Ende. 8, 21b kann J auch sagen, daß „das Gebilde des Menschenherzens von seiner Jugend her bös" ist, was (vgl. Einleitung) bedeutet, daß der Mensch grundsätzlich, wesenhaft auf das Böse aus ist; er hat, wie er jetzt ist, noch nie etwas anderes getan als Böses. Das Hebräische denkt nicht, wie das Griechische z.B., vom Begriff des Seins her; aber deutlicher als J es hier tut, kann man auf Hebräisch nicht sagen, daß der Mensch nicht nur Böses tut, sondern böse *ist* und daß das Böse ihn ganz und gar kennzeichnet. Es hieße den Sachverhalt einfach auf den Kopf stellen, wollte man, wie Westermann (549—550), den Satz lediglich auf die „Interpretation" der Sintflut beziehen. Nicht weil Gott die Sintflut verhängt, muß man schließen, daß der Mensch so böse ist, sondern weil der Mensch so böse ist, beschließt Gott seine Vernichtung. Die erschütternde Radikalität, mit der hier J dem Menschen das Todesurteil spricht, um sein Leben dann (8, 21.22) vollständig auf Gott und sein Erbarmen zu gründen, sollte man so, wie sie dasteht, auf sich wirken lassen; jeder Kommentar kann hier nur zerreden.

Gn 6, 6: „Da leidete Jahwe, daß er den Menschen gemacht hatte auf Erden, und er grämte sich in sein Herz" (nach Buber). Dieser ganz von J geformte Satz, den er 6, 7c sogar noch einmal wiederholt, spricht aus, was Gott leid tut: es scheint, daß die Schöpfung des Menschen unter diesen Umständen ganz und gar mißraten ist. Man versteht den Satz erst recht, wenn man sich vor Augen hält, wie Gott nach der Redaktion des J immer wieder versuchte, die Entwicklung, die zu diesem Endpunkt führte, zu verhindern; wenn man bedenkt, wie der Abfall von Gott von Anfang an die ursprünglich gemeinte Schöpfungsordnung unterlief und ins Gegenteil verkehrte (Gn 2—3); und wie die Verderbnis des Menschen auch die Ordnung Gottes in den Dingen verdarb. Mit hohem Einfühlungsvermögen spricht v. Rad zutreffend von „Kummer, Betrübnis und Enttäuschung“ (96; 9, 87) Gottes über den Menschen. Gott, wie J ihn schildert, ist nicht ein Gott der scholastischen Allwissenheit, sondern jemand, der mit der Schöpfung des Menschen sein Werk riskiert hat, der den Menschen davor bewahren wollte zu erkennen, wie die Welt außerhalb der Beziehung zu ihm sich ins Nachteilige und Böse verkehrt, und der doch nicht verhindern *konnte* (!) trotz all seiner Bemühungen und Maßnahmen, daß der Mensch Schritt für Schritt mit einer unheimlichen Gradlinigkeit sich immer mehr von ihm entfernte. Nur vordergründig verstanden, widerspricht ein solches Gottesbild Äußerungen des AT's, wie sie etwa 1 Sam 15, 11.29 gemacht werden, Gott sei nicht Mensch, daß er sich etwas gereuen ließe. Es geht hier ja nicht darum zu sagen, daß Gott sich geirrt haben könnte, sondern daß der Widerspruch des Menschen zu Gott auch in Gott selbst zutiefst einen Widerspruch, einen nicht zu schließenden Schmerz hinterläßt. Der Gott des J's ist nicht ein überlegen-gleichgültiger Gott, nicht ein „unbewegter Beweger“ im Sinne der aristotelischen Metaphysik, sondern ein Gott, der zuinnerst betroffen und anteilnehmend zu dem Tun des Menschen steht, und zwar nicht um seiner selbst, sondern um des Menschen willen, auf dessen Seite er steht und gegen den er jetzt doch Stellung nehmen muß, weil der Mensch, sein eigenes Unglück damit heraufbeschwörend, sich gegen ihn gestellt hat. Von der Sünde des Menschen her erscheint tatsächlich die Schöpfung Gottes wie ein Irrtum; dies, nicht daß Gott an sich sich irren könnte, will J sagen; der Widerspruch liegt nicht in etwaigen Launen Gottes, sondern wird durch den Widerspruch des Menschen in Gott hineingetragen. Dem verdorbenen Herzen (lb) des Menschen entspricht das bekümmerte, schmerzempfindende Herz Gottes. Die Beschwernis (ʿṣbwn), die die Sünde dem Menschen als Fluch mit sich brachte (3, 16.17), betrifft auch Gott, indem er sie selbst auf sich nimmt (jtʿṣb reflex. — er grämte sich).

Dabei sieht es so aus, als wenn es Gott jetzt vor allem um seine Schöpfung leid täte. Erneut greift J das Leitwort des Textes „auf Erden“ auf; insofern liegt doch so etwas wie ein Renovationsmotiv in der J bereits vorliegenden Sintfluterzählung: Gott will, so scheint es, seine Erde vom Menschen reinigen und, wie 8, 21.22 zeigt, verhindern, daß sich das Tun des Menschen weiter zum Verderben der Erde auswirkt. Dieser Eindruck würde noch stärker, wenn 6, 7a ursprünglich allein geheißen hätte:

Gn 6, 7a: „Jahwe sprach: Wegwischen will ich vom Antlitz des Ackers den Menschen" (nach Buber). Denn so würde deutlich die Strafe Gottes allein auf den Menschen konzentriert. Das mḥh — „wegwischen" ist ein Wort völliger Vernichtung, dem „ausradieren" im Sprachgebrauch des Zweiten Weltkriegs nicht unähnlich. Der Mensch soll spurlos von der Erde verschwinden; diese tabula-rasa-Maßnahme scheint das einzige, was Gott noch bleibt: die Erde muß durch Überschwemmung gewissermaßen wie ein weltweiter Augiasstall vom Menschen gereinigt werden; ihr von der menschlichen Sünde entstelltes Antlitz muß reingewaschen werden. Dem widerspricht der folgende Einschub nicht, wenn er auch die Perspektive ausweitet:

Gn 6, 7b: (den Menschen), „den ich schuf, vom Menschen bis zum Tier, bis zum Kriechgerege und bis zum Vogel des Himmels" (Buber). Das 'šr br'tj — „den ich schuf" greift den Kontrast von Schöpfung und Vernichtung noch einmal auf und drückt die ganze Widersprüchlichkeit und Paradoxie der von der Sünde provozierten Maßnahme Gottes aus. Es weist zugleich darauf hin, daß Gott von der Sünde des Menschen, so sehr er unter ihr leidet, nicht in Frage gestellt werden kann, sondern der souveräne Schöpfer und Herr seiner Geschöpfe bleibt. br' — „schaffen" ist Ausdruck von P und allein der Schöpfungstätigkeit Gottes vorbehalten. Entsprechend schöpfungsweit erläßt Gott seinen Strafbeschluß. Dieser Gedanke, der bei P kultisch begründet ist, daß die Sünde des Menschen die Erde verpestet (vgl. We 558), widerspricht der J vorliegenden Fassung der Sintfluterzählung nicht. Der Schicksalszusammenhang von Mensch und Erde erzwingt die Gemeinsamkeit ihrer Vernichtung. Gerade dies ist es, was Gott später nicht mehr tun will (8, 21c.22); er will nicht mehr die unschuldige Kreatur unter der Schuld des Menschen leiden lassen. Denn daß im Grunde allein der Mensch gemeint ist, betont J in seinem eigenen Zusatz noch einmal ausdrücklich:

Gn 6, 7c: „denn leid ists mir, daß ich sie (sc. die Menschen) machte" (Buber). Dieses Leiden Gottes an der Schöpfung des Menschen, die Grenze der Geduld, die es jetzt „leid ist" mit dem Menschen und seinem Treiben, zeigt noch einmal, wie Gott eigentlich gegen seinen Willen dazu genötigt wird, seine Schöpfung zurückzunehmen, wie er selbst von der Sünde des Menschen an eine äußerste Schranke gedrängt wird, nachdem all seine Versuche, der Entwicklung der menschlichen Schuld Einhalt zu gebieten, fehlgeschlagen sind. Es ist dabei bezeichnend, daß J wiederum gerade hier, wo die Kluft zwischen Gott und Mensch am tiefsten ist, Gott in seinem Leiden am menschlichsten zeichnet (vgl. 8, 21), als wenn er damit unterstreichen wollte, daß Gott nicht von der Seite des Menschen zu verdrängen ist; da, wo der Mensch sich vergöttlicht, sieht es so aus, als wenn Gott nur um so menschlicher würde.

Zugleich ist zu bedenken, daß Gott, wie in 6, 3, seinen Strafbeschluß rein monologisch zu sich selber spricht. Die Menschen erfahren nur noch per viam facti von dem Entschluß Gottes; eine Begründung wird, entgegen etwa den Strafworten von Gn 3, nicht mehr gegeben. In der Komposition der j Urgeschichte setzt sich damit der Dialogabbruch, der in Gn 4 nach dem Droh- und Rachegesang Lamechs zu beobachten war, fort. Es ist, wie wenn Gott jetzt dem Menschen nichts mehr zu sagen hätte, als wenn es nur noch etwas zu tun gäbe. „Weil die Flut selber als sprachloses, stummes Geschehen dargestellt ist, wird alle Dramatik in die Geschichte . . . verlegt.“ (We 530)

„Dramatik“ ist in der Tat das richtige Wort. Nimmt man die Verse 6, 1—4 noch hinzu, so folgt ja im Aufbau der Erzählung alles sozusagen Schlag auf Schlag: 6, 3 Jahwe sprach; 6, 5 Jahwe sah; 6, 7 Jahwe sprach. Man sieht an dieser Staffelung, was an die Stelle des Dialogs zwischen Gott und Mensch getreten ist: Gott spricht nicht mehr zum Menschen, er konstatiert nur noch, was ist, und zieht für sich daraus die Konsequenzen. Der Aktion des Menschen folgt die Reaktion Gottes. So läuft alles in riesigen Schritten auf die Katastrophe zu.

Bisher hat die Erzählung noch nicht gesagt, wie die Vertilgung der Menschen vor sich gehen soll, „der Spannung wegen“ (Gu 61). Indessen wird doch bereits die eine Ausnahme erwähnt, die Gott in seinem Zorne machen wird.

Gn 6, 8: „Noah aber fand Gunst in den Augen Gottes“ (Buber). Warum, wird nicht gesagt. Wie alle Entscheidungsvollmacht, so liegt auch dies allein bei Gott. ḥn — „Gunst“ meint lediglich, daß Gott den Noah begünstigt, spricht also nicht von einer Eigenschaft Noahs, sondern von der Einstellung Gottes zu Noah. Offenbar wird Noah von J als eine bekannte Person vorausgesetzt (5, 29); aber daß J bereits über die rein funktionale Namenserklärung vom „Leidtrösten“ Noahs hinaus eine Begründung für die Gunst Gottes gegenüber Noah gegeben hätte, ist nicht anzunehmen. Mit Recht sagt v. Rad: „Sie (sc. die Gunst, d. V.) findet allein in dem Gnadenwillen Gottes ihre Erklärung“ (96; 9, 87).

So wenig wie Gn 25, 23 oder Mal 1, 2.3 gibt es eine Begründung für den Gnadenentschluß Gottes, sondern es bleibt bei der Anschauung, die auch sonst im AT vorherrscht: „Ich werde Gunst erweisen, wem ich Gunst erweise, und werde Mitleid erweisen, wem ich Mitleid erweise" (Ex 33, 19). Erst von dem her, was Gott mit dem Menschen tut, ist zu erkennen, auf wem seine Gunst und sein Erbarmen ruht.

Gn 7, 1: „Jahwe sprach zu Noah: Komm, du und all dein Haus, in den Kasten. Denn dich habe ich bewährt vor mir in diesem Geschlecht ersehn" (nach Buber). „Ersehen" (r'h) gibt in der Buberschen Übersetzung sehr gut wieder, daß es hier nicht um eine „Erkenntnis-Aussage" geht, sondern um eine „Erwählung" (We 573; vgl. 1. Sam 16, 1; 2 Kg 8, 13), die Gott an Noah „nicht wegen seiner besonderen Verdienste" (We 573), sondern zur Rettung der Menschheit trifft. „Bewährt" (ṣdjq) meint religiös, daß jemand vor Gott so lebt, wie es richtig ist (vgl. M. Buber II 1124). Diese Bedeutung wird auch hier mitschwingen. Zugleich aber bekommt das Wort von dem Vorhaben Gottes her einen gewissermaßen funktionalen Aspekt: Noah ist „in den Augen" Gottes (lpnj) der „richtige Mann" für das bevorstehende Unternehmen.

Worin diese „Richtigkeit" Noahs darüber hinaus bestanden hat, dafür gibt es im Text nicht die geringsten Anhaltspunkte. Jedenfalls besteht kein Anlaß für die lyrischen Ergüsse, die man erbaulicherweise um Noah gerankt hat, wie er unter dem Spott der ungläubigen Zeitgenossen seine Arche gezimmert habe (z. B. J. Müller: Die Heilsbotschaft von Genesis 1—11, 87 ff). Eine solche Psychologisierung der Gestalt Noahs oder gar seiner Zeitgenossen ist dem Text (anders als in Gn 3, 1—7; 4, 2—16) vollkommen fremd. Wenn irgendwo, dann ist hier allein Gott der Handelnde; und von diesem Schwerpunkt her muß der Text gelesen werden. Noah ist durch Gott der Anfang einer Neuschöpfung der Erde, und über ihn psychologisch zu spekulieren, wäre ebenso sinnig, wie über die Gedanken Adams bei der Erschaffung seiner Frau Betrachtungen anstellen zu wollen.

Zudem scheint sich die Vorstellung von der „Glaubensprobe" Noahs (Gu 61; v. Rad 98; 9, 89) motivgeschichtlich zu verbieten. Der Mann der Großen Flut ist eine feste Gestalt der Tradition; sie muß nicht erst durch theologische Proben aus der trüben Lösung Mensch herausgefiltert werden, sondern steht fix und fertig auf der Bühne, wenn sich der Vorhang zu dem Drama hebt. Außerdem würde die Spannung der Erzählung bei einer solchen Probe dahin verlagert, ob Gott wohl wirklich Noah gerecht findet und also die Menschheit gerettet werden kann;

die Selbstverständlichkeit von 6, 8 spricht eindeutig dagegen, daß es einen solchen Spannungsbogen je gegeben hat. In gewissem Sinne muß das auch so sein, denn die theologische Aussage der Sintfluterzählung ist doch wohl nicht, daß wir durch den Glaubensgehorsam, sondern durch das Erbarmen Gottes am Leben sind. Freilich bindet Gott die Chance des Überlebens hier an diesen einen „Richtigen" (vgl. Gn 18, 22—33a; Jer 5, 1; Jer 18; Ez 14, 12—18; Ez 22, 30), und insofern klingt der Gedanke der Stellvertretung an, wie er von den Propheten später ausgebaut wird. Aber der Unterschied ist doch sehr groß: Noah rettet nicht durch seine Gerechtigkeit die anderen vor dem Strafgericht, sondern indem er durch das Strafgericht hindurch gerettet wird, sichert Gott dem Menschen Überleben zu, und mit dem Menschen zugleich aller Kreatur.

Gn 7, 2: „Von allem reinen Getier nimm dir je sieben und sieben, ein Männchen und sein Weibchen, und von dem Getier, das nicht rein ist, je zwei, ein Männchen und sein Weibchen, (*7, 3*) (auch vom Vogel des Himmels je sieben und sieben, männlich und weiblich), Samen neu zu beleben auf dem Antlitz all der Erde" (Buber). An sich werden hinter der Vorstellung der unreinen Tiere (Lv 11; Dt 14) „lange und zähe Auseinandersetzungen mit fremden Kulten" stehen (v. Rad: Theologie des Alten Testamentes, I 40; vgl. 221—222). An dieser Stelle aber scheint die Unterscheidung von reinen und unreinen Tieren als so selbstverständlich vorausgesetzt zu werden, daß ihr kein besonderes Gewicht zuzuerkennen ist. Immerhin scheint J sagen zu wollen, daß diese Unterscheidung in vorgeschichtliche Zeit zurückreicht, und damit hat er sicher recht. Die unterschiedliche Anzahl der reinen und unreinen Tiere erklärt sich davon, daß „der Mensch die reinen nötiger hat" (Gu 62), versteht sich also von der israelitischen Opferpraxis, aber wohl mehr noch von den auch außerhalb Israels weitverbreiteten Speisetabus her. Wichtiger als diese Unterscheidung ist der Umstand, daß Gott seine Schöpfung in der ganzen Fülle, wie wir sie kennen, durch das Strafgericht der Flut hindurchträgt. Der Mensch erweist sich als verantwortlich für das Wohl und Wehe der ganzen Kreatur, und es wird verhindert, daß er etwas von ihr endgültig mit sich in den Untergang reißt. „Das *ganze* gütige Schöpferwort Gottes soll in Kraft bleiben, und es soll daran auch nicht das Geringste im Gericht abgebrochen werden" (Zi 287); deshalb werden auch die unreinen Tiere mitgenommen.

Gn 7, 4: „Denn noch sieben Tage, dann lasse ich auf die Erde regnen vierzig Tage und vierzig Nächte und wische alles Bestehende, das ich machte, weg von dem Antlitz des Ackers" (Buber). Was Gott 6, 7a beschlossen hat, teilt er hier Noah mit. Daß man aber daraus schließen kann, J habe sagen wollen, Noah habe in blindem Gehorsam des Glaubens die Arche gebaut, ohne zu wissen wozu („ein Schiff auf trocknem Land?!" Gu 61), ist äußerst unwahrscheinlich. Wie vollkommen haltlos das ganze Konstrukt von der „Glaubensprobe" Noahs ist, zeigt sich vor allem an dieser Stelle in einem Vergleich mit der 11. Tafel des Gilgamesch-Epos. Auch im Gilgamesch-Epos (XI 20 ff) warnt Ea vor der Flut, ohne dem „Sohn Ubar-Tutus" mehr zu sagen, als daß er „allerlei beseelten Samen" (27) in das Schiff nehmen soll, dessen Maße ihm aufgetragen werden. Dann setzt der Text bereits voraus, daß Utnapischtim weiß, worum es geht, und befiehlt ihm lediglich, den anderen zur Irreführung zu sagen, die Götter seien ihm gram, über sie aber wollten sie „Überfluß regnen" (43) lassen; auch von den Opfertieren ist dort die Rede (50.51), sowie von der Fertigstellung der Arche am 7. Tag (76) und einer Frist (86) bis zum Beginn der Flut. Bei so viel Ähnlichkeit zum Gilgamesch-Epos ist kaum anzunehmen, J habe seinen Noah als schwerer von Begriff hinstellen wollen als den sumerischen Helden der Stadt Schuruppak; zugleich bekommt man eine recht plastische Vorstellung von der Art, wie der Noah der überlieferten Sintfluterzählung sich beim Bau der Arche zu seinen Zeitgenossen verhalten haben wird; der theologischen Phantasie bleibt da wenig Spielraum. Der Vers 7, 4 wird sich daher am einfachsten als bloße Präzisierung einer zuvor ergangenen allgemeineren Ankündigung des Weltuntergangs verstehen lassen, die jetzt allerdings mit der Nennung exakter Zeiten und in der Wiederholung von 6, 7 die eherne Unabänderlichkeit und Entschlossenheit des göttlichen Vernichtungsplanes deutlich macht. Die Einheit der 40 Tage entspricht zwar den 40 Tagen, da das Siebengestirn der Plejaden nicht sichtbar ist (Gu 62), aber die Sache ist nicht klar. In der griechischen Mythologie gibt es eine Erzählung, nach der Orion, „der Mann im Mond von den Bergen", der auch mit Gilgamesch zusammengebracht wird, Jagd auf die Plejaden macht; als Sohn Poseidons hat er auch die Macht, Regen zu bringen (R. v. Ranke-Graves I 135—136). Ob solche Verbindungen aber hinter der 40-Tage-Frist stehen, ist nicht auszumachen. Richtig, wenngleich als Erklärung nicht sehr befriedigend, ist es natürlich zu sagen, 40 sei die Zeit der Vollständigkeit (Gn 50, 3; Ex 24, 18; 34, 28 u. ö.; Zi 289); die Zahl 40 bedeute demnach, daß Gott den Menschen sozusagen „gründlich" vom Antlitz der Erde weggewischt habe. Auch die Totalität der Katastrophe — „alles Bestehende"! — wird noch einmal zum Ausdruck gebracht, umso mehr als diese Wendung (vgl. We 577) in der j Erzählung leitwortartig (6, 7; 7, 4; 7, 23) hervorgehoben wird. Sehr fein macht J, wie er es liebt (vgl. 3, 1.12), in einem Nebensatz („das ich machte“) auf den schreienden Gegensatz aufmerksam, in dem Gott selbst in Widerspruch zu seiner eigenen Schöpfung tritt — und treten muß, weil der Mensch selbst in seinem ganzen Dasein ein einziger Widerspruch zu Gott geworden ist. Es geht Gott um „das Antlitz des Ackers“, das er mit der Großen Flut von all dem befreien möchte, was durch den Menschen ihm zugefügt wurde. Und da zum Menschen auch (noch!) die Tier- und Pflanzenwelt gehört, die 2, 19 um seinetwillen geschaffen wurde, so muß sie zwangsläufig in den Untergang mit hineingerissen werden. Der Mensch hat die Katastrophe nicht nur über sich, sondern auch über die Kreatur zu verantworten.

Gn 7, 5: „Noah machte es, allwie Jahwe ihm gebot“ (Buber). Der Satz zeigt den prompten Gehorsam Noahs; aber noch einmal: kann man daraus ableiten, Noah sei „der lautlos Glaubende und Gehorchende“ (Morant 294)? Oder daß er „wie später Abraham blindlings dem Befehl Gottes gefolgt ist“ (v. Rad 98; 9, 89)? Man muß sich wohl hüten, den Text ohne weiters nach der Weise des NT's (Hebr 11, 7) zu interpretieren. Denn von einem solchen Gehorsam des Glaubens kann doch nur schlecht bei einem Mann die Rede sein, der als einziger von Gott die Chance und Anweisung erhält, daß und wie er sich aus der allgemeinen Vernichtung retten kann. Gerade der Vergleich zu Abraham zeigt den Unterschied: während Abraham 12, 4 ff (J) seine Heimat wirklich „blindlings“ ins menschlich Ungewisse verläßt, läßt Noah nicht so sehr etwas im Stich, als daß er, der Günstling seines Gottes, die Möglichkeit seiner Rettung nutzt. Die Problematik, daß das Wort Gottes von der drohenden Vernichtung zweifelhaft und unsicher sein könnte, ist ganz und gar aus der Moderne in den Text hineingelesen und diesem völlig fremd. Wenn etwas zuverlässig ist in der Antike, so ist es — im Unterschied zum immer zweifelhaften Menschenwort (vgl. Ps 116, 11) — ein Gotteswort. So zeigt denn der Vergleich mit dem Gilgamesch-Epos, für wie vollkommen sicher das Wort des Gottes an seinen Auserwählten gehalten wird: so sehr, daß es Utnapischtim mit massiven Lügen geheimhalten muß, damit nicht noch zuguterletzt der Katastrophenbeschluß der Götter durch zu frühes Bekanntwerden vereitelt wird. Noahs Gehorsam stellt also an sich keinerlei Problem für den Text dar und geschieht nicht quia absurdum, sondern vollkommen im wohlverstandenen eigenen Interesse. Das Problem ist vielmehr, daß alle anderen außer Noah keines Wortes Gottes mehr gewürdigt und „lautlos“ in die Vernichtung gestoßen werden, daß ihnen also jetzt von vornherein zur Strafe jede Möglichkeit genommen wird, Gott überhaupt noch gehorsam sein zu können.

Die restlose Vereinzelung Noahs, diese absolute Diskrepanz zu „diesem Geschlecht“ (7, 1), das Gott dem Untergang überantwortet, stellt den Konfliktstoff der Erzählung dar, und er liegt ganz und gar bei Gott, der mit der einen Hand den einen schützt, während er mit der anderen ausnahmslos alle anderen wegwischt. Daß Noah diese absolute Ausnahme bildet inmitten einer Menschheit, die Gott endgültig (6, 5a) abgeschrieben hat, ist das Problem und Rätsel dieses Textes. Aber es kann nicht von der Gestalt Noahs her gelöst werden, sondern nur von der Funktion her, die ihr im Aufbau der j Urgeschichte und im Rahmen der Sintfluterzählung zukommt: daß Noah nämlich die Stelle bildet, an der die Gnade Gottes den Engpaß, den die menschliche Sünde geschaffen hat, zum Erhalt der Menschheit überwindet. Nur insofern liegt eine gewisse Berechtigung darin, an den Glauben und Gehorsam Noahs zu erinnern, als sich überdeutlich zeigt, was seit Gn 3 das Thema der j Urgeschichte war: daß es gut ist für den Menschen, sich nach dem Wort Gottes zu richten, und böse, ihm nicht zu folgen; daß das Leben des Menschen darin liegt, dem Gebot Gottes zu folgen, und es seinen Tod bedeutet, ihm nicht zu gehorchen. Diese Weisheit aber ist für den Text ganz und gar selbstverständlich; es ist für J das, was inzwischen jedem klar sein muß, der die j Urgeschichte bis dahin aufmerksam gelesen hat.

Gn 7, 7: „Noah kam, (mit ihm seine Söhne, sein Weib, die Weiber seiner Söhne), vor den Wassern der Flut in den Kasten“ (Buber). Der Einschub erweitert „die wohltuende Kürze des guten Erzählers“ von 7, 1 (Gu 61), der einfach sagte: „du und all dein Haus“. Daß nur die Söhne Noahs erwähnt werden, wird daran liegen, „daß man sich hauptsächlich Söhne“ wünschte und die „Töchter . . . weniger geschätzt“ waren (R. de Vaux I 78—79). Auch die Frau Noahs (im Unterschied zu Lamech nur eine Frau) wird wohl nur erwähnt, weil sie eine Art Eigentum Noahs darstellt. „‚Heiraten‘ . . . bedeutet, ‚Herr, Eigentümer werden‘, Dt 21, 13; 24, 1.“ (de Vaux I 55) Man kann deshalb wohl sagen, „daß Gott nicht nur den Mann selber wegen seiner Frömmigkeit belohnt, sondern seinetwegen zugleich seine Familie“ (Gu 62), aber die „Familie“ wird als reines Zubehör, als das, was mit Noah ist (’tw), gedacht; nicht so sehr die Kinder und die Frauen an sich, sondern Noahs Eigentum in ihnen wird also geschützt; die Erwähnung der Söhne und Schwiegertöchter zeigt indessen über bloße Besitzverhältnisse hinaus auf das Weitergehen und die Zukunft des menschlichen Lebens, das der Bedrohung durch die „Wasser der Flut“ entkommt.

Andererseits, worauf Zi 285 hinweist, ist „das ganze Haus“ 7, 1 im Sinne von J vielleicht nicht nur auf die Familienangehörigen beschränkt gewesen, sondern umfaßte auch die Mägde und Diener.

Gn 7, 16b: „Jahwe schloß hinter ihm zu“ (nach Buber). Dieser „Anthropomorphismus“ ist ebenso hintergründig, wie all die „Vermenschlichungen“ Gottes in der j Urgeschichte bisher. Er fällt umso mehr auf, als im Gilgamesch-Epos XI 93 Utnapischtim selbst das Tor der Arche hinter sich verschließt. Offenbar liegt J gerade daran, Gott so widersprüchlich und zwiespältig zu zeigen: so übergewaltig und vernichtend einerseits gegenüber der Menschheit, deren Sinnen zuinnerst nur noch auf das Böse geht, und andererseits so behutsam und fürsorglich gegenüber Noah, der Gunst in seinen Augen gefunden hat. Der Gott, der die weltweite Katastrophe über die Menschen verhängt, ist zugleich derjenige, der sich in der rührendsten Weise um den Schutz des einen bekümmert, den er retten möchte. Der Abfall von Gott bringt in dieser letzten Konsequenz die volle Erkenntnis mit sich, was gut für den Menschen ist und was böse, und zeigt zugleich, daß beides, Gutes und Böses, im letzten von Gott selber ausgeht, je nachdem, wie der Mensch sich zu ihm stellt. Schutz wie Vernichtung, Heil wie Untergang, Geborgenheit wie tödliche Bedrohung — beides liegt in Gott, und an dem Tun des Menschen liegt es, wie Gott ihm erscheint. So formt sich der Kontrast von Rettung und Zerstörung zu einem Bild ganz sicheren Schutzes: wenn in wenigen Augenblicken Gott selbst seine Ankündigung vom 40tägigen Regen wahrmachen wird, so kann doch Noah wissen, daß es ihn nicht gefährden wird (vgl. Ps 91).

Die beiden folgenden Verse *7, 8.9* stellen wohl den Versuch eines späteren Bearbeiters R dar, den Bericht des J mit den Angaben von P (6, 19 f; 7, 15) zu verbinden. Man bekommt hier einen guten Eindruck von der Vorsicht und dem Zögern der Pentateuchredaktion, einfachhin in den Wortlaut der Quellenschriften einzugreifen; lieber nimmt man Unausgeglichenheiten und offensichtliche Widersprüche durch Nebeneinanderstellung in Kauf, als den überlieferten Text nach eigenem Gustus zu ändern — eine Ehrfurcht, die als Methode zu üben der Bibelexegese nur gut tun kann.

Gn 7, 10.12.17b.22.23 malen ein Bild von der hereinbrechenden Flut, das immer wieder die Phantasie der religiösen Kunst und Betrachtung angeregt hat. Noah allein mit den Tieren inmitten der Katastrophe, steuerlos und blind umhertreibend, rings um ihn her alles versinkend; und keine Hilfe, keinerlei Rettung mehr möglich; nur wenige Holzplanken zwischen dem winzigen Schutzraum des Lebens und dem anbrandenden Chaos; und allein als einzige Hoffnung das Vertrauen darauf, daß der Gott, der die Welt untergehen läßt, auch ihre Rettung besorgen wird. „Bis zum Rand des Himmels, leidlos, lautlos, leblos, träge in schlammiger Flut, die geblähten Leiber ans Licht wölbend, Bauch an Bauch gedrängt treibt die tote Menschheit und das tote Getier, Kamele, Kühe, Schafe, Stiere und Kälber, ein fleischiger Teppich stinkender Fäulnis über der Tiefe." (Ernst Barlach: Die Sündflut, in: Die Dramen, 368) „Die furchtbare Katastrophe wird mit großer Gelassenheit berichtet", meint Gunkel und fügt hinzu: „Menschenleben hat geringen Wert" (63). Von der Richtigkeit dieser Bemerkung kann sich noch heute jeder Orientreisende an Ort und Stelle überzeugen; der Gott des J aber hat nicht so gedacht: für ihn zählt das kleine Menschenleben (7, 16b) auch und gerade, wo es vernichtet wird. Gewiß: der Gott, der an der Sünde des Menschen bis ins Herz gelitten hat, schreitet jetzt mitleidlos zur Exekution; aber mehr an Leid und Spannung kann J nicht deutlich machen, als er es schon in 7, 4 getan hat, wie widersprüchlich und zerrissen Gott selbst sein Tun empfindet, wie er eigentlich nicht nur gegen den Menschen, sondern gegen sich selbst handelt. Aber es muß sein um der Erde willen. Die häufige Wiederholung des Leitworts „weg̃wischen" (6, 7a; 7, 4.23aα [23b]), das immer mit dem „Antlitz des Ackers" verbunden ist, zeigt, daß es jetzt (6, 7a) darum geht, den Menschen ('dm) von dem Acker ('dmh) zu trennen, die Schicksalsgemeinschaft, die der Mensch belastet und besudelt hat, zu lösen und die Erde vom Menschen zu reinigen. Daher kann der Blick jetzt nicht auf das Schicksal des Menschen in der Flut oder gar auf die Darstellung seines Leidens gerichtet sein. Vielmehr ist es Gott um die Totalität der Reinigung, um die Gründlichkeit der Wiederherstellung der Erde zu tun: die Zahl der 40 Tage bezeugt das ebenso wie die deutliche Hervorhebung, daß „alles" vernichtet wird: 7, 4.22a.b.23aα; und noch einmal wird unterstrichen: (nur) „Noah allein blieb übrig und was mit ihm in dem Kasten war" (7, 23c). „Das Wort ‚Rest' weist also, wie ... Amos 3, 12, auf das ungeheure Ausmaß der Vernichtung" (We 591).

Das Bild von dem großen Regen (gšm) ist wohl (vgl. Zi 288) von der palästinensischen Erfahrung der Regenzeit geprägt, während das Gilgamesch-Epos eher an eine Springflut denkt. Wenngleich also „eine Überschwemmungssage kaum aus kanaanäischem Klima zu erklären ist" (Gu 67), so zeigt die Form der von J übernommenen Fluterzählung doch eher palästinensisches Kolorit.

Der Abschnitt 8, 6a.2b.3a.6b.8.9.10.11.12.13b bildet den 2. Teil der Erzählung: auf die Vernichtung, die äußerst verhalten und sparsam dargestellt wurde, folgt nun sehr bewegt und mit einer Fülle liebevoller Details die Beschreibung von der endgültigen Rettung Noahs. Damit wird angedeutet, wo das eigentliche Schwergewicht der Erzählung liegt: das Entscheidende ist nicht die Vernichtung der Menschen, sondern die Rettung des einen aus einer verdorbenen und dem Verderben überantworteten Menschheit und einer ins Chaos zurückgesunkenen Natur.

Als der 40tägige Regen von Gott zum festgesetzten Zeitpunkt unterbrochen wird und das Wasser sich langsam verläuft, wird die Arche an einem bestimmten Ort, wohl an einem Berg, aufgelaufen sein; und Noah wird (8, 10 'wd- „nochmals") sieben Tage gewartet haben. Dieses Stück der Erzählung ist offenbar einer Textlücke zum Opfer gefallen. Die Situation muß sein, daß Noah in der Arche nicht weiß, wie es mit der Erde steht, und noch nicht die Tür zu öffnen oder das Dach abzuheben wagt; das Fenster gewährt keinen genügenden Ausblick. Noah indessen weiß sich zu helfen. Im ersten Gefühl der Rettung, aber in verhaltener Ungeduld, schickt er die Taube aus, Land zu suchen. Davon, daß Tiere dem Menschen bei der Rettung aus der Flut halfen oder gar die versunkene Erde wieder heraufholen, haben wir in der Motivgeschichte gehört; die Taube der biblischen Erzählung ist jedoch ganz und gar unmythisch gezeichnet; auch von einer Rolle der Taube als Friedenstaube (Gu 65, vgl. die Dichtung von Stefan Zweig: Die Legende der dritten Taube, in: Legenden, 1961 [Deutsche Buchgemeinschaft] Berlin, Darmstadt, Wien, 167—172) oder des später eingefügten, aber wohl mündlich früh tradierten Raben (8, 7) als eines Götterboten (korax — käryx — der Rabe — ein Bote) kann nicht die Rede sein. Statt der vielleicht ehedem vorhandenen Mythologie der Vogelaussendung ist die feine Psychologie zu bemerken, wie Noah das Fenster der Arche öffnet und die Taube „ausschickt" und dann, nach einer Zeit des Wartens, seine Hand „ausschickt", um die Taube wieder einzuholen: das Wort der Erwartung ist das gleiche wie das Wort der Enttäuschung; sehr schön auch die Zärtlichkeit, mit der Noah die Taube wieder „zu sich in die Arche" läßt: jegliches Leben ist kostbar, und Noah sorgt, daß keines Schaden nimmt. Jede Bewegung Noahs in dieser sich lang dehnenden Zeit der Ungeduld greift der Erzähler auf. Und wieder Warten; nochmals die lange Einheit einer Woche. Dann sendet Noah erneut die Taube aus und wartet bis zum Abend; wenn sie bis Einbruch der Dunkelheit nicht zurück ist, wird sie irgendwo einen Ruheplatz gefunden haben; und es wird Abend, und die Taube ist noch nicht zurück! Schon schöpft Noah Hoffnung, da wieder die Enttäuschung: die Taube kommt doch zurück, jetzt allerdings bereits mit einem gepflückten Ölblatt in ihrem Schnabel. Bald wird es — endlich — soweit sein. Und nochmals eine Woche lang nichts anderes als Warten; die Stereotypie der Wiederholung „Er wartete nochmals" 8, 10.12 malt eindrucksvoll den ermüdenden Zustand der Ungeduld und des Nichtstunkönnens; ein drittes Mal die Taube — und diesmal kommt sie nicht zurück. Westermann hat das Motiv von der Aussendung der Taube in den „größeren Zusammenhang des Dienstbarmachens der Tiere" (We 598) stellen wollen, als ob „die Vogelszene in der Fluterzählung . . . das Entstehen des Schifferbrauches", Vögel zur Richtungsbestimmung auszusenden, erklären möchte (We 599). Dagegen aber spricht, daß, vergleichbar dem Gilgamesch-Epos XI 146—154, J hier lediglich die Ungeduld des Wartens wiedergeben will; die Feinheit dieser psychologischen Schilderung steht einer kulturgeschichtlichen Deutung im Wege. Außerdem ist zu bedenken, daß Tiere bereits Gn 4, 2 und indirekt auch wohl bei dem Kamelnomadentum von Gn 4, 20 vom Menschen in Dienst genommen werden, so daß Noah hier im Prinzip nichts Neues „erfindet"; vor allem aber ist die entscheidende „Erfindung" der Sintfluterzählung, der Bau der Arche, ganz allein Gottes Werk. Von dieser theologischen Zentrierung können kulturgeschichtliche Ätiologie-Interpretationen nur wegführen.

Nach den langen Tagen des Harrens hebt Noah nun endlich das Dach des Kastens ab und sieht hinaus: „fest war das Antlitz des Ackers." Die gute Erde hat ihre Bewohnbarkeit zurückerhalten. Noah ist gerettet. So wenig wie ein Wort der Klage oder des Mitleids mit den in der Flut Umgekommenen (wie anders da die Ausmalung Barlachs!) vernehmen wir jetzt ein Wort des Jubels oder der Freude. Alles läuft zusammen in der einen wortlosen Handlung Noahs, mit der er seinem Schöpfer opfert.

Die Szene von dem Auszug aus der Arche ist im jetzigen Text ausgefallen; so geht es unmittelbar weiter:

Gn 8, 20: „Noah baute Jahwe eine Schlachtstatt. Er nahm von allem reinen Getier (und von allem reinen Vogel) und höhte Darhöhungen auf der Schlachtstatt" (nach Buber). Die Bedeutung des Altares im Zusammenhang mit dem Motiv der Renovation ist motivgeschichtlich deutlich geworden: der Altar, den der Mensch baut, entspricht einem kosmogonischen Neubeginn. Dieser Gedanke der Entsprechung von göttlichem und menschlichem Handeln ist m. E. vor allen sonst genannten Einzelmotiven des Opfers Noahs wie Dank (Zi 292, We 607), Sühnopfer (v. Rad 99; 9, 90) oder Versöhnung des göttlichen Zorns (Gu 65—66) vorrangig und schließt sie gewissermaßen in sich. Es geht um die Bezeugung eines Einklangs und eines Einverständnisses mit Gott, um eine Nachbildung seines Werkes. Richtig meint Westermann zur Stelle: „es ist das Opfer des Bewahrten, das angesichts der Bedrohtheit menschlicher Existenz in der Begehung der Errettung das wiedergeschenkte Leben mit dem Bewahrenden verbindet, es dem Bewahrer anvertraut." (Erträge, 86) Im Gilgamesch-Epos zürnt Enlil, der die Flut schickte, den Igigi-Göttern (XI 172), daß doch noch eine Seele seiner Vernichtungsflut entkommen ist; und das Opfer Utnapischtims bewirkt, daß die Götter, wie Fliegen um „den wohlgefälligen Duft" seines Opfers geschart, dem Helden beistehen. Anders in der biblischen Erzählung. Hier kann man nicht sagen, daß Gott „auch ihm (sc. Noah, d. V.) unheimlich ist" (Gu 65), und auch nicht, daß Gott sozusagen „zur rechten Zeit ‚der Duft der Beruhigung' in seine Nase" steige und ihn „auf gnädige Erwägungen" bringe (Gu 66); denn im Unterschied zum Gilgamesch-Epos, in dem Utnapischtim nur durch die Hinterlist Eas und gegen den Willen Enlils entkommt, entwischt Noah nicht glücklicherweise seinem Gott, sondern wird — das gehört zum wesentlichen Kern der Erzählung — unmittelbar von Gott gerettet; da ist kein Platz für Mißtrauen und Zornbeschwichtigung, wenngleich es richtig ist, daß die Opferpraxis als solche nur dort aufkommen kann, wo die Einheit mit Gott nicht mehr selbstverständlich gegeben ist (s. o. zu 4, 2 ff).

Gn 8, 21a: „Da roch Jahwe den Ruch des Geruhens, und Jahwe sprach zu seinem Herzen: Nicht will ich hinfort den Acker wieder verwünschen um des Menschen willen, *21b)* weil das Gebild des Menschenherzens von seiner Jugend her bös ist, *21c)* nicht will ich hinfort wieder alles Lebende schlagen wie ich tat, *8, 22)* hinfort soll alle Tage der Erde, Saat und Ernte, Frost und Glut, Sommer und Winter, Tag und Nacht niemals feiern" (nach Buber). Es heißt den Anthropomorphismus des J zu naiv nehmen, wenn man die Stelle „lediglich als Ausdruck der Umstimmung Gottes durch den lieblichen Opferduft verstehen möchte" (Zi 293—294 gegen z. B. Gu 66); das Motiv stammt aus dem Gilgamesch-Epos (XI 159—161), bekommt aber bei J ein neues Gepräge. Das Wortspiel vom „Ruch des Geruhens" mit dem Namen Noah zeigt bereits, in welche Richtung der Text zu lesen ist. Zwar ist rjḥ hnjḥḥ ein priesterlicher terminus technicus, er besagt aber hier wohl zunächst einfach das Gegenteil der Redewendung hb'jš rjḥ — „den Geruch stinkend machen" im Sinne von „verhaßt machen" (Ex 5, 21). Noah ist dem Namen, d. h. dem Wesen nach, der Mann des Wohlgefallens, der Gunst (ḥn), des Geruhens Gottes, und so ist das Opfer Noahs ein

Ruch des Geruhens; und indem Gott sich Noah mit njḥḥ — „Geruhen“ zuwendet, wendet er sich seiner ganzen Schöpfung mit neuer Gnade zu. „In Noah liebt Gott seine Schöpfung.“ (Zi 293) Und so spricht er seinen Treueschwur über den Erhalt seiner Schöpfung.

Die Worte von 8, 21 leiten über zu dem rhythmisch geformten Abschluß von 8, 22 und werden deshalb in der Art eines Parallelismus membrorum (8, 21a—21c) wohl ursprünglich mit zu der J überlieferten Sintfluterzählung gehört haben (Gu 66). Dafür spräche, daß auch Gn 9, 15 (P) und ebenso im Gilgamesch-Epos XI 164—169 ein ähnliches Gotteswort die Große Flut beendet. Lediglich 8, 21b, das den Parallelismus mit der zu 6, 5a entsprechenden Begründung unterbricht, dürfte von J eingeschoben sein. Diese Annahme wird dadurch gestützt, daß ohne 8, 21b der ganze Abschnitt 8, 21.22 nicht ohne weiteres auf 6, 5—8 zu beziehen wäre; denn im Prolog der Sintfluterzählung ging es um das Wegwischen des Menschen, jetzt aber um den Schutz des Ackers und des Lebens. Nicht also der ganze Abschnitt 8, 21.22 oder wenigstens 8, 21 stellen eine eigene Formulierung des J dar, wie v. Rad (100; 9, 91) meint, sondern wohl nur 8, 21b mit der paradoxen Entgegensetzung zu 6, 5b. Dann ist zu fragen, was J mit der von ihm geschaffenen Verbindung von Einleitung und Abschluß der Sintfluterzählung sagen will.

Entscheidend ist zu beachten, daß der gleiche Satz, der die Vernichtung begründete, nun den Erhalt der Kreatur motiviert. J will damit andeuten, daß die Schuld des Menschen so total ist, daß sie an sich nur zwei einander widersprechende totale Konsequenzen zuläßt: Untergang oder Erbarmen; wenn aber jetzt Gott sich ausdrücklich verbietet, noch einmal den Acker wieder zu verwünschen um des Menschen willen, so heißt das, daß „hinfort“, d. h., in der Gegenwart und von Urzeit her, Gott die Welt und uns Menschen aushält, „weil“ (!), so sagt J, „das Gebilde des Menschenherzens von seiner Jugend her bös ist“ und Gott also zu seinem Erbarmen nur die Alternative hätte, „wieder alles Lebende (zu) schlagen“, wie er es getan hat. Und dies tut er nicht mehr. All denen, die — wie J — entsetzt sind von der Unvollkommenheit und Verderbtheit des Menschen, die ungeduldig eine vollendete Schöpfung wollen und die die untergründige Empörung Gottes über das Tun des Menschen spüren, kann man im Sinne dieser Stelle mit den Worten von Stefan Andres sagen: „Gott geht nicht nach Utopia! Aber auf diese tränenfeuchte Erde kommt er — immer wieder! Denn hier ist unendliche Armut, unendlicher Hunger, unendliches Leid! . . . Gott liebt die Welt, weil sie unvollkommen ist. — Wir sind Gottes Utopia . . .!“ (Wir sind Utopia, 1951 München, 43—44) Gott beschließt, diese Welt des Menschen zu akzeptieren, ja, zu lieben, wie sie ist. Und daß wir leben, liegt infolgedessen nicht an einem Anspruch, den wir darauf hätten; im Gegenteil, von unseren Taten her verdienten wir seit Urzeit unseren Untergang; daß es uns gibt, und zwar so gibt, wie wir uns selbst entgegen Gottes Willen durch eigenes Tun gemacht haben, hat seinen Grund darin, daß Gott uns gelten läßt und weiterhin erträgt. Dem „Herzen" Gottes (8, 21a) entspricht das „Herz" des Menschen (8, 21b), und die Entsprechung beider ist das Erbarmen Gottes.

Von daher ist es ganz und gar absurd zu glauben, Gott sei durch Noahs Opfer umgestimmt worden oder das Opfer Noahs habe irgendeine Sühne für irgendetwas leisten können (Gu: „Diese Stelle ist ... wichtig für das Verständnis des alten ‚Sühnopfers'." 66). Es zeigt sich vielmehr, daß es durchaus gar keine Sühne für den Menschen gibt, der sich nicht geändert hat und auch von sich her so wenig sich ändern wird wie der Mohr seine Farbe und der Panther seine Streifen (Jer 13, 23). Daß Gott dennoch seine Strafe einschränkt, hat seinen Grund ganz und gar nicht in der Würdigkeit oder einer Sühneleistung des Menschen, sondern in dem völlig paradoxen Erbarmen Gottes mit der menschlichen Schuld.

Um dieses unverständliche Eingehen Gottes auf die Totalität unserer Sünde wenigstens, wenn nicht verständlich, so doch ein Stück weit „einfühlbar" zu machen, muß man sich vergegenwärtigen, wie J bisher die menschliche Schuld darstellte. Eva sahen wir in die Schuld geraten, gerade während oder weil (!) sie sich über die Maßen bemühte, das Gebot Gottes einzuhalten; Kain erschlug seinen Bruder, gerade als er mit ihm gemeinsam die Gunst Gottes durch sein Opfer zu erringen suchte, und vielleicht machte auch er, wenn wir vom jetzt überlieferten Text ausgehen, vor dem Mord noch einmal den Versuch, mit seinem Bruder zu reden. In solch einer zwiespältigen, zwischen Treue und Abfall, Abwehr und Niederlage hin und her taumelnden Hilflosigkeit sahen wir die Menschen in die Schuld geraten. Wir beobachteten, wie sie versuchten, ihre Lebensbedingungen mit Hilfe ihrer Fähigkeiten und Kenntnisse zu verbessern, aber dadurch alles nur verschlimmerten; ja, wie sie schließlich ihr Verlangen nach dem Göttlichen, auf das hin sie geschaffen waren, dazu trieb, dieses Göttliche selbst, von dem sie getrennt waren, durch Vermischung und Übersteigerung der eigenen Möglichkeiten an sich zu reißen. Immer auch sahen wir, wie die Angst die Menschen hinderte, das Vertrauen zu Gott aufzubringen, mit dem sie die Gefahr der Sünde hätten bannen oder nach der Tat durch ein offenes Geständnis zu Gott zurückkehren können. Immer mehr erwies sich die Sünde als ein Netz, das sich nur umso mehr zuzog, je mehr man ihm entkommen wollte. Wer die Verwirrungen, Zwänge, Widersprüchlichkeiten, Hilflosigkeiten, wer die Preisgegebenheit des Menschen an sich selbst und an sein eigenes Tun mit so viel Verständnis und Mitleid nachzeichnet, wie J es tut, der kann wohl dazu kommen, Gott ein solches Verhalten zuzutrauen: daß er allen Menschen alles vergibt, gerade weil sie Sünder sind und weil sie doch nur leben können vom Erbarmen Gottes. Die Menschen, wie J sie schildert, sündigen niemals einfach durch „bösen Willen" oder simplen „Stolz"; sie erscheinen vielmehr wie Gefangene ihrer selbst, wie Sklaven einer unheimlichen Logik, die sich als Konsequenz unmittelbar aus ihrem eigenen Tun ergibt; und nirgendwo sah man eine Stelle, an der man dem Getriebe der Schuld hätte Einhalt gebieten können. So genau portraitiert J unser eigenes, unser uns so vertrautes Verhalten, daß wir immer wieder verstehen können, warum es so kommt, wie es kommt, und immer wieder Mitleid empfinden müssen mit den Menschen, gerade weil sie so handeln, wie sie handeln. In dieser Perspektive (und nur in ihr) sind wir ein wenig darauf vorbereitet, die paradoxe Logik der Bereitschaft Gottes zu verstehen, dem Menschen zu vergeben, weil er von Grund auf Sünder ist.

Es ist indessen zu beachten, daß das Wort Gottes nicht direkt an den Menschen gerichtet ist und ihn eigentlich nur mittelbar betrifft. Der Ausspruch Gottes in 8, 22 ist nicht so sehr ein Verzeihen der Schuld, als vielmehr ein Strafverbot über den Acker. Die alte Strafeinheit und Schicksalsgemeinschaft von Acker und Mensch wird aufgelöst. Ein in der Antike weit verbreiteter Glaube scheint damit zu zerbrechen, „daß die Welt Gesetzen gehorcht, die gleicherweise allem natürlichen wie sittlichen Geschehen zugrundeliegen." (H. v. Glasenapp: Die Philosophie der Inder, 375) Und dieser Glaube muß nach J zerbrechen, weil die Bosheit des Menschen zu tief ist, als daß eine solche Entsprechung zwischen Naturordnung und Menschenwelt möglich wäre. Wohl müßte eine solche Entsprechung an sich existieren; Gn 3, 17 und 4, 12 zeigen das deutlich; aber würde es tatsächlich eine solche Korrelation geben, so wäre bei der Art, wie die Menschen leben, überhaupt kein Leben möglich. Daher kann man nur davon ausgehen, daß Gott von einem bestimmten Punkt an die Welt dem Tun des Menschen entzogen und ihr eine überraschende Eigengesetzlichkeit gegeben hat, die in ihrem zuverlässigen und strengen Wechsel der Jahreszeiten und der Tage (We 614) angesichts des menschlichen Treibens und der menschlichen

Geschichte mit ihrem Chaos (Gn 11, 1—9) geradezu unbegreiflich ist. Sie ist selbst in sich nur zu verstehen als ein Akt „der Gnade und tragenden Geduld Gottes“ (v. Rad 101; 9, 92 leicht verändert).

Es drückt sich darin ein Empfinden aus, wie es am klarsten im Ps 104 ausgesprochen wird, der nach dem Vorbild des berühmten Sonnengesangs Amenophis IV die Größe, Harmonie und Schönheit der Ordnung der Natur preist und dann in jähem Kontrast schließt: „Verschwinden mögen die Sünder von der Erde, die Missetäter nicht mehr sein“ (104, 35). Wir dürfen in einer Welt leben, die von Gott her wohlgeordnet ist und bleibt und nie mehr in eine solch katastrophale Mitleidenschaft gezogen wird, wie es bei einer konsequenten Bestrafung des menschlichen Tuns nach der Art von Gn 3, 17; 4, 12 notwendig wäre. Während der Mensch seine von Gott gegebene Ordnung ins Widergöttliche verkehrt hat, hält Gott die Ordnung der Natur fortan in jedem Augenblick (8, 22a) in ihrem ruhigen Gleichmaß; und so bekommt der Mensch die Möglichkeit zu leben. „Die Fluchgeschichte zwischen Mensch und Erdboden hat hier offenbar nach dem Zeugnis des Jahwisten durch Gottes Gnade ein Ende erfahren“ (Zi 296). Aber zugleich wird zu beachten sein, daß gleich in der nächsten Erzählung (9, 20—27) gezeigt wird, wie die Früchte der Erde, mit denen der Mensch sich am Leben erhalten kann, durch die Unordnung des menschlichen Herzens zur Quelle neuer Gefährdung und erneuter Verfluchung, jetzt allerdings allein durch Menschen über Menschen, werden.

Die Ordnung der Natur ist nach Gn 8, 22 mithin die wesentliche und auffällige Kontrastfolie zur Unordnung des Menschen im Sozialen und Geschichtlichen. Diese Unordnung wird den Hintergrund dafür abgeben, wie Gott in Abraham kl mšpḥt h'dmh — „alle Geschlechter des Ackers“ sich segnen lassen und eine Geschichte heraufführen wird, die in einem neuen Einklang und einem neuen Frieden zwischen Mensch und Erde einmündet (Jes 11; 65); die „neue Schöpfung“ Gottes, die die Sintflut urgeschichtlich bedeutet, wird dann ihren geschichtlichen Abschluß finden. Bis dahin aber kann man sich nur von Grund auf und zutiefst wundern, wie „babylonisch“ sinnlos und chaotisch die Menschen inmitten einer Natur leben, die so sehr bestimmt ist von Verstand und Weisheit. 8, 22 markiert diesen Ur-Widerspruch und zeigt die Menschen als Wesen, die mit ihrem Treiben ganz und gar aus der „natürlichen Ordnung“ herausgefallen sind.

Zusammenfassung:

Vom *systematischen* Standpunkt aus sind diese Ergebnisse festzuhalten:

1. Die Sintflut ist als ein Urgeschehen zu lesen, das etwas aussagt, das unserer jetzigen Existenz zugrundeliegt, ohne in der geschichtlichen Existenz des Menschen ein Korrelat zu besitzen. Es heißt also den Text gründlich mißverstehen, wenn man an ihn „Hauptfragen" von der Art richtet: „a) Hat sich die Flut über die ganze Erde erstreckt? b) Hat die Flut alle Menschen auf der ganzen Erde außer Noe und den Seinen vernichtet?" (J. B. Bauer: Die biblische Urgeschichte, 70) Das Verständnis des Textes beginnt vielmehr mit der Erkenntnis, daß man solche Fragen nicht zu stellen braucht und nicht zu stellen hat, und zwar nicht nur aufgrund der Motiv- und Religionsgeschichte, sondern vor allem von der theologischen Aussage her.

2. Es ist die Auffassung der Sintfluterzählung des J, daß unser Leben ganz und gar von der Sünde gekennzeichnet ist, ja, immerdar nur Sünde ist. Gott müßte daher eigentlich so handeln, wie er es in der Flut getan hat; daß wir dennoch leben, liegt ganz allein an der uns unbegreiflichen Geduld und Güte Gottes, die macht, daß es mit uns noch nicht gar aus ist. Unser Dasein muß von daher beschrieben werden als eines, das aufs Ganze hin durch den Widerspruch zu Gott zerrissen und in das Gegenteil des ursprünglich mit ihm Gemeinten pervertiert ist und das demnach, ja gerade deshalb, bereits weil es (noch) existiert, nur von einer Art Generalamnestie Gottes und als ermöglicht von seinem Erbarmen zu verstehen ist, ganz im Sinne von Mt 5, 45 und Mt 13, 24—30.

3. Die Ordnung der Natur besteht nicht einfachhin nur durch die Schöpfung Gottes, sondern durch einen eigenen Entschluß des Erbarmens, der angesichts der menschlichen Verderbtheit die Natur davor schützt, auch ihrerseits in den Untergang mitgerissen zu werden. So erklärt sich die Ungleichheit und Inadäquatheit einer geordneten Welt der Natur und einer chaotischen Welt des Menschen. Die Unschuld der Kreatur steht im Widerspruch zu der Schuld des Menschen; ihre ursprüngliche Schicksalseinheit mit dem Menschen, die auch in der Verfluchung des Ackers fortbestand, ist jetzt von Gott gelöst worden, um weitere Katastrophen zu vermeiden.

4. Insofern ist die Erzählung der Sintflut bei J nicht der Bericht von einer kosmogonischen Renovation, sondern eine, wenn man so will, „theologische Ätiologie" bzw. Theodizee, die „erklärt", wieso das Unerklärliche möglich ist, daß der Mensch so lebt und leben darf, wie er lebt; sie „löst" das Paradox durch die Radikalisierung der Paradoxie:

würde Gott unsere Schuld ahnden, so stünde eine neue Sintflut, eine neue Apokalypse bevor; Gott aber hält unsere Schuld aus. Der Text ist also gerade nicht von der prophetischen Drohrede oder den apokalyptischen Gerichtsschemata her zu verstehen, sondern spricht in einer unerhörten Zuspitzung von dem totalen Erbarmen Gottes angesichts der Totalität der menschlichen Schuld. Es geht mithin auch nicht, wie Westermann meint, darum, „daß der Mensch sich seit den frühesten . . . Stadien der Menschheitsgeschichte . . . auch als Glied der Gattung Mensch gefährdet wußte“ (We 639), oder darum, daß der Schöpfer seine Schöpfung wieder zurücknehmen könnte; die Kernaussage der Sintfluterzählung ist vielmehr, daß Gott es sich ein für allemal verboten hat, die Erde um des Menschen willen zu zerstören, und daß wir uns daher in unserem Dasein nur verstehen können als gerettet durch Gnade.

Für die *psychoanalytische* Untersuchung ist es die Frage, wie sich ontogenetisch die „Sintflut“ verstehen läßt; als ihre psychologischen Strukturen lassen sich herausheben:

a) sie ist die direkte Folge einer sexuellen Ausschweifung, in der die Menschen (-töchter) sich mit Göttern paaren; dieses Tun ist in sich als Abschluß einer bis dahin führenden Entwicklungsreihe zu sehen;
b) sie löscht alles Bestehende aus, ohne indessen eine wirkliche Veränderung im Menschen zu bewirken;
c) die Einheit mit der Umgebung (der Erde) zerfällt; die Individualentwicklung löst sich aus dem ursprünglichen Zusammenhang, der seinerseits in seiner Konstanz die Weiterführung des Lebens garantiert;
d) der an sich schwer verständliche Zug, daß die „Errungenschaften“ vor der Flut späterhin weitergeführt werden, also nicht dem Untergang anheimfallen, bedarf einer psychologisch befriedigenden Erklärung;
e) die Flut als Strafgericht endet mit einer Bekundung des Einverständnisses seitens des Menschen (das Opfer Noahs) und der Zusicherung Gottes, trotz der unverändert bestehenden und fortdauernden Vergangenheit weiterleben zu dürfen.

Die Frage muß sein, in welche ontogenetische Situation diese Strukturmerkmale passen und wie sie sich einheitlich und integral als eigener „urgeschichtlicher“ Entwicklungsabschnitt der Individualgeschichte verstehen lassen.

„... *unter Weg verstehe ich letztlich noch immer nur die Hoffnung, mir zu entgehen. Diese Hoffnung ist mein Gefängnis. Ich weiß es, doch mein Wissen sprengt es nicht, es zeigt mir bloß mein Gefängnis, meine Ohnmacht, meine Nichtigkeit. Ich bin nicht hoffnungslos genug, oder wie die Gläubigen sagen würden, nicht ergeben genug.*"

(Max Frisch: Stiller, VII; st 105, S. 343)

H. VERFLUCHT SEI KANAAN (9, 18—27)

I. Motivgeschichtlicher Hintergrund

Der Abschnitt Gn 9, 18—27 enthält offensichtlich vier verschiedene Motive: in 9, 18—19 wird von der Bevölkerung der Erde nach der Sintflut gesprochen, dann folgt in 9, 20 die Mitteilung vom Beginn des Weinbaus, daran knüpft sich die Erzählung von dem unterschiedlichen Verhalten der Noahsöhne gegenüber der Nacktheit des Vaters, den Abschluß bildet der Segen und Fluch über die Noahsöhne. Daß im Anschluß an die Große Flut von der Verbreitung der neuen Menschheit über die Erde gesprochen wird, ist ein Zug, der logisch zur Sintfluterzählung gehört und in sich kein Problem darstellt; die Art, wie sich die Menschen nach der Vernichtung regenerieren, gibt am Ende der Fluterzählungen zumeist den jetzigen Zustand der Menschheit wieder. So etwa werden bei Ovid die Menschen nach der Flut aus den Steinen gebildet, die Deukalion und Pyrrha hinter sich werfen, denn „davon sind wir ein hartes Geschlecht, ausharrend in Mühsal, und wir geben Beweis, woher wir genommen den Ursprung." (Ovid: Metamorphosen I 414—415) Zweifellos unabhängig vom Motiv der Großen Flut ist der Segen und der Fluch Noahs über seine Söhne; es würde uns hier nicht sehr viel weiterführen, mythische Parallelen beizubringen, in denen der Vater seine Söhne nach ihren Taten segnet oder verflucht; denn der eigentliche Ort dieses Motivs liegt eher in den Väter- und Stammessagen (vgl. Gn 27, 28—29.39—40; 49, 3—27) als in der Urgeschichte, d. h., daß hier kein wirklich vergleichbares menschheitliches Motiv anzutreffen ist. Anders verhält es sich mit der Frage, welche Beziehungen zwischen der Sintfluterzählung und der Bemerkung über den Anfang des Weinanbaus bestehen (vgl. G I) und ob nicht das sonderbare Verhalten Chams in einem motivgeschichtlichen Zusammenhang zum Weinanbau zu sehen ist.

Die für uns greifbarste Quelle zur Beantwortung dieser Frage sind zweifellos die griechischen Mythen vom Wein, die wir deshalb relativ unbedenklich zum Vergleich heranziehen können, weil der Weinanbau sich über Kleinasien, Palästina, Kreta bis Griechenland hin verbreitet hat und weil die entsprechenden bacchantischen Feste und Mythen, die wir dort finden, das Erbe älterer Überlieferungen darstellen, die verschiedentlich in Kleinasien, besonders in Syrien, beheimatet sind. So entdeckt Dionysos den Wein auf dem Berg Nysa. Nysos heißt „lahm" und scheint auf einen kanaanäischen Kult hinzuweisen, in dem der Heilige König auf den Bergen wie ein Rebhuhn orgiastisch zum Frühlingsfest hin und her hüpfte — ein Ritual, das möglicherweise auch dem jüdischen Pesach zugrundeliegt (R. v. Ranke-Graves I 95).

Lassen wir also die griechischen Weinmythen als motivgeschichtliche Quelle zum Verständnis des Hintergrundes der j Erzählung vom Weinbau Noahs und dem Verhalten seiner Söhne gelten, so können wir zunächst die Feststellung erhärten, daß das Motiv vom Weinanbau zurecht auf die Erzählung von der Sintflut folgt, obwohl traditionsgeschichtlich (s. u. H II) Gn 9, 20—27 zweifellos einen Neueinsatz darstellt. Wir haben bereits erwähnt, daß in der griechischen Mythologie die Menschen der Flut, Deukalion und Pyrrha, der „Neue-Wein-Segler" und die „Feurig-Rote" (R. v. Ranke-Graves I 125), mit dem Weinanbau in Verbindung gebracht werden. Desgleichen haben wir auf die Beziehung hingewiesen, die zwischen der Sintflutmythe und dem Mondkult zu bestehen scheint. Und in diesem Zusammenhang verdient es Beachtung, daß die Weinmythologie selbst auf die lunare Mythologie verweist. Der älteste griechische Weinmythos berichtet von der Mondgöttin Hekate, die unter der Regierung des Orestheus, des Sohns des Deukalion, einen Weinstock zur Welt bringt. Auf den Mondkult deutet auch der Umstand, daß Deukalions Sohn Hellen, der Vorfahre der Hellenen, wohl ein „königlicher Stellvertreter der Priesterin der Helle — auch ... Selene —, der Mondgöttin, war." (R. v. Ranke-Graves I 126) Das Motiv von der Seefahrt, vom Weinanbau und der Mondverehrung kommt zusammen in der Erzählung von der Fahrt, die Dionysos in einem den Neumond symbolisierenden Boot unternimmt und bei der er von Piraten auf falschen Kurs gebracht wird. Um sich zu retten, verwandelt er deren Schiff. „Dionysos ließ auf dem Deck einen Weinstock wachsen, der den Mast umwucherte ... Die Ruder verwandelte er in Schlangen, sich selbst in einen Löwen. Er füllte das Schiff mit geisterhaften Tieren und ließ Flötenmusik erklingen, so daß die verwirrten Piraten über Bord sprangen und zu Delphinen wurden." (R. v. Ranke-Graves I 93) Man kann vermuten, daß diese Geschichten „auf gleiche Ursprünge zurückgehen wie die Legende Noahs und der Tiere in der Arche." (a.a.O., 96)

Von daher scheint es dann auch möglich, das Motiv von der Schändung des trunkenen Vaters in Gn 9, 20—22 näher zu bestimmen. Es muß nämlich auffallen, daß die Mythen von dem Erfinder des Weinbaus mit Vorliebe Motive vom Töten und Zerstückeln aufgreifen und dabei zugleich astrale Vorstellungen und Riten des Fruchtbarkeitskultes ausdrücken. Als Beispiel führen wir die Mythe von Ikarios an, dem der Weingott Dionysos als Belohnung für seine Gastfreundlichkeit eine Weinrebe geschenkt hatte. Aus dem Fell eines Bockes, den er hatte töten müssen, weil dieser die Rebe fast vernichtet hätte, fertigt Ikarios einen Schlauch, in den er den ersten Wein füllt. Voll Freude und ein wenig berauscht, tanzt er auf dem Schlauch in der Art, wie es beim Fest der attischen Weinlese üblich ist. Ikarios fährt dann mit einem Wagen umher, um den Menschen von dem köstlichen neuen Getränk mitzugeben. Weintrunkene Hirten aber, in der Meinung, sie seien vergiftet worden, erschlagen Ikarios und bestatten ihn später voll Trauer. Erigone, die Tochter des Ikarios, findet mit ihrer Hündin Maira den Leichnam des Vaters und erhängt sich. Dionysos aber versetzt alle als Sternbilder an den Himmel: Ikarios als Bootes, Erigone als Jungfrau, den Wagen als Himmelswagen, die Hündin Maira als Sternbild Prokyon (W. Schadewaldt: Die Sternsagen der Griechen, 23—24; vgl. R. v. Ranke-Graves I 237—239). Bemerkenswert ist, daß in dieser Erzählung die ambivalente Wirkung des Weines sich gegen den Erfinder selbst richtet, daß aber neben die verwerfliche Handlung der Hirten auch eine tritt, die wie in Gn 9, 20—27 mit göttlichem Segen und ewiger Erhöhung belohnt wird. Gleichzeitig scheint das einfache Motiv der j Erzählung in die astrale Mythologie gewendet worden zu sein; das Gleichmaß der Natur, von dem Gn 8 sprach, wird hier mythologisch durch einen Vorgang von Tod und Auferstehung im Zusammenhang mit der Erfindung des Weinbaus (und seinem Ritual) begründet.

Einer ähnlichen Verbindung von Weinbau, Tötung und stellarer bzw. lunarer Ordnung begegnen wir auch in dem Mythos von Zagreus, dem Sohn des Zeus, der als „Zeus in einem Ziegenfell“ mit Dionysos verschmilzt und in dieser Gestalt „auch im südlichen Palästina bekannt“ war (R. v. Ranke-Graves I 105). Von Zagreus-Dionysos berichtet eine kretische Sage, wie die Titanen ihn zu töten und zu verzehren suchten, wie er sich aber in einen Löwen, eine Schlange und einen Stier verwandelte; als Stier töteten ihn die Titanen; es geht dabei wohl um einen alten Tanz der Tierkreiszeichen, der den Jahresablauf sicherte und mit einem kannibalischen Ritus endete; als Löwe, Stier und Schlange verkörperte Dionysos den Umlauf des Jahres (R. v. Ranke-Graves I 95—

96). Die Tötung des Stieres wird noch im Mithraskult auf den Mond bezogen (M. J. Vermaseren: Mithras, 66—67).

Eine parallele Mythe berichtet von der Geburt des Dionysos, daß die Titanen auf Heras Befehl das neugeborene Kind des Zeus in Stücke rissen und in einem Kessel kochten; ein Granatapfelbaum entstand aus seinem Blut; Rhea fügte die Teile des Dionysos wieder zusammen. Dieser Mythos spiegelt wohl den Widerstand gegen die Ausbreitung des Dionysoskultes wider, zeigt aber auch die Züge der Auferstehungsmythologie des Fruchtbarkeitskultes (vgl. den Isis-Mythos), in dem wohl ursprünglich von den Mänaden ein Knabenopfer dargebracht wurde. Dieser Fruchtbarkeitsmythos begegnet in anderer Weise in der Sage von Agdistis, der von Rhea in Gestalt des Felsens Agdos durch den Samen des Zeus als Zwitterwesen geboren wird. Um die Gefahren der Wildheit des Agdistis abzuwehren, mischt Dionysos Wein in das Quellwasser; Agdistis berauscht sich und fällt in tiefen Schlaf. „Daraufhin band Dionysos die Geschlechtsteile des Agdistis mit Seilen an einen Baum, so daß sich dieser beim Erwachen entmannte. Aus dem Blut der Wunde wuchs ein Baum, der Früchte trug." (M. J. Vermaseren: Religionen im Wettstreit mit dem Christentum, in: A. Toynbee: Auf diesen Felsen. Das Christentum. Grundlagen und Weg zur Macht, 256) In dieser Form begegnet der Mythos von Agdistis auch in dem Kybele-Attis-Kult.

Um nicht mißverstanden zu werden: es ist gewiß nicht möglich, zwischen diesen Mythen literarische oder unmittelbare kulturgeschichtliche Abhängigkeiten zu statuieren; es ist aber möglich, mit ihrer Hilfe eine Vorstellung davon zu vermitteln, mit welchen Gedankengängen man im Umkreis des Fruchtbarkeits- und des Dionysoskultes zu rechnen hat. Es scheint hier eine gewisse Affinität zu lunaren Mythen und zu dem Gedanken des Jahresumlaufs zu bestehen, sowie zu der Vorstellung, daß die Fruchtbarkeit des Landes als eine Art Tötung durch Zerstückeln (bzw. Kastration), als ein Verzehrtwerden und Wiederauferstehen durch Zusammensetzen aufzufassen ist. Unterstellt man, was sehr wahrscheinlich ist, daß für den Weinbau ein breites Band von Fruchtbarkeitsriten und -mythen im Hintergrund anzunehmen ist, daß ferner diese Mythen ein außerordentliches Alter und eine lange Zeit des kultischen Rituals bis zu ihrer Aufzeichnung hinter sich haben, so ist es nicht unmöglich, daß hinter der Erzählung von Noah und seinen Söhnen Vorstellungen stehen, die von denen der Mythologie des Dionysos nicht so sehr entfernt sind. Es bliebe dann in aller Vorsicht als Hypothese festzuhalten:

1. daß Noah, der Mann der Sintflut, motivgeschichtlich auch der Mann des Weinbaus ist (Dionysos-Deukalion);
2. daß Flut wie Weinbau ihren Zusammenhang in der lunaren Mythologie haben;
3. daß mit den Fruchtbarkeitszeremonien die Gedanken der Zerstückelung (Kastration) und Wiedergeburt verbunden sind (Dionysos-Zagreus; Agdistis; Osiris).

Vielleicht kann man dann sagen, daß hinter dem Tun Chams motivgeschichtlich eine Art ritueller Kastration steht. In diesem Zusammenhang ist vielleicht an die ähnliche Vorstellung zu denken, die die ursprünglich churritische Sage von der Entmannung des Uranos widerspiegelt: nachdem Uranos seine aufständischen Söhne, die Kyklopen, in den Tartaros geworfen hatte, verleitet die Mutter Erde (Era-Rhea; v. Ranke-Graves I 35) die Titanen, den Vater anzugreifen. Kronos, der jüngste der sieben, überrascht mit einer steinernen Sichel den Uranos im Schlafe und entmannt ihn. Dahinter steht vielleicht die babylonische Mythe von der Rebellion des Feuersteins (einem phallischen Symbol) gegen den Gott Ninurta, der den Frevel des Feuersteins damit bestraft, daß er sich abspaltet (H. W. F. Saggs: Mesopotamien, 732—733), u. a. aber wohl auch der Kult der „Opferung des Königs, die ja der Fruchtbarkeit der Getreidefelder und Obstgärten dienen sollte“ (R. v. Ranke-Graves I 31). Diese Tötung des Königs scheint erst später durch das rituelle Knabenopfer (vgl. Gn 22, 1—14) ersetzt worden zu sein (R. v. Ranke-Graves, 34), so daß späterhin Kronos die eigenen Kinder verzehrt. In Athen wurde aber Kronos auch als Gerstengott Sabazios verehrt, von wo aus sich der Ring wieder zum Dionysos-Kult schließt. Die Sichel (harpä), ein Symbol der Mondsichel, wurde auch verwendet, „um die Eiche durch das Abschneiden der Mistel“ „zu entmannen“, „so wie eine rituelle Sichel zum Ernten der ersten Weizengarbe verwendet wurde.“ (a.a.O. 34) „Die Mistel wurde als das Geschlechtsorgan der Eiche betrachtet. Wenn die Druiden sie aus rituellen Gründen mit einer goldenen Sichel abschnitten, führten sie eine symbolische Entmannung durch“ (a.a.O. 157). Das Ritual „der geopferten Eichen-Könige oder der Kinder, die als Ersatz dienten“ (a.a.O. 157), sah vor, daß das Blut verteilt wurde — ebenso wie der Mistelsaft. In diese Richtung weist auch wieder die Geschichte von Lykurg, der im Kampf gegen Dionysos von Rhea mit Wahnsinn geschlagen wird, „so daß er seinen eigenen Sohn Dryas mit einer Axt tötete, im Glauben, einen Weinstock zu fällen.“ (a.a.O. 92) Dionysos kommt nur zurück, als Lykurg von Pferden, den

Tieren des Bieres und Nektars, zerrissen wird. „Dryas war der Eichenkönig, der jährlich getötet wurde.“ (a.a.O. 95)

So wäre vielleicht bei dem Tun Chams (Gn 9, 20—22) im Hintergrund an eine solche rituelle Entmannung des Königs als Garantie der Fruchtbarkeit zu denken. Die j Erzählung Gn 9, 20—27 hätte dementsprechend das Motiv von der Erfindung des Weinbaus sowie der Schändung des ersten Weinbauers in den Zusammenhang der Sintfluterzählung gestellt, weil ein solcher Zusammenhang durch das Fruchtbarkeitsritual von Tod und Auferstehung auf lunarem und stellarem Hintergrund bereits bestand und die Vorstellung des Dionysoskultes (bzw. seiner Vorläufer) sich mühelos in diesen Rahmen einfügten. Psychologisch mag das Erlebnis des Alkoholdeliriums dabei von vornherein eine gewisse Verwandtschaft zu den orgiastischen Riten des Fruchtbarkeitskultes von Untergang und Neugeburt besessen haben.

Indessen kommen wir hier über ein hohes Maß an Spekulationen nicht hinaus. Lediglich scheint es uns wahrscheinlich geworden zu sein, daß in der j Urgeschichte motivgeschichtlich von der Ehe mit den Gottessöhnen (Gn 6, 1—4) über die Sintflut (Gn 6—8) bis hin zur Schändung des weinbauenden Noah ein Komplex von einander verwandten und zusammengehörigen Mythen vorliegt, deren Zusammenstellung wohl nicht erst als Werk der j Redaktion zu betrachten ist, sondern zumindest auf bereits vorgegebene Affinitäten der mythischen Motive zueinander zurückgreifen kann. Darüber hinaus lehrt uns die motivgeschichtliche Betrachtung den Umstand zu würdigen, daß J in Gn 9, 20—22 die Erfindung des Weinbaus allen mythischen Beiwerks entkleidet und die dazugehörigen rituellen und orgiastischen Riten auf eine einfache — verwerfliche — Familienangelegenheit zurückführt; Fluch und Segen Noahs sind bei J keine kosmischen Ereignisse mehr, sondern (ur-)geschichtliche Tatbestände unter den Söhnen Noahs. Lediglich insofern Cham mit Kanaan identifiziert wird (Gn 9, 25), scheint der Hintergrund des Fruchtbarkeits- und Weinbaukultes angesprochen und vom Ursprung her verflucht zu werden; es ist etwas, von dem der J sagen kann und will, was einst die Davidstochter Thamar zu ihrem Bruder Amnon sagte: „So etwas tut man nicht in Israel.“ (2 Sam 13, 12)

Nur angemerkt sei noch, daß wir später, bei der psychoanalytischen Untersuchung von Gn 9, 20—27, aufgrund von Gedankengängen, die von der motivgeschichtlichen Betrachtung der Stelle relativ unabhängig sind, ebenfalls auf das Thema der Kastration stoßen werden; insofern vermögen wir die vorgetragenen religionsgeschichtlichen Hypothesen in gewissem Sinne psychoanalytisch zu bestätigen. Wir werden dann auch Gelegenheit haben, den merkwürdigen Zug der Ikarios-Mythe zu verstehen, daß der Erfinder einer Kulturpflanze sterben muß, und werden anhand des Hainuwele-Mythos erläutern, daß das Sterben und Begrabenwerden des Erfinders der Kulturpflanzen im Weltbild der Pflanzerkultur die Voraussetzung jeglichen Wachstums darstellt (vgl. 2. Teil B II 2b).

II. Traditionsgeschichtliche und literarkritische Feststellungen

Die Traditionsgeschichte des Abschnittes 9, 18—27 ist nicht einfach. Als sicher kann man annehmen, daß 9, 18—19 nicht ursprünglich mit 9, 20—27 zusammenhängt. Dafür spricht nicht so sehr die Überlegung Gunkels (78), daß die Söhne Noahs in der Sintfluterzählung verheiratet gewesen seien, jetzt aber (9, 20—27) Chams Verhalten „nicht das eines erwachsenen Menschen" sei (78); denn die Bemerkung von 7, 7 über die Frauen der Söhne Noahs ist dort wohl eine sekundäre Erweiterung, und für irgendwelche sexuellen „Späße" ist man (nicht nur) im Orient bis ins hohe Alter hinein jederzeit aufgelegt; zudem geht es, wie wir gerade gesehen haben, dem Motiv nach zunächst nicht um einen privaten Streich Chams, sondern mutmaßlich um eine quasi-rituelle Handlung. Eher schon hat man tatsächlich Mühe, in der jetzigen Erzählung den frommen Noah der Sintflut mit dem weinberauschten Ackerbauern zusammenzubringen. Ausschlaggebend aber ist ein formaler Grund. Gn 9, 18—19 stellt eine Genealogie dar, die nach vorn fest mit der Erzählung der Sintflut verbunden ist; sie scheint in 9, 19 nach einer Fortsetzung zu verlangen, die von der Ausbreitung der Menschen nach der Flut spricht, nicht aber von einer Begebenheit wie 9, 20—27. Daher ist 9, 18—19 traditionsgeschichtlich als Abschluß der j Sintfluterzählung zu betrachten und steht ursprünglich nicht in Zusammenhang mit der nachfolgenden Erzählung von Noah und seinen Söhnen (9, 20—27). Ihre eigentliche Fortsetzung hat die Genealogie von 9, 18.19 offenbar in Gn 10, wo das Thema der Ausbreitung der Menschheit nach der Flut weitergeführt wird. Für die Interpretation ist es dann wichtig zu fragen, was J damit beabsichtigt, daß er in die Darstellung von der Regeneration und Verbreitung der Menschen nach der Flut die Erzählung von den Noahsöhnen einschiebt.

Aber auch der Abschnitt 9, 18—19 ist in sich nicht einheitlich.

Die Bemerkung in 9, 18 „die aus der Arche gingen" ist offenbar eingeschoben worden, um die Genealogie mit der vorausgegangenen Sintfluterzählung zu verklammern. Ein Einschub ist auch in 9, 18b die Wendung „Cham ist der Vater Kanaans", die der Absicht der Genealogie von 9, 18—19, die Ausbreitung der Menschheit nach der Flut zu schildern, zuwiderläuft (We 651), den Satzrhythmus der Genealogie stört und wohl eingefügt wurde, um zwischen der Erwähnung Chams in V. 22 und der Erwähnung Kanaans in V. 25 auszugleichen. Die Verse 9, 18.19 hätten demnach ursprünglich gelautet: „Die Söhne Noahs waren Sem, Cham und Japhet. Diese drei sind die Söhne Noahs, aus ihnen verstreute sich alles Erdvolk."

Auch die Erzählung 9, 20—27 ist nicht einheitlich. 9, 20 könnte, wie Westermann meint, als eine kulturhistorische Notiz vom Beginn des Weinbaus in sich selbständig sein und wäre, wie die kulturhistorischen Überlieferungen in 4, 17—21, im Rahmen einer Genealogie tradiert worden; nicht zu übersehen ist auch der Bezug zu 5, 29 vom „Leidtrösten Noahs", das ebenfalls mit einer Genealogie verbunden ist (We 648). Andererseits bringen die Überlieferungen vom „Anfang" bestimmter Kulturgüter auch ihre eigenen Mythen und Riten mit sich, und es spricht, wie wir gesehen haben, motivgeschichtlich manches dafür, daß mit Noah als dem Kulturbringer des Weinbaus thematisch eine Erzählung wie Gn 9, 21.22 verbunden gewesen ist; daß 9, 20 jetzt nur noch locker als Exposé der nachfolgenden Erzählung dient, könnte seinen Grund darin haben, daß die Überlieferung des Weinbaumythos in Israel nicht ohne erheblichen Widerstand rezipiert werden konnte, so wie auch die Erzählung vom Tun Chams noch deutliche Züge der Abwehr an sich trägt; der Akzent der Erzählung liegt jetzt auf der Verfluchung dieses Tuns (9, 25).

Die Hauptschwierigkeit in Gn 9, 21—27 besteht in der Tatsache, daß Gn 9, 22 Cham die Untat an seinem Vater verübt, in Gn 9, 25 aber Kanaan bestraft wird. Die literarkritische Lösung dieses Problems bestand darin, in V. 22 die Worte „Cham, der Vater des" (Kanaan) zu streichen (vgl. J. Wellhausen: Die Composition, 12—13) und also zu sagen: „Da sah Kanaan die Blöße seines Vaters." Aber dann hätte man neben der in 9, 18—20 und in Gn 10 bei J und P bezeugten Genealogie (Sem, Cham und Japhet) noch eine zweite Überlieferung von Noahsöhnen anzunehmen: Sem, Japhet, Kanaan. Westermann hält eine solche Annahme für „traditionsgeschichtlich . . . nicht zu verantworten." (647) Er macht zurecht darauf aufmerksam, daß der Name Kanaan nur in 9, 25, in dem Fluchwort Noahs, fest verankert sei; in 9, 26—27 werde lediglich wiederholt, was in 9, 25 gesagt wird, und in 9, 18 sei Kanaan hinzugefügt worden, um die Genealogie der Noahsöhne mit der nachfolgenden Erzählung auszugleichen; das wird richtig sein. Trotzdem scheint J zwei Genealogien, die von einander abweichen, zu verarbeiten, in deren einer der Name Kanaan ursprünglich sein könnte. Denn die Erzählung von den Noah-Söhnen bezeichnet in 9, 24 denjenigen, der die Freveltat verübt hat, ausdrücklich als den jüngsten Sohn, und dieser ist nach 9, 25 Kanaan, nach 9, 22 Cham, jedenfalls nicht Japhet; mit Sicherheit liegt also der Erzählung von 9, 21—25 eine andere Vorstellung von den Noah-Söhnen zugrunde als Gn 9, 18—19, wo Japhet als der Jüngste gilt; an einer doppelten genealogischen Überlieferung von den Noahsöhnen ist daher nicht vorbeizukommen, und dies selbst dann nicht, wenn 9,25 als ein isolierter Fluchspruch über Kanaan verstanden würde, der als ein Völkerspruch an die „Familienerzählung“ von Gn 9, 21—24 angehängt sei, — was aber auch Westermann nicht meint. Vielmehr zielt die Erzählung doch wohl auf die Verfluchung Kanaans ab, und es ist dann wohl am plausibelsten, die Worte über Cham in 9, 22 für ebenso sekundär zu halten wie die Worte über Kanaan in 9, 18, d. h., anzunehmen, daß 9, 20—25 ursprünglich von Kanaan sprach, die Genealogie 9, 18—19 aber von Cham; beide Stücke konnten miteinander verbunden werden, weil genealogisch Kanaan Cham nahe stand; eben diese Nähe verdeutlichen die beiden Zusätze, die Kanaan als Sohn Chams vorstellen (9, 18.22).

Eine weitere Frage ist, ob Gn 9, 20—25 ursprünglich von einem oder mehreren Söhnen Noahs sprach. Vielleicht gab es, wie Westermann vermutet, eine „ältere Gestalt der Erzählung, die nur von dem Sohn Noahs, des Weinbauern, handelte und mit dem Fluch über diesen Sohn schloß.“ (We 650) Gleichwohl kann diese Überlegung für die gegenwärtige Erzählung nicht zutreffen, da die Bemerkung in 9, 24 von dem jüngsten Sohn Noahs deutlich auf andere Söhne Noahs hinweist, aber in sich zu absichtslos und zu präzise ist, als daß man sie für sekundär halten dürfte. Immerhin ist erwägenswert, ob nicht in 9, 23 ursprünglich nur von Sem (nicht von Japhet) die Rede war; dafür spräche der Gebrauch des Singulars an dieser Stelle („er nahm“ — wjqḥ und „die Schulter“ — škm) ebenso wie der Umstand, daß dann der Kontrast zwischen den Akteuren wirkungsvoller heraussträte.

9, 26.27, die Segenssprüche über Sem und Japhet, sind offenbar sekundäre Bildungen, so „daß die alte Erzählung mit dem Fluch über Kanaan (= Ham) schloß, und dann die Dreierreihe der Söhne Noahs die Ergänzung durch einen Segen über die beiden anderen nahelegte.“ (We 659) Denn eigentlich notwendig für die Erzählung ist nur die Verfluchung Kanaans; was Sem und Japhet tun, ist, wie Westermann unter Hinweis auf die Vorschrift des ugaritischen Mythos von Aqht, den betrunkenen Vater bei der Hand zu nehmen (We 653), richtig hervorhebt, das im Grunde Selbstverständliche, das keines Segens bedarf. Besonders der Spruch über Sem (9, 26) scheint von J selbst gebildet zu sein und verbindet den Lobpreis auf Jahwe mit der im AT in dieser Form singulären Verheißung, daß Sem (= Israel) Kanaan beherrschen werde; die Verheißung selbst ist aus 9, 25 entnommen und scheint anzudeuten, daß Israel von Urzeit her aufgrund des Jahweglaubens zur Herrschaft über Kanaan bestimmt sei; der Spruch würde dann zu einer Zeit gebildet worden sein, in der Israel tatsächlich eine solche Herrschaft bereits ausübte, also z. Z. Davids-Salomos.

Der Segen über Japhet (9, 27) ist in sich gesondert zu betrachten; die Volksetymologie (jpt — „ausdehne er" und Jpt: japht — Japhet) könnte einem alten Sprichwort entstammen. Deutlich verweist der Spruch geschichtlich in eine Zeit, in der sich Japhet in das Gebiet von Sem hinein verbreitet; möglicherweise enthält das Wort eine alte Redewendung vom sprichwörtlichen Glück Japhets, an die J dann zum zweiten Mal die Formel von 9, 25 von der Knechtschaft Kanaans angehängt hat.

So kompliziert nun die Überlieferungsgeschichte von Gn 9, 18—27 auch ist, so sehr ist es doch der j Redaktion gelungen, aus den einzelnen Teilen der Tradition ein einheitliches Ganzes zu machen. Die überlieferte Erzählung 9, 20.21—25 sprach ursprünglich wohl nur von Noah und seinen Söhnen, handelte also von Einzelpersonen, nicht von Völkern und Völkerverhältnissen (vgl. We 655). Durch die Hinzufügung von 9, 26.27 muß aber „die Erzählung 20—27 als ganze als der Erklärung einzelner späterer Völkerschicksale dienend angesehen" werden (We 660). Denn in der jetzigen Gestalt ist 9, 20.21—27 streng parallel aufgebaut: die Fluch- und Segensworte (9, 26.27) entsprechen genau dem Aufbau der Erzählung 9, 21—24: erst das Tun Kanaans, dann das Tun Sems und Japhets; erst der Fluch über Kanaan, dann der Segen über Sem und Japhet. Diese Entgegensetzung von Kanaan einerseits und Sem (und Japhet) andererseits würde noch klarer sein, wenn nicht in 9, 22 beim Tun Chams (Kanaans) vielleicht (absichtlich?) ein Stück ausgefallen wäre. Gunkel (79) wird recht haben, wenn er meint, die Handlung Kanaans, die in V. 22 nicht mehr berichtet wird, sei der der Brüder entgegengesetzt gewesen. Während Kanaan „sah", wollen jene „nicht sehen"; daß V. 23 „das" Kleid als etwas Bekanntes erwähnt wird, scheint vorauszusetzen, daß es zuvor beim Tun Kanaans bereits eine Rolle spielte; während die Brüder mit dem Gewand Noah zudecken, wird Kanaan es Noah weggezogen haben. Es spricht motivgeschichtlich, wie wir gesehen haben, manches dafür, daß das Tun Kanaans darüber hinaus in bestimmten quasi-rituellen Manipulationen bestand, die der jetzige Text als horribile dictu verschweigt. Insofern ist in der j Redaktion aus einer Familiengeschichte eine Völkergeschichte geworden, und man wird bei der Interpretation der Erzählung im Sinne des J davon ausgehen müssen, daß sie ein Portrait der Menschheit geben will, wie sie sich nach der Sintflut über die Erde verbreitet hat; insbesondere will J Kanaan durch sein Tun als wesenhaft verflucht und unterjochungswürdig darstellen. Ähnlich wie in Gn 3 die Fluchworte das Ziel der Erzählung bildeten und der ganze Text nur als „Ursache" (Gu 80) derselben zu verstehen war, so muß hier die Erzählung von 9, 25—27 her interpretiert werden. Die Erzählung ist dann in der jetzigen Form eine Völkerätiologie, gleichgültig, was motivgeschichtlich und religionshistorisch hinter dem Tun Kanaans stecken mag. Als Stammes- und Völkerätiologie überschreitet sie die Einleitung der urgeschichtlichen Kulturentstehungsnotiz von 9, 20 in Richtung auf geschichtliche Beziehungen.

So bleibt die Frage, welche Völker J mit Sem, Cham und Japhet gemeint hat. Wir glauben nicht, im Rahmen einer dogmatisch-systematischen Arbeit dieses Problem lösen zu können oder zu müssen, möchten aber doch wenigstens andeuten, welche Überlegungen bei der Lösung dieser Frage eine Rolle spielen könnten.

Dem Text von 9, 20—27 zufolge gibt es in der j Version drei Urvölker, die von der Vorzeit her aus einem gemeinsamen Ursprung (Noah) sich herleiten, die auf einem gemeinsamen Gebiet wohnen und von denen der eine, Kanaan, der unterste Knecht der anderen ist. Von Sem hört man, daß er sich in seinem Segen von dem Lobpreis seines Gottes Jahwe her versteht; Japhet aber breitet sich aus und wohnt im Gebiet und in den Zelten Sems; zusammen mit Sem unterdrückt er Kanaan. Das Verb jškn in V. 27 — „er wohne" in den Zelten Sems, ist, wie Gunkel (81) zurecht festgestellt hat, nicht als freundliches Beisammensein der beiden Völker zu verstehen, sondern nur als Vertreibung Sems durch Japhet zu interpretieren.

Wer nun diese Völker historisch waren, ist nicht einfach zu sagen. Eindeutig ist die Sachlage allein für Kanaan. Es darf „für sicher gelten, daß . . . ‚Kanaanäer' auf alle Einwohner des Landes ohne Unterschied der Herkunft und Eigenart . . . angewandt werden konnte . . . nur mit der Einschränkung, daß dabei die erst gegen Ende des zweiten Jahrtausends neu hinzugekommenen Gruppen, die Israeliten und die Philister, ausgeschlossen bleiben.“ (A. Alt: Völker und Staaten Syriens im frühen Altertum, in: Kleine Schriften zur Geschichte des Volkes Israel, III 38) So nennt denn auch J 10, 15 die Phönizier (Sidon), Hethiter (Chet) sowie 10, 16 die Amuriter Nachkommen Kanaans. Der Name „Kanaan“ wird in den außerbiblischen Texten „immer an Westpalästina und die phönikische Küste gebunden“ (A. Alt, a.a.O. 37), ist also wohl eine feste Landesbezeichnung, nicht ein politischer Begriff. J beschreibt allerdings selbst die Grenzen dieses Landes in seiner Völkertafel 10, 19 und versteht hier darunter im wesentlichen nur noch Südpalästina, so daß Gunkel (83) schloß, daß offenbar das ursprüngliche Kanaan hier bereits auf einen Rest zusammengeschrumpft ist (vgl. A. Alt: Beiträge zur Historischen Geographie und Topographie des Negeb, II Das Land Gari, in: Kleine Schriften zur Geschichte des Volkes Israel, III 396—409; IV Irrige Meinungen über Gerar, a.a.O. 435—450). „Kanaan“ ist demnach die Bevölkerung Westpalästinas, ohne Rücksicht auf die ethnische Herkunft dieser Völker. Umso deutlicher ist die kulturelle und religiöse Abgrenzung von der kanaanäischen Landesbevölkerung. Man wird Gn 9, 20—27 als eine umfassende Wesenskennzeichnung der „Kanaanäer“ aus israelitischer Sicht verstehen müssen. „Im ganzen stand das kanaanäische Wesen den israelitischen Stämmen . . . als etwas Fremdes gegenüber“. „Vor allem aber war den israelitischen Stämmen Leben und Glauben dieser Kanaanäer etwas Fremdes.“ (M. Noth: Geschichte Israels, 132—133) Besonders der Fruchtbarkeitskult mit seinen zahlreichen Mythen und Ritualien, von denen wir motivgeschichtlich auch einige hinter den Erzählungen in der j Urgeschichte meinen greifen zu können, erfüllte die nach Kanaan eindringenden patriarchalisch organisierten israelitischen Stämme mit Abscheu. Neben dieser soziokulturellen Spannung spürten wir in Gn 4 schon etwas von der Sympathie des J für das Kleinviehnomadentum, von seiner Ablehnung der Kamelnomaden (4, 17 ff) sowie seiner negativen Bewertung der Stadtkultur (4, 17); die Erzählungen, die J in Gn 26, 7—11 (die Leute von Gerar) und 34, 1 (die Dina-Sage), traditionsgeschichtlich dem Material nach wohl auch in Gn 12, 10—20 (vgl. Gn 20 E), als verwandte Stoffe bietet, tragen mit dazu bei, das Bild zu vervollständigen (ganz abgesehen von Gn 19).

Der Text setzt nun voraus, daß die Bevölkerung Kanaans zur Strafe für die Greuel, die sie verübt, von Sem und Japhet unterdrückt und versklavt wird; anders ausgedrückt: er erklärt die Unterdrückung der kanaanäischen Bevölkerung mit Berufung auf die religiösen und kulturellen Einrichtungen der Kanaanäer für zu Recht bestehend.

Wer aber sind die Unterdrücker Kanaans? Wir nehmen an, daß 9, 26 von J selbst geformt ist; gleichwohl greift er mit dem Namen Sem alte tradierte Vorstellungen auf, die einer eigenen Klärung bedürfen. Nach der später eingeschobenen Notiz der j Völkertafel in 10, 21 ist Sem der „Stammvater aller Eber-Leute“, zu denen wohl „ausschließlich Stämme der arabischen Halbinsel“ (v. Rad 122; 9, 112) gerechnet werden. „Sem“ dürfte wohl „die aramäisch-hebräische Völkermasse“ (Gu 83) gewesen sein, die als Nomaden (vgl. die „Zelte“ 9, 26) nach 1300 nach Kanaan eindrangen und die in 9, 26 des näheren als Jahwe-Verehrer eingegrenzt werden; es sind also sicher nicht ausschließlich Israeliten, obwohl sie aus dieser Linie Sems hervorgehen (vgl. zu den „Eber-Leuten“ We 700—701 mit Bezug zu Gn 10, 21.24.25).

Wer aber ist mit Japhet gemeint? Der griechischen Mythologie nach ist Japetós ein Sohn des Uranos und der Gaia, seine Söhne sind die Titanen Atlas, Prometheus und Epimetheus. Die Angaben der Völkertafel von P in Gn 10, 2—5 zählen eine Reihe von Völkern auf, die, wie Gomer (= Kimmerier; „Krim“-Völker) oder Tubal und Mesech (Kilikien und Phrygien), in die Gegend Kleinasiens und Armeniens verweisen (vgl. We 674—675). Es ist aber die Frage, ob diese zeitlich sehr viel spätere Vorstellung sich auch für J geltend machen läßt. Vielleicht ist es historisch zutreffend, wenn Gn 10, 2—5 mit Japhet auch Völkerstämme in Verbindung bringt, wie Tiras (Tyrrener, Etrusker), die zu den sog. „Seevölkern“ zu rechnen sind. Der Ansturm der Seevölker, obwohl nur der letzte Ausläufer einer „umfassenden Völkerbewegung“ (M. Noth: Geschichte Israels, 39—40), brachte im 12. Jahrhundert das hethitische Großreich zum Einsturz und bedrohte das Ägypten Ramses III (1182—1151). Um die Gefahr der Seevölker, besonders der Philister, abzuwenden, blieb den Ägyptern wohl keine andere Wahl, „als ihnen die Ansiedlung im Küstengebiet von Südpalästina zu genehmigen und sie zu einem Werkzeug der ägyptischen Herrschaft in Kanaan zu machen.“ (E. Cassin, J. Bottéro, J. Vercoutter: Die altorientalischen Reiche II. Das Ende des 2. Jahrtausends; Fischers Weltgeschichte III 201) So wohnten die Philister wohl als Söldnertruppe der Ägypter „in den Zentren, die vorher unter ägyptischer Herrschaft gestanden hatten“ (a.a.O. 201), und traten nach dem Untergang der ägyptischen Herrschaft gewissermaßen als Erben der Ägypter den Kampf mit dem israelitischen Stämmeverband an (vgl. auch A. Alt: Ägyptische Tempel in Palästina und die Landnahme der Philister, in: Kleine Schriften, I 216—230). Es kann dann im wesentlichen nur bestätigt werden, was schon J. Wellhausen vermutet: „Kanaan ist die vorisraelitische Bevölkerung, Sem, der Herr Kanaans und Verehrer Jahves, ist Israel selber, Japheth, gleichfalls Herr Kanaans und inmitten Sems wohnend, kann eigentlich nur die Philister bezeichnen" (J. Wellhausen: Die Composition des Hexateuchs, 13). Als Zeit des Spruches ließe sich dann vielleicht an das Ende des 12. Jahrhunderts denken.

Die Frage ist allerdings, wieso Sem, Japhet und Kanaan als Söhne Noahs vorgestellt werden. Man würde Genealogien dieser Art mißverstehen, wenn man in ihnen Erinnerungen an ethnische oder sprachliche Zusammenhänge erblicken wollte. „Es sind vielmehr Völker, die je nach ihrer politisch-geschichtlichen Erscheinungsform voneinander abgegrenzt oder zueinander in Beziehung gesetzt werden." (v. Rad 116; 9, 106) Die Verwandtschaft der drei Völker liegt also darin, daß sie im Raum von Palästina aufeinanderstoßen. Dabei ist es wichtig, daß sich die Söhne Sems mit den Nachkommen Japhets offensichtlich trotz ihrer gegenseitigen Feindschaft verbundener fühlen als mit den Nachkommen Kanaans. Der Grund dafür wird in 9, 20—27 auf eine eigenartige Weise angegeben. Vorausgesetzt wird die Bekanntschaft aller drei mit der orgiastischen Wirkung des Weines und, davon wohl nicht zu trennen, mit den (dionysischen) Fruchtbarkeitskulten. Hier aber geht nun eine Trennungslinie zwischen Kanaan einerseits und der Einstellung Sems und Japhets andererseits, und zwar zeigt sich dieser Unterschied in ihrem Verhalten dem Vater gegenüber. Es scheint, als hätten die patriarchalischen Israeliten hier eine Verwandtschaft mit den Philistern gesehen; dann ist es sicherlich zu wenig, bei der Erzählung von 9, 20—27 nur an eine „Geschichtsphilosophie" der „Keuschheit" und „Unkeuschheit" (Gu 80) zu denken, oder daran, daß „die Verhaltensweise des Respektes der kommenden vor der gehenden Generation als Grundlage des Gemeinschaftslebens anerkannt ist" (We 661), obwohl implizit auch solche Aspekte mitgegeben sind. Im wesentlichen geht es dann doch wohl neben der Begründung handfester Herrschaftsansprüche über Kanaan zugleich um eine Stabilisierung des patriarchalischen Systems und, ineins damit, um eine Abwehr der matriarchalischen Fruchtbarkeitskulte sowie besonders der orgiastischen Praktiken im Zusammenhang mit Riten, die wir aus Griechenland in Form des Dionysoskultes kennen; von dem Widerstand, den dieser noch nach Jahrhunderten bei den griechischen Stämmen gefunden hat, legen die „Bacchen" des Euripides zwar ein spätes, aber umso eindringlicheres Zeugnis ab. Die Gemeinsamkeit dieses Widerstandes ist der Tradition von Gn 9, 20—27 offenbar wichtiger als die Motivation des eigenen israelitischen Herrschaftsanspruches.

Vielleicht kann man hier noch einen Schritt weitergehen. 9, 27 spricht zwar sachlich von einem Verdrängen Sems durch Japhet; aber der Ausdruck, der dafür gewählt ist (jškn — „er wohne"), ist doch auffallend glimpflich. Wie schon erwähnt, waren die Philister in Kanaan eine Zeitlang viel zu sehr mit dem Kampf gegen Ägypten beschäftigt, als daß sie schon gegen Israel mobil machen konnten. 9, 27, der Segensspruch über Japhet, könnte also aus der Zeit vor den ersten systematischen Angriffen der Philister gegen Israel (Ende des 12. Jahrhunderts — Anfang 11. Jahrhundert) stammen. Indem dieser Spruch mit dem selbstgeschaffenen Wort vom Segen über Sem verbunden und beide Verse mit dem Motiv der Unterdrückung Kanaans verknüpft werden, könnte vielleicht die Hoffnung eines Arrangements zwischen Israeliten und Philistern aufgrund der gemeinsamen Unterdrückung Kanaans mit seinen für beide Völker abscheulichen religiösen Riten und sozialen Institutionen ausgesprochen sein. Einerseits wären die Verse 9, 26.27 dann, wie schon E. Meyer vorgeschlagen hat, als ein vaticinium ex eventu zu betrachten, das erklärt, warum man trotz der Verheißung auf das ganze Land und trotz der Beanspruchung ganz Israels (vgl. die Grenzziehung in Jos 15, 11; aber auch Ri 2, 20—3, 2) mit den Philistern leben muß: Gott hat es von Urzeit her gewollt; andererseits wäre auch die Verwendung der altertümlichen Namen Sem für Israel und Japhet für die Philister verständlich. Es ginge J dann in 9, 20—27 nicht so sehr um eine „Völkerätiologie", sondern (neben der Frage, was aus der Menschheit nach der Sintflut geworden ist,) vor allem um das Problem, wie sich theologisch die gegenwärtige Lage Israels nach der Landnahme mit den Verheißungen der Väter verbinden läßt. In jedem Falle steht die Erzählung von Noah und seinen Söhnen an der Grenze zwischen Urgeschehen und Geschichte.

III. Redaktionsgeschichtliche Überlegungen

Die Frage nach der Absicht der j Redaktion muß, wie immer, an den Stellen ansetzen, an denen die Tätigkeit des J am deutlichsten sichtbar ist. Es ist also zu fragen: warum J die Genealogie zwischen 9, 19 und Kap. 10 unterbricht, um die Erzählung von Noah und seinen Söhnen einzuschieben, und zu diesem Zweck selbst die Schwierigkeit nicht scheut, Cham und Kanaan miteinander verbinden zu müssen; warum J die Erzählung von 9, 20. 21—25 durch die Hinzufügung von 9, 26.27 aus einer Familiengeschichte zu einer Völkergeschichte umformt; und warum er bei dieser Umformung dreimal als Leitwort die Knechtschaft Kanaans hervorhebt.

Was J mit der Erzählung von Noah und seinen Söhnen sagen will, ist vornehmlich aus der Stellung des Abschnittes im Aufbau der Urgeschichte zu ersehen. Nachdem in 8, 20—22 die große Schutzordnung über den Acker und alle Kreatur von Gott erlassen und so die Unheilsgemeinsamkeit von Mensch und Erde zugunsten der Schöpfung (und des Menschen selbst) aufgelöst worden war, wird nun in 9, 18—19 zunächst darauf hingewiesen, daß die Verbreitung der Menschen erneut ihren Anfang nehmen wird; ja, „die ganze Erde" (9, 19) wird erwähnt: nachdem ihr „physisches" Schicksal im von Gott geregelten Gleichmaß ihrer Ordnungen festgesetzt ist, wird sie nun zum Schauplatz und Träger des geschichtlichen Auftretens des Menschen. Bereits hier werden weltweite Maßstäbe beschworen; die Perspektive ist jetzt ebenso global wie es die voraufgegangene Flut war. Nicht mehr nur, wie in 6, 1, geht es jetzt um den „Anfang der Verbreitung auf dem Antlitz des Ackers", sondern um ein Erfüllen der Erde als Gesamtraum. Davon kann jetzt gesprochen werden; denn die totale Bedrohung, die vom Menschen für die Erde ausgehen könnte, ist ein für allemal gebannt. Und wie bisher auf die Strafreden bzw. Strafmaßnahmen Gottes Genealogien folgten, die zeigten, daß es mit den Menschen doch noch weiterging (3, 20; 4, 1; 4, 17—21; 4, 25—26), so wird auch hier 9, 18—19 deutlich, wie es mit dem Menschen einen neuen Anfang nimmt.

Aber ähnlich zwiespältig, wie sich bisher die Entfaltung des Menschen erwiesen hatte, wird es auch jetzt bleiben. Die Frage ist ja, wie sich die neue Menschheit nach der Flut verhalten wird. Es wird nicht mehr dahin kommen, daß die Erde „unter ihren Insassen entartet" (vgl. Jes 24, 5; Nu 35, 33; Jer 3, 1—9; Ps 106, 38). Aber das Urteil Gottes über den Menschen in 8, 21 läßt bereits nichts Gutes ahnen; desgleichen, daß Gott überhaupt das Schutzversprechen über seine Kreatur ablegen muß. Es steht von daher zu erwarten, daß die zweite Menschheit es nicht besser machen wird als die erste, die in der Flut zugrunde ging. Denn im Grunde sind es nach wie vor dieselben Menschen, wenngleich unter für sie günstigeren Bedingungen.

So klingt denn auch bereits die Zwielichtigkeit der weiteren Entwicklung in dem Wort an, das den weiteren Verlauf der j Urgeschichte jetzt wie eine Überschrift einleitet: 9, 19: npṣh kl-h'rṣ — „es zerstreute sich alles Erdvolk", ein Ausdruck, der neben der „Zerspaltung des Erdvolkes" (10, 25) wörtlich in 11, 4.8.9 wiederkehren wird. Damit tritt die Gefahr vor Augen, die jetzt dem Menschen drohen wird, daß im

Rahmen einer geordneten Natur die Menschenwelt durch innere Auflösung in unheilbare Verwirrung geraten könnte. Westermann (650) meint, daß die Genealogie in 9, 18.19 ursprünglich eine neutrale oder positive Darstellung der beginnenden Völkervielfalt sein sollte; wenn er aber selbst bemerkt, daß das Wort „zerstreuen“ (pwṣ) „wie ein Leitwort durch die auf die Flut noch folgenden Texte hindurchgeht“ und daß es, wie schon Gunkel bemerkte, seinen „Sitz in der Turmbausage“ hat, wo es „ein strafendes Handeln Gottes“ ausdrückt (We 650), dann ist doch unverkennbar, daß J auch in 9, 18—19 nicht einfach nur von der Verbreitung der Menschheit nach der Flut sprechen will; mit Bezug auf 11, 1—9 ist für die j Urgeschichte vielmehr der drohende Unterton nicht zu überhören, der in der „Zerstreuung“ dieser Völkervielfalt anklingt. Die Entwicklung nach der Sintflut ist eine Entwicklung der Zerstreuung und Verwirrung (11, 9), die das Bild der jetzigen Geschichte begründet.

Somit schlägt 9, 18—27 die Brücke, die von der Urgeschichte zur Geschichte hinführt. Umso wichtiger ist es, wenn J diese Entwicklung, die durch die Völkertafel Gn 10 weitergeführt wird, noch einmal durch eine Erzählung unterbricht, die ein neues Bild von der menschlichen Verderbtheit zeigt. Westermann meint in Entsprechung zu seiner bisherigen Interpretationsweise, J habe die Erzählung hier eingefügt, „um die Vielfalt des Sich-Vergehens des Menschen noch durch die Erzählung vom Frevel eines Sohnes gegen seinen Vater zu ergänzen.“ (Erträge, 94) Nach der Beziehung zwischen Mann und Frau (Gn 3) und dem Verhältnis zwischen den Brüdern (Gn 4) spreche J nun von dem Verhältnis von Eltern und Kindern. Dieser Grundriß der j Urgeschichte läßt jedoch außer acht, daß es nicht um eine bloße „Vielfalt“, sondern um eine wirkliche Abfolge und eine an sich logische Entwicklung des Abfalls von Gott geht: Gn 3 schildert ja nicht eine Sünde zwischen Mann und Frau, sondern den Abfall des Menschen von Gott; die Erzählung von Kain und Abel schildert nicht einfach einen Streit zwischen Brüdern, sondern wie die Brüderlichkeit der Menschen jenseits von Eden zerfällt; das Lamechlied, die „Engelehe“ und der Turmbau bleiben in der Westermannschen Auffassung von der Urgeschichte unberücksichtigt oder werden lediglich als bloß weitere Varianten des gleichen Themas nebengeordnet; zudem ist Gn 9, 20—27 nicht hinreichend verstanden, wenn man es als bloße „Familienerzählung“ (We: Erträge, 93) erklären will. Denn wenn es richtig ist, daß die Erzählung von den Söhnen Noahs ihr Ziel in den Fluch- und Segensworten findet, dann geht es für J in dieser Erzählung nicht um ein individuelles, sondern stammesgeschichtliches Tun und um die Konsequenzen, die daraus folgen. Nicht, daß es auch möglich ist, durch Unehrerbietigkeit gegen den Vater zu sündigen, ist das Problem des J, sondern daß es ganze Völkerschaften gibt, zu deren innerer Eigenart und deren Ursprung ein solches Tun wie das von Gn 9, 20—27 gehört; nicht daß die Menschen so sein *können*, sondern daß sie so *sind*, wie sie sind, versucht J in seiner Urgeschichte mit dem Glauben an die Schöpfung und den Herrschaftsanspruch Gottes auf seine Schöpfung in Einklang zu bringen. Erst von der geschichtlichen Wirklichkeit her, zu der offenbar grundlegend und wesentlich Angst und Heimatlosigkeit, Mord und Rache, die Flucht vor Gott ebenso wie ein sich selbst vergötterndes Suchen nach Gott gehören, sind die Stoffe der j Urgeschichte und ihre Auswahl zu begreifen.

Gn 9, 18—27 ist von daher als ein weiterer Schritt zu verstehen, den die Menschen auf die Herausbildung der geschichtlichen Wirklichkeit, wie sie sich in der Gegenwart darbietet, tun; es ist ein weiterer Schritt in eine Richtung, die von Gott wegführt. Gott „hatte eine einheitliche Menschheit gemeint und gewollt, und nachdem die erste für die die Erde füllenden Gewalttaten . . . die Strafe empfangen hatte, eine zweite eingesetzt." (M. Buber: Der Glaube der Propheten, in: Werke II 332) Das Erdreich steht dem Menschen als geordnet zur Verfügung; der ehedem verfluchte Acker liegt gereinigt da; und er bringt hervor, was als Köstlichkeit des Ackers schlechthin gelten darf: Wein (Gn 27, 28; Ri 9, 13; Ps 104, 15); der Mensch kehrt zurück zu seinem ursprünglichen Auftrag, den Acker zu bebauen (Gn 2, 5.15); er erfüllt wieder und kann jetzt erfüllen, was er sich selbst durch sein Tun immer mehr genommen hatte (3, 17—19; 4, 12). Und entsprechend scheint seine Arbeit belohnt zu werden. Gerade das aber, was aufgrund des gereinigten Ackers des Menschen Freude sein könnte, wird von ihm wiederum ins Unheil verkehrt, weil er selbst zuinnerst verkehrt ist und durch den Segen des Ackers Kräfte in ihm frei werden, die er nicht geordnet einzusetzen weiß. Insofern stellt Gn 9, 20—27 im Aufbau der j Urgeschichte die prompte Antwort des Menschen auf den Segen Gottes in 8, 20—22 dar. Jes 65, 21 — gerade nicht!

Und so verkehrt sich auch die Ausbreitung der Menschen auf der Erde ins Negative. Die Differenzierung und Aufteilung der Noah-Söhne in verschiedene Völkerstämme geht einher mit der Unterdrückung des einen durch den andern. Keinesfalls ist Gn 9, 18—27 redaktionsgeschichtlich zureichend interpretiert, wenn Westermann 9, 18.19 als bloße Genealogie, 9, 20 als bloß kulturgeschichtliche Notiz und 9, 21—27

„aus der Perspektive der Familie“ (We 658) betrachtet; denn dies heißt m. E., die Arbeit des J für eine überflüssige Erschwerung der traditionsgeschichtlichen Untersuchung zu halten. Gerade indem J fünfmal in dem Abschnitt 9, 18—27 „Kanaan“ erwähnt, macht er doch unüberhörbar deutlich, daß es ihm jetzt um Völkerschicksale geht, und zwar um solche, die sich an der Stellungnahme zu der von Gott bewahrten Erde und (auf dem Hintergrund des Fruchtbarkeitskultes) an der Stellungnahme zu der Zeugungskraft des Vaters entscheiden. Wie in Gn 2, 25 das Thema der menschlichen Nacktheit über 3, 7 in der Knechtschaft der Frau unter dem Mann endet, wie die Knechtschaft dann in Gn 4, 7 gewissermaßen tödlich verinnert wurde, so weitet sie sich nun, wiederum an der Nacktheit des Menschen anknüpfend, zum Völkerschicksal aus. Statt miteinander und nebeneinander zu leben und in ihren Unterschieden sich gegenseitig zu bereichern, stehen die Völker einander feindlich gegenüber und bekämpfen sich wegen ihrer Unterschiede: das (kultische) Tun des einen ist für den andern Ausdruck tiefster Verderbtheit. Es ist ein Kampf nicht nur zwischen Völkern, sondern ein Kampf im Namen Jahwes (9, 26) zwischen Gut und Böse; es ist ein Kampf, der nicht um der Macht, sondern um der Wahrheit willen geführt werden wird und geführt werden muß. Und es gibt Völker in der Geschichte, die verflucht sind und durch ihr eigenes Tun diesen Fluch, der über ihnen liegt, begründen und vollstrecken.

Wenn man will, mag man dies als „Anfang von Geschichtsphilosophie“ bezeichnen (Gu 80); es ist jedoch nur schwer zu sehen, wo die Geschichtsphilosophie der Völker über den „Anfang“, den J hier macht, bislang hinausgekommen wäre. Sehr erinnert fühlt man sich bei dieser Sicht an die Gedanken, die in F. M. Dostojewskijs Roman „Die Dämonen“ Schatow gegenüber Stawrogin äußert: „Jedes Volk“, sagt Schatow, „ist nur solange ein Volk, als es seinen besonderen Gott hat und alle übrigen Götter auf der Welt erbarmungslos und unversöhnlich ausschließt, nur solange es daran glaubt, daß es mit Hilfe seines eigenen Gottes alle übrigen Götter besiegen und aus der Welt vertreiben kann ... Wenn ein großes Volk nicht glaubt, daß es nur selbst ... fähig und berufen ist, die ganze Weltkraft seiner eigenen Wahrheit von den Toten auferstehen zu lassen und zu erlösen, dann verwandelt sich dieses Volk sofort in ein ethnographisches Material und hört eben auf, ein großes Volk zu sein. Ein wahrhaft großes Volk kann sich nie mit einer Rolle zweiten Ranges in der Menschheit begnügen ... Wo dieser Glaube verlorengeht, da ist auch kein Volk mehr, aber es gibt nur eine Wahrheit und infolgedessen kann auch nur ein einziges Volk den wahren Gott haben, wenn auch die übrigen Völker ihre eigenen, großen Götter besitzen mögen." (F. M. Dostojewskij: Die Dämonen, 263—264). Wenn Völker einander unterjochen, dann letztlich in dem Glauben, Gott damit einen Dienst zu tun, so daß sie selbst noch in den Krieg hineingehen „wie in einen Gottesdienst". (J. Goebbels, 18. 2. 1943)

IV. Einzelauslegung

Gn 9, 18—19: 18) „Die Söhne Noahs, die aus dem Kasten zogen, waren Sem, Cham und Japhet, (Cham aber ist der Vater Kanaans). 19) Diese drei sind die Söhne Noahs, aus ihnen verstreute sich alles Erdvolk" (nach Buber). Das npṣh wird von Buber sehr schön in Anklang, aber doch in Unterschied zu 11, 4.8.9, wo er „zerstreuen" sagt, mit „verstreute sich" übersetzt; was in der Erzählung vom Turmbau Wirklichkeit wird, klingt hier nur als Möglichkeit an; es verweist darauf, stellt aber noch nicht selbst den Eintritt der drohenden Gefahr dar.

Die kurzgefaßte Genealogie erscheint in der jetzigen Form als Überleitung zwischen der Sintfluterzählung und der folgenden Völkerätiologie. „Vor der Sintflut war das Thema der Urgeschichte der Mensch und das Menschliche schlechthin; nun ist es ... der in Völkern verkörperte und von Völkereigenschaften geprägte Mensch." (v. Rad 112; 9, 102) Das bedeutet, daß die Söhne Noahs sowie dieser selbst für J als „Korporativpersonen" der Menschheit und ihrer Stämme zu verstehen sind, nicht nur als bloße Individualpersonen, wie sie es überlieferungsgeschichtlich (vgl. 4, 17 ff) vielleicht einmal waren. Der Raum dieser Vorstellungswelt ist von der Tradition her deutlich auf Palästina und seine drei Völker beschränkt; und unter diesen dreien geht es wesentlich um Kanaan. Der Einschub Chams in 9, 18b („Cham aber ist der Vater" Kanaans) diente sicherlich zunächst der Verklammerung und dem Ausgleich mit der Tradition, die in der Erzählung 9, 20—27 vorlag; in der jetzigen Fassung aber verstärkt sich der Eindruck noch mehr, daß Kanaan im Mittelpunkt des ganzen Abschnitts 9, 18—27 steht. Was aus der Arche kommt, ist eine Menschheit, in der es wesentlich um die Auseinandersetzung mit Kanaan geht, der nach dem jetzigen Wortlaut indes nicht mit in der Arche war. Mit einem gewissen erzählerischen Geschick werden die Noah-Söhne erst jetzt vorgestellt; sie zeigen sozusagen nicht, was in der Sintflut gerettet wurde, sondern was aus der Sintflut hervorgegangen ist; und darunter ist wesentlich Kanaan.

Gn 9, 20—21: 20) „Noah begann nun als der Mann des Ackers und pflanzte einen Rebgarten. 21) Als er vom Wein trank, berauschte er sich und lag kleiderbar mitten in seinem Zelt" (Buber). Ursprünglich wird 9, 20 eine kulturätiologische Notiz gewesen sein, die die Frage beantwortet, warum es Weinbau gibt. J hat bereits in 3, 7.21 (Kleidung), 4, 17 (Stadtgründung) und 4, 20—22 (Nomadenkultur) solche Kulturätiologien geboten; es war aber an all diesen Beispielen zu beobachten, wie er durch den Kontext dem kulturellen Fortschritt eine Sinndeutung gibt, die diesen als sehr schillernd erscheinen läßt; von Punkt zu Punkt war darin der Weg markiert, „den das Menschengeschlecht in der Kultur vorwärts und in der Gottesfurcht rückwärts schreitet." (J. Wellhausen: Die Composition des Hexateuchs, 12) Nicht anders finden wir es hier, nur daß es in dieser Erzählung eigentlich noch tragischer als bisher zugeht. Man versteht das ganze Gewicht dieser Erzählung erst, wenn man sie aus dem Zusammenhang der j Urgeschichte interpretiert. Noah wird, vordergründig gelesen, im Widerspruch zu den Bemerkungen von Gn 2; 3; 4, als der Mann des Ackers eingeführt; die Tradition vor J sah in Noah offenbar nicht nur den Begründer des Weinbaus, sondern des Ackerbaus überhaupt (vgl. Gu 78). Nachdem aber J dargestellt hat, wie der Mensch seinen Auftrag, den Acker zu bestellen, verdarb und wie der Acker fortschreitend unter den Menschen verdarb, kann man den Text nicht rein kulturgeschichtlich lesen. Daß jetzt Noah erneut als „der Mann des Ackers" eingeführt wird, kann nach der zuvor geschilderten Reinigung und Ordnung des Ackers durch und nach der Flut nur heißen, daß alles wirklich noch einmal beginnt — oder vielmehr beginnen könnte, wenn die Menschen nicht die alten wären. Wie die Sintflut einer primordialen Renovation entsprach, so kann man sagen, daß J die Gestalt des Noah bewußt in Parallele zu Adam setzt. Erneut beginnt es mit dem Ackerbau, erneut wird ein Garten „gepflanzt" (krm—gn); und erneut kommt der Mensch durch ein Gewächs des Ackers zu Fall; hier wie dort kommt es zu einer Art neuer Erfindung und hier wie dort endet es mit dem Motiv des Nacktseins. Vielleicht kann man dann die Behauptung aufstellen, daß es sich hier um nichts Geringeres handelt, als um eine Art zweiten Sündenfalls. Wenngleich traditionsgeschichtlich der Noah der Sintflut und Noah der Weinbauer verschiedene Gestalten sind, so läßt sich in der Komposition des J doch nicht übersehen, daß Noah der „Bewährte" in den Augen Jahwes war, der die „Gunst" Gottes gefunden hatte (6, 8; 7, 1) und auf dem der „Trost" inmitten der Mühsal ruhte (5, 29). Eben dieser Noah liegt berauscht und nackt im Zelt.

Es wäre falsch, dem Text zu unterstellen, daß er die Trunkenheit als eine Unachtsamkeit aufgefaßt wissen wollte, die umso entschuldbarer sei, als Noah von der Rauschwirkung des Weins nicht habe wissen können. Vielmehr wird man nach dem oben Gesagten annehmen dürfen, daß der Zusammenhang von Weinrausch und dem Treiben Kanaans unmittelbar die bacchantische Unzucht der Fruchtbarkeitsriten Palästinas geißeln soll, so wie es Hos 4, 11 geschieht, wo der Prophet zu Felde zieht gegen „die völlige Verwirrung . . ., die die Folge eines durch den Sinnenrausch alkoholischer und sexueller Ekstase gekennzeichneten Kultes ist." (A. Weiser: Das Buch der 12 Kleinen Propheten, I 47, ATD 24) Freilich wird vom Text her nicht so sehr Noah die Schuld gegeben — er bleibt des Segens wie des Fluches über seine Söhne mächtig —, als vielmehr Cham, der die Trunkenheit seines Vaters im Sinne der kanaanäischen orgiastischen Praktiken auszunutzen scheint. Bedenkt man, daß die Szene bei J sogleich auf 8, 20—22 folgt, wird vollends deutlich, welch eine neue Katastrophe sich hier anbahnt. Wieder verkehrt sich das, was von Gott her dazu bestimmt ist, dem Menschen gut zu sein, ins Böse; wieder entzündet sich das Verhängnis des Menschen an gerade der Stelle, die Gott zu heilen versuchte. Es ist wichtig, sich diese Umkehrung des Guten ins Böse immer wieder vor Augen zu halten, weil sich darin zeigt, wie sich das Thema des Erkennens von Gut und Böse in der Sünde des Menschen untergründig durch die ganze j Urgeschichte zieht. Die mit Noah beginnende Menschheit gleicht darin der Menschheit vor der Großen Flut vollkommen.

Gn 9, 22: „(Cham der Vater von) Kanaan sah die Blöße seines Vaters an, er meldete es seinen Brüdern draußen" (Buber). In der Buberschen Übersetzung ist der Text an sich sehr glatt wiedergegeben; dem jetzigen Wortlaut nach, der immerhin auch ohne Konjekturen sinnvoll zu lesen ist, besteht die Schuld darin, daß Cham die Blöße seines Vaters „ansah" und es seinen Brüdern draußen weitererzählte, statt den Vater zu bedecken. Dies allein genügt, um über ihn, bzw. seinen Sohn, den Fluch zu bringen. Und dies wäre in der Tat auf der Ebene einer bloßen Familienerzählung verstehbar. Indessen kann, wie gesagt, bereits motivgeschichtlich angenommen werden, daß es nicht um ein bloßes Sehen Kanaans ging, sondern um den Reflex ritueller Praktiken; zudem mißt gerade J der Erzählung von Gn 9, 20.21—25 die Bedeutung zu, das Verhalten und das Schicksal Kanaans wiederzugeben; man wird dann wohl annehmen dürfen, daß J — und vermutlich schon die Erzählung selbst — an ein „Tun" (vgl. 9, 24) Kanaans gedacht hat, das in päderastischen oder symbolisch-kastrativen Praktiken mit kultischer Bedeutung bestanden haben könnte; jedenfalls würde so erst verständlich, daß Fluch und Segen Noahs das Gewicht von Völkerschicksalen besitzen. Auf eine ähnliche Fährte führen auch die vom Motiv her verwandten Erzählungen von Gn 19, 1—11 (die Päderastie in Sodom) und besonders die Erzählung 19, 30—38 (Lot und seine Töchter), die ebenfalls, wie 9, 20—27, in eine Völkerätiologie einmündet (Moabiter und Ammoniter). Nimmt man an, daß das Tun Kanaans dem Tun seiner Brüder antithetisch entsprach, daß Kanaan also nicht nur die Blöße seines Vaters nicht zugedeckt, sondern sie aufgedeckt hat (s. o. II), so liegt es nahe (trotz We 653), das Tun Kanaans als „Aufdecken der Blöße" im Sinne geschlechtlichen Verkehrs (vgl. Lv 18; 20) zu deuten.

Immerhin ist dann bemerkenswert, wie retuschiert J (und vermutlich schon die ihm vorliegende Erzählung 9, 20.21—25) das Verhalten Kanaans schildert, als wolle er jeden Gedanken an ein solches Treiben unterdrücken und schon seine bloße Erwähnung peinlich vermeiden. Man wird daraus den Schluß ziehen können, daß es sich um Dinge handelt, die für Israel selbst zur Versuchung und Gefahr ersten Ranges zu werden drohten, als die Stämme nach Kanaan eindrangen; außer den Fruchtbarkeitskulten der agrarischen kanaanäischen Bevölkerung ist weit und breit nichts in Sicht, was auch nur annähernd eine solch ängstliche Vorsicht und eine derartige Scheu in der biblischen Erzählung hätte motivieren können. Daß solche Scheu gerade in diesem Punkt nicht grundlos war, zeigt 1 Kg 14, 24, wo das Tun Kanaans bereits von Israel Besitz ergriffen hat.

Eine Frage ist, wieso überhaupt Cham, der jüngste Sohn Noahs, dazu kommt, den Zustand seines Vaters zu bemerken. Die Auskunft ist zumeist, daß die Söhne noch bei ihrem Vater im Zelt gewohnt hätten, also noch sehr jung gewesen seien (Gu 78). Aber Noah als einsamer Zecher im Zelt („also wenigstens nicht öffentlich", Gu 79) ist denn doch nun nicht die Art, wie man im Orient zu feiern pflegt. Außerdem will das Zelt als Wohnraum ganz und gar nicht mehr zu dem als Ackersmann längst seßhaft gewordenen Noah passen. Eher ist an ein Winzerfest zu denken, ähnlich dem Laubhüttenfest, bei dem, wie Ri 21, 19—23 zeigt, auch noch in späterer Zeit allerhand passieren konnte (vgl. R. de Vaux II 355) und bei dem auch ein eigenes Zelt für Noah ein sinnvolles Requisit gebildet haben könnte. In dieses wird man Noah zu einem bestimmten Zeitpunkt gebracht haben, und man wird sich dann vorzustellen haben, daß Cham absichtlich sich ins Zelt seines Vaters begibt, um die Gunst der Stunde auszunutzen; daß er anschließend seinen Brüdern davon erzählt, ist wohl nicht nur eine saftige Prahlerei, sondern auch wohl eine Aufforderung, es ihm gleich zu tun. Das alles mutet in der Tat wie ein Pubeszentenstreich an, aber Rückschlüsse auf das biologische oder soziale Alter von Cham, wie sie Gunkel ziehen möchte, sind vom bloßen Verhalten her oft eine unsichere Sache — schon gar bei einem Weinfest! Wir werden also wohl nie mehr erfahren, wie alt die Söhne Noahs damals waren. Wohl hören wir, daß Sem und Japhet den Einredungen Chams tapfer widerstanden haben.

Gn 9, 23: „Sem nahm und Japhet das Tuch, sie legten es auf die Schulter zu zweit, sie gingen rückwärts und hüllten die Blöße ihres Vaters, ihr Antlitz rückwärts gewandt, sie sahen die Blöße ihres Vaters nicht an“ (Buber). Der Singular („es nahm“) scheint, wie der Text jetzt lautet, auf Sem als den Hauptverantwortlichen zu deuten; von ihm scheint die Initiative zu dem „richtigen“ Verhalten, dem auch Japhet sich anschließt, zu kommen. Offenbar spannen die beiden das Laken, das wohl inzwischen ziemlich weit weg von Noah liegt, zwischen sich aus und legen es so der Länge nach, links und rechts an Noah vorbeigehend, über den berauscht Daliegenden. Die Ausführlichkeit, mit der das Tun der Noah-Söhne beschrieben wird, hebt den Unterschied zu Cham kraß hervor. Zweimal wird betont, daß sie sich „rückwärts“ dem Vater nähern, deutlich im Gegensatz zu der frechen Zudringlichkeit Chams. Insgesamt dreimal wird „die Blöße des Vaters“ erwähnt, die als Leitwort den Konflikt der Stelle hervorhebt: es geht um die Stellung zum Vater und darum, ob der Vater zum Gegenstand sexueller und orgiastischer Praktiken werden darf. Hier unterscheiden sich die Völker Kanaans kraß: während die Nachkommen Sems und Japhets in patriarchalischer Pietät den Vater achten, erscheinen die Nachkommen Chams als haltlos, verkommen und in jeder Hinsicht pervers. So wie der Text sich jetzt darbietet, stellt er eine ethnographische Sage dar, die „die Frage beantwortet, wie es denn gekommen sei, daß die Kanaanäer in eine so tiefe Knechtschaft herabgesunken sind.“ (v. Rad: Der Anfang der Geschichtsschreibung im alten Israel, in: Gesammelte Studien zum Alten Testament, 151) Das Tun der Noah-Söhne ist der Wesensausdruck, das Grundgepräge der Völker, die auf sie zurückgeführt werden. Das bedeutet, daß die Hervorhebung des Verhaltens von Sem und Japhet nicht auf der individuellen Ebene gelesen werden darf; vielmehr handelt es sich um deutlich differenzierende Wertungen über die unterschiedlichen Völker, welche die Ursache auch der unterschiedlichen Machtstellung angeben: im Lande Kanaan ist Kanaan nur der unterste Knecht; diese an sich unverständliche Ungerechtigkeit ist verständlich, wenn man weiß, wer Kanaan ist: der Nachkomme Chams, der vom Ursprung her durch ein Verhalten, wie es Cham bewies, Gekennzeichnete. Insofern wird, noch einmal sei es gesagt, auch das Berauschtsein des Vaters nicht als zufällige Einmaligkeit verstanden werden können, sondern seinen Sitz im (kultischen) Tun der Ackerbaufeste Kanaans haben.

Gn 9, 24—27: 24) „Noah erwachte von seinem Wein, er erkannte, was sein jüngster Sohn ihm tat. Er sprach: 25) Verflucht Kanaan, Knecht der Knechte sei er seinen Brüdern! 26) Er sprach: Gesegnet Jahwe, Gott Sems, Kanaan aber sei ihm Knecht! 27) Japht — ausdehne Gott es dem Japhet, er wohne in den Zelten Sems, Kanaan aber sei ihm Knecht" (nach Buber).

Buber übersetzt wjd' mit „ihm wurde bekannt", und so muß es auch heißen, wenn der Text in der jetzigen Form als lückenlos betrachtet wird; vom Hebräischen her sollte es aber heißen: „er erkannte, was . . .", d. h., es muß Spuren und unzweideutige Hinweise geben, die Noah zeigen, was sich zugetragen hat; auch daß von einem „Tun" Chams die Rede ist, scheint anzudeuten, daß es in 9, 22 nicht mit einem bloßen „Sehen" sein Bewenden hatte. Andererseits ist Bubers Übersetzung „ihm wurde bekannt" für den deutschen Sprachgebrauch doch nicht schlecht, denn daß gerade Cham der Täter war, muß Noah doch wohl in einem nachfolgenden Verhör gesagt bekommen haben. Die Wendung „sein jüngster Sohn" als Bezeichnung für Cham unterstreicht erneut die Ungeheuerlichkeit des Frevels: der eigene Sohn! Vielleicht auch ist gerade der jüngste Sohn als der Lieblingssohn gedacht, wie bei den Söhnen Jakobs (Gn 37, 3); umso bitterer für Noah die Enttäuschung, umso verständlicher sein Zorn.

Die Fluch- und Segensworte Noahs sind insofern historisch sehr ernst zu nehmen, als sie offensichtlich bestimmte historische Verhältnisse aufgreifen und für wohlbegründet und unabänderlich erklären, und zwar, dreimal hevorgehoben, vor allem die Knechtschaft Kanaans. Nicht nur, daß man an die Wirksamkeit solcher Fluch- und Segensworte für die Zukunft glaubt (vgl. 1 Sam 26, 19; 2 Kg 2, 24; Nu 23; Dt 27; 28; u. ö.; W. Eichrodt: Theologie des Alten Testamentes I 106 ff; II/III 40 ff); es spricht sich darin vor allem das göttliche Urteil über die Völker und ihren gegenwärtigen Zustand aus.

Gerade dies aber wird auf den heutigen Leser befremdlich wirken. Kann man nicht sagen, hier werde lediglich mit göttlichem Recht menschliche Macht begründet? Geschieht nicht der Andersartigkeit Kanaans grobes Unrecht, indem hier bloße Kulturunterschiede zu moralischen und religiösen Werturteilen und Verurteilungen hochstilisiert werden?

Man kann darauf hinweisen, daß ein Denken, wie es in Gn 9, 20—27 zum Ausdruck kommt, unter den entsprechenden historischen Bedingtheiten selbstverständlich war; jedes ätiologische Denken ist notwendig eine Rückwärtsstabilisierung des Bestehenden, sonst wäre es nicht ätiologisch. Fragt man, worin dann für uns, die wir in solchen Strukturen nicht mehr denken, das Gültige in der j Betrachtung liegen soll, so muß man beachten, was J in dem Rahmen, der ihm vorgegeben ist, sagen will und was er nicht sagen will. Zweifellos will er sagen, daß das Treiben der Religion Kanaans verabscheuenswert ist und im Namen Gottes unterdrückt werden muß; zweifellos setzt er die Lebensform Sems (Israels) als gültig und von Gott gewollt voraus; unhistorisch, nach heutigem Maßstab bewertet, ist er also gegenüber „Kanaan" schroff „intolerant", ja, er ideologisiert den Herrschaftsanspruch und die Unterdrückung der kanaanäischen Bevölkerung mit moralisch-religiösen Gründen. Sähe man nur dies, so wäre der Text ein historisches Dokument und nichts weiter.

Aber der Glaube an Gott ist für J gerade nicht, wie es sonst und allerorten in der Antike, ob man es wahrhaben will oder nicht, ungefragt selbstverständlich war, eine Ideologie der Macht. Mit Recht meinte M. Buber: „Die ‚Weltgeschichte' ist die Geschichte der Erfolge . . . dem Kern der Historie gelten nur die Sieger." Die Bibel aber versteht „unter Geschichte: ein Zwiegespräch, in dem der Mensch, das Volk angeredet wird und versagt . . . die Geschichte der Enttäuschungen Gottes, . . . die ein Weg ist, so daß von Enttäuschung zu Enttäuschung . . . der Weg Gottes, sein Weg durch die Menschheit führt" (M. Buber: Biblisches Führertum, in: Werke II 908; 910; vgl. M. Buber: Die Götter der Völker und Gott, in: Werke II 1067—1083). Es ist wahr, daß die menschliche Macht biblisch von Gott ermächtigt und bevollmächtigt wird; aber es ist nicht wahr, daß die menschliche Macht sich selbst mit dem Hinweis auf Gott rechtfertigen könnte, wenn sie gegen Gott handelt. Dies kann man ja in der j Urgeschichte klarer als irgendwo lernen. Denn in geradezu erschreckendem Maße ist die Geschichtsbetrachtung des J eine Aufeinanderfolge von „Enttäuschungen Gottes", die doch gerade so der Weg sind, den Gott mit uns Menschen zu gehen bereit ist; und dieses umso mehr, wenn J sein theologisches Menschenbild im Umkreis der beginnenden Machtentfaltung des israelitischen Königtums entwickelt hat.

Dies zeigt sich auch sehr deutlich in dem Segenswort über Sem, das der Verfluchung Kanaans gegenübergestellt wird. Sem soll über Kanaan herrschen; aber der Name Sems tritt ganz und gar zurück und verschwindet hinter dem Namen Jahwes: nicht Sem, hinter dem doch bei aller historischer Unsicherheit wohl u. a. Israel steht, sondern Jahwe gebührt der Lobspruch Noahs. Nicht Menschen handeln, wenn es um Sem geht, sondern Gott. Nicht um die Macht der Menschen geht es, sondern um Jahwe. „Es ist . . . wichtig, zu sehen, wie hier alles Heilsgut zurücktritt vor dem Heilsgeber, auf den der Mensch in rühmendem Preisen zeigt." (Zi 360) Es ist eine Haltung, wie sie in Ps 115, 1 zum Ausdruck kommt: „Nicht uns, Jahwe, nicht uns, nur deinem Namen gib die Ehre." Daß nicht im Namen dieses Lobes Jahwes sich ungehindert Menschenwillkür breit macht, war das Bemühen der Propheten, einer „Institution", die es in dieser Art in der Antike nur einmal gab: in Israel. (zum Vergleichbaren und Unterschiedlichen der Prophetengestalt in den Mari-Texten und im AT vgl. M. Noth: Geschichte und Gotteswort im Alten Testament, in: Gesammelte Studien zum Alten Testament, 230—247)

Es scheint, daß etwas von einer solch prophetischen Warnung, die aus der Geschichte selbst von Gott her aufsteigt, bereits in dem 3. Spruch über Japhet enthalten sei. Zweifellos muß es in der Königszeit ein schwerwiegendes Problem gewesen sein, wieso in dem von Gott verheißenen Land sich die Philister breit machen konnten. Gleichgültig nun, ob 9, 27 am Anfang des 11. Jahrhunderts oder selbst erst in der Königszeit konzipiert wurde, so leistet es doch z. Z. des J offenbar dieses: zu sagen, daß das Vordringen der fremden Völker auf Gott selbst zurückgeht. Ganz im Gegenteil davon, daß diese Stelle in theologischem Nationalismus befangen wäre, wird vielmehr — wie in der ganzen j Urgeschichte — die Perspektive ausgeweitet auf die ganze Erde und die ganze Menschheit hin. So wie für Amos (9, 7) Gott der Herr des Völkerschicksals ist (und nicht ansteht, fremde Völker zu begünstigen, wenn es darum geht, das eigene zu züchtigen), so scheint auch diese Stelle zu sagen, daß Gott selbst den Feinden Sems, den Söhnen Japhets, Raum gibt auf dem Boden Kanaans (vgl. Zi 362).

Man wird sich freilich hüten müssen, die Dinge zu direkt mit der politischen Situation der Königszeit in Verbindung zu bringen. Denn zum einen ist J nicht rein politisch, sondern auch theologisch an dem Schicksal der Völker interessiert; zum anderen schlägt zwar 9, 18—27 eine erste Brücke zwischen Urgeschichte und Geschichte, es wäre aber wohl sehr verfrüht, schon hier zu glauben, es sei dem J bereits hier an bestimmten politisch-geschichtlichen Tatbeständen gelegen. Während J

Gn 4, 17—22 zum ersten Mal (Nomaden-)Stämme in die Urgeschichte einführt, tauchen hier zum ersten Mal Völkerschaften auf, denen indessen noch jede politische Struktur und Organisation im eigentlichen Sinne fehlt; diese wird erstmals in der Völkertafel Gn 10 ins Auge gefaßt. Zudem ist — doch wohl absichtlich — nicht von Israel und den Philistern, sondern von den Urzeitvölkern Sem und Japhet die Rede; das alles kann doch nur bedeuten, daß J hier noch gar nicht an die Begründung der politischen Situation der Königszeit denkt, sondern vielmehr gerade erst dabei ist, die Anfänge und Grundlinien der Völkergeschichte zu konzipieren, so wie sie geschichtlich vom Boden Palästinas aus erscheinen können. Auch die Landeingrenzung durch Japhet wird (noch) nicht mit einer Schuld Sems (Israels) begründet wie etwa Ri 2, 20—3, 6, sondern es werden Sem und Japhet für ihre patriarchalische Pietät und ihre Ablehnung der orgiastischen Verhaltensweise Chams mit der Herrschaft über Kanaan belohnt.

Bleibt man also dabei, die Stelle lediglich als Teil der Urgeschichte zu verstehen, so ist die Frage, wohin wir jetzt gekommen sind. Erneut ist jetzt, wie in Gn 3, 16 und 4, 1—16, von der Herrschaft des Menschen über den Menschen die Rede, wiederum als Strafe. Wenn sich bereits in 9, 20—21 eine gewisse Parallelität zur Erzählung von Gn 2—3 andeutete, so wird sie hier ein ganzes Stück weitergeführt. Und es ist auch deutlich, was die Zeit vor der Sintflut von der Zeit nach der Flut scheidet: nicht das Verhalten der Menschen, sondern allein der Umstand, daß es in Gn 2—6 um die Darstellung und Begründung des Menschenschicksals im ganzen ging, während es jetzt um die Frage nach dem Schicksal der Völker und ihrer Eigenart geht, die im Verlauf der Geschichte offenbar wird. Im Ansatz richtig sagt W. Zimmerli: „In den ersten Kapiteln der Urgeschichte der Welt war viel tiefe Erkenntnis über des Menschen Wesen und seine Geschichte mit Gott ausgesprochen . . . Eine wichtige Seite fehlte aber bisher völlig: die Vielfalt der Völker.“ (365) Unverständlich ist nur, warum Zimmerli das Thema der Völker erst in Gn 10 beginnen läßt. Vielmehr ist „das ganze Erdvolk“ sofort und unmittelbar das Thema nach dem Ende der Großen Flut (9, 19). „Während vorher der Mensch und das Menschliche schlechthin das Thema der Urgeschichte bildeten, steht nun im Mittelpunkt des Geschehens die Welt der Völker“ (E. Haag, 160). Es zeigt sich dann auch noch einmal, daß es nicht angeht, in Gn 9, 20—27 nur eine weitere Möglichkeit der Sünde zwischen Vater und Sohn zu sehen (We: Erträge, 94); es geht vielmehr zum ersten Mal um die Charakterisierung von Völkern, die in der Geschichte den ihnen von Gott zugewiesenen Part übernehmen werden;

lediglich zur Völkercharakterisierung wird das Verhältnis zum Vater und im Zusammenhang damit zu den Fruchtbarkeitsriten des Agrarlandes von J herangezogen.

Richtig ist freilich, daß mit 9, 20—27 auch eine neue Form der Sünde in Erscheinung tritt, nur ist diese jetzt nicht mehr allgemeinmenschlich, sondern völkerspezifisch zu interpretieren. Gleichwohl ist die Frage nicht zu vernachlässigen, was 9, 20—27 menschheitlich und urgeschichtlich bedeutet. Ein Bild wird gezeichnet, wo, im Unterschied zu Gn 3, 16, nicht mehr nur der eine den anderen, der Mann die Frau beherrscht, sondern ein Volk das andere. Wenn man die Termini nicht überdehnt, kann man sagen, daß das, was in Gn 2—6 anthropotheologisch gemeint war, jetzt nach der Großen Flut ins Sozio-theologische und Geschichtstheologische ausgeweitet wird. Das, was vorher allgemeinmenschlich war, bekommt jetzt seine sozialen und historischen Konturen. Dabei scheinen die Motive sich zu entsprechen: die Herrschaft des Menschen über den Menschen, vor der Flut an der Herrschaft des Mannes über die Frau erkennbar, stellt sich jetzt als Herrschaft des einen Volkes über das andere dar. Gemeinsam ist vor wie nach der Flut der Strafcharakter dieses Zustandes, daß es sich hier wie dort um einen Fluch handelt, der aufgrund von Schuld ausgesprochen wird. Unterschiedlich aber sind die Dimensionen. Insofern kann man wohl die These wagen, daß wesentliche Motive vor der Flut erneut auftauchen, wenngleich auf einer neuen Ebene, in einer neuen Dimension.

Dieses Neue, daß es jetzt nicht mehr um anthropotheologische, sondern soziotheologische Themen geht, kommt auch darin zum Ausdruck, daß jetzt Fluch und Segen nicht mehr unmittelbar von Gott über den Menschen verhängt werden, sondern von einem Menschen über Menschen ergehen. Die Konsequenzen des menschlichen Tuns werden jetzt nicht mehr von Gott ausgesprochen, sondern von Noah. Was der Abfall von Gott für das Menschsein bedeutet, hat sich Gn 2—6 gezeigt; was er für die menschliche Geschichte bedeutet, macht der Abschnitt der Urgeschichte nach der Flut bis hin zu Gn 11, 1—9 deutlich; das erste, was wir erfahren, ist Gn 9, 18—27: das Gegeneinander und das Herrschaftsverhältnis der Völker untereinander. Wenn wir vermuteten, daß Gn 9, 20—21 eine gewisse Wiederholung des Sündenfalls darstelle, so scheint es in Gn 9, 25—27 so zu sein, als werde hier die gleiche Konsequenz wie in 3, 16 und 4, 1—16 gezogen: als Folge der Sünde erscheint die Herrschaft des Menschen über den Menschen, hier aber nicht mehr als Grundstruktur des Menschseins, sondern als Grundstruktur der Menschengeschichte.

So können wir Westermann nicht zustimmen, wenn er in Gn 9, 20—27 das Thema der Knechtschaft familiär angekündigt sieht und als die eigentliche Bedeutung der Stelle angibt: „In die familiäre Struktur bricht eine ihr fremde soziale Struktur ein: Knechtschaft.“ (661) Denn so wird übersehen, daß in Gn 3, 16 bereits von der Knechtschaft zwischen Mann und Frau die Rede war, und es verbleibt — gegen die redaktionelle Absicht des J — die Deutung ganz auf der Stufe der Familienerzählung. Noch weniger kann es dem Aufbau der j Urgeschichte entsprechen, wenn Westermann meint, die Erzählung von Noah und seinen Söhnen zeige, daß „kultureller, wirtschaftlicher, geistiger Fortschritt nur möglich (war, d. V.), wenn das bisher Erreichte von einer Generation zur nächsten weitergegeben wurde. Das Entehren der Väter aber bedrohte dann nicht nur das Tradierte, sondern ebenso das Fortschreiten.“ (We 661) Von einer solchen Gefährdung der Kulturtradition durch Pietätlosigkeit gegenüber dem Vater kann an dieser Stelle bei J keine Rede sein, denn der weitere Verlauf der Urgeschichte führt ja in 11, 1—9 erst zu seiner eigentlichen „kulturellen“ Hochblüte, und diese ist für J also doch offenbar weit davon entfernt, durch die Taten Chams gefährdet zu sein. Außerdem wird bei Westermann verkannt, daß J in Gn 9, 25 ein Volk charakterisieren will, dessen „kulturelle Tradition“ durch den Frevel Chams nicht bedroht wird, sondern gerade in eben diesem Frevel besteht und das eben deshalb verflucht ist. Schließlich kann Westermann zu seiner Auffassung des Textes nur gelangen, weil er in der j Urgeschichte ein bloßes Nebeneinander von „Möglichkeiten“ und „Gefährdungen“ sieht, nicht aber eine sinnvolle Abfolge der wesentlichen Momente urgeschichtlicher, für alle menschliche Existenz grundlegender Wirklichkeit.

Zusammenfassung

Fassen wir von daher die für eine *systematische* Fragestellung wichtigen Punkte und Probleme, die sich aus dem Abschnitt Gn 9, 18—27 ergeben, zusammen, so bleiben folgende Punkte festzuhalten:

1. Wenn wir den Text richtig verstanden haben, so zeigt der J im 2. Teil seiner Urgeschichte, wie der Abfall von Gott, der das Menschsein als Ganzes ins „Böse“ verkehrte, sich an den grundsätzlichen Strukturen der geschichtlichen Existenz wiederholt und also widerspiegelt, was in dem Menschsein vor Gott grundgelegt ist.

Von da aus stellt sich die Frage nach der Freiheit des einzelnen inmitten der Gemeinschaft. Wie läßt sich die Vorstellung der Korporativperson in unsere Denkweise übertragen? Gibt es eine erkennbare Beziehung zwischen dem, was der einzelne als Mensch ist, und den konkreten Bedingtheiten seiner geschichtlichen Existenz? Inwiefern ergibt sich aus der Herrschaft des Menschen über den Menschen die Herrschaft eines Volkes über das andere?

2. Inwiefern entscheidet sich der Gang der Geschichte an der grundlegenden Einstellung zu Gott? Wie läßt sich der Übergang vom Abfall von Gott zum Gegeneinander der Völker „verstehen"?

Es wird zu erwarten sein, daß wir philosophisch uns um ein angemessenes Verständnis sowohl der anthropologischen Aussagen der j „Theologie" bemühen müssen als auch um eine Denkmethode, die uns zeigt, wie sich das Allgemeine des Menschseins in seinen geschichtlichen Strukturen und Prozessen konkretisiert.

3. Erneut ist der Umschlag des an sich Guten (Wein) ins Negative (Rausch, Versuchung, Sünde) zu beobachten aufgrund des Gebrauchs, den der Mensch davon macht. Neben der Frage, wie dieser Umschlag aus der Einstellung zu Gott zu verstehen ist, wird zu untersuchen sein, was eigentlich die Verehrung Gottes als eines Herrn der Geschichte von den Religionen der irdischen Fruchtbarkeit trennt. Gibt es eine „Logik" der Versklavung und geschichtlichen Unfreiheit in den Religionen der Fruchtbarkeit?

Psychoanalytisch lautet die Frage, wie sich folgende Merkmale miteinander verbinden lassen: eine (kastrative) Problematik in der Stellung zum Vater; der Wunsch, den Vater sexuell kennenzulernen und ihn gerade auf diesem Gebiet zu erniedrigen; das Prahlen mit sexuellen Heldentaten; die Heimlichkeit des Tuns; die Verfluchung durch den Vater. Daneben ist die Scheu zu untersuchen, die der Text gegenüber der Erwähnung der kanaanäischen Praktiken an den Tag legt; wie versteht sich das patriarchalische Motiv in Gn 9, 20—27 gegenüber den (matriarchalischen) Fruchtbarkeitskulten? Wie ist das Pubeszentenhafte der Erzählung von 9, 20.21—25 zu deuten? Wie erklärt sich das Motiv der Herrschaft und die Differenzierung von Moral und Unmoral in der Stellungnahme zum Vater?

„Er war ersichtlich krank; aber wenn auch offenbar seine krankhafte Natur den Grund für sein Verhalten abgab, die ihn von den anderen Menschen absonderte, ihm kam das wie ein stärkeres und höheres Gefühl von seinem Ich vor. Sein ganzes Leben war ein zum Lachen und Entsetzen unbeholfener Kampf, um Geltung dafür zu gewinnen."

(Robert Musil: Der Mann ohne Eigenschaften, I 18; S. 71)

J. DIE ZERSPALTUNG DES ERDVOLKES
(die j Völkertafel in Gn 10)

I. Traditionsgeschichtliche und literarkritische Feststellungen

Die Fragmente, die für J aus der Völkertafel von Gn 10 in Frage kommen, hat bereits Wellhausen literarkritisch als die Stücke 10, 1b.8—19. 21.25—30 ausgesondert (Die Composition, 4—7). Lediglich 10, 24, das Wellhausen als „eine Naht des R (materiell aus 11, 14 entnommen)" ansah (a.a.O., 6), dürfte, wie wir sogleich sehen werden, noch zu J gehören. Der Text der j Völkertafel lautet dann (in Anlehnung an M. Buber):

10, 1b) . . . ihnen wurden Söhne nach der Zerstörung geboren. 10, 8) Kusch zeugte Nimrod, der begann, ein Held auf Erden zu sein. [10, 9) Er war ein Held der Jagd vor Jahwes Antlitz, darum spricht man: Gleich Nimrod ein Held der Jagd vor Jahwes Antlitz]. 10, 10) Der Anfang seiner Königschaft war Babel, [und Erech, Akkad und Kalne] im Lande Sinear, 10, 11) von diesem Land zog er aus nach Assyrien und baute Ninive — [10, 12) dazu Rechobot die Stadt und Kalach, und Resen zwischen Ninive und Kalach —,] das ist die große Stadt. 10, 13) Mizrajim (Ägypten) zeugte [die Ludier, die Anamer, die Lehaber, die Naphtucher, 10, 14) die Patruser, die Kaslucher und die Kaphtorer,] [von denen die Philister kommen]. 10, 15) Kanaan zeugte Sidon, seinen Erstling, und Chet, 10, 16) [dazu den Jebusiter, den Amoriter und den Girgaschiter, 10, 17) den Chiwwiter, den Arkiter und den Siniter, 10, 18a) den Arwaditer, den Semariter und den Chamatiter]. 10, 18b) Danach zerstreuten sich die Sippen des Kanaaniters, 10, 19) und die Markgrenze des Kanaaniters war: von Sidon aus, dann wo du nach Gerar kommst, bis gegen Gaza, dann wo du nach Sodom und Gomorra, [Adma und Zebojim] kommst, bis nach Lascha. 10, 21) Auch dem Sem wurden Söhne geboren, [dem Vater aller Söhne Ebers], [dem ältesten Bruder Japhets]. 10, 24) Arpachsad zeugte Schalach, Schalach zeugte Eber. 10, 25) Dem Eber wurden zwei Söhne geboren, der Name des einen war Paleg, Spalt, denn in seinen Tagen wurde das Erdvolk zerspalten, [und der Name seines Bruders: Joktan]. [10, 26) Joktan zeugte

Almodad und Schaleph und Chazarmawet und Jarach, 10, 27) Hadoram, Usal und Dikla, 10, 28) Obal, Abimael und Saba, 10, 29) Ophir, Chawila und Jobab, all diese sind Söhne Joktans. 10, 30) Ihr Sitz aber war von Mescha aus, dann wo du nach Sephar kommst, ans östliche Gebirge].

Die glänzende traditionsgeschichtliche Analyse, die Westermann in seinem Kommentar dieser Stelle gewidmet hat, erlaubt es uns, auf seine Ergebnisse zurückzugreifen. Nach ihm gewinnen wir von der j Völkertafel folgendes Bild: Ihr eigentlicher Anfang dürfte 9, 18—19, der Abschluß der Fluterzählung, sein, und ihr Zweck ist es, den Satz von 9, 19b zu entfalten: „von ihnen (Sem, Cham und Japhet) hat sich alles Erdvolk verstreut.“ (vgl. We 671) Dementsprechend schildert J die Vorgänge, „wie es dazu kam, daß die Völker sich über die Erde verbreiteten“ (We 695), im Unterschied zu der Aufzählung der bestehenden Völkerwelt bei P (vgl. We 687). Die Grundform der j Völkertafel ist die Genealogie, „die von der Vätergeschichte auf die Urgeschichte übertragen wurde“ (We 671). Von daher versteht sich, daß bei J viele Namen noch wirklich als Personennamen gemeint sind. Freilich kann man Völkernamen und Personennamen wohl nicht so stark gegeneinander abheben, wie Westermann es versucht — denn die Art und Weise, „Völker . . . als Personen“ (Gu 85) darzustellen, meint nicht zunächst eine historische Ableitung der Völker aus Familien und der Familien aus einem einzelnen, sondern gehorcht einer Denkstruktur, die Wesenszusammenhänge nicht anders als durch (ätiologische) Zurückführung auf (generative) Anfänge darstellen kann. Die Personennamen des J bezeichnen nicht Individual-, sondern Korporativpersonen, d.h., einzelne und Völker zugleich. Nur so wird es J möglich, die Form der Genealogie zum Zwecke einer weltumspannenden Völkertafel zu verwenden.

Die genealogische Grundform der j Völkertafel zeigt sich nicht nur in der verbalen Struktur (X zeugte Y, gegenüber: „die Söhne von X sind . . .“ bei P), sondern auch in der Nähe zum Erzählen. Ähnlich wie Gn 4, 17—26, erwächst z.B. in 10, 8—12 aus der genealogischen Angabe von der Herkunft Nimrods eine kulturgeschichtliche Darstellung vom „Anfang“ der orientalischen Großreiche.

Nun sind offenbar wesentliche Teile der j Völkertafel der Pentateuchredaktion zum Opfer gefallen. Immerhin lassen sich doch einige Anhaltspunkte für ihre ursprüngliche Form gewinnen. 10, 21 („auch dem Sem wurden Söhne geboren“) zeigt, daß auch J eine Liste der drei Noah-Söhne enthalten haben wird; welche Söhne J als Nachkommen Sems aufzählte, ist jetzt nicht mehr zu ersehen; man wird aber annehmen dürfen, daß R die Liste bei J weggelassen hat, weil sie im wesentlichen der Aufzählung bei P entsprach. Desgleichen wird man eine Aufzählung über die Söhne Japhets bei J vermuten dürfen, die jetzt gänzlich ausgefallen ist. Ein Satz wie 10, 21 wird auch vor 10, 8 zu ergänzen sein und dürfte geheißen haben: „Dem Cham wurden Söhne geboren", und zwar (nach 10, 8.13.15) „Kusch, Mizrajim und Kanaan". Dieser Satz wäre dann durch die viergliedrige Aufzählung bei P in 10, 6 verdrängt worden. Wie aus 10, 10 und 10, 19 zu ersehen ist, schloß die j Völkertafel wohl jeweils nach jeder Namenreihe mit einer Angabe der Wohnsitze ab. Ihre Grundform hat demnach geheißen: „Dem Japhet, Cham und Sem wurden Söhne geboren" (10, 1b); dann wären die Söhne aufgezählt worden, nach dem Muster: „dem Cham wurden Söhne geboren: Kusch, Mizrajim und Kanaan". Dann wären die Unterangaben gefolgt, nach dem Schema: „Kusch zeugte Nimrod" (10, 8), „Mizrajim zeugte . . ." (?) (10, 13), „Kanaan zeugte Sidon, seinen Erstling, und Chet" (10, 15). Jede der Unterangaben wäre durch eine Art Topographie abgeschlossen worden, nach dem Vorbild von 10, 18b.19. (vgl. We 668)

Gleichwohl ist die Völkertafel bei J offensichtlich längst nicht so systematisch-trocken angelegt gewesen wie bei P. Das genealogische Grundschema ist vielmehr durch eine Vielzahl verschiedener Angaben erweitert worden, wie vor allem 10, 8—12, die Entstehung des Reiches Nimrods, oder 10, 18b—19, die Beschreibung der kanaanäischen Grenzen, zeigt. Manches von diesen zusätzlichen Angaben wird uns für immer verloren sein.

So fragmentarisch uns also die j Völkertafel erhalten ist, so ist sie in der jetzigen Gestalt doch durch acht Einschübe erweitert worden, die indessen z.T. von J selbst oder aus seiner Zeit stammen können. *10, 9* teilt nach einem alten Sprichwort mit, daß Nimrod ein großer Jäger war. Zurecht weist Westermann darauf hin, daß hinter der Bemerkung von der Jagd „eine Funktion des Königs aus der Frühzeit des sakralen Königtums" steht (We 689); zugleich ist die Jagd ein Zeichen kultivierter Menschlichkeit; so wird im Gilgamesch-Epos Engidu, der einst mit den Tieren lebte, in Uruk zum Wächter der Hirten und Jäger von Wölfen und Löwen (vgl. Gilgamesch-Epos II 108—115). In *10, 10* dürfte die Aufzählung von Erech (= Uruk-Warka), Akkad und Kalne (unbekannt) die Notiz von Babel als Anfang der Königsherrschaft Nimrods durch die drei babylonischen Städtenamen sekundär erweitert haben. Desgleichen ist in *10, 12* zu Ninive noch Rechobot, Kalach und Resen hinzugefügt worden, die in der Nähe Ninives liegen und mit Nimrod in Verbindung gebracht werden sollen. *10, 13.14* ist „eine bloße Namenreihe“ (We 692), die ursprünglich nicht in die j Völkertafel gehören kann. Die j Genealogie muß mit Mizrajim irgendwelche Einzelnamen im Singular verbunden haben, ähnlich wie 10, 8.15.24, nicht aber eine Reihe von sieben Völkernamen im Plural. „Das bedeutet: wenn J etwas von Mizrajim berichtet hat, ist uns das nicht mehr erhalten. Die Namenreihe 13—14 . . . ist eine in sich selbständige Namenliste.“ (We 692) Die hier als ägyptisch aufgezählten Völker sind uns außer den Lehabern (Libyern), Patrusern (Oberägyptern) und Kaphtorern (Kretern) unbekannt. Eine nähere Untersuchung zeigt, „daß es eine Liste aus zweiter Hand ist, in der ursprünglich verschiedenartige Namen zu einer Liste vereinheitlicht wurden.“ (We 693) Das gilt nachweislich für die Patruser (= Oberägypter); Patros erscheint sonst stets im Singular (Jes 11, 11; Jer 44, 1.15; Ez 30, 14) und scheint erst zur Zusammenstellung der Liste in den Plural gesetzt worden zu sein; ähnlich scheint „die Kaphtorer“ eine sekundäre Bildung zur Angleichung in der Liste zu sein; denn daß die ganze Bevölkerung Kretas (Kaphtors) zu den Ägyptern gehören soll, ist unsinnig, während es einen guten Sinn ergäbe, Kreta als Ort der ägyptischen Herrschaft zuzurechnen. Eine noch spätere Bemerkung ist die (hinter „Kaphtor“ zu stellende) Notiz über die Philister, die in Anlehnung an Am 9, 7; Jer 47, 4 von Kreta hergeleitet werden, eine Ansicht, die mit der Verbindung der Philister mit der Invasion der Seevölker zusammenhängen könnte, vielleicht, daß „Kreta die letzte Station ihrer Wanderung vor ihrer Festsetzung in Palästina“ war (M. Noth: Geschichte Israels, 41). Den Abschnitt *10, 16—18a* hielt Gunkel (91) im Anschluß an Wellhausen (Die Composition, 13) für eine deuteronomistische Glosse; mit Sicherheit handelt es sich um ein in sich selbständiges Traditionsstück, das die von Verben bestimmte Abfolge (10, 15.18b) der Ausbreitung Kanaans unterbricht; es dürfte sich dabei aber doch wohl in 10, 16.17a eher um eine alte geographische Liste handeln, die über Kanaan noch näheres berichten will. Bei den Jebusitern und Chiwwitern dachte A. Alt an „Herrenschichten bestimmter Bereiche“ (A. Alt: Völker und Staaten Syriens im frühen Altertum, in: Kleine Schriften, III 38, Anm. 2), also nicht an Völker. Wahrscheinlich wird es sich jedoch eher um bestimmte regionale Volksgruppen oder Stämme gehandelt haben: die Jebusiter als Bewohner Jerusalems, die Amoriter als Bewohner des „Amoritergebirges“ (Dt 1, 7.19.20), die Girgasiter vielleicht im Gebiet des Sees Genezareth, die Chiwwiter wohl in Mittelpalästina; möglicherweise sind es Überbleibsel vorisraelitischer Bevölkerungsgruppen Kanaans, die ihres Alters wegen hier eingesetzt wurden. Der zweite Teil der Liste (10, 17b.18a) zählt fünf phönizische Städte auf: Arqa, Sin, Arwad, Semara — Hafenstädte in der Gegend von Tripolis — und Hamat (Homs) am Orontes. Ihre Aufzählung könnte einer Zusammenstellung von phönizischen Handelszentren entstammen, die „in der Handelskanzlei des Hofes . . . aufbewahrt wurde.“ (We 698) Als Zeit wäre an die Regierung Salomos und an seine Verträge mit Hiram von Tyrus zu denken (1 Kg 5, 15—26; vielleicht auch 1 Kg 9, 10—13, wenn nicht bloße Ätiologie des Namens Kabul). Eine Erweiterung ist in *10, 19* „Adma und Zebojim“, als Parallele zu Sodom und Gomorrha. In *10, 21* bricht das j Verzeichnis der Söhne Sems zugunsten der Überlieferung bei P (10, 22) ab. Statt dessen sind zwei Bemerkungen hinzugetreten, die beide Sem ehren wollen: als „Stammvater aller Söhne Ebers“ und als „ältesten Bruder Japhets“ (wie 9, 18, aber entgegen der Namenabfolge in Gn 10). Vielleicht zeigt der Zusatz, daß schon damals nicht mehr ohne weiteres verständlich war, wer mit „Sem“ eigentlich gemeint war. Der Abschnitt *10, 26—30* fällt bereits dadurch auf, daß er nur Ortsnamen enthält. Es handelt sich um ein in sich selbständiges Traditionsstück, das mit Joktan verbunden wurde; Joktan selbst aber wurde in 10, 25b als j Sondergut (es fehlt in Gn 11, 10—17 P) wohl nur um dieser Liste willen erwähnt; der Name wird in Gn 25, 2 mit arabischen Stämmen verbunden, und entsprechend weisen auch in 10, 26—29 alle 13 Namen nach Südarabien. Das Gebiet ist so eng umgrenzt, daß die Liste unmöglich für die Völkertafel selbst entstanden sein kann. Wahrscheinlich stellt sie, ähnlich wie 10, 17.18a (die Liste der phönizischen Handelsstädte), ein Verzeichnis der südarabischen Handelszentren dar und könnte zur Zeit Salomos, wo der arabische Seehandel eine Hochblüte erfahren haben muß (1 Kg 10), unter den Handelslisten am Hof aufbewahrt gewesen sein. Somit sind von der Völkertafel des J nur 10, 8.(9).10.11.12b (Nimrod), 10,15.18b.19 (die Ausbreitung Kanaans), 10,13 und 10, 21 (die Hinweise auf Mizrajim und Sem), sowie 10, 24.25 als ursprünglich anzusehen.

10, 8—12 erzählt in der Gestalt Nimrods die Entstehung der altorientalischen Großreiche und ihre Ausbreitung durch Machtusurpation und Städteneugründung, durch „Eroberung“ und „Kolonisation“ (We 691). Nimrod gilt als der erste der „Gewaltherrscher“ und damit als Begründer der mesopotamischen Stadtstaaten der Babylonier (10, 10) und Assyrer (10, 11.12). Mich 5, 5 versteht später Assur als „Land Nimrods“; es ist aber sehr unwahrscheinlich, daß wir es bei ihm mit einer bestimmten historischen Gestalt zu tun haben; möglicherweise ist er ein babylonischer Kulturheros wie Gilgamesch, der Stadtkönig von Uruk (= Warka, 10, 10), mit dem er sogar identisch sein könnte. Sein Name könnte dann den Götternamen Ninurta wiedergeben. Um so verwunderlicher ist die Verbindung Nimrods mit Kusch; Kusch ist Äthiopien und würde also eine Verbindung zwischen dem ägyptischen und dem mesopotamischen Großreich herstellen. Näher liegt es aber, an dieser Stelle, allerdings singulär im AT (!), an die Kassiten zu denken, akkadisch Kaschschu, die nach dem Fall der 1. babylonischen Dynastie dominierend wurden und zum ersten Mal unter Samsuiluna von Babylon im 18. Jh. als Streitmacht erwähnt werden; im 16. Jh. setzten sie sich in Babylon fest und wurden erst durch Tukulti-Ninurta I. im 13. Jh. aus Babylon vertrieben und z.T. nach Kalach (Kalchu), dem heutigen tell nimrud bei Ninive, deportiert (E. Cassin, J. Bottéro, J. Vercoutter: Die altorientalischen Reiche, II [Fischer Weltgeschichte III], 12—18; 86). Wenn man in Nimrod doch mehr sehen will als einen Heros der Kultursage, so hindert nichts, ihn mit Tukulti-Ninurta I. zu identifizieren (Zi 385—386). Diese Spekulation ist freilich so wenig beweisbar noch widerlegbar wie die von Sethe vorgeschlagene Identifikation Nimrods mit Amenophis III, die G. v. Rad (122; 9, 111) beibehält und die immerhin den Vorteil hat, Kusch in der gewöhnlichen Bedeutung als Äthiopien zu nehmen und entsprechend an Mizrajim (Ägypten) (10, 13) und Kanaan (10, 15) anzuschließen. Wie immer dem sei, klar ist, daß es sich um eine Gestalt und um Vorgänge handelt, die uns in die Mitte oder das 2. Drittel des 2. Jahrtausends verweisen. Historisch zutreffend ist auch die Erinnerung, daß die Assyrer die Babylonier (bzw. die Kassiten) abgelöst haben.

Die Ausbreitung Kanaans (*10, 15.18b.19*) geht, im Unterschied zu der gewaltsamen Machtergreifung Nimrods, durch Vermehrung und Wanderung vor sich. Im Unterschied zu den Aussagen des deuteronomistischen Geschichtswerks, in denen Kanaan das Land ist, das Gott Israel gegeben hat, wird Kanaan hier so umfassend gesehen, daß auch die phönizischen Städte mit hinzugezählt werden. Als deren Repräsentant gilt Sidon. Sidon (semitisch „Fischerstadt") ist älter als Tyrus, das zur Zeit Salomos unter dem phönizischen König Hiram zur Entfaltung kommt; deutlich will also J mit der Völkertafel nicht die politische Gegenwart seiner Zeit portraitieren, sondern das Entstehen Kanaans beschreiben. Daß Chet, die Hethiter, zusammen mit den Phöniziern zur kanaanäischen Urbevölkerung gezählt werden, hat seinen Grund wohl darin, daß die Hethiter in der ersten Hälfte des 14. Jh.'s das Mitannireich als Herrschaftsfaktor in Syrien ablösten und das syrisch-palästinensische Gebiet bis zu ihrem Untergang um 1200 mehr oder weniger gegenüber Ägypten für sich beanspruchen konnten. Auch hier befinden wir uns historisch wieder in der zweiten Hälfte des 2. Jahrtausends, obgleich von diesen geschichtlichen Tatbeständen Gn 10, 15 offensichtlich nichts mehr weiß (G. v. Rad 118; 9, 106—107). Kompliziert ist indessen die Gebietsangabe in 10, 19, bei der J wohl „zwei verschiedene Gebietsangaben durch Grenzpunkte vorlagen: ‚Von Sidon bis nach Gerar und bis nach Lesa' — und: ‚Von Sidon bis nach Gaza und bis nach Sodom und Gomorrha.' Um beide Traditionen zu bewahren, hat er sie kombiniert." (We 699)

10, 21.24.25, die Angaben über Sem, sind nach 10, 21 unterbrochen und werden erst mit Arpachsad wieder aufgenommen. Vielleicht hat J (vgl. 10, 22 P) Elam und Arpachsad aufgezählt (Assur ist bereits in 10, 8—12 Cham zugerechnet). Die Reihe Arpachsad, Schalach, Eber, Paleg entspricht 11, 10—17 P und dürfte sachlich in eine Genealogie gehören, die, wie bei P, von Sem zu Abraham führt, nicht aber in eine Darstellung der Menschheitsverbreitung; von daher scheint sich auch die Bemerkung von der Zerspaltung des Erdvolkes zu verstehen (10, 25), die an sich bei einer Völkertafel von der Verbreitung der Menschheit überflüssig ist. Daß J aber diese Bemerkung hier „unpassend" mit aufnimmt und sie in seine Völkertafel hineinstellt, wird uns in der redaktionsgeschichtlichen Betrachtung von Gn 10 J zu beschäftigen haben. Der Vers 10, 24 wurde als ein Versuch des R angesehen, zwischen dem Zusatz in 10, 21, Sem sei der „Vater aller Ebersöhne" (J), und 11, 12—16 (P), Sem sei erst über Arpachsad und Schalach der Stammvater Ebers und seiner Söhne, zu vermitteln. Aber 10, 21 spricht nicht von unmittelbaren Nachkommen Sems —, es braucht also gar nichts harmonisiert zu werden. 10, 24 dürfte also J zuzurechnen sein.

Wenngleich alle Namen in 10, 24.25 zunächst als Personennamen gemeint sind, so wird es bei diesen „Korporativgestalten" doch nicht müßig sein, zu fragen, welche Orte, Stämme oder Völker mit ihnen gemeint sind; denn die Verbreitung der Menschheit in sich verzweigenden Völkern zu beschreiben ist doch der Sinn der j Genealogie. Freilich sind wir hier auf Spekulationen angewiesen. Arpachsad könnte auf die Chaldäer hindeuten (ksd = kasdim, vgl. 11, 28 J; G. v. Rad, 119; 9, 108); Schalach ist vollends unklar; Eber ist unzweifelhaft die Singularform von ʿbrjm = Hebräer; es ist dies aber eine Bezeichnung, die Israel von Nichtisraeliten beigegeben wird, also keine echte Selbstbezeichnung (We 701). Vielleicht ist „Eber" zunächst eine kanaanäische Bezeichnung der Transjordanstämme gewesen, der Stämme ʿbr hjrdn = der Transjordanier (ʿbr = jenseits) (so Gu 91). Auf Israel bezogen, erschiene das Volk Israel als eines von mehreren „hebräischen" Völkern. Paleg wird bereits durch die Namendeutung als Individuum gekennzeichnet (We 701—702). G. v. Rad bringt es mit dem Ort Phaliga am oberen Euphrat in Verbindung (v. Rad 130; 9, 119).

Die j Völkertafel ist also eine Genealogie, die nach 9, 19 erklärt, wie das ganze Erdvolk sich von den drei Söhnen Noahs her über die Erde verbreitet. Damit wird gesagt, daß die Menschheit eine ursprüngliche, wesenhafte Einheit bildet; zugleich wird auf die wesenhafte Differenzierung und Unterschiedenheit des Gleichen hingewiesen. Diese Konzeption verrät, für sich genommen, bereits einen Gedanken, der geschichtsphilosophisch von größter Bedeutung ist. Denn eine solche Sicht „vermittelt die Befriedigung der Verwandtschaft im Fremden und der Gemeinschaft des Menschlichen durch alle Völker hindurch." (K. Jaspers: Vom Ursprung und Ziel der Geschichte, 257) Sie vermittelt den Gedanken einer vom Ursprung her grundgelegten Zusammengehörigkeit des Getrennten, einer wesenhaften Bruderschaft aller Menschen, die in dem Durcheinander der menschlichen Geschichte so leicht aus den Augen zu verschwinden droht, und wehrt zugleich allen Versuchen, durch eine gewaltsame Uniformität Einheit schaffen zu wollen (vgl. 11, 1—9).

II. Redaktionsgeschichtliche Überlegungen

Von daher ist die Frage aufzunehmen, was J selbst mit der Völkertafel in seiner Urgeschichte hat sagen wollen. Zur Antwort gibt es auch hier wieder nur zwei sichere Anhaltspunkte: der kompositionelle Zusammenhang und die Beachtung der Texteingriffe, die von J selbst stammen.

Der Rahmen, in dem die Völkertafel jetzt steht, ist zum einen die Erzählung von den Noahsöhnen, zum anderen die Erzählung vom Turmbau. Indem Gn 9, 18—27 zum ersten Mal das Thema der Völkerentstehung (nach der Flut) aufnahm, entwarf J ein Bild der Völkerdifferenzierung, das nicht einfach von Unterschieden sprach, sondern von Gegensätzen zwischen den Völkern, die sich ausschließen in den Kategorien von Gut und Böse, von Segen und Fluch; im Abschlußkapitel der Urgeschichte wird J darstellen, wie das Bild der gegenwärtigen Geschichte sich begründet: ein Völkerwirrwarr von Menschengruppen, die einander nicht verstehen. Dazwischen gibt J ein konkretes Bild der Völkervielfalt, die sich aus dem einen Ursprung (Noah und seinen Söhnen) herleitet.

Dann wird man einerseits davon ausgehen können, daß J mit seiner Völkertafel zunächst uneingeschränkt sagen will, woran dem ihm überkommenen Material bereits gelegen war: daß die Ursprungseinheit des Menschen sich in einer Vielfalt von Völkern darstellt. Dieses Interesse zeigt sich deutlich an den Erweiterungen, die J (mit Hilfe von königlichen Listen?) der ihm vorliegenden Völkertafel gibt. Andererseits aber wird es nicht möglich sein, die j Völkertafel nach dem Vorbild von P zu interpretieren, etwa in dem Sinne: „Es ist das Wirken des Schöpfers, in der Schöpfungsgeschichte gefaßt in das Gebot des Segens: ‚Seid fruchtbar und mehret euch!', das sich . . . in den Völkern . . . auswirkt." (We: Erträge, 67) Vielmehr ist die Differenzierung in die unterschiedlichen Völker der Geschichte für J gerade nicht nur ein Segen der Schöpfung Gottes, sondern für die Menschen, die unter der Sünde stehen, etwas, das ihnen zum Fluch gerät. Die Sünde Kanaans ist es 9, 20—27, die die Unterdrückung, die Herrschaft des Menschen über den Menschen, zum Völkerschicksal werden läßt. Und der Verlust einer inneren Zusammengehörigkeit und einer einheitlichen Mitte, die durch die gemeinsame Abstammung, also durch die biologische Einheit des Ursprungs für J durchaus noch nicht gegeben ist, sondern nur in Gott gefunden werden könnte, wird unaufhaltsam dazu führen, daß die Ausbreitung über die Erde zur Gefahr, und der Versuch ihrer Beseitigung zu eben dem weltweiten Desaster wird, als das wir das tragische Schicksal der in politische Gegensätze und Machtkämpfe zerrissenen Menschenfamilie vor uns sehen (Gn 11, 1—9).

Die j Völkertafel ist also innerhalb dieses Rahmens zu verstehen.

Für die Richtigkeit dieses kompositionellen Verständnisses sprechen zwei Beobachtungen im Text selber. Es war bisher stets festzustellen gewesen, daß Namenerklärungen in der j Urgeschichte Deutungshinweise und Interpretationsanweisungen bildeten. So in 2, 23 (Männin), 3, 20 (Leben), 4, 1 (erworben mit Jahwe), 4, 2 (ein Hauch), 4, 25 (Setzling — für Abel), 5, 29 (Noah — der Leidtröster). Was J an diesen Stellen sagen wollte, sagte er selbst durch die Namengebung, und die Personen, die diese Namen trugen, waren wie Verkörperungen dieser Funktion und Bedeutung erschienen. Ist dies so, dann kann es keinen Zweifel darüber geben, daß J auch in 10, 25 die Namendeutung für Paleg als „Spalt" nicht absichtslos aufgegriffen hat. Westermann sieht in der Namenerklärung „ein selbständiges, von 11, 1—9 unabhängiges Zeugnis für eine alte Erzählung von der Teilung der Menschheit in der Frühzeit." (We 702) Im Zusammenhang der j Urgeschichte aber bekommt diese Bemerkung die Bedeutung eines ersten Hinweises auf die nachfolgende Erzählung vom Turmbau. Zugleich verfärbt sich dann auch die ursprünglich positiv gemeinte Bemerkung von der „Zerstreuung“ (pwṣ) des Kanaaniters. Ging es bereits in 9, 18.19 um die „Verstreuung“ des Erdvolkes, so ist die Völkertafel das zweite Stadium: die Zerspaltung. Das dritte Stadium ist 11, 1—9, die „Zerstreuung“, die in der „Zerspaltung“ bereits vorbereitet ist. Man wird voll und ganz W. Zimmerli zustimmen können, „daß der Jahwist schon in der Völkertafel die dunklen Züge im Völkerbild andeuten muß . . . Aus der entfalteten Einheit droht eine Vielfalt sich nicht mehr verstehender und darum bekämpfender Teilkörper zu werden.“ (Zi 396) Entsprechend hellhörig hat auch Buber in 10, 1b das mbwl, das eigentlich mit „Flut“ zu übersetzen ist, mit „Zerstörung“ wiedergegeben und damit treffend die Zwischenstellung der Völkertafel zwischen mbwl (Flut) und bbl (Babel), beides nach bll (arab.: mit Wasser erweichen; hebr.: einrühren, verwirren), hervorgehoben. Die Verbreitung des „Erdvolks“, an sich ein positives Bild, wird jetzt eingerahmt von der Zerstörung im Chaos der Flut und der drohenden Zerstörung der chaotischen Menschenwelt.

Ein zweiter wichtiger Hinweis liegt in der Gestalt Nimrods (10, 8.[9]. 10). Auch wenn man 10, 9, die Bemerkung von Nimrod als einem „Held der Jagd“, beiseite läßt, so wird es doch kein Zufall sein, daß mit dem Wort gbwr — „Held“ an die Erzählung von 6, 1—4 angeknüpft wird. Was vor der Flut sozusagen auf private Faust hin geschah, das gewinnt jetzt zum ersten Mal politische Strukturen. Das Wort gbwr besitzt gewiß für hebräische Ohren nicht an sich einen negativen Klang; und doch weist es in die Richtung von Krieg und Gewalt und dürfte von J hier so wenig wie in 6, 1—4 als eine anerkennende Würdigung des „Heldentums“ Nimrods gemeint sein. Vielmehr wird man sagen dürfen, daß die Gewalt (gbwrh) in der j Urgeschichte hier zum ersten Mal als politische Methode auftritt. Ebenso ambivalent ist die „Königsschaft“ (mmlkh) Nimrods (10, 10); „mit dem Gedanken des Königreichs klingt der Gedanke des Krieges an . . . Das schillernde Doppelwesen der Macht wird sichtbar.“ (Zi 387) Nimmt man hinzu, daß in Israel lange Zeit über ein ausgesprochen theokratischer Widerstand gegen die Einführung eines menschlichen Königtums geherrscht hat (vgl. Ri 8, 23 und die Erklärung bei M. Buber: Königtum Gottes, in: Werke II 539—548, gegen A. Alt: Gedanken über das Königtum Jahwes, in: Kleine Schriften, I 345—357), so muß man sagen, daß über Nimrod in der Tat das gleiche Odium der Selbstvergöttlichung liegt, das den „Helden“ von 6, 1—4 auf dem Gebiet der Sexualität anhaftete. Es läßt sich dann auch nicht überhören, daß in 10, 10 bereits der Name Sinear und Babel fällt, die Ebene und Stadt, die in 11, 2 zum Schauplatz der letzten und endgültigen Selbstübersteigerung und Selbstvergöttlichung des Menschen werden. Gewiß, das alles ist hier nur andeutend gesagt, aber doch deutlich genug, wenn man gelernt hat, die feinen Anspielungen der Leitworte des J und die Art seiner Darstellung aufzunehmen.

Diese Feststellungen sind auch aus kompositorischen Gründen wichtig. Die Parallelisierung der Gestalt des Helden Nimrod mit den Helden von 6, 1—4 weist auf etwas Gemeinsames wie Unterschiedenes hin. In Gn 6, 1—4 wie in Gn 10 geht es um Genealogien, und zwar um die Genealogien von Helden; hier wie dort haben wir es mit Formen der Selbstüberhöhung und Selbstvergöttlichung zu tun; hier wie dort endet es mit einer Apokalypse: im Bereich der Natur Gn 6—8; im Bereich des Sozialen Gn 11, 1—9. Man kann dann wohl sagen, daß die Völkertafel in Gn 10 nach der Flut die Funktion ausübt, die Gn 6, 1—4 vor der Flut hatte.

Freilich ist das J vorliegende Material nicht so beschaffen, daß diese Parallelen klar strukturiert wären; wir bleiben auf die leise Sprache bloßer Motivanklänge und Leitwortbezüge angewiesen; aber anders ist es in der Redaktionsgeschichte an den meisten Stellen nicht zu erwarten. Es ist deshalb auch kein Einwand gegen die vorgeschlagene Deutung, daß die angegebene Parallelisierung nicht voll zutrifft: die Begründung für das Völkerchaos ist ja nicht die Gestalt Nimrods, sondern der Turmbau; was an Nimrod so wichtig ist, ist der Umstand, daß sich in ihm das Turmbauthema vorbereitet und das Motiv der Selbstvergöttlichung von Gn 6, 1—4 auf der politischen Ebene wieder aufgegriffen wird. Sachlich mitanklingen könnte auch die Gewalttätigkeit des Lamechliedes; was dort als individuelle Gewalt in Erscheinung trat, weitet sich jetzt in politische Dimensionen aus. Sprachlich zwar liegen hier keine Anhaltspunkte mehr vor; aber gbwr — „Gewaltherrscher“ heißt einfach soviel wie „Krieger“ (Zi 387), und die Tendenz zur Vergöttlichung durch Gewalttat war ja auch Lamech nicht fremd (s.o.). In diesem Sinne finden sich die Motive von 4, 23—24 und 6, 1—4 im Hintergrund der Nimrod-Gestalt wieder und begründen im Geschichtlichen eine ähnliche Katastrophe, wie sie Gott in der Natur ein für allemal trotz oder wegen der Pervertiertheit des Menschen zu verhindern suchte.

Möglicherweise geht auch die Weiterführung der Liste Kanaans in diese Richtung. Hat man die Fluch- und Segensworte Noahs noch im Ohr (9, 25—27), so läßt die Verbreitung Kanaans nichts Gutes ahnen;

die Erwähnung Sodoms und Gomorrhas (10, 19) ist freilich so beiläufig, daß darin Anspielungen an spätere Ereignisse (Gn 19) nicht zu erkennen sind. Andererseits geht auch die Linie des Sem weiter. Wenngleich durchaus nicht im engen nationalen Sinne gebraucht, fällt doch mit dem Namen Ebers bereits Licht in eine Richtung, von der her auch dem Völkerwirrwarr gegenüber die Hoffnung einer Einheit anklingt. G. v. Rad hat zurecht darauf hingewiesen, daß die Völkertafel in Gn 10 Israel nicht als „Mitte der Völker" (Ez 5, 5) zeige (G. v. Rad, 120; 9, 110). Es liegt darin jedoch kein Widerspruch zu der Sicht der Propheten. „Profangeschichtlich" gesehen, ist Israel freilich ein verschwindendes Nichts im Meer der Völker; aber wenn die Geschichte der Völker erscheint wie eine große chaotische Sintflut, dann wartet förmlich alles auf die kleine rettende Arche, an der das Leben der Menschheit hängt. Gerade weil Israel in Gn 10 nicht den Mittelpunkt der Völkerwelt bildet, steht es heilsgeschichtlich im Zentrum der Weltgeschichte.

Zusammenfassung:

Versuchen wir, diese Ergebnisse unter *systematischem* Gesichtspunkt festzuhalten, so ist hervorzuheben:

1. Es läßt sich feststellen, daß die Menschen zwar vom Ursprung her eine Einheit in der Vielfalt sind, daß aber diese Einheit von ihnen nicht erhalten werden kann. Die Ausdifferenzierung als Vorgang des Lebendigen führt nach und in der Abwendung von Gott zur Zerspaltung und (Gn 11) zum Chaos. Der Mensch kann offenbar das, was er ist (die Einheit), nur sein im Anschluß und in der Gemeinschaft mit Gott; andernfalls wird ihn das, was er wird, zu etwas anderem machen, als was er ist und wozu er berufen ist.

2. So zeigt sich, wie der Zerfall des Menschseins (vor der Flut) sich zum geschichtlichen Wirken und zur geschichtlichen und sozialen Wirklichkeit (nach der Flut) ausweitet. Das, was der Mensch ist, äußert sich auch und gerade in seinem sozialen Tun.

3. Insbesondere die Entfaltung der irdischen Macht steht in Gefahr, ja, geht in der Abkehr von Gott notwendig einher mit dem Anspruch der Selbstvergöttlichung. Die Übersteigerung des Menschseins (im Sexuellen) findet ihre Parallele in der Übersteigerung des menschlichen Tuns (der Macht). Die Aggression als Grundzug des Menschseins begründet nunmehr die politischen Formen des Handelns und der strukturellen Aggression in Form organisierter Gewalt als Weise des geschichtlichen Zusammenlebens.

4. Die Menschheitsgeschichte erscheint somit nicht nur als Differenzierung der Lebenseinheit, sondern zugleich als Dissoziation unter dem Szepter der Gewalt.

Es bleibt anzumerken, daß der Verlauf der Weltgeschichte auch historisch bisher dem j Bild zu entsprechen scheint: die ganze Weisheit der menschlichen Geschichte in puncto Aggressionsbewältigung bestand bislang lediglich darin, die Gewalt zu höheren Einheiten zu organisieren und damit die Territorien relativer Friedfertigkeit im Inneren auszuweiten, gleichzeitig aber die Konzentration des aggressiven Potentials nach außen zu erhöhen: vom Stadtstaat über den Staat, über das Imperium bis hin zur Aufteilung der Welt in zwei oder drei umfassende Machtblöcke. Während die Kultur der Großfamilie noch „keine Stämme und Völker" kennt, „die aus sich kriegerisch veranlagt und kriegsliebend gewesen wären" (W. Schmidt: Leben und Wirken in: A. Randa [Hg.]: Handbuch der Weltgeschichte, I 77—78), führt das „Auftauchen der Bauernkultur ... im irano-mittelmeerländischen Bereich in der Zeit zwischen 8000 und 6000" (M.-H. Alimen und M.-J. Steve [Hgb.]: Vorgeschichte [Fischer Weltgeschichte I] 343) zu „Menschenanhäufungen", die in der Stadtkultur ein „ganzes Netz neuer Beziehungen" hervorbringen: „Organe der Regierung und der Verteidigung und ... eine Abstufung sozialer Klassen" im Rahmen der Sakralstruktur der Tempel-Stadt, in der „die Gestalt der ‚Großen Mutter' regiert." (a.a.O. 344) Diese Staatswesen zerbrechen jedoch bald durch „die wirtschaftliche Ausdehnung und ... den Kampf um die Absatzmärkte, der zum eigentlichen Krieg entartet" (a.a.O. 344). So schreitet mit den Gründungen der Stadtstaaten die Entwicklung der intraspezifischen Aggression zum organisierten Krieg voran. Die Erfindung von Waffen und Vernichtungstechniken, die in Gn 4, 22 in der Eisenbearbeitung ihren ersten lang dauernden Höhepunkt erreicht, bedingte auf dem Wege der Selektion (schon von den Anfängen der Menschheit her) bis ins Biologische hinein eine Verstärkung, ja, „Hypertrophie des menschlichen Aggressionstriebes" (K. Lorenz: Das sogenannte Böse. Zur Naturgeschichte der Aggression, 340), die durch die Zusammenballung der Menschen in der Stadtkultur sozial gesteigert wird. Die „Begeisterung" für den Führer geht jetzt einher mit der Ablenkung der Aggression auf die „Feind-Attrappe" des Gegners (K. Lorenz: a.a.O. 359—365). Der Krieger ist jetzt der gefeierte Held. Der Friede wird in der pax oecumenica gesucht. Aber es bleibt bei der Feststellung A. Toynbee's: „Der Gewaltmensch kann nicht zugleich seine Gewaltsamkeit aufrichtig bereuen und doch dauernden Nutzen daraus ziehen."

(Krieg und Kultur, 144) „Die Verbindung der Geschichtsabläufe von Universalstaaten mit den Laufbahnen sogenannter Retter mit dem Schwert legt . . . Zeugnis ab für die Unwirksamkeit der Gewalt als eines Mittels zum Heil.“ (A. Toynbee: a.a.O. 145)

Wir werden versuchen müssen, diese Zusammenhänge mit Hilfe einer sozialen Theorie zu systematisieren; dabei werden wir uns jedoch nicht nur an die kulturgeschichtlichen Züge der j Urgeschichte halten müssen, sondern vor allem nie vergessen dürfen, daß für J die geschilderten Zusammenhänge keine bloß kulturanthropologische oder sozialhistorische, sondern durch und durch theologische Bedeutung haben: die Verbindung von Krieg und Kultur, von Gewalt und Herrschaft, von Eroberung und Staatengründung ergibt sich für ihn nicht durch eine innere Notwendigkeit, sondern erst im Feld der Gottesferne und unter der Voraussetzung des Abfalls von Gott; nur deshalb kann er an eine Reversibilität des geschichtlichen Prozesses glauben (Gn 12). Wir werden also mit Hilfe der sozialen Theorie zugleich die Grenzen der sozialen Theorie als Interpretin der menschlichen Geschichte festzulegen haben.

Psychoanalytisch liegen die Dinge an dieser Stelle wesentlich einfacher. Die Frage ist lediglich, welche ontogenetische Entwicklungsphase das Motiv der Macht, der Expansion, der gewalttätigen Eroberung und der heldenhaften Größe reflektiert, wie sich also das Nimrod-Motiv in die Individualentwicklung einordnet und wie daneben die fortschreitende Aufspaltung und Differenzierung im sozialen Bereich zu verstehen ist.

K. DIE APOKALYPSE DER GESCHICHTE (Gn 11, 1—9)

I. Motivgeschichtlicher Hintergrund

Nirgendwo scheint der motivgeschichtliche Hintergrund der Erzählungen der j Urgeschichte so greifbar wie in der Turmbauerzählung, sagt doch Gn 11, 9 selbst, daß hier vom Turm zu Babel die Rede sei. Die babylonischen Tempeltürme haben eine lange Vorgeschichte. Schon in der Uruk-Epoche gibt es „zwei heilige Bezirke, zwei Tempelstätten. Die Tempel stehen auf einer Hochterrasse, sie sind die Vorform der späteren Zikkurat mit dem Hochtempel. Diese Tempel sind . . . gewidmet . . . der Inanna, die später Innin heißt und noch später Ischtar, die Große Mutter." Deren „Vertreter ist der Herrscher, der den Namen *Lugal* hat, der Große Mensch." (H. Kühn: der Aufstieg der Menschheit, 88) Ob freilich, wie H. Kühn meint, die babylonische Ziqqurat als „Sitz der Gottheit" bezeichnet werden kann, scheint fraglich. Die Vorstellung vom „Thron der Gottheit", wie sie Jes 14, 13 schildert, trifft wohl nur für den „Hochtempel" zu, der aber zugleich einen riesigen Altar bildete, auf dem auch Kulthandlungen vorgenommen wurden (vgl. die Miniaturform in Ez 43, 13—17) und die Heilige Hochzeit begangen wurde. Vermutlich war der Hochtempel nur ein vorübergehender „Aufenthaltsort des Gottes auf seinem Weg vom Himmel zum ‚Tieftempel' . . . Die einzelnen Stockwerke der Ziqqurat sind dann entweder bloße Hilfsmittel zur Gewinnung einer angemessenen Elevation für den ‚Hochtempel' oder eine Art Leiter zwischen Himmel und Erde" (H. W. F. Saggs: Mesopotamien, 524—525), eine Art Jakobsleiter (Gn 28, 12.13). Speziell liegt es nahe, bei dem Turm zu Babel an den Etemenanki („Tempel des Fundamentes von Himmel und Erde") zu denken, den Stufenturm zu Babylon, der zum Marduktempel Esagila („Tempel, der das Haupt erhebt") gehörte und zuletzt von Nebukadnezar wiederhergestellt wurde, nachdem bereits Nabopolassar seine Restauration begonnen hatte (E. Cassin, J. Bottéro, J. Vercoutter: Die Altorientalischen Reiche, III. Die erste Hälfte des 1. Jahrtausends [Fischer Weltgeschichte IV], 101; vgl. M. Brion: Die frühen Kulturen der Welt, 225). Die Maße des Etemenanki sind uns wohlbekannt. „Er bestand aus fünf quadratischen Stockwerken von jeweils 90, 78, 60, 51 und 42 m Seitenlänge; die dazugehörigen Höhenmaße beliefen sich auf 33, 18, 6, 6 und noch einmal 6 m, so daß die eigentliche Zikkurrat bis zu 69 m emporstieg. Auf ihrer obersten Plattform erhob sich ein zweistöckiger, mit blauen Glanzziegeln ververkleideter Kultbau, das ‚Hochzeitsgemach' Marduks und Sarpanitus (der babylonischen Geburts- und Fruchtbarkeitsgöttin, d. V.), das im Unterbau bei 6 m Höhe 33 : 33 m maß, während das Obergemach 24 : 21 m Umfang hatte und noch einmal 15 m aufragte. Die etwa das Maß der Pyramiden erreichende Gesamthöhe des Bauwerks betrug somit 90 m bei einer Grundfläche von gleicher Seitenlänge. Auf einer gewaltigen Freitreppe stieg man von Südosten her bis zu seiner Spitze empor, während die einzelnen Stockwerke durch an ihren Wänden angelehnte Einzeltreppen verbunden waren." (H. Schmökel: Ur, Assur und Babylon, 143)

So genau wir also über den „Turm von Babel" unterrichtet sind, so unwahrscheinlich ist es, daß die biblische Erzählung motivgeschichtlich mit diesem Turm in Verbindung zu bringen ist. Die babylonischen Tempeltürme sind künstliche Götterberge, untrennbar verbunden mit dem Tempelbezirk und bereits in der Uruk-Zeit ein zentraler Bestandteil der sumerischen Stadt, die im Ursprung den Kosmos selbst, dessen Mittelpunkt zu sein sie beansprucht, nachbildet; Stadt und Turm sind in Babylon Stätten der Gottesverehrung, während in Gn 11, 1—9 die Menschen ihr Bauwerk gerade im Widerspruch zu Gott aufführen. Dieser Gegensatz bezeugt eindeutig, daß die Wurzeln der biblischen Erzählung nicht in der Erde Babylons gewachsen sind; „nur fern von Babylonien kann man im Ernst behaupten, dieser Turm habe den Zweck gehabt, den Himmel selber zu erreichen." (Gu 99) Zudem weist das Motiv der Sprachverwirrung und der Zerstreuung der Menschheit in ganz andere Zusammenhänge. Es wird also nötig sein, den Hintergrund von Sprachverwirrung, Menschheitszerstreuung und Turmbau zunächst einmal unabhängig voneinander und vor allem unabhängig von den babylonischen Vorstellungen zu untersuchen. Auch hier werden wir, wie sonst in der j Urgeschichte, sehen, daß die j Erzählung von Gn 11, 1—9 den Urzeitmythen der „Primitivvölker" nähersteht als den Auffassungen der Hochkulturen.

Die Verschiedenartigkeit der Sprachen und die Zerstreuung der Menschheit werden oft in den Mythen miteinander in Verbindung gebracht. In dem schon erwähnten Mythos aus Nordtogo (B I) bilden die Menschen, nachdem sie von der verbotenen Frucht gegessen haben, verschiedene Speisegenossenschaften, die verschiedene Sprachen entstehen lassen (vgl. R. Jockel: Götter und Dämonen, 445—446). Die Motive von Gn 3 und Gn 11, Schuld und Sprachverschiedenheit, sind hier urgeschichtlich unmittelbar zusammengeschlossen. Die Sprach- und Kulturdifferenzierung ist hier, wie in der j Urgeschichte, die Konsequenz eines Urverstoßes gegen Gott; die orale Sünde des verbotenen Essens zeigt ihre orale Folge in der Trennung der Sprache.

Eine Reihe von Mythen sieht den Ursprung der Sprachverschiedenheit in der Habsucht und Streitsucht der Menschen. So erzählt ein Mythos der nordamerikanischen Arikara im Südwesten von Norddakota, wie von den neun ursprünglichen Menschheitsstämmen einer seßhaft wurde und Mais anbaute, während die anderen acht zu nomadisierenden Büffeljägern wurden. Sprachdifferenzierung ist auch hier verbunden mit Nahrungs-, d.h. Kulturdifferenzierung und der Ansiedlung in verschiedenen Lebensräumen. Der Mythos erzählt, wie die Menschen, als Tirawa sie unter der Erde ans Licht holt, auf einer langen Wanderung immer wieder einzelne zurücklassen müssen, die sich dann in Tiere verwandeln; die Tiere werden also als „stehengebliebene" Menschen, als auf der Wanderung zum Menschsein zurückgebliebene Kreaturen betrachtet. Ein Knabe mit einem Bündel, das er von Tirawa bekommen hat, leitet die Menschen und verheißt ihnen angesichts der „Blauen Berge", sie würden „das Leben sehen und an ihm leben". „Da zogen sie weiter. Bald danach begannen sie miteinander zu spielen, und eine Partei gewann immer alles, was die andere hatte. Zuletzt gerieten sie alle in Zank und Streit und kämpften miteinander, trennten sich und zogen verschiedene Wege. Die Tiere aber, die bisher immer bei ihnen gewesen waren, bekamen Furcht vor ihnen und rannten davon." Der Knabe zeigt ihnen in ihrer Ratlosigkeit, wie man die Friedenspfeife raucht, und weissagt ihnen Kampf und Krieg; zugleich zeigt er ihnen in seinem Bündel eine Maisähre und erklärt: „Durch sie werden wir leben. Sie ist unsere Mutter." — „Jetzt sprachen die Menschen nicht länger mehr eine Sprache. Die acht Stämme, die davongezogen waren, verstanden einander nicht mehr und lebten nicht mehr zusammen; Atira, die Mutter, verließ sie." Der neunte Stamm aber findet in den „Blauen Bergen" einen großen Strom und versteht die Worte des Knaben, sie würden „das Leben sehen und an ihm leben". Das Leben war der Strom. (R. Jockel: Götter und Mythen, 310—312)

Beachtenswert ist an diesem Mythos im Vergleich mit Gn 11, 1—9 nicht nur das Motiv der urzeitlichen schuldhaften Sprachverwirrung und Zerstreuung, sondern auch die Verbindung mit einer Urwanderung der

Menschheit zu ihren heutigen Wohnplätzen, wie in Gn 11, 2. Die Zuñi-Indianer Neumexikos bringen diese Urzeitwanderung mit der Urangst der Kreatur in Verbindung, die viele Geschöpfe zu Raubtieren und andere zu wehrlosen Opfern macht. „Elend und Hunger nahmen (als die Welt noch jung war, d. V.) überhand, man übte schwarze Magie, Streit und Krieg brachen aus, und große Angst zog in die Herzen der Menschen und anderen Geschöpfe ein. — Ja, Furcht war allseits unter ihnen, und voll Schrecken preßte das Volk seine Kostbarkeiten an sich und begann zu wandern. Wandern, wandern! Sie nährten sich vom Samen der Gräser, von allerlei Totem und Erschlagenem. Wandern, wandern! Immer gen Osten: wandern, wandern! Die Menschen waren ein Volk von Wanderern geworden.“ Dabei suchen die Menschen „auf ihrer langen, großen Wanderung nach Osten“ „die Mitte der Welt“, „wo sie ruhen und sich in Frieden niederlassen könnten. — Wenn das Volk sich auf seiner Wanderung irgendwo niederließ, vergaß es zuweilen, weiterzuziehen und die Mitte der Welt zu suchen. Da erzitterte die Erde von neuem ...“ „Wo immer sie rasteten, da bauten sie große Häuser aus Stein, alle eng beieinander, wie man es heute noch sieht.“ (R. Jockel, 332—333)

Auf eindrucksvolle Weise sehen wir hier, ganz ähnlich wie in Gn 11, 2, die Menschheit angstgetrieben auf einer unsteten Wanderung nach Osten, um irgendwo ihre innere Mitte und Befriedigung zu finden; auch das Motiv des Bauens hat hierin Platz: es ist, wie in Gn 11, 1—9, ein Versuch, sich aneinanderzudrängen, um die Angst der Welt zu beruhigen und „seßhaft“ zu werden (Gn 11, 2b). Der Ort, wo das geschieht, ist hier wie dort die Mitte der Welt. Freilich, was den Pueblo-Bauern gelingt, mißrät den Turmbauern zu Babel an eben dieser zentralen alles entscheidenden Stelle. Bemerkenswert ist, daß das Motiv der Wanderung nach Osten und der Suche nach Halt von dem Motiv der Zerstreuung und der Sprachverwirrung völlig unabhängig auftaucht, wohl aber eine Beziehung zum Städtebau aufweist.

Eine Mythe der Kabylen Nordafrikas führt, wie die der Arikara-Indianer, die Sprachverwirrung auf einen urzeitlichen Streit unter den Menschen zurück, stimmt aber mit Gn 11, 1—9 darin überein, daß die Verwirrung der Menschen durch die Macht eines überlegenen Wesens hereingebrochen sei. Die „erste Mutter der Welt“, die die Menschen gelehrt hatte, das Holz, die Steine und die Erde, die damals noch sprechen konnten, durch bloßes Anreden zu beherrschen, hatte sich in eine Zauberin verwandelt, die je älter desto böser wurde. Sie wollte die Menschen trennen, weil diese ihr nicht glauben wollten, daß sie selbst alles geschaffen habe; und zwar tat sie das vor dem Juli-Fest Ithusum, zu dem man viel Holz brauchte. Die erste Mutter der Welt sprach wie üblich zu dem Holz: „Trage mich nach Hause"; unterwegs aber ließ sie einen Flatus über das Holz, das sich fortan weigerte, die Menschen zu tragen. So entstand der erste Streit unter den Menschen. „Sie zankten, stritten und beschimpften einander. Sie sprachen nicht miteinander. Ihre Sprache geriet in große Unordnung. Nach einiger Zeit verstanden sie die Sprache der Nachbarn nicht mehr; im großen Haus der Menschheit verstanden sich die Menschen nicht mehr untereinander. — Wenn der eine sagte: ‚Wir wollen gehen!', so verstand der andere: ‚Wir wollen bleiben!' Dann entstand Streit und Zwietracht. Alle Menschen wurden uneinig untereinander", bis einige kluge Männer die Führung übernahmen; sie „führten die einzelnen Völker, ein jedes an seinen Platz. Sie führten die Menschen in die unbewohnten Länder, und dort nahm jedes Volk seine eigene Sprache an." (R. Jockel: Götter und Dämonen, 440—442)

Die Unfähigkeit, noch einander zu verstehen, und der Zwang, im Streit dem anderen stets das Gegenteil von dem zu unterstellen, was er wirklich sagt, begründen in dem Mythos, daß die Menschen endgültig auseinandergehen; ja, es erscheint unter diesen Umständen als ein Akt der Vernunft, sich auseinanderzuleben und getrennte Gemeinschaften zu organisieren. Die verschiedenen Sprachen, die die Völker daran hindern, einander zu verstehen, machen lediglich manifest, *daß* die Menschen einander nicht mehr verstehen. Hätten die weisen Männer nicht im letzten Augenblick die verschiedenen Völker mit ihren verschiedenen Sprachen gebildet, so spräche nach der Überzeugung des Mythos jeder heute seine eigene Sprache. Ähnlich wie in Gn 11, 6, dient auch hier die Herausbildung der Sprachenvielfalt dazu, die totale Katastrophe abzuwenden. Zugleich lernen wir motivgeschichtlich für die Interpretation der biblischen Erzählung, daß das Problem der Sprachverwirrung nicht als ein Problem der Sprache, sondern der Unfähigkeit, einander zu verstehen, betrachtet werden muß. Die Ähnlichkeit des Kabylen-Mythos mit Gn 11, 1—9 reicht aber noch ein wesentliches Stück weiter. In beiden Erzählungen werden die Menschen von einem überlegenen Wesen auseinandergebracht, dessen Schöpfermacht sie anzweifeln; freilich sind die Menschen in der nordafrikanischen Erzählung gegenüber der ersten Mutter der Welt mit ihrer Respektlosigkeit im Recht, in der biblischen Erzählung hingegen im Unrecht; während hier die erste Mutter sich die Macht Gottes anmaßt und böse handelt, sind es dort die Menschen; indessen ist dieser Unterschied auf einen einzigen entscheidenden

Differenzpunkt zurückzuführen, der darin liegt, daß bei J das Motiv der Sprachverwirrung durch die Einführung der Person Gottes gewissermaßen theologisch gedeutet wird. Die Menschen stehen jetzt nicht mehr unschuldig der ersten Mutter der Welt gegenüber, sondern sie handeln, wie diese, böse — gegenüber Gott; die Strafe aber, die sie ereilt, entspringt von daher nicht mehr einer dämonisch-pervertierten, sondern wohlmeinenden Weisheit.

Schließlich ist auf ein gewisses „magisches" Motiv hinzuweisen, das mit dem Gebrauch der Sprache gegeben ist. In dem Mythos der Kabylen beginnt der Sprachzerfall der Menschen damit, daß der Dialog zwischen ihnen und den sie am Leben erhaltenden Elementen abbricht; die Dinge reden nicht mehr zu den Menschen und hören nicht mehr auf die Menschen; der Grund liegt hier in einem alles vergiftenden „falschen" Sprechen der ersten Mutter, die, statt oral, anal zum Holz redet; diese „Verkehrung" der lautlichen Äußerung führt dazu, daß alle Kommunikation zur Umwelt sozusagen atmosphärisch erstickt wird. „Du beschimpfst mich! Du verpestest um mich die Luft. Ich bleibe stehen. Ich trage dich nicht weiter!", sagt das Holz zur ersten Mutter (R. Jockel: Götter und Dämonen, 441). Analog werden wir in der j Erzählung den Dialogabbruch zwischen Gott und Mensch zu beachten haben und Wert auf die Feststellung legen müssen, daß in dem Augenblick, wo Gott aufhört, zum Menschen zu reden, die Menschen aufhören, miteinander zu reden — und die Dinge aufhören, dem Menschen zu gehorchen; am Ende bewahrt die linguistische Differenzierung den Menschen vor der mentalistischen Atomisierung.

Daß der Streit unter den Menschen und die Sprachenvielfalt letztlich in der Einstellung des Menschen zum Göttlichen begründet ist, lehrt uns ein Mythos der Quiché-Indios in Guatemala, der erzählt, wie die Menschen, noch ehe das Licht erschienen war, als ein einziger Stamm von großem Wesen und Ruhm sich aufmachen, um sich einen Gott zu suchen, vor dem sie Weihrauch anzünden und von dem sie Schutz erhoffen könnten. So ziehen sie nach Tulan, um die Götter für sich zu empfangen. Die drei Stammesabteilungen der Quiché empfangen den Namen des Gottes Tohil. „Sie wurden nicht uneins, weil der Name ihres Gottes einer und derselbe war . . ., und sie trennten sich nicht mehr voneinander." Andererseits werden in Tulan die Sprachen der Stämme verschieden; „sie konnten einander nicht mehr gut verstehen, als sie aus Tulan kamen. Daselbst zerstreuten sie sich; einige zogen nach Osten, und ein großer Haufe kam hierher." Als schließlich nach langem Wandern und Warten die Sonne aufgeht, erheben die Menschen ihren

Gesang, „und ihr Herz weinte über das, was sie in ihrem Gesang aussprachen: ‚Wehe, daß wir in Tulan einander verloren und uns zerstreut haben! Es blieben dort unsere Brüder zurück! Wir haben zwar die Sonne gesehen, aber wo sind sie jetzt, da es hell geworden ist'?" (R. Jockel: Götter und Dämonen, 370—375)

Die Einheit der Sprache beruht nach diesem Mythos auf der Einheit des Gottesnamens. Ein Volk wird durch den gemeinsamen Glauben an seinen Gott vereinigt; und umgekehrt besteht die Völkervielfalt gerade darin, daß jedes Volk das andere im Namen seines Gottes ausschließt. Offenbar hängt das Motiv der Herrschaft und der nationalen Größe im Namen des Gottes, auf das wir in Gn 9, 26 gestoßen sind, thematisch wie motivgeschichtlich mit dem Motiv der Sprachverwirrung in Gn 11, 1—9 zusammen.

Eine gewisse Beziehung weist das Motiv der Sprachverwirrung auch zu dem Motiv der Großen Flut auf. So erzählt z.B. der Schöpfungsmythos der Navajos von dem fünfstufigen Aufstieg der Menschen in die Oberwelt; in der dritten Welt bringt der Trickster-Kojote, weil er zwei Kinder des Unholdes Tieholtsodi stiehlt, die Große Flut über die Menschen, die sich und die Tiere durch Aufschichten von Bergen in der Mitte des Landes und durch Anpflanzen eines Riesenschilfrohres in den vierten und später, unter ähnlichen Umständen, in den fünften Himmel retten. Der Preis, den sie dafür zahlen müssen, ist der Tod. Zugleich differenzieren sich die Völker in Berg- und Flachlandbewohner. Während die Navajos anfangs einander noch verstehen konnten, spaltete sich ihre Sprache auf, „und es wurde beschlossen, daß Leute mit verschiedenen Sprachen auch zu verschiedenen Orten wohnen sollten" (C. Burland: Mythologie der Indianer Nordamerikas, 93). Das Motiv von der Verbreitung der Menschheit nach der Flut ist hier, wie mit Selbstverständlichkeit, mit dem Motiv der Sprachenvielfalt verknüpft und wird von dort her begründet; allerdings vermissen wir das Motiv der Schuld, das lediglich in der Tat des immer zwielichtigen Tricksters anklingt.

Anhand der bisher vorgelegten Beispiele können wir motivgeschichtlich für die Analyse von Gn 11, 1—9 folgende Feststellungen treffen:

1. Es gibt unabhängig von dem Thema der Sprachverwirrung und der Zerstreuung das Motiv der urzeitlichen Wanderung nach Osten zum Mittelpunkt der Erde, zum Ort, wo die Sonne aufgeht; dieses Motiv ist bestimmt von dem Gefühl der Weltangst, der Dunkelheit, der Unfertigkeit, der Suche nach Halt und Bleibe; insofern steht es mit dem Gedanken des Seßhaftwerdens und des Städtebaus in Verbindung:

man möchte endlich in der Mitte der Welt Ruhe finden. Die Große Wanderung kann auch als Aufstieg und Auszug der Menschheit aus der Unterwelt gedeutet werden, als ein Weg, der zum jetzigen vom Tod gekennzeichneten Dasein führt. Das Auftauchen aus der Unterwelt läßt sich, als Schöpfungsvorgang, auch als Auftauchen aus der Großen Flut darstellen; insofern weist das Motiv des urzeitlichen Itinerariums auch eine gewisse Affinität zum Motiv der Großen Flut auf.

2. Die Urzeitwanderung der Menschheit als Weg zum gegenwärtigen Menschsein erlaubt ohne Schwierigkeiten eine Verbindung mit dem Motiv der Ausbreitung und der Zerstreuung über die Erde. Die unterschiedlichen Lebensräume und Lebensgewohnheiten schlagen sich nieder in der Herausbildung unterschiedlicher Völker und Sprachen.

3. Insofern die Zerstreuung der Menschen und ihre Sprachenvielfalt mit Streit und Krieg einhergeht, erscheint sie oft als etwas Negatives, das sich aus der urzeitlichen Schuld der Menschen bzw. eines übermenschlichen Wesens ergeben hat. Die Übertretung eines göttlichen (Nahrungs-) Verbotes, Bosheit, Habsucht oder Streit bewirken, daß die Menschen einander nicht mehr verstehen; die Schwierigkeit, die Sprache eines fremden Volkes zu verstehen, mildert und überlagert die fundamentale anthropologische Schwierigkeit, miteinander zu reden und aufeinander zu hören. Die Einheit der Sprache hängt letztlich an der Einheit des Namens, unter dem ein Volk seinen Gott empfangen hat.

An dieser Stelle läßt sich auch der Faden des Turmbaumotivs in das bisher gezeigte Motivgewebe einschlagen. Denn beim Turmbau geht es entscheidend darum, daß die Menschen sich gegen die Gottheit auflehnen; der Turm ist stets eine Sturm-, Verteidigungs- oder Belagerungsrampe, um den Himmel zu erobern. Auch das Motiv des Stolzes und des eigenen großen Namens läßt sich damit assoziieren. So kommen in der schon erwähnten polynesischen Flutmythe von Rokalas Kampf gegen die Große Schlange das Motiv des Turms, des Namens, der Großen Flut und in gewissem Sinne auch das Motiv der Zerstreuung zusammen (s. S. 192). Die Mythe erzählt, wie Rokala und seine Anhänger trotz ihres paradiesischen Lebens die Große Schlange durch die Ermordung ihrer Taube provozierten und einen großen und hohen Kriegswall gegen sie bauten. Die Schlange aber auf dem Berg Kau-wandra machte sich über die Leute lustig und rief: „‚Baut euren Wall nur recht stark. Führt ihn bis zum Himmel auf, ein Gott ist euer Feind.‘ Die Menschen aber verhöhnten die Große Schlange weiter, denn sie vertrauten auf ihren Wall und ihre Zahl. Als sie den Bau beendet hatten, rief Rokala über das Tal hinweg: . . . ‚das war einmal eine Gottheit, die oben auf Kau-wandra lebte'." Die Schlange vernichtet Rokala und seinen Anhang in maßlosem Zorn in der Flut. Die von ihnen am Leben bleiben, verteilen sich als Sklaven in die verschiedenen Königreiche, wo sie bis auf den heutigen Tag als Bootebauer tätig sind (R. Jockel: Götter und Dämonen, 188—190).

Wie man sieht, tritt das Turmbaumotiv ganz unabhängig vom Motiv der Sprachverwirrung auf; seine Thematik ist die des Götterkampfes, und lediglich insofern die Sprachverwirrung auch als Folge einer Auflehnung gegen Gott betrachtet wird, läßt sie sich mit dem Aufstand gegen Gott in Verbindung bringen. Die furchtbare Zerstörung des menschlichen Machwerks durch die Gottheit kann indessen sintflutartige Formen annehmen; auch von daher läßt sich eine Brücke zum Motiv der Sprachverwirrung und Zerstreuung schlagen. Besonders auffällig ist an dem polynesischen Mythos, daß die Große Schlange selbst die Menschen dazu anhält, den Wall so hoch zu bauen, wie sie nur können; der gegenseitige Machtkampf wird begleitet von gegenseitigem Hohn; die Schlange läßt die Menschen in dem Wahn ihrer Größe sich aufplustern, um sich selbst in ihrer Wut zu steigern und umso vernichtender dreinschlagen zu können. Sie handelt hier ähnlich wie Gott, wenn er P zufolge beim Auszug Israels aus Ägypten das Herz des Pharao solange verstockt, bis er dessen Streitmacht im Meer begräbt (Ex 7, 3; 9, 12; 10, 20.27; 11, 10; 14, 4.17; vgl. M. Noth: Das zweite Buch Moses, ATD 5, zur Stelle). Gemessen daran, erscheint in der j Erzählung vom Turmbau das Motiv des Kampfes zwischen Gott und Mensch nur noch in sehr abgeschwächter Form. Die Menschen scheinen in Gn 11, 1—9 bei ihrem Turmbau kaum zu wissen, daß sie gegen Gott ankämpfen, und umgekehrt zerstört Gott ihren Bau, um das Schlimmste für die Menschen zu verhüten und sie vor der endgültigen Vernichtung zu bewahren. Auch der Wunsch, sich einen Namen zu machen, der in der polynesischen Mythe auf den Ruhm abzielt, die Schlange getötet zu haben, wird in Gn 11, 4b mit einer Zielsetzung verbunden, die gar nichts mit einem Kampf gegen Gott zu tun hat; statt Gott vom Thron zu stürzen, wollen die Menschen sich niederlassen und nicht zerstreut werden; auf diese Weise scheint der Turmbau keinen anderen Zweck zu verfolgen als die Stadtgründung in dem Motiv von der Wanderung zum Mittelpunkt der Erde, in dem an sich zunächst nichts Widergöttliches liegt und das dem eigentlichen historischen Sinn des Turms zu Babel nahesteht. Für die Auslegung der j Turmbauerzählung wird die Frage wichtig sein, was J mit dieser Abschwächung des Motivs vom Götterkampf sagen will und was für ein Aussagewert gerade darin liegt, daß bei J die Menschen mit ihrem Turmbau gewissermaßen nur unbewußt Gott vom Thron reißen wollen.

Als eine Abschwächung kann man motivgeschichtlich im Zusammenhang des Turmbaus auch die glimpfliche Art betrachten, in der die Menschen an der Fertigstellung ihres Baus nur durch die Sprachverwirrung von Gott gehindert werden, statt daß sie selbst vernichtet werden oder sich gegenseitig umbringen. Zum Vergleich dazu sei der griechische Mythos von den Aloiiden Ephialtes und Otos erwähnt, die von Iphimedeia an der Küste des Meeres aus dem Wasser des Poseidon unehelich geboren werden, mit enormer Schnelligkeit zu gewaltiger Körpergröße heranwachsen und dem Olymp den Krieg erklären, um Hera und Artemis zu vergewaltigen. Nachdem sie Ares gefangengenommen haben, stülpen sie den Berg Pelion auf den Berg Ossa und gewinnen so eine Sturmschanze zur Belagerung des Olymps. „Ihre Selbstsicherheit war durch nichts zu erschüttern. Denn es war prophezeit worden, kein Sterblicher und kein Gott könnte sie töten." (R. v. Ranke-Graves I 121) Auf Apolls Rat hin läßt Artemis erklären, sie wolle sich auf der Insel Naxos dem Otos hingeben; darüber aber entbrennt ein heftiger Streit mit Ephialtes, der, als der Ältere, die Göttin als erster umarmen oder das Angebot abgelehnt sehen möchte. Als Artemis sich ihnen auf dem Höhepunkt des Kampfes als weißes Reh zeigt, schleudern beide ihre Speere, verfehlen aber das Ziel und durchbohren sich gegenseitig. Weder ein Sterblicher noch ein Gott hat sie also zu töten vermocht, wohl aber sie selber in der Verwirrung des Streites und der Leidenschaft, die sie dazu drängte, das Göttliche sich anzueignen und es zu vergewaltigen (vgl. Homer: Odyssee XI 305—320; Ilias V 385—390). Der Aloiiden-Mythos bietet insofern ein Beispiel dafür, wie selbstmörderisch der Kampf des Menschen gegen die Götter ist, er zeigt aber auch, daß der Sturm auf den Himmel so etwas sein kann, wie eine versteckte Liebeserklärung und ein Versuch, sich des Göttlichen mit Gewalt zu bemächtigen, wenn es sich nicht freiwillig hingibt.

Abschließend können wir feststellen, daß Gn 11, 1—9 motivgeschichtlich außerordentlich vielschichtig zusammengesetzt ist, und zwar insgesamt aus Themen, die mit dem historischen Turm zu Babel nicht das geringste zu tun haben, außer dem Motiv vielleicht, am Mittelpunkt der Welt sich niederzulassen und dort eine Art axis mundi, einen künstlichen Zentralturm zwischen Himmel und Erde zu errichten. Überhaupt scheint es, als gäbe es für die j Erzählung von Gn 11, 1—9 in der Mythologie der altorientalischen Hochkulturen motivgeschichtlich keine uns bekannte Entsprechung; lediglich in dem sumerischen Enmerkar-Epos ist die Rede davon, daß der Gott Enki aus Rivalität zu Enlil die Sprache der Menschen verwirrt (vgl. We 717—718).

II. Traditionsgeschichtliche und literarkritische Feststellungen

Die Hauptfrage in Gn 11, 1—9 ist traditionsgeschichtlich die nach der Einheitlichkeit der Erzählung. Daß sich in ihr verschiedene Motive verbinden, haben wir gerade gesehen; aber auch die Anlage der Erzählung selbst weist eine Reihe offenbarer Doppelungen und Widersprüche auf: in 11, 5 fährt Jahwe zur Erde herab, in 11, 7 beschließt er, zur Erde herabzufahren; der Zweck des Bauwerkes ist 11, 4 doppelt: sich einen Namen zu machen und nicht zerstreut zu werden; doppelt wird 11, 8 die Zerstreuung und das Einstellen des Stadtbaus erwähnt; in 11, 9 ist wiederum doppelt von der Sprachverwirrung und der Zerstreuung die Rede; schließlich ist 11, 4.5 die Stadt und der Turm eine Doppelung. Gunkel hat daraus den Schluß gezogen, in 11, 1—9 zwischen einer Turm- und einer Stadtrezension unterscheiden zu müssen, und zwar gehörten zur Stadtrezension 11, 1.3a.4aαγ.6aαβ.7.8b.9a, zur Turmrezension 11, 2.4aβb.3b.5.6aγb.8a.9b (Gu 92—93); von diesen beiden habe die Stadtrezension von der Sprachverwirrung, die Turmgeschichte von der Zerstreuung gesprochen. Die Turmrezension sei älter, ihrer größeren Naivität wegen (Gu 100).

Es ist aber die Frage, ob dies so sein kann.

Wie wir soeben gesehen haben, ist bei J nicht mit zwei, sondern mit vier ursprünglich verschiedenen Motiven zu rechnen: die urzeitliche Wanderung (und der Bau der Stadt), der Turmbau, die Verwirrung der Sprache und die Zerstreuung über die Erde; schon das macht es unwahrscheinlich, daß die vorliegende Motivkombination in Gn 11, 1—9 auf zwei einfache in sich selbständige Erzählstränge zurückführbar sein sollte. Näherhin erscheint das Motiv der Sprachverwirrung in der Einleitung 11, 1 in dem Hinweis auf die urzeitliche Einheit der menschlichen Sprache, ferner in der Bemerkung Gottes, daß die Menschen alle nur eine Sprache besitzen (11, 6a), sowie in dem Beschluß, ihre Sprache zu verwirren (11, 7), und in der „ätiologischen" Namenerklärung, daß der Ort, wo dies geschehen sei, Babel heiße (11, 9). Diese Namenerklärung aber kann nicht ursprünglich zu der Geschichte gehört haben; Westermann macht zurecht darauf aufmerksam, daß der Erzählabschluß parallel zu dem Exposé von 11, 1 lauten sollte: „Seitdem aber sind die Sprachen aller Menschen verwirrt." (We 712) Erst nachträglich scheint die Namenerklärung das Motiv der Sprachverwirrung nach der Art geschichtlicher Ortsätiologien mit Babel verbunden zu haben (vgl. Gn 16, 14; 21, 31; 22, 14; 26, 33; 28, 19 u.ö.). Indem J mithin ein Urzeitereignis im Raum lokalisiert, leitet er das Urgeschehen zur eigentlichen Geschichte über.

Das Motiv der Wanderung nach Osten erscheint nur in 11, 2; es wäre für die Erzählung einer bloßen Sprachverwirrung ganz und gar entbehrlich, paßt aber gut zu dem Entschluß, sich eine Stadt zu bauen (11, 4a), und könnte darin seine eigentliche Fortsetzung gefunden haben. Die Lokalisierung im Lande Sinear ist ähnlich zu beurteilen wie die Erwähnung Babels in 11, 9a; sie paßt eigentlich nicht zu einem Urzeitgeschehen und stößt sich etwas mit der vagen Bemerkung in 11, 8, daß Gott die Menschen „von dort" „über die ganze Erde" verstreut; wäre der Name Sinear ursprünglich, so hätte er hier wieder aufgegriffen werden müssen. Für das Motiv der Wanderung wäre es ausreichend zu sagen, daß die Menschen nach Osten wandern und in einer Talsenke sich niederlassen, um dort eine Stadt zu bauen (11, 2.4a).

Mit dem Stadtbau aber ist jetzt das Motiv vom Turmbau verknüpft, das erst in 4aβ eingeschaltet wird: „(wir wollen uns eine Stadt bauen) und einen Turm, dessen Spitze bis an den Himmel reicht"; damit untrennbar verbunden dürfte das Motiv sein: „wir wollen uns einen Namen machen" (11, 4), das ursprünglich wohl nicht nur auf die Größe der Bauleistung abzielt, sondern vielleicht auch mit dem Ruhm verbunden war, den Himmel gestürmt und die Gottheit besiegt zu haben. Stadt und Turm werden bereits als im Bau begriffen vorausgesetzt in 11, 5, wo Gott das Menschenmachwerk an Ort und Stelle inspizieren kommt, sowie in der Bemerkung von 11, 8b, daß die Menschen den Bau aufgrund der Sprachverwirrung nicht mehr vollenden können; in 11, 8b aber wirkt der Bezug zum Turmbau eher wie sekundär eingeschoben; es ist daher zu vermuten, daß die eigentliche Fortsetzung des Turmbaumotivs hinter 11, 5 ausgefallen ist; sie müßte berichtet haben, daß Gott die Menschen nicht erst soweit mit ihrem Treiben kommen läßt, daß sie ihm gefährlich werden könnten (Anklänge davon noch in 11, 6aβ.b), und sie selbst mitsamt ihrem Bau vernichtet. An die Stelle dieses zu vermutenden Abschlusses der Turmerzählung ist jetzt in der zweiten Hälfte (11, 5—9) das Motiv der Sprachverwirrung und Zerstreuung getreten.

Das Zerstreuungsmotiv klang in der j Urgeschichte bereits in 9, 18 und 10, 25 an und tritt in 11, 1—9 als Leitwort auf: 11, 4 (die Menschen wollen nicht verstreut werden), 11, 8a (Gott zerstreut die Menschen) und 11, 9b, das 11, 8a noch einmal aufgreift. An keiner Stelle aber tragen diese Bemerkungen die Erzählung; an allen drei Stellen wirken sie vielmehr wie sekundär hinzugefügt. Man wird daraus den Schluß ziehen dürfen, daß das Motiv von der weltweiten Zerstreuung erst zu einem Zeitpunkt zu der Erzählung hinzugetreten ist, als diese schon relativ fest geformt war; keinesfalls ist es, wie Gunkel meinte, mit dem Turmbaumotiv ursprünglich verbunden. Vielleicht ist es erst durch die j Redaktion in Weiterführung des Abschlusses von der großen Flut hier eingearbeitet worden; mit entsprechendem Nachdruck wird man dann bei der Interpretation von Gn 11, 1—9 auf die Frage eingehen müssen, was für J das Motiv der Zerstreuung bedeutet und wie der ursprüngliche Sinn der einzelnen Motive sich in dem Rahmen dieses neuen Arrangements verändert.

Sekundär ist schließlich auch die kulturgeschichtliche Notiz in 11, 3b von dem speziellen Brenn- und Bindematerial der Städtebauer in der Ebene, die hier offenbar als Mesopotamien verstanden wird; diese Notiz unterbricht den Erzählfaden durch eine genaue technische Kunde. Man versteht unter diesen Umständen den Widerspruch, daß die Erzählung in 11, 3b offenbar selbst mit den Details der babylonischen Technologie vertraut ist, während sie in 11, 9a den Sinn der babylonischen Ziqqurat scheinbar völlig mißdeutet: 11, 3b und 11, 9a sind beides sekundäre Bemerkungen, die voneinander unabhängig zu der Erzählung hinzugetreten sind.

Insgesamt zeigt sich, daß die Motivkombination in Gn 11, 1—9 nicht literarkritisch, sondern nur traditionsgeschichtlich verstanden werden kann. Darauf verweist neben der Analyse der einzelnen Motivstränge vor allem die hohe literarische Einheitlichkeit der Erzählung, die selbst bei einem solchen Meister der Erzählkunst wie J doch nicht gut durch Ineinanderschachteln grundverschiedener Rezensionen, wie Gunkel meinte, erklärt werden kann, sondern nur durch ein langsames Anwachsen im Stadium der mündlichen Überlieferung. Die Erzählung besteht aus zwei Hälften: 11, 1—4 und 11, 5—9, die beide einander gegenläufig entsprechen. Sehr schön hat M. Buber herausgestellt, wie den Handlungen der Menschen in der ersten Hälfte der Erzählung jeweils in der zweiten Hälfte das Tun Gottes entgegentritt und wie dieser Gegensatz durch die Verwendung bestimmter Leitworte markiert wird. „Sieben Leitworte schlagen die Brücken von der ersten zur zweiten (Hälfte, d. V.): ‚alle Erde', ‚Lippe' (d. i. Sprache), der Ruf ‚Heran!' oder ‚Auf!', das ‚Bauen', ‚Stadt-und-Turm' (wovon zuletzt nur die ‚Stadt' bleibt), der ‚Name' und das ‚Zerstreuen'." (M. Buber: Die Schrift und ihre Verdeutschung, in: Werke II 1133—1134) „‚Alle Erde‘ steht am Anfang, und dreifach, refrainartig wiederholt, ‚alle Erde‘ am Schluß der Geschichte. Doch die Bedeutung ist nicht die gleiche. Am Anfang ist das noch vereinte Erdvolk gemeint, am Schluß die Erdfläche, über die es in seinen Stämmen auseinandergeworfen ist. Aber diese zweite Bedeutung steht schon am Schluß der ersten Erzählungshälfte, die also mit ‚alle Erde‘ schließt wie beginnt.“ (M. Buber: a.a.O., 1134)

„Eine Lippe“ steht im ersten Abschnitt nur einmal; aber im Munde Gottes kommt es dreimal vor und dann noch einmal in der Zusammenfassung. „Erde, Erdvolk, Erdvölkerschicksal ist das, um was es in der Geschichte geht; aber Sprache ists, woran das geschieht, was hier geschieht.“ (M. Buber, a.a.O., 1134)

Dem vermessenen „Heran“ der Menschen, mit dem sie sich ans Ziegelbrennen und an den Stadt-und-Turm-Bau machen, entspricht der gleiche Aufruf Gottes. Gott steht zum Menschen so und in Entsprechung zu der Art, wie sich der Mensch zu Gott verhält.

Sich einen „Namen“ zu machen und nicht zerstreut zu werden (11, 4) ist das Ziel der menschlichen Bemühungen. „Nun denn, ein Name kommt zustande: der Name der widergöttlichen Weltstadt, nach der vermengten, verwirrten Sprache Gemenge, Wirrwarr, Babel genannt. Und sie, denen menschheitliche Einheit zugedacht und angeboten war, bauen an der himmelberührenden Mitte, um nicht zerstreut zu werden; aber eben deshalb und nur deshalb werden sie ‚zerstreut von dort übers Antlitz aller Erde‘. Die Verkehrtheit des Menschen erfährt ihre Verkehrung.“ (M. Buber: a.a.O., 1134—1135)

In dieser Konzentriertheit schreibt man nicht durch Stückelung von Traditionen; mit einer solchen Meisterschaft schreibt in der ganzen Bibel (außer dem Verfasser der Thronnachfolge-Geschichte Davids und dem Autor des Jona-Büchleins) nur der „Redaktor“ der j Urgeschichte (bzw. die Tradition, die er verarbeitet).

In welchen Kreisen die Erzählung weitergegeben wurde, läßt sich als ganzes nicht mehr sagen. Gunkel vermutete mit Bezug auf den „Polytheismus“ in 11, 7 und die Ätiologie von „Babel“ als „Verwirrung“ (11, 9), daß es semitische Nomadenstämme, vielleicht Aramäer (vgl. aram. blbl — „verwirren“, Gu 99), gewesen seien, die diese Geschichte erzählt hätten; aber 11, 9 ist ein relativ später Zusatz zu der Erzählung, und die einzelnen Motive von Gn 11, 1—9 sind schlechthin menschheitlich verbreitet, lassen also eine spezielle Zuordnung nicht zu. Immerhin kann vermutet werden, daß die Erzählung in einem früheren Stadium einmal berichten wollte, wie die Götter aus Furcht vor den Menschen und ihren Möglichkeiten (der Turmbau; 11, 6) die Sprache der Menschen verwirrten und deren Macht somit eingrenzten. Das Motiv wäre dann ähnlich wie Gn 3, 22 zu lesen: die Götter wollen, daß die Menschen nicht ihre Grenze überschreiten und nicht selbst zu Göttern werden. Insofern könnte die Erzählung ein altes paränetisches Moment besessen haben. Denn „des Menschen Sturz beschleunigt, wenn er selbst ihn sucht, ein Gott.“ (Aischylos: Die Perser 730)

III. Redaktionsgeschichtliche Überlegungen

Die Hauptfrage der redaktionsgeschichtlichen Betrachtung muß sein, wie die Erzählung vom Turmbau sich im Gesamtrahmen der j Urgeschichte ausnimmt. Wir haben bisher vorausgesetzt, daß Gn 11, 1—9 an Gn 10 anschließt und den Abschluß der j Urgeschichte bildet. Das ist jedoch nur haltbar, wenn man eine Reihe von Widersprüchen in Kauf nimmt. Es ist offenkundig, daß Gn 11, 1—9 der Völkertafel in Gn 10 mit ihrer Darstellung der Völkerverbreitung widerspricht; die Erwähnung von Sinear und Babel als Herrschaftsbereich Nimrods in Gn 10 will nicht dazu passen, daß nun in Gn 11 eine Erzählung von Babel berichtet, die von einem solchen Königreich und einer solchen Stadtgründung Nimrods keinerlei Kenntnis aufweist.

J. Wellhausen hat daraus den Schluß gezogen, daß nicht nur traditionsgeschichtlich, sondern auch redaktionell eine Verbindung von Gn 10 und Gn 11 undenkbar sei; ja, weil Gn 11, 1—9 auch die Sintfluterzählung und die Völkerdifferenzierung durch Genealogie nicht zu kennen scheint, schlug er vor, das Stück an Gn 2—3 (und 4, 16—24) anzuschließen, wobei er auf den Zusammenhang von 11, 6 und 3, 22 hinwies. Auf diese Weise erhielt er einen geschlossenen Erzählfaden JE (Die Composition, 11—12).

Der Wellhausensche Gedanke verdient schon deshalb die größte Beachtung, weil er richtig die Verbindung von Gn 11, 1—9 und Gn 2—3 herausstellt und die Zwischenglieder als Teile einer Entwicklung zwischen Paradies und Babel begreift; dem ist nur zuzustimmen. Recht hat Wellhausen auch darin, daß Gn 10 und Gn 11, 1—9 im Grunde das gleiche Ziel verfolgen: die Auffächerung der Menschheit in viele Völker zu zeigen. Folgt aber daraus ihre Unverträglichkeit und die Notwendigkeit einer quellenkritischen Aufspaltung? Auch Gn 2—3 war ja nun alles andere als eine einheitliche Erzählung.

Es handelt sich, wie Westermann richtig feststellt, methodisch um einen „Fehlansatz“, die j Urgeschichte als eine literarische und nicht als eine redaktionelle Einheit unterschiedlicher Traditionsstücke lesen zu wollen; „statt dessen ist das Schwergewicht auf die traditionsgeschichtliche Frage nach der Vorgeschichte der Bestandteile zu legen und die schriftstellerische Arbeit des J ist dann danach zu beurteilen, wie er im Blick auf die vielfältige und die vielgestaltige Vorgeschichte der Bestandteile aus ihnen ein Ganzes geformt hat.“ (Erträge, 98—99)

Ist dies die Aufgabe, so müssen wir uns fragen, was die Nebeneinanderstellung von Gn 10 und 11, 1—9 bedeutet. Daß es nicht angehen kann, eine Völkervielfalt zu schildern und dann unmittelbar darauf die Menschheit als eine Einheit einzuführen (11, 1), wird auch J gewußt haben; wenn er es trotzdem tat, so doch wohl deshalb, weil er meinte, daß die genealogische Völkerdifferenzierung offenbar noch nicht das begründet, was die geschichtliche Wirklichkeit ausmacht; das Unvermögen, einander zu verstehen, das Auseinanderstreben der Völker und Nationen und die völkergeschichtliche Diffusion und Konfusion seien nicht einfach verstehbar als Resultat bloßer Völkerausbreitung. Offenbar liegt J daran, das Thema der Zerstreuung und Zerspaltung, das er 9, 19 und 10, 25 bereits anklingen ließ, durch die abschließende Erzählung von Gn 11, 1—9 aus der bloßen Genealogie und empirischen Völkerbetrachtung herauszulösen und es gewissermaßen theologisch zu vertiefen. Indem er das alte Motiv vom Aufstand gegen Gott aufgreift und es mit dem Thema der Zerstreuung verbindet (11, 4), interpretiert er das eine durch das andere: die Menschen erheben sich zum Himmel, um nicht zerstreut zu werden, aber sie sind zerstreut und aufgelöst, weil es ihr Urstreben ist, sich bis zum Himmel zu erheben. Freilich: wenn man unter den Völkern von Gn 10 eine Vielfalt unterschiedlicher Sprachgruppen versteht und unter der einen „Lippe“ von Gn 11 lediglich eine Angelegenheit der Linguistik, dann bilden beide Abschnitte einen unaufhebbaren Gegensatz. Aber es ist doch schlechterdings naiv, J zuzumuten, er habe in der Turmbauerzählung bloß eine Erklärung für die unterschiedlichen Sprachen geben wollen (mit Recht dagegen Zi 404—405). Vielmehr zeigt J, wie der Versuch der Menschen, ihre Einheit ohne und gegen Gott schaffen zu wollen, in der weltweiten Verwirrung der Geschichte endet, daß also das, was die Menschen hindert, einander zu verstehen, seinen Grund in dem Scheitern des gemeinsamen Bestrebens hat, eine einheitliche Menschheit an der Stelle Gottes und gegen Gott zu etablieren. Dieses Unvermögen, einander zu verstehen, ist daher nicht an die Differenzierung in unterschiedliche Sprachen gebunden, sondern hat seine eigentliche Ursache in der verkehrten Einstellung aller Menschen zu Gott. Die Völker (und auch vielleicht ihre Sprachen) entstehen auf dem Wege der generativen Differenzierung; aber was die Unterschiede der Abstammung zu absoluten Verständnisbarrieren macht, das ist, daß Menschen, die sich an die Stelle Gottes setzen wollen, durchaus einander nicht verstehen können. Dies zeigt sich am Phänomen der Sprachverschiedenheit. Wie sonst in der j Urgeschichte, geht es also um eine theologische, keine kulturhistorische Ätiologie, sehr in Anknüpfung übrigens zu der Intention des alten urgeschichtlichen Mythenmotivs von der Vielfalt der Sprachen. Infolgedessen ist J an dem Motiv vom Turmbau auch nicht mehr um seiner selbst willen interessiert; er gibt ihm vielmehr in 11, 4 eine neue Begründung und ein neues Gewicht, das ganz in dem Zusammenhang von Einheit und Zerstreuung steht. In der jetzigen Zuordnung muß es so aussehen, als wenn in 9, 19 und vor allem in der Verbreitung der Menschen in Gn 10 eine weltweite Gefahr heraufgezogen ist, die die Menschen in 11, 4 erkennen und in jedem Falle meistern möchten und müssen. Sie wollen, wie es sich jetzt liest, mit dem Turmbau ein Problem lösen, das sich aus ihrer „natürlichen Entfaltung" zwangsläufig ergibt. Das zu beachten ist wichtig. Denn wieder muß man feststellen, daß den Menschen etwas zum Verhängnis wird, was an sich gut ist und ihrer eigenen Veranlagung und Berufung entspricht. Die menschliche Entfaltung und Differenzierung stellt zunächst einen Gewinn und einen größeren Reichtum dar; darin liegt die Berechtigung, Gn 10 bei J in einer ähnlichen Weise zu verstehen, wie die Völkertafel bei P. Aber die eigentliche Aussage des J scheint jetzt darin zu liegen, daß den Menschen das, was sie sind und wozu sie berufen sind, ins Gegenteil ausschlägt, und zwar auf Grund von Ursachen, die in Gn 9, 20—27 und Gn 10, 8—12.25 in den Personen Chams, Nimrods und Palegs deutlich anklingen und sich folgerichtig aus dem Abfall von Gott ergeben. Daß das, was von der Schöpfungsordnung her gut ist, für den Menschen schädlich, „böse" ist, wenn und weil er sich von Gott entfernt, — dieser rote Faden der j Urgeschichte wird hier zum letzten Knoten geknüpft. Insofern sind die Motive der Völkerversklavung und gegenseitigen Beherrschung in Gn 9, 25—27 ebenso wie die Erwähnung von Königsherrschaft und Gewalt in Gn 10 die logischen Voraussetzungen, die den Gefahrenhintergrund der Turmbauerzählung mit dem Problem der Zerstreuung entstehen lassen. „Was schon die Gestalt Nimrods, des ersten Gewaltherrschers, andeutete, ist hier über die Völkerwelt hin ausgesprochen. Babel steht im Mittelpunkt beider Aussagen." (Zi 404—405)

Typisch ist nun wieder, daß die Menschen die Gefahr, die sich letztlich aus ihrer Entfernung von Gott ergeben hat, auf sozusagen technischem Weg zu bewältigen suchen; statt das Verhältnis zu Gott zu überprüfen, sehen sie nur die Gefahr, die sich aus ihrem Abfall von Gott ergeben hat, und versuchen ihrer Herr zu werden. So aber mißrät alles, und, wie bisher, bringt der Lösungsversuch, der die Gefahr abwehren soll, gerade das hervor, was man vermeiden wollte. Dies ist entscheidend, daß die Menschen nicht an etwaiger mangelnder Kunstfertigkeit scheitern, sondern an Gott. Sie suchen ihre Mitte und Einheit, die sie zu verlieren drohen, zu retten, indem sie selbst sich an die Stelle Gottes setzen. Gerade so verlieren sie die Einheit ganz.

Dieser Kreislauf der Vergeblichkeit, dieses Treten nach der Schlange, die gerade dann zubeißt, wenn man nach ihr tritt (Gn 3, 15), diese letzte äußerste Enttäuschung aller menschlichen Bemühungen jenseits von Eden kommt hier zu ihrem nicht mehr zu überbietenden Abschluß. Rein quantitativ läßt sich im Aufbau der j Urgeschichte beobachten, daß die Sünde immer weitere Menschengruppen und größere Menschenzahlen erfaßt: in Gn 6 war zum ersten Mal eine Totalaussage über den Menschen ausgesprochen worden, und Gott hatte die Konsequenz daraus gezogen, über den Menschen das Chaos der Urzeit wieder hereinbrechen zu lassen. In Gn 11 ist erneut die ganze Menschheit betroffen, und erneut übergibt Gott die Menschheit dem Chaos, freilich nicht mehr dem Chaos der Schöpfung, sondern der Geschichte. Dies ist das Ende; mehr ist, wenn Menschen überhaupt noch leben sollen, an selbstgeschaffenen Behinderungen nicht möglich.

Unter diesen Voraussetzungen läßt sich auch der Aufbau der j Urgeschichte und die Rolle, die Gn 11, 1—9 darin spielt, präzisieren. Offenbar gibt es eine gewisse Parallelität von Gn 2—8 und Gn 9, 18—11,9. Beide Abschnitte laufen auf ein Chaos hinaus, in beiden Abschnitten geht es um einen fortschreitenden Abfall von Gott durch die „Männer mit Namen“ (6, 4; 11, 4); aber während der erste Teil der Urgeschichte den Zerfall der Schöpfungsordnung durch den Menschen schildert, setzt der zweite Teil den Zerfall des Menschseins voraus (Gn 8, 21); die Ordnung der Erde ist von Gott im Unterschied und Kontrast zum „Erdvolk“, zur Menschheit, geordnet (8, 22); aber gezeigt wird nun, wie diese Menschheit als ganze sich bildet und zum fortschreitenden Zerfall heranwächst. Dabei scheint es so zu sein, als wenn die Stadien der Entwicklung bis hin zur Flut sich in etwa nach der Flut wiederholen würden: in beiden Fällen beginnt es mit dem Acker und schreitet über gegenseitige Herrschaft und Unterordnung, über Gewalt und „Heldentum“ zur Katastrophe. Der Eindruck entsteht, daß in Gn 9—11 gezeigt werden soll, wie sich das von Gott getrennte Menschsein (Gn 3—6) im Schicksal der Menschheit (Gn 9—11) ausprägt. Quantitativ wie qualitativ, sachlich wie logisch bildet die Erzählung vom Turmbau so den Abschluß der j Urgeschichte. Was dann in Gn 12 anhebt, ist (Heils-) Geschichte unter den Voraussetzungen des Unheils, das mit Gn 2—3 begann und in „Babel" endete.

Unter der Berücksichtigung eines solchen Parallelaufbaus der j Urgeschichte löst sich auch ein weiterer sonst störender Widerspruch. Zweifellos ist Gn 11, 1—9 u. a. auch eine ätiologische Sage von der ersten Städtegründung; eine solche wird aber bereits in 4, 17 erwähnt; schließlich setzt auch in Gn 10 die Erwähnung der Städte Nimrods oder der Städte an den Grenzen Kanaans, Phöniziens und Südarabiens voraus, daß es bereits Städte gibt. Wenn die j Urgeschichte kulturätiologisch zu lesen wäre, so ließen sich solche Probleme nicht ohne Quellenkritik nach Wellhausens Vorbild lösen. Das Problem existiert aber gar nicht, wenn man bedenkt, daß man hier wie dort „seßhaft" werden will (4, 16 wjšb—11, 2 wjšbw); hier wie dort sind es Menschen auf der Flucht; hier wie dort sind es Menschen unter dem Einbruch der Gewalt; hier wie dort mißrät der Versuch, der Gewalt durch menschliches Tun Einhalt zu gebieten. Das Schicksal von Babel wiederholt die Erzählung von Kain als Schicksal der Völker; „wie mit dem Brudermord die Menschengeschichte, so hat mit dem Turmbau die Völkergeschichte begonnen" (M. Buber: Die Erwählung Israels, in: Werke II 1044—1045). Beziehungen der Parallelität und der Wiederholung auf verschiedenen Ebenen, nicht aber gedankenlose Widersprüche herzustellen ist die Absicht der j Komposition.

IV. Einzelauslegung

Gn 11, 1: „Über die Erde allhin war eine Mundart und einerlei Rede" (Buber). Aufgrund der Leitworte „Erde" und „Mundart" ist dieser Satz als Überschrift des ganzen Abschnittes zu nehmen; er enthält das, was ist und was jetzt zum Problem geworden ist; er spricht von dem, was man bewahren möchte und gerade in dem Augenblick verliert, wo man es retten will. Nur wenn man den Satz einfachhin spannungslos vom Kontext isoliert und als Zustandsangabe nimmt, widerspricht er den Mitteilungen von Gn 10. Aber die Verbreitung über die Erde (11, 1) ist für J offensichtlich etwas anderes als die Zerstreuung über die Erde (11, 9). Daß das, was ist (Gn 10), zu dem wird, was als Fluch jetzt über der menschlichen Geschichte liegt, hat seinen Grund nicht in der Völkervielfalt selbst, sondern in der Einstellung der Menschen zu Gott. Dies eben zeigt die Erzählung vom Turmbau. Und wieder ist das Thema, wie das Gute für den Menschen, wenn er sich gegen Gott stellt, zum Bösen wird: die Ausbreitung des Menschen über die Erde (Gn 10) wächst sich aus zum unverständlichen Wirrwarr, der Reichtum der Entfaltungsformen menschlicher Geschichte verwandelt sich in ein Gemisch der gegenseitigen Unverständlichkeit, Fremdheit und desintegrierten Zerstückelung. Das muß an sich nicht so sein; aber es muß so sein, wenn die Menschen so sind, wie es in ihrem Handeln in Gn 11 und in allen Stadien der j Urgeschichte zuvor zum Ausdruck kommt.

Die Handlung setzt, nach der zuständlichen Überschrift und Themenangabe des Kapitels, ein mit:

Gn 11, 2: „Da wars wie sie nach Osten wanderten: sie fanden ein Gesenk im Lande Sinear und setzten sich dort fest" (Buber). Das „Gesenk" (bq'h) ist im Unterschied zum (Bach-)Tal (nḥl) die große Tiefebene, hier (sekundär?) der Raum des Zweistromlandes, Sinear, Babylonien (Gu 96). Das Motiv von der urzeitlichen Wanderung nach Osten ist, wie wir sahen, vorgegeben; es schildert, wie die Menschen voller Angst und Unruhe umhergetrieben werden und nirgendwo Halt und Ruhe finden können, es sei denn dort, wo die Mitte der Welt ist. Es sind im Rahmen des tradierten Motivs Urängste, die den Menschen ruhelos in Gang halten. Durch die Komposition der j Urgeschichte bekommt dieses urtümliche Umhergetriebensein indes eine neue Sinndeutung. Nicht mehr geht es jetzt um die bloße Daseinsangst der Kreatur und nicht mehr nur um die Suche nach einer dauerhaften Bleibe, vielmehr haben wir es in der j Urgeschichte mit Menschen zu tun, die durch eigene Schuld unwiederbringlich aus der Mitte der Welt herausgefallen sind; diese Menschen versuchen zwar immer wieder zurückzugewinnen, was sie verloren haben, in Wahrheit aber entfernen sie sich bei ihrem Weg „nach Osten" immer mehr vom Ort ihrer ursprünglichen Bestimmung. mqdm — „nach Osten" greift eines der Leitworte der j Urgeschichte auf und kommt hier zu seinem Sinnabschluß. 2, 8 verlegte J das Paradies nach „Osten" und beschrieb von dort aus (3, 24) die Richtung der Vertreibung des Menschen. 4, 16 suchte Kain „im Osten von Eden" seßhaft zu werden, und sein Sohn Henoch baute dort im Lande „Nod", im Lande der „Flucht", die erste Stadt (4, 17). „Nach Osten" ist mithin die Bewegungsrichtung der gesamten j Urgeschichte, die J sich als eine stetige Wanderung „nach Osten" vorstellt. Die j Topographie ist hier wie an den anderen Stellen theologisch zu verstehen:

es ist ein Zug der gottverlassenden und gottverlassenen Menschheit immer weiter von dem „Ort“ weg, an dem sie bei Gott war; es ist die letzte Station ihres buchstäblich „fortschreitenden“ Abfalls von Gott. Von jetzt an, nach 11, 9, beginnt die Hinführung zu Abraham und damit das eigentliche Thema der Geschichte: wie Gott den Urabfall des Menschen zurückbringt zu dem, was ursprünglich mit dem Menschen gemeint war.

Mit dem Versuch „seßhaft“ zu werden, wiederholt die Erzählung vom Turmbau im Grunde das Thema Kains. Dem Fliehen (nwd) von 4, 16 entspricht jetzt das nomadenhafte ns‘ — „aufbrechen“, „wandern“ vom Umherziehen der Zeltbewohner. Wie Kain, wollen die Menschen zur Ruhe kommen und festen Boden unter die Füße bekommen. Aber Buber übersetzt richtig: wjšbw — heißt nicht „sie wurden seßhaft“, sondern „sie setzten sich fest“, sie versuchten seßhaft zu werden; das Verb muß offen bleiben für die Möglichkeiten von Gelingen und Mißlingen; und auch die Angestrengtheit der Bemühungen muß darin widerklingen. Das Schicksal Kains und seiner Söhne wird sich hier in den Dimensionen der Geschichte wiederholen, gerade bei dem Bemühen, ihm zu entgehen.

Daß in der vermutlich sekundären Glosse gerade Babylonien (Sinear) als Ort der Zerstreuung angegeben wird, hat seinen Grund wohl nicht nur darin, daß „Babel . . . schon in alter Zeit der Weltmarkt, wo die Völker zusammenströmten Jes 13, 14; Jer 50, 37; 51, 44“, war (Gu 98); gerade diese historisch zutreffenden Gedanken vermißt man eigentlich in dem Text; vielmehr bietet sich Babylonien wohl einmal des Turmbau-Motivs wegen für die Erzählung an, zum anderen ist zu bedenken, daß J hier „Urgeschichte“ erzählen will und daher nur ein Kulturraum in Frage kommt, dessen Anfänge in die Vorzeit zurückreichen (vgl. Zi 399); insofern herrscht hier eine ähnliche Vorstellung wie Gn 10, 10. Die Anschauung, daß Babylonien der Ursprung (widergöttlicher) Gewaltherrschaft sei, paßt gut zu dem Gedanken, daß Babylonien der Ort der menschlichen Zerstreuung sei. Dieser Zusammenhang klingt nur an, aber er ist da: die Staatengründung Nimrods vermag gerade wegen ihrer blendenden technischen Fähigkeit der haltsuchenden Menschheit keinen Halt zu geben; sie bewirkt nur, daß die Menschen sich am Ende selbst nicht mehr verstehen.

Gn 11, 3: „Sie sprachen ein Mann zum Genossen: Heran! backen wir Backsteine und brennen wir sie zu Brande! So war ihnen der Backstein statt Bausteins und das Roherdpech war ihnen statt Roterdmörtels“

(Buber). Der Satz ist erst richtig zu verstehen, wenn man den schon erwähnten zweiteiligen Parallelaufbau der Turmbauerzählung berücksichtigt und beachtet, wie anders die Situation in 11, 7 sein wird. Hier spricht noch „ein Mann zum Genossen“ und jeder versteht den anderen aufgrund der gemeinsamen Mundart (11, 1), zwei Voraussetzungen, die beide ausdrücklich vier Verse später durch Gott zerstört werden; dem „Heran!“ der Menschen hier entspricht dann das „Heran“ Gottes. Dabei tun die Menschen — wie in Gn 3; 4; 9,20 — zunächst nichts Böses; im Gegenteil: was sie wollen und tun, zeugt von ihrem Erfindungsreichtum und ihrer Kunstfertigkeit. An hskjl im Sinne von Gn 3, 6 als Kunst der Lebensmeisterung fehlt es den Menschen sicher nicht, und es ist offensichtlich nicht dies, was sie zum Scheitern bringt. Mit gewisser Verwunderung und Bewunderung notiert die Erzählung die Fremdartigkeit des babylonischen Baumaterials: in der felsenlosen Tiefebene Mesopotamiens muß der Bruchstein ('bn) ersetzt werden durch künstlich gebrannte Ziegel (lbnh); diese Erfindung der Ziegel in der Ebene Sinear war historisch tatsächlich die Voraussetzung, um im Zweistromland über bloße Schilfrohrdörfer hinaus seßhaft werden zu können. Das Wortspiel von lbnh und 'bn übersetzt Buber schön mit „Backstein“ und „Baustein“. Die Verwendung von gebrannten Lehmziegeln ist auch in Palästina üblich, aber nur für kleine Bauten (vgl. Gu 96). Die Verwendung von ḥemer — „Pech“ anstelle von ḥomär — „Lehm“ ist für palästinensische Augen noch sonderbarer und unterstreicht noch einmal wirkungsvoll die Erfindungsgabe der Menschen, die sich, so scheint es, immer wieder durch neue verbesserte Methoden selbst in der schwierigsten Lage zurecht finden können. Der Schritt zur Erfindung wird dabei als einfacher Entschluß geschildert: man will etwas machen („Heran!“), und schon kann man es. Die Wendung „backen wir Backsteine und brennen wir sie zu Brande“ ist offenbar eine fest geformte Wendung, die auch beim Bau des Marduktempels Esagila im Enuma-elisch-Epos VI 60—62 vorkommt (vgl. We 726). In ḥmr steckt das Verb ḥmr — „glühen, rot sein“, das den beiden Substantiven ḥemer und ḥomär zugrundeliegt und das Buber in seinem Wortspiel „Roherd“ — „Roterd“ nachzuahmen sucht.

Gn 11, 4: „Nun sprachen sie: Heran! bauen wir uns eine Stadt und einen Turm, sein Haupt bis an den Himmel, und machen wir uns einen Namen, sonst werden wir zerstreut übers Antlitz aller Erde!“ (Buber) Es liegt kein Grund vor, 4b durch Umstellung vor 3b zu setzen, als müsse der Entschluß, (sich einen Namen zu machen und) nicht zerstreut zu werden, der Herstellung des Baumaterials vorangegangen sein

(Gu 96). Man hat vielmehr den Eindruck, als wenn es gerade der Erfindungsreichtum der Menschen sei, der sie auf die Idee eines neuen größeren Werkes bringt. Es ist an dem Text gerade bemerkenswert, daß er die technischen Erfindungen und Errungenschaften nicht von vornherein als Mittel für den Turmbau einführt, sondern die Dinge so darstellt, als wenn die Menschen sich zunächst zweckfrei an der Entdeckung ihrer eigenen Fähigkeiten erproben könnten. Dies ist umso beachtenswerter, als es dem Aufbau der bisherigen Erzählungen vom Abfall des Menschen vollauf entspricht: Gn 4 werden Kain und Abel als Träger neuer Errungenschaften eingeführt, wir sehen sie dann aber an der Unterschiedlichkeit ihres Glücks, d. h. an der Beziehung, die diese Unterschiedlichkeit zu Gott hat, scheitern; den Erfindungen der Söhne Kains folgt das Lamechlied; der Erfindung des Weinbaus in Gn 9 folgt die Sünde Chams. In allen Fällen liegt dem fortschreitenden Mißverhältnis zwischen Gott und Mensch ein Fortschritt in dem Bemühen des Menschen zugrunde, mit sich und seiner Umgebung besser zurecht zu kommen. Immer ließ sich auch beobachten, daß die technischen Fortschritte der Menschen an die Gegebenheiten anknüpften, die durch die Steigerung ihres Abfalls von Gott entstanden waren. Man kann daraus (erneut) den Schluß ziehen, daß es für J nicht die Kunst der Lebensmeisterung an sich ist, die den Menschen in Konflikt mit Gott bringt, sondern der Umstand, daß die Menschen im Zustand der Gottesferne, auf der „Wanderung nach Osten", versuchen (müssen!), die Folgen ihres Fehlverhaltens gegenüber Gott zu korrigieren. Es wird mithin nicht „die Technik" oder der „Fortschritt" verurteilt, aber es zeigt sich, daß die menschlichen Erfindungen auf die Beseitigung von Schwierigkeiten gerichtet sind, die ihren Grund letztlich in der verfehlten Beziehung zu Gott haben, und daß diese Schwierigkeiten auf diese Weise nicht nur nicht gelöst, sondern radikalisiert werden, insofern das Zentralproblem, das zwischen Gott und Mensch besteht, sich nur immer mehr zuspitzt. Diese Verkehrung des Guten ins Schlechte aufgrund einer verkehrten Einstellung zu Gott kann als das zentrale Thema der j Urgeschichte nicht deutlich genug herausgearbeitet werden. Dabei darf der tragische Zug, der über all dem liegt, nicht übersehen werden: gerade der gute Wille und die zahlreichen hervorragenden Befähigungen des Menschen sind es, die ihm zum Verhängnis werden. Auf dem Hintergrund dieser Entwicklung erst versteht man die ganze Bedeutung der „Sündenfallerzählung" von Gn 3, 1—7, deren Thema, das Erkennen von Gut und Böse und die Entdeckung der Nacktheit des Menschen, immer weiter entfaltet wird. Man kann wohl sagen, daß die j Urgeschichte mit unheimlicher Konsequenz eine Sackgasse abschreitet, deren unerbittliches Ende wir jetzt vor Augen sehen.

Charakteristischerweise scheinen die Menschen bei ihrer Planung des Turmbaus gar nicht ausdrücklich an Gott zu denken. Das fällt umso mehr auf, als das Turmbaumotiv für gewöhnlich in spektakulärer Weise zum Kampf gegen Gott auffordert. Für J aber ist dies nicht das Problem der menschlichen Geschichte, daß in ihr Wahnwitzige, mit Hybris und Verblendung Geschlagene, zu Fall kommen; für ihn ist es das Problem, daß die Menschen gegen Gott verstoßen und in ihr Unglück rennen, gerade nicht dadurch, daß sie daran denken, gegen Gott zu sündigen, sondern dadurch, daß sie sündigen, indem sie überhaupt nicht an Gott denken. Ähnlich wie in Gn 3, 1—7 die Frau von einem bestimmten Punkt der Entwicklung an mit ihrer Angst ohne Gott fertig zu werden suchte, weil Gott ihr in der Angst einfach aus den Augen entschwand, so handeln auch die Menschen von Gn 11, 2.4 unter dem Druck einer Angst, für die Gott schlechthin nicht besteht und die doch gerade darin besteht, daß Gott für sie nicht besteht. Wenn wir in der motivgeschichtlichen Betrachtung festgestellt haben, daß das Motiv vom Turmbau in Gn 11 nur in abgeschwächter Form auftaucht, so müssen wir jetzt sagen, daß diese „Abschwächung" theologisch und existentiell eine ungemeine Radikalisierung darstellt. Nicht die Sünde der erhobenen Hand, die mit Kraft den Himmel Gottes stürmen will, ist die Grundhaltung der Menschen in der j Urgeschichte, sondern das stete vergebliche Bemühen, in der Abwesenheit Gottes die Folgen der Gottesferne zu meistern; diese scheinbare Selbstverständlichkeit, in der Not zu tun, was zu tun ist, ohne mit Gott zu rechnen, und in dieser Haltung an die Bewältigung von Lebensproblemen heranzugehen, die nicht bestehen würden, wenn die Menschen mit Gott im Einklang stünden, ist das Fatale, Schicksalhafte an dem Scheitern der Turmbauer.

Die Gefahr, die die Menschen in Gn 11, 4 vor Augen haben, ist die Zerstreuung; gerade weil die Klausel „sonst werden wir zerstreut übers Antlitz der Erde" sekundär zum Turmbauentschluß hinzukommt, ist der Vers von diesem Achtergewicht her abzuwägen; die Angst vor der Zerstreuung ist in 11, 4, wie der Satz jetzt dasteht, nicht einfach als der „dritte Beweggrund" (We 730) dem Turmbau und dem Wunsch nach einem Namen beizuordnen, sondern enthält die eigentliche Begründung von Turm und Namen. Wenn nur die Rede davon wäre, daß die Menschen einen Turm bauen und sich „einen Namen machen" wollen, so hätten wirklich die Auffassungen recht, die im Turmbau ein „naives Großseinwollen" (v. Rad 124; 9, 113) oder den „Willen trotziger Selbstbehauptung" (P. Morant: Die Anfänge, 382) zu erkennen glauben. So aber hat der Plan, einen Turm bis zum Himmel zu bauen, nur den Zweck, die Gefahr der Zerstreuung abzuwenden, und von diesem Ziel her muß auch das Motiv, sich einen Namen zu machen, verstanden werden. Das Thema von 11, 1—9 ist dann nicht der menschliche Hochmut oder die menschliche Ruhmsucht, sondern die Zerstreuung der Menschen, die um jeden Preis verhindert werden soll.

So gesehen, wollen die Menschen durch die Stadt und den Turm ein Zeichen ihrer Einheit setzen, in dem alle sich selbst ausgedrückt finden und das in die Generationen hinein dauert. Daß der Turm bis an den Himmel gehen soll, zählt mit zum ausdrücklichen Bauvorhaben und ist von großer Bedeutung; denn, wie der nächste Vers zeigt, ist der Himmel der Raum und Ort, an dem Gott wohnt. Die Menschen erkennen also, daß sie, um vereint zu bleiben, sich selbst dorthin begeben müssen, wo Gott wohnt. Man wird das so verstehen können, wie es J. Müller vorschlägt: „Längst bevor das Gericht der Zerstreuung hereinbrach, hatten die Menschen eine dunkle Ahnung von den auseinandertreibenden Kräften. Jetzt, da sie Gott aus ihrer Mitte verwiesen hatten, besaßen sie nichts mehr, was sie untereinander verband." (J. Müller: Die Heilsbotschaft von Genesis 1—11, 103) Daß es den Menschen darum geht, ein Zentrum zu schaffen, das sie zusammenhält, weil sie ihr einheitliches Zentrum in Gott verloren haben, daß sie ihre Mitte, die Gott ist, verlassen haben und glauben, sich künstlich eine Mitte schaffen zu können, die Gott ersetzt, das scheint das Entscheidende an dem Turmbauversuch in der jetzigen Gestalt der Erzählung zu sein. Jedoch wird der Gedanke, sich an die Stelle Gottes zu setzen, gerade nicht ausgesprochen. Sozusagen ohne erklärte Absicht, wie wenn sie um die frontale Gottfeindlichkeit ihres Tuns gar nicht wüßten, nötigt der Versuch, Gott als die fehlende Mitte zu ersetzen, die Menschen dazu, selbst die Stelle Gottes zu beanspruchen. Der Turm *muß* sozusagen an den Himmel reichen, um seine Aufgabe erfüllen zu können. Denn erst wenn die Menschen als Menschheit unter einem Namen wohnen, der ihnen zugleich zeigt, daß sie selber Gott sind, vermögen sie ohne Gott eine Einheit zu bilden. Während in dem Mythos der Quiché-Indianer die Stämme zusammengehalten werden, weil sie den einen Namen ihres Gottes Tohil empfangen hatten, werden hier die Menschen auseinandergetrieben, weil unter ihnen der Name Gottes wie vergessen scheint; eben deshalb müssen sie sich einen Namen machen, der sie ihrer eigenen Göttlichkeit versichert. Insofern hat der „Name" — entgegen dem ursprünglichen Motiv — hier nicht mehr nur die Aufgabe des Ruhms und Nachruhms (Gu 94), sondern, wie M. Buber meint, eher die einer magischen Herrschaft. Die Menschen wollen „im Himmel Sitz nehmen und selber, vermöge magischer Gewalt . . . , die Welt regieren." (M. Buber: Die Erwählung Israels, in: Werke II 1044) Und sie müssen so handeln, um nicht zerstreut zu werden. Modern könnte man vielleicht von „Idee" statt von Namen sprechen und paraphrasieren, daß die Menschen ohne Gott nunmehr unter der Idee der Göttlichkeit des Menschen ihre Einheit begründen müssen, unter der Herrschaft eines Namens, der besagt, daß sie mit ihrer Hände Werk zum Himmel greifen können und selber Götter sind. Ein Name, der darin besteht, bis an den Himmel gebaut zu haben, ist eigentlich nichts anderes als die Versicherung und der Begriff dafür, daß die Menschen selber „himmlisch" sind, ein absoluter Begriff von der Göttlichkeit des Menschen. Es ist kein weiter Weg mehr von dort bis zu der Empfehlung L. Feuerbachs, die Menschen sollten ihre Selbstidentität und Einheit darin suchen, endlich zu wissen und anzuerkennen, was als die Summe aller Philosophie der Entfremdung gelten kann: „Das *absolute Wesen*, der Gott des Menschen ist *sein eigenes Wesen*." (L. Feuerbach: Das Wesen des Christentums, 43) Es ist eine Auskunft, die total sein muß, weil die Fragestellung in ihrer Brisanz total geworden ist.

J wird nicht müde, durch die ständige Wiederholung seines Leitwortes „alle Erde" zu betonen, daß es hier bei diesem Problem und seinem Lösungsversuch um alles geht. Alles steht für die Menschheit insgesamt auf dem Spiel. Und eben weil die Bedrohung der Zerstreuung global und total ist, können die Menschen nicht anders, als eine globale und totale Lösung zu ersinnen. Es ist nicht Hochmut, was die Menschen hochmütig macht, sondern ihre Not; und was sie zwingt, sich an die Stelle Gottes zu setzen, ist der Umstand, daß sie einem Problem gegenüberstehen, das wirklich nur vom Standpunkt Gottes aus zu lösen ist. Nur Gott herrscht über „alle Erde"; nur er gewährleistet die Einheit aller Erde; und weil die Menschen diese Einheit in Gott nicht mehr besitzen, müssen sie entweder selbst zu Gott aufsteigen, oder alles wird auseinanderbrechen. Das Auseinanderbrechen wollen die Menschen verhindern; und mithin setzen sie sich selbst an Gottes Stelle.

Den „heimlichen Titanismus", den v. Rad (124; 9, 113) an dieser Stelle bemerkt, gibt es also. Es geht hier wirklich darum, wie Gott zu werden; insofern kommt das Thema aus der Versuchungsgeschichte (3, 5) hier zu seiner Erfüllung und zu seinem Höhepunkt; und wieder haben wir es, wie unmittelbar vor der Katastrophe der Sintflut, mit „Männern von Namen" (6, 4—11, 4) zu tun, die sich die Attribute Gottes anmaßen;

aber es ist jetzt an sich nicht anders als bei der Sünde der Frau (3, 1—7): diese hatte erst auf die Suggestionen der Schlange vom Gott-gleich-Sein gehört, als ihr die Vorstellung von Gott zu einem reinen Gegensatz geronnen war; und dies war erst der Fall, nachdem die Frau sich mit aller Kraft für Gott hatte entscheiden wollen. So treten die Menschen auch hier nicht aus launischem Überschwang gegen Gott an, sondern — als wenn sie Gott gar nicht meinen würden — zwingt sie ihr Streben nach Einheit unter den Bedingungen der Gottesferne, selbst die Stelle Gottes einzunehmen. Die Menschen gehorchen eigentlich ihrer Bestimmung, wenn sie ihren Zusammenhalt festigen wollen; aber wieder und zum letzten Mal verwandelt sich die Bestimmung des Menschen zur Einheit (vgl. 2, 24.25) ins Negative, „Böse".

J. B. Bauer meint mit Bezug auf die archäologischen Befunde Parrot's, „daß hinter dem biblischen Bericht von Gen 11 etwas ganz anderes stecke, als die traditionelle Exegese herauslas. Der Babelturm ist nicht eine Offenbarung menschlichen Hochmutes und Stolzes. Er ist nicht eine geballte Faust, wider den Himmel erhoben, sondern eine zum Himmel gestreckte Hand, ein Hilferuf!" (Die biblische Urgeschichte, 74) Tatsächlich entspricht die Formulierung, einen Turm „bis an den Himmel" zu bauen, wörtlich der Wendung des Enuma-elisch-Epos VI 62 vom Bau des Mardukheiligtums Esagila (We 728); aber von der ursprünglichen Intention der babylonischen Ziqqurat findet man in der biblischen Turmbauerzählung nichts mehr wieder (dies auch gegen die angebliche Kultabwehr, die F. J. Stendebach an dieser Stelle beobachten will: Der Mensch, 84—88). Gleichwohl ist J. B. Bauer schon zuzustimmen, daß es hier nicht um Stolz und Hochmut geht, eher um Angst und um eine unheimliche Mischung aus Tüchtigkeit im einzelnen und Hilflosigkeit im ganzen. Es ist sehr wichtig zu sehen, daß J das Tun der Menschen auch hier in der eigenartigen, der ganzen Urgeschichte eigentümlichen Hell-Dunkel-Zeichnung von Gut und Böse schildert: es sind gerade die besten Strebungen des Menschen, die außerhalb der Gemeinschaft mit Gott am meisten in die Irre führen. Und erst unter der Voraussetzung, daß die Menschen bereits von Gott getrennt sind, wird die „Trübung" und der „Trotz" (Zi 401) verständlich, der das an sich richtige Bestreben zur Einheit in Gottfeindlichkeit verkehrt.

Es geht also nicht an, die Menschen des Turmbaus wild drauflos als titanische Ungeheuer mit Nietzsche-Bart und Stalin-Antlitz zu halluzinieren, sondern es kommt darauf an, das Tun des Menschen in seinen Grundzügen so verständnisvoll zu sehen, wie J es tut. Dabei ist deutlich, daß die Turmbauerzählung auch als ein Grundtypus politischen Denkens und Handelns verstanden werden kann und muß. Denn es geht hier um nichts Geringeres als um die Weltherrschaft im Namen des Menschen und an der Stelle Gottes, im Grunde also um eine globale Totalisierung des Anspruchs, der schon in Nimrod mit Babel verbunden schien. Allerdings wird der Gegensatz von Gott und Mensch hier nicht als direkte Konfrontation, sondern von J als ein zunächst scheinbar unbeabsichtigtes Gegeneinander geschildert. Erst wenn im nächsten Satz Gott selbst einschreitet, wird offenbar, wieviel an „Gotteshaß" (J. Holzer: Und Gott sprach, 274) in dem Tun des Menschen steckt.

Gn 11, 5: „Jahwe fuhr nieder, die Stadt und den Turm zu besehen, die die Söhne des Menschen bauten" (nach Buber). Die Vorstellung ist, — anders als in Gn 2—3 —, daß Gott im Himmel wohnt (Gu 95), und das bedeutet eo ipso, daß er alles sieht und alles richtet. „Wo der Himmel ist, ist Gott" (R. Pettazzoni: Der allwissende Gott, 75); und der „himmlische Vater" (R. Pettazzoni: a.a.O., 77—83) ist der „allwissende Gott" (a.a.O., 81). Der Kulturkreis, in dem diese Anschauungen beheimatet sind, ist „nomadisch-patriarchalisch" (a.a.O., 80); dies mag ein Fingerzeig für die kulturelle Verfaßtheit der Gruppe sein, in der die Turmbauerzählung überliefert wurde.

Das Bild von dem Gott, der auf die Erde kommt, scheint durch und durch anthropomorph; aber wir haben schon gesehen, daß solche Anthropomorphismen bei J für gewöhnlich ihren guten Sinn haben. Erneut, wie in Gn 3, als Gott in den Garten kam, um den Menschen zur Rede zu stellen, geht es beim Menschen darum, wie Gott zu sein; und tatsächlich erscheint mit einem Mal Gott in einer Art, als wäre der Unterschied von Gott und Mensch wirklich gering, als verhielte sich Gott ganz wie ein Mensch. Stets aber kamen bei J solche Anthropomorphismen an Stellen vor, wo zwar die absolute Überlegenheit Gottes in Frage gestellt schien, wo aber Gott gerade dabei war, seine Überlegenheit restlos unter Beweis zu stellen: Gn 3, 22.23; 6, 6—7; 8, 20.21—22. Eben dieser Kontrast von Menschlichkeit und Überlegenheit Gottes kennzeichnet das Gottesbild des J. So wie in 3, 22, scheint auch hier eine gewisse „Ironie" mitzuschwingen: während die Menschen den Himmel erreichen wollen, muß Gott zur Erde heruntersteigen, um überhaupt zu sehen, was für ein Ding denn die Menschen da errichten (vgl. v. Rad 124; 9, 113—114). Auch der Ausdruck „Menschenkinder" macht den Unterschied zu Gott deutlich: das Tun der Menschen ist, ähnlich wie in 6, 1—4, darauf gerichtet, die Grenzen zwischen Gott und Mensch zu verwischen; und sie fühlen sich, wie in der Erzählung vor der Sintflut, als Gottessöhne; aber in den Augen Gottes bleiben sie unverändert, was sie sind: Söhne des Menschen, und umso mehr, je mehr sie Gottessöhne sein wollen. Die Menschen, kann man sagen, die nicht mehr Gottes Kinder sind, müssen sich selbst zur Stellung von Gottessöhnen emporarbeiten; aber sie werden dabei nur um so erbärmlicher und unmenschlicher; ihr Leben, das sie ohne Gott selbst vergöttlichen müssen, gerät unweigerlich und unaufhaltsam in die Katastrophe. Ähnlich wie in der Aloiiden-Mythe, sind die Menschen in Gn 6, 1—4 und Gn 11, 1—9 auf unglückliche und zugleich gewalttätige Weise in das Göttliche Verliebte, die den Himmel an sich reißen möchten, doch dabei ihren Untergang beschwören.

Gn 11, 6: „Jahwe sprach: Da, einerlei Volk ist es und eine Mundart in allen, und nur der Beginn dies ihres Tuns — nichts wäre nunmehr ihnen zu steil, was alles sie zu tun sich ersännen" (nach Buber). Die Situation ist vollends die von 3, 22: Gott sieht voraus, was aus dem Tun des Menschen folgen würde, ließe man es gewähren; und er weiß, daß der Mensch sich zugrunde richten wird, wenn man ihn nicht zur rechten Zeit in seine Grenzen weist. Gott hat Sorge und Angst vor den Möglichkeiten des Menschen; und er schreitet ein, ehe es zu spät ist. Das Vorhaben der Menschen steht erst am Anfang; aber „Gottes Auge sieht schon das Ende des Weges, den die Menschheit mit diesem Tun angetreten hat, die Möglichkeiten und Versuchungen alle, die eine solche Zusammenballung aller Kräfte enthielt." (v. Rad 124; 9, 114) In der ursprünglichen Bedeutung der Erzählung war an dieser Stelle wohl das Motiv vom Neid oder Zorn der Götter gemeint (vgl. die polynesische Mythe vom Kampf Rokalas gegen die große Schlange), die den Menschen um ihrer selbst willen fürchten und ihn nicht hochkommen lassen dürfen, um nicht selbst gestürzt zu werden. Für die Mythologie gilt die technische Leistung des Menschen als von vornherein den Göttern gefährlich und muß geahndet werden; so wenn in der griechischen Mythologie der menschenfreundliche Titan Prometheus von Zeus bestraft wird, weil er den Menschen die Erkenntnis, das Feuer, die Verfertigung von Geräten und u. a. auch die Kunst des Häuserbaus gebracht hat (vgl. Aischylos: Der gefesselte Prometheus). Für J hingegen ist es keine Frage, daß Gott an sich die Einheit des Menschen will; nicht nur, daß dieses Streben selbst seinen Grund in der ursprünglichen Schöpfungsordnung Gottes hat (2, 18), Gott sorgt auch selbst durch die Berufung Abrahams für die Herausbildung eines neuen Volkes und einer neuen Mencheneinheit (vgl. M. Buber: Die Erwählung Israels, in: Werke II 1045 ff). Die Gefahr des menschlichen

Tuns bedroht also nicht Gott, sondern den Menschen selbst, und nicht vor der Einheit des Menschen an sich graut Gott, sondern vor der verstiegenen Art und Weise, wie die Menschen sie in ihrer Gottfeindlichkeit organisieren wollen. Daß dem Menschen fortan nichts mehr „zu steil" sein werde, drückt dann nicht so sehr die Angst Gottes vor der menschlichen Macht aus, sondern vielmehr die schreckliche Möglichkeit, daß der Mensch vor nichts mehr halt machen werde — ganz im Sinne der Worte, die bei F. M. Dostojewskij der Satan im Fiebertraum zu Iwan Karamasoff spricht: „Meiner Ansicht nach braucht man auch gar nichts niederzureißen, man muß nur einzig und allein im Menschen die Gedanken an Gott zerstören ... Wenn sich erst einmal die Menschheit durchweg von Gott lossagen wird ..., so wird ganz von selber ... die ganze frühere Weltanschauung zusammenbrechen ... Die Menschen werden sich vereinigen, um vom Leben alles zu nehmen, was es geben kann, aber zweifellos einzig und allein für das Glück und die Freude in dieser Welt! Der Mensch wird sich erhöhen durch den Geist göttlichen, titanischen Stolzes, und der Mensch-Gott wird auftreten ... durch seine Willenskraft und die Wissenschaft ..." (Die Brüder Karamasoff XI 9, übers. von K. Noetzel, Goldm. G. Tb. 478—481, S. 811 bis 812) Das Endergebnis dieser Entwicklung aber sind die gleichfalls im Fieber gesprochenen Worte des Dostojewskijschen Mensch-Gottes Kirillow: „Wird es denn wirklich niemand auf dem ganzen Planeten wagen, nachdem er mit Gott ein Ende gemacht und an seine persönliche Eigenmächtigkeit zu glauben begonnen hat, diese seine Eigenmächtigkeit voll und ganz, selbst in dem wichtigsten Punkte, zu bekunden?" (Die Dämonen III 6, 2, übers. von G. Jarcho, Goldm. G. Tb. 575—577; S. 644—645) Der Griff nach der menschlichen Allmacht würde den Menschen in eine neue Katastrophe stürzen. Unter der Voraussetzung des „Alles ist erlaubt" ist der Satz: „Alles ist möglich" der Schritt in das totale Chaos. Daher beschließt Gott, die Voraussetzung der menschlichen Allmacht zu zerstören: die Einmündigkeit und die Einmütigkeit. Es ist nicht nur Sorge, sondern auch Vorsorge, wenn Gott jetzt sagt:

Gn 11, 7: „Heran! fahren wir nieder und vermengen wir dort ihre Mundart, daß sie nicht mehr vernehmen ein Mann den Mund des Genossen" (Buber). Die Pluralform „fahren wir" ist wohl der Rest einer ursprünglich polytheistischen Überlieferung, die hier den Beschluß eines Götterrates wiedergibt. Indem J aber diesen Plural Jahwe in den Mund legt, erreicht er eine komplette Entsprechung zu dem pluralischen Tun des Menschen 11, 3. Rein monologisch sprechen jetzt die Menschen nur noch miteinander und Gott nur noch mit sich selbst; das Gespräch zwischen ihnen, das seit Gn 4 schon — bis auf Noah — abgebrochen war, ist jetzt endgültig Punkt für Punkt dem reinen Widerspruch gewichen; das Göttliche ist mit sich ebenso einig wie es die Menschen mit ihrem Tun sind, nur mit dem Unterschied, daß die Einheit Gottes bestehen bleibt, während die des Menschen sich auflöst. Auf diese Weise wird das Gegeneinander von Gott und Mensch vollständig sichtbar: die menschliche Einheit hat ihren Grund in der Organisation des gemeinsamen Widerspruchs zu Gott, und auch Gott schließt sich zu einem Tun gegen den Menschen zusammen. Aus der Einheit zwischen Gott und Mensch sind zwei Einheiten im Widerspruch geworden. Dies ist das Ende: die gesamte Menschheit, wie vor der Flut, jetzt aber in geschlossener Formation gegen Gott. Die Parallele zu 11, 3.4 zeigt deutlich, daß wiederum die Menschen an dem scheitern, was sie selber unternommen haben: an dem „Heran", das dort „ein Mann zum Genossen" sprach, zerbrechen die Menschen aufgrund des „Heran", das Gott ihnen entgegensetzt; und was in 11, 1 als noch zu bewahrendes Gut der Menschen eingeführt wurde, — „eine Mundart" — das wird jetzt von Gott zerbrochen, um die Macht der Menschen nicht in den Himmel wachsen zu lassen. „Erstaunlich treffend wird hier auf ein Gesetz der Geschichte vorausgewiesen: daß nämlich solche Übersteigerung der Macht notwendig zur Zerstörung der Gemeinschaft führt." (We: Abriß der Bibelkunde, 23)

So endet die j Urgeschichte eigentlich auf einer anderen Ebene wieder dort, wo sie 3, 22 begann: die Gottgleichheit der Kinder Adams im Wissen um Gut und Böse ist der Menschen schlimmster Fluch, wenn man den Spielraum der Menschen nicht in ihrem Dasein (3, 22) und in ihrem gemeinsamen Handeln (11, 7) begrenzt; in ihrem Sein und in ihrem Handeln fallen die Menschen in ihre Endlichkeit zurück, die nun als ihr Verhängnis erscheint; die Völkergrenzen sind jetzt nicht nur Sprach-, sondern Verständigungsbarrieren; ja, die Zerrissenheit der menschlichen Gemeinschaft geht durch die Volksgruppen hindurch; statt der einen Menschheit, die man in dem gemeinsamen Werk schaffen wollte, versteht jetzt einer den anderen nicht mehr, denn, wie Dostojewskij sagte, hat jetzt ein jeder „an seine persönliche Eigenmächtigkeit zu glauben begonnen"; statt der einen Menschheit, die wie Gott sein wollte, ist jetzt sozusagen jeder sein eigener Gott, jeder „der Einzige und sein Eigentum" (M. Stirner), und eine Allgemeinheit von Werten, Zielen und Anschauungen, die sich gemeinsam artikulieren ließen, gibt es nicht mehr. Jeder lebt jetzt in einer Welt für sich, jeder sein Gott, und alle dadurch nur umso niederdrückender nur Mensch. Jeder der

Menschen des Turmbaus und der Sprachzerstörung könnte sprechen, wie man es in der Konsequenz der Feuerbachschen Vergöttlichung des Menschen getan hat: „Ihr meint, Meine Sache müsse wenigstens die ‚gute Sache' sein? Was gut, was böse! Ich bin ja selber Meine Sache, und ich bin weder gut noch böse. Beides hat für mich keinen Sinn ... Meine Sache ist weder das Göttliche noch das Menschliche, ist nicht das Wahre, Gute, Rechte, Freie etc. sondern allein das *Meinige*, und sie ist keine allgemeine, sondern ist — *einzig*, wie Ich einzig bin. — Mir geht nichts über Mich!" (M. Stirner: Der Einzige und sein Eigentum, 14) Wenn über mir nichts mehr ist, so stürzt notwendig alles Gemeinsame, Verbindende und Verbindliche in nichts zusammen. Daher muß es denn kommen, wie es kommt:

Gn 11, 8: „Jahwe zerstreute sie von dort übers Antlitz aller Erde, daß sie es lassen mußten, die Stadt zu bauen" (nach Buber). Wörtlich tritt jetzt ein, was die Menschen 11, 4 verhindern wollten. Dies ist, genau wie in Gn 3, 1—7 und vielleicht auch in 4, 8—9, das Kennzeichen des menschlichen Verhaltens: daß es gerade das tut und erreicht, was es nicht will, oder, besser, daß es erreicht, wonach es strebt, daß aber das, was es erreicht, mit einem Mal etwas anderes bedeutet, als was es angestrebt wurde. Wie wenn jemand beim Schachspiel einen vorteilhaft erscheinenden Zug gegen einen überlegenen Gegner zu machen glaubt, der gerade diesen Zug schon eingeplant hat und ihn im Gegenzug in einen schweren Nachteil verwandelt, so scheint das menschliche Tun, das seinen Vorteil, das „Gute", sucht, stets in sein Gegenteil, ins „Böse", verkehrt zu werden, weil es ohne oder gegen Gott geschieht. Es ist wahr, daß J keine systematische „Lehre von der Sünde" gibt; aber keine „Lehre von der Sünde", die sich auf J berufen will, kann an der Beobachtung dieser Umkehrstrukturen von Gut und Böse bei J vorbeigehen.

Die Umkehrung ist auch in der chiastischen Reihenfolge deutlich: die Menschen bauen ihre Stadt in der Hoffnung, die Folge davon sei, daß sie nicht zerstreut werden; Gott aber zerstreut die Menschen, und die Folge ist, daß sie den Turm nicht mehr bauen können. Auch dies haben wir schon an den „Maßnahmen" Gottes in der j Urgeschichte feststellen können: daß die Menschen mit Hilfe technischer Arrangements und Praktiken ihre Lage zu verbessern suchen, während die Strafen oder Hilfsmaßnahmen Gottes an dem ansetzen, worum es eigentlich geht und woraus alles weitere dann folgt. Es geht um die Einheit der Menschen, und diese wird nicht durch ein gemeinsames Werk, sondern durch die gemeinsame Einstellung zu Gott „geschaffen"

— oder sie geht an dieser Einstellung zugrunde. Sehr treffend erläutert daher der chassidische Rabbi Pinchas von Korez das Tun Gottes an den Turmbauern: „Was Gott tat, als er sie strafte, war, daß er ihnen die heilige Sprache nahm." (M. Buber: Die Erzählungen der Chassidim, in: Werke III 253)

Gn 11, 9: „Darum ruft man ihren Namen Babel, Gemenge, denn vermengt hat Jahwe dort die Mundart aller Erde, und zerstreut von dort hat Jahwe sie übers Antlitz aller Erde" (nach Buber). Das „darum" macht das ätiologische Ziel der Erzählung deutlich (Gu 95). Geht man von der Einheitlichkeit der Erzählung (wenigstens in der jetzigen Form) aus, so ist es zweierlei, was begründet wird: einmal der Name „Babel", der nach hebräisch-aramäischer Volksetymologie als „Gemenge" gedeutet wird; zum anderen, und parallel dazu, die Zerstreuung aller Menschen über die Erde. Die Bedeutung Babels dürfte im Babylonischen „bab-il", „Gottes-tor" gewesen sein; der biblischen Erzählung nach aber ist die Stadt der Ursprung weltweiter Zerstreuung. „Die Einheit des Menschengeschlechtes ist zersprengt. Der Kampf der Völker beginnt." (Zi 404) In der Zerstreuung der Völker erfüllt sich, was in der Machtentfaltung Nimrods begann. Mit Bezug auf Gn 10, 8—12 kann man sagen, daß die Selbstvergöttlichung des Menschen ihr Vorbild in dem Herrschaftsanspruch der „Helden" hat und ihre letzte Konsequenz in der kollektiven Vergöttlichung des menschlichen Geschlechtes findet; das Ergebnis ist der Zerfall der Menschheit; die in Babel seßhaft werden wollten, werden in einer großen Bewegung der Flucht voreinander über die Erde zerstreut. Das Kain-und-Abel-Schicksal ist jetzt Völkerschicksal.

Die Tragik dieses Geschehens zeigt sich in der bitteren Ironie, die in der Verbindung von Babel und „Zerstreuung" liegt. Wie in der „ersten" Sünde von Gn 3, 7, so erreichen die Menschen auch jetzt in ihrer letzten Tat des Urabfalls von Gott genau das, was sie wollen. Wie die ersten Menschen „wissend" wurden, so erhalten die Menschen in der Tiefebene Sinear ihren „Namen". Aber wie in 3, 7 das Wissen, das die Menschen erhofften, einen Inhalt bekommt, den sie nicht vermuteten, so hat auch der Name, den die Menschen in Gn 11, 9 erwerben, eine andere Bedeutung, als sie erwarteten. Statt durch den gemeinsamen Ausdruck ihres Wesens Einheit zu finden, bezeichnet der Name, den sie jetzt erhalten, das, was sie gemeinsam voneinander trennt. So wie 3, 16.17 die Gemeinschaft der Menschen zu einer inneren Trennung in der Gemeinsamkeit der Mühsal zerfiel, so zerfällt der Zusammenhalt der Menschheit als ganzer zu einer Gemeinsamkeit der Flucht. Einander nicht mehr zu verstehen, ist das einzige, das fortan allen gemeinsam ist. Und ein bloßes „Gemenge“ zu sein, ist die Charakterisierung der Art ihres geschichtlichen Zusammenlebens.

Die Strafe, die Gott über die Menschen verhängt, wird auch hier nicht mehr dem Menschen gegenüber ausgesprochen, sondern äußert sich nur noch im Ergebnis des menschlichen Tuns, das seine Strafe, wenn es sich gegen Gott richtet, in sich selbst trägt; es ist Gott, der handelt; aber es ist die Folge des menschlichen Verhaltens, wie er handelt.

Damit ist das Bild der menschlichen Geschichte in ihren Grundstrukturen vollständig gezeichnet. Es ist in der Tat die furchtbare Offenbarung, die Apokalypse dessen, was es heißt, in Raum und Zeit als Mensch in einem Feld der Gottesferne existieren zu müssen. Der Ausdruck dieser Gottesferne ist die Chiffre „Babel“, deren Schicksal von der Prophetie bis zur Apokalyptik das Sinnbild menschlicher Gottesferne sein wird (Jes 14, 13—23; Jer 51, 53; Apk 18; 19). Die Monologie Gottes und die Monologie der Menschheit endet in der Monologie des einzelnen. In der Menschheit, die nur noch mit sich redet, redet niemand mehr mit dem anderen. So hat K. Jaspers recht: „Die Einheit hat wesentlich darin ihren Grund, daß die Menschen sich in dem einen Geiste einer universalen Verstehbarkeit treffen. Die Menschen finden sich in einem umfassenden Geiste, den zwar niemand übersieht, der aber alle aufnimmt. Mit größter Entschiedenheit kommt die Einheit zum Ausdruck in dem Bezug auf den einen Gott.“ (Vom Ursprung und Ziel der Geschichte, 250) Man müßte von J her hinzufügen: sie hat darin nicht nur ihren Ausdruck, sondern ihre unbedingte Voraussetzung.

Zusammenfassung

Fassen wir die in *systematischer* Hinsicht wesentlichen Gedanken zusammen, so verdienen folgende Punkte besonders herausgestellt zu werden:

1. Gn 11, 1—9 schildert als ein Grundbemühen der menschlichen Geschichte das Ringen um die Einheit. Diese wird bedroht durch die Differenzierung in unterschiedliche Völker und das Auftreten imperialer Macht (Gn 10). Die ethnische und politische Dissoziation soll durch die Vereinigung aller zu einem gemeinsamen Ziel und einer gemeinsamen Aufgabe zum Stillstand gebracht werden. Dieses Bemühen scheitert indessen notwendig, und zwar nicht aufgrund technischer oder organisatorischer Fehler, sondern an Gott.

2. Als eigentlicher Grund für die Auflösung der menschlichen Einheit erscheint der Verlust des gemeinsamen Mittelpunktes in Gott. Von Gn 9, 20—27 über Nimrod geht eine einheitliche Linie zu dem letzten Schritt, den die Menschen auf ihrer „Wanderung nach Osten" tun. Die Gefahr ihrer Zerstreuung über die ganze Erde ist nur aufzuhalten, wenn es gelingt, sich selbst an die Stelle Gottes zu setzen. Da es nur von Gott her Einheit gibt, müssen die Menschen in ihrer Trennung von Gott sich selbst zu Gott machen. Die Selbstvergötterung des Menschen tritt somit als Ausdruck des kollektiven Willens nach Einheit in einer Menschheit auf, die von Gott getrennt ist.

3. Strukturell ist die schon mehrfach beobachtete Umkehrung von Ziel und Ergebnis von Bedeutung. Die Menschen wollen ihre Einheit; aber da sie an dem Grund ihrer drohenden Uneinigkeit vorbeigehen und auf lediglich „technischem" Wege ihr Problem lösen wollen, steigern sie nur den Konflikt mit Gott aufs äußerste und erreichen damit ihre völlige Zerstreuung. Es wird eine wichtige Frage an eine systematische Untersuchung der j Urgeschichte sein müssen, wie diese Dialektik zwischen der Vergöttlichung der Menschheit und ihrer Atomisierung in eine chaotische Anzahl einander nicht (mehr) verstehender einzelner verständlich zu machen ist. Wieso bildet Gott die Grundlage der menschlichen Einheit und wieso führt das Zerwürfnis mit Gott ebenso notwendig zur Apotheose der Menschheit als ganzer wie zum Auseinanderfallen derselben in ein „Gemenge"? Wie verbinden sich damit die Themen der Herrschaft der Völker übereinander und was bedeutet im Hintergrund davon die politische Organisation der Herrschaft durch einzelne (Nimrod)? Wie verhält sich der Machtanspruch der Reiche zu dem politischen Herrschaftsanspruch der Menschheit über die Erde und über sich selbst? In welcher Beziehung stehen die „religiösen" Versuche der Menscheneinheit zu den Versuchen der politischen Organisation der Einheit?

4. Es scheint aufgrund des Parallelaufbaus der j Urgeschichte in die zwei Phasen vor und nach der Sintflut ein Schema sich nahezulegen, in dem das, was der Mensch durch eigenes Tun vor Gott geworden ist, als Grundlage dessen verstanden wird, was die Menschheit als ganze in ihrer sozialen, politischen und geschichtlichen Totalität kennzeichnet. Es ist also erforderlich, systematisch nach beidem zu fragen: nach Kain und Abel als Strukturen des Menschseins ebenso wie nach der geschichtlichen Struktur der Turmbauerzählung, und beides sollte nach Möglichkeit als eine anthropologische bzw. theologische Einheit verstanden werden. Wir werden dabei am besten die Fragen nach dem Menschsein

vor Gott von der Existenzphilosophie her angehen und die Themen des sozialen Verhaltens des Menschen von einer Sozialphilosophie her untersuchen, die von der Existenzphilosophie herkommt und die dialektische Denkweise, wie wir sie als notwendig erkannt haben, mit einbezieht. Diesen Anforderungen genügt z. Z. allein die Sartresche Philosophie; also werden wir auf J. P. Sartre rekurrieren müssen. Es wird dabei zu erwarten sein, daß die Grenzen der Sozialphilosophie und das Eigentliche des theologischen Ansatzes ebenso deutlich zutage treten wie ihre Verbindung sich als fruchtbar erweisen sollte.

Psychoanalytisch sind die Dinge auch an dieser Stelle einfacher; festzuhalten bleiben diese Motive:

a) der Traum von der eigenen Gottgleichheit, der Übererwartung und Leistungsüberforderung;
b) der Traum der sozialen Einheit: notwendig ist eine Klärung der sozialanalytischen Frage nach den Faktoren sozialer Einheit; wie versteht sich der Zug der Erzählung, eine kollektive Einheit als (unbewußte) Kampfeinheit gegen „Gott“ schaffen zu wollen?
c) das Motiv der „Asozialität“ des einzelnen und der Atomisierung der Gemeinschaft.

Zu fragen ist, wie ontogenetisch diese Motivgruppe sich einordnen läßt und unter welchen Voraussetzungen sie sich als Endstadium einer psychodynamischen Entwicklungsreihe verstehen läßt.

L. ABSCHLIESSENDER RÜCKBLICK AUF Gn 2—11

1. Das wichtigste Ergebnis der exegetischen Untersuchung ist: die j Urgeschichte ist in bezug auf die Frage nach dem Bösen weder eine bloße Variation von Möglichkeiten des Abfalls von Gott noch eine rein quantitative Steigerung des einmal gesetzten Abfalls; sie ist vielmehr eine zweiteilige Entwicklungsgeschichte der Grundstrukturen des menschlichen Daseins und der geschichtlichen Wirklichkeit des Menschen ohne Gott. Indem sie der Grundbefindlichkeit des menschlichen Daseins die ursprünglich mit dem Menschen gemeinte Ordnung Gottes gegenüberstellt, versteht sie die jetzige Verfaßtheit des Menschen als ein von Gott abgefallenes und in seinen Grundzügen alteriertes Dasein. Auf diesem Hintergrund erscheint das menschliche Verhalten als ein Bemühen, zunächst mit Gott, dann ohne Gott, dann gegen Gott und anstelle Gottes sich in der Welt einzurichten; die technische Kunstfertigkeit und Erfindungsgabe des Menschen steht im Dienst dieses Bemühens, scheitert aber daran, daß das erreichte Ergebnis des menschlichen Handelns nach dem Zerfall der Einheit mit Gott sich in Fluch verwandelt. Die Strebungen, die im Menschen liegen, insbesondere das Streben nach Leben mit Gott und Einheit in Gott, entartet zu Formen der Selbstvergöttlichung und überantwortet das menschliche Dasein einem nicht mehr beherrschbaren Chaos in „Natur“ und „Kultur“.

2. So verstanden, ist die „Erkenntnis von Gut und Böse“ ein Zentralthema der j Urgeschichte. Das, was Gott als gut geschaffen hat und was in seiner Gegenwart gut ist, verwandelt sich ins Negative, wenn die Gemeinschaft mit Gott zerbricht. Diese Umqualifizierung der Grundstrukturen des menschlichen Daseins erscheint als Fluch und Strafe für die Sünde des Menschen. Sie besteht darin, daß der Mensch sich als das erfährt, was er ohne Gott ist; indem er sich von Gott trennt, fällt er auf seine bloße Kreatürlichkeit zurück; die Strafe der Sünde liegt in dem, was der Mensch ist, und hat ihren Grund in dem, was er tut.

3. Es ist das Bemühen des Menschen, in der Sünde Ziele zu erreichen, auf die hin er ursprünglich angelegt ist, die aber nur in der Gemeinschaft mit Gott erreichbar sind und die das Zerwürfnis mit Gott nur vergrößern, wenn sie unabhängig von Gott bzw. gegen ihn angestrebt werden.

Daher verkehrt sich das Tun des Menschen immer von neuem von einem an sich guten Ziel in ein verhängnisvolles Ergebnis. Das Böse entfaltet sich gerade in dem Maße, in dem es überwunden werden soll.

4. Demgegenüber stehen die Schutzmaßnahmen Gottes, die versuchen, dem Menschen das, was aus seinem Verhalten sich ergeben hat, erträglich zu machen. Insofern diese Maßnahmen die Gefahrenpunkte der weiteren Entwicklung einzudämmen versuchen, kontrastieren sie mit den auf Verbesserung der äußeren Lebensbedingungen abzielenden technischen Lösungsversuchen des Menschen. Während Gott den Menschen anzunehmen sucht, wie er (geworden) ist, und es ihm nahelegt, seinen Standort zu erkennen und zu bekennen, weicht der Mensch gerade davor aus und versucht statt dessen selbst, das Verlorene wiederherzustellen. Von daher läßt sich die Sünde als ein Restitutionsversuch der Gottesordnung ohne Gott und gegen Gott verstehen. So entsteht sowohl die qualitative Umkehrstruktur im Tun des Menschen wie auch die spiegelbildliche Ähnlichkeit der Ziele der Sünde mit den ursprünglichen Bestimmungen des Menschen.

5. In letzter Konsequenz ist die Sünde somit der Versuch, das verlorene Sein in oder mit Gott in ein Sein-wie-Gott umzuwandeln, den verlorenen Gott also durch Vergöttlichung des Menschen wiederherzustellen. Es ist indessen nicht richtig, dieses Wie-Gott-sein-Wollen als originären Stolz, Hochmut, Titanismus u.ä. zu verstehen; ja, nicht einmal die beliebte Formel vom Ungehorsam der Menschen trifft den Sachverhalt. Vielmehr stellt sich von Anfang an die Sünde des Menschen als ein sehr verschlungenes Geflecht von Unsicherheit, Angst, Abwehr, Mißtrauen, Auflehnung und endlicher Eigenmächtigkeit dar, die selbst als Ergebnis, nicht aber als Urstreben des Menschen erscheint.

6. Insgesamt liegt eine eigenartige Zwangsläufigkeit über dem Wirken des Menschen, dessen innere Folgerichtigkeit und Geschlossenheit die j Urgeschichte überhaupt erst als eine kompositionelle Einheit verständlich macht. Die Stufenschritte der Entwicklung lassen sich so markieren: aus dem Zerwürfnis mit Gott folgt das Zerwürfnis untereinander; die Angst vor Gott wird zugleich zu einer Angst der Menschen voreinander; diese steigert sich bei dem gemeinsamen Versuch, den Segen Gottes zu erlangen, zum Mord; die Angst vor dem Mord führt zur Instrumentalisierung des Todes zum Zwecke der Abschreckung; die dadurch bedingte Gefährdung des Lebens wird beantwortet mit dem Versuch der Vergöttlichung der natürlichen Lebenskräfte; aus dem Scheitern dieses Versuches folgt eine Trennung der Wirklichkeit der in sich geordneten Natur und der chaotischen Wirklichkeit des Men-

schen; die generative Aufspaltung des Menschen in unterschiedliche Völker geht aufgrund des Bösen im Menschen einher mit gegenseitiger Unterwerfung und Unterdrückung; diese findet ihren Ausdruck in politischen Organisationsformen, führt aber dadurch zu einer Verschärfung der Dissoziationsgefahr; mit dem Ziel, dieser Herr zu werden, bildet sich der Versuch einer einheitlichen Menschheit heraus, die ihre Einheit in Gott verloren hat und deshalb versuchen muß, diese Einheit durch die Vergöttlichung des Menschen zu organisieren; das Ergebnis aber ist die Absolutsetzung jedes einzelnen und die Atomisierung der Menschheit in Monaden wechselseitiger Unverständlichkeit.

7. Diese an sich geschlossene Ablaufreihe weist einige „theologische Lücken" im Verständnis auf: das Scheitern der Vergöttlichung der Lebenskräfte „muß" nicht mit dem Motiv von der Sintflut beantwortet werden; die Verlängerung des Motivs der gegenseitigen Unterdrückung in den Bereich der nationalen und geschichtlichen Unterwerfung eines Volkes durch ein anderes „muß" nicht durch einen so sonderbaren Stoff wie Gn 9, 20—27 motiviert werden; logisch nicht völlig konsequent ist die Wiederaufnahme der vorsintflutlichen Motive. M. a. W.: während die logische Struktureinheit der j Urgeschichte in den einzelnen Schritten der Sündenentfaltung eine gewisse Notwendigkeit an sich hat, ist von hier aus noch kein Verständnis mancher Einzelzüge der Urgeschichte möglich; vieles erscheint als nicht notwendig, manches als unverständlich. Da es nicht denkbar ist, im Rahmen einer so organischen Ganzheit wie der j Urgeschichte ein Einzelmotiv isoliert verstehen zu können, müssen wir nach einer Methode suchen, die es ermöglicht, die j Urgeschichte als Ganzheit in einer Weise zu lesen, die auch die in Frage stehenden Punkte verständlich macht; als eine solche Methode denken wir uns die Psychoanalyse.

8. Versucht man, ein Strukturbild der j Urgeschichte nach den herausgestellten Gesichtspunkten zu zeichnen, so lassen sich folgende Perspektiven durchhalten: die Aufeinanderfolge des Tuns der Menschen muß verbunden werden mit den (technischen) Praktiken der Menschen sowie mit den Zielvorstellungen bei ihrem Tun; von dort her muß eine Bewegung zu der Ergebnisumkehr ihres Tuns führen, in dem sich die Strafen Gottes ausdrücken; diese wiederum gehen mit Maßnahmen zur Eindämmung weiterer Gefahrenherde einher, die dann wieder von neuen Praktiken der Menschen unterlaufen werden. Beginnt man mit einer Gegenüberstellung der ursprünglichen Ordnung und der durch den Menschen verschuldeten Wirklichkeit, so mag das folgende Schema als Versuch eines solchen Strukturaufrisses der j Urgeschichte gelten:

I. Die von Gott gemeinte Ordnung (Gn 2, 4b—25)	Zwischen Gott und Mensch (Gn 3, 1—13)	II. Die vom Menschen verschuldete Wirklichkeit (Gn 3, 14—24)
Einheit mit Gott (der Garten) (2, 7.8)		Auflösung der Einheit mit Gott (Vertreibung aus dem Garten) (3, 23)
Staubsein als Schöpfungswirklichkeit (2, 7) Leben durch den Hauch Gottes; (2, 7)		Rückkehr zur Erde; Staubsein als Schicksal (3, 19)
der Lebensbaum (2, 9)	Infragestellung Gottes (3, 1)	Trennung vom Leben(sbaum) (3, 22)
Auftrag: Bebauen des Gartens (2, 5.15)	Mißtrauen gegen Gott (3, 1)	Strafe: Bebauen des Ackers (3, 17—18)
Einheit mit dem Acker	Sündenangst und Angst vor Gott (3, 2.3)	Fluch über den Acker (3, 18)
Einheit und Unterschied zu den Tieren (2, 18—20)	Auflehnung gegen Gott (3, 4.5)	Feindschaft und Kampf zwischen Mensch und Tier (3, 15)
Einheit von Mann und Frau; Fruchtbarkeit (2, 21—25)	Eigenmächtigkeit und Wie-Gott-sein-Wollen (3, 5)	Herrschaft und Abhängigkeit zwischen Mann und Frau; Geburt in Mühsal (3, 16)
Nacktheit ohne Scham (2, 25)	Strafangst (3, 8) Sich-Bedecken (3, 7) Sich-Verstecken (3, 8—10) Verschiebung der Schuld und Anklage gegen Gott (3, 11—13)	Nacktheit als Scham (3, 7)

Ziele der Menschen	Maßnahmen der Menschen	die Taten der Menschen	Maßnahmen Gottes	Ergebnisse des menschlichen Verhaltens— Strafen Gottes
			Milderung des Strafgefühls (3, 21)	
	Erfindung des Ackerbaus und der Kleinviehzucht (4, 2)			
Gewinnung des Segens Gottes (4,3)				
		der Mord (4, 8)		

Ziele der Menschen	Maßnahmen der Menschen	die Taten der Menschen	Maßnahmen Gottes	Ergebnisse des menschlichen Verhaltens— Strafen Gottes
				völlige Verfluchung des Ackers; Verbannung des Menschen (4, 11.12)
			Eindämmung des Mordes durch Inanspruchnahme der Strafgewalt (4, 15)	
	Erfindung des Städtebaus, des Kamelnomadentums, der Musik, der Eisenbearbeitung (4, 17.20—22)			
Sicherheit vor dem andern; (4, 23—24)				
		Instrumentalisierung des Mordes zur Drohung (4, 23—24)		
			generative Kompensation (4, 25)	
	das Anrufen Jahwes (4, 26)			
göttliches Leben (6, 1—4)				
		die generative Vergöttlichung (6, 1—4)		
				Vernichtung der Menschheit (6—8)
			Rettung des Einen (6, 8)	
				Auflösung der Einheit von Mensch und Erde (8, 21.22)
			Schutz der Erde vor dem Menschen (8, 22);	

Ziele der Menschen	Maßnahmen der Menschen	die Taten der Menschen	Maßnahmen Gottes	Ergebnisse des menschlichen Verhaltens—Strafen Gottes
	Erfindung des Weinbaus (9, 20)		generative Verbreitung der Menschheit (9, 18.19)	
		Berauschung, Nacktheit und Unzucht (9,20—23) (der generative Mißbrauch — vgl. 6, 1—4)		
				ethnische Beherrschung und Versklavung (9, 25—27) durch den Fluch Noahs(!)
	machtpolitische Organisation der Beherrschung und Eroberung (Nimrod) (10, 8—12)		generative Differenzierung und Aufspaltung (Gn 10)	
Abwehr der Zerstreuungsgefahr; Einheit der Menschheit; Vermeidung der Wiederkehr des Kain-und-Abel-Schicksals (11, 4)	Erfindung des Ziegelbrennens und des Stadt- und-Turm-Baus (11, 3.4)	das Streben zum Himmel (11, 4)		die Zerstreuung der Menschheit (11, 5—9)

9. Man sieht dann sogleich, wie die Auseinandersetzung zwischen Gott und Mensch die ganze Urgeschichte durchzieht und wie die Menschen immer wieder an Gott scheitern, indem sie die Güter zu gewinnen suchen, die sie nur bei Gott finden könnten. Sodann ist deutlich, wie sich die Thematik in der Auseinandersetzung zwischen Gott und Mensch

immer mehr in den rein menschlichen Bereich verschiebt. Je mehr die Menschen sich von Gott entfernen, desto mehr reden sie nur noch mit sich selbst, desto mehr scheinen sie nur noch unter sich zu sein, desto mehr aber sind sie sich ausgeliefert. Offenbar ist in der Zweiteilung der j Urgeschichte, daß nach der Tat Kains Gott nur noch indirekt, nach der Sintflut aber gar nicht mehr unmittelbar in das Tun des Menschen eingreift und es bis zur endgültigen sozialen Katastrophe gewähren läßt. Sichtbar ist auch, daß man in der Urgeschichte nicht „Fortschritt" und „Genealogie" gegen „Sünde" und „Fluch" ausspielen kann. All dies bildet ein einheitliches Geflecht in der einen von Gott abgefallenen Wirklichkeit des Menschen.

10. Zurecht hat v. Rad mit Bezug auf Budde zur j Urgeschichte gesagt, daß „der eigentliche Schlüssel" zu ihrem Verständnis in Gn 12, 1—3 liege (Das formgeschichtliche Problem des Hexateuch, in: Gesammelte Studien zum Alten Testament, 72; vgl. H. Groß: Hauptthemen der Urgeschichte [Gn 1—11], in: Lebendiges Zeugnis 1964 I 77). D. h.: „die Einseitigkeit und Ausschließlichkeit", mit der J die Entwicklung des Bösen zum Grundthema der Ursprungsbestimmung des Menschen macht, ist in ihrer Aussichtslosigkeit nur verständlich auf dem Hintergrund eines ganz bestimmten Glaubens. Erst von den Verheißungen her, die Gott Abraham gibt, ist die Radikalität zu verstehen, mit der J das Böse im Menschen aufzeigt, mit der er Israel der Völkerwelt entgegenstellt, mit der er die Grundfragen des menschlichen Lebens sämtlich auf die Stellung zu Gott reduziert. Ohne eine erneute Renovation im Geschichtlichen würde die Menschheit nicht anders handeln als es in der Urgeschichte zum Ausdruck kommt. Mit einer Konsequenz, die das Format antiker Tragödien besitzt, stellt J dar, wie der Mensch in der Gottesferne sich mit all seinem guten Willen und seinen hervorragenden Befähigungen immer fester in den Maschen des selbstgeknüpften Netzes der Sünde verfängt. Es ist offensichtlich eine gar zu harmlose Manier der Interpretation, den Menschen der j Urgeschichte einfach einen rasch hergestellten moralisierenden Lasterkatalog aufzukleben und sich dann selbst davon zu distanzieren. J beharrt darauf, daß die Menschen in ihrem Menschsein, in ihrer Gesamtheit gar nicht anders können, als den traurigen Weg in die Gottesferne zu gehen. Gerade dieser Charakter der Zwangsläufigkeit in der einmal gesetzten Sünde ist so erschütternd. Man muß K. Cramer zustimmen, wenn er, wenngleich von anderen Voraussetzungen der Interpretation her, als Aussage von Gn 1—11 resümiert: „Der Auftrag an den Menschen ist . . . in sein Gegenteil verkehrt worden . . . Vom Menschen aus

gesehen endet die Geschichte in der Hoffnungslosigkeit . . . soll es eine Zukunft geben, so ist sie Gottes allein.“ (K. Cramer: Genesis 1—11: Urgeschichte? 59) Offenbar nur um dies zu zeigen, wird die ganze Ausweglosigkeit der Sünde ausgemessen. Die gesamte Fluchtrichtung des Menschen vor Gott, die in der Versuchung der Schlange mit Mißtrauen und Angst begann und den Menschen nicht wieder losließ, stand unter der ständigen Unmöglichkeit, zu Gott zurückzufinden. Erst jetzt, nachdem die Sinnlosigkeit dieser Flucht vor Gott offen zutage liegt, vermag Gott den Menschen von neuem anzurufen; und dies wird zum Thema der menschlichen Geschichte insgesamt, beginnend in Gn 12.

Die radikale Entgegensetzung von Abraham (Israel) und dem Leben der Völker hat vermutlich auch einen Grund in dem politischen Motiv, die Bedeutung Israels (unter David) in der Erwählung durch Gott darzustellen (vgl. v. Rad: Das formgeschichtliche Problem des Hexateuch, a.a.O., 75—81). Aber was die Urgeschichte des J aussagt, ist nicht historisch bedingte Hofideologie — wenngleich sie diese Funktion u. a. auch gehabt haben wird —, sondern eine theologische Anthropologie und Geschichtsdeutung, die über den Gegensatz „Israel und die Völker“ zurückführt zu dem eigentlichen Widerspruch von Gott und Mensch und Sünde und Gnade. In dieser Weise ist das Zeugnis des J überzeitlich und bleibendes Wort Gottes an uns.

11. Motivgeschichtlich hatten wir wiederholt gesehen, wieviel von dem Stoff der j Urgeschichte Menschheitsgut ist. Es verdient vielleicht hervorgehoben zu werden, daß neben den bekannten Mythen von den 4 oder 5 Weltaltern der zunehmenden Verschlechterung bei Indern, Persern, Griechen, Römern usw. eine eigenartige Ähnlichkeit der j Konzeption der Urgeschichte zu der altchinesischen Weisheitsliteratur des Taoismus besteht. Ähnlich wie bei J, herrscht auch dort die Vorstellung einer allmählichen, nicht an kosmische Zyklen, sondern ans menschliche Tun gebundenen, wenngleich gesetzmäßig ablaufenden Verschlechterung, die aus einem Urabfall aus der Einheit mit dem Tao durch Erkenntnis folgt; wie bei J glauben die Menschen, ihr Heil in technischen Errungenschaften und politischen Verbesserungen zu finden (u.a. auch durch die Befolgung moralischer Gesetze), sie verschlimmern aber nur alles, insofern sie die Trennung vom Tao immer mehr vertiefen. Eine Rückkehr gibt es nur durch die Einkehr in sich selbst und durch den inneren Einklang mit dem Tao. Man hat den Eindruck, als würden hier unter den Voraussetzungen der chinesischen Philosophie Gedanken antiker Weisheit geäußert, die sich von den Auffassungen der

j Urgeschichte im wesentlichen nur durch die andere Vorstellung von Gott und damit des Glaubens unterscheiden (vgl. Dschuang Dsi: Südliches Blütenland XVI 2, dt. R. Wilhelm [1912], 1972 Köln, 174—175; Liä Dsi: Quellender Urgrund V 6, dt. R. Wilhelm, 1972 Köln, 104—105; M. Buber: Die Lehre vom Tao, in: Werke I 1021—1051).

Es ist interessant, daß in der Neuzeit kein geringerer als F. M. Dostojewskij in seiner kleinen Erzählung „Traum eines lächerlichen Menschen" (1877) auf sehr originelle Weise das gleiche Thema aufgegriffen hat: er erzählt, wie auf einem Planeten paradiesischer Einheit und Glückseligkeit durch eine einzige Sünde, die der Träumer selbst in die Welt bringt, alles zerfällt, und zwar auch und gerade in dem Glauben beständiger Verbesserung. „Als sie böse geworden waren, fingen sie an, von Brüderlichkeit und Humanität zu sprechen . . ." Und schließlich galt ihnen „die Erkenntnis des Lebens" „höher als das Leben". (dt. v. E. K. Rahsin, in: Erzählungen 1972 [Fischer] Frankfurt [Fischer Tb. 1263], bes. IV—V, S. 338—345) Indem der Träumer sich selbst als Ursache alles Bösen begreift, wird er fähig, diese Welt, so wie sie ist, zu lieben und begeht den schon geplanten Selbstmord nicht.

Auch andere Gedanken der j Urgeschichte finden sich in der Weisheit des alten China, so z.B., daß die Kürze des Lebens unter den gegenwärtigen Umständen ein Vorzug sei (vgl. 3, 17—19), z.B. Liä Dsi: Quellender Urgrund VII 10 (a. a. O., 146), oder die Verachtung der großen Namen (vgl. 6, 4; 11, 4), z.B. Liä Dsi: Quellender Urgrund VII 19 (a. a. O., 156). Fernab von literarischer Abhängigkeit findet sich hier eine Gemeinsamkeit des Denkens, die noch einmal die menschheitliche Weite der j Urgeschichte veranschaulicht.

12. Die Theologie und insbesondere die Dogmatik wäre eine fröhliche Wissenschaft, wenn es angängig wäre, biblische Aussagen einfachhin in der Sprache Kanaans zu rezipieren. Wo das versucht wird, wird man nicht nur dem Geist des J untreu, der versuchte, in einer neuen Zeit die alten Traditionen neu zu begründen, sondern ermutigt im Grunde mit solchem Biblizismus nur die systematischen Spekulanten jedweder philosophischen Provenienz, mit der Bibel zu machen und als Theologie auszugeben, was sie wollen. Um diesen in der Gegenwart nicht gerade seltenen theologischen Neuversuchen ihre Würdigung und Wertung zuteil werden zu lassen, mehr noch aber, um die Aussagen des J wirklich zu verstehen, d.h. in die Denkweise unserer Zeit zu übersetzen, bleibt nichts anderes übrig, als anhand des Rasters gegenwärtiger Denkstrukturen ein Kategoriennetz zu erarbeiten, mit dem die Struktur der

j Urgeschichte in Richtung auf die Frage nach dem Bösen sinnvoll interpretiert werden kann.

Nach dem bisher Gesagten läßt sich bereits absehen, wie im weiteren zu verfahren ist: mit Hilfe der Psychoanalyse werden wir versuchen, die j Urgeschichte als Einheit zu lesen und besonders nach dem Grund der Motivwahl der j Erzählungen zu fragen. Das Neurosemodell der Psychoanalyse leitet zu dem Gegensatz von Natur und Kultur, von Notwendigkeit und Freiheit, von Sinnlichkeit und Sittlichkeit über, wie es in der Kantischen Philosophie formuliert wurde. Die Starrheit der Kantischen Entgegensetzungen widerspricht aber nicht nur den dialektischen Verbindungen der j Urgeschichte und der Geschmeidigkeit ihrer Übergänge, sondern setzt vor allem den Gegensatz bereits voraus, den J durch den Fall der Menschen gerade begründen will. Damit stoßen wir auf ein Anliegen, das Hegel in Überwindung der Kantischen Positionen klassisch ausgestaltet hat. Die idealistische Ineinssetzung von Gott und Mensch ist aber sicherlich von J her nicht begründbar und unterschlägt die Radikalität, mit der J den Menschen als von Gott abgefallenes Wesen beschreibt. Den Menschen als abgefallenes Dasein zu beschreiben, ist aber Grundthema der hegelianisch orientierten Existenzphilosophie Sartres; die Verbindung von Existenz und Sozietät, von Anthropologie und Sozialphilosophie, die in der Sartreschen Philosophie angestrebt wird, kann dann möglicherweise den Übergang vom Menschendasein zum Völkerschicksal in der j Urgeschichte verständlich machen. Wir werden also im 2. und 3. Teil dieser Arbeit einen psychoanalytischen Interpretationsversuch der j Urgeschichte vorlegen und den exegetischen und psychoanalytischen Befund hernach mit den Kategorien der Philosophie des Deutschen Idealismus und der Existenzphilosophie auszulegen versuchen.

Dabei wird es insgesamt theologisch unumgänglich sein, die Frage zu stellen, wie das Böse vom Menschen frei gesetzt sein und dennoch die prozeßhafte Zwangsstruktur besitzen kann, auf die wir in der j Urgeschichte gestoßen sind.

13. Eine spätere Aufgabe wird es sein, die Umkehrung aufzuzeigen, die durch die Berufung Gottes in Abraham ermöglicht wird, also darzustellen, wie die Verkehrung der ursprünglichen Gottesordnung durch die Sünde wieder von Gott her rückgängig gemacht wird. Denn es ist deutlich, daß J in der Gestalt Abrahams gerade dieses Thema verfolgt: stellte die j Urgeschichte einen groß angelegten Entwicklungsbogen zwischen der Verbannung der Menschen aus dem Garten und der Verfluchung des Ackers (Gn 3; 4) einerseits und der Zerstreuung der

Völker (Gn 11) andererseits her, so leitet die von J selbst geformte Berufung Abrahams die Trennung Abrahams aus dem Völkergemenge ein und setzt den Segen der Völker in Abrahams Namen (12, 1—3) dem Fluch über die Völkervielfalt im Namen Babels (11, 9) entgegen. Mit der Anrufung des Jahwe-Namens und dem Bau des Altares (12, 8; 13, 4) knüpft J an Seth (4, 26) und Noah (8, 20) an; die Begebenheiten von 6, 1—4 und die nachfolgende Sintflut werden korrigiert durch die Erzählung von dem Aufenthalt Abrahams in Ägypten (12, 10—20). Der Verzicht auf den Bruderzwist aus Anlaß von Besitzstreitigkeiten (Gn 13) demonstriert deutlich, wie anders als Kain und Abel die Menschen unter gleichen Umständen leben könnten — wenn sie des Segens Gottes sicher wären. Wenn wir die j Urgeschichte als eine Art Zwangsstruktur der Sünde glauben verstehen zu können, so besteht dieser Zwang „nur“ innerhalb der Sünde selbst. Gerade von Abraham her zeigt sich, wie sehr die Meinung des Joh-Evangeliums zutrifft, das mit Bezug auf die Taten Abrahams (8, 39) Jesus sagen läßt: „Jeder, der die Sünde tut, ist ein Sklave der Sünde“ (8, 34). Es ist noch zu früh, sich bereits hier zu fragen, ob die j Urgeschichte das in sich schließt, was in der kirchlichen Lehre als Ursünde bezeichnet wird; aber die Vermutung läßt sich doch schon äußern, daß es schwerer sein dürfte zu zeigen, daß die Sicht des J über die Situation des Menschen außerhalb der Gemeinschaft mit Gott dem widerspricht, was theologisch als Lehre vom peccatum originale entfaltet wurde, als zu zeigen, daß es ihm in den Hauptzügen entspricht (dies in memoriam von H. Haag: Biblische Schöpfungslehre und kirchliche Erbsündenlehre).

Jedenfalls haben wir erst ein Drittel des Weges zurückgelegt, der uns zu Kategorien führen wird, die es uns allererst erlauben, die Frage sinnvoll zu stellen, ob die kirchliche Erbsündenlehre in der j Urgeschichte eine Stütze findet oder nicht. Denn diese Frage hat man noch nicht einmal gestellt, geschweige denn beantwortet, wenn man mit Westermann konstatiert: „Einen abstrakten Sündenbegriff, bei dem die konkreten Vergehen nur Erscheinungsformen der *einen* Sünde wären, kennt J nicht, auch nicht den Begriff des Sündenfalles“ (We 787). Natürlich spricht J nicht in abstrakten Begriffen von der Sünde, aber es soll erst einmal „abstrakte Begriffe von der Sünde“ geben, die auch nur annähernd das Phänomen des Bösen so dicht gedrängt und zwingend beschreiben, wie die Bilder der j Urgeschichte.

„Ich habe eine große Wahrheit entdeckt. Diese: daß die Menschen ein Heim haben, und daß sich der Sinn der Dinge für sie wandelt, je nach dem Sinn ihres Hauses. Und daß der Weg, das Gerstenfeld und die Wölbung des Hügels für den Menschen verschieden sind, je nachdem, ob sie zu einem Landgut gehören oder nicht. ... Und einer gehört nicht dem gleichen Weltall an, je nachdem, ob er im Reich Gottes wohnt oder nicht."

„Denn wenn du die Menschen verstehen willst, darfst du nicht auf ihre Reden hören."

(Antoine de Saint-Exupéry: Die Stadt in der Wüste — Citadelle —, 3; 147)

LITERATURVERZEICHNIS

I. Literatur zum exegetischen Teil, zitiert stets nach der letztgenannten Ausgabe

M. H. Alimen und M. J. Steve (Hg.): Vorgeschichte, (Fischer Weltgeschichte, Bd. 1) Frankfurt 1966

A. Alt: Kleine Schriften zur Geschichte des Volkes Israel, 3 Bde.; München ³1963; daraus:

a) Der Gott der Väter (1929), I 1—78
b) Die Landnahme der Israeliten in Palästina (1925), I 89—125
c) Erwägungen über die Landnahme der Israeliten in Palästina (1939), I 126—175
d) Ägyptische Tempel in Palästina und die Landnahme der Philister (1944), I 216—230
e) Die Ursprünge des israelitischen Rechts (1934), I 278—332
f) Zur Talionsformel (1934), I 341—344
g) Gedanken über das Königtum Jahwes (1945), I 345—357
h) Die Staatenbildung der Israeliten in Palästina (1930), II 1—65
i) Völker und Staaten Syriens im frühen Altertum (1936), III 20—48
j) Die Herkunft der Hyksos in neuer Sicht (1954), III 72—98
k) Das Land Gari (1932), III 396—409
l) Irrige Meinungen über Gerar (1937), III 435—450

D. Arenhoevel: Ur-Geschichte. Genesis 1—11, (Kleiner Kommentar, AT 1) Stuttgart 1970

— Das fremde Buch. Eine Einführung in das Alte Testament, (Kleiner Kommentar, AT 23 II) Stuttgart 1971

J. Barr: The Semantics of Biblical Language, Oxford 1961; dt.: Bibelexegese und moderne Semantik. Theologische und linguistische Methode in der Bibelwissenschaft, München 1965; übers. v. E. Gerstenberger; eingel. v. H. Conzelmann

J. B. Bauer: Die biblische Urgeschichte. Vorgeschichte des Heils, Genesis 1—11; (Schriften zur Pädagogik und Katechetik, Heft 7) Paderborn ²1964

M. A. Beek: Geschiedenis van Israel van Abraham tot Bar Kochba, Zeist 1957; dt.: Geschichte Israels. Von Abraham bis Bar Kochba, (Urban Tb. 47) Stuttgart 1961

T. Boman: Das hebräische Denken im Vergleich mit dem griechischen, Göttingen ¹1952; ⁵1968

J. Bottéro: Jüdische Schöpfungsmythen, in: La Naissance du Monde, Paris, o. J.; dt.: Quellen des alten Orients. 1. Bd.: Die Schöpfungsmythen, Zürich-Köln 1964; eingel. v. M. Eliade; übers. v. E. Klein; S. 183—228

M. Brion: La résurrection des villes mortes, Paris 1959; dt.: Die frühen Kulturen der Welt, hgg. v. K. Gutbrod; Köln-Stuttgart-Hamburg 1964

M. Buber (F. Rosenzweig): Die 5 Bücher der Weisung, Köln 1954

M. Buber: Werke in 3 Bänden

1. Bd.: Schriften zur Philosophie, München, Heidelberg 1962
2. Bd.: Schriften zur Bibel, München, Heidelberg 1964
3. Bd.: Schriften zum Chassidismus, München, Heidelberg 1963; daraus:

a) Die Frage an den Einzelnen (1936), I 215—265
b) Beiträge zu einer philosophischen Anthropologie (Aufsätze zwischen 1950 bis 57), I 409—502
c) Gottesfinsternis (1952), I 503—603
d) Bilder von Gut und Böse (1952), I 605—650
e) Die Lehre vom Tao (1910), I 1021—1051
f) Der Glaube der Propheten (1940), II 231—484
g) Königtum Gottes (1932), II 485—723
h) Der Mensch von heute und die jüdische Bibel (1936), II 847—869
i) Abraham der Seher (1939), II 871—893
j) Biblisches Führertum (1933), II 901—916
k) Weisheit und Tat der Frauen (1929), II 917—923
l) Prophetie und Apokalyptik (1954), II 925—942
m) Biblisches Zeugnis (1945), II 991—1029
n) Geschehende Geschichte (1933), II 1031—1036
o) Die Erwählung Israels (1938), II 1037—1051
p) Die Götter der Völker und Gott (1941), II 1067—1083
q) Die Schrift und ihre Verdeutschung (Arbeiten zw. 1936—1962), II 1093 bis 1186
r) Die Erzählungen der Chassidim (1949), III 69—712
s) Der Weg des Menschen nach der chassidischen Lehre (1948), III 713—738
t) Die chassidische Botschaft (1952), III 739—894
u) Der Chassidismus und der abendländische Mensch (1956), III 933—947

C. Burland: North American Indian Mythology, London 1970; dt.: Mythologie der Indianer, Wiesbaden 1970; übers. v. E. Schindel

E. Cassin, J. Bottéro, J. Vercoutter: Die Altorientalischen Reiche, 3 Bde. (Fischer Weltgeschichte, 2; 3; 4) Frankfurt 1965—1967

A. Caquot: Schöpfungsmythen der Kanaanäer, in: La Naissance du Monde, Paris o. J.; dt.: Quellen des alten Orients. 1. Bd.: Die Schöpfungsmythen, Zürich-Köln 1964; eingel. v. M. Eliade; übers. v. E. Klein; S. 173—182

N. Chomsky: Language and Mind, 1968; dt.: Sprache und Geist, (Suhrkamp Tb. Wissenschaft 19) Frankfurt 1970; übers. v. S. Kanngießer, G. Lingrün, U. Schwarz

A. Christie: Chinese Mythology, London 1968; dt.: Chinesische Mythologie, Wiesbaden 1968; übers. v. E. Schindel

G. Cornfeld und G. J. Botterweck (Hg.): Die Bibel und ihre Welt. Eine Enzyklopädie, Tel Aviv 1964; Bergisch Gladbach 1969; München 1972, 6 Bde

K. Cramer: Genesis 1—11: Urgeschichte? Zum Problem der Geschichte im Alten Testament; (Sammlung gemeinverständlicher Vorträge und Schriften aus dem Gebiet der Theologie und Religionsgeschichte 224—225) Tübingen 1959

F. Dexinger - F. Staudinger - H. Wahle - J. Weismayer: Ist Adam an allem schuld? Erbsünde oder Sündenverflochtenheit? Innsbruck-Wien-München 1971

A.-M. Dubarle: Le péché originel dans l'Ecriture, Paris 1958; dt.: Unter die Sünde verkauft. Die Erbsünde in der Heiligen Schrift, Düsseldorf 1963; Übers. ungen.

O. Eberle: Magisches Denken, in: A. Randa (Hg.): Handbuch der Weltgeschichte, 1. Bd., Freiburg 1954, Sp. 89—96

W. Eichrodt: Theologie des Alten Testamentes, 2 Bde., (3 Teile), Göttingen [7]1962

O. Eissfeldt: Hexateuch-Synopse. Die Erzählung der fünf Bücher Mose und des Buches Josua mit dem Anfang des Richterbuches, in ihre vier Quellen zerlegt und in deutscher Übersetzung dargeboten samt einer in Einleitung und Anmerkungen gegebenen Begründung, Leipzig [1]1922; Darmstadt [2]1962

M. Eliade: Le Mythe de l'Éternel Retour. Archétypes et Répétition; dt.: Kosmos und Geschichte. Der Mythos der ewigen Wiederkehr, Düsseldorf 1953; (rde 260) Hamburg 1966; übers. v. G. Spaltmann

— Mythisches Denken, in: A. Randa (Hg.): Handbuch der Weltgeschichte, 1. Bd.; Freiburg 1954, Sp. 181—192

— Das Heilige und das Profane. Vom Wesen des Religiösen, (rde 31) Hamburg 1957, übers. aus dem Französischen

E. Fascher: Vom Anfang der Welt und vom Ursprung des Menschengeschlechts, (Aus der Welt der Religion; Forschungen und Berichte, 3) Berlin 1961

L. Feuerbach: Das Wesen des Christentums, Leipzig [3]1849; (Reclam 4571 bis 4577) Stuttgart 1969; mit einem Nachw. v. K. Löwith

B. Frolow: Die magische Sieben in der Altsteinzeit, in: Bild der Wissenschaft 1971, Heft 3, 259—265

P. Garelli u. M. Leibovici: Akkadische Schöpfungsmythen, in: La Naissance du Monde, Paris o. J; dt.: Quellen des alten Orients. 1. Bd.: Die Schöpfungsmythen, Zürich-Köln 1964, eingel. v. M. Eliade; übers. v. E. Klein; S. 119—151

G. Garbini: The Ancient World, London 1966; dt.: Alte Kulturen des Vorderen Orients, Gütersloh 1968; übers. v. S. Lücke

A. Gehlen: Urmensch und Spätkultur. Philosophische Ergebnisse und Aussagen; Frankfurt-Bonn [2]1964 (neu bearb.)

K. F. Geldner: Die zoroastrische Religion. Das Avesta, Tübingen 1926 (Religionsgeschichtliches Lesebuch, 1)

W. Gesenius: Hebräisches und Aramäisches Handwörterbuch, Berlin-Göttingen-Heidelberg [17](1915) 1962; bearb. v. F. Buhl

H. v. Glasenapp: Die nichtchristlichen Religionen, (Fischer Lexikon, 1) Frankfurt 1957

— Die Philosophie der Inder. Eine Einführung in ihre Geschichte und ihre Lehren, Stuttgart [2]1958

— Indische Geisteswelt. Glaube, Dichtung und Wissenschaft der Hindus; eine Auswahl von Texten in deutscher Übersetzung, Baden-Baden o. J.

— Glaube und Ritus der Hochreligionen in vergleichender Übersicht, (Fischer Tb. 346) Frankfurt 1960

P. Grelot: Reflexions sur le problème du péché originel, Tournai 1968; dt.: Die Ursünde — neu gesehen. Zur Interpretation von Genesis 3. Graz-Wien-Köln 1970; übers. v. M. Prager

P. Grimal (Hg.): Mythologies, Paris 1963; dt.: Mythen der Völker, 3 Bde., Frankfurt 1967 (Fischer Tb. 789, 799, 805); übers. v. H. Stiehl, L. Voelker, E. Ehm, E. Serelmann-Küchler, H. v. Born-Pilsach, J. Wiesner, B. Ronge, H.-W. Höner, I. Tödt, J. Niederehe

H. Groß: Hauptthemen der Urgeschichte (Gn 1—11), in: Lebendiges Zeugnis, Mai 64, Heft 1, S. 63—78

H. Gunkel: Genesis, Göttingen [3]1910; [8]1969 (zitiert als Gu); eingel. von W. Baumgartner

E. Haag: Der Mensch am Anfang. Die alttestamentliche Paradiesvorstellung nach Gn 2—3, Trier 1970 (Trierer Theologische Studien 24)

H. Haag: Biblische Schöpfungslehre und kirchliche Erbsündenlehre, (Stuttgarter Bibel-Studien, 10) Stuttgart [4]1968

M. Heidegger: Sein und Zeit (1926); Tübingen 1963

G. Helbig: Geschichte der neueren Sprachwissenschaft, Leipzig 1970; (Rowohlt, Tb. Studium 48) Hamburg 1974

J. Hertel: Indische Märchen (1921); Düsseldorf-Köln 1959

A. Hillebrandt: Upanishaden. Altindische Weisheit aus Brahmanas und Upanishaden, Jena 1921; Köln-Düsseldorf 1958

J. Holzer: Und Gott sprach. Biblischer Schöpfungsbericht und modernes Wissen, Würzburg 1964

V. Ions: Indische Mythologie (engl. 1967), Wiesbaden 1967; übers. von E. Schindel

— Egyptian Mythology, London 1968; dt.: Ägyptische Mythologie, Wiesbaden 1968; übers. v. J. Schlechta

K. Jaspers: Vom Ursprung und Ziel der Geschichte, (Fischer Tb. 91) Frankfurt 1955

R. Jockel: Götter und Dämonen. Mythen der Völker, Darmstadt 1953

A. S. Kapelrud: Die Ras-Schamra-Funde und das Alte Testament (Oslo); übers. v. F. Cornelius, München-Basel 1967

S. N. Kramer: Cradle of Civilization, New York 1967; dt.: Mesopotamien. Frühe Staaten an Euphrat und Tigris; übers. v. H. Kuschel; Hamburg 1971 (rororo life 22)

E. Kautzsch (Hg.): Die Apokryphen und Pseudepigraphen des Alten Testaments (1900), 2 Bde.; Darmstadt 1962

O. Keel: Die Welt der altorientalischen Bildsymbolik und das Alte Testament. Am Beispiel der Psalmen; Köln, Neukirchen 1972

H. Kühn: Das Erwachen der Menschheit, (Fischer Tb. 53) Frankfurt 1954

— Der Aufstieg der Menschheit, (Fischer Tb. 82) Frankfurt 1955

M. Lambert: Sumerische Schöpfungsmythen, in: La Naissance du Monde, Paris, o. J.; dt.: Quellen des alten Orients. 1. Bd.: Die Schöpfungsmythen, Zürich-Köln 1964; eingel. v. M. Eliade; übers. v. E. Klein, S. 101—117

S. K. Langer: Philosophy in a New Key, Cambridge 1942; dt.: Philosophie auf neuem Wege. Das Symbol im Denken, im Ritus und in der Kunst; Frankfurt 1965; übers. v. A. Löwith

P. Laviosa - Zambotti: Entstehung und Ausbreitung des Bauerntums, in: A. Randa (Hg.): Handbuch der Weltgeschichte, 1. Bd., Freiburg 1954, Sp. 191—202

C. Lévi - Strauss: Rasse und Geschichte, 1952 (Unesco); (Suhrkamp Tb. 62) Frankfurt 1972; übers. v. T. König

— Tristes Tropiques, Paris 1955; dt.: Traurige Tropen. Indianer in Brasilien, Köln-Berlin 1970; übers. v. S. Heintz

— Anthropologie Structurale, Paris 1958; dt.: Strukturale Anthropologie, Frankfurt 1967; übers. v. H. Naumann

— La pensée sauvage, Paris 1962; dt.: Das wilde Denken, Frankfurt 1968; übers. v. H. Naumann

G. Lisowsky: Konkordanz zum hebräischen Alten Testament, Stuttgart ²1958

E. Lohse: Die Texte aus Qumran. Hebräisch und Deutsch, mit masoretischer Punktation, Übersetzung, Einführung und Anmerkungen, München 1964

K. Lorenz: Das sogenannte Böse. Zur Naturgeschichte der Aggression, Wien 1963

O. Loretz: Schöpfung und Mythos. Mensch und Welt nach den Anfangskapiteln der Genesis; (Stuttg. Bibel-Studien, 32) Stuttgart 1968

B. Malinowski: Magic, Science and Religion; And Other Essays, New York 1948; dt.: Magie, Wissenschaft und Religion; Und andere Schriften, Frankfurt 1973; übers. v. E. Krafft-Bassermann; eingel. v. T. Luckmann; enthält:
Magie, Wissenschaft und Religion; S. 3—74
Der Mythos in der Psychologie der Primitiven; S. 75—129
Baloma — die Geister der Toten auf den Trobriand-Inseln; S. 131—241

J. Maier: Die Texte vom Toten Meer, 2 Bde., München-Basel 1960

P. Morant: Die Anfänge der Menschheit. Eine Auslegung der ersten elf Genesis-Kapitel, Luzern ²1962 (neu bearb.)

J. Müller: Die Heilsbotschaft von Genesis 1—11. Ein Handbuch zur Bibelkatechese über die ersten elf Kapitel der Genesis; Donauwörth 1965

A. Negev (Hg.): Archäologisches Lexikon zur Bibel, Jerusalem 1972; München, Wien, Zürich 1972; dt. bearb. v. J. Rehork

I. Nicholson: Mexican and Central American Mythology, London 1967; dt.: Mexikanische Mythologie, Wiesbaden 1967; übers. v. U. Buhle

M. Noth: Das zweite Buch Mose, (Das Alte Testament Deutsch, Bd. 5) Göttingen [2]1961
— Geschichte Israels, Göttingen [1]1950; [5]1963
— Gesammelte Studien zum Alten Testament (Theologische Bücherei Bd. 6); München [3]1966; daraus:
a) Die Gesetze im Pentateuch. Ihre Voraussetzungen und ihr Sinn (1940), S. 9—141
b) Das alttestamentliche Bundschließen im Lichte eines Mari-Textes (1955), S. 142—154
c) Gott, König, Volk im Alten Testament (1950), S. 188—229
d) Geschichte und Gotteswort im Alten Testament (1949), S. 230—247
e) Das Geschichtsverständnis der alttestamentlichen Apokalyptik (1954), S. 248—273
f) „Die Heiligen des Höchsten" (1955), S. 274—290

A. Ohler: Mythologische Elemente im Alten Testament. Eine motivgeschichtliche Untersuchung, Düsseldorf 1969

R. Pettazzoni: L'essere supremo nelle religioni primitivi. L'onniscienza di Dio; dt.: Der allwissende Gott. Zur Geschichte der Gottesidee, (Fischer Tb. 319) Frankfurt 1960; übers. v. E. A. Voretzsch

R. Poignant: Oceanic Mythology, London o. J.; dt.: Ozeanische Mythologie, Wiesbaden, o. J; übers. v. S. Schmidt

G. v. Rad: Theologie des Alten Testamentes, 2 Bde., München [4]1957/1960
— Das 1. Buch Mose, Göttingen [6]1961, ATD Bd. 2—4; Göttingen [9]1972 (überarb.) (in nachstehenden Klammern zitiert als = G. v. Rad, 9, xy)
— Gesammelte Studien zum Alten Testament, München [3]1965; (Theologische Bücherei, Bd. 8) daraus:
a) Das formgeschichtliche Problem des Hexateuch (1938), S. 9—86
b) Das theologische Problem des alttestamentlichen Schöpfungsglaubens (1936), S. 136—147
c) Der Anfang der Geschichtsschreibung im alten Israel (1944), S. 148—188
d) Aspekte alttestamentlichen Weltverständnisses (1964), S. 311—331

R. v. Ranke-Graves: The Greek Myths, 1955; dt.: Griechische Mythologie. Quellen und Deutung; übers. v. H. Seinfeld; 2 Bde., Hamburg 1960 (rde 113—114; 115—116)

P. Ricoeur: Finitude et Culpabilité. I. L'homme faillible, Paris 1960; dt.: Die Fehlbarkeit des Menschen, München-Freiburg 1971; übers. v. M. Otto
— Finitude et Culpabilité. II. La Symbolique du Mal, Paris 1960; dt.: Symbolik des Bösen, München-Freiburg 1971; übers. v. M. Otto

H. W. F. Saggs: The Greatness that was Babylon, London 1962; dt.: Mesopotamien. Assyrer-Babylonier-Sumerer; übers. v. W. Wagmuth; Zürich 1966

W. Schadewaldt: Die Sternsagen der Griechen, (Fischer, Tb. 129) Frankfurt a.M. 1956

J. Scharbert: Prolegomena eines Alttestamentlers zur Erbsündenlehre, (Quaestiones disputatae 37) Freiburg-Basel-Wien 1968

O. Schilling: Das Mysterium Lunae und die Erschaffung der Frau. Nach Gn 2,21 f.; Paderborn 1963

W. Schmidt: Leben und Wirken ältester Menschheit, in: A. Randa (Hg.): Handbuch der Weltgeschichte, 1. Bd., Freiburg 1954, Sp. 59—90

H. Schmökel: Ur, Assur und Babylon. Drei Jahrtausende im Zweistromland; Stuttgart-Zürich-Salzburg 1955

A. Schopenhauer: Die Welt als Wille und Vorstellung (1818; 1844; 1859); Wiesbaden 1965; hgg. v. A. Hübscher; 2 Bde.; in: A. Schopenhauer: Sämtliche Werke, Bd. 2 und 3

A. Schott - W. v. Soden: Das Gilgamesch-Epos, (Reclam 7235—7235a) Stuttgart 1958

T. Schwegler: Die biblische Urgeschichte, München [2]1962

R. Smend: Biblische Zeugnisse. Literatur des alten Israel; (Fischer Tb. 817) Frankfurt 1967

D. Sperber: Der Strukturalismus in der Anthropologie, in: F. Wahl (Hg.): Qu'est-ce que le structuralisme? Paris 1968; dt.: Einführung in den Strukturalismus, (Suhrkamp Tb. Wissenschaft 10) Frankfurt 1973, S. 181—258; übers. v. E. Moldenhauer

O. H. Steck: Die Paradieserzählung. Eine Auslegung von Genesis 2, 4b—3,24; (Biblische Studien, 60) Neukirchen 1970

F.J. Stendebach: Der Mensch, wie ihn Israel vor 3000 Jahren sah, Stuttgart 1972

M. Stirner: Der Einzige und sein Eigentum (1844); Leipzig 1892; hgg. von P. Lauterbach

L. Tetzner: Märchen der Völker, (Fischer Tb. 222) Frankfurt 1958

H. Thielicke: Wie die Welt begann. Der Mensch in der Urgeschichte der Bibel, Stuttgart 1960

— Ich glaube. Das Bekenntnis der Christen, Stuttgart 1965; (Herder Tb. 396) Freiburg, Basel, Wien 1971

P. Thieme: Gedichte aus dem Rig-Veda, (Reclam, 8930) Stuttgart 1964

— Upanischaden. Ausgewählte Stücke, (Reclam 8723) Stuttgart 1966

W. Trilling: Im Anfang schuf Gott. Eine Einführung in den Schöpfungsbericht der Bibel, Freiburg, Basel, Wien 1965

— Denn Staub bist du. Eine Einführung in den Bericht vom Paradies und Sündenfall, Freiburg [2]1965

A. J. Toynbee: War and Civilisation; From: A Study of History, selected by A. V. Fowler, London 1950; dt.: Krieg und Kultur, (Fischer Tb. 235) Frankfurt 1958; übers. v. H. Mattutat

R. de Vaux: Les Institutions de l'Ancien Testament, Paris 1958—1960; dt.: Das Alte Testament und seine Lebensordnungen, 2 Bde.; Freiburg, Basel, Wien ²1964; übers. v. L. Hollerbach

M. J. Vermaseren: Mithras de geheimzinnige god, Amsterdam 1959; dt.: Mithras, Geschichte eines Kultes, (Urban Tb. 83) Stuttgart 1965
— Der Todeskampf des Heidentums. Religionen im Wettstreit mit dem Christentum, in: A. Toynbee: The Crucible of Christianity, London 1969; dt.: Auf diesen Felsen, Wien-München 1970, S. 235—260; übers. von A. Welti

A. Weiser: Das Buch der 12 kleinen Propheten I; Göttingen ³1959; ATD 24

J. Wellhausen: Grundrisse zum Alten Testament; München 1965 (neu hgg. v. R. Smend, in: Theologische Bücherei, 27); daraus:
a) Geschichte Israels (1880), S. 13-64
b Israelitisch-jüdische Religion (1905), S. 65-109
— Die Composition des Hexateuchs (1876/77), Berlin ⁴1963

R. Wilhelm: Laotse: Tao te king. Das Buch des Alten vom Sinn und Leben, Köln-Düsseldorf 1957
— Liä Dsi: Das wahre Buch vom quellenden Urgrund. Die Lehren der Philosophen Liä Yü Kou und Yang Dschu, Köln-Düsseldorf 1972
— Dschuang Dsi: Das wahre Buch vom südlichen Blütenland, Köln-Düsseldorf (1912) 1972

H. Werner: Uraspekte menschlichen Lebens nach Texten aus Genesis 2—11; (Exempla Biblica V) Göttingen 1971

C. Westermann: Abriß der Bibelkunde, Gelnhausen 1962; (Fischer Tb. 935) Frankfurt 1968
— Genesis 1-11. Biblischer Kommentar, AT I 1, Neukirchen 1966—1974; zitiert als We
— Genesis 1—11; (Erträge der Forschung, Bd. 7) Darmstadt 1972; zit. als „Erträge"

H. W. Wolff: Anthropologie des Alten Testaments, München 1973

W. Zimmerli: 1. Mose 1—11. Die Urgeschichte; (Zürcher Bibelkommentare) Zürich ³1967; zitiert als Zi

Lin Yutang: The Wisdom of Laotse, New York 1948; dt.: Laotse, (Fischer Tb. 89) Frankfurt 1955; übers. v. G. Coudenhove

H. Zulliger: Horde, Bande, Gemeinschaft; Stuttgart 1961; München o.J. (Kindler Tb. 2024)
— Umgang mit dem kindlichen Gewissen, Stuttgart ⁴1965
— Bausteine zur Kinderpsychotherapie und Kindertiefenpsychologie, Bern-Stuttgart ²1966

II. Belletristische Literatur

(neben Homer, Aischylos, Euripides, Ovid)

S. Andres: Wir sind Utopia, München 1951

E. Barlach: Die Sündflut (1924), in: Die Dramen, München 1968, S. 319 bis 383; hgg. v. F. Dross

G. Bernanos: Journal d'un Curé de Campagne (1936); dt.: Tagebuch eines Landpfarrers; übers. v. J. Hegner; Köln [11]1966

F. M. Dostojewskij: Die Dämonen (1871), München 1922; übers. v. E. K. Rahsin; (Goldmann Tb. 575—577) München 1959; übers. v. G. Jarcho

— Die Brüder Karamasoff (1878—1880), München 1925; übers. v. E. K. Rahsin; (Goldmann Tb. 478—481) München 1958; übers. v. K. Noetzel

— Traum eines lächerlichen Menschen (1877), in: Erzählungen, München 1964; übers. v. E. K. Rahsin; (Fischer Tb. 1263) Frankfurt 1972; S. 327 bis 345

E. Ionesco: Journal en miettes, Paris 1967; dt.: Tagebuch, Berlin [2]1969; übers. v. L. Kornell

Jean Paul (J. P. F. Richter): Ehestand, Tod und Hochzeit des Armenadvokaten F. St. Siebenkäs im Reichsmarktflecken Kuhschnappel (1796—1797), (Rowohlt rk 17—18) Hamburg 1957; erl. v. F. Burschell

S. Zweig: Die Legende der dritten Taube, in: Legenden; Berlin, Darmstadt, Wien 1961; S. 167—172

Diese Arbeit wurde 1974 an der Philosophisch-Theologischen Fakultät zu Paderborn als Dissertation eingereicht und erscheint in einer z. T. beträchtlich, aber nicht wesentlich veränderten Form in drei Teilen: einem exegetischen, einem psychoanalytischen und einem philosophischen. Die Finanzierung des vorliegenden 1. Bandes wurde in dankenswerter Weise durch einen erheblichen Druckkostenzuschuß des Paderborner Generalvikariats ermöglicht. Die gesamte Arbeit wurde 1978 als Habilitationsschrift anerkannt.

REGISTER

(ohne Einbeziehung der Vorrede zur 2. Aufl.)

I. Autoren

2. Namen von Göttern, Heroen, Menschen, Tieren, Völkern, Städten, Ländern, Inseln, Bergen, Flüssen, Schriften und Riten

(Ableitungen sind eingeschlossen; also: „Aram“ = Aram, Aramäer, Aramäisch; J, j, das allenthalben vorkommt, ist nicht aufgeführt)

3. Sachen und Sachverhalte, Methoden und Begriffe

(nach den wichtigsten Stellen ihres faktischen, nicht immer auch verbalen Vorkommens)

4. Hebräische und semitische Zitate

(nach den Stämmen der jeweiligen Bezugsworte geordnet)

5. Verzeichnis der aufgeführten Bibelstellen

Nachwort zur 3. Auflage

Von dem Geschenk des Lebens oder: das Welt- und Menschenbild der Paradieserzählung des Jahwisten (Gn 2, 4b—25)

In der vorliegenden Arbeit hatten wir es mit dem Problem des Bösen zu tun, und so mußte ein Aspekt der jahwistischen Urgeschichte vernachlässigt werden, der gleichwohl die gesamte jahwistische Darstellung der menschlichen Tragödie durchzieht: die Beschreibung der eigentlichen Ausrichtung des menschlichen Daseins in der sog. Paradieserzählung (Gn 2, 4b—25).

Wir sagten, der Mensch erfahre durch den „Sündenfall", was es für ihn als geschaffenes, endliches Wesen bedeute, ohne seinen Schöpfer existieren zu müssen, wie sich die Grundmerkmale seines Daseins aus einem Segen in einen Fluch verwandelten und wie in der Fluchtrichtung seiner Angst die unendliche Anstrengung ihn verschleißen müsse, der skandalösen Zufälligkeit seines Daseins durch das Phantom einer unerreichbaren Gottähnlichkeit zu entkommen (s. o. 48—53; 87—106). Wir haben uns bemüht, so sorgfältig wie möglich den Verformungen des menschlichen Daseins im Feld der Gottesferne am Leitfaden der jahwistischen Urgeschichte auf die Spur zu kommen; aber um so größer wird unter dem Eindruck des Negativen das Bedürfnis manchen Lesers sein, wenigstens in einer Art abschließender Meditation im Rückblick deutlicher zu schildern, was denn nach der Meinung des Jahwisten positiv von Gott her mit dem Menschen gemeint ist und wie die eigentliche Bestimmung des Menschen in Umkehrung zu den Verzerrungen seiner Daseinsangst und -schuld beschrieben werden müßte. Wohl ist dies nicht mehr das ausdrückliche Thema dieser Arbeit; aber es herrschen so viele theologisch abwegige Vorstellungen über das „Paradies" der jahwistischen Urgeschichte vor (s. Strukturen, III, 30—36; 37—53; 148 bis 166), daß die erfreulich rasche 3. Auflage der „Strukturen des Bösen" zusätzlich einen willkommenen Anlaß bietet, über das zur Paradieserzählung bereits Gesagte hinaus in wenigen Strichen ein vollständigeres Bild davon zu entwerfen, wie das menschliche Dasein beschaffen wäre, fände der Mensch zu einem ruhigen Vertrauen in die Grundlagen seiner

Existenz zurück. Ein solcher Versuch wird vor allem — noch einmal — zeigen, daß die zentralen Bilder der jahwistischen Urgeschichte an die großen Themen, Erfahrungen und Vorstellungen der Menschheit zu allen Zeiten anknüpfen und daher wahrhaft menschheitlich verstanden werden müssen.

1. Von der Geborgenheit in Gott

a) Was es heißt, ohne Gott zu leben

Es ist auf den vorstehenden Seiten wohl deutlich geworden, daß das menschliche Dasein nach der Meinung des Jahwisten nur in Ordnung bleiben kann, solange der Mensch in Gott verankert ist. Diesen Eindruck, den wir im 1. Band der „Strukturen des Bösen" exegetisch gewonnen haben, werden wir im psychoanalytischen und philosophischen Teil der Arbeit vertiefen und begründen. Wir werden zunächst zeigen, daß die jahwistische Urgeschichte das menschliche Dasein, psychoanalytisch gesehen, als ein *krankhaftes* Gebilde beschreibt, das in allen Triebbereichen und auf allen Stufen der psychischen Entwicklung unter der Geißel der Angst an seinen eigenen Selbstüberforderungen verkommt.

Warum dies so ist, vermag freilich die Psychoanalyse selbst nicht zu erklären; wir können aber mit Hilfe der *Existenzphilosophie* und *Daseinsanalyse* den Nachweis führen, daß die Angst einer leeren Freiheit und der Ekel der Kontingenz das menschliche Bewußtsein ohne Gott wie unausweichlich in das verzweifelte Bemühen treiben muß, sich selbst durch eigene Anstrengung eine absolute Notwendigkeit und Daseinsberechtigung zu verschaffen. Die vier Neuroseformen der psychoanalytischen Krankheitslehre, die sich in den ersten Abschnitten der jahwistischen Urgeschichte wiedererkennen lassen, erscheinen in philosophischer Betrachtung als der notwendige Versuch, die Angst des Bewußtseins durch Selbstzerstörung der menschlichen Freiheit in ihren Grundkonstituenten zu beseitigen. Die psychoanalytische Neurosenlehre wird auf diese Weise zu einem Instrument, um zu begreifen, wie das menschliche Bewußtsein sich selbst, seine Umwelt und seine Mitmenschen reflektieren muß, wenn es grundlegend von dem Eindruck radikaler Angst und Unberechtigtheit geprägt ist.

Die jahwistische Urgeschichte selbst liest sich auf diesem Hintergrund als eine äußerst präzise und komplexe Entwicklungsgeschichte seelischer Not und Qual, die in ihrer Totalität und Ausweglosigkeit, in ihrer Konkretheit und Dichte, sowie ihrer Stringenz und Geschlossenheit bei weitem alles übersteigt, was bisher im Rahmen der sog. „*Erbsündenlehre*" von dem Dasein des Menschen ohne Gott dogmatisch thematisiert wurde. Kein Mensch kann gut sein, wenn Gott nicht das Gute wirkt —, dieser Satz des hl. Augustinus (Gottesstaat XIII 2; BKV II 252) findet seine völlige Bestätigung, wenn ohne Gott zu leben heißt, in einer gnadenlosen Welt gegen die eigene Angst und gegen das verzweifelte Gefühl der eigenen Nichtigkeit und Ohnmacht sich selbst und allen anderen mit äußerster Anstrengung bis zum Zusammenbruch zeigen zu müssen, daß man als Mensch mehr ist als ein Gebilde aus Staub, ein Haufen Dreck, der Grund hat, sich unter den Augen jedes anderen dafür zu schämen, überhaupt zu existieren. Daß ohne Gott der Mensch krank wird vor Angst und Minderwertigkeitsgefühlen, vor Haß und Eifersucht, vor Gier und eigener Selbstüberforderung, — das zeigt die Urgeschichte des Jahwisten mit unerhörter Einfühlung und Schärfe.

Aus der Sündenlehre der Theologie wird somit eine Krankheitslehre der menschlichen Psyche, und die Erkenntnisse der Psychopathologie werden durch die jahwistische Urgeschichte transparent für die eine einzige und allein wesentliche Frage der menschlichen Existenz: wie kann die Angst und Unruhe im Untergrund des menschlichen Daseins jemals zur Ruhe kommen?

Wenn man mit dem Jahwisten die These aufstellt, daß außerhalb der Gemeinschaft mit Gott das menschliche Dasein an sich selbst erkranken und zugrunde gehen müsse, so wird man vielleicht mancherorts mit dem Kopf schütteln und sehr zu Recht auf Menschen verweisen, die sich selbst als gottlos bezeichnen, in keine Kirche gehen, niemals ein Gebet zum Himmel richten, aber von einer überzeugenden Menschlichkeit und von einer offenbar doch völlig intakten psychischen Konstitution sind, während andere als Betschwestern und Kirchenmäuse sich verhuscht durchs Leben mogeln und aus lauter Angst zu keinem einzigen hochherzigen Gefühl oder kraftvollen Gedanken fähig sind. Was ist mit Gott und dem Glauben an Gott eigentlich gemeint und was meint der Jahwist damit?

Empirisch gibt es darauf keine endgültige Antwort. Eben deshalb bemüht sich der Jahwist um eine urgeschichtliche, wesentliche Aussage. Was er auf diese Weise sagen will, deutet wohl empirische Erfahrungen, aber es wird durch das Aufzählen empirischer „Fakten“, z. B. über den statistischen Zusammenhang von Religionszugehörigkeit und persönlichem Angsterleben, prinzipiell weder bestätigt noch widerlegt. Vielmehr ist es sehr wichtig, daß der Jahwist gerade in den Anfangskapiteln, in Kap. 2—3 der Genesis, stets von „*Jahwe Gott*“ spricht und damit ohne Zweifel zweierlei deutlich machen will: zum einen, daß er hier nicht von

Gott im Sinne der Gottesvorstellung einer bestimmten Religionsform oder persönlichen religiösen Anschauung sprechen will, sondern daß er diejenige Wirklichkeit meint, die hinter aller Schöpfung und jenseits aller Anschauungen steht und der alles Leben, insbesondere das Dasein des Menschen, seinen Ursprung verdankt; zum anderen, daß er allerdings glaubt, daß diese letzte und einzige Realität hinter aller Wirklichkeit der Welt und der menschlichen Geschichte allein in dem Glauben Israels auf wahre Weise verehrt und angebetet werde (s. o. S. 10).

Diese Differenzierung zwischen Gott und der Vorstellung von Gott, die der Jahwist selbst am Anfang seiner Urgeschichte vornimmt, nötigt von vornherein dazu, das landläufige Sprechen von Gott in den Religionen der Völker ebenso wie im privaten Leben auf das eindringlichste von der Frage zu unterscheiden, was bzw. wer Gott in Wahrheit ist und worin jemand in Wirklichkeit sein Leben gründet. Denn es kann sehr wohl religionspsychologisch und religionsgeschichtlich geschehen, daß mit „Gott“ etwas bezeichnet wird, das diesen Namen in theologischem Sinne nicht verdient, weil es nur einen Teil der Wirklichkeit, nicht aber den Grund der Gesamtwirklichkeit umfaßt.

b) Gott ist die Wirklichkeit, die war, „als noch nichts war“

Wenn man sich von Gott eine rechte Vorstellung machen will, so muß man zunächst gerade den Gedankengang geistig mitvollziehen, den der Jahwist in Gn 2, 4b—6 in der „Als-noch-nicht“-Rede darlegt und den er mit zahlreichen Mythen, z. B. mit der 3. Strophe aus „Der Seherin Gesicht“ in der Edda (F. Genzmer: Die Edda, II 35) oder der 1. Tafel des Enuma-Elisch-Epos, teilt (P. Garelli u. M. Leibovici: Akkadische Schöpfungsmythen, in: Quellen des alten Orients, I 134): es ist möglich, sich jedes Ding der Welt, ja sogar die Welt im ganzen als nichtexistent zu denken; von allem, was ist, läßt sich sagen, daß es eine Zeit gab, in der es „*noch nicht war*“ (Gn 2, 4b); nichts von allem, was ist, müßte existieren; an jedes Ding der Welt läßt sich die Frage richten, warum es existiert, und keines könnte antworten, es sei „zu jeder Zeit“, es sei in sich „notwendig“ (zur Kategorie der Notwendigkeit und der entsprechenden Zeitform bei I. Kant vgl.: Strukturen, III S. 2); ein jedes müßte sich als etwas zu erkennen geben, das in seiner radikalen Kontingenz nicht Gott sein kann und schon durch seine Hinfälligkeit auf einen Ursprung verweist, der außerhalb seiner selbst liegt und der das Rätsel seines Daseins allererst begreifbar macht.

Die innere Bewegung der Mythen mit ihrem „Als noch nicht“ (s. o. 5—6; 10) am „Anfang“ aller Welt wird mithin von derselben Frage bestimmt, welche die spätere Metaphysik hervorbringt: warum ist etwas und nicht vielmehr nichts? Alle Dinge müßten nicht sein, und daß es sie gibt, ist von ihnen selbst her nicht verständlich; wer also hat gegeben, daß es sie gibt? Diesen Geber dessen, daß es alles gibt, bezeichnet der Jahwist als Gott.

Solange nun jemand bei diesem „Als-noch-nicht" am Anfang der jahwistischen Urgeschichte noch irgendetwas von der Wirklichkeit der Welt ausspart oder die Abstraktion von allem, zu der diese mythische Metaphysik einlädt, noch nicht konsequent genug vollzogen hat, steht er in der Gefahr, einen Teil der Wirklichkeit oder die Welt im ganzen für etwas Absolutes und Letztes zu nehmen, und gerade dagegen richtet sich die Grundüberzeugung des Jahwe-Glaubens, der insofern tatsächlich mit dem Schöpfungsglauben verschmilzt. Sowohl die Bilderlosigkeit des Gottes Israels (vgl. Strukturen, II, S. XXXIX; 458—459) als auch das oberste Gebot des Dekalogs, nur dem *Gott der Väter* zu dienen und nicht fremden Göttern nachzulaufen (Ex 20, 2—3), versucht die Identifikation Gottes mit irgendeinem Teilbereich der Wirklichkeit zu vermeiden. Der heftige Kampf gegen die Fruchtbarkeitskulte Kanaans z. B. hat hier seinen Ursprung (s. o. 241—244; 254 bis 260).

c) Der „Gott der Väter" ist kein „fremder Gott"

Der Glaube an den „*Gott der Väter*" kann jedoch psychologisch wie theologisch sehr mißverständlich aufgefaßt werden. A. Alt hat gezeigt, daß man es hier mit einer eigenen Religionsform zu tun hat, innerhalb deren der jeweilige Stamm in der Verehrung einer Gottheit zusammenkommt, die sich dem Stammvater geoffenbart hat (A. Alt: Der Gott der Väter, in: Kleine Schriften zur Geschichte des Volkes Israel, I 1—78). Bliebe man bei dieser religionsgeschichtlich zutreffenden Feststellung stehen, so bestünde der Glaube an den Gott der Väter ausschließlich in der festen Verwurzelung in der Tradition des Stammes; jedem, der dem Stamm nicht zugehört, bliebe dieser Gott „fremd", und auch innerhalb des Stammes hätte man eine Glaubensform vor Augen, deren Stärke allein auf der überragenden Macht des sozialen Verbandes beruhte. Zweifellos ist dieser Aspekt der Stammestradition in der Väterreligion geschichtlich dem Augenschein nach auch sogar überwiegend in Geltung gewesen.

Es gibt bei der Religion des Gottes der Väter indessen noch einen anderen Gesichtspunkt, der auf das engste mit den Darlegungen über die Kategorie des „*Anfangs*" im Denken der Mythen zusammenhängt (s. o.

S. XVIII—XXXI). Der „*Vater*" (oder die „Mutter") bedeutet in den Mythen der Völker niemals (nur) den biologischen Ursprung einer Person oder eines Stammes, sondern im „Vater" spiegelt sich die *Wesensgestalt*, der Wesensursprung eines Menschen oder eines Clanverbandes. An den Gott der Väter zu glauben, bedeutet also gerade nicht, in einer bloß äußeren Observanz in die historisch vermittelte religiöse Tradition des Stammes eingebunden zu sein, sondern es bedeutet zumindest *auch*, dem eigenen Wesen innerlich Folge zu leisten, das diesem Gott und diesem Gottesglauben entspricht. Nur weil dies so ist, kann der Glaube an den Gott der Väter in den Auftrag zur Freiheit des Einzelnen wie des gesamten Volkes einmünden (Ex 3; 4).

Von dieser Bestimmung des bilderlosen Gottes der „Väter" her läßt sich nun vor allem dem Haupteinwand begegnen, der gegen die jahwistische Ableitung der Grundformen menschlichen Unglücks aus einem fundamentalen Mißverhältnis des Menschen zu Gott ins Feld geführt wird: dem Hinweis auf das menschliche Kümmerdasein vieler Gläubigen und auf die menschliche Größe vieler „Ungläubigen".

Es ist wahr, daß unter dem „Glauben an Gott" etwas verstanden werden kann, das in verzweifelter Weise auf ein psychisches Zerrbild der Religion des „Gottes der Väter" hinausläuft. Was hier „Glaube" genannt wird, ist psychoanalytisch oft nichts anderes als eine (neurotische) Angst vor dem strafenden Überich des Vaters bzw. der Mutter, und diese Form der Religiösität mag man nun freilich so häufig finden, daß ein so großer Arzt wie S. Freud sie schließlich für die einzige Form von Religion überhaupt halten mußte (S. Freud: Das Unbehagen in der Kultur, XIV 431—432; Strukturen, II 240—242; III 310—314); das hindert gleichwohl nicht, daß eine solche Religion des Überichs mit dem, was im eigentlichen Sinne „Glauben" heißen kann, so wenig zu tun hat, wie die Kinderopfer der Baals-Kultes mit der Frömmigkeit des Propheten Jesaja.

Unter dem Zwang des Überichs kann die Religion zweifellos für den Einzelnen zu einer einzigartigen Quelle der Lebensangst, des Schuldgefühls, des Selbsthasses und von Sadismen und Perversionen aller Art werden (vgl. Th. A. Harris: Ich bin o. k., Du bist o. k., 246—247); — die jahwistische Urgeschichte leistet selbst in der Geschichte von Kain und Abel ihren Beitrag, um zu zeigen, wie das Gottesbild im Zerrspiegel der Angst zur Grundlage von Minderwertigkeitsgefühlen, Konkurrenzängsten u. ä. geraten kann (vgl. Strukturen, II 267—276). Man wird auch zugeben müssen, daß die Auslieferung des Einzelnen an die Macht des Überichs in vielen Religionsformen nicht nur ein individuelles, neurotisches Problem darstellt, sondern daß jede Institution, auch eine religiöse, ein ausgesprochenes Interesse daran besitzt, sich durch die Strafangst eines drakonischen Überichs zu verfestigen und durch die Abhängigkeit des Ich von breit ausgeprägten Denktabus unangreifbar zu machen (A. Gehlen: Mensch und Institutionen, in: Anthropologische Forschung, 69—74). Schließlich mag wohl der Mensch an sich seinem Wesen nach zur Freiheit berufen sein, — er wird doch zugleich, mehr als vor allem anderen, vor seiner Freiheit Angst haben (vgl. Strukturen, III S. XXV; 448—460), und so legt sich für jede religiöse Gruppe die Versuchung aus Dostojewskis Großinquisitor nahe, den Menschen die Angst ihrer Freiheit durch ein perfektes Reglement delegierter Verantwortungen und vorweg entschiedener Verfügungen zu nehmen (F. M. Dostojewski: Die Brüder Karamasoff, 313; 321).

Gemessen an einer solchen Religion des Überichs, der Angst und des Zwanges kann natürlich jemand, der die Inhalte einer solchen Religion nicht teilt, menschlich ungleich freier, vernünftiger und glücklicher dastehen als die zahlreichen beklagenswerten Opfer religiöser Unterdrückung und Entfremdung. Nur muß man auch sagen, daß eine Religion, die Gott in Gegensatz zur Freiheit und Selbstentfaltung des Menschen setzt, jedenfalls im Sinne des Jahwisten die Grundlagen ihrer eigenen Legitimität zerstört und in Wahrheit Gott verrät, sooft sie auch die Vokabel von „Gott“ im Munde führen mag; sie betet im biblischen Sprachgebrauch „fremde Götter“ an, nicht aber den „Gott deiner Väter“, nicht einen Gott, den man mit ganzem Herzen, mit allem Denken und mit allen Kräften des Gemütes lieben kann und soll (Mc 12,30).

Braucht man aber, umgekehrt gefragt, wirklich den Glauben an Gott, um als Mensch vernünftig leben zu können? — Der Jahwist behauptet dies ganz entschieden, und man wird ihm recht geben müssen, wenn mit Gott nicht ein neurotisierendes Zerrbild oder eine vermenschlichte Attrappe der natürlichen, sozialen oder psychischen Umwelt gemeint ist, sondern in der Tat diejenige Wirklichkeit, die selber in nicht festlegbarer Freiheit und als Ursprung aller Freiheit hinter der Rätselhaftigkeit von allem, was ist, sichtbar wird.

d) Vor der Schlange des Nichtseins und in den Händen Gottes

Für einen jeden Menschen stellt sich die Frage, die der Jahwist in der Versuchungsgeschichte aufgeworfen hat: ob man im letzten auf die Stimme der Schlange des Nichtseins hört oder ob der Mensch in Gott verankert bleibt (vgl. Strukturen, III, S. XXV—XXXI; 236—237). Man mag zwar einwenden, daß es empirisch viele Menschen gibt, die glücklich sind, auch ohne metaphysische Fragen an das Dasein zu richten, ja die sogar den Anschein machen, als liege ein Gutteil ihres Wohlbefindens gerade darin begründet, daß sie sich wie glückliche Tiere mit Erfolg derartige Probleme vom Leibe halten; aber das hindert nicht, daß die Menschheit seit ihren Anfängen Fragen nach dem Grund und Sinn des Daseins in Form der Religionen zu beantworten versucht hat. Es gehört zum Menschen, nicht nur leben zu wollen, sondern vor allem wissen zu wollen, warum und wofür man lebt. Für einen Menschen jedenfalls, der sich seiner Lage in der Welt bewußt wird, ist die Frage nach dem Grund des Daseins unvermeidbar, und von dem Augenblick an hängt alles davon ab, wie für ihn die Bilanz ausfällt, *wenn* er sie mit der nötigen geistigen Konsequenz reflektiert und sich nicht in die Scheinberuhigung einer freiwilligen Denkverweigerung flüchtet.

Die Entdeckung, daß nichts in der Welt, er selbst miteingeschlossen, an sich selbst notwendig ist, löst einen geistigen Taumel aus, wie er in der Verführung durch die Schlange in Gn 3, 1—7 vom Jahwisten meisterlich beschrieben wird: man vermag im Erleben einer unendlichen Angst nur noch in den Abgrund des Nichts zu starren; alle Dinge erscheinen ebenso wie die eigene Existenz als durch und durch zufällig, beliebig und radikal kontingent; in diesem Moment erhebt sich im Menschen ein leidenschaftlicher, unendlicher Wille, seinem Dasein durch sich selbst eine absolute Begründung zu verschaffen und die eigene Existenz mithin als berechtigt zu erweisen; so treibt die Angst vor dem Nichts den Menschen in das verzweifelte Streben hinein, „wie Gott sein“ zu wollen. Aber aufgrund dieses Strebens nach Absolutheit erscheint dem Menschen das gesamte Dasein fortan als unendliche Last; seine Freiheit mutet ihm an wie ein verhängnisvoller Fluch; sein Leben erscheint in seiner starrenden Sinnlosigkeit als jederzeit von Tod und Vergänglichkeit bedroht; er selbst in seinem vermessenen Absolutheitsstreben erlebt sich jetzt erst vollends als ein Wesen von beschämender Fehlerhaftigkeit und jammervoller Nichtnotwendigkeit; und da nunmehr jeder andere die Schande des eigenen Daseins unweigerlich offenbar machen muß, verwandelt sich das zwischenmenschliche Dasein in eine permanente Flucht vor sich selbst und dem anderen. — Anhand der atheistischen Existenzphilosophie J. P. Sartres läßt sich diese Konsequenz der Schlange des Nichtseins, der Kontingenz im Untergrund aller Dinge, in vollkommener Geschlossenheit und unabweisbarer Logik aufzeigen (Strukturen, III, S. 226—324). — *Das* heißt also es für einen denkenden Menschen, *nicht* an Gott zu glauben.

Umgekehrt ist es vor diesem düsteren Hintergrund eines Lebens im Bannkreis der „Schlange", dieses Ursymbols der Nichtigkeit und Kontingenz des Daseins (s. o. S. 38; 68; Strukturen, II 77; III 235—237), um so wichtiger, daß der Jahwist in der Paradieserzählung ausführlich schildert, wie das menschliche Dasein erfahren werden kann, wenn die Menschen in Gott verankert sind.

Der entscheidende Unterschied zwischen Gottesglauben und Gottesflucht liegt für den Jahwisten offenbar in dem Schöpfungsgedanken selbst: das ganze Dasein, wenn Gott es geschaffen hat, besitzt zwar in sich selber durchaus keine Notwendigkeit, aber es ist gut und berechtigt, weil Gott es gewollt und geschaffen hat. Im Untergrund aller Dinge gähnt nicht der Rachen der Schlange, der Negation, des Nichtseins, sondern in allem waltet die vorgängige und absolute Bejahung Gottes, aus dessen Willen alles, was ist, stammt. Unter den Augen Gottes ist es für den Menschen kein Skandal, nur „Staub" zu sein (s. o. 95—96). Gewiß ist der Mensch, rein immanent betrachtet, ein nichtiges, wertloses und an sich ganz und gar amorphes Wesen; ohne in Gott gehalten zu sein, wird der Mensch sich daher wirklich wie ein beliebig formbares, plastisches Material erleben, aus dem er entweder durch eigene Anstrengung eine ansehnliche Gestalt herauspressen muß oder das er dem Einfluß der anderen, den Umständen, der Gesellschaft, zur Formung auszuliefern hat; er ist entweder das, wozu er sich selbst macht, oder das, was die anderen aus ihm gemacht haben, bzw. er ist beides zugleich im Wechsel: der Charakter der Zufälligkeit, der Willkür und des Ekels wird auf diese Weise niemals überwunden. Anders, wenn jemand so von sich denken kann, wie die jahwistische Urgeschichte es darstellt: daß er in sich nur Staub der Erde ist, daß aber Gott von diesem Staub genommen und ihn mit eigener Hand gestaltet und mit seinem Hauch belebt hat; er ist ein Mensch und braucht sich nicht erst selbst als Menschen hervorzubringen oder vom anderen sich zum Menschen heranzüchten zu lassen; von vornherein besitzt er eine unveräußerliche Wesensgestalt und Würde; der Grund des Daseins scheint ihm zuverlässig und in absolutem Sinne wohlmeinend; er kann, den Gottesatem in sich tragend, sich in der eigenen Existenz zu Hause fühlen. „Wir sind vorhanden", sagte M. Buber in „Gog und Magog" einmal, „wir bilden es uns nicht bloß ein! Gewiß, wir sind Geschöpfe, und wohl sogar gebrechlicher als alle andern, — nicht umsonst sind wir aus Lehm gemacht. Aber was will das sagen, wenn wir an die Hand des Töpfers denken, die ihn geknetet hat! Sie hat ihre Fingerspuren an ihrem Werk gelassen." (M. Buber: Gog und Magog, in: Werke, III 1083). Zufolge dieses Bildes ist am Menschen nichts verächtlich, und man hat Grund, von sich selber und von allen Menschen groß zu denken. Und eben dies: die Angst, zu überwinden, die metaphysisch jeden Menschen heimsucht, der das „als noch nicht“ zu denken anfängt, und die Verachtung abzustreifen, die jeden überkommt, der die Welt der Geschöpfe ohne ihren Schöpfer sieht, das ist es, was man mit dem Jahwisten Glauben an Gott nennen muß.

Von diesem Zentrum der Geborgenheit in Gott ergeben sich drei Ringe, die konzentrisch von außen immer mehr nach innen führen und die in sich jeweils vertiefen und verdeutlichen, was es für einen Menschen heißt, in Gott geborgen sein zu dürfen; diese drei Ringe sind:

der Ring der Welt;
der Ring der Zeit; sowie
der Ring der Liebe.

2. *Von der Geborgenheit im Ring der Welt*

a) Ohne Gott ist die Natur dem Menschen eine Wildnis

Was es bedeutet, sich mit Gott als seinem Schöpfer eins zu wissen, zeigt sich für den Jahwisten zunächst in der Art, wie der Mensch die Welt, die Natur ringsum erlebt; eben darin findet man folglich auch den ersten Prüfstein dafür, ob jemand wirklich an Gott glaubt.

Einem Menschen, der von Gott getrennt ist, erscheint die Natur als sperrig und feindselig (Gn 3, 15.18; s. o. S. 92—94; Strukturen, III 20—21; 43—53; 238—239; 241—245), und er muß gegen ihren Widerstand anarbeiten, um sich wenigstens eine kurze Zeit lang in ihr angesichts des sicheren Todes zu behaupten (Gn 3, 19; s. o. 92—97). Die Natur ist für einen solchen Menschen wild und voller Gefahren; er selber ist in ihr wie ein Verbannter, wie ein Heimatloser (s. o. 105—106; 143), und wenn man psychoanalytisch den Garten Eden als ein mütterliches Symbol verstehen kann (Strukturen, II 17—19), so muß man von den Menschen jenseits von Eden sagen, daß ihnen prinzipiell die Natur nicht mehr erscheint wie eine gütige Mutter, in deren Schoß sie geborgen und behütet sind und in deren Armen ihnen am Ende des Lebens sogar das Sterben leicht wird; sondern für sie ist die Natur ein Ort der schieren Angst (Strukturen, III 51), und sie müssen in ihrer buchstäblichen Bodenlosigkeit sich eine immer künstlichere Lebensgrundlage verschaffen, getrieben von der Illusion, wenigstens in dem von ihnen selbst Gemachten und Erzeugten einen Ersatz für ihre verlorene Geborgenheit im Haus der Welt, im Garten der Erde zu finden.

Man muß schon zu den Naturvölkern gehen, um die jahwistischen Bilder vom Paradies in ihrer Bedeutung verstehen zu können und um zu merken, daß wir es hier keinesfalls mit einer phantastischen Traumwelt rückwärtiger Projektionen und regressiver Sehnsüchte zu tun haben, sondern mit einer Welt, die jederzeit möglich war und ist und von der wir nur durch den Graben der Angst getrennt sind. Vor allem uns Menschen des christlichen Abendlandes ist die Natur, stets mit Berufung auf den „Schöpfungsauftrag" der Priesterschrift (Gn 1, 28): „Macht euch die Erde untertan", derartig fremd geworden, daß wir sehr irritiert zur Kenntnis nehmen, wie man in Kulturen, die uns für „heidnisch" galten und deren Lebensgrundlage durch den Kontakt mit der maßlosen Ausbeutungsgier unserer Vorfahren in wenigen Jahrzehnten zerstört wurde, wesentlich anders: freundlicher, geborgener und gütiger, über die Stellung des Menschen zu der ihn umgebenden Natur denken konnte.

Der Ponca-Häuptling Standing Bear z. B. suchte mit Nachdruck die Weltsicht der Indianer dem zerrissenen Lebensgefühl der Weißen von der angeblichen Wildheit und Grausamkeit der Natur entgegenzusetzen; „Für uns" (sc. die Indianer, d. V.), sagte er, „sind die großen weiten Ebenen, die herrlich rollenden Prärien, die baumbekränzten Windungen der Flüsse nicht ‚wild'. Nur der Weiße hält die Natur für eine ‚Wildnis', nur für ihn wird das Land beunruhigt von ‚wilden' Tieren und ‚barbarischen' Völkern. Für uns ist die Natur sanft und vertraut. Die Erde ist schön, und wir sind umgeben von den Segnungen des Großen Geheimnisses. Erst als der behaarte Mann vom Osten erschien und mit brutaler Niedertracht Ungerechtigkeiten über Ungerechtigkeiten auf uns und unsere Familien häufte, erst da wurde das Land für uns ‚wild'. Als sogar die Tiere des Waldes vor ihm die Flucht ergriffen, da begann für uns der ‚wilde Westen'." (Zit. nach W. Müller: Geliebte Erde, 29).

Es ist die gleiche Erfahrung, die das Gilgamesch-Epos schildert, wenn es (1. Tafel IV 25) erzählt, wie die Gazellen, das Wild der Steppe, vor Engidu Reißaus nimmt, als er von dem Leben eines Jägers sich zu den zweifelhaften Genüssen der Stadtkultur verführen läßt (s. o. 30—31). Aber was im Gilgamesch-Epos bloß als kultureller Wandel beschrieben wird, ist für den Jahwisten eine eminent theologische Frage. Wem die Natur als Wildnis und als Wüstenei erscheint, gibt dadurch ipso facto zu erkennen, daß er sich mit Gott nicht mehr im Einklang befindet und von der eigentlich gemeinten Bestimmung in der Ordnung der Natur abgewichen ist.

Welch ein Urteil diese Sicht des Jahwisten über das Naturverständnis besonders des christlichen Abendlandes von der angeblich durch die Sünde des Menschen verschlechterten oder gar bestraften Natur fällt, kann man sich in seiner ganzen Tragweite nur schwer vorstellen. Die Natur ist, wie sie ist; nur dem Menschen, meint der Jahwist, erscheint sie, je nach seiner Stellung zu Gott, als Garten oder Wüstenei. Nun hat aber gerade die Erlösungslehre des Abendlandes, meist rekurrierend auf die sehr äußerlich mißverstandene Ansicht des Paulus in Rm 8, 22, die Welt kaum jemals anders gesehen denn als etwas Feindseliges und Verdorbenes. Statt den Menschen wieder mit der Natur zu versöhnen, hat das Christentum vor allem die jahwistische Urgeschichte so verstanden, als ob der Mensch von sich aus dazu beitragen müsse, um die Natur von den Folgen seiner eigenen Sünde zu erlösen; statt die Verwirrungen des eigenen Herzens zu ordnen, hat man gerade im christlich-jüdischen Erbe die Zerstörung des eigenen Inneren nur um so heftiger nach außen verlagert. Ganz entsprechend der Tragödie, die der Jahwist in der Stadtgründung Kains in Gn 4, 17 schildert (s. o. 152—153), hat man die Natur auf diese Weise Zug um Zug bis zu den Grenzen der Überlebensfähigkeit des Menschen selbst zerstört, und in der Konsequenz des gleichen Ansatzes hat man den Menschen auch religiös immer weiter isoliert. Anders kann es nach dem Jahwisten auch nicht sein, denn beides gehört zusammen: ein Mensch, der nicht in Gott geborgen ist, kann der äußeren Natur, die ihn umgibt, nur feindselig begegnen; selber nur Stoff, nur „Staub" (Gn 3, 19), verwandelt sich ihm fortan die gesamte Natur in ein bloßes Material der Aneignung und Herrschaft, und alles, was er sieht, wird er in der rasenden Egozentrik seiner Selbstbehauptung fortan danach beurteilen, ob es ihm selber nützlich oder schädlich, ob es Nutzkraut oder Stechkraut des Feldes ist (Gn 3, 18). Und auch das Umgekehrte ergibt sich wie von selbst: daß in der Entfremdung von der Natur Gott aufhört, mit dem Menschen zu reden; die Dinge verstummen, und am Ende verstehen die Menschen, nachdem sie sich selbst aus Angst zum Mittelpunkt der Welt gemacht haben, einander selbst nicht mehr. In der Turmbauerzählung beschreibt der Jahwist, wie verzweifelt die Menschen schließlich in einer immer chaotischer werdenden Welt das verlorene Zentrum wiederzuerlangen suchen, ohne indessen noch eine gemeinsame Sprache zu finden (Gn 11, 1; s. o. 279—280), geschweige denn, daß ihnen irgendein Teil der Welt noch eine Botschaft mitzuteilen oder auch nur irgendetwas zu sagen hätte, das die egoistische Allweisheit ihrer Angst überwinden könnte. (Zu der verheerenden Anthropozentrik des christlichen Welt- und Menschenbildes vgl. E. Drewermann: Alles an ihrem Denken ist Gewalt. Von der Verwüstung der Erde und des Menschen im Erbe des Christentums, Regensburg 1981; Engagement).

Auch dies bildet für den Jahwisten eine Einheit: daß die Welt für den Menschen von Gott her ein Zentrum hat und daß von dem geheimen Mittelpunkt der Welt her alle Dinge mit dem Menschen reden. Für den Jahwisten ist es ein und dasselbe, die Sprache Gottes nicht mehr zu vernehmen und in eine gleichgültige, nichtssagende, mitleidlos schweigende Natur hineinzustürzen. Immer weiter schreitet der Kontaktabbruch zwischen Gott und Mensch in der jahwistischen Urgeschichte fort (s. o. 136—143; 213; 306—307), und ineins damit entfremdet sich der Mensch vom Halt in der Natur, von dem tragenden Grund seiner Mutter, die zum Himmel aufschreit, wenn sie vergossenes Menschenblut trinken muß (Gn 4, 10; s. o. 137f). Solange umgekehrt der Mensch von Gott her in der Natur verwurzelt ist, lebt er in ihrer Güte und entsprechend seiner eigenen Bestimmung. An der Einstellung des Menschen zur Natur zeigt und bewährt sich mithin für den Jahwisten auch die Einstellung zu Gott.

Wieder sind es Worte der sog. „Wilden", die uns diese fast gänzlich fremde, nur noch als romantische Sehnsucht oder ökologisches Erfordernis bewußte Weltsicht einer Frömmigkeit der Natur vermitteln können.

So erinnert sich der Häuptling Luther Standing Bear, wie die Indianer, ehe die Weißen (die Christen!) in ihrer grenzenlosen Habgier die Wälder, Prärien und Berge unter sich verkauften und die großen Büffelherden, die den Indianern Träger des göttlichen Geheimnisses waren, innerhalb von 10 Jahren in vollkommenem Wahnsinn abschlachteten, die Natur erlebten: „Der Lakota-Indianer", sagte er, „war ein echter Sohn der Natur, er liebte sie, die Erde und alles, was auf ihr lebte. Diese Zuneigung steigerte sich im Alter. Alte Leute verehrten den Boden geradezu, und in dem Gefühl, einer mütterlichen Macht nahe zu sein, saßen oder lagen sie auf der Erde, sooft sie konnten. Es tat der Haut gut, die Erde zu berühren; und die alten Leute gingen gern mit bloßen Füßen über den heiligen Erdboden. Sie errichteten ihre Zelte auf der Erde und bauten ihre Altäre aus Lehm. Die Vögel, die durch die Luft flogen, ließen sich auf die Erde nieder; sie war der letzte Ruheplatz aller Lebewesen, der Menschen, Tiere und Pflanzen. Die Erde beruhigte und stärkte, reinigte und heilte . . . Verwandtschaft mit allen Lebewesen der Erde, des Himmels und des Wassers zu fühlen, war ein aufrichtiger und wichtiger Grundsatz im Leben der Lakotas. Sie achteten Tiere und

Vögel wie Brüder und Schwestern und begegneten ihnen ohne jede Furcht. Manche Lakotas fühlten sich ihren gefiederten und Pelz tragenden Nachbarn so nahe, daß sie die Sprache der wilden Geschöpfe verstehen konnten. — Der alte Lakota war weise. Er wußte, daß fern von der Natur das Herz des Menschen verhärtet; und er wußte: wer Pflanzen und Tiere nicht achtet, wird auch bald seine Achtung vor den Menschen verlieren. Deshalb sah er darauf, daß die jungen Leute sich dem besänftigenden Einfluß der lebendigen Natur nicht entzogen." (T. C. Mc Luhan: . . . wie der Hauch eines Büffels im Winter, 12).

Gerade diesen Zusammenhang: die Verbannung des Menschen aus dem Garten der Welt und die augenblicklich einsetzende mörderische Herzensverwilderung schildert der Jahwist im Übergang von Gn 3 zu Gn 4, von der Paradieserzählung zur Kain-und-Abel-Geschichte (s. o. 114—116; 139—140). Die Frage aber ist von daher um so mehr, wie für den Jahwisten eine Welt beschaffen ist, die in Gott ihr Zentrum hat und in der die Menschen die Sprache der Tiere verstehen?

b) Der Garten der Erde, der Baum in der Mitte, die Vierzahl der Flüsse und die heilende Erkenntnis des Zentrums

Den „*Baum in der Mitte des Gartens*", den „Baum der Erkenntnis" und den „Baum des Lebens" hat man zum Gegenstand aller möglichen redaktionsgeschichtlichen Untersuchungen gemacht (L. Ruppert: Die Sündenfallerzählung (Gn 3) in vorjahwistischer Tradition und Interpretation: BZ N. F. 15, 1971, 185—202; J. Scharbert: Quellen und Redaktion in Gen 2, 4b—4,16, BZ N. F. 18, 1974, 45—64 u. a.); aber man vergißt bei all den schriftgelehrten Vivisektionsübungen zu leicht die innere Einheit und Aussage dieser Motive: daß wesentlich und von der Welterfahrung her die Erde nur solange ein Paradies sein kann, als sie ein Zentrum und eine Achse besitzt, die zwischen Himmel und Erde verbindet. Wir werden tiefenpsychologisch zeigen, daß der „Baum" in der „Mitte des Gartens" oder der „Baum des Lebens" ein weibliches Symbol ist (Strukturen des Bösen, II 56—69), dazu bestimmt, eine Welt in sich zu versammeln, die in sich bergende und schützende, ordnende und weisende Züge trägt und symbolisch das Leben des Menschen versinnbildet (Strukturen II, 603—604; vgl. Ph. Rech: Inbild des Kosmos, I 372—391). Der religionsgeschichtliche Befund, daß der Ort des *Weltnabels* in der Vorstellung der Schamanen stets ein Paradies ist, weist auf einen religiös außerordentlich wichtigen Zusammenhang hin. (I. Lissner: So lebten die Völker der Urzeit, 293)

Ein Beispiel kann das verdeutlichen.

Als der Oglalla Schamane Schwarzer Hirsch dem amerikanischen Anthropologen J. Neihardt von seinem Traum berichtete, den er als Neunjähriger sah und der sein ganzes Leben bestimmte, schilderte er, wie die Welt, sein Stamm und die ganze Menschheit sich vereinigt in der Kraft eines blühenden Baumes in der Mitte der Erde, dessen Pflege ihm, dem Seher, als Kraft, zu heilen und Weisheit zu lehren, anvertraut ist. Die Beschreibung von Schwarzem Hirschen ist so ursprünglich und groß, daß ihre etwas ausführlichere Wiedergabe von dem „Symbol" des Baumes mehr zu lehren vermag als alle religionsgeschichtlichen, symbolistischen und tiefenpsychologischen Interpretationen zusammen. Schwarzer Hirsch erinnert sich, daß eine Stimme zu ihm sprach: „‚Sieh, sie haben dir die Mitte des Stammeskreises gegeben, auf daß du sie lebendig machst' . . . Und die Stimme sprach: ‚Jetzt gib ihnen den blühenden Stab, auf daß sie gedeihen mögen, und die heilige Pfeife, auf daß sie die Macht kennen, welche der Friede ist, . . .' — So faßte ich den glänzenden roten Stab, und in der Mitte des Stammeskreises stieß ich ihn in die Erde. Als er den Boden berührte, bewegte er sich mächtig in meiner Hand und war ein Uagatschun, der raschelnde Baum (sc. der Baumwollstrauch, d. V.), sehr hoch und voll blättriger Äste und singender Vögel. Unter ihm waren alle Tiere mit den Menschen versammelt wie mit Verwandten und stießen Freudenschreie aus. Die Frauen stimmten ihr Freudengetriller an, und alle Männer riefen: ‚Hier werden wir unsere Kinder aufziehen und sein wie Kücken unter Mutter Scheos (sc. des Präriehuhns, d. V.) Flügel'." (Schwarzer Hirsch: Ich rufe mein Volk, 43) Im Traum sieht Schwarzer Hirsch von dem höchsten der Berge aus den ganzen Erdkreis unter sich liegen und erfährt so die Zusammengehörigkeit und Einheit aller Dinge in ihrer eigentlichen, transzendenten Wirklichkeit. Denn, sagt er, „während ich dort stand, sah ich mehr, als ich sagen kann, und ich verstand mehr, als ich sah; denn ich schaute auf heilige Weise die Gestalten aller Dinge im Geiste, und die Gestalt aller Gestalten, wie sie zusammen leben müssen, gleich wie *ein* Wesen. Da sah ich, daß der heilige Ring meines Volkes einer von vielen Ringen war, die einen Kreis bildeten, weit wie Tageslicht und wie Sternenlicht. In der Mitte aber wuchs ein üppig blühender Baum zum Schutze all der Kinder einer Mutter und eines Vaters. Und ich erkannte all dies als heilig" (a. o. O., 50—51).

Das also heißt es, am Baum in der Mitte der Welt zu leben: es heißt, einer Vision zu folgen, die lehrt, die Welt aus ihrer Mitte und in der Zusammenschau der ganzen Wirklichkeit zu sehen, so daß nichts an der Vollständigkeit, der „Schönheit" und der „Seltsamkeit der Erde", wie

Schwarzer Hirsch sich ausdrückt, fehlen könnte (Schwarzer Hirsch: Ich rufe mein Volk, 251). Man begreift, daß es den „Baum in der Mitte des Gartens" nicht gibt wie die Birke im Garten und die Platane in der Allee; man sieht den heiligen Baum in der Mitte mit dem Herzen oder gar nicht, und ihn zu sehen ist *identisch* mit der Erfahrung der Natur als eines Gartens. Der Mythos vom „Baum in der Mitte" ist die Gründung und der Grund der Welt als eines Paradieses: nur von ihrem Zentrum her, das den Himmel mit der Erde verbindet, ist diese Welt ein Garten Gottes und der Menschen (zur Idee des Baumes als Weltsymbols und mütterlichen Erfahrungsortes vgl. E. Drewermann: Die Bedeutung von Baum und Kreuz, 6—13).

Eine Hauptfrage der jahwistischen Urgeschichte lautet daher, ob der Mensch sich ein Dasein bewahrt, das in der Mitte der Welt angesiedelt bleibt, oder ob er, der Dynamik seiner Angst folgend, sich selbst in den Mittelpunkt rückt und die Natur ringsum nur noch in der Perspektive seiner gierigen und maßlosen Anthropozentrik wahrzunehmen vermag. Ob die Welt für den Menschen eine Heimat ist oder ein Gegner, den er niederzwingen muß, ist dem Jahwisten zufolge primär keine Frage zwischen Ökologie oder Ökonomie, sondern eine Frage danach, worin der Mensch verwurzelt ist; je nachdem, wird er, beruhigt in dem Ursprung seines Daseins, es sich zum Ziel setzen, in seinem Denken und Handeln sich in die umgebende Natur einzufügen, oder er wird voller Angst seine eigene Gegenwelt in fortschreitender Zerstörung in die Welt hineinzuschieben suchen. — Das wundervolle Konzept der indianischen „*Welthäuser*", das archetypisch mit der Architektur katholischer Kirchen und antiker Stadtgründungen verwandt ist, zeigt, wie ein Leben beschaffen sein könnte und müßte, das, wie das Paradies des Jahwisten, in all seinen Teilen die Ordnung der Welt widerspiegeln und darstellen möchte (vgl. W. Müller: Glauben und Denken der Sioux, 130—161; ders.: Die heilige Stadt, 46—51; 93—114).

Zu einer Welt mit einem „Baum in der Mitte" gehört zugleich notwendig ein „*Baum der Erkenntnis*" und eine *Vierzahl von Flüssen*, und wiederum ist hier die thematische Einheit des Weltverständnisses wichtiger und organischer, als es eine bloße traditionsgeschichtliche Herkunftszuweisung bestimmter Überlieferungsstränge auch nur von weitem ahnen läßt. Wir brauchen nur die Traumvision von Schwarzem Hirschen weiter zu zitieren, um das zu verstehen.

Als nämlich Schwarzer Hirsch in seiner Traumvision zur Mitte der Welt geführt wird, erhält er zugleich von zwei Männern aus dem Osten ein Kraut, und die Männer sagen ihm: „„Mit diesem wirst du auf Erden alles beginnen und ausführen.‘ Es war das Morgenstern-Kraut, das Kraut des Verständnisses, und sie hießen mich, es auf die Erde fallen zu lassen. Ich sah es fallen, tief, und als es die Erde berührte, begann es zu wurzeln. Es wuchs und trieb Blüten, vier Blüten an einem Stengel, eine blaue, eine weiße, eine scharlachrote und eine gelbe; und ihre Strahlen strömten aufwärts zu den Himmeln, so daß alle Geschöpfe es sehen konnten und an keinem Ort mehr Dunkel herrschte. Dann sagte die Stimme: ‚Deine Sechs Großväter — nun wirst du zu ihnen zurückkehren!‘“ (Schwarzer Hirsch: Ich rufe mein Volk, 51) Den „Baum in der Mitte“ gesehen zu haben, wird für Schwarzen Hirschen in der Folgezeit zum Auftrag seiner Berufung als Schamane, als heilender Priester; denn unter Androhung eigener Strafe wird der später genötigt, mit Hilfe des Traumkrautes und in der rituellen Nachbildung seiner Vision sich der Notleidenden seines Volkes anzunehmen und sie gesund zu machen, indem er sie selbst innerlich zum Mittelpunkt der Welt hin versammelt.

Man hat in der Dogmatik anläßlich der *Lehre von den sog. übernatürlichen Gaben* die Meinung vertreten, die menschliche Natur sei im Paradies vor Krankheit und Tod bewahrt gewesen, und diese Ansicht war natürlich phantastisch, wenn damit gemeint war, es hätte eine Zeit gegeben, in der irgendein tierischer oder menschlicher Organismus vor dem Altern und einer Unzahl von jederzeit möglichen Gefährdungen von innen und außen verschont geblieben wäre. Aber diese Lehre enthält doch den Rest einer tiefen Wahrheit: daß für einen Menschen, der in der Mitte der Welt und im Zentrum seines eigenen Herzens lebt, nicht das existiert, was wir in psychosomatischem Sinne Krankheit nennen: eine Verstörung des Körpers aufgrund fehlverarbeiteter Ängste aller Art; und daß es für ihn auch den Tod nicht gibt als Infektion des ganzen Daseins mit dem lähmenden Gefühl der Wertlosigkeit und Sinnlosigkeit von allem.

Fragt man daher, was der „Baum der Erkenntnis“ und der „Baum in der Mitte“ inhaltlich meint, so ist deutlich, daß beide ein und dasselbe bezeichnen: ein Leben im Zentrum der Welt und ein Begreifen aller Dinge aus ihrem gemeinsamen heilen und heilenden Ursprung. Erst der Jahwist hat dem „Baum der Erkenntnis“, den manche für eine Sonderidee des Jahwisten halten, nur weil er im Alten Orient nicht schriftlich belegt ist (s. o. 14), zusätzlich die Bedeutung eines Wissens davon gegeben, daß alle Dinge sich ins Negative verkehren müssen ohne Gott und daß sie nur gut sind in seiner Gemeinschaft. Es war die einzige Erkenntnis, vor der Gott den Menschen bewahren wollte (s. o. 34—36;

48—50); es war die Umkehrung eines Wissens, aus der das Paradies, das Leben aus der Mitte, am Baum des Lebens, besteht.

Die hervorragende Bedeutung der Mitte kommt in der soeben angeführten Traumvision von Schwarzem Hirschen besonders in der Gestalt der „sechs Großväter“ zum Ausdruck; sie sind die Mächte der vier Weltgegenden sowie die Macht des Himmels und der Erde (Schwarzer Hirsch: Ich rufe mein Volk, 35). Auch so gehören die Bilder zusammen: Wo die Mitte der Welt ist und das Kraut der Erkenntnis wächst, dort entspringen nach dem Jahwisten die vier Weltenströme, dort ist der Ursprung aller Fruchtbarkeit (s. o. 15), und von dort her teilt sich die Welt in die vier horizontalen und die zwei vertikalen Ordnungspunkte; vom Zentrum her empfängt die ganze Welt ihren Reichtum und ihre Richtung, ihre Fülle und ihre Ordnung, und man versteht, daß beides zusammen das Gegengift von Krankheit darstellt. Die Pflanze der Erkenntnis, mit welcher Schwarzer Hirsch seine Heilungswunder vollbringt, trägt selbst die vier Farben der Weltgegenden: rot für den Osten, gelb für den Süden, schwarz (blau) für den Westen, weiß für den Norden (Schwarzer Hirsch: Ich rufe mein Volk, 157), und so versammelt sie, wie der Baum in der Mitte, die Kraft aller Welt in sich: „Der blühende Baum“, sagt Schwarzer Hirsch, „war die lebendige Mitte des Ringes, und der Kreis der vier Weltteile nährte ihn. Der Osten spendete Frieden und Licht, der Süden die Wärme, der Westen Regen, und der Norden mit seiner Kälte und dem mächtigen Wind begabte mit Kraft und Ausdauer. Dieses Wissen“, fügt Schwarzer Hirsch hinzu, „samt unserer Religion kam zu uns aus der anderen Welt.“ (Schwarzer Hirsch: Ich rufe mein Volk, 184).

Es ist üblich, in der Religionspsychologie ein solches Denken als „*Magie*“ zu bezeichnen; in Wahrheit drückt es nur den Glauben in die heilende Macht eines Vertrauens aus, wie wir es selbst in dem, was heute Religion heißt, längst verloren haben. Wer mit dem stereotypen Vorwurf der „Magie“ zudem noch eine Haltung primitiver Aneignung des Göttlichen mitunterstellen will, wird im Gegenteil bei einer vorurteilsfreien Betrachtung einer Gestalt wie Schwarzer Hirsch auf eine Einstellung tiefer Demut und Hingabebereitschaft treffen, wie sie sich etwa in dem Vater-unser der Omaha-Indianer ausspricht, — ein Gebet, das, in der Morgendämmerung von dem Heilenden, dem Schamanen, dem Priester des Stammes gesprochen, das gesamte Weltwohnhaus bezeichnet und umschließt. Es ist im wahrsten Sinne des Wortes ein paradiesisches Gebet, erfühlt aus der vierteiligen Mitte der Welt, und darum sei es gestattet, es an dieser Stelle in voller Länge zu zitieren; es zeigt, wie man im Paradies der Welt Gott in dem Atemwind des Morgenrotes spüren konnte (Gn 3, 8):

„Sonne dort oben, du bist göttlich,
Du wanderst dahin auf deinem Wege,
Und so bitte ich dich um Gutes,
Was ich auch tue.

Mond dort oben, habe Mitleid mit mir,
Ebene mir einen glatten Pfad.
Habe Mitleid mit mir und hilf mir im Guten,
Was ich auch tue.

Himmel, du Vater oben,
Du bleibst dort an deiner Stelle.
Ich bete zu dir,
Was ich auch tue, nur Gutes schenke mir.

Erde, du Mutter hier,
Ich bete zu dir.
Habe Mitleid und hilf mir.
Was ich auch tue, nur Gutes schenke.

Winde der vier Viertel,
Führet mich eine gute Straße.
Ich bete zu euch.
Was ich auch tue, nur Gutes schenkt mir.

Felsen, lieber Großvater,
Der du hier sitzest.
Ich möchte werden wie du,
Fest und unerschütterlich, darum bitte ich dich."

(Zitiert nach W. Müller: Glauben und Denken der Sioux. Zur Gestalt archaischer Weltbilder, 160—161).

Sonne, Mond, Vater Himmel, Mutter Erde, Vier Winde, Urfelsen — das ist die ganze Welt als Heimat, als ansprechbare Manifestation des Göttlichen, als etwas, mit dem man von Gott und durch das hindurch man zu Gott spricht und das seinerseits zum Menschen von Gott redet.

c) Das Reden mit den Dingen und das Hören auf die Dinge

Auch dies gehört nach dem Jahwisten wesentlich zu einem Welterleben, für das die Erde eine Heimat ist und eine Mitte hat und das eine innere Erkenntnis vermittelt, in der alle Dinge eine Einheit bilden: *daß man mit allen Dingen sprechen kann.* Der Jahwist berichtet, daß Adam, auf der Suche nach einer Gefährtin, den Tieren einen Namen gegeben habe, ja daß Gott die Tiere überhaupt nur geschaffen habe, um dem Menschen einen Partner der Zwiesprache zur Seite zu stellen (Gn 2, 18—20). Das scheint sehr anthropozentrisch gedacht, und meist wird es auch so ausgelegt: die Tiere seien eben nur Vorstufen, nur minderwertige Stadien zum Menschen. In Wahrheit liegt in dem Motiv vom Sprechen mit den Tieren ein uraltes und weltweit verbreitetes Mythem vor, das der Jahwist nicht ersonnen, sondern nur aufgegriffen hat. Es handelt sich um die außerordentlich poetische und bleibend wahre Vorstellung, daß in einer einheitlichen Welt alle Dinge miteinander im Gespräch sind, wenn man nur ihre Sprache verstünde.

Viele Völker berichten, daß die Menschen ursprünglich, wie es der Sioux-Häuptling Luther Standing Bear von seinem Volke sagte, die Sprache aller Wesen zu verstehen vermocht hätten, und erst eine folgenschwere Sünde habe sie dieser Fähigkeit beraubt (s. o. 21; 280—281); nach dem Zeugnis vieler Mythen sind es heute nur noch bestimmte Gestalten der Märchen und besonders begnadete Menschen wie der thrakische Orpheus, die zu den Tieren sprechen können, oder es sind eben die sog. Primitivvölker, die diese Fähigkeit behalten haben. Entscheidend ist jedoch nicht so sehr die Möglichkeit, daß Menschen mit den Tieren reden, sondern die umgekehrte, logisch dazu gehörende Vorstellung, daß alle Dinge von sich aus etwas Unvertauschbares und Wesentliches dem Menschen von Gott mitzuteilen haben. „Wußtet ihr, daß die Bäume sprechen?“ fragte der Stoney Indianer Tatanga Mani (1871—1967) die Weißen. „Doch, das tun sie. Sie sprechen miteinander, und sie sprechen auch zu euch, wenn ihr zuhört. Das Schlimme ist, daß die Weißen nicht zuhören, Sie haben es nie gelernt, den Indianern zuzuhören, deshalb werden sie vermutlich auch nicht anderen Stimmen der Natur zuhören. Ich aber habe eine Menge von den Bäumen gelernt: Mal erzählen sie vom Wetter, mal von den Tieren und manchmal vom Großen Geist.“ (T. C. Mc Luhan: . . . wie der Hauch eines Büffels im Winter, 29).

Auch dieser Gedanke vom Verständnis der Tiersprache wird in der Religionsgeschichte als Folge einer animistischen Weltsicht, als schamanistischer Orakelglaube oder primitive Augurenkunst abgewertet. Tatsächlich aber berichten nicht nur einzelne Schamanen immer wieder, wie sie durch Tiere Mitteilungen, Warnungen und Hinweise empfangen haben (z. B. Schwarzer Hirsch: Ich rufe mein Volk, 155), sondern auch dieser Glaube beruht auf einem sehr tiefsinnigen Einheitsdenken, das nur uns Heutigen völlig verloren gegangen ist. Die Dakota-Indianer z. B. glaubten, daß die menschliche Sprache und Musik selber nur eine Nachbildung des Gesanges sei, der in einem jeden Ding zum Klingen komme, — eine Ansicht, die Platon sehr ähnlich seinem Dialog Kratylos (383a—385a) voranstellt: ein jegliches Ding habe seine von Natur ihm zukommende richtige Benennung, und es gebe eine natürliche Richtigkeit der Wörter (statt der These des Hermogenes, die Worte der Sprache gründeten sich auf bloße Übereinkunft). Jedes Lebewesen hat in der Volksmusik der Dakota von daher eine eigene Melodie, denn es ist selbst ein unverzichtbarer Teil der Harmonie der Welt. In dem berühmten Wildrosenlied etwa, das Gilmore überliefert hat, heißt es von der Erde:

„Alles, was lebt, ist ihr Lied;
Alles, was stirbt, ist ihr Lied;
Auch der Wind, der da weht, ist ein Erdlied;
Und die Erde will all ihre Lieder singen."

(Zit. nach W. Müller: Glauben und Denken der Sioux, 118).

Es ist, wie bei Orpheus, wie bei den Schamanen, im Grunde eine *musikalische* Erfahrung, die Sprache der Dinge zu vernehmen, und es ist ihnen wesentlich mit Hilfe der Musik in den Mythen möglich, die Tiere und die Raubvögel, die Bäume und die Steine so zu verzaubern, daß sie willig jeder Weisung folgen (A. Fol u. I. Marazov: Goldene Fährte Thrakien, 30). Die Bibel kennt solche Vorstellungen nur noch ansatzweise, wenn sie in ihren Psalmen alle Dinge dazu auffordert, Gott durch ihr Dasein zu preisen (vgl. Ps 19, 2—7; 148, 1—10). Aber für den Jahwisten war diese Weltsicht ursprünglich ein wesentlicher und bestimmender Auftrag des menschlichen Daseins. Das Verhältnis des Menschen zur Natur wird in einer solchen Weltsicht nicht durch das Herrschen, durch das Unter-die-Füße-treten bestimmt, wie in dem verhängnisvollen Schöpfungsauftrag der Priesterschrift in Gn 1, 28, der besonders für das christliche Abendland so wichtig werden sollte, sondern durch eine Beziehung gegenseitigen Gehorsams.

Auch für die Art dieses Gehorsames sind wiederum mythische und märchenhafte Erzählungen die besten Beispiele.

Eine tragikomische Mythe der südamerikanischen Indios erzählt einmal, wie die Küchengeräte einen Aufstand gegen die Menschen begingen; ähnlich erzählen die nordafrikanischen Kabylen, wie die Menschen die Fähigkeit verloren haben, die Dinge durch bloßes Anreden zu beherrschen (s. o. 280—281). Der Sinn solcher Erzählungen ist überall der gleiche: Wenn die Menschen nicht mehr auf die Sprache der Dinge horchen, gehorchen auch ihnen die Dinge nicht mehr. Der Auftrag der Menschen besteht nach dem Jahwisten nicht darin, die Dinge in seine Herrschaft zu zwingen, sie zu „bearbeiten" oder (aus-)zunutzen, sondern nach Gn 2, 15 soll der Mensch den Garten der Welt „*bedienen*" und „*bewahren*" (s. o. 15). Wie das gemeint ist, beschreibt das bekannte Grimmsche Märchen der „Frau Holle" (KHM 24) in unübertrefflicher Redlichkeit und Schönheit, indem es die Geschichte eines Mädchens schildert, das unter dem Unrecht seines Elternhauses in die Welt der Großen Mutter zurückstürzt und dort die Dinge der Menschen wie der Natur, den Backofen ebenso wie den Baum mit den reifen Früchten, in ihren Bedürfnissen zu verstehen und zu bedienen lernt; in seiner Verzweiflung an der vordergründig so ungerechten Welteinrichtung beginnen die Dinge zu ihm zu reden, und es ist der absichtslose Gehorsam allen Teilen der Welt gegenüber, der schließlich den Lohn und die Schönheit der „Goldmarie" ausmacht.

In einem solchen märchenhaften, aber den Mythen vieler Völker gemeinsamen Weltbild stehen die Menschen nicht selber als Herren im Mittelpunkt der Welt, sondern sie sind die Diener einer Ordnung, in die sie sich einfügen und die sie zu „bewahren" haben. Im Sinne A. Stifters ist es nicht Nutzung und Ausbeutung, sondern *Ehrfurcht*, in welcher der Mensch sich zur Schöpfung verhält (Strukturen, III 154—157).

Respekt, Schutz und „Bewahrung" all der Kostbarkeiten der Natur, in deren Mitte Gott der Schöpfer allmorgendlich bei Sonnenaufgang im kühlen Tau des Windes und der Gräser sich ergeht (Gn 3, 8; s. o. 79), zeichnet nach der jahwistischen Auffassung den Menschen aus, solange er selbst an der Seite seines Schöpfers in der Welt als einem Gottesgarten weilt. Die Ägypter noch konnten entsprechend dieser Weltsicht aus Frömmigkeit und Poesie im Geschrei der Paviane auf den Felsen der östlichen Höhenzüge beim Morgenrot das Gebet der Schöpfung vernehmen, und sie verehrten die Paviane als heilig für diese ihre aufmerksame Frömmigkeit, mit der sie das Wunder des Chepre, die ewige Wiedergeburt der Sonne aus dem Schoß der Himmelsgöttin Hathor, begrüßten (V. Ions: Ägyptische Mythologie, 42, 43; Abb.); ja sie glaubten, daß es gerade die Frömmigkeit der Paviane sei, die dem Menschen im Totengericht die Möglichkeit zur Rechtfertigung seiner Sünden gebe (a. a. O., 134), wenn sein Herz auf der Waage geprüft werde, ob es leichter sei als die Feder aus dem Kopfschmuck der Göttin Maat, der Verkörperung des Maßes und der Ordnung der Dinge. Die Religion der Bibel hat mit ihrem Monotheismus diese Weltfrömmigkeit der Mythen radikal zerstört; aber sie hätte im Sinne des Jahwisten dazu nur ein Recht (gehabt), wenn sie den Menschen von Gott her von neuem in den Mittelpunkt der Welt zurückgebracht und ihn die Heiligkeit der Kreatur tiefer als je zuvor hätte empfinden lassen können. Daß der Mensch sich darin bewähren muß, die Tiere, die Pflanzen, alle Dinge im Garten Gottes zu bewahren, — wann je seit den Tagen des Jahwisten wäre dies wieder biblische Lehre oder christlicher Glaube gewesen? Der einzigartig schöne Sonnengesang des Hl. Franziskus von der brüderlichen Verwandtschaft aller Dinge und Daseinsmächte der Schöpfung ist eben wegen seiner Einzigartigkeit kein Alibi für mehr als 2000 Jahre Naturfeindschaft des Christentums mit seiner Lehre der Erlösung von der Angst des Menschen.

Will man also wissen, was es für den Jahwisten bedeutet, an Gott zu glauben, und woran man seiner Meinung nach erkennen kann, ob jemand wirklich an Gott glaubt, so lautet die erste Antwort des Jahwisten, man könne dies daran erkennen, wie Menschen in den Ring der Welt eintreten. Wer die Sprache der Tiere nicht mehr versteht, versteht auch die Sprache Gottes nicht mehr; und an Gott zu glauben heißt als erstes, vom Mittelpunkt der Welt her in die Weltbrüderschaft der Schöpfung, in den heiligen, viergeteilten Ring der Erde einzutreten, — anbetend, heiligend, bewahrend.

3. Von der Geborgenheit im Ring der Zeit

Parallel zu der Geborgenheit im Ring der Welt gibt es die Geborgenheit im Ring der Zeit. Die Paradieserzählung des Jahwisten reflektiert sie nicht ausdrücklich, setzt sie aber doch mittelbar voraus. Aus einer späteren Stelle der jahwistischen Urgeschichte jedenfalls kann man das erschließen. Als nämlich Gott am Ende der Sintflut in Gn 8, 21.22 sich vornimmt, nie wieder die Erde um des Menschen willen zu verwüsten, verordnet er den ewigen Bestand des Kreislaufs von „Saat und Ernte, Frost und Hitze, Sommer und Winter, Tag und Nacht". Gegen das Chaos der menschlichen Geschichte setzt Gott die ewige Ordnung des Kreislaufs der Natur (s. o. 226—227), um auf diese Weise dem Menschen unverdientermaßen die Chance eines Überlebens einzuräumen.

Es löst sich damit endgültig die Einheit von Naturgeschichte und Menschengeschichte auf; die Menschen treten aus dem Kreislauf der Natur heraus, und es entstehen die Anfänge der Völkerfeinschaften und der Staatsgründungen (s. o. 256; 275—276; 309—310), die sich als Grundlage dessen präsentieren, was man in Zukunft „Geschichte" heißen wird. Von der theologischen Konzeption des Jahwisten her kann man diese „Geschichte" trotz all ihrer zivilisatorischen Großtaten und „Errungenschaften" (C. Westermann) mitnichten eine Geschichte des Heils oder des „Fortschritts" nennen (vgl. Strukturen, III 166—177). Im Gegenteil. Man muß unterstellen, daß in der ursprünglichen Ordnung (des Paradieses) der Mensch sich in seiner Geschichte den großen Zyklen der Natur anzugleichen und darin einzupassen verstand und von daher nicht nur die Ordnung der Dinge, sondern auch die Ordnung der Zeit auf andere Weise erlebte, als sie in dem Geschichtsbild des Fortschrittdenkens erscheint.

Wie eine solche zyklische Zeiterfahrung beschaffen ist, zeigen wiederum am klarsten die Mythen der Naturvölker, die gerade den Kreislaufgedanken betont in den Vordergrund stellen.

a) Geschichte als Geschehen im Ring der Zeit

Man hat dem mythischen Denken immer wieder seine Geschichtslosigkeit vorgehalten und demgegenüber vor allem die Einlinigkeit des abendländischen Geschichtsdenkens hervorgehoben (vgl. Strukturen, III, S. XXXVIII—XL). Tatsächlich kann der Gedanke des ewigen Kreislaufs so erstickend sein wie der Wiederholungszwang im Erleben eines Psychoneurotikers; der Kreislauf kann zu einem trostlosen Ritual der Angstbetäubung durch die gebetsmühlenartige Wiederholung des Immer-Gleichen werden. Aber das muß an sich nicht so sein, und es ist durchaus möglich, daß sich das Kreislaufdenken und die Aufzeichnung exakter Chronologie und geschichtlicher Überlieferung gegenseitig ganz ausgezeichnet fördern und bedingen. Als Alfonso Caso 1960 die Interpretation des Codes Bodley vorlegte (A. Caso: Interpretation of the Codex Bodley, Mexiko City 1960), konnte er nachweisen, daß der erste Teil dieser indianischen Handschrift die geschlossene Genealogie der mixtekischen Königreiche von Tilantongo und Teozacoalco enthielt, und desgleichen zeigte er, daß der berühmte Codex Nuttall die Genealogie der mixtekischen Führer der Dynastie von Tilantongo von 838 bis 1330 n. Chr., sowie die Aufzeichnung der Taten des Königs 8-Hirsch enthielt (A. Caso: Mixtec Writing and Calendar, in: Handbook of

Middle American Indians, Vol. 3, Part 2, p. 948—961; University of Texas Press, Austin). Das sind über 500 Jahre exakter Geschichtsschreibung bei einem Volk von Analphabeten, das, wie alle Völker Mesoamerikas, ganz und gar in dem Bann der verschiedenen astrologischen Zyklen des mexikanischen Kalendersystems stand. Es ist demnach sehr wohl möglich, innerhalb des zyklischen Zeitverständnisses eine lineare Geschichte zu konzipieren, nur daß diese Geschichte sich nicht aus der Verankerung im Lauf der göttlichen Mächte von Sonne, Mond und Venusstern und der neun „Herren der Nacht" herauslöst, sondern sich von ihr tragen und bestimmen läßt.

Der Zyklus der Zeit schafft eine Geborgenheit des Zeiterlebens, die ein isoliertes einliniges Geschichtsdenken prinzipiell vermissen läßt. Wegen dieser Geborgenheit im Ring der Zeit verfügt das Geschichtsbild vieler Naturvölker über eine Wahrheit, die vor allem dem Fortschrittsglauben der Neuzeit wesentlich abgeht, aber offenbar dem Zeitgefühl sehr nahe kommt, das der Jahwist als die ursprüngliche, „paradiesische" Erlebnisweise schildern möchte. Nicht daß es ohne das „Negative" Hegels, ohne Schuld und Widerspruch keine Geschichte geben könnte, ist die Ansicht des Jahwisten (vgl. zur Hegelschen Geschichtsphilosophie Strukturen, III 148—166), sondern daß die Geschichte ihre Qualität verändert, je nachdem ob sie in der Ordnung der Natur gehalten ist oder nicht, das zeigt die jahwistische Urgeschichte, und sie befindet sich damit erneut in einer auffallenden Nähe zum Denken der sog. „Primitivkulturen" von der Rundung, vom Ring der Zeit.

„Ihr habt bemerkt," sagt der Sioux-Schamane Schwarzer Hirsch an der soeben bereits zitierten Stelle, „daß ein Indianer in allem, was er unternimmt, die Kreisform berücksichtigt, weil die Kraft der Welt sich stets in Kreisen auswirkt, und jedes Ding danach strebt, rund zu sein . . . Alles, was die Kraft der Welt tut, vollzieht sich in einem Kreis. Der Himmel ist rund, und ich habe gehört, daß die Erde rund wie eine Kugel ist, und so sind alle Sterne. Der Wind, wenn er seine höchste Macht entfaltet, bildet Wirbel. Die Vögel bauen sich runde Nester, denn ihre Religion ist die gleiche wie die unsrige. Die Sonne kommt hervor und geht wieder in einem Kreis nieder. Der Mond tut dasselbe, und beide sind rund. Selbst die Jahreszeiten bilden ihren wechselnden Gang in einem großen Kreis und kehren immer dorthin zurück, von wo sie gekommen. Eines Menschen Leben ist ein Kreis von Kindheit zu Kindheit, und so verhält es sich mit allem, darin Kraft sich regt. Unsere Tipis waren rund wie Vogelnester, und diese wurden stets in einem

Kreis angelegt, dem Ring des Volkes, einem Nest von vielen Nestern, wo der Große Geist wollte, daß wir unsere Kinder legen.“ (Schwarzer Hirsch: Ich rufe mein Volk, 184—185).

Der Kreis des Raumes erweitert sich demnach durch die Kreisbewegung der Lichtkörper zur Kreisbewegung der Zeit, und ihr zu gehorchen ist Ausdruck der allen Geschöpfen gemeinsamen „Religion“; sie alle ehren durch ihr Verhalten das periodische Gleichmaß der Zeit. Ja, es scheint, als sei alles dazu gemacht, auch den Menschen an den Kreislauf der Zeit zu erinnern und ihn mit der Endlichkeit seines Erdenlebens zu versöhnen, dieses „Kreises von Kindheit zu Kindheit“. Wenn Schwarzer Hirsch sagt, daß die Tipis seines Stammes rund waren wie Vogelnester, so wieder in dem Sinne, daß ein Mensch nur dort zu Hause sein kann, wo er im Mittelpunkt der Dinge wohnt, im Mittelpunkt des Rings der Welt; aber mehr noch als von der Ordnung der Welt in der räumlichen Erstreckung spricht er hier von der Ordnung der Zeit, denn die Markierungen der Weltgegenden sind im Umlauf der Sonne zugleich Symbolmarken der Zeit, und diese stellen dem Menschen den Ring seines eigenen Lebens vor Augen. Von Süden betritt man das Indianerzelt und schreitet von dort nach links und im Kreis bis zum Ausgang. „Bedenkt dies“, erklärt Schwarzer Hirsch den Sinn dieser Anordnung: „ist nicht der Süden die Quelle des Lebens, und kommt nicht der blühende Stab tatsächlich von dort? Und schreitet nicht der Mensch von dort der untergehenden Sonne seines Lebens zu? Nähert er sich dann nicht dem kälteren Norden, wo die Haare weiß sind? Und langt er nicht dann, wenn er am Leben bleibt, an der Quelle von Licht und Erkenntnis an, die der Osten ist? Und kehrt er nicht dorthin zurück, von wo er ausgegangen, zu seiner zweiten Kindheit, um dort sein Leben an alles Leben wieder hinzugeben und sein Fleisch der Erde, aus welcher er es bekommen? Je mehr ihr über solches nachdenkt, um so mehr werdet ihr darin finden.“ (Schwarzer Hirsch: Ich rufe mein Volk, 188).

b) Ein jeder Lebensabschnitt hat im Ring der Zeit sein Recht: die Versöhnung mit dem Alter

Man versteht aus solchen Worten, was der Ring der Zeit dem Einzelnen sagen kann. Das Bild vom Kreislauf des Lebens fordert dazu auf, sich in die Stadien des Lebens zu fügen; es richtet immer neu die Frage an den Einzelnen, an welchem Punkt unter dem weiten Himmelszelt er sich mit seinem Leben momentan befindet; es lehrt ihn, sich nicht an einen bestimmten Lebensabschnitt, etwa an die Jugend oder die Erwachsenenzeit, zu klammern, sondern den ganzen Weg zu bedenken; vor allem aber zeigt es ihm auf diese Weise, wie er mit dem Alter und dem Tode leben kann als mit einer ruhigen Selbstverständlichkeit, die er nicht fürchten muß, sondern die mit dazu gehört, damit der Ring der Zeit sich schließt.

Einem jeden Lebensalter seinen Ort zuzuweisen und mit dem Tode zu versöhnen, erscheint als der eigentliche Sinn des ringsförmigen Zeitverständnisses: im Zyklus der Zeit bricht der Tod nichts ab, er geleitet nur wieder zum Ursprung zurück, und das Wunder des Anfangs, wie das Leben entstand, verspricht ein gleiches Wunder am Ende des Lebens: im Ring der Zeit ist Geburt schon Sterben, das Sterben aber neue Geburt. — Es stirbt sich leicht in der Geborgenheit in einem Haus der Welt, an deren Wand die Zeit ihren Kreisschatten malt.

Man hat die Todesdrohung, die Gott in Gn 2, 17 und Gn 3, 19c für den Fall ausspricht, daß die Menschen sein Gebot übertreten, immer wieder dahin verstanden, daß es im „Paradies" den Tod als physisches Schicksal nicht gegeben habe; aber diese Ansicht, die für manche Mythen zutreffen mag, in denen die Sünde der „Erkenntnis" im Erwachen der Sexualität besteht (vgl. Strukturen, II 598—601), hat in der jahwistischen Theologie keinen Platz. Nicht daß es Alter und Tod nicht gäbe, kennzeichnet das Leben, das Gott mit dem Menschen gemeint hat, sondern daß das Alter eine Verjüngung und der Tod eine Neugeburt sei, — dies lehrt das Bild vom Ring der Zeit. Nur wenn aus dem Ring, der ein ganzes ist, ein Wegstück herausgebrochen und zu einer gradlinigen Strecke verbogen wird, entstehen die Ungereimtheiten der Lebensalter.

Die *Griechen* etwa, die als erste außerhalb der biblischen Heilsgeschichte das Kreislaufdenken der Mythen zerstörten, verehrten über die Maßen die Jugend, und entsprechend beklagenswert schien ihnen das Alter. „Ähnlich den Blättern der Bäume vom blühenden Lenze gezeitigt, / Wenn sich des Helios Strahl wiederum stärker belebt: Ist auch uns nur wenig Zeit an den Blüten der Jugend / Freude vergönnt. Kein Gott mahnet vom Bösen uns ab, / Oder belehrt uns, was gut. Doch neben uns stehen die Keren, / Deren eine das Los feindlichen Alters bringt, / Aber die andere den Tod. Denn kurz nur dauert der Jugend / Frucht, nur so lang, wie am Tag Sonne die Erde bescheint. / Ist sie dann über das Ziel der beschiedenen Stunde geschritten, / Dann scheint plötzlich der Tod besser als Leben zu sein. / Denn viel Böses erzeugt im Gemüte sich. Mancher verlieret / Sein Vermögen und seufzet unter der Dürftigkeit Last. / Jenem sind Kinder versagt, wie sehr er sie wünschte, und einsam / Stets sich quälend darob, steigt er zum Hades hinab. / Krankheit lastet auf dem und verzehret ihn. Keiner der Menschen / Lebet, auf den nicht Zeus viel des Bösen gehäuft." — So klagte der griechischen Dichter Mimnermos. Jugend — das war für ihn Sonne und Stärke und Schönheit; aber das Alter: Krankheit und Sorge und Leid. In Wahrheit war es seine eigene Lebensansicht, die ohne des Gottes Mahnung, fernab von der Harmonie des Zeitkreises, ihm nur die vergnügliche Liebe der Jugend als Leben erscheinen ließ, und durch dieses Weltbild mußte sich notwendig die Klage erheben: „Was ist noch Leben und Lust, wenn uns fern Aphrodite, die goldene? / Sterben möchte ich gleich, füllte mir das nicht den Sinn: / Heimliches Küssen und Lager und zärtliche Gaben der Liebe, / Wie in der Jugend sie blühn Männer und Weibern zur Freud. / Doch wenn das Alter sich naht, das verhaßte Alter dem Manne, / Das abscheulich entstellt auch einen herrlichen Mann, / Dann verzehren den Sinn ihm immer häßliche Sorgen, / Selber das Sonnenlicht heitert ihm nimmer das Herz, / Sondern verhaßt bei den Knaben, verachtet ist er bei Frauen, / So zum Abscheu allein machte das Alter der Gott." (G. Wirth: Griechische Lyrik, 84—85)

Derartige Betrachtungen entfernen sich nicht sehr weit von dem Zynismus der Grimmschen Legende, daß, als Gott der Herr die Welt erschuf, der Esel, der Hund und der Affe von ihrer Lebenszeit und -mühsal freiwillig dem Schöpfer je 18,12 und 10 Jahre zurückgegeben hätten; nur der Mensch habe darauf bestanden, statt der ihm zugedachten 30 Jahre unbedingt 70 Jahre alt zu werden, und so habe denn Gott ihm nach der erquicklichen Zeit der Jugend die 18 Jahre des Esels zur Arbeit, die 12 Jahre des Hundes zum Knurren und Zähneverlieren und schließlich die 10 Jahre des Affen dabeigegeben, um sich noch gründlich lächerlich zu machen, ehe er von der Erde verschwindet (KHM 176). Aus dem Ring der Lebenszeit wird in solchen Sarkasmen das bedauerliche Nachspiel von ein paar wenigen Jahren, die als das eigentliche Leben angesehen werden.

Es ist dabei gleichgültig, ob diese paar Jahre der Jugend, wie bei den Griechen, mit der Liebe oder, wie vielleicht eher in unserer heutigen Zeit, mit dem vollen Besitz der körperlichen und geistigen Leistungsfähigkeit identifiziert werden. Stets führt die einseitige Akzentierung einer einzigen Lebensphase zu einem Zerbrechen des Rings der Zeit, und die Folge davon ist auf dem Fuße das Gefühl der Sinnlosigkeit sowie das ohnmächtige Verlangen, gegen ein Leben zu protestieren, das in den längsten Abschnitten seiner Dauer als bloße Zumutung erscheint.

c) Die Versöhnung mit dem Tod

Insbesondere der Tod, der sich im Ring der Zeit als Frucht ergibt, muß einem einlinigen Zeitempfinden mit den Vorstellungen von Aktivität, Leistung, Fortschritt und Planung als äußerster Widersinn, als etwas schlechthin „Unrealisierbares“ erscheinen, das letztlich nur die Absurdität des menschlichen Daseins als ganzes vollendet und manifest macht (vgl. Strukturen, III 216—218; 245—251, zur Philosophie des Todes bei J. P. Sartre). Solange im Erleben der Zeit der eigene Entwurf, die eigene Planung als wesentlich gesetzt wird, sind Alter, Krankheit und Tod bloße Störfaktoren, die es als ständig drohende Möglichkeiten auszuschließen gilt; man muß sie an den Rand des Lebens drängen, man muß sie, soweit es geht, aus dem Bewußtsein verdrängen, um überhaupt mit dem Gefühl einer gewissen Zuverlässigkeit weitergreifende Pläne machen zu können. Natürlich bricht dann das Alter und besonders der Tod wie ein Feind überraschend und drohend, wenn man es nicht vermutet, in das Leben ein; aber eben dieser Eindruck der Feindseligkeit des Todes beweist nur, daß man aus Angst und Hektik falsch gelebt und die frühen „Boten des Todes“, wie ein anderes Grimmsches Märchen es nennt, mit Konsequenz und Absicht überhört hat (KHM 177).

Der russische Dichter L. Tolstoj, der sich immer wieder von dem Erleben des Todes gequält sah, hat sich diesem Thema besonders gewidmet.

In seiner kleinen Novelle „Drei Tode“ hat Tolstoj einmal in der Gestalt einer vornehmen schwindsüchtigen Dame geschildert, wie man sich bis zuletzt weigern kann, die Unausweichlichkeit des Todes zu realisieren: statt Gott dadurch zu ehren, daß man die Worte des Psalms 104, 29—31 von der Vergänglichkeit des Menschenlebens anerkennt, verwandelt die Dame Tolstojs aus Angst vor dem Tod ihren Glauben an Gott in einen puren Aberglauben an Rettung vor dem Sterben, und der Tod ereilt sie, während sie ihrem Mann vorwirft, daß er es nicht verstanden habe, die rechten Heilkräuter bei den einfachen Frauen aus dem Volke zu suchen, als es noch Zeit gewesen wäre (L. Tolstoj: Drei Tode, in: Sämtliche Erzählungen, I 598—600). Selbst für die „Helden“ Tolstois ist der Tod lediglich ein moralischer Aufruf zur Besinnung und Verwesentlichung des Lebens: erst angesichts des Todes etwa rechnet Iwan Iljitsch schonungslos mit der Sinnlosigkeit seines nur auf gesellschaftliche Karriere und Annehmlichkeiten aller Art bedachten Lebens ab: mit der geisttötenden Langeweile des gehobenen Beamtendienstes, mit der ihm ekelhaften Sinnlichkeit und Heuchelei seiner Ehe, mit dem gesamten inneren Abstieg, den er seit seinen Kindertagen auf sich genommen hatte, stets in der Meinung und unter dem Anschein wirklichen „Fortschritts" — alles, sein ganz sinnentleertes Leben schmilzt ihm dahin und verwandelt sich in etwas Nichtiges und Widerwärtiges (L. Tolstoj: Der Tod des Iwan Iljitsch, in: Sämtliche Erzählungen, II 664).

So sterben zu müssen, ist eine Qual, und man versteht, was den Tod im Sinne des Jahwisten zur Strafe, zum Fluch über das Leben (Gn 3, 19) machen muß: wenn man ein Lebenlang nicht wirklich gelebt hat, so erscheint der Tod unausweichlich wie eine Aburteilung, wie eine wohlverdiente Hinrichtung für ein vergeudetes Leben, und er ist um so inakzeptabler, als man sich gerade im Gefühl des verlorenen Daseins mit aller Kraft an den noch verbleibenden Rest der Zeit klammern wird, um noch, so viel es geht, an Inhalt und Sinn nachzuholen, — unfähig freilich gerade dazu.

Tolstoj schildert dies in der Gestalt des Fürsten Andrej (Nikolajewitsch Bolkonskij), einer der Idealgestalten seiner Romane. Selbst diesem hochherzigen und sensiblen Mann in der Mitte seines Lebens erscheint vor der Schlacht von Borodino sein „ganzes Leben . . . wie ein Guckkasten . . ., in den er lange durch ein Glas und bei künstlicher Beleuchtung hineingesehen hatte." Der Gedanke an den Tod fällt wie ein helles weißes Licht auf all die Trugbilder, die ihn „erregt, entzückt und gequält" hatten: „Ruhm, soziale Fürsorge, Frauenliebe, Vaterland" — das alles wird jetzt „armselig, blaß und grob bei dem kalten, weißen Licht" der Todesdämmerung (L. Tolstoj: Krieg und Frieden, 10. Teil, Kap. 24; S. 1055). Stets ist der Tod bei Tolstoj die Erleuchtung über ein verfehltes Leben, eine Mahnung, die zu spät kommt, ein Fremdkörper in einem sich selbst entfremdeten Leben. Dabei hatte gerade Fürst Andrej, als er bei Austerlitz verwundet wurde, schon einmal die Gelegenheit erhalten, die Nichtigkeit all der menschlichen Eitelkeiten zu durchschauen und in das Maß der Natur zurückzufinden: während er damals unter dem Kolben eines französischen Soldaten halb bewußtlos zu Boden sank, verschwand ihm alles, was unmittelbar zuvor noch so wichtig schien — der Ausgang erbitterter Nahkämpfe um die Kanonen einer russischen Hügelstellung —, völlig aus den Augen und löste sich in Nichts auf. „Über ihm", schreibt Tolstoj, „war nichts als der Himmel, der hohe Himmel, der zwar nicht klar, aber trotzdem unermeßlich hoch schien. Graue Wolken glitten ruhig dahin. Wie still, wie ruhig, wie feierlich, dachte Fürst Andrej, gar nicht so, wie ich eben dahergestürmt bin, gar nicht so, wie wir rennen und schreien und kämpfen, . . . ganz anders ziehen die Wolken über diesen hohen, unendlichen Himmel dahin. Wie kommt es, daß ich früher niemals diesen Himmel gesehen habe? Wie glücklich bin ich, daß ich ihn endlich sehe. Ja! Alles ist eitel, alles ist Lug und Trug, außer diesem unendlichen Himmel. Es gibt nichts, nichts außer ihm . . . Und auch er ist wohl nicht . . . nichts ist . . . außer der Stille . . . der Ruhe . . . Gott sei Dank!" (a. a. O., 3. Teil, 16. Kap.; S. 375).

Die Erfahrung des Todes zwingt den Menschen bei Tolstoj förmlich in die offenbare Wahrheit der Natur, in den Anblick des ewigen Himmels und seines Kreislaufs zurück; aber um diese friedliche und stille Wahrheit nicht nur am Ende des Lebens zu sehen, sondern sie im Leben zu verwirklichen, müßte das Leben selbst von dem ruhigen Gang des Himmels getragen sein; im Vertrauen in die Ordnung der Welt müßte es sich einfügen in die Ordnung der Zeit, in den Kreislauf eines Lebens, für welches der Tod ein ständiges Moment, ein selbstverständliches Ingredienz der Wahrheit ist.

Wenn Indianer den Tod nahen fühlten, konnten sie ihn begrüßen wie einen Freund, der sie in die eigentliche Welt, deren bloßes Schattenbild das Diesseits ist, hinübergeleitete; sie erwarteten ihn in tagelangem Schweigen: sie starben nicht, sie machten sich auf, ihre Seele hinüberzuschicken; sie fügten sich selbst in den Kreislauf der Zeit, und ihr Weggang war für sie wie ihr ganzer Wandel auf Erden: gehorsam.

d) Völkergeschichte und Ritus im Ring der Zeit

Auch die Geschichte der Völker besäße im Ring der Zeit ein anderes Gepräge. Weit davon entfernt, daß ein Volk sich des anderen im Hegelschen Fortschrittsdenken als Fußschemel seiner „Wahrheit", d. h. seiner absolut gesetzten Partikularinteressen bedienen würde (vgl. Strukturen, III 64—69, zu Hegels Geschichtsphilosophie), bliebe es sich vielmehr von Anfang an seiner Relativität, der Bedingtheit und der Vorläufigkeit seines Auftretens bewußt. Mag es auch sehr zweifelhaft sein, ob es ein quasi biologisches Gesetz des Alterns, wie es O. Spengler aufgestellt hat, für das Entstehen und Vergehen der Völker und Kulturen gibt (O. Spengler: Der Untergang des Abendlandes, I 29), so macht es doch gewiß einen großen Unterschied, ob ein Volk von dem Gedanken getragen wird, sich in den Kreislauf der Natur und die Ordnung der Welt einzufügen, oder ob es sich als Träger einer einmaligen, linearen Aufgabe und Berufung versteht, die es von allen anderen Völkern unterscheidet und die es notfalls gegen alle anderen Völker durchsetzen muß.

Je nachdem, wird es zum Frieden oder zur Gewalttätigkeit neigen, und entsprechend unterschiedlich wird es den Inhalt seiner Religion bestimmen.

Der indische Religionsphilosoph S. Radhakrishnan z. B. hat die „Anhänger eines eifersüchtigen Gottes“, wie Juden, Christen und Moslems, der Duldsamkeit der Hindus gegenübergestellt, die als Sinnbild ihrer Frömmigkeit das Symbol des tanzenden Shiva inmitten des Kreislaufs der Welt verehren (S. Radhakrishnan: Weltanschauung der Hindu, 57 bis 58). Die jahwistische Urgeschichte, die vom Paradies ausgeht, kennt gleichermaßen den Kampf der Völker gegeneinander im Namen unterschiedlicher Götter (Gn 9, 24—27; s. o. 247—250; 258—259); sie weiß auch, daß die Geschichte der Menschheit sich wie notwendig in diesen Kontrasten darstellt; aber sie versteht diesen Tatbestand als Folge eines ursprünglichen Abfalls aus der Ordnung der Welt und der Verwurzelung im Kreislauf der Zeit. Das Volk, das Gott gemeint hat, ist für den Jahwisten vom Ursprung her kein einzelnes, auch nicht zunächst das jüdische Volk, sondern die ganze Menschheitsfamilie. Deren Geschichtssinn bestünde darin, sich in das zyklische Geschehen der Zeit einzufügen.

Will man ein Modell dafür, wie man sich ein solches Sich-Einfügen vorstellen muß, so läßt sich am ehesten an die Riten der Religionen aller Völker denken, wie sie noch als Reste im Kirchenjahr etwa der katholischen Kirche erhalten geblieben sind. In der Tat möchte die Kirche wie jede wirkliche Religion in ihren Riten den Auftrag des Jahwisten erfüllen: eine Menschengemeinschaft zu sein, die den Kreislauf der Zeit als Auftrag zur Heiligung der Welt und des eigenen Herzens zu begreifen versucht und in der noch etwas aufbewahrt ist von jener paradiesischen Geborgenheit des Anfangs, von der Geborgenheit im Ring der Zeit.

Auch hierin trügt die *griechische* Erinnerung, wenn Hesiod meint, es sei in der Zeit des Gottes Kronos gewesen, daß die hinfälligen Menschen im Goldenen Zeitalter wie Götter gelebt hätten, ohne „Kummer im Herzen, / Fern von Mühen und frei von Not, nicht drückte das schlimme / Alter auf sie, sondern allzeit behend an Beinen und Armen / Lebten sie freudig in Festen, weitab von allen Übeln; / Starben, als käme ein Schlaf über sie. Und alle die Güter / Waren ihr Teil; Frucht brachte der nahrungsspendende Boden / Willig von selbst, vielfältig und reich. Vollbrachten in Ruhe / Gerne und froh ihre Werke, gesegnet mit Gütern in Fülle.“ (Hesiod: Erga, 112—119, in: W. Marg: Hesiod, Sämtliche Gedichte, 312) *Kronos* ist der Gott, der nach der Kastration des

Uranos aus Angst, von einem seiner eigenen Söhne getötet zu werden, seine Kinder verschlingt, — ein Gott der Zeit, der das zerstört, was er selbst zeugt. In einer solchen Welt feindlicher Götter ist die Zeit ein Moloch, und es gibt eigentlich keinen Ort mehr für ein Paradies der Menschen. Das Paradies besteht vielmehr darin, daß Menschen sich in der Geborgenheit in Gott dem Gang der Zeit vertrauensvoll einpassen können. Die Ordnungspunkte des Jahres als Festpunkte von Feiern, bei denen die Gottheit ihr Antlitz für einen Moment lang den Menschen enthüllt, als Darstellung von Riten und Symbolen einer immer wiederkehrenden ewigen Geltung, die ihren Sinn durch die Deutung und Weisung der Schicksale im Leben des Einzelnen wie im Leben der Völker erweist — so, in der Heiligung der Zeit oder vielmehr in der Entdeckung der Heiligkeit ihres Kreislaufs, in der Ehrfurcht des religiösen Festkalenders, stellt sich ein Rest der Paradiesesordnung dar.

Jedenfalls entscheidet sich hieran gleichermaßen etwas Wesentliches im Leben des Einzelnen wie in der Geschichte der Völker: ob man, im Sinne der Heideggerschen bzw. Sartreschen Existenzphilosophie, sein Dasein im „Entwurf", im „Sich-vorweg-schon-Sein", im Plan, in steter Transzendenz zu „begründen" versucht (vgl. Strukturen, III 203—206, zu Sartres Existenzverständnis), oder ob man es als etwas in sich Gegründetes annimmt, ob man also das Neue, das Zu-Schaffende, das Aufgegebene als das Ziel der Zeit versteht, oder vielmeht das Gegebene, das Anvertraute, das Uralte, Immer-Wiederkehrende, das zu „Bewahrende" und zu „Bedienende". Je nachdem, ob es als Sinn der Geschichte verstanden wird, daß es immer „weitergeht", daß sich die eigenen Entwürfe und Planungen unabhängig vom Zyklus der Zeit linear durch die Datenmarkierungen hindurchschieben, oder ob es als Sinn der Zeit, als *wesentlich* begriffen wird, die wiederkehrende Ordnung der Zeit zu heiligen und als ewige Sinnbilder des menschlichen Lebens zu empfangen, — an dieser Frage entscheidet es sich mit, ob jemand in jahwistischem Verständnis an Gott glaubt oder nicht.

Es mag sein, daß den alten Jägervölkern ein derartiges Denken in Zyklen weit näher lag und liegen mußte als dem Menschen des Industriezeitalters. Sie zogen mit den Tieren und fügten sich nach ihrem Vorbild wie selbstverständlich in den Gang der Jahreszeiten. Als wichtig galt ihnen nur selten dieses oder jenes Vorkommnis des Stammes; aber daß sie im nächsten Sommer wieder am Fuß der Schwarzen Berge lagern und den Sonnentanz begehen würden, — davon lebten sie. Doch warum soll ein gleiches Erleben nicht auch uns Heutigen noch oder wieder möglich sein? Am ersten Sonntag nach Frühlingsvollmond wird das

Fest der Auferstehung sein, — von derartigen zentral religiösen Evidenzen sich im Gang der Zeit tragen zu lassen, das heißt ein Stück vom Paradiese zu erinnern. Das Kirchenjahr, der Ritus sind die letzten Fragmente des zerbrochenen Rings der Zeit mit seinem Schutz und seiner Schönheit.

4. Von der Geborgenheit im Ring der Liebe

In Gott geboregn ist die Welt ein Haus des Menschen, und ihre Abläufe im Ring der Zeit leiten auf einem Weg stillen Gehorsams durch das Leben, so sahen wir bisher. Doch fragt man den Jahwisten, was er als Inhalt und als Sinn des Menschenlebens ansieht, so lautet seine letzte Antwort, der Mensch sei von Gott her dazu bestimmt, sein Glück zu finden durch die Liebe eines anderen Menschen, und zwar so sehr, daß alle Liebe zur Natur, die Zwiesprache des Menschen mit der Kreatur, nur wie das Vorspiel zur Erfüllung dieser eigentlichen Sehnsucht sei.

a) Ohne Gott wird aus der Liebe ein verhängnisvoller Fluch

Man muß vor allem bei der Schilderung der Liebe in Gn 2 bedenken, daß die Paradieserzählung des Jahwisten eine Art Rückbesinnung auf die Ordnung darstellt, die Gott an sich zum Wohl des Menschen vorgesehen hat, und daß diese Ordnung nur solange besteht, als jemand sich in Gott gehalten weiß. Jeder Mensch, meint der Jahwist, verliert auf seine Weise aus lauter Angst, symbolisiert durch die Schlange des Nichtseins, Gott aus den Augen, und von da an erscheint der Garten Gottes ihm als drohende Wildnis; im Kampf um das bloße Überleben verlernt er schließlich sogar das Allermenschlichste: die Liebe. Im Bannkreis der Angst verformt sich die Liebe zwischen Mann und Frau zur Verfluchung der Geschlechter; sie pervertiert zu einer qualvollen Melange aus Herrschsucht und Erniedrigung, aus Prüderie und Wollust (Gn 3, 8. 16; s. o. 79—80; 90—91; Strukturen, II 82; 144; 213—216; III 260; 264; 380). Sie wird zu dem Versprechen eines Glücks, das unter den veränderten Bedingungen der Angst niemals eintreten kann, zu einer unvermeidbaren Enttäuschung, zu einem Fluch. „In der Liebe gibt es keinen anderen Weg als die Flucht," zitierte August Strindberg in der autobiographischen Darstellung seines Ehedramas den „großen Frauenkenner" Napoleon, und selber hin und her gerissen zwischen Selbstbehauptungswillen und Ohnmacht, zwischen Abscheu und Leidenschaft, fügte er hinzu: „Einem Gefangenen steht die Flucht aber nicht zu Gebote, und einem zum Todes Verurteilten noch weniger." (A. Strindberg: Plädoyer eines Irren, 275) — Die Liebe als ein solches tödliches Verhängnis, die Begegnung der Geschlechter als ein metaphysischer Kampf des Geschlechterhasses, die Frau und der Mann von Urzeit her als Verkörperungen gegenseitiger Strafe und Qual, — der Jahwist stimmt dieser pessimistischen Sicht der Liebe in vollem Umfang zu, vorausgesetzt, man nimmt den Menschen so, wie er jenseits von Eden ist: im Widerspruch zu seiner eigentlichen Bestimmung, getrieben von der unheilvollen Angst des Geschöpfes gegenüber seinem Schöpfer, getrennt von seinem Ursprung und von seinem Wesen.

Wie der Jahwist jedoch an sich über die Liebe zwischen Mann und Frau denkt, gibt er schon dadurch zu verstehen, daß er sie zu einem zentralen Thema der Paradieserzählung ausgestaltet. Die Liebe ist für ihn nicht nur eine Urbestimmung des Menschen und die wichtigste Kraft seines Herzens, sie ist auch in sich selbst für ihn die Urerinnerung an ein verlorenes Paradies; gäbe es Menschen, die sich wahrhaft liebten, so schiene ihnen wie in Gn 2, 4b—25 am Schöpfungsmorgen die Welt in heimatlichem Glanze, und längst noch, ehe sie einander fänden, redeten sie in unbewußter Suche nach einander mit allen Tieren und mit der ganzen Kreatur, und alle Lebewesen wären Partner ihres Dialogs der Liebe, die letztlich nur dem einen Unbekannten gilt, den Gott an einem vorbestimmten Tag dem Liebessuchenden „zuführen" wird (Gn 2, 22).

Man hat gegen die jahwistische Darstellung immer wieder eingewandt, der Jahwist schildere die Liebe in seiner Paradieserzählung einseitig aus der Sicht des Mannes; „der Mensch" (Adam) sei eben der Mann, die Frau nur eine „Männin" (Gn 2, 23; s. o. 20; 22). Das stimmt insofern, als sich in der Tat zeigen läßt, daß die jahwistische Darstellung der Schöpfung stark von patriarchalischen Zügen überlagert ist (vgl. Strukturen, II 22). Aber es stimmt nicht in dem Sinne, daß der Jahwist die Frau als etwas an sich Minderwertiges und dem Manne Unterlegenes darstellen wollte. Im Gegenteil; es kommt dem Jahwisten gerade darauf an zu zeigen, daß die Herabsetzung der Frau gegen den ursprünglichen Gotteswillen verstößt und sich erst aus dem Abfall des Menschen von Gott, dann freilich mit zwangsläufiger Notwendigkeit, ergibt. Zwar trifft es zu, daß der Jahwist sich der menschheitlichen Überlieferung anschließt, wonach die Frau als mittelbare Versucherin des Mannes hingestellt wird; aber dies hat kulturgeschichtlich vielfache Gründe (vgl. Strukturen, II 102; 600; III 45—48; Abb. 11; 15), und nicht darin liegt das Charakteristikum der jahwistischen Darstellung, daß die Frau in Gn 3 sich von der Schlange gegen das Gebot Gottes einnehmen läßt, sondern im Gegenteil; daß sie selbst ihrem Wesen nach *keine* Versucherin ist, sondern selbst erst — gegen ihren Willen! — in die Irre gelockt wird (s. o. 58—62), — *dieser* Zug der Erzählung kennzeichnet die jahwistische Denkweise.

b) Die Frau als Strafwerkzeug der Götter oder als Segen Gottes — zwischen der griechischen Mythologie und der jahwistischen Theologie

Wie sehr sich der Jahwist in seiner Sicht der Frau von weitverbreiteten Anschauungen der Antike sowie von den Mythen vieler Völker unterscheidet, kann ein kurzer Vergleich besonders mit der *griechischen Mythologie* lehren.

Der griechische Dichter Hesiod, von dem wir soeben bereits die klassische Überlieferung vom Goldenen Zeitalter kennenlernten, hat an zwei Stellen seiner „Theogonie" (570—612) und der „Erga" (53—105) in Gestalt der Urfrau Pandora die althellenische Auffassung von der Frau wiedergegeben. Die Menschen lebten nach dieser Darstellung „auf Erden / Frei von allen den Übeln und frei von elender Mühsal / Und von quälenden Leiden, die Sterben bringen den Menschen." (Hesiod: Erga, 90—92, in: W. Marg: Hesiod, Sämtliche Gedichte, 311) Zeus aber wollte das Menschengeschlecht bestrafen, weil Prometheus (der „Vorbedacht") den Göttern das Feuer für die Menschen geraubt hatte, und so schuf er „für das Feuer . . . ein Übel, das allen / Freude bereitet im Herzen, wenn ihr eigenes Weh sie umarmen": nämlich die Frau. (Hesiod: Erga, 57—58) Das ähnelt fast aufs Wort der Strafe, die in der jahwistischen Urgeschichte Gott — statt über den Mann — über die *Frau* verhängt — für *ihre* Sünde (Gn 3, 16b); bei Hesiod müssen demgegenüber die Menschen, d. h. die *Männer*, für den Frevel des Titanen Prometheus büßen: anstelle des geraubten Feuers werden sie bestraft mit dem unglückseligen Feuer sexueller Begierde. Hephaistos, der vulkanische Handwerker und Gott der Schmiede, muß auf Weisung des Zeus Erde mit Wasser benetzen, dem Gebilde aus Staub und Wasser Stimme und Leben verleihen und „im Antlitz der todfreien Göttinnen ähnlich / Machen die lockende Schönheit des Mädchens" (Hesiod: Erga, 61—63). Die Göttin Athene soll das Mädchen lehren, am Webstuhl zu wirken; Aphrodite wird beauftragt, ihm Liebreiz ums Haupt zu schütten, „und auch quälendes Sehnen und gliederverzehrendes Herzweh", während Hermes die Weisung erhält, ihm „scharwenzelnden Sinn und verschlagene Artung" einzupflanzen (Erga, 64—69). Weil somit alle Bewohner des Himmels dem neuen Wesen ihre Gaben geben, „zum Leid den geschäftigen Männern" (Erga, 82), heißt der Name der Urfrau „Pandora" (Allgabe).

In der „Theogonie" malt Hesiod die Kunstgestalt der Pandora noch aus, wie Athene der Urfrau einen Goldreif aufs Haupt setzt mit der Darstellung wilder Tiere, —: „Sie, die prangte im Schmuck / Der strahlenäugigen Tochter des Mächtigen (sc. Athene, d. V.). / Staunen hielt gefangen die unsterblichen Götter / und sterblichen Menschen, / Wie sie erblickten den steilen Trug, / Unüberwindbar den Menschen." (Hesiod: Theogonie, 588—590) Pandora, die Urfrau, das Kunstwerk Hephaistos', ausgestattet mit allen Gaben der Götter, ist für Hesiod in ihrem Wesen ein unwiderstehliches Truggebilde, von vornherein von Zeus geschaffen als „Übel für die Menschen" (Theogonie, 571), als „großes Leid . . . unter den sterblichen Männern" (592; 600), als „das schöne Übel" (585), als Drohne, die parasitär die Arbeit der Männer verzehrt (595—599) und deren die Männer gleichwohl bedürfen, wenn sie nicht kinderlos und ohne Fürsorge im Alter von der Welt scheiden wollen (603—607).

Solchen Darlegungen zufolge ist die Frau in der mythischen Überlieferung des Hesiod mithin die verkörperte Bestrafung der Männer für eine Schuld, die diese selber nicht begangen haben. Auch die Frau verführt nach dieser Auffassung die Männer nicht eigentlich selbst zu Schuld, sie überlistet sie vielmehr nur dazu, die Sühnelast der fremden Schuld titanenhafter Vermessenheit auf sich zu nehmen. Pandora ist nach diesem Mythem nicht etwa „böse", sie ist lediglich die gottgewollte Hauptfigur jener Tragödie, als welche das menschliche Dasein zur Erheiterung der Götter aufgeführt wird; denn Zeus „lachte heraus, der Vater der Götter und Menschen", als ihm die Idee kam, die Menschen zu strafen durch die Schöpfung des Weibes (Hesiod: Erga, 59). Mit der Liebe bestrafen die Götter den Feuerdiebstahl des Titanen, — sich selber zum Ergötzen, aber den Menschen zum Fluch. Von Schuld auf seiten der Menschen ist dabei im Grunde keine Rede. Die Frau ist eine tragische Gestalt.

Freilich überliefert auch Hesiod eine Tat, durch welche Pandora, getrieben von Neugier, zusätzliches Unheil über die Menschen bringt; doch auch diese Tat ist nicht als eine Schuld gegenüber den Göttern zu verstehen, sondern im Gegenteil: Pandora vollzieht, entsprechend ihrer ganzen Natur, lediglich den planenden Willen des Zeus (Erga, 104): Prometheus („Vorbedacht") nämlich hatte seinen Bruder Epimetheus („Nachbedacht") davor gewarnt, eine Gabe von Zeus anzunehmen; doch Epimetheus dachte nicht an den Rat, und als die Götter durch ihren Boten Hermes Pandora zu ihm sandten, behielt er sie bei sich zum Schaden aller Menschen; Pandora öffnete das Tonfaß, in dem alle Übel verschlossen lagen, so daß sie in die Welt entwichen, und nur die Hoffnung blieb unter dem Rand des Kruges zurück (Erga, 90—105). Seither überziehen unzählbare Plagen die Menschheit, unsichtbar und schweigend, „ohne Ankündigung und Sinn" (W. Marg: Hesiod, 345), wie Zeus es gewollt hat. — Durch die Neugier der Frau also kommt alles Unheil über den Menschen, und die Hoffnung, die als Entsprechung mit zu den Übeln in das gleiche Gefäß gehört und ein wirksames Gegenmittel zu ihnen darstellen könnte, bleibt, wenn man das Bild beim Worte nimmt, im Tonfaß des Zeus versperrt, — sie existiert nicht in der Welt der Leiden. So grausam straft Zeus durch sein Hauptwerkzeug: die Frau, die Menschen für die Gabe des göttlichen Feuers.

Hält man sich dieses Bild von der Funktion und dem Auftreten der Frau als Geißel der Menschheit bei Hesiod vor Augen, so ist der Abstand zu der jahwistischen Konzeption so überdeutlich, daß es ein für allemal als ein Unding erscheinen muß, der jahwistischen Paradies- und Sündenfallerzählung die gleiche bei vielen Völkern verbreitete „Urerfahrung" „über die leidenschaffende Natur des Weibes" zu unterstellen (K. Kerényi: Die Geburt der Helena, in: Humanistische Seelenforschung, 62—63; W. Marg: Hesiod, 235). Nach der jahwistischen Auffassung ist die Frau *nicht* durch ihr Dasein, *nicht* von Gott her, Mittlerin allen Übels, sondern sie gehört vom Ursprung her mit in die Welt des Paradieses, ja sie ist dessen Erfüllung und Bestätigung. Erst durch die Sünde, an der schließlich Adam nicht minder teil hat als die Frau, wird ihr *gegen* den Willen Gottes und *gegen* ihre eigentliche Bestimmung das eigene Liebesverlangen zum Fluch (Gn 3, 16b), — eine Strafe, die sich beim Jahwisten bezeichnenderweise gegen die Frau selbst und nicht, wie bei Hesiod, gegen den Mann richtet. Nicht die „Urerfahrung" von der Frau als einem „schönen Übel", welches das ganze Leben vergiftet, bestimmt die jahwistische Erzählung, sondern die Urerfahrung des Kontrastes von Paradieseswelt und Gottesferne: daß die Liebe ein Segen ist in der Einheit mit Gott, aber zum Fluch entartet, wenn Menschen ihren Rückhalt in Gott und im Mittelpunkt der Welt verloren haben, — das ist es, was der Jahwist an der Gestalt der Frau verdeutlichen will: sie ist geschaffen als das höchste Glück des Mannes, und nur in der *gemeinsam* verschuldeten Entfernung von Gott (s. o. 71—72) wird das Leben für die Frau selbst zu einer quälenden Strafe; die Bestimmung ihres Wesens alteriert von Segen in Fluch, ganz entsprechend zu der Umqualifizierung der Berufung des Mannes (s. o. 90—97).

Man kann diesen alles entscheidenden *theologischen* Unterschied in der Bewertung der Frau noch an einem anderen Beispiel der griechischen Mythologie verdeutlichen: an der Mythe der *Nemesis*, der Göttin der Rache. Sie verkörpert ursprünglich eine andere Seite der Frau: den Widerstand gegen das allgewaltige Verlangen des Mannes, das sie in ihrer unwiderstehlichen Schönheit herausfordert. Als Zeus der Nemesis nachstellte, floh diese, gequält von Scham und gerechtem Zorn, über das feste Land und das dunkle Meer, wo sie sich in einen Fisch, schließlich in eine Gans verwandelte; aber von Zeus, der die Gestalt eines Schwanes annahm, empfing sie die Helena, die, aus einem Ei geboren, selber mit ihrer Schönheit zur verhängnisvollsten Gestalt der mythischen Geschichtsüberlieferung der Griechen werden sollte, — gerade so aber erfüllte auch sie den Willen des Zeus (K. Kerényi: Die Mythologie der Griechen, I 85—86). Der gerechte Zorn und die Scham, die Nemesis angesichts der Zudringlichkeit des Mannes empfindet, haben in ihr selbst, der Göttin der Rache, Gestalt angenommen. Wieder erscheint die Frau in der Gestalt der Nemesis mithin als verleiblichte Strafe der Götter, und zwar erneut für ein Vergehen, das sie selbst ihrer ganzen Natur nach auslösen muß, ohne es selber zu wollen. In sich selbst vereinigt Nemesis sowohl die strafende Ordnung als auch die gesetzlose „Wildheit der animalischen Welt" (K. Kerényi: Die Geburt der Helena, in: Humanistische Seelenforschung, 58); und so wie Pandora mit einem Goldreif aus Tierdarstellungen erschaffen wurde, ist auch Nemesis eine „Herrin der Tiere", eine Vorläuferin der Homerischen Artemis (Kerényi: a. a. O., 60). In ihrer Nähe zur Welt der Tiere und ihrer strafenden Strenge symbolisiert sie „die tiefe Einheit und Einigkeit der weiblichen Reinheit mit der animalischen Ungebrochenheit" (58); sie ist ein Urweib, wieder nur gemacht, um Verlockung und Strafe in eins zu sein, eine echte Tochter des Meeres und der Nacht.

Es ist, im Vergleich dazu, kein Zweifel, daß auch in der jahwistischen Versuchungsgeschichte in den Symbolen von Schlange, Baum und Apfel gewisse sexuelle Inhalte zum Ausdruck kommen (Strukturen, II 101—124). Aber um so wichtiger ist die Feststellung, daß der Jahwist das Verhältnis von Mann und Frau ursprünglich *nicht* als eine metaphysische Tragödie der Sexualität versteht. Alle Völker haben ihre Erfahrungen aus dem Dilemma der Geschlechterbeziehungen sammeln können, und ein gerüttelt Maß davon durchzieht die Dichtung aller Kulturen; aber es ist von der Klage über die faktischen Schwierigkeiten der Verständigung zwischen Mann und Frau ein weiter Weg bis zu dem berühmt-berüchtigten „Weiberkatalog" des Simonides, der selbst den

Ehepessimismus des Hesiod noch durch die Drastik der Wortwahl übertrifft. Für Simonides repräsentiert speziell die Art von Frauen, die von den Olympiern *aus Erde* geschaffen wurde, — statt aus dem Meere oder geradewegs aus dem Schwein, dem Fuchs, dem läufigen Hunde, dem Esel, dem Pferd, dem Affen oder der Biene —, eine mißratene Menschensorte, die „weder ein Böses noch irgend ein Gutes kennt", von Arbeit sich nur aufs Essen versteht und noch zu faul ist, sich selbst, wenn es kalt wird, auch nur den Stuhl näher ans Feuer zu stellen. Für alle Arten von Frauen aber, „auch wenn sie scheinbar etwas taugen," gilt nach Simonides, daß „Zeus . . . dieses Übel als größtes geschaffen" hat, indem er „ein unzerreißbares Band von Fesseln" um die Männer gelegt hat (Simonides: Weiberkatalog, in: G. Wirth: Griechische Lyrik, 48—50). All diese Betrachtungen lassen sich in der enttäuschten Ansicht des zynischen Hipponax zusammenfassen: „Zwei gute Tage kann ein Mann vom Weibe haben: / wann sie genommen wird und wann sie wird begraben." (G. Wirth: a. a. O., 55)

Man brauchte eine derart bittere und sarkastische Mythologie, Philosophie und Poesie des Geschlechterhasses sich nicht so ausführlich vor Augen zu stellen, wenn man nicht erst durch den Kontrast zu solchen Darlegungen die eigentliche Leistung der jahwistischen Theologie in dieser Frage verstehen und würdigen könnte. Denn der Jahwist behauptet nicht mehr und nicht weniger, als daß die Beziehung zwischen Mann und Frau an sich gerade nicht so scheitern und mißraten muß, wie es immer wieder der Fall zu sein scheint; er verwahrt sich vor allem dagegen, aus dem Unterschied und der psychologischen Spannung zwischen Mann und Frau einen ontologischen Dualismus der Schöpfung und sogar einen Beweis für die Widersprüchlichkeit des Göttlichen selbst zu machen, wie es die überwiegende Mehrzahl der Mythen und gnostischen Kosmogonien tut; und nicht zuletzt wehrt er auch den Gedanken ab, daß Gott den Menschen ungerechterweise eine fremde Schuld aufbürde (s. o. S. 25) und womöglich seine Schöpfung selbst, und darin noch das Menschlichste am Menschen: die Liebe, zur unentrinnbaren Folterkammer des Menschen einrichte. So *darf* man von Gott nicht denken, will der Jahwist sagen; derart darf man auch seine Schöpfung und darin insbesondere die Gestalt der Frau nicht verleumden; und auf eine solch rührende Weise darf man auch sich selbst nicht an dem Dilemma der eigenen Liebesunfähigkeit für schuldlos erklären (s. o. S. 82—85). Wenn Mann und Frau in scheinbarer Ausweglosigkeit einander erniedrigen und quälen, so ist das für den Jahwisten nicht der unabwendbare Wille eines hohnlachenden Zeus, sondern ein Zeichen dafür, daß der Mensch mit sich selbst und mit seinem Schöpfer in Widerstreit liegt, und es kommt dem Jahwisten ganz entscheidend darauf an, die Psychologie der Geschlechterfeindschaft theologisch aus einer ursprünglicheren Feindschaft des Menschen zu Gott abzuleiten (vgl. Strukturen, III 299—310).

Ursprünglich, in der Einheit mit Gott, ist die Liebe das ganze Glück des Menschen. Das gilt auch sonst in der Bibel. Als im „Hohenlied“ der Bräutigam seine Geliebte zu beschreiben versucht, fällt auch ihm kein anderer Vergleich ein als der des Paradieses: „Ein verschlossener Garten ist meine Schwester Braut . . . Deine Bewässerungsrinnsale sind ein Granatparadies mit köstlichen Früchten . . . Meine Braut ist ein Gartenquell, ein Brunnen lebendigen Wassers . . .“ Und die Braut lädt ihren Geliebten ein: „Es komme mein Liebster in seinen Garten und esse seine köstlichen Früchte.“ (Hld 4, 12—16) Diese Sprache ist zweifellos voller sexualsymbolischer Anspielungen (vgl. Strukturen, II 18—19; 22); aber das eigentlich Gemeinte liegt nicht auf der sexuellen, sondern auf der theologischen Ebene: im Ursprung, will der Jahwist mit dem Bild vom Paradies sagen, ist die Liebe eine Macht, die alles Glück der Erde in sich schließt, — wenn Menschen sich in Gott geborgen fühlen; getrennt von Gott freilich, im Bild gesprochen: außerhalb des Paradieses, verwildert dem Menschen notgedrungen die Welt, und ineins damit verliert er sein eigenes Herz; von diesem Augenblick an, aber auch wirklich erst, dann treten die Aussagen der Mythen über den Fluch der Liebe in ihr Recht.

Wie aber ist die Liebe im Ursprung, im Paradies, im Ring der Welt, gemeint?

c) Die Liebe entstammt dem Verlangen nach Ergänzung: die herausgeschnittene Rippe (Gn 2,22)

Bekannt sind besonders die z. T. der Mondmythologie entstammenden Völkererzählungen, in denen die Frau aus einem Körperteil des Mannes gebildet wird (Strukturen, II 30; 39—40; 47—49); und besonders die Erzählung aus Platons „Symposion“ (189c—190c) verdient Beachtung, wonach die Menschen ursprünglich kugelförmig geschaffen waren, ehe sie getrennt und als Mann und Frau differenziert gestaltet wurden. Nach dieser Mythe entsteht das Verlangen der Liebe von Mann und Frau aus der Rückerinnerung an eine ursprüngliche Wesenseinheit; der in sich abgerundete, vollkommene Mensch bedarf der Liebe nicht und ist zu ihr nicht fähig. (Zur stolzen Einsamkeit der Urkugel Sphairos vgl. Empedoklès, Fr. 27; Diels-K., 62) Die Liebe zwischen Mann und Frau entspringt in der Ansicht solcher Mythen einem tiefen Verlangen nach Ergänzung, und anders als manche Idealisten der „Hingabe“ es sich erträumen möchten, erscheint sie zunächst als der vitale Wunsch, etwas Fehlendes wiederzuerlangen. Solange jemand bedürfnislos auf der Erde als Kugel „herumrollt“, solange braucht er den anderen nicht wirklich, geschweige denn, daß er sich aufmachen würde, nach einem Gegenüber zu suchen, in dem er wiederfindet, was ihm selber fehlt.

Der Jahwist, der das Bild von der herausgeschnittenen Rippe in seine Paradieserzählung aufgenommen hat, stimmt dieser Ansicht offenbar voll und ganz zu; nur setzt er sich wieder in charakteristischer Weise von den Mythen der Völker ab. In den Mythen wird das Verlangen des Mannes nach einer Frau aus einer ursprünglichen Trennung und Zerteilung *abgeleitet*; und dieser Vorgang der Abspaltung selbst erscheint zudem als irgendwie willkürlich; ja, man muß sich angesichts der Verwicklungen, die aus der Liebe hervorgehen, in der Tat fragen, ob die Trennungsmaßnahme der Götter wirklich einer wohlwollenden oder nicht doch letztlich einer bösartigen Absicht entstammt. In der Erzählung des Jahwisten hingegen entsteht das Verlangen der Liebe nicht aus einer derart willkürlichen und zwielichtigen Zerteilung, sondern im Gegenteil: es scheint, als wenn Gott selber lernen müßte, daß es kein kugelförmiges, vollkommenes Gebilde geben kann, das, wie Gott selbst, in Autarkie und absoluter Einheit mit sich allein auskommen könnte (s. o. S. 19). Es gehört zur Geschöpflichkeit des Menschen selbst, daß er — *anders* als Gott! — ein geschlechtliches Wesen ist und sein muß, und eben deshalb ist es „nicht gut für den Menschen, allein zu sein“ (Gn 2, 18). Dieser Grundtatsache der Geschöpflichkeit fügt sich Gott, wenn er über Adam einen Tiefschlaf kommen läßt und ihm eine Rippe herausnimmt, um daraus die Frau zu „bauen“, d. h. ihre Gestalt wie ein Kunstwerk zu formen.

Gott begeht beim Herausschneiden der Rippe mithin, anders als in den Mythen, keinen Akt des Mutwillens, sondern er gehorcht gewissermaßen einer Gesetzmäßigkeit und Weisheit, in die er selbst mit seiner Schöpfung eingetreten ist. Indem er Adam die Rippe heraustrennt, schafft er kein neues Begehren, sondern er präzisiert und vollendet lediglich, was in Adam als Geschöpf an Sehnsucht lebt.

d) Vom Schlaf des liebeleeren Lebens und von der Dankbarkeit des Schicksals (Gn 2, 22,23)

Der „Tiefschlaf", während dessen Gott die Frau erschafft, ist eigentlich eine lähmende Betäubung, eine Mischung aus Angst, Erschöpfung und Verzweiflung (vgl. Jes 29,10; Hi 4, 13; 33,15; Ri 4, 21; Ps 76,7; Pr 10,5), — Jona im Bauch des Schiffes schläft einen solchen Schlaf des Unglücks (Jon 1, 5.6); und man kann denken, daß Adam sein Leben, solange er der Liebe entbehrt, in der Tat wie einen solchen Todschlaf empfinden muß. Buchstäblich wird er erst wirklich „wach", als er der Frau begegnet, die Gott ihm „zugeführt" hat (Gn 2,22). Die Frau, die er dann trifft, hat er in allem Lebenden gesucht, ohne zu finden, was sein Herz begehrt; jetzt aber findet er das, was ihm seit eh und je gefehlt hat, und er entdeckt, daß ihm genau dasjenige entgegentritt, was ihm im (am) eigenen Herzen mangelte.

So wird man die Symbolsprache von der „Rippe" wohl verstehen dürfen, aus der Jahwe die Frau bildet: eine jede wirkliche Liebe besteht in der Entdeckung, daß der andere gerade das verkörpert, was einem selber in der eigenen Brust fehlt; in jeder wirklichen Liebe erscheint der andere als Gestalt gewordene Inkarnation eben der Hohlstelle aus Sehnsucht und Verlangen, die sich im eigenen Herzen auftut, und dieser Leerraum selbst kommt einem vor, wie etwas von Gott selbst Verfügtes; in der Liebe erscheint der andere als lebende Traumwirklichkeit einer lebenslangen Suche und Wanderschaft. Oder anders ausgedrückt: die Liebe besteht ganz und gar in dem Empfinden, daß man so etwas, wie den anderen, sich wortwörtlich aus den „Rippen schneiden" müßte, wenn es ihn nicht gäbe.

Zugleich besteht die Liebe in einer tiefen Dankbarkeit gegenüber dem „Schicksal" Gottes. Denn immer tritt der andere, wenn man von Liebe zu ihm ergriffen wird, in das eigene Leben mit der Gewalt einer schicksalhaften Fügung ein; er begegnet einem wie ein von Gott Gesandter; man hat ihn sich nicht ausgesucht; man spürt an dieser Stelle höchsten Glücks nur deutlicher als sonst im ganzen Leben eine stille Führung, eine verborgene Bestimmung, der man nicht ausweichen kann, wenn man nicht völlig sich selbst zuwider handeln will. „Diesmal ist sie's" — dieser Ausruf Adams (Gn 2, 23) drückt sehr treffend diesen Doppeleindruck von Überraschung und Zwang, von scheinbarem Zufall und innerer Notwendigkeit aus, der die Entdeckung der Liebe begleitet.

e) Die Suche der Liebe nach dem richtigen Namen für die Geliebte (Gn 2, 23)

Das erste, was der Mann tut, als er die Frau wahrnimmt, die Gott ihm in sein Leben schickt, besteht darin, ihr einen „Namen“ zu geben. Es liegt auf der Hand, in der Anrede „Männin“ (Gn 2, 23) den Ausdruck innigster Zugehörigkeit und Blutsverwandschaft zu sehen (s. o. S. 22). Aber mehr noch als der Inhalt, ist wohl die Namengebung selber von Bedeutung, — so wie bereits die Tatsache, daß der Mensch den Tieren einen „Namen“ gab, in sich selbst schon etwas Wesentliches über das Verhältnis des Menschen zur Kreatur aussagte. Denn deutlicher noch als in Gn 2 bei den Tieren wird gegenüber der Frau die Art der „Namengebung“ beschrieben. Keinesfalls geht es für den Jahwisten an dieser Stelle darum, daß der Mensch durch seine Sprache die Wirklichkeit ringsum seinem Herrschaftsbereich unterstellt; es geht für ihn auch nicht darum, daß der Mensch mit seiner Sprache an sich willkürliche Lautgebilde im Rahmen eines sozial vermittelten linguistischen Systems zur bloßen Bezeichnung bestimmter Vorstellungen von der äußeren Wirklichkeit verwenden würde, wie es die Ansätze der strukturalistischen Sprachwissenschaft nahelegen (vgl. die Unterscheidung von Vorstellung und Lautbild bei F. de Saussure: Grundfragen der allgemeinen Sprachwissenschaft, Berlin-W. 1967, 77f). Im Gegenteil *gibt* Adam der Frau nur denjenigen Namen, der sich aus ihrem Wesen selbst *ergibt*: sie ist als „Bein von seinem Bein“ ihm selbst derart wesensverwandt, daß ihr Name nicht anders lauten kann als „Männin“, — ein Mensch, der ganz ein Mann ist bis auf den Umstand, daß er eine Frau ist und also doch gerade in seiner Wesensgleichheit völlig anders. Um einen solchen „Namen“ der Wesensdifferenz und -einheit zu verleihen, kann man die menschliche Sprache nicht als etwas von der Realität völlig Unabhängiges verstehen; als angemessener zur Interpretation einer solchen Art von Namensverleihung an alle lebenden Wesen, an die Tiere wie besonders an den Geliebten, erscheint eher die realitätsbezogene Sprachphilosophie, die von W. v. Humboldt bis L. Weisgerber reicht und die in der *Sprache die Offenbarung des Wesens einer Sache* erblickt (L. Weisgerber: Vom Weltbild der deutschen Sprache, I 16f).

Jedenfalls läßt sich die Liebe nur schwerlich besser kennzeichnen als durch einen derartigen Vorgang der Namengebung, vorausgesetzt man nimmt, wie stets bei der Interpretation urgeschichtlicher Mythen, den scheinbaren Einzelvorgang als Wesensaussage der gemeinten Wirklichkeit (s. o. S. XVIII—XXXI). Dann wird man dem Jahwisten ohne weiteres darin zustimmen: die Liebe ist u. a. ein ständiges Bemühen, den rechten Namen des Geliebten zu finden; im Bannkreis der Faszination des ebenso Gleichen wie Unterschiedenen, im Umkreis des Namens „Männin“, ist sie u. a. ein unablässiges Fragen: wer bist du?, ein ständiges Bemühen, das Wesen des anderen (noch) tiefer zu verstehen und zu bezeichnen. Die Flut der Kosenamen, mit denen Liebende einander bezeichnen, bekundet diese Freude daran, den anderen in so vielen Seiten seines Wesens wie nur irgend sichtbar zu erfassen. Alle Namen, die man dem anderen gibt, versuchen zu sagen, was einem der (bzw. die) Geliebte bedeutet, und doch scheitern sie alle daran, daß der andere mit allen Namen letztlich nur in seiner nicht zu bezeichnenden Andersartigkeit bestätigt und gelten gelassen werden muß. „Männin“ ist die treffendste Bezeichnung dieses Phänomens verbaler Zärtlichkeit, dieses geduldigen Gehorsams sprachlicher Teilhabe an der wunderbaren Liebenswürdigkeit des anderen.

f) Die erwachsene Gestalt der Liebe in Gott — das Verlassen von Vater und Mutter im Ring der Welt, im Ring der Zeit (Gn 2, 24)

Was die Liebe vermag, zeigt sich für den Jahwisten vor allem darin, daß sie aus einem Kind einen Erwachsenen zu machen versteht. Sie ist es, die einen Raum neuer Geborgenheit eröffnet, innerhalb dessen es möglich ist, den Halt eines Kindes bei seinen Eltern aufzugeben und sich ebenso frei wie innerlich gebunden auf eine neue Beziehung einzulassen. Wohl läßt sich in gewissem Sinne zeigen, daß in jeder Gattenliebe Elemente der Liebe eines Kindes zu seinen Eltern fortleben (vgl. hierzu und zum Folgenden E. Drewermann: Ehe — tiefenpsychologische Erkenntnisse für Dogmatik und Moraltheologie, Renovatio, 36. Jg., 53—68; 114—126), und nur wenn das Vertrauen in den Geliebten und in die Kraft der eigenen Persönlichkeit groß genug ist, wird jemand imstande sein, „Vater und Mutter zu verlassen und seinem Weibe anzuhangen“ (Gn 2, 24). Implizit aber liegt in diesem Vorgang psychischer Reifung ein eminent theologisches Problem vor, das vor allem durch das Studium der *Übertragungsliebe* deutlich wird.

In der Liebe zwischen Mann und Frau leben notwendig die kindlichen Gefühlsbeziehungen zu den Eltern wieder auf; aber um im eigentlichen Sinne „Vater und Mutter zu verlassen“, genügt es nicht, sich äußerlich von seinen Eltern zu lösen und einen eigenen Hausstand zu begründen; es kommt vielmehr darauf an, die Erwartungen kindlicher Geborgenheit insgesamt unter Menschen aufzugeben. Das Geheimnis der Liebe liegt nach Gn 2, 24 darin, daß man es lernt, eines Tages auf den Anspruch überhaupt zu verzichten, der andere müsse einem durch sein Dasein die Geborgenheit wiederschenken oder ersetzen, die man als Kind bei den Eltern fand, und die Frage stellt sich von daher, unter welchen Voraussetzungen ein solcher Verzicht überhaupt möglich ist. Tiefenpsychologisch sind „Vater“ und „Mutter“ Gestalten archetypischer Erwartungen nach absoluter Akzeptation und Geborgenheit. Auf Sehnsüchte dieser Art kann man im Grunde nicht verzichten; man kann lediglich erreichen, daß das Verlangen nach absolutem Halt aus dem zwischenmenschlichen Bereich herausgenommen und selbst im Absoluten verankert wird. Es ist m. a. W. nur innerhalb eines vorgängigen Glaubens an Gott möglich, die Liebe zu einem anderen Menschen in ihren Erwartungen auf ein menschliches und menschenmögliches Maß zu beschränken. Erst innerhalb einer religiösen Verankerung des Archetypus von Vater und Mutter im Absoluten, in Gott, vermag die Liebe unter Menschen menschlich zu bleiben; erst so gewinnt sie ihre Dauer und Gültigkeit, und man versteht infolgedessen, warum der Jahwist in der Tat der Ansicht ist, daß nur im Glauben an Gott, in der Ordnung des Paradieses, ein wirkliches Erwachsenwerden, ein wirkliches Verlassen von Vater und Mutter, und damit eine dauerhafte Beziehung zwischen Mann und Frau möglich ist. Erst auf diesem Hintergrund kann man zugleich verstehen, warum Jesus im Neuen Testament von Gott her die Ehe als *Sakrament* neu zu begründen versucht (Mc 10, 1—12): nur im Glauben ist es möglich die Geborgenheit wiederzufinden, in der im Ring der Welt sich Menschen unauflöslich aneinander binden können.

Nicht Bindungsangst und Scheu vor der Institution Ehe, wie vielfach „der heutigen Jugend“ gerade von seiten der Kirche immer wieder vorgeworfen wird, gefährdet mithin im Sinne des Jahwisten die Sakramentalität der Ehe; sondern diese selbst gründet in einem Glauben, der einer Rückkehr ins Paradies, einem völligen Neuanfang gleichkommt. Jahre der Psychotherapie mögen oft das beste Modell dafür abgeben, wie viel dazu gehört, im eigentlichen Sinne „Vater und Mutter zu verlassen“, und ohne diese Schwierigkeiten deutlich vor Augen zu haben, hat auch keine Kirche ein Recht, Gesetze zu erlassen, härter noch als jene, die Moses glaubte gerade um der „Herzenshärte“ der Menschen wegen erlassen zu müssen. „Herzenshärte“ — das ist bei den Propheten Israels ja nicht „Lieblosigkeit“ unter Menschen, die sich mit Moral, Anstand und etwas gutem Willen ändern ließe; „Herzenshärte“ bezeichnet, rein religiös, die Entfremdung von Gott, die Erkrankung des ganzen Daseins an dem Natterngift der Angst. Bei der Beziehung zu Gott, bei der Erinnerung an die Ordnung des Paradieses ist mithin anzuknüpfen, um das Geheimnis der Liebe unter Menschen zu verstehen — in ihrem Gelingen wie in ihrem Scheitern.

Für den Jahwisten ist die Liebe demnach das dritte Kriterium, durch das sich ersehen läßt, was es mit dem Glauben an Gott auf sich hat. In dem Maße Menschen zueinander finden, werden sie zugleich in die Wirklichkeit zurückfinden, in der Gott den Menschen gemeint hat. Der Ring der Liebe ist eine Auswirkung, eine Bestätigung der Geborgenheit im Ring der Welt und im Ring der Zeit: nur wo sie selber sich zuhause fühlen, können Menschen sich miteinander ihr Zuhause einrichten, und umgekehrt: in der Verbundenheit der Liebe wird der Raum der Erde heimisch; zugleich ist es am fühlbarsten die Macht der Liebe, die auch das Erleben der Zeit in die Bahn des Kreises führt: die Liebe will nicht den „Fortschritt", die „Änderung", die lineare Folge, sondern sie drängt nach Bestätigung, Bewahrung, endloser Wiederholung und ständiger Erneuerung. Nichts ist dem Umsturz und der Atemlosigkeit des abendländischen Geschichtsverständnisses abholder als das Glück der Liebenden: ihnen bleibt, wie man zu sagen pflegt, die Zeit stehen; sie leben inmitten des Rings der Zeit wie in der Ewigkeit.

g) Die ursprüngliche Unschuld des Sexuellen — die Einheit des Fleisches (Gn 2, 24)

Einen Teil des ständigen Wiederholungswunsches der Liebe nun faßt der Jahwist durchaus als sinnliche Erfahrung: die sich lieben, sagt er, werden bzw. wollen, ja müssen „ein Fleisch sein". (Gn 2, 24) Gewiß kann „Fleisch" im Hebräischen auch soviel bezeichnen wie „Lebensgemeinschaft" und „Verwandtschaft", aber dies doch auch und vor allem „unter dem Aspekt des Körperlichen" (H. W. Wolff: Anthropologie des Alten Testamentes, 52—53). Es kann kein Zweifel sein, daß der Jahwist hier von der Einheit zwischen Mann und Frau so spricht, daß innerhalb dieser Einheit die künstlichen Haarspaltereien und moralischen Unterscheidungen von „körperlicher" und „geistiger" Liebe keinen Platz haben. Das zu betonen ist wichtig, weil gerade auf dem Hintergrund der Mythologie der Völker die Vorstellung schier unausrottbar zu sein scheint, auch der Jahwist verstehe den Sündenfall als das Erwachen der Sexualität zwischen Mann und Frau, und die Versuchung durch die Frau sei speziell die Versuchung zu geschlechtlichem Verlangen.

Es ist nicht zu leugnen, daß die Symbolsprache von Gn 3, 1—7, der sog. „Sündenfallerzählung", tiefenpsychologisch eine spezifisch sexuelle Thematik zum Ausdruck bringt (vgl. Strukturen, II 101—124; s. o. 17—18); es ist auch wahr, daß es eine archetypische Urerfahrung darstellt, das Erleben der Sexualität mit der Erfahrung des Todes zu verbinden: die Vermehrung der Art und der Tod des Einzelnen bilden eine ursprüngliche Einheit und bedingen einander (Strukturen, II 600; s. o. 41). Aber es ist gerade eines der Hauptanliegen der jahwistischen Urgeschichte, die theologischen und anthropologischen Zweideutigkeiten zahlreicher Mythen zu überwinden, wonach die Menschen im „Sündenfall" durch das Erwachen zum Erwachsenenleben aus der kindlichen Unschuld herausgetreten und der Gegensätze von Leben und Tod, Liebe und Krieg, Gebären und Töten, Weiblichkeit und Männlichkeit inne geworden wären. Dem Jahwisten liegt zentral daran, Gott selbst ebenso wie seine Schöpfung ohne jede Schmälerung und Beimengung als gut hinzustellen, es geht ihm wesentlich darum, das Dilemma von Gut und Böse gerade nicht als eine metaphysische Notwendigkeit des Geschaffenseins zu begreifen, sondern — noch einmal sei es gesagt —: er will im Gegenteil zeigen, daß alles, die ganze Welt, alle Dinge und auch der Mensch gut ist, solange die Einheit zu Gott gewahrt bleibt; zum Fluch wird dem Menschen seine Geschöpflichkeit, das Faktum seiner Kontingenz erst in der Abkehr von Gott; eben darin sahen wir den Sinn der „Erkenntnis von Gut und Böse" (s. o. 17; 48—53); und erst in der Abkehr von Gott, auf dem Hintergrund unendlicher Angst und Überforderung, wird auch die Liebe zwischen Mann und Frau zu einem unlösbaren Problem, zu einem moralischen Dilemma; erst in der Abkehr von Gott gerät auch die Sexualität in den Bannkreis der Sünde (Strukturen, III 297—299; 441—443). Der Mensch sündigt im Sinne des Jahwisten nicht durch die Sexualität, sondern gerade umgekehrt: erst durch die Sünde wird ihm die Sexualität zum Fluch, ja schließlich selbst zur Sünde, — eine Tatsache, die besonders in Gn 6, 1—4, der Geschichte von der „Engelehe", zum Ausdruck kommt (vgl. Strukturen, III 310—324).

Insofern kann man offenbar nicht oft genug hervorheben, daß der Jahwist mit dem Paradies der Liebe nicht eine geschlechtslose oder engelreine „Unschuld" beschreiben will; die Formulierung von Gn 2, 24: „sie werden ein Fleisch sein" spricht ganz im Gegenteil dem sexuellen Erleben selbst ausdrücklich alle Unschuld zu. Für den Jahwisten ist nichts an der Liebe sündhaft; er stellt im Verlauf der Urgeschichte lediglich mit Nachdruck vor Augen, wie sehr die Trennung von Gott auch und gerade die Liebe verformt und zerstört. Die Abkehr von Gott im Bannkreis der Angst, nicht die Sexualität ist das Problem des Jahwisten.

Es hat mithin nur einen metaphorischen bzw. rein poetischen Sinn, wenn in der Belletristik immer wieder in Anspielungen zur jahwistischen Sündenfallerzählung geschildert wird, wie etwa ein unbescholtenes, wohlbehütetes Mädchen durch eine sexuelle Verführung aus dem Garten der Kindheit herausgerissen und in den Taumel der Sinne, in das Verhängnis der Sünde gestürzt wird.

Marcel Proust hat in der äußerst sensiblen und schmerzlichen „Beichte eines jungen Mädchens" dieser Denkweise ein klassisches Denkmal gesetzt. Er schildert dort in einem Rückblick die Tragödie einer 20jährigen, die im Schatten ihrer vornehmen Mutter heranwuchs und in ihrer Nähe die Reinheit der Seele als höchstes Gut und höchsten Auftrag verstehen lernte. Eine kurze Trennung zu Beginn der Pubertät hatte indessen genügt, um durch einen Vetter in die Geheimnisse der Sexualität eingeführt zu werden, „Dinge . . ., die . . . zittern ließen vor Reue und vor Wonne" (M. Proust: Die Beichte eines jungen Mädchens, in: Tage der Freuden, 91). Aus diesem Zwiespalt der Lebenssehnsucht und des Verlangens einerseits und der Gewissensschuld und des vergeblichen Bemühens um die Wiedererlangung der verlorenen Reinheit andererseits gab es, je länger, desto weniger, ein Entrinnen. Vielmehr breitete sich in der Folgezeit die erwachte Begierde in Heimlichkeit immer weiter aus; die ursprüngliche Willenskraft zum Kampf gegen sich selbst mußte nach und nach erlahmen, und das schlechte Gewissen erzwang lediglich die Einhaltung der gesellschaftlichen Etikette nach außen. In Wahrheit lebte das Mädchen in dem furchtbaren Zwiespalt äußerer Ehrung und innerer Verachtung bald schon gar nicht mehr wirklich; seine Gefühle, selbst seine Liebe erstarben immer mehr unter der Betäubung des moralischen Empfindens und der bloßen Gewohnheit an das Laster; und als es, in einer unzweideutigen Situation mit einem Liebhaber überrascht, erleben muß, wie seine herzkranke Mutter vom Schlag getroffen wird, versucht es, mit einem Pistolenschuß seinem verdorbenen Leben ein Ende zu setzen. Doch selbst noch die Art seines Sterbens entspricht ganz der Art seiner moralischen Schuld: die eingedrungene Kugel ist nicht auf der Stelle tödlich, sie kann jedoch auch nicht entfernt werden; sie tötet langsam, im Verlauf von Tagen, wenngleich mit absoluter Gewißheit, durch „Komplikationen von seiten des Herzens" (89).

An dieser Kurzgeschichte M. Prousts wird die Verwirrung des moralischen Denkens überaus deutlich. Als paradiesische Unschuld, als kindliche Reinheit gilt hier nicht, wie in der jahwistischen Urgeschichte, die

Beziehung des (erwachsenen) Menschen zu Gott, sondern der Gehorsam des Kindes zu seiner Mutter; die theologische Dimension wird damit ins Psychologische und Soziale gezogen; an die Stelle Gottes treten die Eltern; das Gute ist jetzt nicht das, was von Gott her in der Natur des Menschen angelegt ist, sondern es wird bestimmt durch die gesellschaftliche Konvention; und im Rahmen dieses gesellschaftlichen Moralkodex ist der Widerspruch von Sinnlichkeit und Sittlichkeit bereits eine selbstverständliche Voraussetzung, die sich nicht, wie in Gn 3, 1—7, erst aus der Angst des Menschen ergibt, sondern mit dem Wesen des Menschen identifiziert wird (vgl. dazu die Antinomie von Natur und Kultur in der Philosophie I. Kants, Strukturen, III 19—20). Die Folge davon ist, daß in die Kinderzeit eine „Unschuld" hineinprojiziert wird, die jene moralischen Entgegensetzungen speziell des sexuellen Verlangens noch nicht kennen würde, und diese Zeit des Elterngehorsams, in welcher die Regungen des eigenen Herzens vermeintlich noch nicht existieren, wird dann als „Paradies" verklärt. Die Unwahrheit derartiger Betrachtungen erhellt unweigerlich aus der Tragik, mit welcher der moralische Wille scheitert: es kann nicht verboten sein, erwachsen zu werden, und eine Moral, die Trieb und Eigenwille des Menschen in sich selber schuldig spricht, zwingt ebenso zum Lügen, wie sie selbst verlogen ist.

Demgegenüber legt der Jahwist den größten Wert darauf, der menschlichen Sexualität gegen die Denunziation der gesellschaftlichen Moral ihre Unschuld zurückzugeben. Indem er die Widersprüche des menschlichen Daseins theologisch begründet, legt er von vornherein eine Betrachtungsweise zugrunde, für die sich die Moral als etwas Abgeleitetes, Sekundäres zu erkennen gibt. M. a. W.: man heilt die Verwirrungen der Liebe nicht mit moralischen und gesetzlichen Maßnahmen, sondern allein dadurch, daß man gegen die Angst des menschlichen Daseins von neuem ein Vertrauen begründet, das es allererst erlaubt, auch in einem gewissen moralischen Sinne „gut" und „unschuldig" zu sein. Die Menschen, von denen der Jahwist in Gn 2, 24 spricht, sind keine unmündigen und in *diesem* Sinne unschuldigen Kinder, sondern Erwachsene, die so in Gott geborgen sind, daß sie mit ihrem ganzen Herzen und mit allen ihren Kräften einander finden, lieben und entdecken können.

h) Das Fehlen der Scham in den Augen des Liebenden und das Wunder des Austausches (Gn 2, 25)

Der beste Beweis dafür ist in den Augen des Jahwisten das Fehlen des Schamgefühls in der Liebe. Auch hier gilt es, die stereotype sexuelle

Verengung zu vermeiden, die stets einsetzt, wenn von „Nacktheit“ und „Scham“ die Rede ist. Viel ursprünglicher als das sexuelle Schamgefühl ist für den Jahwisten das Gefühl, mit seinem ganzen Dasein sich unter den Augen des Anderen schämen zu müssen, wenn Gott die Zufälligkeit und Begrenztheit des eigenen Daseins nicht mehr mit seinem Willen rechtfertigt. J. P. Sartre hat dieses brennende Schamgefühl, dem Blick des anderen ausgesetzt zu sein und nicht sagen zu können, warum es so etwas wie mich überhaupt gibt, in einer außerordentlich eindringenden Existentialisierung der Thematik von Gn 3, 7 beschrieben (vgl. Strukturen, III 207—209; 253—263; s. o. 49; 51; 79—81). Erst durch das Empfinden, prinzipiell „nackt“, ungerechtfertigt, unansehnlich und in den Augen des anderen sicherlich nicht gut genug zu sein, erhält auch das sexuelle Schamgefühl seine Bedeutung. Es ist demgegenüber gerade das Gefühl, das allein die Liebe hervorzubringen vermag, daß man sich dem anderen zeigen kann so wie man ist, daß man sich vor ihm also nicht verstecken muß. Und auch das Umgekehrte gilt: solange noch die Angst die Oberhand besitzt, traut sich die Liebe nicht hervor; man versucht vielmehr, seine Schwächen, seine Nacktheit, dem anderen zu verbergen und sich um so mehr mit seinen sog. starken Seiten zu präsentieren — ein Zusammenhang, den die frühe Psychoanalyse geahnt hat, als sie das Schamgefühl in ihrer organspezifischen Theoriebildung aus dem *Kastrationskomplex* ableiten wollte (vgl. Strukturen, II 203—221). Das Empfinden, nicht liebenswert genug zu sein und die volle Wahrheit über sich selbst dem anderen bestimmt nicht zumuten zu können, blockiert am Ende wirklich jede menschliche Beziehung; es erniedrigt die Liebe zu einer Maskerade gegenseitiger Demütigungen und verstärkt nur immer wieder das Erlebnis der eigenen Minderwertigkeit. Auf der anderen Seite macht nichts den anderen so liebenswert, wie das Vertrauen, man müsse sich vor ihm *nicht* schämen, „*nackt*“ zu sein.

Im Grunde knüpft dieses Vertrauen, in den Augen des anderen gut genug zu sein und sich ihm ruhig mit der ganzen Wahrheit der eigenen Person mitteilen zu können, wieder an das Motiv der gegenseitigen Ergänzung an, das bereits in der herausgeschnittenen Rippe (ebenfalls einem kastrativen Symbol; vgl. Strukturen, II 39—42) zum Ausdruck kam. Denn merkwürdigerweise liebt die Liebe gerade das Unvollkommene, das Ergänzungsbedürftige; man möchte in der Liebe spüren, was man dem anderen bedeuten und geben kann, und nichts ist tödlicher für die gegenseitige Zuneigung als das Empfinden, der andere gebärde sich derart vollkommen und autark, er sei ein solcher „Kugelmensch“ geworden, daß er gar nichts entbehre und man ihm schon gar nichts mehr geben könne. Der sexuelle Drang, die Nackheit des anderen zu suchen und sich gerade durch sie in Besitz nehmen zu lassen, ist meistens nur ein bloßes Sinnbild für das, was in Wahrheit zwischen zwei Menschen, die sich lieben, innerlich geschieht: nicht zur Beschämung, sondern zur Ergänzung suchen sie förmlich nach den Blößen, den Mängeln, den Hohlstellen des anderen, um das, was dem anderen fehlt, mit dem eigenen Dasein zu erfüllen.

Noch einmal kann, um diesen Zusammenhang zu verdeutlichen, das Verhalten sog. „Primitivvölker" als Beispiel dienen. In der ethnologisch wie literarisch gleichermaßen kostbaren Indianersaga „Hanta Yo" hat Ruth Beebe Hill in der Gestalt des Sioux-Schamanen Ahbleza einmal beschrieben, was der Satz bedeuten kann: „Beide, der Mann und seine Frau, waren nackt, und sie schämten sich nicht voreinander" (Gn 2, 25). Es ist die Szene, in welcher der junge Ahbleza sich gerade von der aufdringlichen Art seines Vaters losgesagt hat, seine Männlichkeit und Tapferkeit zur Schau zu stellen. Endgültig hat er seinen Vater als schweres Hindernis für seinen eigenen Weg ins Leben erkannt und ihn innerlich überwunden; statt sich, wie sein Vater, dem Volke als ein Besitzender zu zeigen, will er fortan lieber als einer erscheinen, der alles fortgibt, was er besitzt, all seine Habe, aber auch die Gedanken, die er nur von außen übernommen hat. So schenkt er all seine Gewänder und Häute, seine Pferde, seine Waffen fort, um in seiner Nacktheit zu leben und den Sinn der Reinheit zu erfahren. Während er sich so völlig unbekleidet aus dem Lager begibt, vernimmt er mit Mal die Schritte einer Frau, und plötzlich überfällt ihn das Nicht-Haben mit heißer Scham. Aber in dem Moment, als Heyatawin, die Geliebte seiner Jugend, vor ihm steht, blickt sie ihm ins Gesicht, und ihre Augen verraten, daß nichts an ihm ihr Erbarmen oder ihr Mitleid weckt. „Sie gab vielmehr ihre Person in seine Hände, schenkte sich ihm als Ersatz für alles, was er von sich geworfen hat." Und wie er, immer noch sich schämend, zu ihr sagt: „Du siehst mich, meine Schwester . . . Sieh meine Niedrigkeit. Sieh mich als einen, der nichts hat", — gibt sie zur Antwort: „Ich sehe nichts Niedriges an dir, mein Herz"; und fügt hinzu: „Ich danke dir, mein wahrer Freund, daß du mich an deiner Anwesenheit teilhaben läßt, mir diesen Blick auf dich gestattest. Ich sehe Augen, die nicht vor Tränen überfließen, sondern von schimmerndem Geist. Ich bin Frau und weiß es." Ahbleza, schreibt R. B. Hill, spürte in diesem Moment „etwas wie Erfüllung, etwas wie Wärme in sich, als fände er dort einen ihn aufnehmenden Ort der Ruhe, einen Ort zum Bleiben, bis er sich entschlösse, ihn zu verlassen, einen Ort, an den er zurückkehren wird, wann immer er außen Mangel empfindet. Nie zuvor waren ihm Geben und Empfangen so sehr als etwas erschienen, das einem Wunder gleichkam." (R. B. Hill: Hanta Yo, 596—601)

Eben dieses Wunder des Austausches aber ist die Liebe: man empfindet den anderen als sich selbst zugehörig nicht so sehr für das, was er besitzt, sondern für das, was ihm mangelt und umgekehrt: man erlebt es nicht mehr als Demütigung, den anderen zu brauchen, um selbst ganz zu werden, sondern im Gegenteil: man fühlt sich selbst erhoben in der begütigenden Gegenwart des anderen.

Man kann an dieser Stelle auch von dem Wunder einer inneren Verwandlung in der Liebe sprechen; denn nicht selten ist gerade das, wofür man sich sein Lebenlang glaubte am meisten schämen zu müssen, in den Augen des Liebenden besonders kostbar, und unter seinem Urteil lernt man sich selbst von neuem liebgewinnen. — Doch dies ist schon ein neues Thema, das die Scham bereits voraussetzt: die Rückkehr in das verlorene Paradies, in das wortwörtlich „unverschämte" Glück der Liebe.

5. Die Verheißung des Landes

Um abschließend zu zeigen, wie man die Welt als Paradies erleben kann, ist wohl kein Bild besser geeignet als die Vision, die der größte Interpret der Abgründe der menschlichen Seele, der russische Dichter F. M. Dostojewski, im „Jüngling" dem Gottesnarren Makar Iwanowitsch in den Mund gelegt hat.

Die Paradieserzählung des Jahwisten ist ein einzigartiges Dokument der Überzeugung, daß der Mensch ohne Gott nicht wirklich leben kann, und eben so läßt Dostojewski den alten Pilger Makar sprechen: er sei in seinem Leben einem eigentlich Gottlosen noch nie begegnet; statt seiner, sagt er, „bin ich nur dem Ruhelosen begegnet, — siehst du," erklärt er, „so muß man ihn richtiger nennen . . . ohne Gott zu leben . . . ist nur eine Qual. So kommt es, daß wir das verfluchen, wodurch wir erleuchtet werden, und das selber nicht einmal ahnen. Ja, und was hat es auch für einen Sinn: so einen Menschen kann es ja gar nicht geben, der sich nicht vor irgend etwas beugt; ein solcher Mensch würde sich selber nicht ertragen können; kein Mensch könnte das. Wenn er Gott verstoßen hat, so beugt er sich vor einem Götzen, vor einem hölzernen oder goldenen oder einem gedanklichen. Götzendiener sind das alles, aber nicht Gottlose, sieh, so muß man sie nennen." (Dostojewski: Der Jüngling, 371—372)

Die Ruhelosigkeit eines Daseins ohne Gott — das schildert der Jahwist in der Gestalt des Kain, den Gott dazu verflucht „schwankend und schweifend“ ein Leben auf der Flucht zu führen: fliehend aus dem Antlitz Gottes, fliehend vor den Menschen und verbannt vom Antlitz der Erde (Gn 4, 16; s. o. 143). Aber eben weil es so ruhelos und qualvoll ist, ohne Gott zu leben, gibt es doch noch so etwas wie eine Hoffnungskraft des Negativen, und der Jahwist hat zu Recht seine Urgeschichte auf die Verheißung Gottes an Abraham, auf die Verheißung eines „Landes“ hin gestaltet, in dem Gott wiederum unter den Menschen wohnen wird und in dem alle Völker der Erde zu ihrer Bestimmung und Einheit zurückfinden würden (Gn 12, 1—3; s. o. 319—321). Aus der Ruhelosigkeit und inneren Zerrissenheit zum Paradies zurückzufinden, heißt, sich selber, alle Menschen und die gesamte Welt an jedem Morgen voll neu erwachter Dankbarkeit aus Gottes Händen in Empfang zu nehmen.

An einen solchen Augenblick betender Einfachheit und einer universellen Güte gegenüber allem Lebenden erinnert sich nun im „Jüngling“ der Pilger Makar Iwanowitsch, und seine Worte seien wiedergegeben, weil in ihnen eine gewisse Ahnung hindurchleuchtet von der Vision, die den Jahwisten zu seiner Paradieserzählung drängte. „Einmal in diesem Sommer wars“, erzählte er, „im Julimonat, da pilgerten wir nach dem Muttergotteskloster zum Kirchenfest. Je näher wir dem Kloster kamen, um so zahlreicher schlossen sich andere Pilger an . . . Wir übernachteten alle beisammen unter freiem Himmel, und ich erwachte frühmorgens, als alle noch schliefen und auch die liebe Sonne noch hinter dem Walde hervorsah. Ich erhob den Kopf, . . . ließ den Blick ringsum über die Erde schweifen und atmete die Luft ein! Eine Schönheit überall, die unaussprechlich ist. Still ist alles, die Luft ist leicht. Die Gräschen wachsen — wachset nur, Gottes Gräschen; ein Vögelchen singt — sing nur, Gottes Vögelchen; ein Kind quäkt einmal leise in den Armen eines Weibes — Gott sei mit dir, kleines Menschlein, wachse auf zum Glück, der du geboren bist! Und da war mir, als hätte ich zum erstenmal in meinem Leben all dies in mich aufgenommen . . . Ich legte den Kopf wieder hin, und es schlief sich so leicht. Schön ist es auf der Welt, Lieber! Ich möchte, weißt du, wenn's mir besser gehen sollte, im Frühling wieder wandern gehen. Und daß die Welt ein Geheimnis ist, das macht sie sogar noch schöner; bang wird dem Herzen davor und es staunt vor dem Wunder; und wiederum gereicht das Staunen in Ehrfurcht dem Menschenherzen zur Freude: ‚Alles ist in dir, Gott, und auch ich bin in dir, und so nimm mich denn auf!‘ Murre nicht,

Jüngling: um so schöner ist es noch, als es ein Geheimnis ist', fügte er ergriffen hinzu." (Dostojewski: Der Jüngling, 356—357) Diese Ergriffenheit dankbaren Glücks — das ist das ebenso verlorene wie wesenhaft in jedem Menschen angelegte Paradies, etwas Verheißenes, das sich erfüllen kann im Ring der Liebe und im Ring der Zeit sowie im Ring des Gartens Gottes, im Herzen dieser wunderbaren Erde. O gäbe Gott, die Angst zu lindern.

Literaturverzeichnis zum Nachwort

(zitiert stets nach der letztgenannten Ausgabe)

A. Alt: Der Gott der Väter (1929), in: Kleine Schriften zur Geschichte des Volkes Israel, 3 Bde., München ^{3}1963; I 1—78

Aurelius Augustinus: De civitate Dei (413—426); dt.: Des heiligen Kirchenvaters Aurelius Augustinus 22 Bücher über den Gottesstaat; aus dem Latein. übers. v. A. Schröder; München-Kempten 1911; 1914; 2 Bde., eingel. v. J. N. Espenberger; BKV: Augustinus I u. II

M. Buber: Gog und Magog. Eine Chronik (hebr.: 1943), dt.: Heidelberg 1949; in: Werke, Bd. 3: Schriften zum Chassidismus, München-Heidelberg 1963, 999—1261

A. Caso: Interpretation of the Codex Bodley 2858; transl. by R. Morales and revised by J. Paddock; Mexico City 1960, Sociedad Mexicana de Antropologia

— Mixtec Writing and Calendar, in: Handbook of Middle American Indians, Vol. 3, Part 2, p. 948—961; University of Texas Press, Austin 1965

F. M. Dostojewski: Podrostok (1875), dt.: Der Jüngling, übers. v. E. K. Rahsin, München 1957; Neudruck: Frankfurt a. M. (Fischer EC 6) 1960, mit einem Nachw. v. A. Naumann

— Bratja Karamazovy (1880); dt.: Die Brüder Karamasoff; übers. v. K. Noetzel; München 1958 (GG Tb. 478—479; 480—481)

E. Drewermann: Die Symbolik von Baum und Kreuz in religionsgeschichtlicher und tiefenpsychologischer Betrachtung (unter besonderer Berücksichtigung der mittelamerikanischen Bilderhandschriften), Schwerte 1979; Veröffentl. der kath. Akad. Schwerte, hrsg. v. G. Krems; Akademie-Vorträge 2

— Ehe — tiefenpsychologische Erkenntnisse für Dogmatik und Moraltheologie, Renovatio, 36. Jg., Heft 2; 53—68; Heft 3: 114—126

— Alles an ihrem Denken ist Gewalt. Von der Verwüstung der Erde und des Menschen im Erbe des Christentums, Regensburg 1981 (Reihe: engagement)

A. Fol — I. Marazov: Goldene Fährte Thrakien. Porträt einer schriftlosen Hochkultur, Wort und Welt Verl., o. J.

S. Freud: Das Unbehagen in der Kultur (1930), in: Ges. Werke, XIV 419—506; Frankfurt ^{1}1948

P. Garelli u. M. Leibovici: Akkadische Schöpfungsmythen, in: La Naissance du Monde, Paris o. J.; dt.: Quellen des alten Orients, 1. Bd.: Die Schöpfungsmythen, Zürich-Köln, eingel. v. M. Eliade; übers. von E. Klein; S. 119—151

A. Gehlen: Menschen und Institutionen (1960), in: Anthropologische Forschung. Zur Selbstbegegnung und Selbstentdeckung des Menschen, Hamburg (rde 138) 1961, 69—77

F. Genzmer: Die Edda, II. Götterdichtungen; übers. v. F. Genzmer; eingel. u. angem. v. A. Heusler; Düsseldorf-Köln 1963 (Neuausgabe in der Reihe Thule, Bd. 2)

Th. A. Harris: I'm o.k. — you 're o.k.: a practical guide to transactional analysis, New York 1967; dt.: Ich bin o.k. — du bist o.k. Wie wir uns selbst besser verstehen und unsere Einstellung zu anderen verändern können — Eine Einführung in die Transaktionsanalyse; übers. v. I. Brender; Hamburg 1973; Neudruck: Hamburg (rororo 6916) 1975

R. B. Hill: Hanta Yo, New York 1979; dt.: Hanta Yo. Eine Indianer-Saga; nach der amerik. Übers. aus der Dakotasprache ins Deutsche übers. v. K. H. Hansen, Hamburg 1980

V. Ions: Egyptian Mythology, London 1968; dt.: Ägyptische Mythologie, Wiesbaden 1968; übers. v. J. Schlechta

K. Kerényi: Die Geburt der Helena (1939), in: Humanistische Seelenforschung, München-Wien 1966, 52—67

— Die Mythologie der Griechen. Bd. 1: Die Götter- und Menschheitsgeschichten, München (dtv 1345) 1966; Bd. 2: Die Heroengeschichten, München (dtv 1356) 1966

T. C. McLuhan: Touch the Earth, 1971; dt.: . . . wie der Hauch eines Büffels im Winter. Indianische Selbstzeugnisse; übers. v. E. Schnack, Hamburg [1]1979

I. Lissner: So lebten die Völker der Urzeit (Erstausgabe: Aber Gott war da, Olten 1958), bearb. v. L. Häfliger (1975); München (dtv 1437) 1979

W. Marg: Hesiod. Sämtliche Gedichte. Theogonie, Erga, Frauenkataloge; übers. u. erl. von W. Marg, Zürich-Stuttgart 1970 (Die Bibl. d. alten Welt, Griechische Reihe)

W. Müller: Die heilige Stadt. Roma quadrata, himmlisches Jerusalem und die Mythe vom Weltnabel, Stuttgart 1961

— Glauben und Denken der Sioux. Zur Gestalt archaischer Weltbilder, Berlin [2]1970

— Geliebte Erde. Naturfrömmigkeit und Naturhaß im indianischen und europäischen Nordamerika, Bonn 1972

Platon (ca. 400 v. Chr.): Kratylos, in: Sämtliche Werke, übers. v. F. Schleiermacher, hrsg. von W. F. Otto, E. Grassi, G. Plamböck, Bd. 2, 123—181; Hamburg (rk 14) 1957

— Symposion, in: Sämtliche Werke, übers. v. F. Schleiermacher, hrsg. v. W. F. Otto, E. Grassi, G. Plamböck, Bd. 2, 203—250; Hamburg (rk 14) 1957

M. Proust: Die Beichte eines jungen Mädchens, in: Tage der Freuden, Frankfurt a. M.-Berlin-Wien (Ullstein Tb. 71) 1977, S. 89—102

S. Radhakrishnan: A Hindu View of Life, London; dt.: Weltanschauung der Hindu; übers. v. R. Jockel; Baden-Baden 1961

Ph. Rech: Inbild des Kosmos. Eine Symbolik der Schöpfung, Salzburg- Freilassing 1966, 2 Bde.

L. Ruppert: Die Sündenfallerzählung (Gen 3) in vorjahwistischer Tradition und Interpretation: BZ N. F. 15, 1971, 185—202

F. de Saussure: Grundfragen der allgemeinen Sprachwissenschaft, Berlin/ Leipzig 1931; Neudruck: Berlin 1967

J. Scharbert: Quellen und Redaktion in Gn 2, 4b—4, 16, BZ N. F. 18, 1974, 45—64

Schwarzer Hirsch (Black Elk): Black Elk speaks, ed. by J. Neihardt, New York 1932; dt.: Ich rufe mein Volk. Leben, Visionen und Vermächtnis des letzten großen Sehers der Ogalalla-Sioux; authentische Aufz. des Indianerforschers J. Neihardt; übers. v. S. Lang; Olten-Freiburg 1965

O. Spengler: Der Untergang des Abendlandes. Umrisse einer Morphologie der Weltgeschichte. 1. Bd.: Gestalt und Wirklichkeit, München 1923; 2. Bd.: Welthistorische Perspektiven, München 1923; Neudruck: München (dtv 838; 839) 1972

A. Strindberg: Le plaidoyer d'un fou (als Manuskript gefunden 1973); dt.: Plädoyer eines Irren; übers. v. H.-J. Maass; Köln 1977

L. N. Tolstoj: Drei Tode (1859), übers. v. A. Eliasberg, in: Sämtliche Erzählungen, hrsg. v. G. Drohla, Frankfurt a. M. 1961, 1. Bd., 585—602

— Krieg und Frieden, Historischer Roman (1864—69), übers. v. M. Kegel, Zürich 1974

— Der Tod des Iwan Iljitsch (1886), übers. v. R. Kassner, in: Sämtliche Erzählungen, hrsg. v. G. Drohla, Frankfurt a. M. 1961, 2 Bde., 603—674

L. Weisgerber: Vom Weltbild der deutschen Sprache, 2 Bde., Düsseldorf 1953—1954

G. Wirth: Griechische Lyrik. Von den Anfängen bis zu Pindar. Griechisch und Deutsch; zusammengestellt und mit Anm. vers. v. G. Wirth; Hamburg (rk 140—142) 1963; Griechische Literatur, Nr. 6

H. W. Wolff: Anthropologie des Alten Testamentes, München 1973